Kulturkonflikte – Kulturbegegnungen

W0011636

Schriftenreihe Band 1062

Gisbert Gemein (Hrsg.)

Kulturkonflikte – Kulturbegegnungen
Juden, Christen und Muslime
in Geschichte und Gegenwart

bpb: Bundeszentrale für politische Bildung

Zum Titelfoto:
Die Mezquita Catedral von Cordoba ist seit der Reconquista der Stadt römisch-katholische Kirche. Ihre architektonische Weltgeltung besitzt sie als ehemalige Hautpmoschee aus der Epoche des maurischen Spaniens. Ihr Bau wurde im Jahre 784 auf dem Gelände eines früheren römischen Tempels und späteren christlichen Kirche begonnen. In der Folgezeit führten Erweiterungsbauten durch die Emire und Kalifen von Cordoba bis 987 zum größten Moscheebau in Europa. Nachdem Ferdinand III von Kastilien im Jahr 1236 Cordoba zurückerobert hatte, wurde die Moschee zur christlichen Kirche geweiht. Im Jahre 1523 begann der Umbau zur Kathedrale im Plataresken Stil.

Bonn 2011

© Bundeszentrale für politische Bildung
  Adenauerallee 86, 53113 Bonn

Redaktion: Gisbert Gemein, Franz Kiefer (verantw.), Roland Löffler, Hartmut Redmer, Jörn Thielmann, Günter Volk

Diese Veröffentlichung stellt keine Meinungsäußerung der Bundeszentrale für politische Bildung dar. Für die inhaltlichen Aussagen tragen die Autor/-innen die Verantwortung.

Hinweis: Die Inhalte der im Text und Anhang zitierten Internet-Links unterliegen der Verantwortung der jeweiligen Anbieter/-innen. Für eventuelle Schäden und Forderungen können Herausgeberin und Autor/-innen keine Haftung übernehmen. Wir bedanken uns bei allen Institutionen und Personen für die Abdruckerlaubnis. Wir haben uns bemüht, alle Copyright-Inhaber/-innen ausfindig zu machen und um Abdruckgenehmigung zu bitten. Sollten wir eine Quelle nicht oder nicht vollständig angegeben haben, so bitten wir um Hinweise an die Redaktion.

Umschlaggestaltung: M. Rechl, Kassel
Titelfoto: © akg-images/Andrea Jemolo
Satzherstellung: Naumilkat, Düsseldorf
Druck: CPI books GmbH, Leck

ISBN 978-3-8389-0062-9

www.bpb.de

Inhalt

II. Das Bild des Anderen

III. Kulturkonflikte

IV. Kulturbegegnungen

Die farbigen Abbildungen sind zwischen den Seiten 272 und 273 eingeordnet.

Die Beauftragte der Bundesregierung für Migration, Flüchtlinge und Integration

Geleitwort

Bei meinem Besuch im türkischen Antakya im vergangenen Jahr erklärte mir Groß-Mufti Mehmet Sinanoglu: »Die verschiedenen Religionen in unserer Stadt sind wie eine bunte Blumenwiese. Die Farbenvielfalt macht uns glücklich; sie ist eine Bereicherung für uns«. Das friedliche Zusammenleben von Menschen unterschiedlicher Herkunft und Kulturen ist gelebte Praxis in der südtürkischen Stadt.

Antakya ist bekannt für den Chor der Zivilisationen. Er vermittelt die Botschaft von Toleranz und Frieden. Katholiken, Juden, Armenier, griechisch-orthodoxe Christen sowie sunnitische und alevitische Muslime aus Antakya, allesamt Freunde und Bekannte, die auch im Alltag gemeinsam leben und arbeiten, haben sich zu diesem Chor zusammengeschlossen.

Verständnis und Verständigung bilden das Fundament für das Zusammenleben unterschiedlicher Kulturen auch in unserem Land. Verständigung gelingt in erster Linie über die gemeinsame Sprache. Gute Sprachkenntnisse sind die Grundvoraussetzung für eine gelingende Integration. Es geht dabei um viel mehr als den bloßen Spracherwerb. Es geht um die stärkere emotionale Identifikation mit unserem Land – durch die Sprache.

Jeder Fünfte in Deutschland hat einen Migrationshintergrund. Es sind Menschen mit unterschiedlicher Herkunft, Sprache, Glauben und einem anderen kulturellen Hintergrund. Zuwanderung hat unser Land verändert und wird es weiter verändern. Unser Land ist dadurch vielfältiger geworden. Diese Vielfalt ist eine Chance, um den gesellschaftlichen Zusammenhalt in Deutschland zu stärken. Sie ist eine Verpflichtung, wenn wir uns den zentralen Fragen der Zukunft unseres Landes stellen wollen: Wie wollen wir in Zukunft leben? Wie soll unser Land aussehen?

Angesichts des demographischen Wandels und des Fachkräftemangels können wir es uns nicht leisten, auf die Potenziale der Menschen aus Zuwandererfamilien zu verzichten. Viele Migranten sind sehr erfolgreich: Sei es in der Wirtschaft, in der Politik, in den Medien und der Kultur oder im Sport. Sie sind wichtige Vorbilder, gerade für Jugendliche aus Zuwandererfamilien.

Um gemeinsam leben zu können, braucht es aber vor allem gegenseitiges Vertrauen. Indem wir nicht über die Menschen mit Migrationshintergrund in unserem Land sprechen, sondern mit ihnen, entsteht ein Dialog aus der ersten Begegnung heraus. Diesen Dialog wollen wir weiterhin ausbauen und fördern – im Interesse der Zukunft unserer Landes und der gesellschaftlichen Teilhabe aller bei uns lebenden Menschen.

Prof. Dr. Maria Böhmer MdB
Staatsministerin

Vorwort

Religion als vielfach bestimmende Kraft im Miteinander der Menschen gehört zu den Kernthemen der politischen Bildung. Dabei müssen die kulturellen Aspekte und Dimensionen der Glaubenstraditionen bedacht werden, da Kategorien wie »jüdisch«, »muslimisch« (bzw. »islamisch«) und »christlich« nach wie vor als religiöse Kategorien wahrgenommen werden, obwohl die Menschen, die diese Kategorien benutzen, um sich mit ihnen zu identifizieren, sie oft nur in einem säkularen oder rein kulturellen Sinn verwenden.

Judentum, Christentum und Islam sind Weltreligionen und damit Träger von Kultur und Aufklärung. Gleichzeitig sind sie immer wieder instrumentalisiert worden, um interkulturelle Konflikte zu schüren, die das Verhältnis der drei Religions- und Kultursphären belastet haben und bis heute belasten. Dabei weisen die religionsgeschichtlich verwandten, monotheistischen Offenbarungsreligionen viele Gemeinsamkeiten auf – und bieten ihren Anhängern so die Chance, einander im gemeinsamen Gespräch verstehen, respektieren und wertschätzen zu lernen. Und dennoch ist der interreligiöse Dialog außerordentlich kompliziert und von vielen Missverständnissen geprägt. Sie entstehen aus multikulturellen Unterschieden, sozialen und weltpolitischen Aspekten, unterschiedlichen Verständnissen von Wissenschaft, freiem Diskurs, unterschiedlichen Gedächtnis- und Gesprächskulturen und oft kommen heute auch noch Sprachprobleme hinzu.

Im Zuge einer wachsenden Individualisierung werden viele Lebensbereiche der Verantwortung des Einzelnen zugeschrieben, deren Ursachen und Bedingungen ebenso wie deren Beherrschbarkeit keineswegs beim Individuum liegen, sondern politische Aufgaben sind und bleiben.

Wenn politische Bildung zur Stärkung des gesellschaftlichen Zusammenhalts beitragen soll, hat sie die Aufgabe die politischen Implikationen sozialer, gesellschaftlicher und individueller Fragen deutlich zu machen. Sie muss Anknüpfungspunkte im Alltag der Menschen benennen und die Anstrengung unternehmen, das Politische im scheinbar Privaten, in sozialen Beziehungen oder im Kulturellen aufzuzeigen.

Ich freue mich daher, mit diesem Band in unserer Schriftenreihe das Ergebnis eines Projektes des Geschichtslehrerverbandes und der Herbert Quandt-Stiftung vorstellen zu können. Das Buch fragt nach transnationalen Zusammenhängen und sucht Anknüpfungspunkte in der Geschichte, um angesichts der Gegenwartsprobleme ein gegenseitiges Verstehen zu ermöglichen. Bei dem Blick in die Geschichte und der Suche nach Brücken sind es immer wieder Konflikte, die die jeweiligen Narrationen beherrschen und deren historisch angewachsener Ballast wegzuräumen ist. Der Titel »Kulturkonflikte – Kulturbegegnungen« macht den Spannungsbogen deutlich, dem sich jede Diskussion zu diesem Thema stellen muss.

Die Beiträge sparen die Konflikte nicht aus, eröffnen neue Zugänge für Begegnungen, regen vor allem aber den Perspektivenwechsel an und sie erschließen Lehrenden in der schulischen und außerschulischen politischen Bildung Materialien, die für die Bearbeitung konstitutiv sind.

Thomas Krüger
Präsident

Verband der Geschichtslehrer Deutschlands

Grußwort

Inzwischen leben 15,6 Millionen Menschen mit Migrationshintergrund in Deutschland. Es ist ein aktiver Teil der Bevölkerung, der die Herausforderungen der Globalisierung angenommen hat, der Wirtschaft und Sozialstaat ganz wesentlich mitträgt und durch kulturelle Anregungen vielfältiger Art mit dazu beiträgt, Deutschland weltoffen zu gestalten. Diese Veränderung unserer Gesellschaft dadurch ist aber bisher nur unzureichend begleitet und organisiert worden. Im Interesse einer Erhaltung des sozialen Friedens in unserem Lande ist es deshalb gegenwärtig eine der wichtigsten Aufgaben, Maßnahmen für eine Verständigung zu ergreifen. Hier ist insbesondere der Erziehungs- und Bildungsbereich gefragt, der die dafür notwendigen Inhalte, Materialien und Methoden bereit stellen sowie die entsprechenden Verhaltensweisen einüben muss.

Neben der – oft fehlinterpretierten – Religion ist es vor allem die Geschichte mit ihren über lange Zeit tradierten Urteilen und nicht selten Vorurteilen, worauf vorhandene Missverständnisse in der gegenseitigen Wahrnehmung von kulturellen Unterschieden zurückgehen und eine wünschenswerte Verständigung verhindern. Da sollte es nicht um Toleranz, also Ertragen, sondern um gegenseitigen Respekt vor der Lebensweise des Anderen gehen. Um ein wenig zum Abbau dieser Problemlage beitragen zu helfen und zunächst einige wichtige Aspekte und Fragen in der genannten Hinsicht zu formulieren, – die natürlich einer breiten Ergänzung und Spezifizierung bedürfen –, hat es sich der Verband der Geschichtslehrer Deutschlands zur Aufgabe gemacht, vermeintliche oder reale historische Konfliktlinien im Verständnis mit anderen, in Deutschland heute anzutreffenden Kulturen sichtbar zu machen, aber auch gelungene Beispiele und Perioden des Zusammenlebens in Erinnerung zu bringen. Dass dies im Trialog zwischen Judentum, Christentum und Islam möglich ist und damit eine noch viel weitere Dimension erschlossen werden kann, danken wir – neben der großzügigen finanziellen Förderung – der Herbert Quandt-Stiftung. Unser Dank gilt sodann der Bundeszentrale für politische Bildung, die dieses Vorhaben durch Aufnahme in ihre

Schriftenreihe unterstützt, besonders aber dem Arbeitskreis »Begegnung der Kulturen« des Verbandes mit seinem Vorsitzenden und den Autoren außerhalb dieses Kreises, die in nachahmenswerter Weise wissenschaftliche Forschung mit dem Verständnis für didaktische Wirksamkeit verbinden.

Für den Verband der Geschichtslehrer Deutschlands

Dr. Peter Lautzas
Vorsitzender

Herbert Quandt-Stiftung

Grußwort

Integration durch Bildung ist eine der wichtigsten gesamtgesellschaftlichen Zukunftsaufgaben. Die Herbert Quandt-Stiftung mit Sitz in Bad Homburg v. d. Höhe engagiert sich daher bereits seit 1996 mit ihrem Themenfeld »Trialog der Kulturen« für die interkulturelle Verständigung. Es ist die Überzeugung der Stiftung, dass erfolgreiche Integration nur möglich ist, wenn eine Verständigung zwischen den verschiedenen kulturellen Traditionen und Religionen möglichst früh in der Schule gelernt und Wissen über diese erworben wird.

Als die Herbert Quandt-Stiftung den »Trialog der Kulturen« begründete, wollte sie nicht nur die Verständigung zwischen Judentum, Christentum und Islam fördern, sondern auch ein Zeichen gegen den von Samuel Huntington und anderen beschworenen »Kampf der Kulturen« setzen. Zunächst näherte sich die Stiftung dem Trialog durch internationale Experten-Konferenzen an, aus denen entsprechende Publikationen erwuchsen. Doch schon bald erschien es notwendig, die kultur-, religions- und gesellschaftspolitischen Analysen in praktische Projekte umzusetzen. Dabei wurde der Bereich der Pädagogik als zentrales Betätigungsfeld definiert. Der Schule kommt eine eminente Rolle zu, sind doch die Methoden der Stoffvermittlung und die Haltungen der Lehrer gegenüber Inhalten prägend für die späteren Überzeugungen der Schülerinnen und Schüler. Profundes Schulwissen kann also ein Weg zu einer pluralistischen europäischen Identität und zum »Trialog der Kulturen« sein, an dessen Ende die Stärkung des gemeinsamen Erbes, eine bessere Verständigung zwischen den abrahamitischen Religionen sowie die Erkenntnis steht, dass kulturelle Differenzen als bereicherndes Moment der Geschichte Europas begriffen werden können.

Die Herbert Quandt-Stiftung versucht diese Ideen praktisch umzusetzen: Unser zentrales Projekt ist seit 2005 der »Trialog der Kulturen«-Schulwettbewerb, der mittlerweile rund 25 000 Schüler an knapp 100 Schulen in Hessen, Berlin, Rheinland-Pfalz, Saarland, Brandenburg, Thüringen und Baden-Württemberg erreicht hat und jüngst vom Münsteraner

Religionspädagogen Clauß Peter Sajak wissenschaftlich ausgewertet wurde. (siehe: Sajak, Clauß Peter (Hrsg.), 2010, Trialogisch lernen. Bausteine für interkulturelle und interreligiöse Projektarbeit, Seelze).

Die Stiftung ist überzeugt, dass für den Trialog neben den Fächern Religion und Ethik speziell dem Geschichtsunterricht eine wesentliche Bedeutung zukommt. Natürlich lässt sich nicht vordergründig und unmittelbar »aus der Geschichte lernen«. Doch ohne eine solide historische Bildung können Schüler, Lehrer und Bürger die Gegenwart nur schwer deuten oder gar verändern. Historisches Denken bedeutet im Kern, Quellen zu analysieren und zu interpretieren, historische Ereignisse in einen Kontext zu setzen und zu versuchen, sich in andere Zeiten und Handlungsoptionen hineinzuversetzen. Das ist schwer genug, erfordert sogar eine noch stärkere kognitive und emotionale Leistung, wenn historische Phänomene aus anderen kulturellen Zusammenhängen zur Debatte stehen.

Es war deshalb für die Herbert Quandt-Stiftung naheliegend, eine Kooperation mit dem Verband der Geschichtslehrer Deutschlands e.V. einzugehen. Die Herbert Quandt-Stiftung dankt dem Vorsitzenden des Verbandes des Geschichtslehrer, Dr. Peter Lautzas, und dem Herausgeber des Bandes, Dr. Gisbert Gemein, sowie den Autoren/-innen für ihren großen Einsatz auf einem langen Weg der Konzeptfindung und Edition, um die sich neben dem Herausgeber besonders auch Hartmut Redmer und Dr. Jörn Thielmann samt Team an der Universität Nürnberg-Erlangen verdient gemacht haben.

Die Herbert Quandt-Stiftung und der Geschichtslehrerverband betreten mit der vorliegenden Publikation Neuland. Die interkulturelle Geschichte ist in Deutschland nämlich noch immer ein reichlich unbestelltes Feld. Auch wenn die bekannten Arbeiten von Geschichtsdidaktikern wie Bodo von Borries, Andreas Körber, Viola Georgi, Wolfgang Geiger und anderen nicht gering geschätzt werden sollen, ist die interkulturelle Geschichte noch weit davon entfernt, ein »Mega-Thema« zu sein – und dies, obwohl heute schon knapp 20% der Bevölkerung laut Statistischem Bundesamt einen Migrationshintergrund aufweist. Diese Zahl spiegelt sich nirgendwo deutlicher als in den Klassenzimmern der deutschen Schulen wider.

Für den Geschichtsunterricht, der einen essentiellen Beitrag zum Verständnis unserer politischen Kultur sowie der nationalen und auch pluralistisch-europäischen Erinnerungsgeschichte leistet, bringt das große Herausforderungen mit sich. Wir sind erst am Anfang eines langen Weges, auf dem gerade auch zu fragen ist, wie für Schüler aus völlig anderen Teilen der Welt die für die Bundesrepublik zentrale Erinnerung an die Shoa zu vermitteln ist, was die deutsche Teilung und die europäische Integration bedeuten, oder auch, welche Rolle Luther, Goethe, Nietzsche und Einstein für unser Kulturverständnis spielen. Denn: Wer den deutschen Pass bekommen oder auch nur hier leben möchte, muss sich auf die deutsche Geschichte einlassen, von der er doch selbst ein Teil wird.

Dies ist gleichwohl nur die eine Seite der Medaille. Die andere besteht darin, mehr denn je nach europäischen und transnationalen Zusammenhängen zu fragen und Anknüpfungspunkte für ein gegenseitiges Verstehen der Gegenwart aus der Geschichte zu suchen – kurz gesagt: Kulturkonflikte und Kulturbegegnungen zu thematisieren, wie es dieses Buch unternimmt.

Der vorliegende Band ist ein Versuch, Schneisen in unwegsames Gelände zu schlagen. Dafür bringt es Wissenschaftler und Praktiker aus unterschiedlichen Disziplinen, aus Universität und Schule sowie den drei abrahamitischen Glaubenstraditionen zusammen. Schwierige Fragen werden nicht ausgespart. Denn die Publikation soll dem schulischen Unterricht nützen, insbesondere Lehrern bei der Vorbereitung von Themen helfen, die sonst in Schulbüchern und Arbeitsmaterialien nicht, nur begrenzt oder leider manchmal auch undifferenziert oder gar fehlerhaft behandelt werden.

Für die Herbert Quandt-Stiftung bedeutet der Sammelband auch, Empfehlungen umzusetzen, die eine von ihr in Auftrag gegebene und 2003 erschienene Studie der University of Birmingham unter anderem für den Geschichtsunterricht erarbeitet hat (Kaul-Seidman, Lisa/Nielsen, Jorgen S./Vinzent, Markus, 2003a, Europäische Identität und kultureller Pluralismus, Bad Homburg sowie dies. 2003b, European Identitiy cultural pluralism: Judaism, Christianity and Islam in European curricula. Supplement: Country reports, Bad Homburg).

Die Autoren dieser Untersuchung legen ausdrücklich Wert auf die vielfältige Vergangenheit Europas, da der Kontinent die Heimat der drei abrahamitischen Glaubenstraditionen gewesen ist. Sie unterstreichen, dass es fruchtbare, verbindende und nicht nur abgrenzende theologische, geschichtliche und kulturelle Wechselwirkungen gegeben hat und noch gibt, dass alle drei Religionen einen Beitrag zur europäischen Identität leisteten und schließlich, dass die pluralistische Vergangenheit eine Bedeutung für die pluralistische Zukunft Europas besitzt. Die Studie fragte danach, wie und auf welche Weise in den Schulen von acht europäischen Ländern das Wissen über die abrahamitischen Religionen vermittelt wird. Das galt sowohl für die offiziellen Curricula als auch den konkreten Unterricht. Zudem entwickelten die Verfasser Empfehlungen und Leitlinien für ein essentielles, trialogisches Grundwissen. Pädagogen sollten damit in die Lage versetzt werden, kompetenter die Lehrplanvorgaben umzusetzen.

Drei Fächern wurden für die interkulturelle Bildung eine besondere Bedeutung zugeschrieben: dem Religionsunterricht, dem Geschichtsunterricht sowie dem Sprach- und Literaturunterricht. Die Wissenschaftler analysierten, wie in diesen Fächern trialogische Themen und Stoffe behandelt wurden – und zwar nicht nur in den offiziellen Lehrplänen, sondern auch in den ›inoffiziellen Curricula‹. Damit waren »Momentaufnahmen« der schulischen Praxis gemeint, in der Lehrer die vorgegebenen Richtlinien konkret umsetzten.

Es zeigte sich, dass alle untersuchten Länder die Absicht hatten, die Schüler als »Bürger einer multikulturellen und in manchen Fällen pluralistischen Gesellschaft« zu erziehen. Erhebliche Differenzen herrschten jedoch bei der Realisierung dieser Zielsetzung. In manchen Ländern gaben die Kultusbehörden bereits recht konkrete Vorgaben, in anderen wiederum setzten sie verhältnismäßig vage Rahmenbedingungen und überließen die Umsetzung den Lehrern. In den Fragebögen zeigte sich, dass viele Lehrer damit überfordert waren. Die Unkenntnis der aktuellen kulturellen, religiösen, ethnischen und politischen Veränderungen der Bevölkerung im Zuge der Migration und ein geringes Reflexionsniveau waren ebenfalls festzustellen.

Die westlich-christliche bzw. »postchristliche« Kultur – wie die Birminghamer Forscher gerne formulierten – wurde mehr oder weniger als selbstverständliche Koordinate der Bildungsziele, Curricula und Lehrbücher betrachtet. Wenn das Judentum und der Islam als Unterrichtsgegenstände herangezogen wurden, geschah dies häufig unter Rubriken wie »fremde«, »ausländische« oder »andere« Kulturen. Die Curricula aus Deutschland, das im Mittelfeld landete, erwiesen sich bereits damals als überholt. Auch die Lehrbücher zeigten zu wenige trialogische Ansätze. Im Blick auf die drei untersuchten Fächer offenbarten sich dabei folgende Trends: Der Religionsunterricht war bei allen Mängeln der ›trialogischste‹ Unterricht, gefolgt vom Geschichtsunterricht, beide mit erkennbarem Abstand zu den philologischen Disziplinen, die meist noch auf nationalen Logiken aufbauten.

Im Geschichtsunterricht aller untersuchten Länder wurde der Beitrag der Religionen gewürdigt, aber inhaltlich höchst selektiv und keineswegs in angemessener trialogischer Gewichtung behandelt. Das Christentum erschien zumeist als historische Religion. Besonders beliebt war die mittelalterliche Kirchengeschichte. Wichtige kirchliche Charakteristika wurden in ihrer Bedeutung für die Nationalgeschichte skizziert, doch die fortdauernde Präsenz des Christentums bis heute und seine damit verbundene aktuelle Bedeutung für die europäischen Gesellschaften blieben eigentümlich blass. Allerdings gab es auch Beispiele guter Praxis. Diese stellten den sozialen und kulturellen Einfluss der Kirchen auf Staat und Gesellschaft dar, thematisierten die historischen Fehler der Kirche und arbeiteten den transnationalen Charakter der Kirchen heraus.

Mit Blick auf Judentum und Islam fanden sich eher wenige Best-Practice-Beispiele: Themen der jüdischen Geschichte erlebten selten eine Entfaltung – am ehesten wurden das Judentum der Antike und der Moderne, mitunter auch des Mittelalters behandelt. Jüdische Geschichte wurde verhältnismäßig oft als Tragödie dargestellt. Antisemitismus, Holocaust und Nahostkonflikt dominierten, auch wenn die Gründung des Staates Israel in vielen Lehrplänen einen positiven Akzent bedeutete. Hinsichtlich des Islam fanden sich in den meisten Curricula Kombinationen aus islamischer Geschichte, theologischen Inhalten und arabischer Kultur. Der Islam in Europa wurde und wird jedoch auf nur drei Aspekte beschränkt: auf die militante Ausbreitung des frühen Islam, auf Fragen der Kreuzzüge und auf den Fundamentalismus heute.

Schließlich beobachteten die Birminghamer Forscher, dass im Schulunterricht die wechselseitige Beeinflussung, der Kulturtransfer auf theologischem, künstlerischem, architektonischem und literarischem Gebiet, in Wissenschaft, Wirtschaft und Alltagskultur kaum berücksichtigt wurden. Das Unterrichtsmaterial bot nur wenige historische und literarische Quellen an, die eine positive Interaktion hätten belegen können. Damit werde, so das Urteil der Forscher, den Schülern die Möglichkeit genommen, sich an den Originaltexten mit tradierten Vorurteilen gegen Juden, Christen und Muslimen auseinanderzusetzen. Es überrascht deshalb nicht, dass die Schüler in den acht untersuchten Ländern nur wenige herausragende Persönlichkeiten der Religionen kannten und ihnen die internen Differenzen der drei Kulturkreise weitgehend fremd blieben.

Genau hier setzt der vorliegende Band an. Er möchte eine Reihe der skizzierten Lücken füllen und Lehrern, fortgeschrittenen Schülern sowie weiteren interessierten Lesern Hintergrundinformationen und in zahlreichen Beiträgen auch Quellenmaterialien bieten. Dies gilt insbesondere für die auch in diesem Band behandelten Kontroversen, die dank der zahlreichen abgedruckten Originaltexte sehr differenziert beurteilt werden können. Zudem ist es ein Anliegen, die Binnendifferenzierung aller drei Kulturtraditionen herauszuarbeiten und den trialogischen Austausch zu verdeutlichen, so dass sich ein vielfältiges Bild interkultureller Begegnungen in der europäischen Geschichte abzeichnet.

Die Herbert Quandt-Stiftung sieht es als geboten an, vor dem Hintergrund der aktuellen Diskussion um Bildungsstandards auch im Geschichtsunterricht interkulturelle, historische Kompetenzen zu entwickeln, die die trialogische Vergangenheit Europas klar abbilden. Gerade im Geschichtsunterricht muss stärker als bisher das Grundwissen über die historische Dimension von Judentum, Christentum und Islam vermittelt werden. Dies wird – auch durch die vergleichende Lektüre historischer Texte – zu einem kritischen Umgang mit den unterschiedlichen Glaubenstraditionen führen. Gleichzeitig lassen sich so die interne kulturelle Vielfalt der Religionen und die Wechselwirkung zwischen den Kulturtraditionen auf unterschiedlichen Gebieten beleuchten. Der »Trialog der Kulturen« wird zur großen Entdeckungsreise in die Vergangenheit Europas – eine lohnende Aufgabe für die Schule, aber auch für unsere Gesellschaft.

Dr. Roland Löffler
Leiter Trialog der Kulturen

Gisbert Gemein & Roland Löffler

Einführung

Das Buch beschäftigt sich mit Kulturkonflikten und Kulturbegegnungen. Dabei geht es weniger darum, einen neuen Kulturbegriff zu definieren, als vielmehr darum, Lücken in Schulbüchern und Lehrplänen zu füllen. Zu selten werden die Gemeinsamkeiten und Unterschiede der drei großen Europa prägenden Kulturtraditionen mit nötiger Genauigkeit behandelt. Die folgenden Beiträge sollen für unterschiedliche Fächer (z. B. Geschichte, Geographie, Politik, Religion, Ethik) Anregungen wie substantielle Informationen bieten, wie Judentum, Islam und Christentum im Laufe der Geschichte bis zur Gegenwart miteinander interagierten. Dies geschah nicht immer konfliktfrei, doch gab es immer wieder Beispiele gelungenen Austauschs, auf die in diesem Band exemplarisch eingegangen wird. Interkulturelles Lernen wird gegenwärtig stark nachgefragt, nicht zuletzt aufgrund kulturell heterogener Schulklassen.

In Anlehnung an Clifford Geertz symbiotischen Kulturbegriff sollen hier Religionen und die mit ihnen in Verbindung stehenden Kulturen als »Bedeutungsgewebe« verstanden werden. Kulturen können deshalb nicht mit experimentellen Methoden untersucht werden, die zu wissenschaftlichen Gesetzmäßigkeiten führen. Vielmehr geht es um die Interpretation von »symbiotischen Systemen« unter der Frage der Bedeutung der kulturellen Ausdrucksformen. Religionen werden hier als Teil des weiteren Begriffs von Kultur verstanden. Sie standen und stehen in einer Wechselwirkung mit anderen gesellschaftlichen Faktoren und Traditionen. Eine genaue Analyse dieser Phänomene ist zwar genuine Aufgabe der Historie, allerdings ebenso der oben aufgeführten Nachbardisziplinen. Deshalb bietet sich für ein Buch zu interkulturellen Geschichtsthemen die interdisziplinäre Zusammenarbeit an, wie sie auch der Geschichtsdidaktiker Bodo von Borries fordert.

Ein Ziel des Buches ist es, Vielfalt in den Religionen aufzuzeigen. Deutsche sehen den Islam meist als einen monolithischen Block, kennen allenfalls noch den Unterschied zwischen Sunniten und Schiiten, ohne diesen allerdings artikulieren zu können. Auch innerhalb des Christentums sind die theologischen Unterschiede zwischen Protestanten, Katholiken und Orthodoxen nicht immer bekannt. Das gilt auch für die verschiedenen Strömungen des Judentums.

Aufgabe des ersten Kapitels ist es daher, die Vielfalt der drei monotheistischen Religionen zu zeigen, ohne das Verbindende zu verschweigen. Dabei ist auf die theologischen, liturgischen und kulturellen Unterschiede einzugehen. Vor allem hinsichtlich der Bedeutung des Islam ist dies wichtig. Unser deutsches bzw. westeuropäisches Bild von dieser Religion ist weitgehend von seiner arabischen Erscheinungsform geprägt. Während der Beitrag von *Rabbi Andrew Steiman* ein ebenso differenziertes wie engagiertes Bild des Judentums bietet, das für viele Leser eine Fülle von Neuigkeiten aufzeigt, behandelt *Gisbert Gemein* in seinen Beiträgen zum Christentum vorrangig dessen Vielheit, die von der Antike bis zur Moderne ein Kennzeichen dieser Kultur ist. Der Aufsatz von *Hartmut Redmer* über den Islam stellt diese Religion vor und widmet sich auch den Problemen der Integration. Da in diesem ersten Kapitel komplexe Themen in knapper Form dargestellt werden, ist ein partiell lexikalischer Stil unvermeidlich. Einzelaspekte werden in den Folgekapiteln vertieft aufgegriffen.

Das zweite Kapitel behandelt an ausgewählten Beispielen das »Bild des Anderen«. Dabei sollen herrschende Klischees mit der historischen Realität konfrontiert werden. Im Mittelpunkt des Kapitels stehen Schulbuchanalysen. *Georg Schopp*, ehemaliger Leiter der deutschen Schule in Istanbul, stellt das Deutschlandbild in der türkischen Schule vor: Er zeigt ein weitgehendes Fehlen jeder anderen Geschichte angesichts der Fixierung auf die eigene Nationalgeschichte auf. Im nationalen Vergleich mit Deutschland wirkt dieser Befund rückschrittlich, weil eine europäische Öffnung des Geschichtsunterrichts fehlt. *Gerdien Jonker* vom Georg-Eckert-Institut in Braunschweig behandelt die Darstellung des Islam und des Christentums in deutschen Schulgeschichtsbüchern. Sie tut dies nicht in der üblichen Analyse aktuell benutzter Bücher, sondern in einem Überblick über die Schulbuchentwicklung seit 1700 bis heute: Sie zeigt, dass es fast 300 Jahre brauchte, um von »der Religion Europas« zu »Religionen in Europa« zu kommen. Der Wiener Religionswissenschaftler *Wolfram Reiss* vergleicht ägyptische und palästinensische Schulbücher hinsichtlich ihrer Darstellung des Judentums, mit dem für westliche Leser überraschenden Ergebnis, dass ägyptische Bücher trotz des Friedensvertrages Ägyptens mit Israel weiterhin negativ aufgeladene Klischees und Falschdarstellungen transportieren, während eine mit dem Oslo-Friedenprozess um 2000 entstandene palästinensische Schulbuchgeneration sich deutlich positiv von ihren ägyptischen Vorbildern abhebt. Man darf gespannt sein, wie diese Entwicklung in einigen Jahren aussieht, wenn die Hamas die nächste Schulbuchgeneration schreiben sollte.

Das dritte Kapitel behandelt Kulturkonflikte. Einen Schwerpunkt bilden dabei die »Heiligen Kriege«, denen sich *Gisbert Gemein* in allen drei monotheistischen Religionen widmet. Die Thematik scheint auf den ersten Blick widersprüchlich zu sein. Wie kann Krieg heilig sein? Verstehen sich nicht Christentum und Islam als Friedensreligionen? Dennoch sind in den monotheistischen Religionen mit dem Kreuzzugsgedanken und dem Dschihad Ideen geboren, die einen ideologiekritischen Vergleich erfordern, weil beide Ideen bis in heutige Zeit fortdauern. Der Begriff des »heiligen Krieges« findet sich schon in der jüdischen Tradtion der Antike, weshalb er nicht speziell christlichen bzw. islamischen Ursprungs ist.

Einen besonderen Akzent setzt *Gisberrt Gemein* mit der Behandlung der Frage, wie moderne Dschihadisten sich selbst sehen bzw. von anderen beurteilt werden: Sind sie religiöse Fanatiker, kriminelle Terroristen, Märtyrer oder Selbstmordattentäter ? Die Inflationierung dieses Phänomens hat allerdings die Mentalitäten der Menschen im Nahen Osten nachhaltig beeindruckt; die Selbstmordattentate der Hizbollah im Libanon und der palästinensischen Organisationen in den letzten drei Jahrzehnten übertreffen alle historischen Parallelen und finden einen Widerhall in einer theologischen Diskussion, die mit Fatwas und Gegenfatwas Selbstmordattentate verurteilt bzw. rechtfertigt.

Jörn Thielmann geht der Frage des Glaubenswechsels im Islam nach. Muslime akzeptieren einseitig die Hinwendung zum Islam, während die Konversion zu einer anderen Religion mit dem Tode bestraft werden kann. Derartige Drohungen gibt es auch in Deutschland.

Die Kopftuchfrage wird – nicht nur in Deutschland – als ein offener Konflikt behandelt. *Klaus Spenlen*, Mitglied der vom damaligen Bundesinnenminister Schäuble eingerichteten Deutschen Islamkonferenz, untersucht die koranischen Grundlagen und Traditonen dieses religiösen Symbols, das gleichzeitig auch eine politische Haltung ausdrücken kann. *Necla Kelek* streitet in einer engagierten Stellungnahme für das Recht auf eine Kindheit ohne Kopftuch.

Im Zeitalter der Globalisierung nehmen die Möglichkeiten für Kulturkontakte sehr stark zu, ob sie nun über die Medien, den Welthandel oder über den Tourismus erfolgen. Immer weniger Weltgegenden bleiben somit von Kulturkontakten ausgespart. Dies ist aber kein neues Phänomen, sondern hat tiefe historische Wurzeln.

Das letzte, das vierte Kapitel ist diesen Kulturbegegnungen gewidmet. Es zeigt, dass es schon in historischer Zeit zwar nicht konfliktfreie, aber durchaus auch positiv wirkende Kulturbegegnungen gab. Dass die arabische Hochkultur des frühen Mittelalters stark von der griechisch-hellenistischen Kultur beeinflusst wurde, ist weitgehend bekannt; schließlich verdanken wir den Arabern unsere Kenntnis der meisten griechischen

Autoren. Weniger bekannt ist, dass neben Griechen auch Perser und Inder auf die arabische Kultur eingewirkt haben. *Wolfram Reiss* stellt die arabischen Wissenschaften als eine Synthese dieser antiken Wissenschaftstraditionen dar.

Al-Andalus, das muslimisch beherrschte mittelalterliche Spanien, gilt gemeinhin als ein Hort der Toleranz, den die Christen dann durch Reconquista und Inquisition zerstörten. Mit diesen und anderen Legenden räumt *Ludolf Pelizaeus* auf, der den Austausch und Konflikt zwischen Muslimen, Juden und Christen auf der Iberischen Halbinsel vom Mittelalter bis zur Frühen Neuzeit untersucht.

Dass es selbst im Deutschland der Pestpogrome gegenüber den Juden positive Ausnahmen gab, weist *Christoph Cluse* am Regensburger Beispiel von 1349 nach, als sich in dieser Stadt christliche Repräsentanten – unbeschadet ihrer eigenen Vorurteile – der allgemeinen Pogromstimmung widersetzten.

Hartmann Wunderer beschäftigt sich mit dem Wandel des Türkenbildes in der Frühen Neuzeit: Mit dem Schwinden der Türkengefahr wurde aus dem Feindbild zwar kein Vorbild, aber immerhin eine Möglichkeit, sich mit der prachtvoll inszenierten Darstellung des Exotisch-Fremden zu schmücken. Viele Fürsten hielten sich an ihren Höfen einen exotischen »Vorzeigetürken«. Türkische Mode und Musik mit »türkischen« Versatzelementen wurden übernommen.

Wie man mit den eigenen Vorurteilen in und nach einem Zeitalter von Glaubenskriegen in Mitteleuropa umging, zeigt *Bernhard Hackl* in seinem Beitrag über die Toleranzedikte der Frühen Neuzeit. Drei Beiträge sind der Frage der Integration der Juden in die – vor allem deutsche – Gesellschaft gewidmet, ohne dass die europäische Perspektive verloren geht. *Markus Kirchhoff* widmet sich in seinem Beitrag »Juden als Araber und Europas Andere – Zwischen Orientromantik und Rassismus« nicht nur dem Orientbild eines Benjamin Disraeli und Mark Twain, er legt auch die Ursachen und Hintergründe des literarischen und künstlerischen Rassismus im 19. Jahrhunderts dar. In seinem reich bebilderten Beitrag über den Synagogenbau in Deutschland zeigt *Ulrich Knufinke* die wechselseitigen Einflüsse hinsichtlich der Architekturentwicklung im Allgemeinen und dem Synagogenbau im Besonderen, wobei er – insbesondere für die jüngste Vergangenheit – auch den Baustil von Moscheen in seine Betrachtung einbezieht. *Simone Lässig*, Leiterin des Georg-Eckert-Instituts in Braunschweig, berichtet über Integration und Emanzipation der Juden in Deutschland, die überwiegend über Bildung geschah, eine für beide Seiten ausgesprochen fruchtbare Entwicklung. Die letzten Abhandlungen widmen sich wieder dem osmanisch-türkischen Komplex: *Berna Pekesen* untersucht das osmanische Millet-System als eine Form des Zusammenlebens unterschiedlicher Kulturen und Religionen. *Hartmann Wunderer* behandelt eine in Deutschland weitgehend unbekannte erste Arbeitsmigration von Türken nach Deutschland vor dem Ersten Weltkrieg und die Emigration von – vorrangig im Wissenschaftsbereich tätigen – Deutschen in die Türkei ab 1933. Der Band schließt mit einem Beitrag von *Roland Löffler*, in dem er den langen Weg der evangelischen Kirche in Deutschland im 20. Jahrhundert zur Demokratie beschreibt, eine Entwicklung von einer in der Weimarer Republik eher deutschnational eingestellten Kirche über die Anpassung und Widerstände im Dritten Reich hin zu einer demokratischen Institution der Bundesrepublik. Diese Veränderung mag Hoffnung geben, dass auch der Islam in Deutschland eine ähnliche Entwicklung nehmen mag.

Der Band wendet sich an eine interessierte Öffentlichkeit, vorrangig an Lehrerinnen und Lehrer unterschiedlicher Provenienz und Multiplikatoren der politischen Bildung. Ein Großteil der Unterkapitel enthält daher neben der Darstellung auch Quellentexte. Dies gilt insbesondere für die Themen, die traditionell nicht im Unterricht behandelt werden.

Hinweis: Die Texte der deutschen Übersetzung aus den heiligen Büchern sind mit freundlicher Genehmigung der Verlage entnommen aus:

Die Bibel. Einheitsübersetzung der Heiligen Schrift © 1980, Katholische Bibelanstalt Stuttgart.

Der Koran. Übersetzung von Rudolf Paret © W. Kohlhammer GmbH Stuttgart, 11. Auflage 2010.

Gisbert Gemein

Roland Löffler

I. Differenzierung und Vielfalt

Andrew Steiman

Juden in Deutschland heute: Selbstbild und Außenwahrnehmung

Wie viele Juden gibt es in Deutschland heute?

Wird die Frage »Wie viele Juden gibt es heute in Deutschland« in einer x-beliebigen Schulklasse gestellt, so sind erstaunliche Antworten, die von »2 Millionen« bis »30 Millionen« reichen, alles andere als selten. Tatsächlich leben ungefähr 120 000 Juden in Deutschland. Bezogen auf die Gesamtbevölkerung ist das lediglich zwischen einem und zwei Zehntel eines Prozents (Zahlenangabe für 2010 von der *Zentralwohlfahrtsstelle* der *Juden in Deutschland*; sie erfasst regelmäßig alle Mitglieder Jüdischer Gemeinden, die im Dachverband des *Zentralrats der Juden in Deutschland* organisiert sind). Offensichtlich gibt es riesige Defizite in der öffentlichen Wahrnehmung von Juden in Deutschland.

Es gibt also verschwindend wenige Juden in Deutschland; das ist das erste Faktum, das sich in diesem Zusammenhang auftut. Rechnerisch zählt annähernd nur jeder siebenhundertste Bundesbürger als Mitglied einer jüdischen Gemeinde. Für alle anderen ist es daher schon rein statistisch äußerst unwahrscheinlich, einem Juden zu begegnen, geschweige denn zu kennen. Das Bild der Juden in Deutschland wird deswegen von den Medien geprägt; und im Verhältnis zu ihrer realen Zahl sind Juden in den Medien deutlich überrepräsentiert – und alles andere als in ihrer eigentlichen Realität wiedergegeben.

Das Bild der Juden in den Medien

Drei »**O**«s bestimmen heute in den Medien das Bild der Juden in Deutschland (ein viertes wird weiter unten aufgeführt):
- die **O**pfer
- die **O**ffiziellen
- die **O**rthodoxen.

Für die Medien sind diese Gruppen interessant; nicht nur in Deutschland. In Amerika gilt in den Medien gar der Spruch: *Jews make news.* Warum? Was die orthodoxen Juden betrifft, ist diese Frage schnell geklärt: Sie (bzw. einige von ihnen) sind telegen. Gestalten in langen schwarzen Mänteln mit ungewöhnlicher Haartracht – langen Bärten und Schläfenlocken – geben nun eben ein interessantes Bild ab. In Wahrheit entsprechen die wenigsten Juden (selbst die orthodoxen) diesem Bild. Die überwiegende Mehrheit der Juden – also auch in Deutschland – sieht nicht anders aus als andere Bürger um sie herum auch. Gewöhnliche Menschen also – für die Medien damit aber langweilig.

Telegene Bilder, dazu Kommentare ohne Informationsgehalt, dafür oft von Halbwissen, Gedankenlosigkeit oder gar alten Vorurteilen über das Judentum geprägt, sind an der Tagesordnung. Um das Bild zurecht zu rücken, wären Begegnungen mit Juden nötig. Statistisch betrachtet müsste dafür jeder Jude täglich Dutzende von Gesprächen führen – und nebenbei ein ganz normales Leben führen.

Zwar gibt es keine Untersuchungen oder empirischen Belege dazu, aber Juden in Deutschland untereinander wissen, dass viele von ihnen keinen Wert darauf legen, in ihrer Umgebung als Juden bekannt zu sein. Der wohl häufigste Grund dafür ist Angst vor der realen Bedrohung durch Rechtsradikale und Islamisten. Juden empfinden es auch als besonders lästig, wegen Israel in die Pflicht genommen oder für Israelis gehalten zu werden (siehe auch weiter unten: Die Juden, der Nahe Osten und die öffentliche Wahrnehmung). Ebenfalls als lästig werden Missionare empfunden, die aus ihrem christlichen Verständnis heraus es besonders auf Juden abgesehen haben. Kurzum: Der Wunsch, ein normales Leben führen zu können ohne die Sorge, wegen der Zugehörigkeit zum Judentum gestört zu werden, bringt viele Juden dazu, ihr Judentum eher verschlossen zu leben.

Nur ein Bruchteil von einem Prozent der Bevölkerung in Deutschland ist jüdisch, und doch sind die offiziellen Vertreter des Judentums in den Medien gefragt und bekannt, als ob sie für große Verbände oder Parteien sprächen. Im Vergleich zu der Gemeinschaft, die sie vertreten, sind sie überrepräsentiert. Auch hier stellt sich wieder die Frage: Warum? Die Antwort hat vielleicht etwas mit dem ersten »O« zu tun: den **O**pfern. Die Offiziellen und die Opfer werden durch das Bild, welches die Medien transportieren, miteinander verquickt. Die Offiziellen repräsentieren dann gewissermaßen Millionen von Opfern – so kommen vielleicht diese eingangs erwähnten Zahlen zu Stande. Die Opfer sind ihrerseits in den Medien präsent; wofür sie freilich nichts können. Dennoch wird diese Tatsache nicht selten den heute lebenden Juden zum Vorwurf gemacht. Beispielhaft dafür sei hier der Schriftsteller Martin Walser genannt, der sich in einer Aufsehen erregenden Rede 1998 über die »Moralkeule« der Juden beklagte, die »ständig« alle Deutschen bedrohe. Solche Vorwürfe sind von Gedankenlosigkeit, Halbwissen und Vorurteilen geprägt, die selbst vor Intellektuellen eines Formats wie Martin Walser offenbar nicht Halt machen und einen Antisemitismus **nach** Auschwitz und **wegen** Auschwitz umschreiben. Juden untereinander kennen die deprimiert-sarkastische Bemerkung: »Man wird uns Juden Auschwitz wohl nie verzeihen.« Diese ironische Brechung drückt aus, wie Ursache und Wirkung, Täter und Opfer, miteinander vertauscht werden; und zwar in den unterschiedlichen Erscheinungsformen des Judenhasses.

Umfragen ergeben immer wieder, dass ein Großteil der deutschen Bevölkerung davon überzeugt ist, dass »die Juden« die Vergangenheit zu ihrem Vorteil nutzen (Studie der Friedrich-Ebert-Stiftung 2005). Fast zwei Drittel sind es leid, »immer wieder von den deutschen Verbrechen an den Juden« hören zu müssen (ebd.). Genau diesen Punkt hat Martin Walser gemeint, und erntete dafür stehenden Applaus. Offensichtlich sprach er vielen aus der Seele. Doch wer ist es, der »uns« in der Seele »immer wieder« diese Vergangenheit vorhält? Sind es wirklich »die Juden«? Welche Mechanismen sind hier am Werk? Genau diese Mechanismen gilt es zu erkennen und danach entsprechend aufgeklärt zu handeln – angesichts der Jahrhunderte alten Vorurteile, die sich jedem neuen Zeitalter anpassen, alles andere als einfach und ein Thema für sich.

Jüdische Identität

In den Medien wird das Judentum zumeist als Religion gezeigt. Konsequenterweise entsteht dann der Eindruck, dass es sich bei »den Juden« ausschließlich um Angehörige einer Glaubensgemeinschaft handelt. Jüdische Identität wird aber nicht durch Religion allein bestimmt. Abstammung und Sozialisation spielen sogar eine größere Rolle als der Glaube. Der Glaube allerdings vermag wiederum auf die Sozialisation auch bei solchen Juden wirken zu können, die sich selbst als nicht gläubig sehen (dies betrifft heute sogar die Mehrheit der Juden). Dieser Widerspruch löst sich auf im Hinblick auf den Zusammenhang zwischen Identität und Geschichte im Judentum: Juden, die sich als säkular (= nicht gläubig) betrachten, sehen sich durch die Identifizierung mit den (gläubigen) Vorfahren in einer kulturellen (eben jüdischen) Kontinuität. Für den gläubigen Juden ist diese Kontinuität bereits gegeben durch den Glauben der Vorfahren: an einen Gott, der sich als Schöpfer von Raum und Zeit auch als Gott der Geschichte offenbart.

Ob nun religiös oder säkular, eine solche Identifizierung mit der Geschichte der Vorfahren zieht wiederum eine entsprechende Sozialisation nach sich. Als Beispiel dafür sei hier das Minderheitenbewusstsein der Juden genannt. Ein solches Bewusstsein wirkt sich freilich gleichermaßen auf religiös wie säkular sich definierende Juden aus und ist das einigende Band zwischen ihnen. Es ist dabei sogar unerheblich, ob dieses Gemeinschaftsgefühl nun aus religiösen Gründen oder aus der Situation des Minderheitenstatus heraus zu erklären ist. Untersuchungen der *Hebräischen Universität Jerusalem* ergeben jedenfalls regelmäßig, dass die meisten sich als säkular gebenden Juden am ehesten diejenigen der jüdischen Feste begehen, die gerade einen geschichtlichen Bezug haben (vor allem *Pessach* zur Erinnerung an den Auszug aus Ägypten, *Chanukka* zur Erinnerung an die Wiederweihung des Tempels, und *Purim* zur Erinnerung an die Rettung der Juden im antiken Persien; siehe auch unten: *Feiertage*). Zu den Ergebnissen dieser Untersuchungen zählt auch, dass säkulare Juden nicht nur einige der religiösen Feste feiern, sondern auch die persönlichen Feiern im Lebensweg eines Juden (siehe auch unten: Alltag und Feiern im jüdischen Lebensweg).

Jüdische Identität ist also nicht unmittelbar an jüdischen Glauben gebunden. Glaube ist im Judentum auch anders definiert als in anderen Religionen. Im Gegensatz etwa zum Islam oder Christentum kommt das Judentum ohne Dogmen und liturgisches Glaubensbekenntnis aus. Während für den ungläubigen Juden das historische Moment zur Ausprägung einer jüdischen Identität völlig ausreicht, kommt für den gläubigen Juden freilich das religiöse Moment hinzu. Dieses definiert sich über die Ausübung der Gebote, wie sie in der Bibel gefordert und in der nachbiblischen Literatur des Judentums (hier vor allem im *Talmud*) ausgelegt werden.

Strömungen im Judentum heute

Im heutigen Judentum unterscheidet man in Deutschland zwischen der bereits erwähnten orthodoxen (= »rechtgläubigen«) Ausrichtung (die sich selbst lieber »Torah-treu« nennt) und den unter dem Sammelbegriff »liberal« bekannten anderen Strömungen. In den USA, wo weltweit die meisten Juden leben, teilen sich die nicht-orthodoxen Strömungen in »Reform« und »Conservative« auf (beide entstanden in Deutschland im neunzehnten Jahrhundert und fanden hier ein jähes Ende im Holocaust; sie konnten sich vor allem in den USA aber weiter entfalten).

Im »Torah-treuen« Judentum wird eine Überlieferungskette anerkannt, die bis Moses zurückreicht und seither ununterbrochen ihre Gelehrten ermächtigt, die Offenbarung durch die schriftliche und mündliche Tradition der göttlichen Weisung (*Torah* und *Talmud*) entsprechend zu verkünden. Diese Strömung des Judentums nimmt für sich in Anspruch, mit nahezu 4000 Jahren Kontinuität die vielleicht älteste Kultur der heutigen Welt zu sein, und das auch noch unter den wohl historisch ungünstigsten Bedingungen. Die nicht-orthodoxen Strömungen halten sich dagegen an den Glauben einer fortschreitenden Offenbarung durch geschichtliche Entwicklung. Die frühesten Zeugnisse dieser Ausrichtungen sind mit ungefähr 200 Jahren relativ jung.

Ein weiteres wichtiges Unterscheidungsmerkmal ist wie erwähnt die jeweilige Haltung zu den Geboten. In der »Reform«-Strömung ist die Anpassung der Gebote an die Bedingungen der Moderne das zentrale Motiv; während die »Conservative«-Bewegung die Einhaltung der Gebote nach deren jeweiliger Fähigkeit beurteilt, die ethischen Werte des Judentums erhalten (konservieren) zu können.

So unterschiedlich etwa die Orthodoxen und die Reformierten voneinander auch sind, beide beanspruchen für sich, die Tradition zu bewahren. Die Reformierten weisen darauf hin, dass es schon in der Antike Tradition war, die Gebote einer zeitgemäßen Prüfung und Anpassung in jedem Zeitalter zu unterziehen (siehe Meyer, 2000). Die Orthodoxen ihrerseits beanspruchen für sich, auch in der Moderne die Gebote so einzuhalten wie die Vorfahren vergangener Epochen und damit in ununterbrochener Tradition zu ihnen zu stehen. So wird ein orthodoxer Jude am Schabbat, dem wöchentlichen Ruhetag, keinen Lichtschalter betätigen: das ist definiert als eine moderne Form des Feuermachens und damit als Arbeit, welches am Ruhetag nicht verrichtet werden sollte. Im Reformjudentum wurde dagegen zu Beginn des zwanzigsten Jahrhunderts elektrischer Strom nicht zwingend als Erscheinungsform von Feuer definiert und zählt daher nicht ausdrücklich als Arbeit. Das »Conservative« Judentum ist in dieser Frage gespalten: dort gibt es auch die Ansicht, elektrischen Strom zwar als eine Erscheinungsform von Feuer zu betrachten, ihn aber unter bestimmten Umständen dennoch am Ruhetag zu erlauben.

In der Frage der Speisegesetze ergibt sich ein ähnliches Bild (siehe auch weiter unten: Speisegesetze). Aus Sicht der »Reformierten« lassen die Bedingungen der Moderne keinen Zusammenhang zwischen Nahrungsaufnahme und ethischem Handeln unmittelbar erkennen. Die Speisegesetze werden also im Reformjudentum als nicht verpflichtend betrachtet. Die »Conservativen« dagegen argumentieren (wie auch die »Orthodoxen«), dass die Art und Weise, wie Nahrung zubereitet wird (insbesondere Fleisch), durchaus das ethische Handeln beeinflusst und diese Ethik durch entsprechendes Handeln (also auch durch das Befolgen der Speisegesetze) konserviert werden kann. Für die »Orthodoxen« ist ohnehin auch das, was *in* den Mund kommt, genauso wichtig wie das, was *aus* dem Mund kommt. *Beides* muss »koscher« sein; d. h. den Geboten entsprechend und passend.

Schließlich betrachtet das orthodoxe Judentum die gesamte biblische (und sogar Teile der nachbiblischen) Überlieferung als gottgegeben. Die Nicht-Orthodoxen dagegen argumentieren, dass die Bibel zwar das Wort Gottes ist, aber bloß *göttlich inspiriert*, und daher nicht zwingend von Gott selbst. Daher herrscht in der »Conservative«- wie in der »Reform«-Bewegung die Meinung vor, nur diejenigen Gebote, die sich auf das ethische Handeln des Menschen auswirken, bedürfen der Beachtung und Ausübung; in der Beurteilung dieser Frage wird aber jeweils anders gewichtet.

Alle Strömungen sehen also einen Zusammenhang zwischen Kult und Ethik, gewichten diesen Zusammenhang allerdings unterschiedlich. Sie sehen sich alle damit in der Tradition des ethischen Monotheimus, der mit dem biblischen Abraham seinen Ursprung hatte. Dieser Ur-Vater des Monotheismus lässt vom Opfer an seinem Sohn durch die Intervention Gottes ab (Gen 22, 12) und läutet damit ein neues Zeitalter ein: das Zeitalter des ethischen Monotheismus. Dieses Einläuten sollte auch deutlich vernehmbar sein, daher verkündet es Abraham mit lauten Stößen auf einem Widderhorn (Gen 22, 13). Das entsprach der damals üblichen Praxis, besondere Ereignisse anzukündigen oder auf sie aufmerksam zu machen. Das Horn nahm Abraham von dem Widder, welchen er an Stelle des Sohnes opferte. Nach jüdischer Tradition wurde damit zugleich verkündet: von einem Menschenopfer soll fortan kein Heil zu erwarten sein. Für das Judentum stellt diese biblische Episode eine Zäsur der Menschheitsgeschichte von nicht zu unterschätzender Bedeutung dar. Bis heute wird jedes neue Jahr im Judentum mit einem Widderhorn (hebräisch *Schofar*) im Gottesdienst eingeläutet; als deutlich vernehmbares Zeichen für den Neuanfang (siehe auch weiter unten: Feiertage). In der gemeinsamen Folklore aller Strömungen im Judentum wird das *Schofar* auch als Instrument zum »Öffnen des Himmels« tradiert, welches die Neujahrsgebete bei Gott zu Gehör bringen soll.

Heilsbotschaft des Judentums

In der grundlegenden Frage der Heilsbotschaft sind sich alle Strömungen darin einig, dass es durchaus ein Heil für die Menschheit geben kann. Als Voraussetzung einer Erlösung der Menschheit gibt ihnen die gemeinsame Überlieferung vor, dass eine Erlösung der Menschheit nur von der Menschheit selbst kommen kann (und nicht nur die Juden, sondern alle erlöst). Genau diese Voraussetzung wird allerdings unterschiedlich skeptisch beurteilt. Aber wenn Gerechtigkeit und Wohltätigkeit (im Hebräischen zusammengefasst zu *Zedaka*) sich zur »Reparatur der Welt« (*Tikkun Olam*) durchsetzen, bricht die messianische Zeit an; darin sind sich alle wieder einig. Orthodoxe Juden erweitern diese Heilserwartung um die Dimension eines fleischgewordenen Messias, der das Heil einst bringen wird (wie im Christentum, allerdings frei von jeglichem Menschenopfer).

So bleiben alle Strömungen trotz unterschiedlicher Ansätze und Auslegungen in Glaubensfragen, und auch trotz gegenseitiger Polemik und Spannung, doch innerhalb der Parameter einer gemeinsamen Tradition und Folklore. Nicht anders war es bereits in der Antike, als es ebenfalls unterschiedliche Strömungen im Judentum gab (das Christentum als eine davon entfernte sich vom jüdischen Konsens, indem es in Jesu Tod, also einem Menschenopfer, eine Heilsbotschaft sah; siehe auch unten: »Tochterreligionen« des Judentums).

Struktur jüdischer Gemeinden heute

In allen Strömungen schließen sich Juden jeweils zu Gemeinden zusammen und behalten sich vor, eigene geistige Instanzen einzurichten, auf die sie eigene Schriftgelehrte und Lehrmeister berufen. Diese tragen den Titel »Rabbiner/in«; abgeleitet vom hebräischen *Rabbi* (= »mein Lehrmeister«).

Im heutigen Deutschland gilt das Prinzip der *Einheitsgemeinde*: jede jüdische Gemeinde wählt sich eine Vertretung, die u. a. damit beauftragt wird, eine/n Rabbiner/in zu berufen. Dies führt nicht selten zu Konflikten. Nur in größeren Gemeinden wie Berlin, München und Frankfurt, sind mehrere Rabbiner unterschiedlicher Strömungen nebeneinander tätig. Kleinere Gemeinden schließen sich oft zu Verbänden zusammen und müssen dann darum ringen, gemeinsam eine/n überregionalen Rabbiner/in zu berufen. Oft entscheidet die Verfügbarkeit eines Rabbiners für eine Stelle, nicht die von ihm/ihr vertretenen Strömung. Nicht selten sind ganze Gemeinden ohne Rabbiner/in. In einigen Gemeinden kommen so genannte »Wanderrabbiner« nur zu besonderen Anlässen (Feiertage, Familienfeste).

Die Interessensvertretung gegenüber staatlichen Institutionen entspricht den föderalen Ebenen von Bund, Ländern und Gemeinden: der *Zentralrat der Juden in Deutschland*, die *Landesverbände* jüdischer Gemeinden, und schließlich die einzelnen Gemeinden. Nach dem Prinzip der *Einheitsgemeinde* ist jeweils eine Gemeinde am Ort für alle dort lebenden Juden die zuständige Körperschaft. Dieses Prinzip hat sich trotz gelegentlicher Konflikte insgesamt als praktikabel bewährt. Vor allem bietet sie der jüdischen Gemeinschaft und den staatlichen Stellen die Freiheit, miteinander Staatsverträge (ähnlich den Verträgen zwischen den Kirchen und dem Staat) abzuschließen. Solche Staatsverträge sichern nicht zuletzt über die Kirchensteuer den finanziellen Rahmen der jüdischen Gemeinden in Deutschland. Juden zahlen also genauso wie Mitglieder der beiden Amtskirchen ihre Kirchensteuer (unter Angabe der Religionszugehörigkeit).

Frauen und Männer in öffentlichen Ämtern

Das »Reform«- und das »Conservative« Judentum behalten sich seit den 1970er Jahren vor, auch Frauen zu Rabbinern zu berufen. Die erste Ordination einer Frau zum Rabbiner fand bereits 1935 statt, und zwar in Deutschland, also während schlimmster Verfolgung. Im orthodoxen Judentum bekleiden Frauen zwar auch öffentliche Ämter, die Ordination zum Rabbiner ist aber allein Männern vorbehalten.

Es gibt also zwischen den verschiedenen Strömungen im Judentum heute auch eine unterschiedliche Auffassung des Verhältnisses zwischen den Geschlechtern. Während das Reformjudentum auf Gleichberechtigung pocht, streben die anderen nach einem *Ausgleich* zwischen Rechten und Pflichten bei Mann und Frau, der die Lasten, die durch die Unterschiede zwischen ihnen zu Stande kommen, gerechter verteilen soll. Da Frauen schon naturbedingt mehr Lasten haben, sollen sie an anderer Stelle entlastet werden. Eine solche Stelle ist der Gottesdienst: Frauen sind nicht dazu verpflichtet, daran teilzunehmen. Sie haben vielmehr das Recht, davon befreit zu sein. Dem öffentlichen Gebet wohnen sie also freiwillig bei; und nicht als dazu Verpflichtete. Im orthodoxen Judentum sitzen Frauen aus diesem Grund von den Männern getrennt in der Synagoge: um diejenigen, die ihre Pflicht zu erfüllen haben, von denjenigen zu trennen, die nicht dazu verpflichtet sind (hier gilt also, was auch im Sport ein Prinzip ist: erst die Pflicht, dann die Kür).

Gleichberechtigung ist in Bereichen möglich, wo die Lasten nicht ungleichmäßig verteilt sind und somit Rechte und Pflichten bei Mann und Frau gleich sind. In den liberalen Synagogen wurde die räumliche Trennung zwischen den Geschlechtern im letzten Jahrhundert aufgehoben, was aber nicht bedeutet, dass damit alle anderen Unterschiede zwischen Mann und Frau ebenfalls wegfielen. So sind auch in den liberalen Strömungen natürlich nur Männer von der Pflicht zur Beschneidung betroffen. Es hat allerdings im Reformjudentum Bestrebungen gegeben, die Beschneidung abzuschaffen (ohne Erfolg; so 1842 bis 1847 der mecklenburgische Landesrabbiner *Samuel Holdheim*).

Unterschiedliche Liturgien

Alle Strömungen behalten sich nicht nur Ausbildung und Berufung eigener Rabbiner vor, sondern auch parallel dazu eigene Liturgien im Gottesdienst. So hat das Reformjudentum erstmals vor über 200 Jahren eine Orgelbegleitung für den Gottesdienst eingeführt. Die anderen Strömungen lehnen dies ab, da der Tempelkult mitsamt der liturgischen Instrumente bei der Zerstörung des Tempels in Jerusalem im Jahre 70 n. d. Z. untergegangen ist. Alle Strömungen sind trotz unterschiedlicher Interpretation auch in dieser Frage innerhalb der tradierten Kontinuität: Während die Reformierten darauf hinweisen, dass im Tempel beim Gottesdienst musiziert wurde und die Synagogen von heute »neue Tempel« seien, weisen die anderen Strömungen darauf hin, dass die Zerstörung des Tempels nach einer neuen Form des Gottesdienstes verlangte. In dieser Frage sind also die Nicht-Reformierten die eigentlichen »Reformer«, und das schon seit fast 2000 Jahren.

Im Zentrum der Liturgie steht an Feiertagen (dazu gehört der Schabbat) jeweils die Lesung aus der Torah in ritualisierter Form aus einer handgeschriebenen Pergamentrolle. Wie vor Hunderten von Generationen geschieht dies unverändert im hebräischen Original der Bibel. Übersetzungen tragen stets die Gefahr von Missverständnissen in sich; schon deswegen bleibt die Bibellesung im jüdischen Gottesdienst bei dem Jahrtausende alten Urtext. Gerade die Bibel ist schlecht übersetzt (Lapide, 2004). Ein Beispiel von unendlich vielen ist die angeblich »alttestamentarische Rache« bei »Aug um Aug', Zahn um Zahn« (Ex 21, 23-25; siehe auch unten: »Alt« und »Neu«). Im Urtext heißt es »Aug' **unter** Aug'«, wie etwa »**unter** dem Strich« bei einer Rechnung. Bei Schadensersatzansprüchen sollte das eben in Rechnung gezogen werden, um den Streitwert zu bestimmen. Dadurch sollte gerade die primitive Blutrache eingedämmt und ersetzt werden durch eine Gerichtsbarkeit, in der die Verhältnismäßigkeit von Vergehen und Strafe verhandelt werden. Solche Zusammenhänge haben eine bessere Welt zum Ziel, und um sie zu erhalten, wird im jüdischen Gottesdienst das Wort Gottes eben im Original vorgetragen. Andere Teile des Gottesdienstes (z. B. Psalmen) werden nur bei den Nicht-Orthodoxen auch in der Landessprache gebetet. Die Predigt ist der einzige Teil des Gottesdienstes, der bei allen Strömungen in der Landessprache gehalten wird.

Die Segnung im Gottesdienst erfolgt nur in Reform-Gemeinden durch den Rabbiner oder die Rabbinerin. In den anderen Strömungen obliegt es den Angehörigen des Priestergeschlechts (*Kohanim*), die übrige Gemeinde mit dem priesterlichen Segen bei bestimmten Gottesdiensten zu segnen. Dieser als »Aronitischer Segen« bekannte Spruch (Num 6, 24–26) wurde auch in den christlichen Gottesdienst übernommen. Auf jüdischen Friedhöfen sind die Gräber der *Kohanim* oft durch das Motiv der segnenden Hände gekennzeichnet.

Eine Kopfbedeckung ist im Gottesdienst und auf dem Friedhof bei allen Strömungen für Männer üblich, in einigen Reformgemeinden auch für Frauen. Orthodoxe Männer tragen (als Zeichen der Demut vor Gott) auch außerhalb des Gottesdienstes stets eine Kopfbedeckung. Beim Gebet tragen verheiratete Männer in orthodoxen Gemeinden einen Gebetsschal; in nicht-orthodoxen Gemeinden ist das unterschiedlich (auch für Frauen). In vielen orthodoxen Gemeinden tragen nur unverheiratete Frauen ihr Haar offen, verheiratete Frauen dagegen verbergen ihr Haar, sei es mit einem Hut, einem Tuch oder einer Perücke. Seit jeher gelten Haare (und Gesang) einer Frau als verführerisch, und werden daher in vielen Kulturen, so eben auch im Judentum bei frommen verheirateten Frauen, öffentlich nicht offen getragen.

Gottesbild

Alle Strömungen berufen sich auf die seit biblischer Zeit im Judentum fest verankerte Vorstellung eines Gottes der Geschichte. So stehen in der Schöpfung Raum und Zeit relativ zueinander: genauso wie Gott alles Räumliche erschafft, erschafft Gott auch die Zeit und damit die Geschichte (was in Bezug auf die jüdische Identität von großer Bedeutung ist; siehe oben: *Jüdische Identität*). Viel wichtiger als heilige Orte sind daher heilige *Zeiten* im Judentum. Im Zentrum dieser Vorstellung ist die Einhaltung des Ruhetags; so unterschiedlich dies auch in den jeweiligen Strömungen gestaltet wird.

Alle Strömungen sind sich in ihrem Gottesbild darüber einig, dass Gott die Juden stets durch die Zeit und damit durch die Geschichte hindurch begleitet – trotz oder gerade wegen der tragischen Geschichte der Juden. Für viele Juden stellt dieser Punkt die größte Herausforderung dar, die sie in ihrem Judentum sehen.

Das Gottesbild wird am besten definiert durch die ersten fünf (der insgesamt dreizehn) »Glaubensartikel« des mittelalterlichen Philosophen *Moses Maimonides* (1135–1204):

1. Gott existiert.
2. Gott ist einzigartig.
3. Gott hat keinerlei Körperlichkeit.
4. Gott ist ewig und überall.
5. Nur Gott allein ist anbetungswürdig.

Die übrigen Glaubensartikel beziehen sich auf Gottes Offenbarung durch die Propheten Israels und auf eine künftige Erlösung der Menschheit. Diese Grundsätze verstehen sich als Leitfaden (und nicht dogmatisch) für den einzelnen Juden.

Der jüdische Kalender

Neben dem ethischen Monotheismus ist die Sieben-Tage-Woche ein bedeutender Beitrag des Judentums zur Weltkultur. Weltweit durchgesetzt hat sich die Sieben-Tage-Woche allerdings erst mit Ausbreitung des Christentums, welches den wöchentlichen Ruhetag und andere Feste aus dem Judentum in jeweils verchristlichter Form übernommen hat. Auch die Zeitrechnung der Jahre wurde verchristlicht und mit Christi Geburt eine Zeitenwende gesetzt.

Im Judentum wird bis heute die Bibel »zurückgerechnet« auf den Beginn der Menschheit mit Adam und Eva. Das christliche Jahr 2010 entspricht dann (weitgehend) dem jüdischen Jahr 5770. Mit anderen Worten: vor 5770 Jahren beginnt die Geschichte der Menschheit. Alles Vorherige ist demnach Vorgeschichte. Nach gängiger jüdischer Auffassung gibt es also keine Grundlage für einen Konflikt zwischen Glaube und Wissenschaft. Somit ist z. B. die übliche wissenschaftliche Argumentation verschiedener Entwicklungsstufen des Menschen einwandfrei mit dem Judentum vereinbar: der Mensch ist mit Adam und Eva zum Menschen geworden, nach dem Ebenbild Gottes (Gen 1, 26). Die menschlichen Wesen, die davor waren (vor über 5 770 Jahren lebten), sind eben vorgeschichtlich und somit nicht nach dem Ebenbild Gottes erschaffen. Die Geschichte des Menschen beginnt am sechsten Tag der Schöpfung, an dem er erschaffen wurde und den Odem Gottes eingehaucht bekam (Gen 2, 7). Dieser Hauch macht nach jüdischem Glauben den Menschen zum Menschen und die Menschheit unteilbar, da alle von Adam und Eva abstammen. Die Jahreszählung soll auch diese Auffassung zum Ausdruck bringen.

Nur die Wochentage des jüdischen und des (christlichen) Zivilkalenders entsprechen sich (wobei die Tage im jüdischen Kalender stets mit Sonnenuntergang, und nicht mitten in der Nacht beginnen). Andere Größen sind nicht kompatibel, da die Monate nicht übereinstimmen.

Jeder jüdische Monat beginnt stets mit Neumond (Mondkalender-Prinzip; ähnlich dem islamischen Kalender). Da der Mond ungefähr 29 und ein halb Tage um die Erde braucht, haben im jüdischen Kalender die Monate in der Regel abwechselnd 29 oder 30 Tage. Schaltjahre werden nach einer komplizierten Formel berechnet, um den Jahresfesten in ihren jahreszeitlichen Bezügen gerecht zu werden (Sonnenkalender-Prinzip; ähnlich dem christlichen Kalender). Nach dieser Formel gibt es in komplexer Regelmäßigkeit einen ganzen zusätzlichen Monat in bestimmten Jahren. Diese komplexe Synthese von Sonnen- und Mondkalender war im Judentum bereits in der Antike üblich; also lange vor der Erkenntnis, dass die Sonne und nicht die Erde im Mittelpunkt unseres Systems steht. Sie trägt auch einer jüdischen Philosophie Rechnung, die besagt, dass es in der Schöpfung ein Muster gibt, wonach Teilkräfte wie Sonne und Mond sich zu Ganzheiten ergänzen oder vervollständigen. Erst diese Ergänzung schafft eine Ausgeglichenheit, die wiederum eine Voraussetzung für Frieden ist. Dieses dialektische oder bipolare Muster (aus These, Gegenthese und Synthese) ist bereits in der Schöpfungsgeschichte erkennbar: »Im Anfang schuf Gott Himmel und Erde«. Wie ein roter Faden geht es dann weiter mit dem Trockenen und dem Feuchten (ergänzen sich zur Erdoberfläche), den Pflanzen und den Tieren (ergänzen sich zum Ökosystem), schließlich Mann und Frau (ergänzen sich zum Menschen). Fehlt diesem Muster jeweils ein Teil, so herrscht Ungleichgewicht und Unfrieden. In dieser Hinsicht steht das Judentum den fernöstlichen Religionen mit ihren Philosophien der Kräfte und Gegenkräfte, die nach Gleichgewicht verlangen, näher als einem westlich geprägten Glauben einer Schöpfung, die nicht unbedingt als dialektisches oder bipolares Muster, welches in Einklang zu bringen ist, aufgefasst wird.

In der ursprünglichen (jüdischen) Form der Woche ist der Sonntag der erste und der Samstag der letzte und damit der Ruhetag (*Schabbat*; in der christlichen Tradition war dies genauso bis zum Konzil von 325 n. d. Z., als der Ruhetag per Beschluss auf den Sonntag gelegt wurde). Die Tage beginnen mit Dunkelheit und gehen in Helligkeit über; dies entspricht sowohl der Schöpfung des Lichts durch das Wort Gottes aus dem Nichts heraus (Gen. 1, 3) als auch der Abfolge von Dunkelheit in die Helligkeit gemäß dem biblischen Spruch »es ward Abend, es ward Morgen« (Gen 1, 5; 8; 13; 19; 23; 31) – in dieser Reihenfolge eben. Demnach beginnen auch alle jüdischen Feiertage abends.

Jüdische Feiertage

Der wöchentliche Ruhetag Schabbat spielt im Judentum eine herausragende Rolle; seine Einhaltung wird schon als eines der Zehn Gebote (Ex 20, 8-11) angemahnt. Diese Stellung in der Bibel weist den Schabbat als das erste der biblischen Feste aus. Die anderen sind: Neumond und Neujahr, Versöhnungstag und die drei »Pilgerfeste«.

Zu biblischen Zeiten wurde auch Neumond als Fest gefeiert; seit der Zerstörung des Tempels hat Neumond als Fest seine Bedeutung weitgehend verloren. Alle anderen biblischen Feste sind Jahresfeste.

Das jüdische Jahr folgt der biblischen Tradition (Lev 23, 23-25) und beginnt mit dem ersten Neumond im Herbst (das Neue ist wie der Mond dann zwar vorhanden, aber nicht sichtbar). Das Neujahrsfest, Rosch HaSchana, wird zwei Tage lang in ernster Stimmung gefeiert, denn es gilt als Zeit der Musterung und des Gerichts aller Geschöpfe vor dem barmherzigen und gerechten Schöpfer. Als besonderes Kennzeichen in der Liturgie des Fests sind die teils schmetternden, teils langgezogenen Töne des Schofar (= Widderhorn). Diese sollen an den Neuanfang erinnern, den Abraham mit einem solchen Horn nach der Nicht-Opferung seines Sohnes Jitzchak verkündete (siehe auch weiter oben: Strömungen im Judentum heute).

Bald nach Neujahr, am zehnten Tag des Jahres, folgt gemäß der Torah (Lev 16; 23, 27-32) der Versöhnungstag Jom Kippur. Dieser gilt als höchster Feiertag im Jahreszyklus. Als strenger Fasttag mit größtem Ernst begangen, verbringen viele Beter den ganzen Tag in der Synagoge, in ihren weißen Gebetsmänteln gehüllt (welche auch als Sterbegewänder mit ins Grab gelegt werden; siehe auch unten: Tod und Trauer). Mit Neujahr wird dieses Fest zu den »Hohen Feiertagen« zusammengefasst.

Diese Feste wurden bereits in biblischen Zeiten gefeiert, wenn auch noch gemäß dem Tempelkult (also mit landwirtschaftlichen Opferungen). Seit Zerstörung des Tempels (70 n. d. Z.) ist der Tempelkult einem Wortgottesdienst gewichen. Auch ohne Tempel sind freilich die in der Bibel festgeschriebenen Zeiten geblieben (Ex 23, 14-17; Lev 23; Deut 16). Neben dem *Schabbat* und den Hohen Feiertagen (Neujahr und Versöhnungsfest) zählen auch die drei »Wallfahrtsfeste« dazu: *Pessach, Schawu'oth* und *Sukkoth* (Lev 23). An allen dieser Feste herrscht das Ruhegebot wie an Schabbat.

An den drei »Wallfahrtsfesten« wird besonders deutlich, wie sehr das Judentum im Christentum präsent ist: sie sind die Grundlage der christlichen Hauptfeste *Ostern, Pfingsten* und *Weihnachten*. Bei den ersten beiden ist dies schon aus der jahreszeitlichen Nähe der jüdischen und christlichen Feste auffällig, bei *Sukkoth* (auch »Laubhüttenfest« genannt) erst bei näherer Betrachtung. Oft wird *Pessach* als das »jüdische Ostern« und *Schawu'oth* als das »jüdische Pfingsten« beschrieben – rein historisch entspricht Ostern eher dem »christlichen Pessach« und Pfingsten dem »christlichen Schawu'oth«.

Das Hauptmotiv zu Pessach ist die *Freiheit*. Gefeiert wird die Befreiung der Vorfahren aus der Sklaverei in Ägypten vor 3800 Jahren (vgl. Ex 12-13) mit einer häuslichen Zeremonie zum Abendessen (*Seder-Mahl*) beim ersten Vollmond im Frühjahr (der Konstellation, bei der der Auszug stattfand) und der Woche danach. Dem Motiv der *Freiheit* zu Pessach entspricht in christlicher Form die *Auferstehung* zu Ostern, die auch um diese Jahreszeit herum gefeiert wird. Ebenfalls der jüdischen Zählung (Lev 23, 9-16) folgend findet 50 Tage danach Pfingsten statt. Gemäß der Bibel (Lev 23, 16) ist das im Judentum *Schawu'oth*. An diesem Fest wird die Übergabe der Torah von Gott an das Volk durch Moses gefeiert (Ex 19-20). Dieses Fest wird auch »Wochenfest« genannt, da sieben mal sieben Tage gezählt werden zwischen *Pessach* und *Schawu'oth*. Das ritualisierte Zählen der Tage soll darauf aufmerksam machen, dass die Offenbarung der Torah mit der Befreiung verbunden ist: Erst die (körperliche) Befreiung aus der Sklaverei macht die (geistige) Freiheit möglich, Gottes Offenbarung anzunehmen (in christlicher Form: erst die Auferstehung macht die Ausgießung des Heiligen Geistes möglich; vgl. Apg 2). Die 49 Tage dazwischen stellen im Judentum die Stufen der Vorbereitung auf die Offenbarung dar. Sie werden in einer kleinen häuslichen Zeremonie (»Ömer-Zählen«) jeweils abends bis zum Fest verkündet.

Weniger deutlich als Grundlage für ein christliches Hauptfest ist das Laubhüttenfest. In der Literatur wird gar oft zu Unrecht behauptet, dieses Fest kenne keine Entsprechung im christlichen Kirchenjahr. Es hat seinen Namen von den Hütten (hebr.: *Sukkot*), die den Vorfahren als Notbehausungen während der Wüstenwanderung dienten. Zur Erinnerung daran wird dieses Fest beim ersten Vollmond im Herbst (nach den »Hohen Feiertagen«) acht Tage lang gefeiert (Lev 23, 39), zugleich als Erntedank und um für Regen im Heiligen Land zu beten. Fromme Juden verbringen in dieser Festwoche viel Zeit in Hütten mit einfachen Laubdächern. Unmittelbar nach dem Laubhüttenfest folgt das Freudenfest der Torah (*Simchat Torah*). Der jährliche Lesezyklus der Fünf Bücher Moses aus den Torahrollen in den Synagogen findet an diesem Tag seinen Abschluss und zugleich Neuanfang. Dabei werden die Torahrollen in den Synagogen herumgereicht und sogar mit ihnen Tänze aufgeführt. Alte jüdische Legenden erzählen, wie sogar die Könige im alten Israel ihre Paläste während des Laubhüttenfests verließen, um wie alle im Volk in einfachen Hütten zu wohnen und mit ihnen zu tanzen und feiern. Als während der Römerzeit Nichtjuden zu Herrschern ernannt wurden, die diesen Brauch ignorierten, sehnte sich das Volk wieder nach den Königen, die ihm einst nahe waren. Die christliche Botschaft von einem neuen König soll auch verkünden: Hier ist ein König, der nicht erst in eine Hütte ziehen muss, um seinem Volk nahe zu sein, sondern in einer Hütte geboren wird – näher geht es nicht. Leider ist diese Weihnachtsbotschaft im Christentum sehr früh in Vergessenheit geraten. Es hätte viele Jahrhunderte hindurch den Christen vielleicht dazu verholfen, das Judentum als Mutterreligion zu akzeptieren statt es als minderwertig zu betrachten. Ein Konzil im vierten Jahrhundert hat auch per Beschluss das Datum für Weihnachten auf die winterliche Sonnenwende gelegt, und damit auch die kalendarische Entsprechung zum Laubhüttenfest aufgehoben (auch der wöchentliche Ruhetag wurde wie oben bereits erwähnt auf den Sonntag verschoben). Dafür wird oft und in jeder Hinsicht verkehrt als »jüdische Weihnachten« das Fest *Chanukka* bemüht, welches zwar kalendarisch in der Nähe von Weihnachten liegt, aber außer einigen Bräuchen wie Kerzen anzünden, Süßigkeiten essen und Lieder singen nichts mit Weihnachten gemein hat. Die zeitliche Nähe der beiden Feste hat die Entstehung des jüdischen Brauchs, sich gegenseitig auch an *Chanukka* zu beschenken, begünstigt. Zudem wird *Chanukka* laut Untersuchungen der *Hebräischen Universität Jerusalem* von mehr Juden weltweit gefeiert als die Hauptfeste Laubhütten- und Wochenfest; wohl ebenfalls wegen der zeitlichen Nähe zu Weihnachten, wenn in christlich geprägten Kulturen entsprechend Feiertagsstimmung ist. Das Judentum hat in diesem Punkt durchaus christlichem Einfluss nachgegeben, obwohl (oder gerade weil) *Chanukka* in seinem Wesen an das Minderheitenbewusstsein der Juden appelliert: gefeiert wird das Bestehen der jüdischen Minderheit im Kampf um Glaubensfreiheit gegen die heidnische Überlegenheit in hellenistischer Zeit (vgl. 1. Makk 4, 51-59; 2. Makk 10, 1-8). Dieses achttägige Fest wird auch »Weihe-« oder »Lichterfest« genannt, da an jedem

Abend ein Licht mehr an einem achtarmigen Leuchter angezündet wird, der einen gesonderten neunten Arm für das so genannte »Dienerlicht« hat, mit dessen Hilfe die anderen Kerzen angezündet werden. Solche Chanukka-Leuchter werden sichtbar an Türen oder Fenstern aufgestellt als Bekenntnis zum Judentum und zur Erinnerung an das erfolgreiche Zünden des Tempelleuchters mit einem Kännchen priesterlich gepresstem Öl nach der Rettung des Tempels aus der Gefahr heidnischer Übernahme im Jahre 165 v. d. Z. Die acht Tage lang anhaltende Flamme dieser kleinen Menge Öls gilt als die erneute Weihe (hebr.: *Chanukka*) des Heiligtums.

Chanukka zählt zusammen mit *Purim* zu den nachbiblischen Festen im Judentum. Anders als bei den biblischen Festen (siehe oben), kennen die nachbiblischen (oder »talmudischen«) Feste kein Werkverbot. So können *Chanukka* und *Purim* ihren fröhlichen Grundstimmungen entsprechend auch als musikalische Veranstaltungen gefeiert werden.

Purim ist ein freudiger Gedenktag zur Erinnerung an die wundersame Rettung der Juden im antiken Persien vor rund 2 500 Jahren. Statt der drohenden Vernichtung wendete sich das Los (daher wird *Purim* auch *Losfest* genannt, von altpersisch *Pur* = Los) wie im biblischen Buch *Esther* beschrieben. Der Gottesdienst wird ausgelassen gefeiert; viele Beter kommen verkleidet in die Synagoge. Die Verkleidung lehnt sich an die biblische Geschichte der Königin Esther, die ihre wahre Identität als Jüdin verbarg, bis sie den richtigen Moment abpasste, um das Los ihres Volkes zu wenden. Ihr Gegenspieler *Haman* hatte bereits Lose gezogen, um das Datum der Vernichtung zu bestimmen. Für das Gemeinschaftsgefühl der Juden, einer stets gefährdeten Minderheit anzugehören, ist die Botschaft der Errettung aus der Gefahr drohender Vernichtung ein Trost (auch und gerade für säkulare Juden). Bei der rituellen Lesung des Buches Esther an Purim ist es Brauch, bei jeder Erwähnung des Schurken *Haman* einen Lärm zu veranstalten, damit sein Name ausgelöscht, zugleich aber nie vergessen wird. Die dabei entstehende ausgelassene Stimmung wird oft »jüdischer Karneval« genannt. Es gibt hier wieder nur eine zeitliche Nähe (und keine inhaltliche) zum christlichen Fest.

Weitere Feste über das Jahr hinweg sind talmudischen, also nachbiblischen Ursprungs und werden zumeist nur von gläubigen Juden begangen. Säkulare Juden sind sich zumeist immerhin der Bedeutung dieser Tage bewusst, auch wenn sie sich nicht an die traditionellen Rituale halten (wie etwa das Fasten an Trauertagen).

Alltag und Feiern im jüdischen Lebensweg

Für fromme Juden ist das ganze Leben Gottesdienst. Einzelne Stationen zwischen Geburt und Sterben werden freilich auch religiös gefeiert, wobei naturgemäß zwischen den Geschlechtern unterschieden wird. So ist es üblich, ein männliches Kind zu beschneiden. Mit der Beschneidung erhält das Kind auch seinen Namen und wird in den »göttlichen Bund« (hebr.: *B'rith*, auch »Bund Abrahams« genannt) aufgenommen. Sofern das Kind gesund ist, geschieht das am achten Tag nach der Geburt (vgl. Gen 17, 9-14). Im Christentum wurde die Pflicht zur Beschneidung aufgehoben (vgl. Apg 15). Ist das Kind weiblich, bekommt es seinen Namen meist bei oder nach der Torah-Lesung des Schabbats nach der Geburt.

Erstgeborene, sofern sie männlich sind, werden einen Monat nach der Geburt »ausgelöst« (*Pidjon ha-Ben*). Solche Auslösungsfeiern sind allerdings eher selten. Die Eltern des Erstgeborenen überreichen feierlich bei einem Festessen einem Angehörigen einer Priesterfamilie (hebr.: *Kohen*) die Auslösesumme gemäß biblischer Vorschrift (Ex 13, 11-15). Die Summe wird einem wohltätigen Zweck gespendet. Ein *Kohen* selbst ist von dieser Pflicht befreit. Dafür kennt ein *Kohen* andere Pflichten, die er im Lauf seines Lebens zu erfüllen hat (siehe auch oben: Unterschiedliche Liturgien).

Im Talmud (Traktat *Awot*) werden Lebensstationen aufgelistet mitsamt Empfehlungen, wann diese im Verlauf eines Lebens stattfinden sollten. So heißt es dort: »Mit fünf soll man die Heilige Schrift lernen ... mit dreizehn die Gebote erfüllen« (Awot 5, 24). Um die Schrift lernen und alleine lesen zu können, entstand schon früh im Judentum der Brauch, die Kinder im Alter von drei Jahren mit dem Lesenlernen beginnen zu lassen. Da mit 13 Jahren »die Gebote erfüllt« werden sollten (*Bar Mitzwa*), ist es üblich geworden, dies auch zu feiern. Da die Teilnahme am öffentlichen Gottesdienst eines der Gebote darstellt, wird der 13-jährige Jude in die Gemeinde als vollwertiges Mitglied öffentlich »eingeführt«, indem er im Gottesdienst einen Abschnitt aus der Torah-Lesung vorträgt. Auch in früheren Jahrhunderten, als es noch nicht üblich war, dies mit einem großen Fest zu feiern, sorgte der Konformitätsdruck innerhalb einer Gemeinde stets dafür, dass Eltern das Bildungsideal aus dem Talmud nicht bloß als Empfehlung auffassten, sondern tatsächlich umsetzten. Der Alphabetisierungsgrad bei Juden war dadurch stets höher als bei der übrigen Bevölkerung. Dies blieb freilich nicht ohne soziale Auswirkungen im Verhältnis zu den Nicht-Juden. Nicht selten wurden Juden nicht trotz, sondern wegen ihrer Bildung verfolgt. Im Mittelalter wurde regelmäßig den Juden unterstellt, ihre Bildung vom Teufel erhalten zu haben. Nichtgebildete Schichten der Bevölkerung konnten sich so die Welt erklären und die Juden für alles Unerklärbare schuldig machen. Auch die Reinheitsgebote im Judentum leisteten diesem kruden Weltbild Vorschub. Als viele Juden z. B. von der Pest im Mittelalter nicht betroffen waren, konnte das nur glaubhaft mit diesem Weltbild erklärt werden. Erst rückblickend wurde ein Zusammenhang zwischen Sauberkeit und Gesundheit erkannt. Das Händewaschen vor einer Mahlzeit gehört seit der Antike zu den jüdischen Reinheitsgeboten, wie auch die Tauchbäder, welche vor allem verheiratete Frauen regelmäßig durchführen. Die Beschneidung bei Männern zählt ebenfalls zu den Reinheitsgeboten. Mit »Reinheit« wird vor allem die spirituelle Reinheit gemeint; Überschneidungen mit körperlicher Reinheit sind dabei freilich gegeben. Auch die Speisegesetze gehören dazu (siehe unten: Speisegesetze). Sie betreffen nicht nur das Essen selbst, sondern auch die Reinheit von Kochgeschirr, Gefäßen und Besteck. Die Reinheitsgebote in ihrer Gesamtheit konnten die Juden im Mittelalter zwar vor der Pest, zugleich aber nicht vor Verfolgung bewahren – im Gegenteil.

Da Frauen vom Gebot der Teilnahme am öffentlichen Gottesdienst befreit sind (siehe oben: Frauen und Männer in öffentlichen Ämtern), haben sich für sie andere Initiationsbräuche entwickelt, die von Ort zu Ort variieren. In einigen Reform-Gemeinden wurde ihnen seit dem letzten Jahrhundert die Möglichkeit gegeben, genau wie junge Männer initiiert zu werden.

Bis zum zwölften Lebensjahr sind die Eltern im religiösen Sinn haftbar. Mit 12 übernehmen Mädchen die volle Haftung für ihr Tun. Sie sind dann *Bat-Mitzwah* (hebr.: »Tochter der Pflicht«) und gelten als erwachsen mit allen Rechten und Pflichten. Bei Knaben ist das eben ein Jahr später (siehe oben) und heißt *Bar-Mitzwah* (hebr.: »Sohn der Pflicht«). Die dazugehörige Initiation heißt ebenfalls *Bat-* bzw. *Bar-Mitzwah*. In vielen Gemeinden werden *Bat-* bzw. *Bar-Mitzwah*-Feiern als große Ereignisse abgehalten.

Zwar gilt die *Bar-* bzw. *Bat-Mitzwah* als Station des Erwachsenwerdens eines Juden bzw. einer Jüdin, aber erst mit der Eheschließung werden sie als wirklich vollwertige Mitglieder der jüdischen Gemeinschaft betrachtet. Die Trauung findet vor der Gemeinde unter einem Baldachin (hebr.: *Chuppa*) statt, welches das Heim des Paares symbolisiert. Unter der *Chuppa* steckt der Bräutigam der Braut den Ring an den Finger (im Reformjudentum tauschen beide Ehepartner Ringe aus). Der zuvor unterschriebene Ehevertrag wird danach verlesen. In der althergebrachten Formel werden darin die Ehepflichten des Bräutigams festgehalten (im Reformjudentum die Pflichten beider Ehepartner). Es werden noch Segenssprüche aufgesagt, und die Zeremonie endet mit dem Psalmvers »Sollte ich dich vergessen, Jerusalem, lasse meine Rechte verdorren, meine Zunge am Gaumen kleben« (Ps 137, 4-5), woraufhin der Bräutigam ein Glas zertritt und die Hochzeitsmusik einsetzt. Die Scherben sollen an den zerstörten Tempel erinnern und daran, dass Freude und Trauer sich abwechseln.

Mit dem Eintritt in die Ehe greifen die Gebote des Familienlebens. In erster Linie ist damit die Ehehygiene betroffen: verheirate Frauen suchen regelmäßig das rituelle Bad (*Mikwe*) auf (heute zumeist nur von orthodoxen Frauen befolgt). Ein gelebtes Judentum wird vor allem in der Familie entfaltet sowie in allen Bereichen des Alltags. Kinder und deren Erziehung spielen dabei eine wichtige Rolle. Sie sind die Erfüllung des ersten Gebots der Bibel: »Seid fruchtbar und mehret Euch« (Gen 1, 28). Da Mann und Frau sich nach dem dialektischen Schöpfungsmuster wie Himmel und Erde ergänzen und erst zusammen vollkommen sind, geht die jüdische Tradition davon aus, dass die Partner auch zueinander passen sollten. Zwischen Himmel und Erde gehört zwar auch hin und wieder Sturm, aber wenn eine Ehe »Dauersturm« ist, sollte ihr die Auflösung (als letzter Ausweg) ermöglicht werden. Die Auflösung wird (wie die Eheschließung) vertraglich geregelt. Der Scheidungsvertrag wird vor einem rabbinischen Gericht verhandelt und geschrieben. Danach können die Geschiedenen sich neu vermählen.

Tod und Trauer

Das Leben und seine Erhaltung gelten im Judentum als heiligstes und allerhöchstes Gut. Nach normativer jüdischer Auslegung entsprechen Leben und Tod dem dialektischen Schöpfungsmuster wie Himmel und Erde usw. Wann das Leben beendet und der Tod eingetreten ist, wird im traditionellen Judentum überwiegend definiert mit dem Zeitpunkt des Atemstillstands; d. h. wenn der Atem als eigenständige Funktion unumkehrbar aussetzt und damit der von Gott eingehauchte Lebens-Odem (Gen 1, 7) endgültig ausgehaucht wird, gemäß dem Prinzip »Gott hat gegeben, Gott hat genommen« (Hiob 1, 21).

Ausgehend von dieser Definition sind Organentnahmen für Transplantationen mit dem Glauben nicht nur vereinbar, sondern sogar geboten, wenn dadurch Leben gerettet oder erhalten werden kann. Dies ist umso dringender geboten, wenn zugleich auch das Gebot der Nächstenliebe (Lev 19, 18) dadurch berührt ist und das Leiden eines Kranken gestoppt oder zumindest verringert werden kann. Zuweilen tritt in der Medizin hier ein Konflikt ein: mit schmerzstillenden Mitteln können Leiden zwar gemildert werden, aber oft wird damit durch Nebenwirkungen das Leben verkürzt. Einerseits sollen Schmerz und Leiden vermieden oder zumindest verkürzt werden, andererseits ist jede Handlung verboten, die das Leben abkürzt. Dieses Dilemma kann nur fallweise-individuell gelöst werden unter Hinzuziehung ärztlichen und rabbinischen Rates. Schmerzstillende Mittel dürfen nur zum Ziel haben, das Leiden, und eben nicht das Leben, zu stoppen.

Ist der Tod eingetreten, so gilt der Betreuung des/der Toten als eine der höchsten religiösen Pflichten. Aus diesem Grund gibt es in jeder jüdischen Gemeinde eine ehrenamtliche *Beerdigungsgesellschaft*. Ihre Mitglieder kümmern sich um die Waschung des Leichnams, die Herstellung des Sarges und der Totengewänder wie um die Auswahl und Aushebung des Grabes. Das Grab selbst gilt als Eigentum des/der Toten; eine Einebnung und Neubelegung kommt nicht in Frage. Auf alten jüdischen Friedhöfen wurde daher eine Generation nach der anderen übereinander bestattet, wenn der Platz nicht ausreichte. Heutzutage kann jede jüdische Gemeinde zusätzlichen oder neuen Platz ankaufen; früher (bis ins 19. Jahrhundert) wurde ihnen das nur begrenzt gestattet oder ganz verwehrt.

Nach kurzer Totenwache – die Beisetzung soll so schnell wie möglich erfolgen – wird der Sarg in die Trauerhalle gebracht. Jeder Prunk soll bei der Beisetzung vermieden werden. Der Sarg ist daher aus einfachem heimischem Holz; dünn und ungehobelt. Das Totengewand besteht aus einfachem weißem Leinen. Diese einfache Umhüllung des Leichnams soll einen natürlichen Übergang in den Erdboden (gemäß Gen 3, 19) gewährleisten. Beschleunigung oder Verlangsamung dieses Prozesses durch Kremierung einerseits oder Einbalsamierung andererseits sind daher nicht *koscher*. Wenn auf jüdischen Friedhöfen dennoch auch Urnengräber zu entdecken sind, ist davon auszugehen, dass diese entweder dem ausdrücklichen Wunsch der Verstorbenen entsprachen oder das genaue Gegenteil der Fall war. Auf jeden Fall sind Urnengräber auf jüdischen Friedhöfen nicht die Regel.

Nach Andacht und Grabrede(n) wird der Sarg zum Grab gebracht und dort von den Anwesenden zugeschaufelt. Eine Grabrede muss immer der Wahrheit entsprechen; die Unwahrheit zu reden gilt als Störung der Totenruhe (auch wenn es sich um unwahres Lob handelt). Als Zeichen der Trauer reißen die Hinterbliebenen ihr Hemd ein (gemäß Gen 37, 33) und rezitieren das *Kaddisch*-Gebet. Beim *Kaddisch* handelt es sich um einen Lobpreis Gottes, und nicht, wie oft in der Literatur behauptet, um ein Totengebet. Die Trauernden rezitieren ihn täglich im ersten Jahr nach dem Tod des/der Angehörigen; danach alljährlich am Todestag, an dem eine Kerze als Trauerlicht, auch *Jahrzeitlicht* genannt, angezündet wird.

Nach der Beisetzung halten die Hinterbliebenen eine Trauerwoche ab; eine so genannte *Schiwah* (hebr.: »sieben«). In dieser Zeit tragen sie das am Grab eingerissene Hemd. Während sie Besuch empfangen, sitzen sie auf niedrigen Schemeln als Zeichen der Erniedrigung durch den Tod und um dem/der Toten symbolisch näher zu sein. Nach dreißig Tagen dürfen sie erstmals zum Grab des/der Verstorbenen gehen; diese Zeit sei nötig, um die Trennung zu verarbeiten. Die Trauerriten sehen zudem vor, dass Trauernde ein Jahr lang weder Konzerte noch Theater oder andere Vergnügungsveranstaltungen besuchen. Vor Ablauf eines Jahres wird dann in einer kleinen Feier der Grabstein eingeweiht.

Das Judentum lehnt jeden Totenkult ab (gemäß Dt 34, 6 ist nicht einmal von Moses eine Grabstelle bekannt). Gräber verdienter Vorfahren oder berühmter Gelehrten aufzusuchen, ist bei frommen Juden dennoch Brauch. Häufig werden dort kleine Zettel abgelegt. Auf ihnen sind Wünsche der Gläubigen geschrieben, welche die Seele der beerdigten Persönlichkeit im Jenseits vor Gott vortragen soll.

Ein Grabstein ist der einzige Schmuck des Grabes. Blumenschmuck ist vergänglich und daher nicht üblich. Es ist vielmehr Tradition, bei einem Grabbesuch einen kleinen Stein auf das Grabmal zu legen. Es ist nachgewiesen, dass dieser Brauch über 3 000 Jahre alt ist, aber über seine Ursprünge ist nichts bekannt. Stattdessen gilt die Legende, dass die Kinder Israels bereits bei ihrer vierzigjährigen Wüstenwanderung diesen Brauch begründeten, als sie frische Gräber vor wilden Tieren schützen wollten und sie deshalb mit Steinen abdeckten. Ein Grab zu beschützen gilt als Ehre. Kamen die Hinterbliebenen wieder an einem Grab vorbei, trugen sie erneut Steine darauf als zusätzliche Ehre und Schutz. Steine auf einem Grab sind also Zeichen der Ehre und sollten daher nicht weggeräumt werden.

Speisegesetze

Die Speisegesetze gehören, wie bereits oben erwähnt, in die Rubrik »Alltag« und betreffen den Bereich der Reinheit. Mit »Reinheit« ist in erster Linie die *spirituelle* Reinheit gemeint. Essen, welches diesem Ideal entspricht, wird *koscher* genannt. Überhaupt werden alle Handlungen, die spirituell als rein gelten, als *koscher* bezeichnet. Das Gegenteil ist *taref* (hebr.: »gerissen«, im Sinn von Reißen eines Tieres). Als koscher kann also nur ein Tier gelten, welches nicht »gerissen« wurde (wie von einem anderen Tier). Aus diesem Grund wird präzise in der Überlieferung beschrieben, wie geschlachtet werden muss. Das Tier muss dabei unmittelbar bewusstlos werden (*Schächtung*), um sein Leiden so gering wie möglich zu halten. Der *Schächter* muss zuvor die Klinge selbst spüren (am eigenen Daumennagel). Durch diese *Nagelprobe* kann er spüren, ob unsichtbare Unebenheiten auf der Klinge sind, die ein unnötiges Leiden des Tieres zur Folge hätte. Nur eine einwandfrei scharfe Klinge ist *koscher*. Alles andere ist *taref*, also als ob das Fleisch von einem anderen Tier gerissen worden wäre (selbst bei einem als »rein« geltendem Schlachttier). Als »reine« Tiere gelten alle wiederkäuenden Paarhufer; bei Geflügel nur die Arten, die keine Raubvögel sind und als *koscher* überliefert sind. Fische gelten nicht als Fleisch, und werden herkömmlich geschlachtet; allerdings nur solche, die Schuppen und Flossen haben.

Die Speisegesetze sehen eine strenge Trennung zwischen Fleischigem und Milchigem vor. Dies geht auf den (dreimaligen) Bibelvers zurück: *Du sollst das Zicklein nicht in der Milch seiner Mutter kochen.* (Ex 23, 19; 34,26 und Dt 14, 21). Einen Grund dafür nennt die Schrift nicht. Sie entspricht aber dem bereits genannten Muster in der Schöpfung, welches auf Ergänzung von polaren Teilbereichen aufgebaut ist (Himmel und Erde, Nacht und Tag, Feuchtmasse und Trockenmasse, Sonne und Mond, Mann und Frau, heilig und profan usw.). Die Reinheit wird erreicht, indem diesem Muster Rechnung getragen wird. Fleisch und Milch sind also auch polare Teilbereiche, die nebeneinander und miteinander existieren. Für eine milchige Mahlzeit muss auch kein Leben genommen werden, im Gegensatz zu einer fleischigen Mahlzeit. Leben und Tod existieren schließlich auch als polares Begriffspaar nebeneinander und miteinander. Sie bedingen sich letztendlich gegenseitig, wie alle anderen Begriffspaare des Schöpfungsmusters, die aus These und Gegenthese eine Synthese ergeben. So sieht sich das Judentum schließlich selbst als Teilbereich eines dialektischen Begriffspaares: es gibt die Juden (These) und es gibt die Nicht-Juden (Antithese); zusammen ergeben sie die Menschheit (Synthese). Schon um dieses Muster zu erhalten, sieht das Judentum vom Missionieren bei anderen Glauben ab. Ein Übertritt aus freien Stücken zum Judentum ist dagegen zwar möglich, aber ein langwieriger Prozess.

Splittergruppen

Bis auf Splittergruppen sind sich alle Strömungen des Judentums heute darin einig, dass die tragische Zerstörung des Tempels eine unumkehrbare Tatsache ist, mitsamt aller geschichtlichen Konsequenzen (Zerstreuung des Volkes, Verfolgung usw.) daraus. In den Medien wird diesen Splittergruppen erstaunlicherweise auch Raum geboten; innerhalb des Judentums werden sie größtenteils entweder belächelt oder als Erscheinung eines gefährlichen Extremismus abgelehnt, da sie den Wiederaufbau des Tempels fordern. Sie nennen sich selbst die »Tempelberg-Getreuen«, womit sie sich schon namentlich von den »Torah-Treuen« abgrenzen. Statt heiliger Schrift und heiliger Zeiten, die nach der Torah einzuhalten sind, geht es ihnen vorrangig um einen heiligen Ort, den sie zu verehren als Gebot betrachten. Ein solches Gebot existiert indes weder in der schriftlichen noch in der mündlichen jüdischen Überlieferung.

Für die Torah-Treuen ist die Theologie der »Tempelberg-Getreuen« ein Unding, da hier eine theologische Ordnung gewissermaßen auf den Kopf gestellt wird: der Tempel wird nach orthodoxer Auslegung erst dann wieder aufgebaut, wenn messianischer Frieden herrscht. Die Zeit, und eben nicht der Ort, wird darüber entscheiden, wann der Tempel wieder entstehen wird. Auch die Nicht-Orthodoxen betrachten die Tempelberg-Getreuen als Störfaktor, weil eben jene messianische Zeit durch deren ortsbezogene Theologie verhindert wird; schließlich steht am Ort des zerstörten Tempels inzwischen ein Heiligtum einer Tochterreligion (der Felsendom des Islam), welches wie eigene Heiligtümer zu respektieren ist, um das Kommen des messianischen Friedens nicht zu hindern. Zwar ist der Felsendom nur Muslimen heilig, der Ort selbst allerdings als Ort des Tempels gilt nach wie vor auch im Judentum schon aus geschichtlicher Betrachtung als ein Ort besonderer göttlicher Gegenwart. Schon deswegen sollte an ihm nur Gottes Gegenwart spürbar sein und nicht Grund für Unfrieden sein. Bei dem Wunsch nach einem heiligen Ort begnügt sich insgesamt die große Mehrheit der Juden mit einer »kleinen Lösung«: mit der trotz der Zerstörung erhalten gebliebenen alten westlichen Stützmauer des Tempels (»Klagemauer«). Dieser Platz ist allen Juden wieder zugänglich. Zwischen 1949 und 1967 war ihnen der Zugang zur »Klagemauer« nicht gestattet. In dieser Zeit war Jerusalem durch eine Mauer geteilt und die Altstadt mit Klagemauer und Tempelberg lag im östlichen Teil der Stadt. Die dortigen Behörden ließen die »Klagemauer« damals als öffentliche Latrine nutzten.

Splittergruppen gibt es auch innerhalb des »chassidischen« Spektrums. In den Medien wird dieser gesamte Bereich oft als »ultra-orthodox« zusammengefasst, obwohl es gerade in diesem Bereich gewaltige theologische Unterschiede zwischen den einzelnen Gruppen gibt. Der »Chassidismus« entstand in Osteuropa im 18. Jahrhundert gewissermaßen als mystische Gegenbewegung zum rabbinischen Judentum mit seiner nach Bildung orientierten Ausrichtung. Der Kerngedanke des Chassidismus war und ist, dass jeder Jude unabhängig von seiner Bildung seine Frömmigkeit leben kann und soll. Bis ins 18. Jahrhundert und darüber hinaus galt im Judentum das aufgeklärte Prinzip, dass Frömmigkeit vor allem durch Bildung ausgedrückt werden soll (*ejn ben Adam chassid am haAretz* = kein frommer Mensch ist ungebildet; Talmud, Traktat Awot). Dieses Prinzip sollte nicht ersetzt oder gar abgeschafft, sondern eher ergänzt werden durch Lebensfreude; gemäß dem Psalmvers *Diene dem Herrn in Freude* (Ps 100, 2).

Örtliche Ausprägungen des Chassidismus haben sich bis heute erhalten. Weltweit und auch in Deutschland ist die *Lubawitsch*-Bewegung (benannt nach dem Ort in Weißrussland, von wo aus diese Bewegung ihren Ausgang nahm; auch als *Chabad* bekannt) die sichtbarste. Diese chassidische Bewegung hat es sich zum Ziel gesetzt, überall auf der Welt das Judentum zu vertreten und anderen Juden zu einem Torah-treuen Leben zu verhelfen. Ihre Anhänger sind so beliebt wie umstritten bei anderen Juden. Der größte Kritikpunkt ist ihre ikonenhafte Verehrung ihres verstorbenen Großrabbiners, den sie für den Messias halten. Andere Juden sehen darin ein Verhalten, welches den ersten Christen und ihrem Messianismus gleicht. Ob Chabad damit bereits außerhalb des jüdischen »Mainstreams« des normativen Judentums ist oder nicht, ist ein Thema, welches in den Gemeinden kontrovers diskutiert wird.

Als deutlich außerhalb des Mainstreams haben sich andere Splittergruppen des Chassidismus bewusst selbst gestellt durch ihr Aufkündigen eines innerjüdischen Konsenses in Bezug auf den Staat Israel. Dieser Konsens bezieht sich auf die Existenz des einzigen Staates weltweit mit jüdischer Bevölkerungsmehrheit als politische Realität und kulturelles Zentrum des Judentums. Chassidische Gruppen wie die *Naturej Karta* oder der *Satmarer Chassiden* sehen darin einen unzulässigen Tempelersatz und erkennen den Staat Israel ausdrücklich nicht an. Ein jüdischer Staat ist für sie nicht koscher; d. h. »unrein«. Erst wenn der Messias kommt und den Tempel wieder errichten lässt, dürfte nach ihrem Verständnis ein jüdischer Staat überhaupt existieren. Aus diesem Grund haben diese Gruppen die Aufnahme in den Palästinensischen Nationalrat beantragt, da sie sich wie Palästinenser betrachten, die von einer illegitimen Macht beherrscht werden. Religiös betrachtet sind diese Gruppen zwar noch innerhalb der Parameter, die das Judentum bestimmen, aber deutlich außerhalb jeden kulturellen Konsenses. Sie betrachten auch den *Zionismus*, welcher den Staat Israel als Zufluchtsort für verfolgte Juden sieht, als Gotteslästerung. Zwar leben viele von ihnen selbst in Israel, weigern sich aber, dort Steuern zu zahlen oder Wehrdienst zu leisten (die übrige jüdische Gemeinschaft in Israel nimmt das mehr oder weniger hin). Sie nehmen sogar zusammen mit rechtsradikalen und islamistischen Extremisten regelmäßig an anti-israelischen Kundgebungen teil, auf denen sogar die Vernichtung Israels gefordert wird. Sie werden international hofiert von diktatorischen Machthabern, darunter auch Irans Präsident Achmedinejad, der offen der Vernichtung Israels das Wort redet und den Holocaust leugnet.

»Tochterreligionen« des Judentums

Wie oben beschrieben sind je nach Einhaltung der einzelnen Gebote unterschiedliche Strömungen im Judentum entstanden, die oft in einem kritischen oder polemischen Verhältnis zueinander standen (bzw. stehen). Ursprünglich gehörte das Christentum (welches anfangs als jüdische Sekte auftrat) dazu, was die Entstehung antijüdischer Polemik, die es bis heute im Christentum gibt, erklärt.

Der Kern des Konflikts zwischen Judentum und dem aus ihm entstandenen Christentum liegt in der Heilsbotschaft, die sie jeweils vertreten. Da das Judentum seit jeher (in allen seinen Ausprägungen) eher heilsskeptisch als heilsorientiert ist, verlor es in den ersten Christen eben solche Mitglieder, die ohne ausdrückliche Heilsbotschaft religiös nicht auskommen konnten. So entstand aus dem Judentum heraus die »Tochterreligion« Christentum, welche in der Kreuzigung und Auferstehung Jesu eine Heilsbotschaft verkündet. Bereits geschichtlich steckt damit in jedem Christen auch ein Jude, aber damit eben auch ein Konflikt. Die Lehre der Propheten, dass von einem Menschenopfer kein Heil ausgehen kann, wird durch den Glauben an Jesu Tod als Heilsakt komprommitiert. Und ohne diesen Glauben, schrieb der evangelische Theologe Hans Conzelmann, wäre es ehrlicher, »den christlichen Laden einfach zu schließen« (Conzelmann, 1981, S. 4).

Ganz anders ist das Verhältnis des Judentums zu seiner zweiten »Tochterreligion«, dem Islam. Dieser entstand im sechsten Jahrhundert im Nahen Osten als dritte große monotheistische Religion. Wie auch in Europa existierten schon zu römischen Zeiten dort ebenfalls viele jüdische Gemeinden. In Sprache und Kultur standen sie den damals heidnischen Arabern nahe; im Glauben freilich nicht. Der Austausch zwischen Juden und Heiden in der Gesellschaft Arabiens fand vor allem in den gebildeten Schichten statt. Bereits Ende des fünften Jahrhunderts traten im Süden der arabischen Halbinsel ganze Volksstämme dem Judentum bei, so auch der König des Jemen mitsamt seinen Untertanen. Auch ein Onkel Muhammads wurde Jude und lehrte ihn die Grundsätze des Monotheismus. Insgesamt war der Weg zu einer arabischen Ausprägung des Monotheismus durch das Judentum bereits geebnet, als Muhammad 571 n. d. Z. geboren wurde. Als er aufwuchs, kam er in Berührung mit weiteren Juden, ihrem Glauben und ihren Schriften. Es war eine tiefe Anerkennung für das »Volk des Buches«, wie er das Judentum nannte, der ihn dazu veranlasste, über ein eigenes Buch zu sinnen, woraus schließlich der Koran wurde. Lange Zeit beschäftigte Muhammad einen jüdischen Schreiber, der ihm auch bei der Abfassung des Korans assistierte.

So ist es nicht verwunderlich, dass es Gemeinsamkeiten in allen drei monotheistischen Buchreligionen gibt. Beispielhaft dafür sei hier die Nächstenliebe genannt, die sowohl in der Torah, im Neuen Testament und im Koran verankert ist.

Klassische jüdische Philosophen wie Moses Maimonides (1135–1204) gaben dem Islam zweifellos als Tochterreligion des Judentums den Vorzug vor dem Christentum. Sie sahen den Gottesbegriff im Koran (frei von Dreifaltigkeit und Inkarnation) dem Judentum näher als den Gottesbegriff des Christentums.

Ohne Torah gäbe es wohl weder Neues Testament noch Koran. Es steckt also nicht nur in jedem Christen, sondern auch in jedem Moslem ein Jude; wieder mitsamt innerem Konflikt (allerdings eher kultureller, geschichtlicher oder politischer, denn theologischer Natur). Dies ist vor allem dem Nahostkonflikt geschuldet, in welchem die Nachkommen der durch Muhammad zum Islam übergetretenen arabischen Stämme sich als Gegner der Nachkommen der Juden Arabiens und Europas sehen.

Die Juden, der Nahe Osten und die öffentliche Wahrnehmung

Was diese ohnehin komplizierte Gemengelage noch schwieriger macht, ist ein viertes »O«: der Nahe Osten. Die Nachrichten aus dieser Weltregion vermischen sich schon wegen der verwechselbaren Begriffe in das ohnehin diffuse Bild. »Israelis« werden dabei oft mit »Israeliten« gleichgesetzt oder miteinander verwechselt. »Israelisch« bezeichnet alles zum heutigen Staat Israel gehörend; »israelitisch« leitet sich vom biblischen »Israel« ab und bezieht sich damit auch auf das heute Jüdische (aber eben nicht »Israelische«).

Der Begriff »Jude« letztlich wird in den Medien und der Öffentlichkeit allerdings auffällig gemieden. Offenbar noch aus der NS-Zeit negativ besetzt, werden statt »Jude« oft komplizierte Wortfolgen benutzt wie »Menschen jüdischer Herkunft«, »Mitbürger jüdischen Glaubens«, »Jüdische Mitmenschen« u. ä. Auch hier sind Mechanismen am Werk, die aus der NS-Zeit und der Nachkriegszeit fortwirken: »Jude« war in der NS-Zeit ein Schimpfwort (und ist es an manchen Schulhöfen wieder geworden); in der Nachkriegszeit galt der Ausdruck »Jude« als unkorrekt. Was also als politisch korrekt gemeint sein kann, wirkt eher unbeholfen und empfinden viele Juden als Zeichen der Verkrampftheit im Umgang mit ihnen. Es spricht aber tatsächlich nichts dagegen, Juden als Juden in einem entsprechenden Kontext zu bezeichnen. Ein zusammenhangloses Schwadronieren über »Juden« ist dagegen durchaus feindlich und ein Phänomen für sich (das bestenfalls auf Un- oder Halbwissen im Umgang mit Juden schließen lässt).

»Alt« und »Neu«

Die Verwechslung der Begriffe »Israelitisch« und »Israelisch« führt zu einer weiteren Komplikation in der Wahrnehmung der Juden, die sich mit dem Bild der traditionellen christlichen Auslegung der Bibel in »Neues« und »Altes Israel« sowie »Neues« und »Altes Testament« vermischt. Das »Alte« ist dabei jeweils das Jüdische; während das Christentum für das »Neue« steht (*kirchliche Enterbungslehre*). Christlich tradierte Bilder vom »alttestamentarischen Rachegott« etwa werden auf das Judentum projiziert, wobei das »alte« Israel mit dem modernen Staat Israel gleichgesetzt wird. In dieser Gemengelage werden alle Juden kollektiv sowohl für das Leiden in aller Welt als auch für die Politik des Staates Israel in die Pflicht genommen. Beispielhaft ist dabei das gedankenlose Zitieren des alttestamentarischen »Aug' um Aug'« in den Medien, wenn eine Eskalation im Nahostkonflikt zu vermelden ist.

Geschichtliche Einbettung

Alles in allem eine äußerst schwierige Gemengelage. Um diese aufzulösen, bedarf es einer geschichtlichen Analyse, an dessen Anfang gleich die Feststellung tritt: Keine andere Kultur der Menschheitsgeschichte wurde so gründlich und so bösartig missverstanden wie das Judentum, obwohl (oder gerade weil) das Judentum so vieles zu anderen Kulturen beigetragen hat. Ohne Judentum gäbe es weder Christentum noch Islam. In jedem Christen und in jedem Muslim steckt auch etwas Jüdisches (wie oben erläutert; siehe *Tochterreligionen*) – und dennoch kommen gerade aus dem Christentum und aus dem Islam heraus die größten Anfeindungen gegen das Judentum. Aufklärung über das Judentum ist also für Christen und Moslems auch Aufklärung über sich selbst.

Jüdische Geschichte ist immer zugleich Weltgeschichte. Besonders deutsche Geschichte ist jüdische Geschichte und umgekehrt. In der Literatur ist oft die Rede von einem »jüdischen Beitrag« zur deutschen oder zur Weltgeschichte. Diese Sichtweise kommt einer Verkennung und Vereinfachung der historischen untrennbaren Zusammenhänge gleich.

In dem Gebiet, welches heute »Deutschland« heißt, gab es bereits zur Römerzeit jüdische Gemeinden – lange bevor es Christentum oder Islam überhaupt gab. Juden lebten also in Deutschland lange vor der Christianisierung Europas und in Arabien lange vor der Islamisierung. Noch vor dem Christentum gehört das Judentum somit zu den historischen Fundamenten europäischer und deutscher Geschichte und Kultur. Analog zählt das Judentum zu den historischen Fundamenten Arabiens. Religionsgeschichtlich bedeutsam sind insbesondere der Monotheismus des Judentums, das Verhältnis jüdischer und christlicher Religion zueinander sowie die Bedeutung des Judentums für den Islam.

Die kontinuierliche jüdische Präsenz in Europa ist älter als das Christentum in Europa; ja älter als das Christentum schlechthin. Für das Jahr 321 n. d. Z. ist urkundlich eine jüdische Gemeinde in Köln nachgewiesen. Auch in Trier, Mainz, Worms, Speyer, Regensburg und Augsburg gab es zu dieser Zeit jüdische Gemeinden.

Nach Deutschland kamen Juden anfangs mit den Römern an Rhein und Donau. Im Römischen Reich waren Juden eine geduldete Minderheit – es waren die Christen, die damals Verfolgte waren.

Nachdem das Christentum im vierten Jahrhundert Staatsreligion wurde (nach Kaiser Konstantin), ist im »Heiligen Römischen Reich deutscher Nation« die multikulturelle Gesellschaft des römischen Reichs nach und nach ersetzt worden durch eine vereinheitlichte christliche Lehensgesellschaft. Einzige nicht-christliche Ausnahme innerhalb dieser Gesellschaft: die Juden. Ihre Existenz als geduldete, aber zugleich verfolgte Minderheit sollte im christlich verfassten Europa als Zeugnis und Strafe zugleich für die ihnen vorgehaltene Mitwirkung am Kreuzestod Jesu wirken.

Juden waren in Deutschland also schon in der Antike und seither eine Minderheit. Bis heute ist das jüdische Selbstbild davon geprägt, Minderheit zu sein – und es auch zu bleiben, denn von den Weltreligionen ist das Judentum auch die einzige, welche auf Expansion verzichtet und aktive Missionierung ablehnt (seit der Römerzeit; davor war dem Judentum die Missionierung durchaus nicht unbekannt). Während andere Religionen sich durch Mission ausbreiten konnten (auch und gerade durch Gewalt), stagnierte das Judentum; blieb bestenfalls konstant. Nebenbei erwähnt: Gewalt ist im Judentum nur im Verteidigungsfall erlaubt, ja sogar geboten. Die Verteidigungspolitik Israels (der einzige Staat mit jüdischer Bevölkerungsmehrheit) wird immer wieder in diesem Kontext besonders kritisch (und oft auch alles andere als kundig) beobachtet.

Im heutigen Deutschland ist das Bild von den Auswirkungen der Nazi- und der Nachkriegszeit geprägt. Vor der Nazizeit lebten etwa 650 000 Juden in Deutschland. Die meisten wurden von den Nazis ermordet, den wenigsten gelang die Auswanderung, und noch weniger haben das Morden überlebt.

Juden im Nachkriegs-Deutschland

Die jüdischen Gemeinden der Nachkriegszeit entstanden aus den so genannten *Displaced Persons-Lagern* (*DP-Camps*), in denen die wenigen Überlebenden unmittelbar nach dem Krieg versorgt wurden. Solche Auffanglager gab es zwar in allen drei Westzonen, aber die jüdischen Überlebenden zog es nach Möglichkeit in die Camps der amerikanischen Zone: Dort bot ihnen die Militärregierung weitgehend die Möglichkeit einer Selbstverwaltung. Jüdische Hilfsorganisationen aus den USA hatten dort Zutritt. In der französischen Zone war die Versorgung weniger gut, und in der britischen Zone wurden die Camps wie ehedem die KZ mit Wachtürmen und Stacheldraht umzäunt: auf Grund des britischen *White Paper* (»Weißbuch«) von 1936 wurde die jüdische Einwanderung nach Palästina gewaltsam eingedämmt, um die dortige arabische Bevölkerung zu beschwichtigen. In und um die amerikanischen DP-Lager dagegen gab es Bewegungsfreiheit; Auswanderung war möglich und auch an der Tagesordnung. Nach und nach zogen die jüdischen »Displaced Persons« in die Auffanglager der amerikanischen Zone (und von dort aus oft weiter in Einwanderungsländer). Als die DP-Lager im Lauf der fünfziger Jahre aufgelöst wurden, entstanden aus ihnen die jüdischen Gemeinden der Nachkriegszeit. Nennenswertes jüdisches Leben gab es dann lediglich in Berlin, München und Frankfurt. Kleinere Gemeinden entstanden auch in Nürnberg, Mannheim, Mainz, Kaiserslautern, Wiesbaden und Stuttgart – alle in der amerikanischen Zone. In Großstädten wie Hamburg, Köln, Hannover, Düsseldorf oder im bevölkerungsreichen Ruhrgebiet waren die jüdischen Gemeinden noch kleiner als in den erwähnten kleineren Städten der amerikanischen Zone. Dies sollte sich erst ändern mit der nächsten großen Veränderung der Nachkriegszeit: dem Fall der Mauer. 1989 betrug die jüdische Bevölkerung der Bundesrepublik um die 27 000 Menschen in den genannten Gemeinden. In der DDR waren es genau 381 (gemäß dem letzten *Statistischen Jahrbuch* der DDR). Durch Zuwanderung von Juden aus der ehemaligen Sowjetunion ist die Zahl seit Fall der Mauer stetig gestiegen. In den zwanzig Jahren zwischen 1990 und 2010 hat sich die Zahl der Mitglieder jüdischer Gemeinden verfünffacht. Von »Integration« dieser Zuwanderer in die jüdischen Gemeinden Deutschlands zu reden, ist schon deshalb schwierig, da sie als zu Integrierende den vorhandenen Stamm an Gemeindemitgliedern, die sie »integrieren«, um ein Vielfaches zahlenmäßig überlegen sind. Vielerorts ist es zu Konflikten gekommen. Im Großen und Ganzen allerdings ist festzuhalten, dass die zumeist kleinen und überalterten jüdischen Gemeinden diese Herausforderung gemeistert haben – und somit ihren Fortbestand gesichert haben; für sich und für die multikulturelle demokratische deutsche Gesellschaft, in der sie leben. Die Zuwanderer weiterhin in die jüdischen Gemeinden zu integrieren war und bleibt die große Herausforderung an die Juden Deutschlands zu Beginn des 21. Jahrhunderts.

Literatur

BAECK, LEO, 1934, *Die Pharisäer. Ein Kapitel jüdischer Geschichte*, Berlin.

BEN-SASON, HAYIM HILEL (HRSG.), 2007, *Geschichte des jüdischen Volkes – von den Anfängen bis zur Gegenwart*, 5. erw. Aufl., München.

BOSSONG, GEORG, 2008, *Die Sepharden. Geschichte und Kultur der spanischen Juden*, München.

BREUER, MORDECHAI, 1986, *Jüdische Orthodoxie im Deutschen Reich 1871–1918. Sozialgeschichte einer religiösen Minderheit*, Frankfurt a. M.

COHN-SHERBOK, DAN, 2000, *Messianic Judaism*, London.

CONZELMANN, HANS, 1981, *Heiden – Juden – Christen. Auseinandersetzungen in der Literatur der hellenistisch-römischen Zeit*, Tübingen.

DINEMANN, MAX, 2000, *Liberales Judentum*, Berlin.

GIDAL, NACHUM T., 1988, *Die Juden in Deutschland von der Römerzeit bis zur Weimarer Republik*, Gütersloh.

HAUMANN, HEIKO, 1998, *Geschichte der Ostjuden*, 4. Aufl., München.

LAPIDE, PINCHAS, 2004, *Ist die Bibel richtig übersetzt?*, Gütersloh.

MEYER, MICHAEL A., 2000 [amerik. Orig. 1988], *Antwort auf die Moderne. Geschichte der Reformbewegung im Judentum*, Wien.

PFISTER, STEFANIE, 2008, *Messianische Juden in Deutschland: eine historische und religionssoziologische Untersuchung*, Berlin/Münster.

SCHUR, NATHAN, 1992, *History of the Karaites*, Frankfurt a. M.

SOLOMON, NORMAN, 2009, *Judentum: Eine kleine Einführung.*

STEGEMANN, HARTMUT, 1999, *Die Essener, Qumran, Johannes der Täufer und Jesus*, 9. Aufl., Freiburg i.Br.

STEMBERGER, GÜNTER, 1991, *Pharisäer, Sadduzäer, Essener*, Stuttgart.

SZYSZMAN, SIMON, 1983, *Das Karäertum – Lehre und Geschichte*, Wien.

TILLY, MICHAEL, 2008, *Das Judentum*, Wiesbaden.

TWORUSCHKA, MONIKA UND UDO, 1996, *Religionen der Welt. Grundlagen, Entwicklung und Bedeutung in der Gegenwart*, München.

WEISS, HANS-FRIEDRICH, 1996, *»Pharisäer; Judentum«*, in: *Theologische Realenzyklopädie*, Bd. 26, Berlin.

Gisbert Gemein

Christentum im Orient

Die durch die Reformation bedingte Trennung des Christentums in
Katholizismus und die verschiedenen protestantischen Kirchen ist in
Deutschland weiterhin spürbar, auch die Existenz der griechisch-orthodoxen Kirche ist bekannt, wenn auch die Unterschiede in Glaubenslehre und
Liturgie nur unzureichend gekannt werden. Dieser Beitrag soll aufweisen,
dass die Vielfalt des Christentums weit größer ist, weil die sogenannten altorientalischen christlichen Kirchen nur unzureichend unser Bewusstsein
prägen. Diese sind das Ergebnis von Glaubensspaltungen der Spätantike,
deren Gründe sowohl in theologischen Auseinandersetzungen über Jesus
Christus lagen als auch politischer Natur waren.
   Die unterschiedlichen christologischen Entwicklungslinien der Urgemeinde brauchen hier nicht näher nachgezeichnet werden. Wichtig ist, dass
sich – vor allem in der Spätantike – um die Gestalt Jesu bzw. um Jesus Christus die wichtigsten theologischen Auseinandersetzungen rankten. Der Arianismus, benannt nach dem Alexandriner Presbyter Arius (260–336 n. Chr.),
der aus der Position einer absolut monotheistischen Theologie, die keinerlei
Verletzung der Einheit und Einzigkeit Gottes zuließ, argumentierte und folgerichtig damit der Person Jesu die Gottheit absprechen musste und ihr die
Rolle des vornehmsten aller Geschöpfe zusprechen konnte, wurde auf dem
Konzil von Nicaea (Nikaia, Nizäa) verworfen. Diese Glaubensrichtung hat
heute lediglich eine historische Bedeutung, weil die Germanenstämme der
Völkerwanderungszeit (z. B. die Goten) dem Arianismus anhingen, bis auch
sie zum Katholizismus übertraten. **Das Nizänische Glaubensbekenntnis** wird von allen heutigen bedeutenden christlichen Kirchen akzeptiert.
   Das Konzil von Nicaea verwarf die Behauptung des Arius, Christus
sei Gott-Vater wesensähnlich, und lehrte, der Sohn Gottes ist dem Vater
wesensgleich.
   Mit dem Konzil von Nicaea waren aber die christologischen Auseinandersetzungen nicht abgeschlossen, mit denen sich auch die Folgekonzi-
lien (Ephesus und Chalcedon) befassen mussten. Beide führten zu bedeutsamen Kirchenspaltungen, die die Geschichte des Christentums in Asien
bestimmten. Der sogenannte Nestorianismus akzeptierte die Beschlüsse
von Ephesus nicht, die anderen altorientalischen Religionen (Monophysiten) nicht die von Chalcedon.

Jahr	Ort	Thema	Folgen
325	Nicaea I	Trinität, Gottheit Christi, Arianismus bzw. Arianischer Streit	Bekenntnis von Nicaea
381	Konstantinopel I	Trinität, Gottheit des hl. Geistes, Arianischer Streit	Nicaeno-Konstantinopolitanum
431	Ephesos	Christologie, Christus nur eine Person, Maria als Gottesgebärerin	Verurteilung des Nestorianismus, Abspaltung der Assyrischen Kirche des Ostens
451	Chalcedon	Christologie, Zwei-Naturen-Lehre	Abspaltung der altorientalischen Kirchen
553	Konstantinopel II	Dreikapitelstreit, evtl. Origenismusstreit	Verurteilung der Drei Kapitel
680	Konstantinopel III	monotheletischer Streit	Abspaltung der Maroniten
787	Nicaea	Byzantinischer Bilderstreit	Ikonenverehrung unter gewissen Bedingungen als rechtgläubig anerkannt

Nestorianismus – ostsyrische (assyrische) Kirche – Chaldäer

Der Nestorianismus nimmt in den christologischen Diskussionen des 5. Jahrhunderts die gegensätzliche Position zum Monophysitismus ein. Definiert wird er im wesentlichen aus dem Anathema (Bannfluch) des Kyrill von Alexandria (um 375/380–444 n. Chr.), einem entschiedenen Gegner des Nestorianismus, und der Lehrverurteilung des Konzils von Ephesus, dass es in Jesus eine göttliche und eine menschliche Person gegeben habe, gewissermaßen eine Person mit einer göttlichen Natur und einer Person mit einer menschlichen Natur. Jedes zugeordnete Attribut und jede Handlung des inkarnierten Christus könne dabei einer dieser Personen zugeordnet werden, die beide durch das Band der Liebe verbunden seien.

Jedoch haben Nestorius (381–451 n. Chr.) und seine Anhänger von der antiochenischen Schule dies so nicht gelehrt. Vielmehr haben sie, wenn auch in z. T. unglücklichen Formulierungen, Positionen vertreten, die im späteren Konzil von Chalcedon zum Tragen kamen. Hintergrund der Auseinandersetzungen war ein Streit zwischen der alexandrinischen und der antiochenischen Katechetenschule, wobei die erste platonisch denkend allegorische, die andere aristotelisch denkend rationalistische Bibelexegese betrieb. Verschärft wurden diese Auseinandersetzungen durch die Rivalitäten zwischen den Patriarchaten von Alexandria (Kyrill) und Konstantinopel (Nestorius, aus der antiochenischen Schule stammend) um den Primat im Osten, den Nestorius am Kaisersitz Konstantinopel sah, während sich Kyrill auf den Bischof von Rom bezog. Während sich das Konzil von Ephesus nicht zur Verurteilung der antiochenischen Schule durchringen konnte, führte allerdings die Position des Nestorius in der Marien-Frage zur Abspaltung: Nestorius hatte den Gebrauch des Attributs »Theotokos« (Gottesgebärerin) neben den trinitätstheologischen Problemen als ein Attribut heidnischer Göttinnen in Bezug auf Maria, die Mutter Jesu, abgelehnt, diese als Christusgebärerin oder Menschengebärerin bezeichnet.

Das Dogma von der Gottesgebärerin kam erst nach umfangreichen Verhandlungen zwischen beiden Schulen im Jahr 433 zustande, nachdem das Konzil in Ephesus an Pfingsten des Jahres 431 nur Streit gebracht hatte: Vor der Eröffnung wurde Nestorius dreimal aufgefordert zu erscheinen, was dieser verweigerte mit dem Argument, dass nicht alle Gesandten, u. a. der Patriarch von Antiochien Johannes I., erschienen seien. Trotzdem eröffnete Kyrill das Konzil und ließ Nestorius auf der ersten Sitzung absetzen und exkommunizieren. Der wenig später eingetroffene Johannes von Antiochia berief ein Gegenkonzil ein und exkommunizierte Kyrill und den Bischof von Ephesus. Auch Kaiser Theodosius II. (401-450 n. Chr.) annullierte den Eröffnungsbeschluss und ließ die Hauptkontrahenten Nestorius und Kyrill inhaftieren, wobei Kyrill allerdings bald nach Alexandria zurückkehren konnte.

Viele Anhänger des Nestorius wanderten ins Sassanidenreich aus, wo es zu dieser Zeit eine relativ große Zahl von Christen gab. Die sich formierende Kirche in Persien wurde zwar als nestorianische Kirche bezeichnet, hat aber mit dem 431 abgesetzten Patriarchen von Konstantinopel wenig gemein, außer dass sie 484 auf der Synode der persischen Christen in Beth Lapat, die 431 verdammte Lehre des Nestorius als für ihre Kirche verbindlich annahm und dies 498 in Seleukia-Ktesiphon bestätigte. Diese Kirche führte sich selbst auf die in den Jahren 37 bis 65 in Mesopotamien erfolgte Missionstätigkeit des Apostels Judas Thaddäus zurück, rechnete sich also zu den apostolischen Kirchen und nach Jerusalem und Antiochien zu den ältesten Gemeinden der Welt. Gegenwärtig wird sogar eine Gründung durch den Apostel Petrus beansprucht, gefolgert aus 1.Petr.5,13 (»Es grüßt euch die Gemeinde in Babylon...«). Diese ostsyrische, auch assyrische genannte Kirche stand von nun an der römischen Reichskirche eher feindlich gegenüber mit der Folge eines deutlich besseren Verhältnisses zu den mit dem römischen Reich verfeindeten persischen Königen, auch wenn es zu vereinzelten Übergriffen kam. Zentrum wurde, nachdem die alten Zentralen wie Konstantinopel oder Antiochia nun aus politischen Gründen nicht mehr erreichbar waren, Edessa (heute Urfa) im Südosten der Türkei. Sitz des Katholikos, des Oberhauptes der Kirche, war Ktesiphon. Über die Seidenstraße, deren einer Arm durch Edessa führte, war eine erfolgreiche Missionstätigkeit möglich, die über die Entstehung christlicher Gemeinden unter den Turkvölkern Mittelasiens (die Uighuren wurden überwiegend christlich) bis nach China reichte. Spuren dieser Missionstätigkeit reichten (im 9. Jahrhundert) bis nach Japan und nach Sumatra. Die Thomaschristen in Südindien sind die Nachfahren dieser Missionstätigkeit in Indien.

Diese flächenmäßig größte Kirche des Mittelalters musste sich schon aufgrund ihrer starken Kirchenprovinzen im arabischen Raum am massivsten mit dem sich ausbreitenden Islam auseinandersetzen. Mindestens ab der abbasidischen Zeit galt das Oberhaupt dieser Kirche des Ostens als das Oberhaupt aller Christen in der islamischen Welt, weshalb der Kalif den nestorianischen Patriarchen als »Vater der Christenheit« ansprach. Seit 635 n. Chr. in China vom Kaiser offiziell zugelassen, seit dem 11. Jahrhundert besonders unter den Mongolenstämmen weit verbreitet, erfolgte die Missionstätigkeit entlang aller wichtigen Handelsrouten. Der Patriarch hatte seinen Sitz nach Bagdad verlegt, um dem politischen Zentrum näher zu sein. Trotz arabischer Herrschaft hielten sich die Christen in Mesopotamien lange in der Mehrheit, nahmen erst im Laufe der Zeit kontinuierlich ab. Die ostsyrische Kirche bemühte sich intensiv um einen interreligiösen Dialog, vor allem große Übersetzungsprojekte aus dem Griechischen beflügelten die neu entstehende arabische Kultur. Vor allem ist hier die Aristoteles-Rezeption zu nennen, die dann über die Araber auch Westeuropa im Mittelalter erreichte (vgl. Artikel Reiss).

Nach einer erneuten Blütezeit im 12./13. Jahrhundert unter der Mongolenherrschaft, die die Christen privilegierte, folgte allerdings schnell der Untergang, als die Mongolen zum Islam übergetreten waren. Der muslimische Kriegsherr Timur Lenk (1356–1405) vernichtete im 14. Jahrhundert fast vollständig die Kirche in Mittelasien. Die Überlebenden dieser Christenverfolgung zogen sich in die Berge Kurdistans zurück. Spätestens im 15. Jahrhundert muss die nestorianische Kirche in China und Zentralasien untergegangen sein. Nach der osmanischen Eroberung kam es bei der verbleibenden Restkirche immer wieder zu Spaltungen, insbesondere in der Folge von Unionsversuchen mit der römisch-katholischen Kirche. Im 15. Jahrhundert vermochte diese das ostsyrische Bistum Zypern mit Rom zu vereinigen, Mitte des 16. Jahrhunderts einen Teil der Mutterkirche unter Johannes Sullaqa (ca. 1510–1555) zur Union mit Rom zu bewegen, die aber wieder erlosch und 1681 durch Patriarch Joseph I. (regierte von 1681–1696) wiederhergestellt werden musste. Im 19. Jahrhundert wurde die Union mit der römisch-katholischen Kirche erneuert und 1845 von der osmanischen Regierung als chaldäisches Millet anerkannt. Als Chaldäer werden seitdem die mit Rom unierten Ostsyrer (Nestorianer) bezeichnet, deren Patriarchen seit 1950 in Bagdad residieren.

Der Patriarch der nicht mit Rom unierten ostsyrischen Kirche hatte seinen Sitz seit dem 17. Jahrhundert in Qodschannes (Südosttürkei), von wo er 1915 im Kontext des Armenier-Genozids durch türkische Truppen gewaltsam vertrieben wurde. Schon ab Mitte des 19. Jahrhunderts hatten die Nestorianer, jetzt auch Assyrer genannt, vernichtende Feldzüge der Kurden über sich ergehen lassen müsssen. Die Koalitionen mit den in der Region aktiven Westmächten (Engländer, Franzosen, Russen und Deutsche) brachten keine grundlegende Verbesserung ihrer gefährdeten Situation. Einerseits verloren sie Anhänger durch deren Missionstätigkeit, andererseits mussten sie schwere Gebiets- und Anhängerverluste in den Kämpfen mit Türken, Kurden, Iranern und Irakern zur Zeit des Ersten Weltkrieges und dann wieder Anfang der 1930er Jahre hinnehmen. Von den Engländern in den Kampf gegen die Osmanen angeworben, geriet der junge Katholikos Mar Beniamin in einen tödlichen Hinterhalt eines berüchtigten kurdischen Banditenhäuptlings. Um weiteren Massakern zu entgehen, folgten die Assyrer dem englischen Angebot, sich im Südirak niederzulassen, wo sie allerdings in den Lagern in den Sumpfgebieten in der Nähe von Basra weiter dezimiert wurden. Als Großbritannien 1933 sein Mandat im Irak niederlegte, folgten weitere Massaker, so dass die Assyrer in alle Welt zerstreut wurden.

Als der Katholikos Mar Shimon XXIII. 1961 aus Teheran in die USA emigrierte, wurde er im Nahen Osten für abgesetzt erklärt, regierte aber in der Diaspora weiter. 1964 führte er eine Kalenderreform durch, womit er das bis heute bestehende Schisma vertiefte. Es gibt seither zwei Katholikoi, einen in den USA (Neukalendarier Mar Dinha IV.) und einen weiteren in Bagdad (Altkalendarier Mar Addai II.). Zwischen dem Katholikos Mar Dinkha IV. und dem römisch-katholischen Papst Johannes Paul II. gab es am 11. November 1994 ein historisches Treffen im Vatikan, bei dem nach zehnjähriger Arbeit eine Konsenserklärung zur Christologie unterzeichnet wurde. Beide Seiten erklärten die »volle Kirchgemeinschaft«

zum Ziel ihres weiteren »Theologischen Dialogs«. Danach verbesserten sich die Beziehungen auch zur unierten Chaldäisch-katholischen Kirche, so dass seit 2001 unter gewissen Bedingungen auch eine gegenseitige Teilnahme an der Eucharistie möglich geworden ist. Innerkirchliche Auseinandersetzungen über die Frage des Grades der Anerkennung der Autorität der römischen Kirche führten wohl zur Nichtunterzeichnung gemeinsam ausgearbeiteter Dokumente zur Sakramentenlehre. Am 21. Juni 2009 besuchte Katholikos Mar Dinkha IV. den römischen Papst Benedikt XVI. im Vatikan und führte mit Kurienkardinal Walter Kasper Gespräche über die mögliche Fortsetzung des Dialogs zwischen beiden Konfessionen.

In den USA, vor allem in der Gegend von Chicago, leben etwa 80 000 der heute weltweit etwa 300 000 bis 400 000 geschätzten Gläubigen (in Iran, Syrien, der Türkei, USA, Europa und Australien); in Deutschland gibt es zwei Gemeinden in Wiesbaden/Mainz, darunter eine mit einem eigenen altkalendarischen Bischof. Daneben besteht noch eine Gemeinde in Wien. In jüngster Zeit sind die Assyrer nach dem amerikanischen Angriff auf den Irak einem starken muslimischen Druck und Verfolgung im Irak ausgesetzt, was zu einer erneuten Auswanderungswelle führt.

Monophysiten – Monotheleten

Mit dem Konzil von Ephesus im Jahre 431 waren die Auseinandersetzungen über die richtige Christologie nicht zu Ende gegangen. Sie brachen vielmehr noch intensiver aus. Das Folgekonzil von Chalcedon im Jahre 451 brachte zwar eine Lösung, die aber lediglich von der Reichskirche des römischen Reiches (und damit in der Folgezeit von der römisch-katholischen Kirche, der griechisch-orthodoxen Kirche, den anglikanischen und lutherischen Kirchen) anerkannt wurde. Das Konzil von Chalcedon entschied über die lange und ausgesprochen erbittert geführte Auseinandersetzung um das Verhältnis von menschlicher und göttlicher Natur in Jesus Christus. Die mächtigen Kirchen Ägyptens und Syriens verfochten dabei einen gesonderten Standpunkt, der in der älteren Forschung mit dem parteiischen Begriff des Monophysitismus bezeichnet wurde, den die jüngere Spezialforschung zu vermeiden sucht. Monophysitismus (von griech. monos »einzig« und physis »Natur« abgeleitet) meint eine christologische Position: Christus sei vollkommen göttlich und habe nur eine Natur, nämlich eine göttliche. Diese Lehre steht damit im Gegensatz zu der Lehre des Konzils von Chalcedon von 451, nach der die göttliche und menschliche Natur Christi unvermischt und ungetrennt zueinander stehen.

Die Monophysiten wandten sich selbst gegen diese aus ihrer Sicht parteiische und verfälschende Bezeichnung. Sie bevorzugten eine Kennzeichnung als Miaphysiten, wobei die griechische Wurzel »mia« eine komplexe Einheit bedeutet. Betont wird dabei die Einheit als Einzahl. Damit wird eine Position beschrieben, dass in Jesus Christus das Göttliche und das Menschliche eine Natur bilden, vereint »ohne Vermischung, ohne Trennung, ohne Durcheinander und ohne Wechsel«, wie eine seit der Spätantike übliche Kompromissformel lautet.

Dieses Monophysitentum entstand im spätantiken Ägypten als Reaktion auf den Nestorianismus; es gewann auch in Syrien zunehmend an Einfluss. Die Mehrheitsentscheidung von Chalcedon brachte keine Beruhigung, auch war die Haltung einzelner oströmischer Kaiser durchaus schwankend, die in den 480er Jahren eine Kompromisslösung durchzusetzen versuchten, die alle Streitpunkte zwischen der Reichskirche und dem Monophysitentum ausblenden sollte, jedoch scheiterte und zu einem bis 519 während Schisma mit der römisch-katholischen Kirche führte. Später wurde als Versuch einer Kompromisslösung der Monotheletismus (griech. thelema bzw. thelesis »Willen«) entwickelt: Jesus Christus besitzt eine göttliche und eine menschliche Natur; beide haben in ihm nur einen einzigen, gemeinsamen Willen. Doch scheiterte dieser Einigungsversuch trotz einer gewissen Unterstützung durch die römischen Päpste und byzantinischer Kaiser und wurde in der byzantinischen Reichskirche nach dem Einspruch von Maximus dem Bekenner (580–662) zurückgewiesen. Lediglich die libanesischen Maroniten blieben bis zum 13. Jahrhundert Monotheleten.

Heutige monophysitische Kirchen

Für ihre Entstehung ist neben den dogmatischen Auseinandersetzungen auch ein gewisses Nationalbewusstsein charakteristisch, weswegen die Bezeichnung als autokephale Kirchen üblich ist (autokephal, griech.: mit eigenem Oberhaupt). Die dogmatischen Unterschiede in der Spätantike wirken auf den modernen Betrachter eher als unbedeutend, sind oft auch als sprachliche Missverständnisse aufgrund der unterschiedlich verstandenen Vokabeln bzw. ihrer Übersetzungen in die jeweiligen Liturgiesprachen einzuordnen, auch wenn sie trennend nachwirken. Diese Trennung kann heute als überwunden gelten, weswegen diese altorientalischen Kirchen sich gegenseitig anerkennen und zur Eucharistie zulassen. Es sind:

- die Armenische Apostolische Kirche
- die vorwiegend in Ägypten verbreitete Koptische Kirche
- die Äthiopisch-Orthodoxe Tewahedo-Kirche
- die Erithreisch-Orthodoxe Tewahedo-Kirche
- die Syrisch-Orthodoxe Kirche von Antiochien
- die Malankara Syrisch-Orthodoxe Kirche, ein autonomes »Katholikat in Indien« der vorgenannten Syrisch-Orthodoxen Kirche
- die Malankara Orthodox-Syrische Kirche von Indien.

Die Armenische Apostolische Kirche

Die Armenische Kirche stellte die erste Staatskirche des Christentums dar, nachdem im Jahre 301 n. Chr. (nach anderen 316) König Trdat III. vom heiligen Gregor dem Erleuchter (nach diesem auch der Name Gregorianische Kirche) getauft worden war. Die Kirche beruft sich auf eine apostolische Gründung durch die in der zweiten Hälfte des ersten Jahrhunderts in Armenien missionierenden Apostel Judas Thaddäus und Bartholomäus. Die Lehre des Konzils von Chalcedon, an dem kein armenischer Bischof teilgenommen hatte, wurde von einer Synode der armenischen Bischöfe 506 abgelehnt. Die arabische Eroberung brachte in den ersten 40 Jahren recht maßvolle Schutzverträge, die dann aber durch ständig wiederkehrende Phasen der Unterdrückung und Verfolgung abgelöst wurden, in denen meist Konvertiten vom Islam zum Christentum zum auslösenden Moment wurden. Im Verlaufe der Kreuzzugszeit gelang 1080 fernab der armenischen Stammlande die Gründung des Königreiches Kleinarmenien, das sich bis zur Eroberung durch die Mamlucken 1375 an Byzanz anlehnte. Der Sitz des Katholikats, des Kirchenoberhaupts, wanderte in dieser Zeit zur Festung Hromkla (am türkischen Euphrat), dann nach Sis. Neben Sis entstand bei den im Osten siedelnden Armeniern in Groß-Armenien im 15. Jahrhundert das Katholikat von Etschmiadsin (nahe Eriwan), so dass seither zwei Kirchenoberhäupter bestehen. Nach der Vernichtung der armenischen Bevölkerung in der Türkei 1915 wurde 1921 das Katholikat von Kilikien verlegt und befindet sich seit 1930 in Antelias bei Beirut. In der Nähe in Bzommar/Beirut haben auch die seit 1635 mit Rom unierten Armenier den Sitz ihres Kirchenoberhauptes (seit 1740 Patriarchat von Kilikien).
Trotz der massiven Verfolgung und des Genozids von 1915 im Osmanischen Reich bildet heute die Armenische Kirche in der Türkei die mitgliederstärkste Kirche des Christentums. Sie umfasst darüber hinaus nahezu

die gesamte Bevölkerung des Staates Armenien. Auch gibt es eine viel beachtete Diaspora im Iran, aber kaum noch Gemeinden im Irak und Indien, während aus Ländern wie Aserbeidschan, Afghanistan, Pakistan, Indonesien die armenische Kirche als vollständig verschwunden anzusehen ist. Die seit Jahrhunderten über die ganze Welt verbreitete Diaspora (heute besonders in Russland, Amerika, in Europa vor allem in Frankreich) verkörpert die starke Bindung der Armenier an den Westen, wobei im Zeitalter des Kalten Krieges der Patriarch von Antelias (Libanon) für eine westliche, nicht-sowjetische Linie des Armeniertums stand.

Die Koptische Kirche

Die koptische Kirche geht auf das ägyptische Patriarchat von Alexandria zurück, als deren Begründer der Überlieferung nach Markus gilt, der Verfasser des Markusevangeliums, der 68 als erster Bischof von Alexandria dort angeblich den Märtyrertod starb. Seit dem 2. Jahrhundert wurde neben dem Griechischen auch die koptische Sprache als Sakralsprache verwendet. Immer mehr der etwa 18 Millionen in Ägypten beheimateten Menschen traten zum Koptischen Christentum über, bis diese Entwicklung durch die islamische Eroberung behindert wurde. Eine kirchliche Eigenständigkeit der Kopten bildete sich allerdings gegenüber der byzantinischen Reichskirche erst seit Mitte des 5. Jahrhunderts heraus. Während diese durch die muslimischen Araber in eine bedrängte Lage gerieten, begrüßten viele monophysitischen Gläubigen die Eroberer als Befreier. Die Kopten vermochten zahlreiche Kirchen der Staatskirche in Besitz zu nehmen, fanden in dem weiterhin christlichen Königreich Nubien auch eine Schutzmacht. Als die Steuerlast, eine der Haupteinnahmequellen der neuen Machthaber, immer unerträglicher wurde, kam es allein im 8. Jahrhundert zu fünf Aufständen, die blutig niedergeschlagen wurden. Aus der Mehrheit der Kopten an der ägyptischen Bevölkerung wurde eine Minderheit, weil durch Konversion die Steuerlast gemindert werden konnte, weil auch zahlreiche Kopten zu Mönchen wurden, die keine Steuer zu entrichten hatten, bis diese Befreiung 868 aufgehoben wurde. Trotz der muslimischen Machtübernahme in Dongola (Nordsudan) im 14. Jahrhundert, einer der wichtigsten nubischen Residenzstädte, hielt sich im Sudan das Christentum dort noch bis ins 16. Jahrhundert, bis es dort aus unbekannten Gründen unterging.

Mit Ausnahme des Kalifen al-Hakim (reg. 996-1021) waren die Kalifen freundlich zu den koptischen Christen eingestellt, unter denen die christlich-arabische Literatur aufblühte wie sonst nirgends im Orient. Über die Jahrhunderte ist immer wieder eine überproportionale Beteiligung von Christen an den jeweiligen Regierungen zu beobachten, die aber immer wieder von islamischen Gegenreaktionen mit entsprechenden Absetzungen, Inhaftierungen u. ä. abgelöst wurden. Die Kopten verstehen sich bis heute als die »wahren Ägypter« und Nachfahren der Pharaonen. Napoleons Feldzug von 1798 und die Ideen der Französischen Revolution entfachten in Ägypten einen andauernden Reformwillen bei Kopten wie Muslimen, zu dem auch die Forderung nach politischer Gleichberechtigung gehörte.

Der Anteil der Kopten an der ägyptischen Staatsbevölkerung wird heute auf etwa 10% geschätzt, gegenüber 89% (meist sunnitischen) Muslimen. Jährlich treten etwa 15000 Kopten zum Islam über. Dennoch erlebt die koptische Kirche derzeit eine enorme Blüte (neue Klöster, Sonntagsschulbewegung). Im Sudan stellen die Kopten gegenüber der im Süden besonders starken katholischen Kirche und den Protestanten ähnlich wie in Libyen nur eine kleine Minderheit. Im südlichen Afrika betreibt die koptische Kirche heute eine erfolgreiche Mission und verfügt weltweit über eine zahlreiche Diaspora, vor allem in Australien und in den USA mit in drei Diözesen organisierten jeweils mehr als einer Million Gläubigen, in Deutschland mit mehreren Klöstern (Brenkhausen bei Höxter, gleichzeitig Bischofssitz; Waldsolm-Kröffelsbach) und Kirchen in München, Stuttgart, Frankfurt, Düsseldorf, Hannover, Berlin, Hamburg, Trier und Leipzig.

Die Äthiopisch-Orthodoxe Tewahedo-Kirche

Diese Kirche war lange offiziell ein Teil der Koptischen Kirche Ägyptens, bis sie 1950 in die Autokephalie entlassen wurde. »Tewahedo«, vergleichbar dem arab. tauhid, bedeutet Einheit und bezieht sich auf die Vereinigung der beiden Naturen in Christus. Die Kirche selbst lehnt die Klassifikation als monophysitisch ab. Gegenüber der koptischen Kirche sind starke Anbindungen an das Judentum auffällig.

Über den Ursprung der äthiopischen Kirche berichtet der griechische Historiker Rufinus von Aquileia von zwei Brüdern, Frumentios und Aidesios, die an der Küste des Roten Meeres überfallen und an den Hof von Aksum verkauft worden seien; aufgrund ihrer griechischen Bildung seien sie zu Prinzenerziehern aufgestiegen und hätten die Königsfamilie zum Christentum bekehrt. Frumentios sei später zum Patriarchen von Alexandria, Athanasios, gereist und sei von ihm zum Bischof von Aksum geweiht worden. Der Übertritt eines Königs Ezana zum Christentum ist durch Münzfunde für das 4. Jahrhundert belegt. Seitdem gibt es eine enge Verbindung zwischen Herrschertum und Kirche, bei der letztere große Teile des Landes geschenkt erhielt. Die Geistlichkeit stellte die Bildungselite des Landes und fand Anstellung am kaiserlichen Hof. Das marxistische Regime (1974-1991) verstaatlichte zwar 1975 den feudalen Landbesitz des Adels und der Kirche, doch erst die Verfassung von 1994 führte offiziell eine Trennung von Kirche und Staat durch.

Mit etwa 35 bis 40 Millionen Gläubigen stellt die Äthiopisch-Orthodoxe Kirche nicht ganz die Hälfte der Einwohner (der Rest ist überwiegend muslimisch) und prägt die äthiopische Gesellschaft weiterhin überproportional stark. Sie ist – trotz einer steigenden Zahl von Auswanderern nach Amerika und Europa – die einzige unter den altorientalischen Kirchen, in der die Mehrheit der Gläubigen noch in ihrem Ursprungsland lebt. In Europa hat die Kirche einen verantwortlichen Bischof in Rom, ein Bischofsvikar hat seinen Sitz in Köln. Die Gemeinden in Deutschland, England und Italien sind die zahlenmäßig stärksten in Europa. In Österreich leben äthiopisch-orthodoxe Christen vor allem in Wien und Graz.

Die Eritreisch-Orthodoxe Tewahedo-Kirche

Bereits in den 1920er Jahren hatte die italienische Kolonialmacht in ihrer Kolonie eine eritreisch-othodoxe Kirche gegründet, um den Einfluss Äthiopiens auf die Christen zurückzudrängen. Nach der Besetzung Abessiniens durch Italien wurden beide Kirchen allerdings 1936 wieder vereint. Nach der Unabhängigkeit Eritreas 1994 ernannte der koptische Papst Shenouda III. Bischof Philippos zum ersten Patriarchen der Eritreisch-Orthodoxen Kirche und entließ diese mit ihren etwa 2 Millionen Gläubigen – unter widerstrebender Anerkennung durch die Äthiopisch-Orthodoxe Kirche – in die Autokephalie.

Die Syrisch-Orthodoxe Kirche von Antiochien (Jakobiten)

Auch die syrisch sprechende Christenheit erfuhr die arabische Eroberung als eine Befreiung von der sie dogmatisch bedrängenden orthodoxen Reichskirche. Bischof Jakob Baradaios (ca. 490-578), daher der von ihm abgeleitete Name Jakobiten, hatte sie im syrischen Raum eigenständig organisiert. Das Syrische, das sich um Edessa aus dem Aramäischen entwickelt hatte, ist eine der bedeutenden Literatursprachen der Antike und des Mittelalters und wurde als Verkehrssprache bis nach Peking benutzt (bedeutende christliche Autoren: Habib abu Raita, gest. 840; der Theologe Mose bar Kepha, gest. um 903; Dionysios bar Salibi, gest. 1171; Gregor Barhebräus, 1125/26–1186). So sehr die Kirche unter den immer wiederkehrenden Zerstörungen ihrer Gebäude zu leiden hatte, so lieferte sie sich doch den Kalifen aus, wenn sie bei den nicht seltenen Schismen diese als Schiedsrichter anrief. Ihren Höhepunkt hatte sie im 12. und 13. Jahrhundert, bis sie im 14. Jahrhundert durch Timur Lenk fast vollständig vernichtet wurde. Die »Wieder«-Vereinigungsversuche – Antiochien hatte nie den römischen Primat anerkannt – der römischen Kirche während der Kreuzzugszeit blieben zwar weitgehend erfolglos, doch verlor die (jakobitische) Kirche auch einige Mitglieder in der ersten Hälfte des 19. Jahrhunderts an die unter Muslimen erfolglos missionierenden anglikanischen und amerikanischen Missionare. Die jakobitische Kirche vermochte allerdings einen bedeutenden Zugewinn an Gläubigen zu verzeichnen, als sich 1665 ein Teil der ostsyrischen Christenheit Indiens (Thomas-Christen) ihr anschloss. Anlässlich des Völkermords an den Armeniern 1915 wurde auch eine halbe Million syrisch-orthodoxer Christen durch türkische und kurdische Truppen ermordet, so dass die Kirche ihr Kernland im klosterreichen Tur Abdin (am türkischen Oberlauf des Tigris) und in der Mosul-Ebene inzwischen ganz verloren hat. 1924 war der jahrhundertelange Sitz von Mardin nach Homs verlegt worden, seit 1959 nach Damaskus, das das geistige Zentrum einer heute zahlenmäßig eher schrumpfenden Kirche (die Schätzungen reichen von 1,5 Millionen bis 6 Millionen, davon 3 bzw. 1 Million Inder) bildet, die auch heute noch Verfolgungen, Ermordungen und staatlicher Unterdrückung in der Türkei ausgesetzt ist, so dass die meisten Gemeindemitglieder ihre Heimat verließen und eine Flucht in den Westen vorzogen (geschätzt 300 000 syrisch-orthodoxe Aramäer leben heute in Westeuropa, davon 90 000 in Deutschland mit einem Kloster in Warburg und 150 000 in Schweden).

Thomas-Christen

Die heutigen Nachfolger der antiken Thomas-Christen bieten ein vielfältiges Bild, das eine Folge des Kolonialismus mit den unterschiedlichen Unions-Versuchen von katholischer wie anglikanischer Seite und der entsprechenden einheimischen Reaktion ist.

Die Bezeichnung Thomas-Christen hat keinen offiziellen Charakter. Sie ist abgeleitet von einem lokalen Thomas-Kult mit der Verehrung eines Apostelgrabes. Der Erstmissionar, der Apostel Thomas, gilt, nachdem er 48 n. Chr. Jerusalem verlassen und die Menschen im heutigen Irak, Iran, Afghanistan und Belutschistan missioniert hatte, nach einer späteren Legende als Missionar Indiens. Er bereiste das Land an seiner Südwestküste, bis er in Madras den Märtyrertod starb. Über seinem vermeintlichen Grab wurde 1547 eine Kirche errichtet, in der sich ein Kreuz mit einer mittelpersischen Inschrift aus dem 8./9. Jahrhundert befindet.

Selbst wenn diese Gründungsgeschichte legendär ist, ist die indische christliche Kirche doch älter als die meisten europäischen. Die im 3. Jahrhundert entstandenen Thomas-Akten beschreiben eine Missionsreise, die eher auf den Norden des Landes (Afghanistan, Belutschistan) zutrifft. Seit dem 4. Jahrhundert ist aber bei den Kirchenvätern eine Indientradition verbreitet und in der Mitte des 6. Jahrhunderts fand der alexandrinische Reisende Kosmas Indikopleustes Christen in Südindien vor. Seit dem 8. Jahrhundert hatten die Thomas-Christen einen eigenen aus Persien bzw. dem Irak entsandten Metropoliten (Erzbischof), der in der Rangfolge der ostsyrischen Kirche an zehnter Stelle stand.

Das Zeitalter des Kolonialismus brachte eine Reihe von Kirchenspaltungen mit sich. Als der Jesuiten-Missionar Franciscus Xaverius (1506-1552) mit den Portugiesen nach Indien kam, fand er zu seiner Überraschung dort christliche Gemeinden vor, die die Katholiken als Brüder begrüßten. Die folgende Fremdbestimmung und Latinisierung führte allerdings zu Aufspaltungen. 1653 kam es zum Bruch mit Rom, doch kehrte 1662 ein Teil der Thomas-Christen wieder zur Einheit mit der römischen Kirche zurück und wurde zur heutigen **Syro-malabarischen katholischen Kirche**. Der nicht-katholische Teil näherte sich der **Syrisch-Othodoxen Kirche** von Antiochia an, den sogenannten Jakobiten. Aus Streitigkeiten über die rechtmäßige Ordination des Kirchenoberhaupts ging 1772 die kleine **Unabhängige Syrische Kirche in Thozhiyur** hervor. Während der britischen Kolonialherrschaft spaltete sich 1888 von den nicht-katholischen Thomas-Christen des westsyrischen Ritus auch die mit der Church of England unierte **Mar-Thoma-Kirche** ab. 1932 nahm ein Teil der syrisch-othodoxen Thomas-Christen die Kirchengemeinschaft mit Rom auf und begründete die **Malankarisch-katholische Kirche**. Der auf Unabhängigkeit vom antiochenischen Patriarchat bestehende indische Zweig der syrisch-orthodoxen Kirche errichtete 1934 die **Malankara Orthodox-Syrische Kirche**, die sich von der Malankara Syrisch-Orthodoxen Kirche, die weiterhin dem Patriarchen von Antiochien unterstand, unterscheidet. Das Schisma wurde 1964 nur vorläufig beendet, lebte 1975 wieder auf.

Die heutigen Kirchen der Thomas-Christen kann man nach ihrem Ritus unterscheiden:

Mit ostsyrischem Ritus:
- Die Syro-Malabarische Kirche als Tochter- und Schwesterkirche, nicht aber Teil der mit Rom unierten Chaldäisch-Katholischen Kirche
- Die »Metropole von Malabar und Ganz Indien« mit Sitz in Trichur als Teil der Assyrischen Kirche des Ostens

Mit westsyrischem Ritus:
- Die autokephale Malankara Orthodox-Syrische Kirche
- Die Malankara Syrisch-Orthodoxe Kirche als Untergliederung der Syrisch-Orthodoxen Kirche
- Die kleine Unabhängige Kirche von Malabar (Thozhiyus Sabha)
- Die mit Rom unierte Syro-Malankara Katholische Kirche
- Die Mar-Thoma-Kirche als eine Ostkirche in der Kirchengemeinschaft mit der Anglikanischen Kirche.

Die Maroniten

Die Maroniten (der Name geht auf den Heiligen Maron, ein 410 gestorbener Eremit und Klostergründer, zurück) entstanden durch eine Abspaltung von der Syrisch-Orthodoxen Kirche von Antiochia, weil sie als Anhänger des **Monotheletismus** 681 vom Dritten Konzil von Konstantinopel exkommuniziert worden waren. Kaiser Justinian II. (668/9−711) unterlag zwar 694 im Kampf gegen die Maroniten, die dadurch ihre Unabhängigkeit bewahren konnten, doch in den folgenden Auseinandersetzungen mit den Arabern (Niederlage von 759) wurden sie in die Berggebiete vertrieben. Mitte des 8. Jahrhunderts hatten sie ein eigenständiges Patriarchat von Antiochia gebildet. Nach der Zerstörung des Klosters des heiligen Maron durch die Muslime flüchtete die Mehrheit unter dem Patriarchen Johannes Maron I. in die libanesischen Berge. Trotz des ebenfalls erheblichen Drucks der jakobitischen Kirche blieben aber im heutigen Syrien noch starke maronitische Gemeinden erhalten. Das Kerngebiet der Maroniten aber wurde bis heute der Libanon, wo sie sich im 12. Jahrhundert unter den Schutz der Kreuzritter stellten. Durch diesen überaus engen Kontakt – der französische König Ludwig IX. (1214−1270) hielt die maronitische Nation für einen Teil der französischen – kam es 1182 zur Union mit Rom. Dabei anerkannte der römische Papst 1216 das Oberhaupt der Maroniten als Patriarch von Antiochia. Nach der Eroberung durch die Mamluken, bei der sie wie auch Drusen und Schiiten massiven Verfolgungen ausgesetzt waren, konnten sie die Bindung an die katholische Kirche aufrecht erhalten. Während der osmanischen Zeit vermochten die Maroniten ihre Autonomie in den entlegenen Berggegenden zu erhalten, in Verbindung mit den Drusen sogar eine weitgehende Selbständigkeit zu erreichen (1585–1635). Die weiterhin hervorragenden Verbindungen nach Frankreich und Italien brachten dem Libanon eine kulturelle Blüte, so führten maronitische Mönche die ersten arabisch druckenden Druckerpressen ein. Nach den Pogromen von 1860 gegen maronitische Christen in Syrien und im Libanon wurde der letztere unter einem osmanischen Gouverneur selbständig, der in der Regel Christ war; die Autonomie des Landes wurde von einer europäischen Kommission überwacht. Durch die Seeblockade der Alliierten im Ersten Weltkrieg und die Requirierungen durch die im Libanon operierenden deutschen und türkischen Heeresverbände kam es zu schweren Hungersnöten und Seuchen, denen geschätzt 100 000 der damals 450 000 lebenden Libanesen, vor allem Maroniten, zum Opfer fielen. Nach dem Krieg setzte sich 1919 der maronitische Patriarch in Paris für eine libanesische Unabhängigkeit ein, die die französische Mandatsverwaltung über Syrien 1926 mit der Gründung der Republik Libanon gewährte.

Mit den Pogromen von 1860 begann für die Maroniten eine Zeit der Auswanderungen, so dass heute die Mehrzahl (die maronitische Kirche gibt weltweit 6 Millionen Gläubige an) außerhalb des Orients lebt, dort fast ausschließlich im Libanon, wo sie etwa 25–30 % der Bevölkerung umfasst. Als stärkste christliche Gruppe stellt sie nach der Verfassung den auf weitgehend repräsentative Aufgaben beschränkten Staatspräsidenten, da zur Zeit der Republikgründung noch eine Bevölkerungsmehrheit christlich war.

Die Griechisch-Orthodoxe Kirche (Melkiten – Rum-Orthodoxe Kirche)

Die arabische Eroberung hatte zwar den nestorianischen und monophysitischen Kirchen eine Befreiung von dem sie unterdrückenden byzantinischen Staat und seiner Reichskirche gebracht, ohne diese allerdings auszulöschen. Sie lebte – wenn auch mit deutlich weniger Anhängern – weiter, vorrangig in den Städten, während auf dem Lande die monophysitischen Kirchen herrschten. Der ursprünglich pejorativ von diesen

benutzte Begriff gegenüber den Angehörigen der ursprünglichen Reichskirche leitet sich aus dem Aramäischen bzw. Syrischen (malka) ab und
bedeutet »kaiserlich« oder »imperial«. Die Melkitische Kirche war in drei
Patriarchate (Alexandria, Antiochia und Jerusalem) eingeteilt. Nachdem
schon seit dem 14. Jahrhundert heimliche Konversionen einzelner melki-
tischer Priester zum Katholizismus zu verzeichnen waren, die allerdings
den byzantinischen Ritus beibehielten, wurde 1724 ein pro-katholischer
Bischof, Kyrillos VI., zum Patriarchen von Antiochia gewählt. Der Patriarch von Konstantinopel, Jeremais III., betrachtete diese Wahl als einen
katholischen Übernahmeversuch und ernannte den griechischen Mönch
Sylvester anstelle von Kyrillos zum Patriarchen. Dieser wiederum wurde
von Papst Benedikt XIII. anerkannt; seitdem ist die melkitische Kirche in
einen von Rom und einen von Konstantinopel anerkannten Zweig gespalten. Der katholische Teil behielt die Bezeichnung Melkit bis heute bei. Im
modernen Sprachgebrauch wird darunter fast ausschließlich eine Bezeichnung für die griechisch-katholischen Gläubigen verstanden.

Für die verbleibende Mehrheit der Orthodoxen steht der Begriff »Rum-
Orthodoxe Kirche« (arab. rum bedeutet Rom, gemeint ist das »neue Rom«
Konstantinopel). In ihr lebt das autokephale Patriarchat von Antiochia
weiter. Seit dem Friedensvertrag von 1774 zwischen Russland und dem
Osmanischen Reich konnte das russische Zarenreich als Schutzmacht der
orthodoxen Christenheit agieren. Seit 1858 wirkte eine russisch-orthodoxe Mission in Jerusalem als Gegengewicht gegenüber den römischen
Katholiken und den Protestanten. Ende des 19. Jahrhunderts unterhielt sie
allein 64 Schulen, in denen auf Arabisch gelehrt wurde. Liturgiesprachen
waren ursprünglich Syrisch und Griechisch. Seit dem 20. Jahrhundert ist
dies jedoch modernes Arabisch. Dies hatte enorme Konsequenzen, nicht
nur hinsichtlich der Auswahl der Funktionsträger (von Griechen zu Arabern), sondern auch in der Verbindung mit dem erwachenden arabischen
Nationalismus. Kirchenmitglieder setzten sich für den säkularen Panara-
bismus ein und hatten großen Einfluss auf die Baath-Partei in Syrien und
im Irak. In Israel wurde die Kirche wegen dieser Nähe zum arabischen
Nationalismus diffamiert.

Im Libanon sind heute die Rum-Orthodoxen mit etwa 7 % der Bevölkerung etwas größer als die Griechisch-Katholische Kirche (etwa 5 %); in
Syrien stellen sie die mit Abstand größte christliche Kirche. Im Irak und
in der Türkei, ebenso in Israel/Palästina wurde sie zur verschwindenden
Minderheit. Auch wenn die Rum-Orthodoxen zunächst stärker als Armenier, Syrer oder Maroniten der Migration widerstanden, spielt heute eine
weltweite Diaspora eine gewisse Rolle, wobei die Liturgie in der Spra-

che des Gastlandes und eine im orthodoxen Bereich eher ungewöhnliche Jugendarbeit der Ausbreitung hilft. In Münster ist der orthodoxe Lehrstuhl mit einem rum-orthodoxen Theologen besetzt.

Literatur

BAUM, WILHELM UND WINKLER, DIETMAR W., 2000, *Die Apostolische Kirche des Ostens. Geschichte der sogenannten Nestorianer*, Klagenfurt.

BIN TALAL, EL HASSAN, 2007, *Das Christentum in der arabischen Welt*, Wien.

BRAKMANN, HANSGERD, 2001, *Artikel Thomaschristen*, in: *Lexikon für Theologie und Kirche*, 3. Aufl.

DIB, PIERRE, *Histoire des Maronites*, Beyrouth.

DICK, IGNATIUS, 2004, *Melkites: Greek Orthodox and Greek Catholics of the Patriarchates of Antioch, Alexandria and Jerusalem*, Boston.

CLASS, H., (HRSG.), *Christen im Mittleren Osten*, Frankfurt o.J.

GERHARDS, ALBERT/BRAKMANN, HANSGERD (HRSG.), 1994, *Die koptische Kirche*, Stuttgart.

HAGE, WOLFGANG, *Art. Nestorianische Kirche*, in: *Theologische Realenzyklopädie*, Bd. 24, S. 264-276.

HAGE, WOLFGANG, 2007, *Das orientalische Christentum*, Stuttgart.

KRIKORIAN, MESROB K., 2007, *Die armenische Kirche: Materialien zur armenischen Geschichte, Theologie und Kultur*, 2. Aufl. Frankfurt a. M..

LANGE, CHRISTIAN/PINGGÉRA, KARL (HRSG.), 2010, *Die altorientalischen Kirchen. Glaube und Geschichte*, Wiss. Buchges. Darmstadt.

MAYEUR, JEAN-MARIE/PIETRI, LUCE/VAUCHEZ, ANDRE (HRSG.), 2005, *Geschichte des Christentums*, Sonderausgabe, Freiburg i. B.

MÜLLER, C. DETLEF G., 1981, *Geschichte der orientalischen Nationalkirchen*, Göttingen.

VALOGNES, JEAN-PIERRE, 1994, *Vie et mort des Chréstiens d'Orient*, Paris.

TAMCKE, MARTIN, (HRSG.), 2001, *Orientalische Christen zwischen Repression und Migration. Beiträge zur jüngeren Geschichte und Gegenwartslage*, Münster.

TAMCKE, MARTIN, 2008, *Christen in der islamischen Welt. Von Mohammed bis zur Gegenwart*, München.

WALLISCH, ROBERT, 1995, *Die Entdeckung der indischen Thomaschristen*, Wien 2008.

KLAUS WETZEL, *Kirchengeschichte Asiens*, Wuppertal.

ZAKI, MAGDI SAMI, 2005, *Histoire des coptes d'Égypte*, Versailles : Ed. de Paris.

Gisbert Gemein

Orthodoxes Christentum

Das Schisma von 1054

Nach dem Übertritt der arianischen germanischen Stämme zum katholischen Glauben blieb zwar auf dem Gebiet des ehemaligen römischen Reiches die Glaubenslehre der Konzilien von Nicaea und Chalcedon siegreich. Doch musste die einige katholische Kirche im Laufe der Geschichte mehrere Spaltungen hinnehmen.

Der römische Primat hat sich erst im Laufe der Jahrhunderte durchgesetzt. Sein Anspruch ist der Anlass zum ersten großen Schisma von 1054, als der Bruch zwischen dem römischen Patriarchen (Papst) und den anderen vollzogen wurde, von denen allein der byzantinische in Konstantinopel noch einen bedeutenden Einfluss besaß, nachdem die Patriarchen von Alexandria, Antiochia und Jerusalem unter islamische Herrschaft geraten waren und sich mit ihren Konkurrenten aus den orientalischen Kirchen streiten mussten. Im gleichen Jahrhundert vermochte aber Rom die bis dahin unabhängige englische Kirche mit der normannischen Eroberung zu integrieren, die sich allerdings noch bis ins 12. Jahrhundert in Teilen Schottlands sowie in Irland und Island dieser Entwicklung entziehen konnte.

Selbstverständnis und Kult

Die orthodoxen Kirchen verstehen sich als die ursprüngliche christliche Kirche, von der sich alle übrigen Kirchen, auch die Römisch-Katholische Kirche, im Laufe der Geschichte abgespalten haben. Sie verstehen sich als geistliche Heimat aller auf ihrem jeweiligen Gebiet lebenden Christen. Die Errichtung von papsttreuen Bistümern stößt, insbesondere in Russland, auf Widerstand. Dass evangelische Christen mit ihren zahllosen Konfessionen Parallelkirchen auf dem gleichen Territorium bilden, stößt auf Unverständnis.

Dennoch wird die Einheit des Christentums betont, fast alle orthodoxen Kirchen haben sich dem Ökumenischen Rat der Kirchen angeschlossen, in dem sie einen Dialog mit den evangelisch-reformierten, den altkatholischen, den anglikanischen und den orientalischen Kirchen führen. Mehrheitsbeschlüsse werden hier allerdings abgelehnt, wenn sie nicht ihren Traditionen entsprechen.

Die orthodoxen Kirchen betrachten sich nicht jeweils als Teil einer einzigen Kirche, sondern als unmittelbaren Ausdruck der *Einen Kirche*. Sie stimmen daher in Kirchenverständnis, Lehre und Kult weitgehend überein. Im Unterschied zu den westlichen Kirchen halten sie dogmatisch ausschließlich an den Beschlüssen der sieben Ökumenischen Konzile zwischen 325 und 787 fest. Bibel- und Liturgiesprache der Orthodoxie ist die jeweilige Landessprache oder eine ältere Form derselben so altgriechisch und kirchenslawisch. Neben der griechischen Tradition ist besonders die slawische bedeutend, nachdem vor allem ost- und südslawische Gebiete im frühen Mittelalter von Byzanz aus missioniert worden waren.

Während nach Benz für das abendländische Christentum ein Verständnis der Religion als eines Rechtsverständnisses typisch ist, tritt in der orthodoxen Christenheit sehr viel stärker die mystische Seite hervor, die sich aus der neutestamentlichen Überlieferung sowohl in paulinischer wie johanneischer Fassung speist. Die Hauptformen orthodoxer Frömmigkeit sind – im Unterschied etwa zur protestantischen Rechtfertigungslehre – die Vergöttlichung, die Heiligung, die Wiedergeburt, die Neuschöpfung, die Auferstehung und die Verklärung der ganzen Welt, nicht nur des Menschen; darin liegt ihr kosmischer Zug. Zentraler Begriff ist nicht Gerechtigkeit, sondern die Liebe Gottes.

Die orthodoxe Kirche lehrt zwar seit den Unionsverhandlungen mit Rom (Konzil von Lyon 1274) auch die Siebenzahl der Sakramente, doch lassen sich viele orthodoxe Theologen nicht starr auf diese Zahl festlegen, weil für sie der Bereich der orthodoxen Mysterien viel umfassender ist. Sie kennen zwar auch die Transsubstantionslehre wie die römisch-katholische Kirche, doch ist nicht die Wandlung der eigentliche Höhepunkt der Eucharistie, sondern für sie ist die Vergegenwärtigung und der Einzug des Auferstandenen selbst das zentrale Geschehen.

Orthodoxe Spiritualität

In der Ostkirche entwickelte sich eine Spiritualität, die sich zum Teil erheblich von der Entwicklung im westlichen Christentum unterscheidet. Charakteristisch sind der Ikonenkult und das Jesus- bzw. Herzensgebet.

Die Ikone (abgeleitet von griech. eikon = Bild) besitzt in der orthodoxen Frömmigkeit eine herausragende Bedeutung. Die ältesten Ikonen stammen aus dem 6. Jahrhundert; es sind – wegen der Zerstörungen im byzantinischen Bilderstreit im 8. und 9. Jahrhundert – aus dieser Zeit nur wenige Exemplare erhalten. In den Streit zwischen Ikonoklasten (Bilderzerstörern) und Ikonodulen (Bilderverehrern) mischten sich tatkräftig auch einige byzantinische Herrscher ein. Die Gründe für diesen Streit sind bis heute strittig; genannt werden der Einfluss des ebenfalls bilderlosen Islam wie das zweite Gebot (Du sollst dir kein Bildnis machen). Das zweite Konzil von Nicäa von 787 konnte nur eine vorübergehende Beruhigung bringen. Seine Lehre machte zwar eine körperliche Darstellung möglich, weil Gott in Jesus Christus eine konkrete, körperliche, menschliche Gestalt angenommen hatte; die Heiligen verkörperten je auf ihre Weise den Heiligen Geist. Christus und die Heiligen können nun bildlich dargestellt werden – im Gegensatz zum zweiten Gebot, das vor der Inkarnation von Jesus Christus galt. Das Konzil folgte hier den Lehren des Johannes von Damaskus (um 650–754) und Theodor Studites (759–826). Jedoch wurde auch beschlossen, dass alle Ikonen mit Aufschriften versehen werden sollen, um eine Verselbstständigung der Verehrung der Ikone als Gegenstand, ohne Rücksicht auf die dargestellte reale Figur, zu verhindern. Auch der römische Papst, der die Heiligenbilder nie ernsthaft in Frage gestellt hatte, stellte sich hinter diese Beschlüsse, während sie im Frankenreich unter Karl dem Großen auf der Synode von Frankfurt abgelehnt wurden. Doch der oströmische Kaiser Leo V. (813-820) sowie seine Nachfolger führten eine zweite ikonoklastische Periode ein, die rigoroser und besser organisiert als die erste durchgeführt wurde, bis 843 Kaiserin Theodora für ihren unmündigen Sohn Michael III. (lebte von 839–867) die Bilderverehrung wieder erlaubte. Die Bedeutung dieses Dekrets wird bis heute jährlich am ersten Sonntag der Fastenzeit als Fest der Orthodoxie gefeiert.

Die Ikonen sind als Mittler zwischen Diesseits und Jenseits fest im Glauben verankert, ihnen wird eine Wunderwirkung zugeschrieben. Wichtigste Herstellungstechniken sind im 6. Jahrhundert die Enkaustik, seit dem 7. Jahrhundert die Temperamalerei auf Holz, ferner Mosaiksetzerei und Schnitzerei in Holz und Elfenbein. Die zum Kuss ausgestellten Ikonen wurden und werden häufig an bestimmten Stellen mit verzierten Messing-, Eisen- oder Silberblechen beschlagen und so geschützt. Motive der Ikonenmalerei sind besonders Christusbilder und Heiligenporträts. Die Ikone dient der Vergegenwärtigung christlicher Wahrheiten. Ikonen sind ein wesentlicher Ausdruck der byzantinischen Kunst, die nach dem Fall von Konstinopel insbesondere in Russland fortgeführt und weiterentwickelt wurde. Wichtige Ikonenmalschulen befanden sich in Wladimir, Nowgorod, Twer und Moskau.

Die orthodoxe Kirche sieht die lebenden Christen und die verstorbenen Christen als eine einzige spirituelle Gemeinschaft – vor allem bei der Anbetung Gottes. Ikonen sind für die orthodoxe Kirche Fenster in die geistliche Welt – daher auch der meistens goldene Hintergrund, die Zweidimensionalität und die nicht naturalistische Malweise. Die Verehrung der Ikonen geschieht durch Bekreuzigung, ein Sich-Verneigen oder zu Boden Werfen, auch durch Küssen, niemals aber aufs Gesicht der dargestellten Figur. Diese wird also lediglich ehrfurchtsvoll gegrüßt. Diese Verehrung wird dabei strikt unterschieden von reiner *Anbetung*, die nur Gott zukommt. Auch die Verehrung bezieht sich nach orthodoxer Lehre auf den Dargestellten, nicht auf die Ikone selbst als einen Gegenstand aus Holz und Farbe.

In jeder orthodoxen Kirche gibt es eine Ikonostase. Dies ist eine mit Ikonen geschmückte Holzwand mit, wenn die Kirche groß genug dafür ist, drei Türen zwischen den Gläubigen und dem Altar. Der somit abgetrennte Altarraum übernimmt dabei zugleich die Funktion einer Sakristei. In großen Kirchen dient als solche das Diakonikon, der Raum hinter der südlichsten Tür. In der Mitte hängt (vom Betrachter aus) rechts der Mitteltür eine Christus-Ikone, links eine Ikone der Gottesgebärerin, dazwischen ist die *königliche Türe*, durch die der Priester im Evangelienbuch und in der Eucharistie den König der Ehren zur Gemeinde bringt. Während der Eucharistie ist diese Tür offen und der Altar somit sichtbar.

Statuen werden dagegen von der orthodoxen Kirche abgelehnt, da die heidnischen Griechen ihre Götter in Statuen darstellten und Statuen daher mit Götzendienst identifiziert wurden.

Das Jesus-Gebet, auch oft Herzensgebet genannt, ist eine für die orthodoxen Kirchen typische Gebetsform, die in der ununterbrochenen Anrufung des Herrn der paulinischen Aufforderung (»Betet ohne Unterlass«, 1 Thess 5,17) gerecht werden will. Die Gebetsformel (»Herr Jesus Christus, erbarme dich meiner« oder Varianten) ist bereits für das 6. Jahrhundert belegt und geht wohl auf Praktiken des frühen Mönchstums zurück. Eine zweite Phase ist mit dem Hesychasmus (von griech. hesychia = Ruhe, Stille, Einsamkeit, Friede abgeleitet) verbunden, einer vor allem im Spätmittelalter von den Mönchen auf dem Berg Athos geübten Praxis der Spiritualität. Diese ist mit einer speziellen Buß-, Gebets- und Meditationspraxis verbunden. Im frühen 14. Jahrhundert zur vollen Blüte entfaltet, wird der Hesychasmus bald zum Gegenstand massiver theologischer Auseinandersetzungen in Byzanz, die auf mehreren Konzilien in Konstantinopel (von 1341 bis 1351) nach einer Verurteilung der Gegner, dann den Hesychasmus zur verbindlichen Lehre der Orthodoxen Kirche machen. Über den Berg Athos wird der Hesychasmus im slawischen Balkangebiet und vor allem in Russland verbreitet. Hier beginnt im 16. Jahrhundert eine dritte Phase in der Geschichte des Jesus-Gebetes, das bis ins 18. Jahrhundert dort eine große Blüte erreichte. Mit dem Buch eines anonymen Verfassers »Aufrichtige Erzählungen eines russischen Pilgers« Ende des 19. Jahrhunderts war aufgrund von Übersetzungen eine weltweite Verbreitung des Jesusgebets verbunden, mit bedeutsamen Auswirkungen auch auf katholische Theologen (Tamcke, 2008).

Orthodoxe Kirchen

Die Griechisch-Orthodoxe Kirche fand nach der Eroberung Konstantinopels in Moskau (Drittes Rom) einen neuen politisch-religiösen Mittelpunkt. Bei den **heutigen Orthodoxen Kirchen** handelt es sich um rechtlich selbstständige Kirchen, die aber in voller Kirchengemeinschaft miteinander stehen:

- Kirche von Konstantinopel (Ökumenisches Patriarchat von Konstantinopel)
- Autokephale Orthodoxe Kirche von ganz Albanien (Erzbistum von Albanien)
- Autokephale Orthodoxe Kirche von Alexandria und ganz Afrika (Patriarchat von Alexandria)
- Kirche von Amerika (Erzbistum von Amerika)
- Kirche von Bulgarien (Patriarchat von Bulgarien, bulgarisch-orthodoxe Kirche)
- Autokephale Orthodoxe Kirche von ganz Georgien (Patriarchat von Georgien, georgisch-apostolisch-orthodoxe Kirche)
- Autokephale Orthodoxe Kirche von ganz Griechenland (Erzbistum von Griechenland, griechisch-orthodoxe Kirche)
- Autokephale Orthodoxe Kirche von Jerusalem und ganz Palästina (Patriarchat von Jerusalem)
- Autokephale Orthodoxe Kirche von ganz Polen (Erzbistum von Polen, polnisch-orthodoxe Kirche)
- Autokephale Orthodoxe Kirche von Antiochia und dem ganzen Osten (Patriarchat von Antiochia, rum-orthodoxe Kirche)
- Kirche von Rumänien (Patriarchat von Rumänien, rumänisch-orthodoxe Kirche)
- Kirche von Moskau und ganz Russland (Patriarchat von Moskau und ganz Russland, russisch-orthodoxe Kirche)
- Kirche von Serbien (Patriarchat von Serbien, serbisch-orthodoxe Kirche)

- Autokephale Orthodoxe Kirche von ganz Tschechien und der Slowakei (Erzbistum von Tschechien und der Slowakei, tschechisch-slowakisch-orthodoxe Kirche)
- Kirche von Zypern (Erzbistum von Zypern, zypriotisch-orthodoxe Kirche).

Durch Abspaltungen, meist durch politische Unabhängigkeit bedingt, haben sich noch weitere orthodoxe Kirchen gebildet, deren Selbständigkeit aber von den anderen östlichen orthodoxen Kirchen nicht anerkannt wird:
- Mazedonisch-orthodoxe Kirche
- Orthodoxe Kirche Bessarabien
- Montenegrinisch-Orthodoxe Kirche
- Ukrainisch-Orthodoxe Kirche.

Die orthodoxen Kirchen bilden mit ca. 225 Millionen Angehörigen die drittgrößte christliche Gemeinschaft der Welt.

Literatur

BASDEKIS, ATHANASIOS, 2003, *Die Orthodoxe Kirche.* 4. Auflage. Lembeck, Frankfurt a. M. (Aktuelle Einführung mit besonderem Gewicht auf den Kirchen in Deutschland. Allerdings enthält das Buch einige sachliche Fehler).

BENZ, ERNST, 1988, *Geist und Leben der Ostkirche*, dritte Aufl., München, 1988.

BULGAKOW, SERGEJ, 1996, *Die Orthodoxie. Die Lehre der orthodoxen Kirche*, Trier.

BRYNER, ERICH, 1996, *Die Ostkirchen vom 18. bis zum 20. Jahrhundert.* Evangelische Verlags-Anstalt, Leipzig.

OELDEMANN, JOHANNES, 2006, *Die Kirchen des christlichen Ostens*, Regensburg.

TAMCKE, MARTIN, 2007, *Das orthodoxe Christentum*, München.

TAMCKE, MARTIN, 2008, *Im Geist des Ostens leben. Orthodoxe Spiritualität und ihre Aufnahme im Westen*, Frankfurt a. M.

WARE, TIMOTHY, 1993, *The Orthodox Church*, Penguin, London.

Gisbert Gemein

Christentum im Westen

Römisch-Katholische Kirche

Die **Römisch-Katholische Kirche** bezeichnet sich selbst als »Katholische Kirche«, d.h. die allgemeine Kirche. Als eine Gesamtkirche mit dem historischen Schwerpunkt im lateinischen Westen besteht sie aus verschiedenen Teilkirchen mit jeweils eigenen Traditionen in Liturgie, Kirchenordnung und Frömmigkeit. Gemeinsames Kennzeichen ist die Anerkennung des römischen Bischofs als Papst und Vicarius Christi (Stellvertreter Christi) mit einem besonderen Jurisdiktionsprimat. Die größte und bedeutendste Teilkirche ist in Geschichte wie Gegenwart die Lateinische Kirche, welcher der Papst als Metropolit von Rom auch unmittelbar vorsteht. Daneben gibt es katholische Ostkirchen, auch Unierte Kirchen genannt, sofern sie früher von Rom getrennt waren und durch eine Union sich dem päpstlichen Primat unterstellten. Diese Kirchen praktizieren verschiedene Riten und haben ein eigenes Kirchenrecht mit einem für alle unierten Kirchen geltenden Teil (Codex Canonum Ecclesiarum Orientalium) sowie speziellen Teilen für die einzelnen Ostkirchen. Deren Unterscheidung liegt vorrangig im Ritus:

- Alexandrinischer Ritus: Koptisch-katholische Kirche; Äthiopisch-katholische Kirche;
- Antiochenischer oder westsyrischer Ritus: Syro-Malankara Katholische Kirche; Syrisch-katholische Kirche; Maronitische Kirche);
- Armenischer Ritus: Armenisch-katholische Kirche);
- Chaldäischer oder ostsyrischer Ritus: Chaldäisch-Katholische Kirche, Syro-Malabarische Kirche);
- Konstaninopolitanischer oder byzantinischer Ritus: Albanisch-katholische Kirche; Bulgarisch-katholische Kirche, Griechisch-katholische Kirche; Italo-albanische Kirche; Kirche der Byzantiner der Eparchie Krizevci (Kroatien); Mazedonisch-katholische Kirche; Melkitische Griechisch-katholische Kirche; Rumänische griechisch-katholische Kirche; Russische griechisch-katholische Kirche; Ruthenische griechisch-katholische Kirche; Slowakische griechisch-katholische Kirche; Ukrainische Griechisch-Katholische Kirche; Ungarische griechisch-katholische Kirche; Weißrussisch-Katholische Kirche).

Unabhängige Katholische Kirchen

Neben diesen von Rom **abhängigen katholischen Kirchen** haben sich im Laufe der Geschichte auch unabhängige katholische Kirchen gebildet, von denen die **Anglikanischen Kirchen** und die Altkatholischen Kirchen, die seit 1931 in voller Kirchengemeinschaft miteinander stehen, die bedeutendsten sind. Die anglikanischen Kirchen bestehen seit der Reformationszeit (Church of England; Anglican Church of Australia; Anglican Church of Canada; Church of Wales; Anglican Church Aotearoa, New Zealand and Polynesia; Church of Ireland; Church of Nigeria; Episkopalkirche der Vereinigten Staaten von Amerika; Scottish Episcopal Church; Unabhängige Philippinische Kirche). Die Church of England ist als einzige im Landesteil England des Vereinigten Königreiches als Staatskirche organisiert. Außerdem gibt es noch einige weitere Kirchen anglikanischen Ursprungs (z. B. Anglican Church in America, Reformed Episcopal Church), die zwar nicht in Kirchengemeinschaft mit Canterbury, dem Sitz der Church of England, stehen, sich aber weiterhin als Anglikaner betrachten.

Die **Altkatholischen Kirchen** (in den Niederlanden, Deutschland, Schweiz, Österreich, Tchechische Republik, Kroatien, Polen, Kanada, Frankreich, Italien, Schweden und Dänemark) gehen auf eine Abspaltung von Katholiken zurück, die nach dem Ersten Vatikanischen Konzil von 1870 das Dogma von der Unfehlbarkeit des Papstes nicht nachvollziehen wollten. Sie haben sich in der Utrechter Union zusammengeschlossen, nachdem das Utrechter Erzbistum schon zu Beginn des 18. Jahrhunderts einen Bruch mit Rom vollzogen hatte. Da die Weihe der altkatholischen Bischöfe über diese Utrechter Erzbischöfe abgeleitet wird, steht sie – wenn auch nicht von Rom anerkannt – in apostolischer Sukzession. Die Utrechter Union hatte in der Vergangenheit einige Abspaltungen zu verzeichnen (so jüngst 2004 die Altkatholische Kirche der Slowakei). Daneben gibt es noch in einzelnen Bundesstaaten der USA die in der »Conference of North American Old Catholic Bischops (CNOB)« und dem »International Council of Community Churches« angehörenden freien Altkatholischen Kirchen.

Als weitere meist zahlenmäßig kleine Gruppen in katholischer Tradition sind neben der 1945 gegründeten Katholisch-Apostolischen Kirche Brasiliens z. B. die Priesterbruderschaft St. Pius X., die die Beschlüsse des Zeiten Vatikanischen Konzils ablehnte, zu nennen.

Evangelische Kirchen

Auf die in der ersten Hälfte des 16. Jahrhunderts von Luther, Zwingli und Calvin durchgeführte Reformation gehen die **Evangelischen Kirchen** zurück, die im Laufe der nächsten Jahrhunderte eine breite Differenzierung erfuhren. Als älteste evangelische Kirche dürfte die kleine (etwa knapp 100000 Mitglieder, davon fast die Hälfte in Italien) protestantisch-reformierte Kirche der **Waldenser** gelten, die sich auf die von Petrus Valdes 1146 gegründete Laiengemeinschaft zurückführt, die 1184 auf dem Konzil von Verona aus der katholischen Kirche ausgeschlossen wurde, schweren Verfolgungen ausgesetzt war, aber in einigen italienischen Alpentälern überlebte.Die 1920 aus einer Reformbewegung liberaler römisch-katholischer Geistlicher und Laien gegründete **Tschechoslowakische Hussitische Kirche** beruft sich auf das historische Vorbild der Hussiten.

Die **Evangelisch-Lutherischen Kirchen** (Lutheraner, ursprünglich katholischer Kampfbegriff, dann als Selbstbezeichnung zur Unterscheidung von Katholiken und Reformierten benutzt) sind heute in drei Hauptrichtungen gegliedert:

- Dem 1947 gegründeten Lutherischen Weltbund gehören 147 Mitgliedskirchen (darunter die deutschen Evangelisch Lutherischen Landeskirchen, die Evangelical Lutheran Church of America) mit etwa 66 Millionen Gläubigen an.
- Dem Internationalen Lutherischen Rat sind 30 Mitgliedskirchen (in Deutschland: Selbständige Evangelisch-Lutherische Kirche) mit etwa 5 Millionen Gläubigen verpflichtet.
- Die Konfessionelle Evangelische Lutherische Konferenz umfasst 19 Mitgliedskirchen (in Deutschland: Evangelisch-Lutherische Freikirche).

Die **Reformierte Kirche** ist eine weitere der großen christlichen Konfessionen in reformatorischer Tradition. Sie geht auf das Wirken Zwinglis (mit Auswirkungen vorrangig in der Deutschschweiz, im Elsass und süddeutschen Raum) und Calvins (Genf und französischsprachige Schweiz, Hugenotten in Frankreich, später in deutschen, niederländischen und schottischen Gebieten) zurück. Im Gegensatz zum Luthertum war Zwinglis reformierte Kirche von Anfang an mit den republikanisch regierten Städten verbunden, deren vom Volk gewählte Regierungen, meist nach öffentlich geführter Diskussion, die Reformation durchführten. Dem entsprach auch die neue Leitungsstruktur der Kirche, die das Bischofsamt ablehnte. In den USA ist die Reformierte Kirche durch die Reformed Church in America und die Reformed Church in the United States vertreten.

Die Lutherische und die reformierte bzw. calvinistische Kirche sind als zwei unabhängige Zweige der Reformation entstanden. Einigungsversuche scheiterten schon sehr früh im Marburger Religionsgespräch von 1529 zwischen Martin Luther und Ulrich Zwingli über die Abendmahlsfrage, als Luther auf der Realexistenz von Christi Leib und Blut im Abendmahl bestand. Als durch die zur Religion alternativen Ansätze der Aufklärung, vor allem aber durch die wirtschaftlichen Schwierigkeiten, die die napoleonischen Kriege mit sich brachten, die theologischen Streitigkeiten immer mehr in den Hintergrund traten, vermochten meist die staatlichen Obrigkeiten wie in Preußen 1817 Unierte Kirchen herbeizuführen, gewissermaßen eine Einigung von oben.

Eine eigenständige reformatorische Bewegung des 16. Jahrhunderts stellen die **Täufer (Wiedertäufer)** dar, die von Zwinglis Schüler Konrad Grebel, Felix Manz und Jörg Blaurock ins Leben gerufen wurde und sich trotz massiver staatlicher wie kirchlicher Verfolgung zu einer europaweiten Bewegung ausbreitete. Sie lehnte die Kindstaufe ab (deswegen die polemische Bezeichnung der Gegner als Wiedertäufer, auf die in der heutigen deutschen Literatur weitgehend verzichtet wird, während sie sich im englischsprachigen Raum die Bezeichnung Anabaptist erhalten hat, weil man sie somit besser von den späteren Baptisten unterscheiden kann) und forderte eine staatsfreie evangelische Kirche nach Vorbild des Neuen Testamentes. Man kann die komplexe Bewegung des Täufertums als »linken Flügel der Reformation« (Titel einer von Reinold Fast herausgegebenen Täufergeschichte, 1962) verstehen, die unterschiedliche Richtungen umfasste: die **Schweizer Brüder**, die sich in direkter Linie auf die Zürcher Täufergemeinde zurückführt und in der Schweiz und im Elsass, im Kraichgau und in der Kurpfalz ihr Hauptverbreitungsgebiet hatten, von denen sich 1693 die **Amische** abspalteten; die stark endzeitlich gestimmten **Süddeutschen Täufer** mit Gemeinden in Schwaben, Bayern, Franken und Österreich; die sich durch eine absolute Gewaltlosigkeit und enge Ethik auszeichnenden ursprünglich in Tirol und Mähren lebenden **Hutterer Brüder**, die durch Vertreibung und Verfolgung nach Osteuropa zogen; die **Mennoniten**, die als pazifistische Vertreter des Täufertums zunächst in den Niederlanden, Ostfriesland und am Niederrhein beheimatet waren, später nach Westpreußen und Russland kamen; sowie als eine Sonderform die **Münsterschen Täufer**, die mit ihrer apokalyptisch-chiliastischen Botschaft das münstersche Täuferreich errichteten.

Die heute bedeutendste Bewegung der Täufer stellen die **Mennoniten** dar. Der Name leitet sich von dem Ostfriesen Menno Simons ab, der nach dem Scheitern des münsterschen Täuferreiches die gemäßigten Teile der

Täufergemeinden sammelte und eine bewusst pazifistische Theologie entwickelte. Anders als im seit 1759 toleranten Oranierreich der Niederlande wurden die Täufer in Deutschland und in der Schweiz weiterhin verfolgt, was zu einer Auswanderung, z. B. von Pfälzer Mennoniten nach Pennsylvania, führte. Eine weitere Auswanderungswelle niederländischer und norddeutscher Mennoniten führte über das damals polnische Nogat-Gebiet, das sie weitgehend kultivierten, zur Ukraine und Russland. Mit der ersten polnischen Teilung 1772 kam dieses Gebiet (das Nogatgebiet) zu Preußen und die vorherige Toleranz fand ein Ende. Mit der Einführung der russischen Wehrpflicht wanderte ein Teil in die USA ab. Große Reste der russischen Mennoniten sind in den letzten beiden Jahrzehnten wieder nach Deutschland als Spätaussiedler zurückgewandert, wo sie zahlenmäßig die Gemeinden der alteingesessenen Mennoniten übersteigen. Von den heute etwa 1,3 Millionen Mennoniten in 60 Ländern leben 42 % in den USA.

Auch wenn sie mit den Täufern die Ablehnung der Kindstaufe gemeinsam haben, haben die **Baptisten** eine eigene Entstehung und Entwicklung genommen. In England war es 1529 zur Ablösung von Rom unter König Heinrich VIII. gekommen. Nach seinem Tod hatte sich hier ein calvinistisch geprägter Puritanismus herausgebildet, der die ein halbes Jahrhundert später entstehenden Baptisten stark beeinflusste. Unter Leitung von John Smyth hatten englische Auswanderer, die in der Heimat verfolgt worden waren, in Amsterdam 1609 eine erste taufgesinnte Gemeinde gebildet, von der eine kleine Gruppe unter Thomas Helwys 1611 nach England zurückkehrte und – trotz Verfolgung – die Keimzelle einer sich stark ausbreitenden Lehre wurde, die sich in die neuen Kolonien nach Amerika, aber auch nach Asien und Afrika ausbreitete, wo insbesondere durch das Engagement baptistischer Missionare 1838 die Sklaverei abgeschafft wurde. In Amerikas Norden kam es im 18. Jahrhundert zu einem enormen Aufschwung für die Baptisten, vor allem wegen ihrer kompromisslosen Haltung zur Sklaverei, während im Süden – obwohl diese Konfession bis heute sowohl unter Schwarzen wie Weißen dominant ist – eine Rassentrennung bis in die 60er Jahre des vorigen Jahrhunderts üblich war. Die starke Stellung der Ortsgemeinde, die für das Leben der Gläubigen und ihre Lehre selbst verantwortlich ist, ist hier eine Ursache. Heute wird die Zahl der Baptisten auf über 47 Millionen Menschen geschätzt, die Mehrheit in Amerika (fast 18 Mill.), den Ländern der ehemaligen Sowjetunion sowie Brasilien, Burma und Indien. In Deutschland bildet der Bund Evangelisch-Freikirchlicher Gemeinden (BEFG) den Zusammenschluss der rund 85 000 getauften Mitglieder (ohne Kinder und Freunde) der Baptisten.

Ebenfalls in England entstand in der ersten Hälfte des 18. Jahrhundert die Bewegung der **Methodisten**, gegründet von John Wesley, für den soziales Engagement einen viel größeren Stellenwert besaß als theologische Streitigkeiten. Seine Kirchen haben bis heute eine Struktur, die Elemente des Kongregationalismus, des Presbyterianismus und der Episkopalkirche in einem Verbundsystem enthält, in dem sich alle Einzelgemeinden regional wie international gegenseitig finanziell wie geistlich unterstützen. Es gibt eine geistliche Hierarchie mit Bischöfen, aber auch mit Laienpredigern ohne theologische Ausbildung. Aufgrund ihrer theologischen Offenheit sind zwar die meisten Gemeinden dem evangelischen Main Stream zugewandt, doch gibt es immer wieder auch progressive Methodisten. Mitglied kann nur werden, wer sich als Erwachsener bewusst für diese Kirche entscheidet, die daher in ihren Gottesdiensten für jeden offen ist.

Die Wurzeln der **Heilsarmee** liegen im Methodismus, als der methodistische Pfarrer William Booth, erschüttert von den Auswirkungen der Industrialisierung im Londoner Westend, 1865 mit Freiwilligen aus verschiedenen Kirchen eine christliche Erweckungsbewegung gründete, aus der sich bald eine christliche Freikirche mit starkem sozialen Engagement und einer damit verbundenen Evangelisation bildete (weltweit etwa 1 900 Schulen, 3 600 Sozialinstitutionen und rund 460 Krankenhäuser). William Booths Ehefrau Cathrine, die ihren erkrankten Mann monatelang in der Leitung vertrat, prägte – nicht nur als erfolgreiche Predigerin – die Bewegung, in der Frauen gleichberechtigt mit Männern waren.

Der in Deutschland entstandene **Pietismus** ist die wichtigste Reformbewegung des deutschen Protestantismus. Theologisch reagierte er auf das Trauma des Dreißigjährigen Krieges durch eine Neuorientierung auf die wörtlich ausgelegte Bibel. Dies war gleichzeitig eine Reaktion auf die Aufklärung, auf deren Religionskritik die damals herrschende Theologie mit einer Verwissenschaftlichung reagierte, die vom normalen Gemeindemitglied kaum nachvollzogen werden konnte. Der Pietismus war gleichzeitig ein innerer Protest gegen den absolutistischen Staat, der zwar ein Bekenntnis zum jeweils offiziellen Dogma forderte, dem aber persönliche Frömmigkeit eher suspekt erschien. Der Pietismus hatte vielfältige Wirkungen in der deutschen Geistesgeschichte wie auch im sozialen Engagement (Diakonissenanstalten, viele heute staatlich geführte Waisen- und Krankenhäuser). Entsprechend der Vielfalt des deutschen Protestantismus gab und gibt es auch eine Vielfalt pietistischer Bewegungen (Lutherischer, Hallescher, der weitgehend innerhalb der Landeskirche agierende Württembergische Pietismus, der im Siegerland, Wuppertal und Hessen im 19. Jahrhundert entstandene Neupietismus). Heute sind die pietistischen Gemeinden entweder innerhalb der jeweiligen Landeskirchen (z. B. die **Herrnhuter Brüdergemeinde**) oder freikirchlich organisiert (z. B. **Bund Freier evangelischer Gemeinden in Deutschland**). In der Mitte des 17. Jahrhunderts entstand durch John Fox (1624-1691) im Nordwesten Englands die Bewegung der Quäker (offizieller Name: Religiöse Gesellschaft der Freunde), für die die Selbst- bzw. Gotteserfahrung im Zentrum steht. Zusammen mit den Mennoniten und der Church of the Brethren zählen sie zu den historischen Friedenskirchen, die sich im friedlichen Kampf für Gerechtigkeit an Frauen und Sklaven und Gefangenen, aber auch im Einsatz für Frieden und gegen Hunger und Ausbeutung auszeichneten. Ab Mitte des 19. Jahrhunderts ist ihre Geschichte durch Aufspaltungen und Wiedervereinigungen geprägt. Neben den heutigen drei weltweiten Dachorganisationen bestehen auch noch freie Quäkergruppen. Die deutsche Gruppe gehört keiner dieser Organisationen an, sie weist aufgrund ihres hohen Altersdurchschnitts mit um die 250 Mitgliedern eine zahlenmäßig rückläufige Tendenz auf.

Die Bewegung der Adventisten (von lat. adventus = Ankunft, hier ist die zweite Ankunft Jesu Christi gemeint) entstand durch den amerikanischen baptistischen Prediger William Miller (1782–1849), der auf der Grundlage der apokalyptischen Zeitangaben des Buches Daniel die Wiederkehr Christi auf das Jahr 1844 errechnete und viele Anhänger unter den Mitgliedern anderer Kirchen fand. Als dann dieses Ereignis nicht stattfand, zerfiel die Bewegung in verschiedene Gruppierungen, die sich auch theologisch auseinander differenzierten. Heute versteht man unter Adventisten meist die 1963 gegründeten **Siebenten-Tag-Adventisten**, mit weltweit etwa 15 Millionen Mitgliedern die größte adventistische Bewegung neben der deutlich kleineren **Weltweite Kirche Gottes**, der 1881 gegründeten **Bibelforscherbewegung** und der **Gemeinde Gottes des siebenten Tages**, die die Prophetin der Siebenten-Tag-Adventisten Ellen G. White nicht akzeptierten und sich deshalb von der Bewegung abspalteten.

Relativ jung ist die Pfingstbewegung, auch wenn verwandte Glaubensrichtungen wie die verschiedenen Erweckungsbewegungen schon im 18. Jahrhundert bestanden. Das heutige Pfingstchristentum, das die Wirkung des Heiligen Geistes betont, entstand Anfang des 20. Jahrhunderts. Charles Fox Parham gilt als Gründer der weißen Pfingstbewegung (1901), William J. Seymour als der der schwarzen (1906). Dessen Predigt in Los Angeles am 14. April 1906, dass Gott die Erde zum Beben bringen werde, vier Tage vor der Zerstörung San Franziskos durch ein Erdbeben, verschaffte der Bewegung einen ungewöhnlichen Aufbruch. 1914 kam es in den USA schon zu einer ersten Trennung der **Assemblies of God** von der **Church of God in Christ**, 1917 trennten sich die **Oneness Pentecostals** ab, die die Trinität ablehnten. Am Ende des Zweiten Weltkrieges bildete sich die **Gemeinde der Christen Ecclesia** und 1947 die Vorläuferorganisation des **Bundes Freikirchlicher Pfingstgemeinden**. In Deutschland, wo sich zwischen 1905 und 1908 im Rahmen des Pietismus erste Pfingstgemeinden gebildet hatten, die heute als Mülheimer Verband Freikirchlich-Evangelischer Gemeinden mit 44 Gemeinden einen kleinen Verband neben der Gemeinde der Christen Ecclesia (etwa 70 örtliche Versammlungen) darstellen, sind die meisten Pfingstgemeinden (rund 600) im Bund Freikirchlicher Pfingstgemeinden (BFG) organisiert.

Die freikirchliche **Brüderbewegung** nahm ihren Ausgangspunkt in den ersten Jahrzehnten des 19. Jahrhunderts in Irland, wo sich in Dublin kleine Kreise zum gemeinsamen Bibelstudium trafen. Man lehnte die Zersplitterung in verschiedene christliche Konfessionen ab und wollte die Einheit der Gläubigen durch eine möglichst flache Organisation erhalten. Deswegen haben die Einzelgemeinden bis heute eine recht große Selbstständigkeit, auch wenn sie in Lehre und Praxis eng miteinander verbunden sind. 1848 kam es zu einer Trennung über die Frage, ob örtliche Gemeindeausschlüsse auch von allen anderen Gemeinden anerkannt werden müssen. Seitdem gibt es in der Brüderbewegung mit etwa weltweit rund einer Million Gläubigen (in Deutschland geschätzt 40 000, hier sogar in vier Richtungen aufgespalten) **geschlossene** und **offene Brüdergemeinden**.

Eine amerikanische Entwicklung ist die im 19. Jahrhundert entstandene **Restoration Movement** als eine christliche Erweckungsbewegung, die das Christentum wieder auf seine neutestamentlichen Grundlagen auch im alltäglichen Leben zurückzuführen suchte. Aus ihr entstanden die **Disciples of Christ** und die **Internationalen Gemeinden Christi** als konservative Abspaltungen.

1881 trennte sich D. S. Warner, Prediger in der Denomination **General Eldership of the Church of God in North America**, von dieser Kirche und schloss sich mit Gleichgesinnten in der Tradition der Heiligungsbewegung und einem evangelikalen Bibelverständnis zu einer Bewegung zusammen, die unter verschiedenen Namen firmiert (engl. **Church of God**; deutsche amtliche Bezeichnung: **Freikirchlicher Bund der Gemeinde Gottes**). Mit weltweit etwa 800 000 Anhänger spielt sie in Deutschland mit etwa 3 000 Mitgliedern nur eine unbedeutende Rolle.

Ebenfalls in den USA ist die evangelische Konfession der **Calvary Chapel** entstanden, als der Pastor Chuck Smith in Kalifornien 1965 zahlreiche Hippies und Leute von der Straße in seine Gottesdienst zog. Aus

89

dieser Gemeinde entstanden über 1 000 Tochtergemeinden in den USA, in Südamerika, Europa, Indien und auf den Philippinen. Jede Gemeinde ist unabhängig und finanziert sich selbst aus Spenden der Gottesdienstbesucher. Bei der Lehre wird ein Schwerpunkt auf das »Wort Gottes« gelegt, in der Regel dadurch, dass die Bücher der Bibel Kapitel für Kapitel ausgelegt werden. Musik spielt bei den Gottesdiensten eine herausragende Rolle.

Neben diesen evangelischen Konfessionen gibt es noch weitere wie die 1934 von dem Werbefachmann Herbert W. Armstrong als Radiomission in den USA gegründete **Worldwide Church of God (Weltweite Kirche Gottes)**, die heute wohl nur noch aus einer Hand voll Mitgliedern bestehenden **Shaker**, die – aus dem Quäkertum hervorgegangen – mehr durch ihre Möbel bekannt geworden sind, die 1991 in Hamburg von Martin Dreyer gegründeten **Jesus Freaks**, als deren Vorbild die in den 60er Jahren innerhalb der Hippie-Kultur entstandene Jesus-People-Bewegung gelten darf, die 1988 nach dem ersten Bischof von Bremen/Hamburg Ansgar benannte **Anskar-Kirche**, die 1996 in Zürich gegründete **ICF Movement** (für: International Christian Fellowship), auch als ICF Church bekannt, als eine christliche Freikirche, die man zur neocharismatischen Bewegung zählen darf, sich in ihren Gottesdiensten vorrangig an ein junges Publikum wendet; schließlich sind noch die 1975 in den USA von John Wimber gegründete, zum evangelikalen Christentum zu zählende **Vineyard-Bewegung** und die seit 1924 bestehende **Zion Christian Church** zu nennen, die mit etwa 4 Millionen Gläubigen als eine der großen eigenständigen Kirchengründungen Südafrikas gelten kann.

Apostolische Kirchen

Ab 1831 hatten sich in England als endzeitlich geprägte Erweckungsbewegung **katholisch-apostolische Gemeinden** (KAG) gebildet, die sich aus Mitgliedern der anglikanischen wie presbyteranischen Kirche Schottlands aber auch katholischen wie lutherischen und reformierten Geistlichen zusammensetzten. Unter dem Eindruck endzeitlicher Prophezeiungen wurden in Großbritannien 12 Apostel berufen, deren Aufgabe es war, die Kirche auf das zweite Kommen Jesu vorzubereiten. 1863 kam es zum Schisma, als die englischen Apostel entschieden, sie könnten keinen Ratschluss Gottes erkennen, dass nach ihrem Tode das Apostolat fortgeführt werden solle. Dem widersprachen vor allem deutsche Gemeinden, insbesondere der deutsche Prophet Heinrich Geyer, der von den Engländern nicht anerkannte Apostel berief. Da seit dem Tod des letzten katholisch-apostolischen Apostels Woodhouse am 3. Februar 1901 keine Ordinationen mehr vorgenommen werden durften, schränkten sich die Aktivitäten der katholisch-apostolischen Kirche immer mehr ein, bis Anfang der 70er Jahre die letzten hochbetagten Amtsträger verstarben. Die vorwiegend niederländische Katholiek Apostolische Kerk sieht sich zwar als legitime Nachfolgerin, wird aber von den anderen apostolischen Gemeinschaften nicht anerkannt.

Aus dem Schisma war zunächst die Allgemeine Christliche Mission hervorgegangen, aus der sich die **Neuapostolische Kirche** (NAK) entwickelte. Auch viele andere apostolische Gemeinden führen ihre Anfänge auf die KAG zurück wie die **Old Apostolic Church** mit ihren auf etwa 2,5 Millionen geschätzten Gläubigen, meist in Südafrika, oder die niederländische **Hersteld Apostolische Zendingkerk** (dt. Erneuerte Apostolische Missionskirche), die sich ebenfalls 1863 aus der Katholisch-apostolischen Kirche gelöst hatte und sich in den Jahren 1968-71 in 3 Teile aufspaltete (**Hersteld Apostolische Zendingskerk, Hersteld Apostolische Zendingskerk II, Hersteld Apostolische Zendingskerk – stam Juda**).

Die mit weltweit über 11 Millionen (in Deutschland über 360 000) Mitgliedern bedeutendere **Neuapostolische Kirche** (NAK) versteht sich als Fortsetzung der christlichen Urgemeinde und ist eschatologisch auf eine nahe Wiederkunft Jesu Christi ausgerichtet. Während sie in Europa rückläufig ist, wächst sie aufgrund ihrer Missionstätigkeit vor allem in Afrika. Die geistlichen Führer werden als Apostel bezeichnet (weltweit etwa 360), die sich als Nachfolger der von Jesus Christus ausgesandten ersten Apostel verstehen. Die streng hierarchisch gegliederte Kirche mit Hauptsitz in Zürich wird von einem Stammapostel geleitet. Dieses Konzept des Stammapostels wurde von Friedrich Krebs (seit 1881 Apostel für Nord- und Ostdeutschland) entwickelt, der deshalb als eigentlicher Gründer der NAK gelten kann. Ebenfalls 1911 kam es zur Abspaltung des **Reformiert-Apostolischen Gemeindebundes** über eine Nachfolgefrage im Amt des Stammapostels, 1911 erfolgte eine weitere Spaltung, als der australische Apostel Hermann Niemeyer ausgeschlossen wurde und die Apostolic Church of Queensland gründete. Auch im weiteren Verlauf der Geschichte kam es in Deutschland immer wieder zu Abspaltungen wie die Apostolische Gemeinschaft oder die Apostolische Gemeinde des Saarlandes. Strukturell verschiebt sich die NAK seit den 1960er Jahren als eine damals noch überwiegend deutschsprachige Gemeinschaft mit Tochtergemeinden in einigen außereuropäischen Ländern in eine heutige weitgehend afrikanische Kirche mit noch 5 % Anteil an Europäern.

Eine Abspaltung von der Neuapostolischen Kirche erfolgte 1902 durch den Bezirksältesten Julius Fischer infolge Streitigkeiten über die Lehre von der Wiederkunft Christi. Der von Fischer 1922 ernannte Nachfolger Adolf Tschach des Apostelamtes Juda fand nicht die Unterstützung aller Mitglieder, die das Apostelamt Jesu Christi bildeten. Im Dritten Reich verfolgt und von der Gestapo verboten, wurden beide zwar formell aufgelöst, lebten aber in der Illegalität bis heute mit weniger als 3000 Gläubigen fort.

Sonstige kirchliche Gemeinschaften

Die von dem Propheten Joseph Smith jr. ab 1820 ins Leben gerufene Kirche der **Mormonen**, seit 1838 unter dem Namen **Kirche Jesu Christi der Heiligen der Letzten Tage**, versteht sich selbst als eine christliche Religionsgemeinschaft, was aber von den anderen großen Konfessionen abgelehnt wird, da sie außer der Bibel auch die im Buch »Mormon« und der Schrift »Lehre und Bündnisse« zusammengefassten Offenbarungen anerkennt. In diesen ist u. a. eine Frühgeschichte Amerikas erzählt, nach der der Kontinent von den verlorenen Stämmen Israels in verschiedenen Wellen nach dem Turmbau zu Babel besiedelt worden sein soll. Nach immer wieder auftretenden Schwierigkeiten mit Umgebung und Obrigkeit und entsprechenden Auswanderungen zog der Nachfolger von Smith, Brigham Young, auf dem berühmten Mormon Trail ab 1846 über die Rocky Mountains und gründete auf damals noch formal mexikanischem Land am Großen Salzsee die Stadt Salt Lake City. Als der Bundesstaat Utah in die USA aufgenommen werden wollte, musste Young auf die Polygamie verzichten, was zur Abspaltung kleinerer Gruppen führte, die zum Teil bis heute noch die Mehrehe führen. Die Mormonen leben heute überwiegend in den Vereinigten Staates in Utah und den Nachbarstaaten. Seit 1974 betreiben sie eine intensive Mission und haben nach eigenen Angaben 13 Millionen getaufte Mitglieder (davon 50% in den USA, 35% in Restamerika). Heute ist die mormonische Bewegung in rund 70 Glaubensgemeinschaften zerfallen, die man in folgende Hauptrichtungen aufteilen kann:
* Die Rocky-Mountain-Mormonen, die nach Utah zogen und Brigham Young als legitimen Propheten anerkennen. Zu ihnen gehören die **Kirche Jesu Christi der Heiligen der letzten Tage** als größte mormonische Gemeinschaft sowie viele kleinere, fundamentalistische und polygamistische Gruppen, die meist die urchristliche Gütergemeinschaft pflegen wie die **Apostolic United Brethren** oder die **Fundamentalistische Kirche Jesu Christi der Heiligen der Letzten Tage**.

- Die Prairie-Mormonen, die im mittleren Westen blieben und Young nicht als Propheten anerkennen, wie die antipolygamistische **Gemeinschaft Christi** als zweitgrößte mormonische Kirche (etwa 250000 Mitglieder) sowie viele weitere kleinere Gemeinschaften, die teilweise nur die Lehre des frühen Smith anerkennen, ihn selbst für einen gefallenen Propheten ablehnen.
- Die **Kirche Christi mit der Elias-Botschaft,** die zwar neben der Bibel das von ihr als »Bericht der Nephiten« genannte Buch Mormon anerkennt, sich aber selbst nicht zu den Mormonen zählt.

Antitrinitarier

Die theologischen Zweifel, die der Arianismus an der vom Konzil von Nicaea formulierten Trinitätslehre geäußert hatte, waren mit seinem historischen Verschwinden nicht untergegangen. Mit dem Humanismus und der Renaissance lebten die Ideen wieder auf. Als herausragender **Antitrinitarier** kann Michael Servetus gelten, der 1553 in Genf festgenommen und wegen seiner Leugnung der Trinität Gottes in seinem Buch »De trinitatis erroribus«, von katholischen wie evangelischen Geistlichen angefeindet, und auf Geheiß Calvins bei lebendigen Leibe verbrannt wurde. Einflussreich war auch eine von Fausto Sozzini (gest. 1604) ins Leben gerufene Bewegung der »**Sozinianer**«, die im Verlaufe der Gegenreformation aus Polen vertrieben wurden und über Holland und England nach Nordamerika auswanderten, wo die Bewegung der **Unitarier-Universalisten** entstand. Ab dem 17. Jahrhundert bildeten sich in England (Isaac Newton, John Locke), ab dem 18. Jahrhundert auch in den USA nichttrinitarische Gemeinden, aus denen einige amerikanische Präsidenten hervorgingen. Heute gibt es zahlreiche, meist kleine Unitarier-Gemeinschaften (Nichttrinitarier) wie z,.B. die **Christdelphian**, die **Christliche Wissenschaft** sowie die **Bibelforscherbewegung (Ernste Bibelforscher, Freie Bibelgemeinde, Laien-Heimbewegung)**. Zur Gruppe der Bibelforscher gehören auch die **Zeugen Jehovas**, die in den 1870er Jahren von Charles Taze Russel gegründet worden waren; diese Kirche erkennt nur Jehova als »allmächtigen und ewigen Gott« an und lehnt die Trinität ab. Neben den russischen Duchoborzen sind als historische nichttrinitarische Bewegungen der schon erwähnte historisch bedeutsame Arianismus sowie die Ebioniten und Sozinianer anzusehen. Eine weitere Gruppe von Religionsgemeinschaften kann man als **Neuoffenbarer** rubrizieren. Der Begriff meint grundsätzlich alle Bewegungen innerhalb der abrahamitischen Religionen (Judentum, Christentum und Islam), die die dort für abgeschlossen (in heiligen Büchern) gehaltenen Offenbarungen durch weitere neuere zu ergänzen suchen. Im christlichen Bereich sind neben den **Mormonen** die **Gemeinschaft in Christo Jesu (Lorenzianer)**, ferner die von der Anthroposophie stark beeinflusste, 1922 gegründete **Die Christengemeinschaft**, die nach ihrem Gründer Swedenborg (1688–1772), einem schwedischen Naturforscher, meist benannten **Swedenborgianer (Neue Kirche oder Kirche des neuen Jerusalems)**, dazu die 1926 von dem Sozialreformer Joseph Weißenberg gegründete **Johannische Kirche**, bei der der Kirchengründer 1931 seine Tochter Frieda Müller als Nachfolgerin der hierarchisch-theokratisch geführten Glaubensrichtung einsetzte, des Weiteren die Ende des 19. Jahrhunderts in Sachsen entstandene **Christliche Gemeinschaft Hirt und Herde**, die nach einem Verbot 1916 und während der NS-Zeit heute weniger als 2000 Mitglieder hat, die deutlich größere (geschätzt weltweit bis zu 400000 Mitglieder) **Christian Science** (Hauptsitz in Boston, USA), deren Lehre von Mary Baker Eddy (1821–1910) 1866 »entdeckt« und 1875 in ihrem Buch »Wissenschaft und Gesundheit mit Schlüssel zur Heiligen Schrift« veröffentlicht wurde, darüber hinaus die von James Ingall Wedgwood 1918 gegründete **Liberalkatholische Kirche**, die heute in einen konservativen und progressiven Flügel gespalten ist, und schließlich die auf einzelne Gemeinden in Nordrhein-Westfalen, Saarland und Hessen beschränkte spiritistische **Geistchristliche Kirche** zu zählen.

Zusammenfassung

Rechnet man zu diesen vielfältigen Formen des Christentums noch die historisch untergegangenen hinzu (wie in alphabetischer Reihenfolge: Arianer, Bogomilen, Deutschkatholiken, Donatisten, Gallikaner, Hussiten unterschiedlicher Richtungen, Hugenotten, Lollarden, Montanisten, verschiedene Mystische Gruppen wie Amalrikaner oder Brüder und Schwestern des freien Geistes, Patarener, Paulikianer, Semi-Pelagianer, Sozianer), bedenkt man, dass noch in den letzten Jahrzehnten neue Richtungen entstanden, so ist die Schlussfolgerung erlaubt: Das Christentum war und ist eine lebendige Religion, vielfältig hinsichtlich der Glaubenslehre wie des Rituals. Für den Westen, insbesondere die USA ist in den letzten Jahrzehnten verstärkt eine Entwicklung zur »Angebotskirche« festzustellen, in der sich das Individuum zeitlich begrenzt, oft in mehreren Kirchen nacheinander engagiert.

Literatur

HEMPELMANN, REINHARD/DEHN, ULRICH/FINCKE, ANDREAS, 2005, *Panorama der neuen Religiosität: Sinnsuche und Heilsversprechen zu Beginn des 21. Jahrhunderts*, Gütersloh.

KLÖCKNER, MICHAEL UND TWORUSCHKA, UDO, 2006, *Handbuch der Religionen*, Olzog Verlag München.

RELLER, HORST/KRECH, HANS/KLEIMINGER, MATTHIAS, 1979, *Handbuch Religiöse Gemeinschaften*, Gütersloh.

SCHMID, GEORG UND SCHMID, GEORG OTTO (HRSG.), 2003, *Kirchen, Sekten, Religionen*, Zürich.

TRÖGER, SIGRID UND TRÖGER, KARL-WOLFGANG (HRSG.), 1990, *Kirchenlexikon. Christliche Kirchen, Freikirchen und Gemeinschaften im Überblick*, Berlin.

Hartmut Redmer

Der Islam und Westeuropa:
Geschichte – Immigration – Integration

Europas (Wieder-) Begegnung mit dem Islam

Der Islam stellt heute mit über 17 Millionen Gläubigen die zweitgrößte Religion Europas, obwohl man noch bis zum Ende der 50er Jahre des 20. Jahrhunderts auch in Deutschland kaum von einer islamischen Präsenz sprechen konnte. Doch setzte mit der wachsenden Wirtschaft und dem zunehmenden Mangel an einheimischen Arbeitskräften seit Anfang der 60er Jahre eine zunehmende Arbeitsmigration ein, die durch Anwerbeverträge, vor allem mit Anrainerländern des Mittelmeeres gesteuert wurde. Außer mit südeuropäischen wurden auch mit den islamischen Ländern Türkei (1961), Marokko (1963) und Tunesien (1965) Anwerbeverträge abgeschlossen, so dass mit der Zahl der Arbeitsmigranten insgesamt auch die Zahl der Muslime rasch wuchs.

Bildet die Zuwanderung von islamischen Arbeitskräften die Hauptursache für das Wachstum dieser Religionsgruppe, so wird sie durch Asylsuchende verstärkt, die ihre konfliktreiche Heimat in den Kriegen des Vorderen und Mittleren Orients aus politischen Gründen verlassen mussten. Für die türkischen Mitbürger, die mit ca. 1,76 Mio. in Deutschland heute bei weitem die größte Gruppe der Einwanderer darstellt, treffen infolge des bürgerkriegsähnlichen türkisch- kurdischen Konfliktes beide Gründe zu, für Iraner (Sieg der islamischen Revolution 1979), Iraker, Afghanen, Bosnier u. a. Kriege oder bürgerkriegsähnliche Zustände.

Eine ähnliche Zunahme von Muslimen vollzieht sich seit dem Ende der Kolonialzeit um 1960 auch in den westlichen Nachbarländern Frankreich und Großbritannien. Entstammen die Zuwanderer in Frankreich vor allem dem Maghreb, insbesondere den ehemaligen Übersee-Départements Algerien, das 1962 in die Unabhängigkeit entlassen wurde, so wanderten nach Großbritannien vor allem Inder und Pakistaner aus dem Commonwealth ein.

Schon Carl Zuckmayer beschrieb das Völkergemisch in Deutschland in seinem Drama »Des Teufels General« (1946) eindrucksvoll als eine historische Tatsache:

»Und jetzt stellen sie sich doch mal ihre Ahnenreihe vor – seit Christi Geburt. Da war ein römischer Feldhauptmann, ein schwarzer Kerl, braun wie ne reife Olive, der hat einem blonden Mädchen Latein beigebracht. Und dann kam ein jüdischer Gewürzhändler in die Familie, das war ein ernster Mann, der ist noch vor der Heirat Christ geworden und hat die katholische Haustradition begründet. Und dann kam ein griechischer Arzt dazu oder ein keltischer Legionär, ein Graubündner Landsknecht, ein Soldat Napoleons, ein desertierter Kosak, ein Schwarzwälder Flözer, ein wandernder Müller-bursch vom Elsaß, ein dicker Schiffer aus Holland, ein Magyar, ein Pandur, ein Offizier aus Wien, ein französischer Schauspieler, ein böhmischer Musi-kant – das hat alles am Rhein gelebt, gerauft, gesoffen und gesungen und Kinder gezeugt.«(aus Akgün, 2007, S. 5).

Muslimischer Alltag, Integration und Sozialstaat

Als 1973 in den Ländern der damaligen Europäischen Gemeinschaft ein Anwerbestopp verhängt wurde, stellten sich viele sogenannte Gastarbei-ter um. Statt ihre befristeten Arbeitsverträge immer wieder zu verlängern, richteten sie sich auf ein Leben im jeweiligen Gastland ein und holten ihre Familien nach. Damit entwickelte sich der bisherige Gastarbeiterislam weiter zu einem Islam des jeweiligen Gastlandes, dem auch bald die für die Religionsausübung notwendige Infrastruktur folgte.

Der Islam ist nun definitiv zu einer europäischen Angelegenheit gewor-den und die EU ist seit Jahren bemüht, die Zuwanderer durch entspre-chende Gesetze in jeder Hinsicht am wirtschaftlichen, kulturellen und politischen Leben der Gastländer teilnehmen zu lassen.

Hatte sich der Europäische Rat bereits 1999 für »eine schlagkräftigere Integrationspolitik« ausgesprochen, »die darauf abzielt, rechtmäßig ansäs-sigen Drittstaatsangehörigen Rechte und Pflichten vergleichbar denen von EU-Bürgern einzuräumen«, so legte er 2004 für die EU gemeinsame Grundprinzipien für die Politik der Integration von Einwanderern fest. Hierzu gehören

- das gegenseitige Entgegenkommen aller Einwanderer und der ansässi-gen Personen in den Mitgliedstaaten
- die Achtung der Grundwerte der EU
- die Beschäftigung (ein ausreichendes Arbeitsangebot) zur Gestaltung der Aufnahmegesellschaft
- Grundkenntnisse von Sprache, Geschichte und Institutionen der Auf-nahmegesellschaft

- Anstrengungen im Bildungswesen für Einwanderer und deren Nachkommen
- gleichberechtigter Zugang zu Institutionen, öffentlichen und privaten Gütern und Dienstleistungen
- häufige Begegnungen zwischen Einwanderern und Bürgern der Mitgliedstaaten
- interkulturelle Dialoge, kulturelle Aufklärung, integrationsfreundliche Lebensbedingungen in Stadt und Land
- die Achtung der Vielfalt der Kulturen und das Recht auf freie Religionsausübung
- die Beteiligung von Einwanderern am demokratischen Prozess
- die Einbeziehung von Integrationsmaßnahmen in alle wichtigen politischen Ressorts und auf allen Ebenen der öffentlichen Verwaltung und Dienste (Seedorf, 2007, S. 22–23).

Auch die Vertreter des Islam sind seit den 70er Jahren nicht untätig geblieben. In Deutschland und Frankreich wurden Moscheevereine, regionale Verbände und landesweite Dachverbände gegründet, um die islamische Kultur in der Gesellschaft besser leben, wirkungsvoll verankern und zur Geltung bringen zu können. Sie haben sich z. T. mit christlichen Gruppen zu Gesellschaften von überregionaler Bedeutung zusammengeschlossen. So hat sich bereits 1982 die *Christlich- Islamische Gesellschaft e. V.* (CIG e. V.), die heute älteste und größte Deutschlands, mit dem Ziel gegründet, in Vorträgen, Stellungnahmen und Publikationen das gegenseitige Verstehen von Christen und Muslimen zu fördern und die Gesellschaft über Aktivitäten, die den Dialog stören oder zu verhindern suchen, aufzuklären. In der Satzung der CIG heißt es:

»Die CIG will ein Ort und ein Instrument der Begegnung zwischen Christen und Muslimen sein. Begegnung bedeutet dabei Treue zur eigenen Identität und das Recht auf Wahrung dieser Identität. Zugleich aber auch die Bereitschaft, den jeweils anderen in seiner Religion, Kultur und Mentalität besser zu verstehen und zu akzeptieren. Das Gemeinsame soll betont, das Unterschiedliche nach Möglichkeit so erklärt werden, dass es nicht länger als fremd empfunden wird. Die CIG unterscheidet sich deshalb bewusst von multikulturellen Organisationen, welche die religiösen Unterschiede aus ihrer Arbeit ausklammern. Die CIG versteht sich auch als Anwalt der muslimischen Minderheit in Deutschland und der christlichen Minderheiten in islamischen Ländern.« (Harbecke, 2009, S. 377).

Ähnliche Ziele vertritt der *Koordinationsrat des christlich- islamischen Dialogs e. V. (KCID)*, gegründet 2003, der Dachverband von zur Zeit 17 christlich-islamischen Dialogorganisationen. Er vertritt die Mitgliedsorganisationen auch auf Bundesebene und wird projektbezogen vom Bundesministerium des Innern finanziell unterstützt. Die Mitgliedsorganisationen sind lokal bis bundesweit tätig. Die Satzung des KICD ermöglicht allen Vereinigungen den Beitritt, die sich vorrangig dem Dialog und der Zusammenarbeit widmen und die von Mitgliedern beider Religionen geleitet werden. (Harbecke, 2009).

Seit dem 27. September 2006 ist auch die vom Bundesinnenminister – damals Dr. Schäuble, derzeit Dr. Thomas de Maizière – geleitete *Deutsche Islam-Konferenz* im Dialog bemüht, in gemischten Arbeitsgruppen, zusammengesetzt aus Vertretern der Politik, der islamischen Verbände und säkularer Muslime, »Wege zu einer besseren religionsrechtlichen und gesellschaftlichen Integration aufzuzeigen und – wo möglich – auch zu beschreiten« (Deutsche Islam-Konferenz: Vorlage für die 4. Plenarsitzung der DIK, Berlin, 25. Juni 2009).

Ähnliche **Entwicklungen** gehen auch von den statistisch nicht gesicherten 5–7 Millionen Muslimen **in Frankreich** aus. Jahrelang bemühte man sich, einen Zentralrat der Muslime zu wählen, doch wurde diese Wahl immer wieder, oft auf Bitten der Hauptmoschee von Paris, vertagt. Erschwert wurde die Wahl eines französischen Zentralrates vor allem durch die divergierenden Vorstellungen der verschiedenen islamischen Religionsgemeinschaften und die Versuche islamischer Staaten, Einfluss zu nehmen. Der Direktor des Europainstitutes für Humanwissenschaften *(Institut européen de sciences humaines , IESF)* und Führungsmitglied der Union der islamischen Organisationen Frankreichs *(Union des organisations islamiques de France, UOIF)* Zuhair Mahmood gab anlässlich eines Interviews auf einem Jahrestreffen in Bourget bei Paris sicherlich die Meinung der großen Mehrheit der Muslime wieder, wenn er erklärte:

» Wir haben die, von der Regierung ausgehenden, Vorschläge zur Gründung eines Zentralrates begrüßt und nach zweijähriger Prüfung leicht verändert angenommen. Über 1000 Moscheen Frankreichs (80%) haben über 4000 Delegierte nach Bourget gesandt. Wir haben auch Listen zur Wahl der Regionalräte und Vorschläge für die Entsendung von Vertretern in den zukünftigen Zentralrat erstellt. Wir sind Franzosen und wissen seit etwa 20 Jahren, dass jetzt Frankreich unser Vaterland ist. Deshalb müssen wir alles tun, unter Beibehaltung der eigenen Identität, eine echte französische Integration zu erreichen. Auch unsere Kinder sprechen französisch und oft nicht einmal mehr arabisch oder türkisch und sie fühlen bereits französisch. Deshalb wollen wir authentische Muslime, aber gleichzeitig, im Einvernehmen mit dem Gesetz der Republik, Franzosen sein.« (Religioscope, 18. Mai 2002; Übers. d. Verf.).

Seit 2003, durch Initiative von Nicolas Sarkozy entstanden, bemüht sich der Conseil Français du Culte Musulman (CFCM), die unterschiedlichen Glaubensrichtungen und Gedanken in Einklang zu bringen.

Fouad Alaoui, Vizepräsident der UOIF, erklärte im Dezember 2009:

»Heutzutage kämpfen unsere Kinder in europäischen Armeen und wir lassen uns in europäischer Erde bestatten. Wir sind Bürger Europas und unser Schicksal verbindet sich mit den Ländern, deren Werte wir anerkennen, insbesondere Demokratie, Menschenrechte, Gewissens- und Religionsfreiheit. Wir europäischen Muslime müssen stolz darauf sein, dass die universelle Identität durch unsere Religion bereichert wird. Ich bin davon überzeugt, dass uns Europa ebenso braucht wie seine eigenen Staatsbürger und nicht nur als Handlanger, wie in den 60er Jahren, sondern auch als Fachkräfte in den Bereichen Kunst und Kultur. Wir werden uns engagieren, denn wir glauben daran, dass der Mensch der beste Motor des Wandels ist. Aus diesem Grunde besitzt die Ausbildung unserer Kinder höchste Priorität. Sie soll den kommenden Generationen auch ermöglichen, ihre eigene Tradition und Religion sowie islamisches Recht mit denselben kritischen Augen zu betrachten wie alle übrigen negativen Einflüsse auf die Gesellschaft, die den Materialismus über den Menschen stellt. Wir Muslime Europas sind verpflichtet, endlich eine typisch europäisch-islamische Rechtsschule zu schaffen, denn nur dadurch wird es uns möglich sein, die beiden Dimensionen der Sätze »ich bin Europäer« und »ich bin Muslim« zu verbinden zu einer wunderbaren reifen Frucht, geschaffen aus unserem Europa und unserem Islam, und uns nicht mehr von den gegenüberliegenden Ufern des Mittelmeeres zu belauern.« (Le Monde vom 5.12.2009, S. 21. Übers. vom Verf.).

In **Deutschland** haben die im Auftrage der *Deutschen Islam-Konferenz (DIK)* am 25. Juni 2009 veröffentlichten Ergebnisse einer Islamstudie sehr beruhigt. Danach sind die meisten der deutschen Muslime bereits gut integriert. Die Studie ermöglicht zum ersten Mal ein repräsentatives Bild des muslimischen Lebens in Deutschland. Etwa die Hälfte der 3,8 bis 4,3 Millionen Muslime besitzt bereits den deutschen Pass. Obwohl die Mehrheit erklärt, sie sei gläubig bis sehr gläubig (86,4 %), sind nur etwa 20 % in einer religiösen Vereinigung organisiert. 70 % der Frauen tragen niemals einen

Schleier und von den Frauen, die sich als gläubig bis sehr gläubig bezeichnen, nur die Hälfte. Auch von der, in den Medien immer wieder hervorgehobenen, bei islamischen Eltern anzutreffenden Verweigerung, ihre Töchter an Schwimmkursen oder dem Sexualunterricht teilnehmen zu lassen, sind in Deutschland nur 7% bis 10% der muslimischen Schülerinnen betroffen. Über die Hälfte der Muslime sind aber Mitglied in deutschen Vereinen. Doch stellen sich der deutschen Gesellschaft weitere Herausforderungen. Sie betreffen den Bereich der Bildung. Die von Muslimen erreichten Schulabschlüsse sind noch immer – vor allem bei der größten Gruppe, den türkischen Schülern – sehr niedrig. Zwar hat sich das Bildungs- und Ausbildungsniveau in der zweiten Generation bereits gebessert, doch ist die Zahl der Schulabbrecher und die geringe Zahl von Schülern, die bis zum Abitur gelangen, noch immer beunruhigend. 76% der Muslime wünschen sich an den deutschen Schulen zudem einen islamischen Religionsunterricht, so wie er für protestantische, katholische und jüdische Schülerinnen und Schüler selbstverständlich ist. Als erstes Land hatte sich 1999 Nordrhein-Westfalen entschlossen, einen Schulversuch »Islamische Unterweisung als eigenständiges Unterrichtsfach« in öffentlichen Schulen durchzuführen. Seit 2003 wird Islamunterricht in verschiedenen Bundesländern, etwa in Bayern und Niedersachsen, im Schulversuch erteilt. Hierbei scheitern manche Bemühungen auch am Mangel an Personal. Von den Muslimen wird auch die *DIK* selbst sehr begrüßt, denn sie fühlen sich durch diese Einrichtung von der deutschen Politik besser akzeptiert. Der Stand der Bemühungen hat gezeigt, dass der Prozess der Integration in Deutschland, aber auch in Frankreich, gute Fortschritte gemacht hat.

Dennoch darf aber in den Bemühungen zur harmonischen Eingliederung der Immigranten in Deutschland schon deshalb nicht nachgelassen werden, weil zum Ausgleich der Strukturprobleme der alternden Gesellschaft bei sinkenden Geburtenraten unbedingt eine zukunftsorientierte Bevölkerungspolitik benötigt wird. Die Berechnungen der Ausländerbeauftragten der Bundesregierung gehen von einer notwendigen jährlichen sozialverträglichen Zuwanderung von 250000 bis 300000 Menschen mit Bleibeperspektive aus, um die notwendige Zahl an qualifizierten Arbeitskräften und die Altersversorgung der Bevölkerung zu sichern (Bade/Oltmer, 2004, S. 133f.). Bereits heute haben 15 Millionen Menschen und 40% aller Schülerinnen und Schüler in Deutschland einen Migrationshintergrund. Seit Jahren wird eine Tendenz zur Rückwanderung hochqualifizierter türkischer Mitbürger der zweiten Generation festgestellt. Einer der Gründe ist, dass sie zur Zeit in ihrer neuen Heimat Deutschland keinen ihrer Qualifikation entsprechenden Arbeitsplatz finden (Akgün, 2007, S. 7).

Besonders wichtig ist es, in der deutschen Gesellschaft durch Aufklärung die Ängste vor der Wegnahme des eigenen Arbeitsplatzes oder gar vor islamistischen bzw. terroristischen Anschlägen und Umtrieben, die zu Fremdenfeindlichkeit führen, weiter abzubauen. Diese negative Integration, die zur Ausgrenzung von Minderheiten führt, läßt diese in schützende Gemeinschaften zusammenrücken, die von vielen Staatsbürgern wiederum als Parallelgesellschaften empfunden und abgelehnt werden. Migranten, die sich in Deutschland auf Lebenszeit einrichten wollen, brauchen Existenzsicherheit.

Das Zweite Vatikanische Konzil (1962−65) regte an, dass Christen das Wahre und Gute in den nicht-christlichen Religionen anerkennen, wahren und fördern sollen, und bekräftigte, dass Christen und Muslime den gleichen Gott anbeten (Erklärung über das Verhältnis der Kirche zu den nichtchristlichen Religionen »Nostra aetate«). Der Bürger ohne Migrationshintergrund sollte sich intensiv darum bemühen, seine z. B. muslimischen Mitbürger so gut zu verstehen, dass er seinen eigenen Staat auch mit ihren, d. h. mit den Augen des zumindest teilweise noch »Fremden«, betrachten kann. Nur auf diese Weise läßt sich aus den Identitäten von Muslimen und Christen auf der Grundlage des Grundgesetzes in einem säkularen Staat eine − wie es der katholische Religionswissenschaftler Khoury nennt − »Miteinander-Identität« entwickeln (Khoury, 2001, S. 193).

Um den in der Bundesrepublik lebenden ca. 4 Millionen muslimischen Nachbarn, ihrer Religion und Kultur ein besseres Verständnis entgegenbringen und auch wesentliche Unterschiede der drei größten Religionsgemeinschaften des Islam besser verstehen zu können − in der BRD leben zur Zeit etwa 2,3 Mio. Sunniten, ca. 800 000 Aleviten und 230 000 Schiiten (Harbecke, 2009/BAMF) − soll auf den folgenden Seiten ein kurzer Überblick über die Geschichte des Islam und sein Verhältnis zu Europa gegeben werden, um abschließend Konsequenzen für das Miteinander im Rahmen der EU und Deutschlands zu ziehen.

Kleine religiöse und politische Geschichte des Islam

Im 6. und 7. Jahrhundert n. Chr. teilten sich im Mittleren Orient die beiden Großmächte Byzanz und das Reich der Sassaniden die Macht. Die gemeinsame Grenze beider Reiche lag am Euphrat, weiter südlich begann das Gebiet der Nomaden Arabiens, ein Raum von über 3 Millionen km², vom Roten Meer, Indischen Ozean, dem Persischen Golf und im Norden von der syrischen Wüste begrenzt, die das selbst wüstenhafte Innere der

Halbinsel zugleich von den fruchtbaren Agrarlandschaften des Zweistromlandes abschnitt. Der Nördliche Wendekreis durchschneidet die Halbinsel etwa in der Mitte und trennt zugleich die beiden Städte Mekka und Medina, von denen die Entwicklung des Islam ausging. Nur der Süden der Halbinsel erhält geringe Niederschläge durch den Sommermonsun. Infolge des ariden Inneren liegen die bewohnten Zonen Arabiens in den Randzonen. Von besonderer Bedeutung ist die Region des Hedschas (auch Hijaz, zu dt. etwa Gebirgsbarriere), ein Schnittpunkt wichtiger Handelsstraßen auf der Westseite der Halbinsel, ein Gebirgszug der sich küstenparallel bis zu Höhen von 2600 m auftürmt und in dem auch die bedeutenden Oasenstädte Tarif, Yathrib (das spätere Medina) und Mekka liegen. Er wird auch von dem seit alters her bedeutsamen Karawanenweg gekreuzt, der den Jemen, das »glückliche Arabien« (Arabia felix) der Königin von Saba, trotz schwieriger geographischer Bedingungen mit dem Mittelmeerraum verbindet.

Die vorislamische Welt Arabiens, die Zeit der »dschahiliyya« (Unwissenheit)

In Mekka, im Schnittpunkt der alten Handelswege befand sich auch im 6. Jahrhundert schon das bedeutende Heiligtum lokaler und überregionaler vorislamischer Gottheiten der Halbinsel, die Ka'ba. In und um das Heiligtum sollen sich alle auf der arabischen Halbinsel vertretenen Gottheiten, etwa 360 Statuen, befunden haben (Aslan, 2006, S. 23), darunter auch Jesus, der menschgewordene Gott der Christen, und seine Mutter Maria. Die heidnischen Araber glaubten damals, die Ka'ba sei von Adam erbaut, von der Sintflut zerstört und von Noah erneut errichtet worden. Sie glaubten auch, Abraham hätte hier seinen Sohn Ismael geopfert, wenn ihm Gott nicht versprochen hätte, diesen ebenso wie Isaak mit einer großen Nachkommenschaft zu segnen, den Mekkanern. Der höchste Gott der damaligen städtischen Gesellschaft hieß Allah, kontrahiert aus *al-ilah*,»der Gott«. An ihn wandte man sich nicht direkt sondern über Fürsprecher, niedere göttliche Mittler oder seine drei Töchter *al-Lat* (»die Göttin«), *al-'Uzza* (»die Mächtige«) und Manat (die Göttin des Schicksals).

Auf der arabischen Halbinsel gab es im 6. Jahrhundert aber auch Juden, Christen und Judenchristen, die zum Teil einflussreich waren und als Nomaden, Bauern oder Kaufleute auf der ganzen Halbinsel vertreten waren. Da sich Juden und heidnische Araber als Kinder Abrahams verstanden, bestanden enge Beziehungen zwischen beiden Gruppen. Zentrum des Christentums war der Jemen, aber auch im Norden Arabiens, im Überschneidungsbereich römischer und arabischer Kultur, hatten sich einige Stämme zum Christentum bekehrt. Im Nordosten Arabiens hatten sich sogar einige Stämme, unter dem Einfluss der Sassaniden, zum *Zoroastrismus* bekannt, d. h. zum Dualismus zwischen dem Gott des Lichtes und dem Gott der Finsternis, die sich ohne Unterlass um die menschliche Seele streiten. Der Mensch, der zwischen den beiden Mächten steht, ist aufgefordert, die rechte Wahl zu treffen. Während die fromme Seele über die Činvat–Brücke sicher geleitet wird, stürzt der Gottlose von ihr in den Abgrund der Hölle. Im Mittelpunkt dieser persischen Kultur steht das Feuer zur Abwehr der Dämonen und zur Reinigung der Welt. Spuren dieses Kultes lassen sich bis heute u. a. im islamischen Schiismus nachweisen.

Im Hedschas mit seinem religiösen, wirtschaftlichen und kulturellen Mittelpunkt Mekka hatte sich aus der kreativen Durchmischung von Religionsgruppen sogar eine monotheistische Gruppe entwickelt, die Bewegung der Hanifen, die Muhammad nicht unbekannt war. Der Islamwissenschaftler Reza Aslan vertritt die Auffassung, der Prophet habe nie beansprucht, eine neue Religion gegründet zu haben. Seine Botschaft sei ein Versuch gewesen, »die herrschenden Glaubensvorstellungen und kulturellen Praktiken des vorislamischen Arabien zu reformieren und so dem arabischen Volk den Gott der Juden und Christen nahezubringen.« (Aslan, 2006, S. 37).

Diese bewegte Zeit, in der sich Angehörige verschiedener Ethnien und Glaubensrichtungen in der städtischen Gesellschaft trafen, von den Muslimen später wenig achtungsvoll »dschahiliyya«, die Zeit der Unwissenheit genannt, hat Muhammad mit Sicherheit beeinflusst. Später wird es in der Sure 42, 13 heißen: » Er hat euch als Religion verordnet, was er (seinerzeit) dem Noah anbefohlen hat, und was wir (nunmehr) dir (als Offenbarung) eingeben, und was wir (vor dir) dem Abraham, Mose und Jesus anbefohlen haben (mit der Aufforderung): »Haltet die (Vorschriften der) Religion und teilt euch darin (d. h. in der Religion), nicht (in verschiedene Gruppen)!«« (Paret, 1979, S. 340).

Muhammad der Verkünder des Islam

Muhammad, nach islamischer Überlieferung um 570 n. Chr. in Mekka geboren, gehörte zur Sippe der Banu Haschim (die Söhne Haschims), einer Stammesgruppe der Quraisch, deren Anführer sein Großvater ʿAbd al-Muttalib war. Sein Vater 'Abdallah, Händler wie auch sein Großvater, war bereits vor der Geburt Muhammads auf einer Reise in Yathrib (Medina) gestorben. Seine Geburtsstadt war infolge der Verbindung von Handel und der bedeutenden Kultstätte der Ka'ba (arab. Würfel) zu einem nicht unbedeutenden religiös-wirtschaftlichem Zentrum herangewachsen, das auch die mit der Mekka-Wallfahrt verbundenen Jahrmärkte kontrollierte. Seine frühe Kindheit verbrachte Muhammad bei seiner Mutter Amina und, als er diese im Alter von sechs Jahren verlor, bei seinem Großvater und nach dessen Tod bei seinem Onkel Abu Talib, mit dem er auch Handelsreisen nach Syrien unternahm. Mit etwa 25 Jahren heiratete er die vermögende, etwa 40jährige Händlerwitwe Khadidscha. Von den sechs Kindern dieser Ehe, blieb nur Fatima am Leben, die als Frau 'Alis später zur Stammesmutter der Nachkommen Muhammads wurde und damit vor allem im Schiismus eine bedeutende Stellung einnimmt.

Muhammad zog sich gerne zum Nachdenken und zu Andachtsübungen in die seine Vaterstadt umgebende Berglandschaft zurück. Hier, auf dem Berg Hira, in einer Höhle betend, hatte er im Jahre 610 n. Chr., sein erstes Offenbarungserlebnis. Eine Stimme sagte:»1 Trag vor im Namen deines Herrn, der erschaffen hat 2 den Menschen aus einem Embryo erschaffen hat! 3 Trag (Worte der Schrift) vor!« (Paret, 1979, S. 433, Sure 96, 1–3).

Nach Rücksprache mit seiner Frau, die sich zuvor bei einem bibelkundigen Verwandten nach ähnlichen Geschehnissen (bei Moses) erkundigt hatte, glaubte Muhammad, dass er eine göttliche Offenbarung erlebt hatte, und empfing bis an sein Lebensende weitere, die zuerst von ihm, später auch von seinen Glaubensgenossen verbreitet bzw. gesammelt wurden. Ihre Summe bildet den Koran (*qur'an* »*Vortrag*«). Bote der Offenbarungen war der Erzengel Gabriel.

Ab 613 begann Muhammad zu predigen und machte sich in den Folgejahren viele Mitbürger zu Feinden, denn seine zentrale Aussage, »es gibt keinen Gott außer Gott« brach mit den Traditionen der Stadt und war ein direkter Angriff auf die Ka'ba, denn sie machte die vielen, in ihr und um sie herum, verehrten Götter und Fürsprecher zu Allah unnötig und verdarb den Quraisch auf diese Weise das Geschäft. Als Muhammads Onkel und seine Frau Khadidscha kurz hintereinander 619 starben, war er beinahe schutzlos und Verfolgungen ausgesetzt. Im Jahre 622 floh er mit den etwa 70 Anhängern (*muhadschirun*, die die Hidschra vollzogen haben) in die 300 Kilometer nördlich gelegene Oase Yathrib, die im Anschluß an diesen Auszug, die Hidschra, den Ehrentitel *madinat an-nabi*, die Stadt des Propheten, kurz Medina, erhält. Hier baute Muhammad seine neue islamische Gesellschaft auf und das Jahr 622 wurde das Jahr 1. n. H. (nach der

Hidschra). Hier schloss er mit den Muslimen von Medina eine Vereinbarung, später auch die »Gemeindeordnung von Medina« genannt, die den Grundstein legte zu einer Föderation zwischen der Sippe der Ausgewanderten aus Mekka und acht arabischen Stämmen aus Medina. Bis zum Sturz der Umayyadendynastie im Jahre 750 n. Chr. blieb die Form der Föderation die Form des islamischen Staates (Watt, 2002, S. 25). Sie verband die Muslime, auch mit »heidnischen« und jüdischen Sippen, zu einer Schutz- und Solidargemeinschaft (*umma*) unter der Leitung Muhammads. Die Islamforscherin Gudrun Krämer macht darauf aufmerksam, dass Muhammad in Medina von Anfang an eine Doppelstrategie verfolgte, die seine religiösen Vorstellungen und Strategien mit politischen und militärischen Maßnahmen gegen Kritiker und Widersacher verband. Durch Razzien auf Karawanen (von arab. *ghazwa*, Überfall) versuchte er, die Wirtschaftskraft Mekkas zu schwächen. Er rechnete auch damit, von den Juden als Prophet anerkannt zu werden. Da sich diese Hoffnung in Medina nicht erfüllte, wandte er sich von ihnen (später auch von den Christen) ab und deutete den Islam von nun an als Erneuerung der monotheistischen Religion Abrahams: Die ursprünglich von Gott geoffenbarte, reine Religion sei von Juden und Christen verfälscht worden. Konsequent verlegt er 624 die ursprünglich auf Jerusalem ausgerichtete Gebetsrichtung der Muslime (qibla) nun auf die Ka'ba aus und damit auf Mekka.

Hatten die Ermahnungen in Mekka vor der Hidschra nur wenige Araber zur individuellen Umkehr und zum Eintritt in die neue religiöse Solidargemeinschaft bewogen, so traten in Medina ganze Sippen zum Islam über. Muhammad beflügelte seine politischen Ziele auf jede Weise, auch durch Heiraten und militärische Unternehmungen. So heiratete er z. B. die Töchter der beiden späteren Kalifen Abu Bakr ('A'ischa) und 'Umar (Hafsa) und 628, d. h. kurz vor der Übernahme Mekkas, die Tochter von Abu Sufyan (Umm Habiba), einem der bedeutendsten politischen Strategen und erfolgreichen Heerführer der Mekkaner aus dem Stamm der Umayya. Abu Sufyan übergab Muhammad denn auch 630 mit anderen Führern der Quraisch die Stadt Mekka und führende Familien der Stadt und der Stämme des Umlandes traten zum Islam über. Der Prophet fand kaum noch Widerstand, säuberte in den darauffolgenden Wochen die Ka'ba von Götzenbildern und organisierte das Leben in der nunmehr mehrheitlich muslimischen Stadt. In den beiden folgenden Jahren, bis zu Muhammads Tode, errang der Prophet mit seinen Helfern zahlreiche militärische Siege. Er nahm die befestigte Nachbarstadt Ta'if ein, und besiegte mehrere jüdische Stämme. Muhammads Einfluß wuchs. Eine zunehmende Zahl von Nomadenstämmen schloss sich an und es entstand ein islamischer Bund, an dessen Beitritt u. a. Heeresdienste aber auch die Almosengabe geknüpft wurde. Von Beginn an verbanden sich so im Islam religiöse Praktiken, zu denen auch der bedingungslose kämpferische Einsatz für Gott gehörte (Dschihad), mit die Gemeinschaft fördernden Maßnahmen. Deutlich wurde am Ende von Muhammads Leben, zu einer Zeit, in der er autokratisch führte und die bis zuletzt von kriegerischen Unternehmungen begleitet war, ein Hang zur Expansion. Der Geschichtswissenschaftler Watt begründet diese Entwicklung damit, dass es innerhalb der muslimischen Stämme nicht mehr erlaubt sein konnte, Raubzüge gegeneinander zu führen. Da aber ein Teil der nomadischen Wirtschaft auf Razzien beruhte, lag es nahe, neue Räume zu erschließen.

Expansion, Verwaltung und Recht des Islam

Den Zeitraum vom Tode Muhammads in Jahre 632 bis zum Jahr 661 nennt man allgemein die Zeit der »vier rechtgeleiteten Kalifen«, der *raschidun*. In diesen knapp 30 Jahren besetzten die muslimischen Heere große Teile Afrikas und Asiens. Dieses Großreich, noch in der Entwicklung, konnte nur durch eine straffe Verwaltung zusammengehalten und versorgt werden.

»Grundtyp der politischen Schöpfungen«, schreibt der französische Geograph Xavier de Planhol, »ist der *urbane* Staat. Ein islamischer Staat ist zunächst eine Dynastie und eine Hauptstadt, eine Stadt, in der der Fürst in der Großen Moschee das Freitagsgebet in seinem Namen sprechen lassen kann. Von dieser Hauptstadt aus erstreckt sich die Autorität der Macht in einem mehr oder weniger weiten, doch ununterbrochenen Radius, um schließlich unbestimmter und nur noch nominell zu werden. Jenseits des kontrollierten und beherrschten Landes, das der Stadt und der Armee zum Unterhalt dient, kommt man allmählich in Zonen bäuerlicher Unbotmäßigkeit, besonders wenn ein hinderndes Relief die Kontrolle des Landes erschwert (…) Bäuerlichem und nomadischem Widerstand gegenüber behauptet sich die Überlegenheit des urbanen Staates nur durch seinen relativ starken inneren Zusammenhalt, der es ihm angesichts der Anarchie und Instabilität der Stämme gestattet, die einen gegen die anderen auszuspielen. Häufig zeichnet sich eine Organisation der Nomadenstämme zu mächtigen Konföderationen ab, deren Ziel es ist, die Macht des urbanen Staates aufzuwiegen, den Unterhändlern gleiches Gewicht zu sichern, Verhandlungen zwischen den Stammesführern und den städtischen Monarchen auf gleichem

Fuß zu ermöglichen. Diese großen Konföderationen ... entsprechen der Entwicklungsphase eines monarchischen, zentralisierten städtischen Staates. So bildet sich ein labiles, ständig wechselndes Gleichgewicht zwischen der Zentralmacht und den mehr oder weniger autonomen Stämmen. (...)
Auch eine andere Besonderheit der muslimischen Staaten ist hervorzuheben. Die Speerspitzen des Islams waren meist die Nomaden; bei ihnen sind viele Vorfahren von Dynastien zu suchen. Sie haben ihren Ursprung oft im *bilād as sība*, nicht nur in den Palastrevolutionen. Diese Mächte nomadischen Ursprungs begnügten sich nicht nur mit der Eroberung schon organisierter Staaten sondern legten auch selbst die Fundamente von Staaten, so etwa in den türkischen Fürstentümern Anatoliens, vor allem dem berühmtesten unter ihnen, aus dem das Osmanische Reich hervorgehen sollte.« (Planhol, 1975, S.69f.).

Richtschnur für das Steuerrecht war der Koran. Er legte die Steuerlast für Muslime und Nichtmuslime fest. Die Verwaltung stützte sich auf das Netz der Städte und ihrer Verbindungswege. Neue, rasch wachsende Städte wurden gegründet. Mit ihnen entwickelte sich in dieser Zeit auch der Handel. Das neue Reich richtete in dichten Abständen Poststationen ein, die jeden Winkel erreichten (Gottschalk, 1971, S.35). Bereits der Kalif 'Umar (634−644) richtete den Diwan des Heeres (*Diwan al-aschund*) ein, das Besoldungsamt zur Auszahlung der Gehälter für die Truppen und die Pensionen der neuen Beamten in den Städten. Provinzgouverneure (umarâ', Sing. amir), aus dem Amt des militärischen Oberbefehlshabers hervorgegangen, leiteten Armee, Verwaltung und Finanzen und ernannten Kreisgouverneure, Polizeipräsidenten usw. Die Finanzierung wurde bereits zur Zeit des Propheten durch Steuereinnahmen bzw. durch die Kriegsbeute , die durch den Diwan – als Behörde und als Liste der Berechtigten – verteilt wurde, gesichert. Seit 'Umar waren auch die Richter (*qadi*) Staatsbeamte. Zur Zeit der Abbasiden wurde, zur Vertretung des Kalifen, das Amt des Wesirs (*wazir*) geschaffen.

Als Muhammad 632 starb, hatte er für die Nachfolge keine Vorkehrungen getroffen, aber man war der Meinung, nur ein früher Prophetengefährte, einer von denen, die 622 mit ihm die Hidschra nach Medina unternommen hatten, sollte sein Nachfolger werden. In der beratenden Versammlung der Stammesführer (*schura*) wurde Abu Bakr (632−634) zum Führer der muslimischen Gemeinschaft bestimmt und erhielt den Titel »Nachfolger des Gesandten Gottes« (*khalifat rasul Allah*) oder kurz Kalif. Als oberster Kriegsherr und Richter leitete er in der kurzen Zeit, in der er die Umma führte, das »Goldene Zeitalter des Islam« ein, eine

Zeit der militärischen Erfolge und der Expansion. Bereits 634, in seinem Todesjahr, stand ganz Arabien unter muslimischer Herrschaft.

Ohne die prophetische Autorität Muhammads konzentrierte sich Abu Bakr vor allem auf sein weltlich-politisches Amt und überließ den weiten Bereich religiöser Festlegung einer Gruppe von Experten, *ulama'* (Gelehrte) genannt. Abu Bakrs Nachfolger 'Umar (634–644), mit dem zusätzlichen Titel »Befehlshaber der Gläubigen« (*amir al-mu'minin*), besiegte bereits im Jahr seiner Wahl das byzantinische Heer und besetzte ein Jahr später Damaskus, Antiochia, Aleppo und Jerusalem. 636 besiegten er und seine Heerführer in der Schlacht von Qadisiyya das iranisch-sassanidische Heer, eroberten die Hauptstadt Ktesiphon und schließlich das Sassanidenreich. In den Jahren 639 bis 642 fielen Ägypten und die Cyrenaika (Libyen) in seine Hände. Nach der Ermordung Umars durch einen christlichen Sklaven wurde 'Uthman ibn Affan (644 bis 654) von der Umma zum dritten Kalifen gewählt, der erste Umayyade. Dieser ersetzte zunächst die meisten bisherigen Statthalter der eroberten Gebiete durch Mitglieder seiner Familie, legte sich den Ehrentitel «Vertreter Gottes« (*khalifat Allah*) zu und ließ um 650 einen verbindlichen Korantext erstellen und alle weiteren in den Provinzen kursierenden Koransammlungen nach Medina bringen und verbrennen. Damit hatte er seine weltlichen Befugnisse überschritten. Es kam zu Aufständen und schließlich wurde 'Uthman ermordet.

Der vierte »Rechtgeleitete«, 'Ali ibn Abi Talib (656–661), Vetter und Schwiegersohn des Propheten, lehnte den, wie er fand, besudelten Kalifentitel ab und nannte sich nur »Befehlshaber der Gläubigen« (*amir al-mu'minin*). Aber obwohl er aufgrund seiner Tugenden auch heute noch von Sunniten und vor allem natürlich Schiiten hochgeschätzt wird, kam es unter seiner Herrschaft zur Aufspaltung der muslimischen Gemeinschaft. Es ging einmal um die Frage, welche Führungsqualifikationen das Oberhaupt der sich inzwischen über Kontinente erstreckenden Gemeinschaft haben sollte, z. B. ob es zugleich politischer und religiöser Führer sein könnte, dann aber auch um die *wählbare* oder *erbliche* Gestaltung der Nachfolge des Kalifen.

Ali vertrat den Anspruch der Familie des Propheten auf die Leitung der Gemeinschaft. Innerhalb seiner Partei, der *Schi'at 'Ali*, später die Schiiten genannt, beharrte jedoch eine Gruppe, später die Kharidschiten (arab. *kharadscha*, sich absondern) genannt, auf der Ansicht, eine von Gott gegründete Gemeinschaft könne nur von dem frömmsten Mitglied der Umma geleitet werden, ungeachtet seiner Abstammung. Sie betonten damit die religiöse Autorität des Kalifen. Eine andere Partei, die *schi'at 'Uthman*, befürwortete dagegen den säkularen Charakter des Kalifats. Als beide Parteien in der **Schlacht von Siffin 657 n. Chr.** aufeinanderprallten und der

Kriegsgegner 'Alis, der Vetter 'Uthmans, Mu'awiya ben Abi Sufyan, durch an die Lanzen geheftete Koranblätter seinen Wunsch zu kapitulieren ausdrückte, wurde dieser von den Kharidschiten abgelehnt, von 'Ali selbst aber akzeptiert. Dieses Ereignis führte zur Abspaltung der Kharidschiten von der Umma. Sie waren der Meinung, 'Ali hätte mit dem Heer weiterkämpfen sollen, um Mu'awiya zu bestrafen. Mu'awiya tat dies, so die gängige Lesart, um ein Schiedsgericht zu erzwingen, nicht, um seine Kapitulation auzudrücken. Das Heer des Kalifen wollte/konnte nicht gegen »Koranspeere« kämpfen. Die Kharidschiten lehnten das Schiedsgericht ab, da sie wegen ihrer Betonung der erforderlichen Frömmigkeit nicht menschlichem Urteil allein die Entscheidung über das Kalifat überlassen wollten. Mu'awiya war Gouverneur des reichen und wichtigen Syrien mit Sitz in Damaskus und warf 'Ali vor, den Mord an seinem Verwandten 'Uthman nicht richtig zu verfolgen.

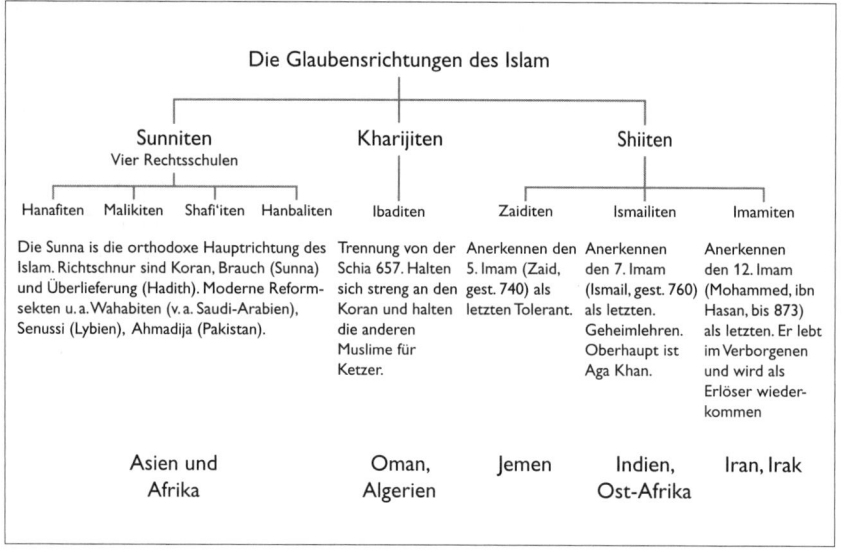

Die Glaubensrichtungen des Islam

Sunniten	Kharijiten	Shiiten
Vier Rechtsschulen		

Hanafiten	Maliken	Shafi'iten	Hanbaliten	Ibaditen	Zaiditen	Ismailiten	Imamiten

Die Sunna is die orthodoxe Hauptrichtung des Islam. Richtschnur sind Koran, Brauch (Sunna) und Überlieferung (Hadith). Moderne Reformsekten u. a. Wahabiten (v. a. Saudi-Arabien), Senussi (Lybien), Ahmadija (Pakistan).	Trennung von der Schia 657. Halten sich streng an den Koran und halten die anderen Muslime für Ketzer.	Anerkennen den 5. Imam (Zaid, gest. 740) als letzten Tolerant.	Anerkennen den 7. Imam (Ismail, gest. 760) als letzten. Geheimlehren. Oberhaupt ist Aga Khan.	Anerkennen den 12. Imam (Mohammed, ibn Hasan, bis 873) als letzten. Er lebt im Verborgenen und wird als Erlöser wiederkommen

Asien und Afrika	Oman, Algerien	Jemen	Indien, Ost-Afrika	Iran, Irak

Zur großen Gruppe der Schiiten gehören auch die Alewiten und Drusen. Die Alewiten haben sich 872 von den Ismailiten abgespalten und verehren 'Ali als Gott.
Die Drusen gehen aus der Geheimlehre des ad–Darasi (gest. 1019) hervor, der den Fatimidenkalifen al-Hakim zum Gott erklärte. Von den übrigen islamischen Gruppen werden die Drusen nicht anerkannt.
(Verändert nach Globus/Mervin (2001), Histoire de l'Islam. Flammarion, S. 100).

661 n. Chr. wurde Ali von einem Kharidschiten ermordet. Damit war der Traum der Banu Haschim, des Stammes des Propheten, die Umma unter der Fahne der Prophetenfamilie zu vereinen, ausgeträumt. Seine Parteigänger, die Schiiten, heute etwa 10-15% der Muslime, hielten aber weiter daran fest, dass das Kalifenamt nur von einem Blutsverwandten Muhammads verwaltet werden kann.

Der neue Kalif aber wurde Mu'awiya (661-680). Er verlegte die Hauptstadt, die Ali bereits nach Kufa im Irak verlegt hatte, nach Damaskus und gestaltete das Kalifat in eine erbliche Monarchie um, die Dynastie der Umayyaden (661–750).

Nach dem Tode dieses Kalifen versuchte ein Sohn 'Alis, Husain, die Macht über die Umma wieder zu erlangen, wurde aber mit seiner kleinen Truppe im Oktober 680 bei Kerbela (Irak) getötet. Für alle Schiiten bedeutete dieses Ereignis ein Drama, das bis heute in Passionsriten (Ashura) seinen Niederschlag findet und in den Auseinandersetzungen beider großen islamischen Religionsgruppen während des Irakkrieges sowie seiner politischen Folgen, aber auch im Machtpoker des Palästina-Konfliktes, sowohl lokal als auch regional deutlich spürbar ist.

Für Europa von Bedeutung war in dieser Zeit (711–714) die Eroberung Spaniens durch islamische Araber und Berber, gefolgt von Wellen berberischer Immigranten aus dem Maghreb. Waren die Umayyaden, da sie nicht zur Familie des Propheten gehörten, nicht religiös legitimiert, so konnte sich die Folgedynastie der Abbasiden (750–1258) auf Muhammads Onkel al-'Abbas berufen und wurde deshalb zu Zeiten von den Schiiten unterstützt. Da ihre Machtbasis mehr im Osten des Weltreiches lag, verlegten sie ihre Hauptstadt – nach der Ermordung der Umayyaden – nach Bagdad. Zu den bekannten Kalifen dieser Dynastie gehören auch Harun al-Raschid (786–809) und sein Sohn al-Ma'mun (813–833). Letzterer ließ durch eine Inquisition (mihna) die Verkündigung von Richtern kontrollieren, dass der *Koran geschaffenes* und *nicht ungeschaffenes Wort* Gottes sei. Die Gegenposition vertraten die Rechtsgelehrten ('ulama), unter ihnen auch der Namensgeber einer Rechtsschule, Ahmad ibn Hanbal. Sie beharrten darauf, dass das Wort Gottes ungeschaffen und damit unveränderbar sei. Damit beanspruchten sie die Interpretation des Koran allein für sich und nicht auch für den Kalifen. Es ging also um religiöse Autorität und um den Schutz der Primärquellen Koran und Sunna vor dem manipulativen Zugriff des Staates, d. h. um eine Trennung von staatlicher Macht und Religion. Durch das Dogma der Unerschaffenheit wird der Koran dem Zugriff der Macht zunächst entzogen. Mit der Abschaffung der Inquisition 850 wurde die sunnitische Glaubensrichtung die offizielle Religion des Islam. Aber schon vorher hatte man sich intensiv mit dem islamischen Recht befasst, der Scharia, dem göttlich geoffenbarten Gesetz, das zu unterscheiden ist von den Produkten der islamischen Rechtswissenschaft, *fiqh*, die meist als »islamisches Recht« verstanden werden. Kluge und fromme Männer trafen sich in Moscheen, um Vorschriften des Koran auszulegen. Aus diesen Gruppen bildeten sich Rechtsschulen. Seitdem nennt man die Rechtsgelehrten *'ulama'*, das sind die Religionsgelehrten insgesamt, ihr Fach die »Gesetzeswissenschaft« *fiqh* und die Juristen *fuqaha*. Enthält der Koran, als wichtigste Quelle, bereits Vorschriften für die Lebensführung, so wird er durch die Sunna, die Lebenspraxis des Propheten ergänzt, die in Sammelbänden gesicherter Hadithen und solcher unterschiedlichen Zuverlässigkeitsgrades vorliegt. Sollten beide Quellen zur Urteilsfindung nicht ausreichen, so bediente man sich des Analogieschlusses (qiyas, Analogie), d. h. man verglich den vorliegenden Fall mit einem bereits behandelten älteren Urteil oder suchte Übereinstimmungen (idschma = consensus sapientiae) im Konsens der Gemeinschaf der Gelehrten. Der sunnitische Islam beruft sich heute auf vier bedeutende Rechtsschulen, die in unterschiedlichen Weltgegenden schwerpunktmäßig vertreten sind und nach ihren wichtigsten mittelalterlichen Schulhäuptern benannt wurden. Für die schafiitische Rechtsschule (nach asch-Schafi'i, gest. 820), vor allem in Südostasien führend, ist die Sunna des Propheten die wichtigste Quelle, für die in Westafrika führende malikitische Rechtsschule (nach Malik ibn Anas, gest. 796) die medinensische Überlieferung der Sunna. Die hanafitische Rechtsschule von Abu Hanifa (gest. 767), in Zentralasien und Indien weit verbreitet, ist die zahlenmäßig größte und differenzierteste. Die nach Ahmad ibn Hanbal (gest. 855) benannte hanbalitische Rechtsschule findet sich v. a. im Nahen und Mittleren Osten, ist sehr traditionsbezogen ausgerichtet und in den sehr konservativen Ländern wie Saudi- Arabien oder Afghanistan verbreitet.

Im Zusammenhang mit der Erwähnung der Rechtsschulen sprach man bis ins 10. Jh. auch von dem Prinzip der selbständigen Rechtsfindung aufgrund rationaler Erwägungen (arab. idschtihad, eigene Anstrengung). Dieses Prinzip, dieses »Tor«, die Möglichkeit, weitere Rechtsgrundsätze, womöglich Rechtsschulen zu finden, wurde den Rechtsgelehrten jedoch verschlossen.

Als man während der Kolonialzeit im 19. und 20. Jahrhundert mit neuen Problemen konfrontiert wurde, diskutierte man intensiv die Wiederaufnahme dieser Möglichkeit. Heute wird sie bereits in den Ländern der EU insofern genutzt, als sich die Muslime – wie eingangs beschrieben – als Religionsgemeinschaft in einer Vielzahl muslimischer Vereinigungen selbst organisieren, das Grundgesetz als Basis ihres Handelns anerkennen, sich mehrheitlich am öffentlichen Leben beteiligen und zur Wahl gehen. Bei einem zukünftigen Verzicht einer Hinarbeitung auf eine theokratische Herrschaftsordnung, so betont der Jurist und Islamwissenschaftler Mathias Rohe (2001, S. 203), besteht wahrscheinlich sogar die Möglichkeit, den Islam in seinen verschiedenen Ausprägungen – wie die christlichen und die jüdische Religionsgemeinschaft – als eine Körperschaft des öffentlichen Rechtes zu organisieren.

Im Laufe der Entwicklung der islamischen Lehre sind wichtige Organisationsformen für das tägliche Leben aufgestellt worden. Man bezeichnet sie auch als die fünf Säulen des Islam (Glaubensbekenntnis, rituelle Gebete, Almosengabe, Fasten im Monat Ramadan und Mekkapilgerreise), als das Fundament des Glaubens. Keine der Pflichten kann durch eine andere kompensiert werden, da sie alle aufeinander aufbauen. Das Glaubensbekenntnis ist der Treuebeweis und die Basis, die Voraussetzung für die Durchführung der fünf, über den Tag verteilten identitätsstiftenden Gebete. Durch die Almosen, die Sozialabgaben, zeigt sich der Muslim solidarisch mit seinen sozial schwächeren Glaubensbrüdern. Durch das Fasten begibt sich der Gläubige schließlich auf eine spirituelle Reise. Er gibt sich Gott hin und erwirbt Tugenden, die er für die große Pilgerreise nach Mekka benötigt (Grünert, 2002, S. 21).

Während der Abbasidenzeit wurden für die Gemeinschaft wichtige politische, wirtschaftliche und religiöse Entscheidungen getroffen, doch verfiel ihre Macht bereits seit dem 9. und den folgenden Jahrhunderten immer mehr. Das Weltreich teilte sich mit der Zeit in regionale Dynastien. Die Fatimiden (909-1171, nach Muhammads Tochter Fatima benannt) besetzten Tunesien und 969 Ägypten und entwickelten sich im 11. Jahrhundert zu einer Großmacht. In Spanien gründete 'Abd al-Rahman, ein Nachkomme der Umayyaden, einen eigenen Staat. Als 946 die persischen Buyiden Bagdad eroberten, blieb den 'abbasidischen Kalifen nur noch der Kalifatstitel. Die Macht übernahm die türkische Seldschuken-Dynastie (1038-1171), die sich in kleine Reiche aufteilte, welche von den einfallenden Mongolen unterworfen wurden. 1258 wurde Bagdad von diesen besetzt, der Kalif getötet und das Kalifat der Abbasiden beendet. Die zwei Jahre später abziehenden Mongolen wurden von einem Heer freigelassener Militärsklaven, den Mamluken, verfolgt und besiegt. Zugleich errichteten sie in Syrien und Ägypten ein Reich, das sie bis zum Einfall der osmanischen Türken im 16. Jahrhundert hielten. Diese, zuerst als Söldner in die Sultanate gekommen, errichteten ihrerseits zunächst in Anatolien kleine Fürstentümer und vereinigten später große Teile des muslimischen Territoriums unter ihrem Kalifat. Seit 1357 eroberten sie Teile des Balkan, 1453 schließlich Konstantinopel und regierten danach von hier aus ihr Reich. Nicht zuletzt durch den zweifachen Versuch, Wien zu erobern (1529 und 1683) blieben sie dem Mitteleuropäer unvergesslich.

Technische Neuerungen in Europa ermöglichten es, die Osmanen mehr und mehr zurückzudrängen. Nachdem diese das Kalifat 1924 aufgelöst hatten, zerfiel das Osmanische Reich nach dem Ersten Weltkrieg völlig und wurde durch die Republik Türkei als Nationalstaat ersetzt.

Islamische Identität und Moderne

Im ersten Teil dieses Beitrages wurden die Bemühungen des Staates und der Muslime um Harmonisierung der Beziehungen und Integration aufgezeigt. Manche Erfolge sind bereits festzustellen.

Abschließend stellt sich die Frage nach den Ursachen verbliebener Vorurteile und Ängste der Bürger. Sie sind die Folge der langen wechselvollen Geschichte Europas und des Orients, der kriegerischen Auseinandersetzungen, Hetzkampagnen und Verleumdungen während und seit der Blütezeit des Islam in der Zeit Karls des Großen. Die Leistungen des Anderen werden beargwöhnt, beneidet oder bewundert. Den Überfällen arabischer, berberischer oder türkischer Heere auf Spanien, das Frankenreich, die Mittelmeerinseln und Italien sowie den Balkan stehen die Kreuzzüge, die Reconquista, Santiago »matamoros« und El Cid (gest. 1099), die Rückeroberung Siziliens durch die Normannen (1071), die Seeschlacht von Lepanto (1571), die Türkenkriege der Habsburger und der Zaren, Napoleons Ägyptenzug (1798) oder die Übergriffe der Kolonialzeit gegenüber. Beide Seiten segneten die Waffen, um mit einem Gottesurteil den Verlauf der Schlachten zu beeinflussen. Beziehungen und der Austausch zwischen Europa und dem Islam waren dennoch häufig.

Schon während der Kreuzzüge begann man in Cluny (Burgund) damit, arabische Texte aus dem Bestand der großen Bibliothek von Toledo (Spanien) zu übersetzen. Über Jahrhunderte blieb diese Collectio Toletana oder Corpus cluniacense genannte Sammlung die maßgebliche islamischer Schriften in Westeuropa. Aber der Islam wurde von Beginn an und durch das gesamte Mittelalter abgelehnt. Nur langsam nahm man diese Irrlehre, diesen Götzendienst als Religion wahr, die zudem mit ihrem universellen Anspruch sehr gefährlich war und sich dem Christentum sogar überlegen vorkam (Laurens/Tolan/Veinstein, 2009, S. 175). Thomas von Aquin stellte in seiner Abhandlung *De rationibus fidei contra Saracenos, Graecos et*

Armenos eine Vier-Punkte-Theorie auf, die für die Bekämpfung des Islam lange verbindlich blieb: Der Islam entstellt die Wahrheit, ist eine Religion der Gewalt, des Krieges und der sexuellen Ausschweifung; Muhammad ist ein falscher Prophet (Cardini, 2000, S. 121).

Zeitgleich mit der polemischen Literatur, zu der sogar Petrarca seinen Beitrag leistete, entstand aber auch ein neues Bewusstsein gegenüber der islamischen Kultur, die den Europäern über die arabische Sprache die Errungenschaften der Griechen vermittelte.

Zum Antiarabismus des 13. und 14. Jahrhunderts gesellte sich mehr und mehr die Angst vor den Türken. 1389 vernichtete Murad I. die serbische Balkanarmee auf dem Amselfeld, 1453 fiel Konstantinopel und der Papst rief die Christen noch im September des gleichen Jahres zum Kreuzzug gegen den in der Apokalypse beschriebenen Antichristen, den feuerroten Drachen, auf.

Als ein 80 000 Mann starkes Heer 1492 Granada eroberte, empfand die Christenheit diesen Sieg als Revanche für den Verlust von Konstantinopel.

Im 16. Jahrhundert verband sich mit dem grausam kriegführenden osmanischen Staat zugleich die Vorstellung einer gerechten Herrschaft.

Das 17., 18. und 19. Jahrhundert kann man als Zeit des Orientalismus bezeichnen. Man benutzte den Orient, um den geographisch und kulturell fernen Raum den europäischen Zuständen oder Weltanschauungen kritisch gegenüber zu stellen. Beispiele hierfür findet man etwa bei Montesquieu (Lettres persanes, 1721), bei Kant in seinen anthropologischen Vorlesungen (1772-96) oder Voltaire (Zadig, ou La destinée, Histoire orientale 1747). Ausgelöst durch immer neue Auflagen der Geschichten von Tausendundeiner Nacht, den Haremsphantasien, den Vorstellungen von Cleopatra oder den femmes fatales auf den Gemälden von Ingres oder anderen, angefacht auch von den Kolonialmächten, die Schriftsteller und Maler in ihren Dienst stellten, um den Orient verführerisch für die Kolonisten zu beschreiben, blieb der Orientalismus bis in die 60er Jahre des 20. Jahrhunderts lebendig.

Allerdings sah die Kolonialepoche für die Muslime in ihren Heimatländern durchaus nicht verführerisch aus und ist es auch nach der Unabhängigkeit der Länder nicht geworden, wie die aus wirtschaftlichen Gründen erfolgende Migration islamischer Nachbarn belegt. Diese erleben nun zum ersten Mal das Unbehagen, als Minderheit außerhalb des dar al- Islam, des Hauses des Islam, zu leben. Sie haben zu Hause das Scheitern politischer und wirtschaftlicher Modernisierungsversuche auf der Basis westlichdemokratischer und zum Teil laizistischer Staatsideen erlebt und sind enttäuscht. Die Industrialisierung entwickelte sich zu langsam, um die große

Zahl von Hochschulabgängern aufzunehmen. Kaum gebremste Bevölkerungsentwicklung und hohe Arbeitslosigkeit drängen die Landbewohner in die urbanen Zentren. Hier werden sie – trotz oft guter Ausbildung – marginalisiert. Korruption und Vetternwirtschaft und ein auf den Grundsätzen des Westens beruhendes Entwicklungskonzept wird zur Ursache heftiger antiwestlicher Reaktionen. Enttäuschte Städter, arbeitslose Universitätsabgänger, Rückwanderer aus den Golfstaaten, traditionsverhaftete Händler der innerstädtischen Märkte finden in ihrer Not zusammen und finden eine gemeinsame, nicht unbedingt freundliche politische Sprache (Gemein/Redmer, 2005, S. 76 f.). Wie groß die Enttäuschung der islamischen Welt über den eigenen Entwicklungsrückstand sein muss, wird bei der Betrachtung der asymmetrischen Wirtschaftsbeziehungen der Länder nördlich und südlich des Mittelmeeres deutlich. Es erklärt auch den Wunsch vieler Muslime, Bürger dieser Welt nördlich des Mittelmeeres zu werden.

In seinem soeben erschienenen Buch »Wer ist wir? Deutschland und seine Muslime« bekennt der Verfasser Navid Kerman: »Ich bin Muslim, ja – aber ich bin auch vieles andere. Der Satz »Ich bin Muslim« wird in dem Augenblick falsch, ja geradezu ideologisch, wo ich mich ausschließlich als Muslim definiere – oder definiert werde. Deshalb stört es mich auch, dass die gesamte Integrationsdebatte sich häufig auf ein Für und Wider des Islam reduziert – als ob die Einwanderer nichts anderes seien als Muslime. Damit werden alle anderen Eigenschaften und Faktoren ausgeblendet, die ebenfalls wichtig sind: woher sie stammen, wo sie aufgewachsen sind, wie sie erzogen wurden, was sie gelernt haben.« (Kermani, 2009, S. 19).

Hier möchte man gerne ergänzen, dass es gerade diese oft vergessenen, privaten bis familiären Dinge sind, auf die wir hoffen müssen. Sie ermöglichen die Nähe, das Vertrauen zueinander, das zu mehr Verständnis und Miteinander führt – zur Integration.

Literatur

ALAOUI, F., 2009, *Musulmans et européens : une cohabitation d'avenir.* Le Monde, Samedi 5 décembre 2009, S. 21.

AKGÜN, LALE, 2007, *Migration und Integration – Megathemen und politische Herausforderung für Europa im 21. Jahrhundert.* In: SCHMAHL, L. (HRSG.), *Integration von Migranten. Intentionen, Programme und Perspektiven.* Brühl: Statistisches Bundesamt.

ASLAN, REZA, 2006, *Kein Gott außer Gott,* München.

BADE, K./OLTMER, J., 2004, *Normalfall Migration*. Bonn, BpB.

BOUSQUET- LABOUÉRIE, CH., 2000, *Initiation à l'Islam des origines*, Paris

CARDINI, FRANCO, 2000, *Europa und der Islam*, München.

Christen und Muslime in Deutschland, 2003. *Arbeitshilfen 172*, Bonn :Sekretariat der Deutschen Bischofskonferenz.

DEUTSCHE ISLAM KONFERENZ (DIK), 2009, *Zwischen-Resümee der Arbeitsgruppen und des Gesprächskreises. Vorlage für die 4. Plenarsitzung der DIK, 25. Juni 2009*, Berlin.

GOTTSCHALK, H.L., 1971, *Die Kultur der Araber*. In: SPULER, BERTOLD: *Die Kultur des Islams. Handbuch der Kulturgeschichte*, Frankfurt a. M.

GRÜNERT, A., 2002, *Es gibt keinen Gott außer Allah, sein Wort gilt als Verhaltensnorm*. In: *Weltreligion*. Bonn, BpB.

HARBECKE, U., 2009, *Das Kölner Buch der Religionen*, Reinfeld in Holstein.

KHOURY, A.TH., 2001, *Der Islam und die westliche Welt*, Darmstadt.

KERMANI, N., 2009, *Wer ist Wir? Deutschland und seine Muslime*, München.

KRÄMER, G., 2005, *Geschichte des Islam*, München.

LAURENS,H./TOLAN, J./VEINSTEIN, G., 2009, *L'Europe et l'islam. Quinze siècles d'histoire*, Paris.

LOMBARD, M., 1992, *Blütezeit des Islam. Eine Wirtschafts- und Kulturgeschichte 8.– 11. Jahrhundert*, Frankfurt a. M.

MAYER,J.-F., 2002, *Musulmans en Occident. L'islam de France cherche sa voie*, (18 mai 2002.)

PARET, R., 1979, *Der Koran*, Stuttgart.

PLANHOL, XAVIER DE, 1975, *Kulturgeografische Grundlagen der islamischen Geschichte*, Zürich.

ROHE, M., 2001, *Der Islam – Alltagskonflikte und Lösungen*, Freiburg im Breisgau.

SEEDORF, J., 2007, *Integrationsinitiativen im Bereich der Europäischen Union*. In: SCHMAHL, L., (HRSG.), *Integration von Migranten. Intentionen, Programme, Perspektiven*. Brühl: Statistisches Bundesamt.

SYNDRAM, K.U., 1989, *Der erfundene Orient in der europäischen Literatur vom 18. bis zum Beginn des 20. Jahrhunderts*. In: SIEVERNICH, G./BUDDE, G., 1989, *Europa und der Orient 800-1900*, Berlin.

WATT, W.M., 2002, *Kurze Geschichte des Islam*, Berlin.

II. Das Bild des Anderen

Georg Michael Schopp

Das Bild der Anderen in der türkischen Schule

Erfahrungen aus sechs Jahren als Schulleiter an einer Auslandsschule in der Türkei

Dieses Land und seine Bewohner gehören seit Jahr und Tag zu den Themen, zu denen sich Politiker und Medien ebenso gern und oft äußern wie zahllose Bürgerinnen und Bürger. In besonderem Maße trifft das auf die Schule zu: Hier werden Alltagserfahrungen mit **den** Türken, **der** türkischen Familie gemacht, ausgetauscht und mit denen aus anderen Lebensbereichen abgeglichen. Jede Schülerin, jeder Lehrer, Eltern, auch Schulaufsichtsbeamte – alle können hier mitreden. Weil obendrein viele Menschen bereits einige Tage Urlaub in der Türkei verbracht haben, wird der Erfahrungsschatz mit Land und Leuten für umfänglich gehalten. Seit dem 11. September 2001 wird zudem und verstärkt wahrgenommen, dass die Türkei ein »islamisches Land« sei. Kurz: in der seit einigen Jahren geführten Debatte (besonders seit dem Beginn der Beitrittsverhandlungen mit der Türkei) wird gern an das gesammelte »Vorwissen« angeknüpft. Was den einen die strategisch gebotene Partnerschaft mit der türkischen Republik ist, die als Mitglied von NATO und (künftig) der EU schon im Vorfeld der westeuropäischen Kernlande die bedrohlichen Probleme des Nahen und Mittleren Ostens fernhalten soll – das gilt den anderen nachgerade als der Sündenfall des Abendlandes, die Türkei könne der westeuropäischen (christlichen) Wertegemeinschaft und damit der EU als Vollmitglied einfach nicht angehören.

Nun ist es ausdrückliches Anliegen dieser Aufsatzsammlung, Perspektivwechsel vorzuschlagen, quasi dazu einzuladen, die »Brille der Anderen« aufzusetzen. Ohne Anspruch auf wissenschaftliche Vollständigkeit will der Verfasser dazu auf seine Erfahrungen als deutscher Schulleiter (2003–2009) am Istanbul (Erkek) Lisesi/Istanbuler (Knaben-)Gymnasium zurückgreifen. Das deutsche Auslandsschulwesen orientiert sich einerseits an einheitlichen Standards, die durch weltweit vorgeschriebene Kerncurricula abgesichert sowie durch die Prüfungsaufsicht der Kultusministerkonferenz (KMK) und durch die Bund-Länder-Schulinspektion evaluiert werden; andererseits ist für die Auslandsschulen kennzeichnend, dass sie auch Abschlüsse und Ziele der Gastländer erfolgreich anstreben. Dazu ist in Istanbul die Beachtung der türkischen Gesetze und Verordnungen zum Erziehungswesen zwingend vorgeschrieben. Konkret bedeutet das, dass die sogenannten türkischen Kulturfächer (Geschichte, Religionskultur und Sittenkunde, Türkische Sprache und Literatur, Nationale Sicherheitskunde und Sozialkunde) nur nach türkischen Lehrplänen, in der Landessprache und von Bürgern des Landes unterrichtet werden dürfen. Ebenso sind die benutzten Schulbücher in diesen Fächern eng an den nationalen Vorgaben orientiert und enthalten allesamt neben dem Konterfei des Staatsgründers Mustafa Kemal Atatürk den Text der Nationalhymne (Unabhängigkeitsmarsch) und Atatürks *Brief an die Jugend*, in dem er den Jugendlichen den Schutz und die Zukunft der türkischen Republik anvertraut.

Schulbücher sind ja inzwischen selten Gegenstand der deutschen Tagespolitik geworden. Trotzdem schafften sie es im Verlauf der Auseinandersetzung über die künftige Rolle der Türkei in Europa einmal bis in den Titel der Rheinischen Post aus Düsseldorf. »*In türkischen Schulbüchern gilt die EU als Feind*«, so machte die Rheinische Post am 2. Dezember 2004 kurz vor dem entscheidenden EU-Gipfel, der grünes Licht für die Eröffnung der Beitrittsverhandlungen gab, auf und setzte fort: »*Türkische Kinder lernen aus Schulbüchern, dass ihr Land mit Blick auf die EU von Feinden umgeben ist.*« Unabhängig von einem möglichen Beitritt der Türkei, der kein Thema dieses Bandes darstellt, ist dieser Zeitungsartikel davon geprägt, dass sich »Vorerfahrung« von Expertenmeinung bestätigt sieht: Wenn sogar die Schulbücher die EU feindselig darstellen... Aber was steht denn nun eigentlich in den Schulbüchern? Was dürfen/müssen türkische Jungen und Mädchen in ihrem Land über Europa, insbesondere über Deutschland, inzwischen immerhin die Heimat von mehr als 3 Mio. ihrer (ehemaligen) Landsleute, lernen?

Zunächst einmal muss man feststellen, dass ein Deutschlandbild – im Gegensatz zu zahlreichen Deutschlandbildern in der türkischen Öffentlichkeit – in den Schulbüchern schlicht nicht existiert. Der türkische Unterricht in den sogenannten Kulturfächern ist sehr national konzipiert. Die Richtlinien des Ministeriums für Nationale Erziehung lassen zwar einerseits unterschiedliche Schulbücher zu, sind aber andererseits so strikt gefasst, dass es nennenswerte Abweichungen in Aufbau und Inhalten nicht gibt und geben soll. Da muss es nicht verwundern, dass die **Anderen** zunächst einmal nur soweit im Blick sind, wie sich hier Besonderheiten der türkischen Nation, ihrer Geschichte und Kultur demonstrieren lassen.

Das ist freilich nicht gleichbedeutend mit einer generell voreingenommenen oder gar feindseligen Darstellung.

Erläutert werden soll das am Beispiel des Lehrbuchs für das Fach »Nationale Sicherheitskunde«, welches in jeder weiterführenden Schule (Lise/ Lycée) im 10. Schuljahr einstündig durch von der Armee abgeordnete Offiziere unterrichtet wird. Im Schlusskapitel beschäftigt sich das Schulbuch mit den Beziehungen des Landes zu internationalen Organisationen wie der UNO, der NATO, OECD, EU oder dem Internationalen Gerichtshof in Den Haag. Zur EU wird die Geschichte von der Gründung der Montanunion 1951 bis in die Gegenwart kurz und sachlich dargestellt. Mit Blick auf die laufenden Beitrittsverhandlungen endet das Kapitel so:

> »Wie bei jeder Gemeinschaft werden sich auch bei diesem Einigungsprozess die entsprechenden Bedingungen ergeben. Gegenseitige Anpassung und Harmonisierung werden in Folge eines langen und schwierigen Entwicklungsprozesses von großer Bedeutung sein. Offenheit, Transparenz, gegenseitiger Respekt, guter Wille, gegenseitiges Verständnis sowie das anzustrebende Gleichgewicht verbunden mit der Bereitschaft, Risiken einzugehen, sind dabei vor allem von Bedeutung«. (Milli Güvenlik Bilgisi. Ders Kitabı, 2008, S. 162).

Blinder Nationalismus spricht hier nicht zu den jungen Leuten; wohl aber das Bedürfnis, gleichberechtigt der EU gegenüber zu treten, statt den Acquis communautaire (Gemeinsamer Rechtsbestand) zu übernehmen. Auch die diesem Kapitel angefügten Aufgabenvorschläge atmen diesen Geist. Da heißt es u. a.:

> »1. Warum gibt es ein Bedürfnis nach internationalen Organisationen? 2. Erläutern Sie den Ausspruch Atatürks <Frieden in der Heimat bedeutet Frieden auf der Welt.>! 3. Die Bedeutung der EU aus der Sicht der Türkei?« (Milli Güvenlik Bilgisi, S. 167).

Programmatisch fasst das Vorwort dieses Lehrbuchs zusammen, was von der türkischen Jugend erwartet wird:

Befremdlich ist hier, dass der Jugend ein Bekenntnis, eine Art zu leben, abverlangt wird. Nur so könne die weitere Entwicklung der Republik und ihr »Bestehen in Ewigkeit« gesichert werden. Das ist Kemalismus pur – selbst wenn man den Atatürk'schen Begriff des Nationalismus nicht mit dem deutschen aus der ersten Hälfte des vorigen Jahrhunderts verwechseln darf. Der emeritierte Bamberger Turkologe Klaus Kreiser schreibt in seiner Atatürk-Biographie:

»Die zwanziger und dreißiger Jahre waren die Epochen der autoritären Präsidenten. Da blieb es nicht aus, dass Mustafa Kemal Atatürk für viele seiner Anhänger als ›Übermensch‹ im Sinne Nietzsches ... oder als der ›Große Führer‹ (Ulu Önder) galt, auch wenn er mit den Diktatoren seines Zeitalters wie Mussolini, Stalin oder Hitler wenig gemein hatte.« (Kreiser, 2008, S.19).

In älteren Ausgaben des Lehrbuchs für das Fach »Nationale Sicherheitskunde« wurden die Bedrohungen, denen sich das Land angeblich ausgesetzt sah, genauer beschrieben. Die Türkei sei eine Art Spielball der internationalen Politik, was sich aus ihrer geopolitischen Lage ergebe. Die Jugend müsse daher jeder Zeit bereit sein, diesen »Spielen« der internationalen Politik wie insbesondere der Nachbarstaaten entgegen zu treten (Altınay, 2004, S.81). Es finden sich auch in der aktuellen Ausgabe noch Reste eines solchen Bedrohungsszenarios. Einleitend zum Kapitel über die Nachbarstaaten wird ausgeführt, dass die Türkei während ihrer gesamten Geschichte immer wieder das Ziel der Begehrlichkeit anderer Länder gewesen sei (Milli Güvenlik Bilgisi, S.144).

Nicht zuletzt in der Türkei selbst trifft eine solche Konzeption auf Kritik und Widerstand. Die unabhängige *Geschichtsstiftung* gab gemeinsam mit der *Menschenrechtsstiftung* 2003 in türkischer, 2004 in englischer Sprache eine große Untersuchung heraus: *Die Menschenrechte in Schulbüchern. Ergebnisse einer Auswertung.* Tanıl Bora führt in seinem Beitrag über Nationalismus in Lehrwerken der 1980er und 1990er Jahre aus, dass schon die Sprache und ihre Benutzung der Indoktrination diene (Bora, 2003, S.85). Dazu gehöre auch die Vermischung unterschiedlicher Epochen. So wird auch bei dem oben zitierten Beispiel (die Türkei als Ziel der Begehrlichkeit anderer Länder) nicht klar, ob sich diese Aussage nur auf die letzten Jahre, die gesamte Zeit ab der Gründung der Republik 1923, die osmanische Epoche oder womöglich gar auf die Jahrtausende alte Geschichte der Zivilisationen in Anatolien beziehen soll.

Als deutscher Benutzer von Schulbüchern geht man womöglich davon aus, dass wie im deutschen Schulwesen viele Exemplare mehr oder weniger ungenutzt in den Regalen stehen oder von den Schülern hin- und hergeschleppt werden müssen. Das gilt in der Türkei keineswegs! Die in aller Regel schmalen Bändchen enthalten auch für die Oberstufe wenig Quellenmaterial; stattdessen findet man einen mehr oder weniger ausführlichen Lehrtext mit entsprechenden Wiederholungsaufgaben. Ziel ist das Auswendiglernen von Merksätzen und für wichtig gehaltenen Fakten. Deren Memorieren wird dann in Multiple-Choice-Tests abgefragt – das gilt für alle Klassenarbeiten und Tests von der Grundschule bis zur nationalen Hochschulzugangsprüfung (ÖSS), die allein darüber entscheidet, ob überhaupt und wo jemand einen Studienplatz erhalten kann. Historische und sozialkundliche Kenntnisse müssen dabei alle Bewerber nachweisen; eine der 210 Aufgaben des Jahres 2007 aus den unterschiedlichen Fächern (die in 210 Min. zu lösen waren!) lautete so:

> »In der Epoche der Republik wurde auf dem Gebiet von Unterricht und Erziehung u.a. folgendes geregelt:
> I. Das Recht auf Entwicklung und Erziehung für jeden Menschen.
> II. Es besteht die Pflicht zum Besuch der Grundschule [1.–8. Klasse, d. Verf.].
> III. In den Auslandsschulen müssen die Kulturfächer auf Türkisch unterrichtet werden.
> IV. Es sollen Berufs- und technische Schulen gegründet und eröffnet werden.
> Welche dieser Aussagen sind ein Beleg dafür, dass Entwicklungen im Erziehungswesen auch für die ökonomische Entwicklung von Bedeutung sind?
> A) I und II,   B) nur III,   C) nur IV,   D) II und III,   E) II und IV«

(Beilage zur Zeitung MILLIYET [Nation] am 17.06.2007).

Für die meisten türkischen Jugendlichen, die derlei Abfrage von Wissen in der Schule und den überall existierenden privaten Nachhilfeinstituten (für teures Geld) gepaukt haben, stellt diese Aufgabe im Gegensatz zur Lösung komplizierter mathematischer oder naturwissenschaftlicher Probleme, für die ebenfalls nur eine Minute »Bearbeitungszeit« bleibt, kaum eine Herausforderung dar.

Von Interesse dürfte im Rahmen dieser Abhandlung ein etwas genauerer Blick auf den Geschichtsunterricht an türkischen Schulen sein. Verpflichtend ist dieser Unterricht an allen weiterführenden Schulen vom 9. bis 11. Schuljahr, nicht in der abschließenden 12. Klasse; die Schulbücher *Geschichte I* und *Geschichte II* sind Grundlage in der 9. und 10. Klasse. In der 11. Klasse heißen Unterricht und Buch *Geschichte der Umwälzung der Republik Türkei und der Kemalismus*. Der Band Geschichte I enthält neben einer kurzen Einführung in Arbeitsweisen und Methoden der Geschichtswissenschaft einen ebenso kurzen Aufriss der Geschichte von der Steinzeit über die verschiedenen Zivilisationen in Anatolien bis hin zur Eroberung Konstantinopels im Jahre 1453, mit welchem Ereignis nach Meinung der Gelehrten das Mittelalter zu Ende gegangen sei. In den insgesamt 21 Zeilen, die dem oströmischen Reich zugedacht werden, finden lediglich die Kaiser Konstantin und Justinian Erwähnung (Gündoğdu

u. a., 2007, S. 33 f.). Auf den Punkt bringt es die Chronologie im Band II: »*1453 – Eroberung Istanbuls, Beginn eines neuen Zeitalters*« steht dort lapidar (Kemal Kara, 2008, S. 374). Ansonsten wird die oströmische Geschichte nur erwähnt, wenn das im Zusammenhang der allmählichen Eroberung Anatoliens und des Balkan (Schlacht von Malazgirt 1071, Fall von Edirne 1362) notwendig erscheint.

Fast ausschließlich befasst sich das Buch mit der Geschichte der Turkvölker im Altertum und dem Vordringen der Türken nach Anatolien im 11. bis 14. Jahrhundert. Zwar lernen die Schülerinnen und Schüler schon, dass die Geschichte der Zivilisationen in Anatolien sehr weit zurückgeht und dass wichtige Bauwerke aus der römischen und byzantinischen Epoche (Valens-Aquädukt oder die Irenenkirche und die Hagia Sophia) noch heute in Istanbul zu bewundern sind; andererseits wird ihnen vermittelt, dass die Frühgeschichte der Turkvölker bedeutender ist. Im Kapitel über die Religionsgeschichte werden allein den Abschnitten über Leben und Wirken des Propheten Mohammed und der ihm nachfolgenden vier »rechtgeleiteten« Kalifen mehr als fünf Seiten gewidmet. Kritisch muss dabei angemerkt werden, wie der Mord an Hüseyin (arab. Husain), Enkelsohn von Ali (arab. ʿAli), dem letzten der vier heiligen Kalifen, 680 in Kerbala dargestellt wird. Historische Konsequenzen dieses Ereignisses für die Entwicklung des Islam – Entstehung der schiitischen Glaubensrichtung – mit nachhaltigen Auswirkungen bis in die Politik der Gegenwart (Irak, Iran, Libanon) werden nicht einmal vorsichtig angedeutet. Ganz davon abgesehen, dass die große alevitische Gemeinde in der Türkei Hüseyin besonders verehrt; es gibt kein alevitisches Gemeinschaftshaus, welches nicht großformatige Portraits der beiden Heiligen Ali und Hüseyin beherbergt.

Dieser Umgang mit der Geschichte ist typisch: Für bedeutend gehaltene historische Daten, Männer und Ereignisse müssen auswendig gelernt werden (jedem Geschichtsbuch ist eine sogenannte Chronologie mit Daten beigegeben) – Zusammenhänge und mögliche Konsequenzen historischer Entscheidungen und Ereignisse werden nur äußerst beschränkt dargestellt und als Ziel des Unterrichts angesehen. Das bleibt auch kennzeichnend für die Lehrbücher *Geschichte II* und *Geschichte der Umwälzung der Republik und der Kemalismus*. Das erstere umfasst den Zeitraum vom 13. Jahrhundert bis zum offiziellen Ende des osmanischen Reiches, der Abschaffung des Sultanats im Jahr 1923; das zweite nimmt die Epoche vom osmanischen Reich zu Beginn des 20. Jahrhunderts über den Ersten Weltkrieg bis hin zur Gründung der Republik 1923 und dem Leben und Wirken Mustafa Kemal Atatürks (gest. 1938) in den Blick. Um den eingeschränkten Blickwinkel zu demonstrieren sei nur darauf hingewiesen, dass natürlich

Deutschland da und dort Erwähnung findet, auch das geheime Abkommen zwischen der osmanischen Türkei und dem Kaiserreich vom August 1914 oder der Angriff der unter türkischer Flagge fahrenden Kriegsschiffe *Goeben* und *Breslau* auf russische Häfen – nirgendwo aber wird die Rolle der deutschen Militärmission im Vorfeld dieser Entscheidung erwähnt oder gar, dass der General Liman von Sanders (1855–1929) die Dardanellenschlacht als Oberbefehlshaber mitentscheiden konnte oder unter dem Kommando des greisen Grafen von der Goltz Pascha (1843–1916) die einzige siegreiche Schlacht gegen die Briten an den arabischen Fronten in Kut el Amara 1916 strategisch vorbereitet wurde. Als Testfragen werden dem ersten Kapitel der Geschichte der Umwälzung... (manche übersetzen das alte arabische Wort *inqilab* (türk. *ınkılap*) auch mit Revolution), in der bereits bekannten Art u. a. diese mitgegeben:

»Welche der unten gegebenen Begründungen sind kein Grund für den Ausbruch des I. Weltkriegs:
a) Spannungen zwischen Frankreich und Deutschland
b) Deutschlands Kolonialpolitik
c) Der Konflikt zwischen Russland und dem österreichisch-ungarischen Kaiserreich über die Frage der Besiedelung auf dem Balkan
d) Die Hochrüstung Englands zum Schutz seiner Kolonien
e) Die Annäherung zwischen dem osmanischen Reich und Deutschland.«
(Kara, 2007, S. 37).

Mit ein wenig Verständnis für die türkische Geschichte lässt sich erahnen, was die richtige Antwort ist: **e)**. Das charakterisiert das Osmanische Reich zumindest als friedliebend – wenn es sich denn schon im allmählichen Auflösungsprozess befand. Das legt außerdem die Lösung einer weiteren Aufgabe nahe, was nämlich der Grund für den Eintritt der Türkei in den Ersten Weltkrieg gewesen sei: Die Gewährleistung der Sicherheit im Schwarzen Meer? Oder die Verhinderung der weiteren Ausbreitung Russlands? Womöglich das Ziel, die in der jüngsten Vergangenheit verlorenen Gebiete wieder zurück zu gewinnen? Alles falsch, meint der Verfasser des Lehrbuchs, richtig ist vielmehr: »*Nutzung der Waffentechnologie der Deutschen*« (Kara, S. 35).

Immerhin finden die Schülerinnen und Schüler in zwei der neun Lektionen dieses Buches Informationen über die europäische Geschichte von ca. 1300 bis 1918 mit Themen wie Feudalismus, Renaissance, Reformation, technologischer Entwicklung, industrielle Revolution oder Kolonialismus. Charakteristisch auch hier, dass eine auch nur vorsichtig vergleichende Geschichtsbetrachtung nicht vorkommt. Kolonialismus ist eine westeuropäische Erscheinung; die Beherrschung weiter Teile Arabiens durch die osmanische Türkei bis zum Ersten Weltkrieg hat damit nichts gemein. Nachgerade erschreckend ist, dass die Darstellung der Weltgeschichte mit dem Tode Atatürks endet. Unsere intelligenten und aufgeschlossenen Schülerinnen und Schüler hatten sich natürlich dennoch informiert, konnten z. B. den kalten Krieg historisch richtig einordnen. Im Deutschunterricht »mussten« sie immer wieder Geschichten und Texte lesen, die sich mit Themen aus Nazi-Deutschland beschäftigen, so dass sie mitunter ähnlichen Überdruss äußerten wie deutsche Schüler. Insgesamt aber haben sie immer geschätzt, dass Begründungen und Entwicklung der eigenen Meinung gefordert waren. Bei jeder Abiturfeier das gleiche Ritual: ein Dank dafür, dass sie nachdenken und begründen mussten, dass pures Auswendiglernen im Gegenteil nie belohnt wurde. Ehemalige Schüler, befragt nach ihrem nachdrücklichsten Erlebnis an unserer Schule, äußern noch nach Jahrzehnten, dieses »Denk doch mal nach!« ihrer alten Lehrer habe sie am meisten geprägt.

Erschwerend kommt für die Behandlung aller historischen Themen hinzu, dass Originalquellen auch aus der osmanischen Zeit nur von ganz wenigen Experten gelesen werden können. Mit der Atatürk'schen Schriftreform 1928 wurden nicht nur die arabischen Schriftzeichen abgeschafft; gleichzeitig wurde eine Sprachreform begonnen, mit der zahllose aus dem Persischen und Arabischen stammende Wörter aus der Sprache entfernt und durch türkische (Neu-)Bildungen ersetzt wurden. So können selbst Dokumente aus den Befreiungskriegen und den ersten Jahren der Republik, gedruckt mit lateinischen Lettern, ohne Übersetzungshilfen in der Schule nicht gelesen und verstanden werden. Der Journalist und Schriftsteller Amin Maalouf formuliert in seinem Vorwort zur französischen Ausgabe eines Romans von Elif Şafak das Dilemma, dem sich die türkische Gesellschaft, damit auch die Schule, vor allem aber die Intellektuellen, ausgesetzt sehen:

»Die Besorgnis der Türkei ist groß, da das Land sich von seiner osmanischen Vergangenheit abgewendet und auf seinen Primat in der muslimischen Welt verzichtet hat, um sich mit Europa zu identifizieren, während genau dieses Europa immer noch die Erinnerung an die Janitscharen vor den Stadtmauern Wiens wiederkäut. ... Was soll man machen, wenn man hinter sich auf den Abgrund und vor sich auf eine geschlossene – oder nicht ehrlich offene – Tür blicken muss?« (Maalouf, 2007, S. 7).

Natürlich kann sich das »Denk mal nach!« in deutschen Auslandsschulen nie ausdrücklich auf im Gastland umstrittene innenpolitische Themen beziehen. Dazu gehören in der Türkei eindeutig die Vernichtung von ca. 1,5 Mio. Armeniern 1915/16 und die Kurdenfrage. Minderheiten überhaupt »stören« die nationale Eintracht, das stolze Gefühl, das mit dem Spruch Atatürks »Welch ein Glück für den, der sich Türke nennen kann.« vermittelt werden soll. So gehörte zum Schulalltag, dass immer auch armenische und jüdische Schülerinnen und Schüler die Schule besuchten, die Minderheitenfrage aber auf dem Umweg über das »melting pot«-Thema im Blick auf die USA oder »multicultural Britain« im Englischunterricht diskutiert wurde. Zahlreiche Schüler und Ehemalige beteiligten sich gleichwohl an der Trauerfeier für den 2007 ermordeten türkisch-armenischen Journalisten Hrant Dink. Mit »10 000e verfluchten den Terror« und »Ist Hrant Ihrer Meinung nach gestorben?« machte die MILLIYET [Nation] auf, vor einem großen Foto Hrant Dink's und einem Bild der Massen, welche Schilder hochhalten, auf denen zu lesen stand «Wir alle sind Hrant« (MILLIYET, 24.01.2007). Alle großen Zeitungen standen im Zeichen der Trauer, für viele war der gewaltsame Tod insofern dennoch mit Hoffnung verbunden. »Menschen jeglicher Sprache und Religion, jeder Weltanschauung antworteten schweigend und marschierend auf die Kugeln« (MILLIYET, 24.01.2007). Verstärkt wurde diese Hoffnung im Dezember 2008, als zahlreiche Journalisten und Intellektuelle sich an der Kampagne »Ich entschuldige mich« beteiligten. Yasemin Çongar bezieht sich in ihrem Kommentar in der TARAF [Partei] ausdrücklich auf die deutschen Erfahrungen, den Umgang der Deutschen mit dem Nazi-Unrecht am Beispiel eines Besuches in Buchenwald. So bittet sie stellvertretend »für die, die 1915 lebten, unsere armenischen Geschwister um Verzeihung« (TARAF, 12.12.2008).

Dass diese Aktion zu heftigen innenpolitischen Auseinandersetzungen Anlass gab, verwundert nicht, wenn man weiß, dass die weitgehende Vernichtung der armenischen Bevölkerung in Anatolien im Schulbuch immer noch »armenische Umsiedelung« heißt, die auf mehreren Seiten beschönigend beschrieben wird. Amerikanische und armenische Journalisten, so heißt es weiter, beschwerten sich über das Schicksal der Armenier und übertrieben dabei.

»Dagegen war das erlittene Unrecht der Türken, die nach der Invasion Ostanatoliens durch die Russen vor den Grausamkeiten der Armenier und Russen ins Landesinnere fliehen mussten, schwerer als das der Armenier. Weil sie Muslime waren, hat es wohl kein europäischer oder amerikanischer Journalist oder Politiker für notwendig empfunden, auch ihr Elend und ihre Katastrophen – wie bei den Armeniern – mit einer Sprache des Anstands zu schildern.« (Kara, 2008, S.154).

Insgesamt füllt das Geschichtsbuch II noch fünf weitere Seiten mit ausführlichen Darlegungen sämtlicher nach 1920 getroffenen vertraglichen Vereinbarungen und mit detaillierter Aufzählung armenischer Terrorattacken auf türkische Einrichtungen in den 1980er und 1990er Jahren. Jedenfalls seien mit dem Vertrag von Lausanne 1923 alle Probleme der religiösen und nationalen Minderheiten abschließend gelöst worden. Von einem Völkermord (türk. *soykırım*) könne jedenfalls nicht gesprochen werden; wer das tue, mache sich einseitig armenische Positionen zu eigen.

In der Zeit direkt nach dem Ersten Weltkrieg empfand man tatsächlich manches anders als heute. Unter Akzeptanz der Siegermächte und des Völkerbundes tauschten die Türkei und Griechenland ihre Minderheiten aus.

»Wer sich zum griechisch-orthodoxen Glauben bekannte, hatte die Türkei zu verlassen... Wer aber in Griechenland Muslim war, wurde zum Türken erklärt, musste seine Heimat aufgeben und in die Türkei kommen. ... Es war die erste, wenn auch unblutige ethnische Säuberung des 20. Jahrhunderts.« (Hermann, 2008, S.28).

Zwei Staaten, die sich schon damals als »modern« empfanden, realisierten unter Assistenz der internationalen Öffentlichkeit den aus dem Europa des 17. Jahrhunderts bekannten Grundsatz »cuius regio – eius religio«. Dabei hatte die Türkei unter Atatürk im Gegensatz zu Griechenland, wo die Staatskirche bis heute eine mächtige Institution ist, sich schon längst der Trennung von Religion und Staat verschrieben, welche die Türken Laizismus nennen. Das ist einer der sechs Grundpfeiler des Kemalismus und damit der Staatsräson. Dagegen zu verstoßen, und sei es auch nur vermeintlich, ist ein Grund, Parteien und Organisationen zu verbieten. So kam die Regierungspartei AKP (Partei für Gerechtigkeit und Entwicklung) im Sommer 2008 – angeklagt, die Scharia einführen zu wollen – nur knapp an einem Verbot durch das Verfassungsgericht vorbei. Offensichtlich scheuten die alten kemalistischen Eliten in Militär und Justizapparat diese Auseinandersetzung. Denn gewählt wird die Partei nicht nur von einfachen religiösen Massen; viele städtische Intellektuelle haben trotz zahlreicher Enttäuschungen ihre Hoffnung auf Entwicklung in die AKP gesetzt. Die bekannte kritische Schriftstellerin Elif Şafak schreibt z.B. regelmäßig in der regierungsnahen Zeitung ZAMAN [Zeit]. Die geistlichen Führer der armenischen und griechischen Christen haben 2007 offen zur Wahl der AKP aufgerufen.

Die im Staatsapparat, besonders auch im Erziehungswesen vertretenen, sich fundamentalistisch auf Atatürk beziehenden Hardliner verteidigen mit ihrem Verständnis von Laizismus den Primat des Staates über die Religion – und nicht die Trennung von Staat und Glauben. Ein Geschichtsbuch für die 9. Klasse beschäftigt sich (methodisch-didaktisch übrigens sehr fortschrittlich) in zwei Kapiteln auf 65 von 200 Seiten ausführlich mit der Annahme des Islam durch die Turkvölker während der Staatsbildung im 10. bis 13. Jahrhundert. Die aufgeführte Gegenüberstellung »*Der Glaube vor der Annahme des Islam*« versus »*Der Glaube gemäß dem Islam*« enthält keine wirklichen Gegensätze. Vielmehr wird die Annahme des Islam als eine quasi logische Folge aus den bisher vertretenen religiösen Grundsätzen verstanden. Der Islam ermöglichte diesen Völkern eine Vervollkommnung dessen, was sie immer schon meinten und innerlich wollten. Nebenbei ist das auch ein historischer »Beleg« dafür, dass der Islam als letzte der drei großen Offenbarungsreligionen Gottes Wirken und Willen letztlich zum Ausdruck bringt.

»Vor der Annahme des Islam	Nach der Annahme des Islam (gemäß Islam)
• Man glaubte an einen Himmelsgott.	• Glaube allein an Gott (Allah).
• Nach den türkischen Sitten waren Diebstahl, Lüge und Ungerechtigkeit verboten.	• Gemäß dem Verständnis der islamischen Ethik werden Diebstahl, Lüge und Ungerechtigkeit zu den Sünden gerechnet.
• ...	• ...
• Andere Religionen betreffend gab es eine tolerante Betrachtung.	• Der Islam ist eine tolerante Religion.«

»Was können nach den oben aufgeführten Informationen die Gründe für die Annahme des Islam durch die Türken gewesen sein?« (Ortaöğretim Tarih 9, 2008, S. 135).

Ausgerechnet regierungsnahe Journalisten rechnen mit dieser Ideologie, die bis in die Gegenwart hinein eine Identität von Türkentum und Islam behauptet, ab; in der englischsprachigen *TODAY's ZAMAN* findet sich am 1. Juni 2009 ein Kommentar unter der Überschrift «*Islamization of population by the Kemalists*».

»It is of course unusual to hear from a prime minister [i. e. R. T. Erdoğan] about mistakes committed in the past toward non-Muslim minorities. One should, however, not jump to the conclusion that the country as whole is prepared to face its past free from preconceptions. Yet it is important to note that Turkey has today a prime minister who regards the expulsion of non-Muslims in the past as an extension of a fascist mentality and policy. What, however, led to this policy was not fascism, but nationalism and the quest to establish a nation-state assumed to be free of different ethnic and religious identities. Such a project was particularly difficult for a country like Turkey, which had been the home of different ethnic and religious groups under the roof of Ottoman Empire.« (TODAY's ZAMAN, 1.6.2009).

Vor diesem Hintergrund ist es verständlich, dass die seit dem Sommer 2009 wieder mögliche «Rückbenennung« von Ortschaften in kurdischer Sprache oder der Besuch von Präsident Gül bei einer religiösen Sema-Zeremonie der Aleviten hohe Wellen schlugen, dass manche Kommentatoren und zahlreiche Menschen die Einheit der Republik gefährdet sehen. Dabei hat es für die nichtmuslimischen Minderheiten immer noch keine zählbaren Fortschritte gegeben. Natürlich ist der christliche Gottesdienst frei, läuten die Glocken in Istanbul, herrscht insofern Religionsfreiheit – aber gerade die einheimischen Kirchen der Armenier und Griechen haben seit fast 40 Jahren keine Möglichkeit, ihren Priesternachwuchs im eigenen Land auszubilden. Auch das trägt dazu bei, dass von den 22 griechischen Schulen in Istanbul elf gar keine Kinder mehr beschulen, die anderen zum Teil nur ein bis zwei Kinder in einer Klasse unterrichten. Die Zeitung *CUMHURIYET* [Republik], ansonsten eher eine Art »Zentralorgan« der Kemalisten, veröffentlichte am 12. Januar 2010 die Ergebnisse einer Umfrage unter 820 orthodoxen Christen: 42,0 % der Befragten fühlten sich demnach »teilweise« und 23,7 % »voll« diskriminiert. Da bleibt noch viel Arbeit, bis in der Türkei Konsens darüber besteht, dass nicht Glaube, Sprache oder Abstammung – sondern der Wunsch, der Entschluss ihrer Bürgerinnen und Bürger – eine freie und demokratische Nation konstituiert.

Dabei gibt es gerade im Religionsunterricht (genauer: Religionskultur und Sittenkunde) in den letzten Jahren große Fortschritte. Da es hierzu ausführliche und repräsentative Untersuchungen am Lehrstuhl für Religionspädagogik der Universität Erlangen-Nürnberg gegeben hat, wird auf eine eigene Auswertung verzichtet. Der Autor dieser verdienstvollen Studie, Patrick Bartsch, analysiert die Darstellung des Christentums in Schulbüchern der Türkei und des Iran. In seinem Resümee führt er aus:

»Grundsätzlich ist die Darstellung des Christentums in den türkischen Schulbüchern konzeptionell besser gestaltet als in den iranischen, da dort trotz aller islamischen Prägung stärker Toleranz gegenüber den Christen und anderen Nichtmuslimen betont und dezidiert mehr Wissen über das Christentum vermittelt wird.« Und an anderer Stelle: »Dass in der Türkei eine solche Darstellung möglich ist, ist sowohl der säkularen Ausrichtung als auch der Fortschrittlichkeit der türkischen Religionspädagogik zu verdanken.« (Bartsch, 2005, S. 528).

Ein neueres Lehrbuch, welches 2005 noch nicht vorlag, unterstreicht diese Tendenz. Im Buch für die Abschlussklassen (Jahrgangsstufe 12) gibt es ein Schlusskapitel, das dezidiert die Religionen und ihre Gemeinsamkeiten vorstellt; ein längerer Abschnitt beschäftigt sich mit den drei abrahamitischen Religionen. In einem Schaubild werden die gemeinsamen Prinzipien hervorgehoben:

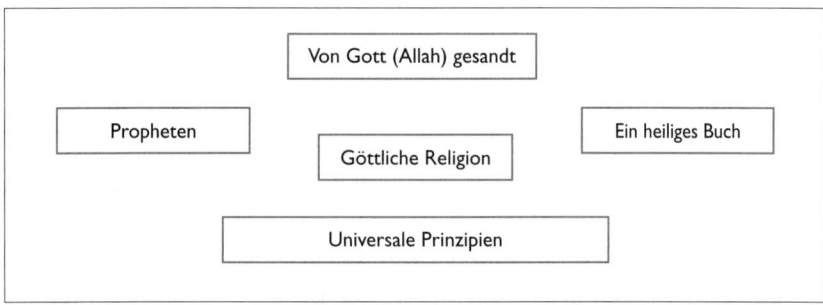

»Unter den abrahamitischen Religionen versteht man die Religionen, deren Propheten sich auf Abraham berufen (von ihm abstammen). Diese Religionen werden auch göttliche Religionen genannt. Die Religionen, welche die Einheit Gottes beinhalten, beginnen mit dem Propheten Adam und enden mit dem Propheten Mohammed.« (Din Kültürü ve Ahlak Bilgisi 12, 2008, S. 99).

Selbstverständlich ist auch hier eine »islamische Prägung« nicht zu überlesen, es folgen dem aber recht ausführliche und korrekte Darstellungen von Glaubenssätzen und religiöser Praxis des Juden- bzw. Christentums. Dem Gedanken der Toleranz und des gegenseitigen Verständnisses wird breiter Raum gegeben. Aus der Geschichte wird (wie üblich) die Aufnahme der vertriebenen spanischen Juden 1492 durch Beyazid II. als Beispiel angeführt; ebenso aber die Erklärung der katholischen Kirche von

1965 »*Die Kirche blickt mit großem Respekt auf die Muslime*«. Unter einer Art Schriftrolle mit Aufforderungen zu Toleranz und gegenseitigem Respekt aus dem Koran wie der Bibel findet sich schließlich ein Bild vom Besuch Papst Benedikt XVI. in Istanbul (Dezember 2007) gemeinsam mit dem Leiter des Amtes für Religion in Ankara (Din Kültürü ve Ahlak Bilgisi 12, 2008, S.117).

So wie tendenziell im Unterricht des Faches »Religionskultur und Sittenkunde« eine größere Offenheit gegenüber anderen und die Bereitschaft, andere authentisch zu Wort kommen zu lassen, zu bemerken ist, so gibt es auch in der Gesellschaft verschiedene Nichtregierungs-Organisationen, die die weitere demokratische Aktivierung gerade im Bildungswesen forcieren wollen. Die *Geschichtsstiftung* ist mit ihren Publikationen bereits vorgestellt worden. Erwähnt werden soll hier auch die *Stiftung für wirtschaftliche Entwicklung* (IKV/Iktisadi Kalkınma Vakfı), die sich – von Unternehmern getragen – seit langem für die Aufklärung über Europa und die EU einsetzt und dazu auch pädagogisches Material herausbringt. Explizit für die Modernisierung des Schulwesens setzt sich die *Education Reform Initiative (ERG)* ein, die an der prominenten Sabancı-Universität in Istanbul angesiedelt ist und u. a. von der Doğan-Stiftung (die Doğan-Holding ist das größte Medienimperium in der Türkei), der Flughafengesellschaft TAV und einer weiteren Universität unterstützt wird. Die Veröffentlichungen dieser Initiative liegen auf Türkisch und Englisch vor. Eine erste Stellungnahme zu den neuen Curricula von 2004/2005 betont, dass diese Wert z. B. auf die Entwicklung kritischen und kreativen Denkens und die Fähigkeit, Probleme zu lösen, legten. Es gehe darum, nicht mehr passive sondern aktive Bürger zu bilden.

>»The «passive citizen« is an outcome of an education system that employs ´ancient and conventional´ perspectives and approaches and is based on students being required to memorize an immense amount of information with no analysis or questioning. [...] We foresee the potential of developing the necessary infrastructure required for becoming individuals who possess the skills of problem solving and critical thinking, being in charge of their own personal development and learning procesess, who are open to change and have the ability to manage it, and can foresee and develop solutions to undertake leadership.« (ERG, 2007, S.1).

Bleibt zu hoffen, dass diese und andere positive Ansätze zur weiteren Entwicklung im Bildungswesen tatsächlich mithelfen, den »aktiven Bürger« zu bilden und zu erziehen. Nur Bürgerinnen und Bürger, welche die Fähigkeit, kritisch zu denken, Probleme zu lösen, erworben haben, die offen gegenüber Veränderungen und Wandel sind, werden auf lange Sicht auch bereit sein, Offenheit und Begegnung mit anderen als Stärke und Bereicherung zu empfinden und nicht als Gefahr und Schwächung der eigenen Position.

Den steinigen Weg bis zu diesem Ziel anzuerkennen, dürfte gerade den Deutschen gut anstehen. Erinnert sei an die Schulzeit der Generationen, in der es bis in die Nachkriegszeit üblich war, die siegreiche Seeschlacht bei Salamis und die Schlacht bei Tours und Poitiers, die Kreuzzüge oder die Reconquista auf der iberischen Halbinsel unter dem Gesichtspunkt der »Rettung des Abendlandes« zu betrachten. Erfahrungen im Auslandsschuldienst bezeugen, dass national zentrierter Unterricht in vielen Ländern bis heute selbstverständlich ist. Die in Deutschland angestrebte multiperspektivische Betrachtung ist im internationalen Vergleich die Ausnahme. Dabei ist es nicht deutsches Verdienst, dass im Mai 1945 Deutschland als Subjekt des Völkerrechts für vier Jahre verschwand und die Alliierten auch im Bildungswesen für tabula rasa sorgten. Und wie lange hat es gedauert, bis der erste Band des deutsch-französischen Geschichtsbuchs fertig gestellt war? Als im Sommer 2007 die griechisch-türkische Historikerkommission eine ihrer ersten Sitzungen im Istanbuler Gymnasium abhielt, war der damalige deutsche Schulleiter stolz, den Mitgliedern ein Exemplar dieses Bandes überreichen zu können.

Literatur

ALTINAY, A.G., 2003, *Militarizm ve İnsan Hakları Ekseninde Milli Günvlink Dersi.*, In:TARIH VAKFI (HRSG.), *Ders Kitaplarında İnsan Hakları. Tarama Sonuçlari* (S. 138–157), Istanbul: Tarih Vakfı.

BARTSCH, PATRICK, 2005, *Türkei und Iran.* In: HOCK, K./LÄHNEMANN, J. (HRSG.), *Die Darstellung des Christentums in Schulbüchern islamisch geprägter Länder,* Teil II. Hamburg: EB.

BORA,TANIL, 2004, *Nationalism in Textbooks.* In: D.T. CEYLAN/G. IRZIK (HRSG.), *Human Rights Issues in Textbooks: The Turkish Case* (S. 49–75), Istanbul: Tarih Vakfı.

ERG (EDUCATION REFORM INITIATIVE), 2007, *Report on the new curricula,* Istanbul: Sabancı University.

GÜNDOĞDU ABDULLAH/BULDUK, O.Ü., 2007, *Tarih 1,* Istanbul: Tutibay.

HERMANN, R., 2008, *Wohin geht die türkische Gesellschaft. Kulturkampf in der Türkei.* München.

KARA, KEMAL, 2008, *Lise Tarih 2*, Istanbul: Önde.

KARA, KEMAL, 2007, *Lise Türkiye Cumhuriyeti İnkılap Tarihi ve Atatürkçülük*, Istanbul: Önde.

KREISER, KLAUS, 2008, *Atatürk. Eine Biographie*, München: C. H. Beck.

LÄHNEMANN, J., Hrsg., 2006, *Visionen wahr machen. Interreligiöse Bildung auf dem Prüfstand – Referate und Ergebnisse des Nürnberger Forums 2006*, Hamburg: EB.

MAALOUF, AMIN, 2007, *Préface*. In: ŞAFAK, ELIF, *La bâtarde d'Istanbul*, Paris.

MEB (MILLI EĞITIM BAKANLIĞI), 2008, *Lise Milli Güvenlik Bilgisi Ders Kitabı*, Istanbul.

MEB, 2008, *Ortaöğretim Din Kültürü ve Ahlak Bilgisi Ders Kitabı, 10. Sınıf*, Istanbul.

MEB, 2008, *Ortaöğretim Din Kültürü ve Ahlak Bilgisi Ders Kitabı, 11. Sınıf*, Istanbul.

MEB, 2008, *Ortaöğretim Din Kültürü ve Ahlak Bilgisi Ders Kitabı, 12. Sınıf*, Ankara.

MEB, 2008, *Ortaöğretim Tarih 9*, Istanbul.

WALLACH, J.L., 1976, *Anatomie einer Militärhilfe. Die preußisch-deutsche Militärmission in der Türkei 1835–1919*, Düsseldorf.

Gerdien Jonker

Wer ›wir‹ nicht ist: Zur Darstellung des Islam in den deutschen Schulbüchern (von 1700 bis 2010)

Einleitung

Zwischen 600 n. Chr. und 1300 n. Chr. wurden die Verhältnisse auf der Asien vorgelagerten Halbinsel, die später den Namen »Europa« annehmen sollte, neu gestaltet. In dieser Zeit steckten gleich drei Religionsysteme ihre Ansprüche ab, indem sie versuchten, durch Geländegewinne ihre jeweilige Einflusssphäre zu sichern. Das orthodoxe Christentum zog vom Süden nach Norden, von Konstantinopel nach Moskau; das lateinische Christentum kämpfte sich vom Westen nach Osten vor, vom römischen *Limes* bis ins Baltikum; und der Islam machte Terraingewinne von Osten nach Westen, vom Kaukasus bis nach Zentraleuropa und von der Ostseite des Mittelmeers bis zu seinen nördlichen Küstengegenden. Die Regionen, in denen die Anhänger der Religionsysteme sich begegneten, wurden Zeugen einer großen Bandbreite von Interaktionen, von bewaffneten Konflikten bis zu Perioden des friedlichen Zusammenlebens, von scharfer Konkurrenz bis zur gegenseitigen kulturellen Befruchtung. Während der Kreuzzüge des 12. Jahrhunderts wurde zuerst die Konkurrenz zwischen der Ost- und der Westkirche ausgetragen. Erst danach verjagten christliche Heere an der Wolga, in Polen und in Spanien die muslimischen Bevölkerungen, mit denen man sich über 700 Jahre den Raum geteilt hatte. Wer blieb, wurde von den Kirchen in Ost und West unterworfen, belauert und kontrolliert, oder aber zwangsassimiliert (Borgolte, 2006, S. 101–78; Gibatdinov, 2009).

In ihrem Zusammenhang sind diese Ereignisse heute nirgendwo mehr im kollektiven Gedächtnis Westeuropas präsent. Geblieben ist lediglich eine konfliktgeladene Erinnerung, in der vor allem die bewaffneten Auseinandersetzungen aneinander gereiht sind. Der Islam, ob nun in der Gestalt von Arabern, Tartaren oder Türken, wird darin als der gefährlichste und dauerhafteste Feind Europas abgebildet, als Europas Antithese und Negation. Geblieben ist auch die Wahrnehmung Europas als ein genuin christlicher Kontinent und vom christlichen religiösen Erbe als dem ausschlaggebenden Faktor für seine Entwicklung. Diese beiden Wahrnehmungen gehören zusammen wie die sprichwörtlichen Seiten einer Medaille: Die Negation des muslimischen Anderen und die Ablehnung des Islams bilden dabei die Voraussetzungen für die Formulierung einer positiven, christlich geprägten, europäischen Identität. Die Frage ›wer ist ›wir‹?‹ wurde daher in der Vergangenheit oft unter Verweis auf »wer ›wir‹ nicht sind« beantwortet. Nicht zufällig blieb die Selbstbezeichnung »Europa« zum ersten Mal während der Kreuzzugsmobilisierung gegen die vorrückenden Osmanen haften. Und obwohl deren Urheber, Papst Pius II., Silvio Piccolomini, sich am Ende militärisch doch nicht durchsetzen konnte, so prägte er die Wahrnehmung vergangener Kreuzzüge entscheidend, indem er sie als die damals schon notwendige Verteidigung des christlichen Europas gegen den aufrückenden muslimischen Feind deklarierte (Helmrath, 2000, S. 81).

Damit erhielten das populäre sowie das historische Gedächtnis ihr Stichwort. Auf Tassen wie auf Schlachtgemälden rollten noch im 19. Jahrhundert die Mohrenköpfe. Von Molière bis Mozart bekamen Muslime wie selbstverständlich die Rolle des Schwarzen Peters zugeschoben. In historischen Darstellungen obsiegte indes nicht nur das Kreuz über den Halbmond, sondern auch die Bedeutung der Geländegewinne wurde stetig erhöht. So erhielt die Schlacht bei Tours und Poitiers, die im Oktober 732 mit der Niederlage eines arabischen Expeditionsheers endete, Mitte des 19. Jahrhunderts die Bedeutung einer »Entscheidungsschlacht der Weltgeschichte«, in der »Europa vor dem Joch des Korans gerettet« wurde (Creasy, 1851/1994, S. 157, 167; Brusa, 2009).

Die Geschichtserzählungen für den Schulgebrauch vieler europäischer Länder wiederholten diese Aussagen und brachten sie auf einen einfachen Nenner. Er lautete in etwa: ›wir wurden angegriffen also mussten wir uns verteidigen‹. Die Erzähleinheiten »Expansion des Islam« und »Die Kreuzzüge« bilden bis heute noch vielerorts das narrative Grundmuster, auf dessen Basis Kinder Kenntnisse über Muslime und den Islam erwerben. Das trifft auch auf die deutschen Schulgeschichtsbücher (Jonker, 2009a; Jonker, 2009b) zu.

Schulgeschichtsbücher vermitteln Heranwachsenden die Werte und Normen der Gesellschaft und damit die offizielle Sicht der Dinge. Sie legen fest, wer wir sind, wo wir herkommen bzw. wo unsere Wurzeln liegen und welches unsere Rolle in der Welt ist. Für die meisten Geschichtsbücher Westeuropas bildet ›wir‹ darin eine kollektive Identität, die der säkularen und christlichen Tradition verpflichtet ist, das Erbe der Antike verwaltet und noch viele Sichtbeschränkungen auf die Welt, in der wir heute leben, beibehält. Das Islam-Narrativ hingegen gilt als die Stelle, an der zwischen ›wir‹ und ›nicht-wir‹ unterschieden wird. Dabei wird auf Erzähltraditionen zurückgegriffen, die die Grenzziehungen vergangener Jahrhunderte, damals nämlich, als die Araber sich aufmachten, Europa zu besiedeln, die »Türken vor Wien« standen und die Tataren Polen bedrohten, verfestigen. Dass Muslime bereits seit der Herausbildung Europas zu dessen historischen Bevölkerungen gehören und dazu beigetragen haben, Europa sein Gesicht zu geben, wird nicht erzählt. Die Schulbücher historisch, politisch und kulturell ganz unterschiedlicher Länder halten Muslime und »Europäer« auseinander, statt sie in einen Zusammenhang zu stellen.

Um den hier skizzierten Vorgang an einem Beispiel zu verdeutlichen, soll im Folgenden mithilfe ausgewählter Quellen die Genese der deutschen Schulbucherzählung über den Islam skizziert werden; danach werden die Kontinuitäten und Brüche, welche diese Erzählung im Laufe des 20. Jahrhunderts erfuhren näher beleuchtet. Im Ausblick wird danach gefragt, an welcher Weggabelung die Didaktik, die das Verhältnis von ›wir‹ und ›nicht-wir‹ behandelt, sich im Augenblick befindet, und wohin diese Erzählung, die das Verhältnis Europas zum Islam über lange Strecken mitbestimmt hat, in Zukunft gehen könnte.

Die Genese der deutschen Schulbucherzählung über den Islam

Nach dem Dreißigjährigen Krieg begann eine Reihe protestantischer Ratsgymnasien, Geschichtslehrwerke in deutscher Sprache für den eigenen Gebrauch zu produzieren. In den hundert Jahren zuvor hatte die Interpretation von historischen Ereignissen als Fingerzeige dafür, dass Gott auf der Seite der Protestanten stünde, sich durchgesetzt. Geschichtsdarstellungen waren als Geschütz in der konfessionellen Auseinandersetzung in Stellung gebracht worden. Für die protestantische Seite, welche die Bildung des Nachwuchses in die eigene Hand genommen hatte, war ihre Einführung im Unterricht der nächste Schritt. Die katholischen Schulen, die Geschichte nicht als ein gültiges Unterrichtsfach anerkannten, zogen erst hundert Jahre später nach. In Gotha, Erfurt, Nürnberg, Berlin, Helmstedt und Hamburg jedoch entstanden Geschichtslehrwerke, die, einmal verfertigt, von Lehrergenerationen immer wieder überarbeitet und neu aufgelegt wurden (Jonker, 2009a).

In diesen neuen Geschichtsbüchern gehörten Erzählungen über »Mohammedaner« von Anfang an zum festen Bestand. Zur Sprache kamen nicht nur der Religionsstifter Muhammad, seine »Irrlehre« und die gewalttätige Ausbreitung derselben, sondern auch die vielen großen und kleinen Siege der Osmanen. Die Bücher assoziierten mit anderen Worten das überlieferte Wissen von den gewalttätigen Anhängern Muhammads mit dem als äußerst bedrohlich empfundenen Aufrücken der Osmanen auf dem Balkan. Aber auch die Neugierde über diese »Fremden« füllte die Seiten: es finden sich Eintragungen über geschlagene Schlachten neben Berichten über den fremden Lebensstil. Hinzu kamen Gerüchte von Bekehrungen und Wetterphänomenen, die als »türkische« Zeichen gedeutet wurden. Die Kreuzzüge des 12. Jahrhunderts spielten eine untergeordnete Rolle. Das Ganze war eher ein Versuch, verschiedene Sorten von Wissen über den Feind zu bündeln.

Die Quellen 1 bis 3 verdeutlichen, wie alte und neue Erkenntnisse über den Islam in einem Berliner Geschichtslehrbuch miteinander harmonisiert und in der Folge kanonisiert wurden. Der erste Autor, Johann Gerlach Wilhelmi (1636–1687), war Rektor des Joachimthaler Gymnasiums in Berlin. 1682 schrieb er das erste Geschichtslehrbuch für seine Schule in deutscher Sprache. Eine zweite, stark erweiterte Auflage erschien bereits 1696. Sein Buch bestand aus abertausenden kurzen Eintragungen, die, wie in einer Chronik, lediglich nach Datum geordnet waren. Dutzende dieser Eintragungen behandelten »Mahomethus« und seine »Saracener« (Dok. 1).

Der zweite Autor, Hilmar Curas (1654–1735), war ebenfalls am Joachimthaler Gymnasium tätig. Curas überführte die Eintragungen seines Vorgängers in eine Erzählstruktur, die aus Fragen und Antworten bestand. Er war damit außerordentlich erfolgreich und fand auch über die Grenzen Preußens hinaus Beachtung. (Das Buch wurde 1746 ins Russische und 1749 ins Niederländische übersetzt.) Quelle 2 bietet ein Fragment aus dem Anhang des Buches, genannt »Von den Türken«, das als erste zusammenhängende Erzählung zu werten ist.

Der dritte Autor, Matthias Schröck (1733–1808), war evangelischer Theologe in Wittenberg und Leipzig und zeitweilig ebenfalls Lehrer am Joachimthaler Gymnasium. Er überarbeitete das Lehrbuch seines Vorgängers Hilmar Curas, indem er seine Fragen und Antworten entfernte und stattdessen eine kausale Erzählstruktur einführte nach dem Muster »weil X dies tat, musste Y so reagieren« (Dok. 3). Seine Bearbeitung erlebte zwölf Auflagen und blieb bis Mitte des 19. Jahrhunderts im Gebrauch.

Erst in der zweiten Hälfte des 18. Jahrhunderts wurde die Kanonisierung des Islam-Narrativs in den Geschichtslehrbüchern von Augenzeugenberichten bestritten und sogar beinahe von neuen empirischen Kenntnissen überholt. Die militärische Auseinandersetzung mit den Osmanen gehörte längst zur Vergangenheit. Dank der regen Reisetätigkeit ins Heilige Land, unternommen von Geographen wie Carsten Niebuhr, Johann Seetzen und Johann Ludwig Burckhardt und die weite Verbreitung ihrer Reiseberichte, erschienen bereits in den Geographiebüchern des ausgehenden 18. Jahrhunderts positive Beschreibungen von Muslimen, die auf eigener Anschauung beruhten. Quelle 4 prangerte gar »den dicken Schleier von Raubsucht, Dieberey und Verstellung« an und öffnete ein Fenster auf eine völlig unbekannte friedliche Welt.

Ob die Augenzeugenberichte der Geographen das kanonisierte Wissen der Historiker jemals ernsthaft herausforderten, vermeldet die Geschichte nicht. Was sich stattdessen ereignete war die Ungleichzeitigkeit des Gleichzeitigen. Als im 19. Jahrhundert die kleinen und großen deutschen Länder einen gemeinsamen Nationalstaat anstrebten, erhielt die Islam-Erzählung eine wichtige Stelle in der Argumentationskette.

Weder Türken noch Araber gehörten in dieser Zeit zu den realen Feinden Deutschlands. Vielleicht deshalb gab die alte Islam-Erzählung eine gute Projektionsfläche für die Vorstellungen ab, die den Staat zusammenhalten sollten. Im Laufe des 19. Jahrhunderts schwoll die Erzählung über Muhammad und den Islam jedenfalls von einigen wenigen Absätzen bis zu sechzig oder mehr Seiten an. Ins Zentrum gerieten allerlei Erklärungen, warum die beiden »Bildungskreise« einander Feind sein mussten. Dazu gehörte auch die Erzählung von den Kreuzzügen als legitime Verteidigungsstrategie. Was Schüler dabei lernten, waren Argumentationen, die für die Eigenheit und die Abgrenzung der werdenden deutschen Nation sprachen. Quelle 5 bietet ein Beispiel einer gängigen Argumentationskette.

Kontinuitäten und Brüche im 20. Jahrhundert

Warum wurde die Islam-Erzählung überhaupt noch ins 20. Jahrhundert transportiert? Der deutsche Staat war gegründet und sah sich bald von echten und eingebildeten Feinden angegriffen, die sich allesamt als christliche Nachbarn auswiesen. Mit Türken, Arabern und Persern hingegen wurde ein reger Austausch gepflegt, der beiden Seiten ökonomisch und kulturell zugute kam.

Einen Hinweis auf die sich ändernde Funktion des Islam-Narrativs gibt Quelle 6. Der Text weist eine schärfere Gegenüberstellung von ›wir‹ und ›nicht-wir‹ auf. Während die (christliche) Wir-Gruppe als ahnungslos und unbewaffnet dargestellt wird, ist der (muslimische) Gegner der Wolf, der »die Unseren« hinterhältig im Rücken angreift. Vom Blutbad, das die Pilger anschließend in Jerusalem anrichteten, ist indes nirgendwo die Rede. Stattdessen schließt sich eine fromme Erzählung an, in der von Reinigung und feierliche Andacht die Rede ist. Die Wir-Gruppe, so ließ sich daraus entnehmen, war massiv bedroht, jedoch wusch sie ihre Hände in Unschuld.

Schon bald wurde die vorgegaukelte Linie zwischen dem unschuldigen ›wir‹ und dem bedrohlichen ›nicht-wir‹ noch schärfer gezogen. Quelle 7 propagiert in einem »Vorwort« zunächst die rassenideologische Relevanz der germanischen Frühgeschichte. Es bewertet die »*Seldschuken*« pauschal negativ. Diese sind ein nicht bodenständiges, in ihrem Verhalten gegenüber unschuldigen Pilgern rücksichtsloses »innerasiatisches Reitervolk". Die »*Kreuzzüge*« sind deshalb eine gerechtfertigte Verteidigungsmaßnahme gegen eine unrechtmäßige Inbesitznahme des Heiligen Landes. Führerlose, »ungeordnete Volkshaufen« können bei ihrem Versuch der Eroberung aber nur scheitern. Ex negativo wurde für die jugendlichen Leser erkennbar, dass ein sinnvollerer Einsatz von Soldaten in Kriegen durch die von nationalsozialistischen Ideen geleitete Führung bereits geschehen war und weiterhin geschehen würde. Ein wirklich Erfolg versprechender »*Kreuzzug*« wird wenig später das am 22. Juni 1941 beginnende »Unternehmen Barbarossa«, der rassenideologische Weltanschauungskrieg gegen die Sowjetunion, sein.

Als der Krieg verloren und das Land geteilt ist, zieht sich die Teilung auch durch das Islam-Narrativ. Für die Pädagogen im Osten wird sie die Folie, womit sich Herrschaft und Unterdrückung veranschaulichen lässt. Ganz anders die Pädagogen im Westen: sie lesen darin die Verteidigung des Abendlandes gegen die Barbaren im Osten.

Die Hauptakteure in Quelle 8 sind die europäischen und muslimischen Feudalherren, welche als herrschende Klasse die große Masse der Bauern unterdrücken und ausbeuten. Religion ist ein ideologisches Herrschaftsinstrument und dient ihnen dazu, ihre Macht und ihren Einfluss zu erhalten sogar noch auszudehnen. Die »*Kreuzzüge*« sind nach dieser Deutung ein groß angelegter Versuch des Papstes und der europäischen Feudalherren, ihre Macht und ihren Reichtum zu vermehren. Pilger, befangen in der Wahnvorstellung, das Grab Christi besuchen zu müssen, erzählen von dem Reichtum des Nahen Ostens und wecken in Europa Neid und Missgunst. Um einen »Vorwand« für die Eroberung zu haben, verbreitet der Papst die »Lüge von der angeblichen Ermordung christlicher Pilger«.

Quelle 9 stammt aus dem viel benutzten Geschichtswerk »Zeiten und Menschen", das erstmals 1966 bei Schöningh und Schroedel in Paderborn erschien. Die Abendlandidee ist angesichts des andauernden Kalten Krieges inzwischen zu einem ideologischen Kampfbegriff gegen den kommunistischen Osten erstarrt. Entsprechend ist auch die Betrachtungsweise der *Kreuzzüge*. Hauptakteur ist demnach »die ganze christliche Ritterschaft« des abendländischen Europas. Deren *Kreuzzug* erscheint einzig als eine durch den Glauben motivierte Hilfsaktion für die bedrängten Christen im Nahen Osten. Diese Deutung wird den Schülern besonders durch die Kürzung des Aufrufs Urbans II. nahe gelegt, die sie den Kreuzzug als Verteidigungsmaßnahme gegenüber den Aggressoren aus dem Morgenland sehen lässt.

Gegen Ende des 20. Jahrhunderts verblassten die Nachkriegsfolien. Die Wir-Gruppe suchte sich nicht mehr zu verteidigen, sie war stattdessen verunsichert. Ursache dieser Verunsicherung waren die tiefen politischen und demographischen Einschnitte der 1970er und 1980er Jahre. Sie setzten das alte Islam-Narrativ unter Wandlungsdruck. In den 1990er Jahren erschienen zwei gänzlich neue Erzählkomponenten, nämlich der »Gastarbeiter in Deutschland« sowie der »Krisenherd Vorderer Orient«, mit deren Hilfe der Versuch unternommen wurde, die demographischen Änderungen der Gegenwart pädagogisch zu erklären.

Das Neue ließ sich indes nicht ohne weiteres mit dem überlieferten Alten verbinden. Die neue »Gastarbeiter«-Erzählung zum Beispiel wurde zwar an die »Ausbreitung des Islam« angehängt und auch die Erzählkomponente »Krisenherd Vorderer Orient«, obwohl sie zur Gegenwartsgeschichte gehörte, fand sich öfters mit Muhammad, dem Islam und den Kreuzzügen wieder. Das brachte aber mehr Erklärungsnot als des Rätsels Lösung. Die Folge war eine Erzählung, welche die Ausbreitung des Islam Richtung Europa im 7. Jahrhundert, die Kreuzzüge im 11. Jahrhundert, die Ankunft von Arbeitskräften aus muslimisch geprägten Ländern in den 1960er Jahren mit den aktuellen politischen Unruhen im Nahen Osten verband. Was Kinder daraus mitnahmen, war eine Assoziationskette, die Gastarbeiter mit dem Islam, den Islam mit Tradition und Rückständigkeit und beide mit Bedrohung assoziierte. Man könnte auch sagen, dass die pädagogische Brille, durch die »der Islam« bis dahin betrachtet worden war, an keiner Seite ausreichte, um den neuen Begegnungen einen Halt zu geben.

Wie schwierig es war, Überlieferung und Gegenwart aufeinander zu beziehen, lässt sich an einigen wenigen Beispielen verdeutlichen. Bundesländer mit einer wachsenden Zahl Schüler aus muslimischen Familien waren bei der Erprobung der neuen Erzählkette federführend. Die in Nordrhein-Westfalen zugelassenen Geschichtswerke verwandelten Schulklassen zeitweilig sogar in ethnographische Expeditionen, welche die Grenzen zwischen ›wir‹ und ›nicht-wir‹ auf ihre Durchlässigkeit hin untersuchten. Dabei beschnupperte eine nirgendwo definierte, denn schweigend vorausgesetzte Wir-Gruppe eine mit Muhammad und dem Islam assoziierte Nicht-Wir-Gruppe. Gesicherte Kenntnisse und Erfahrungswerte, auf die zurückgegriffen werden konnte, gab es indessen nur wenige. Mehr aus Not denn aus Nutzen diente das alte Islam-Narrativ als *Einstieg* für die neuen Gehversuche. Die Unterabschnitte legten ihren Schwerpunkt allesamt auf die als fremdartig empfundene Begegnung im Klassenzimmer. Wie die Islam-Erzählung neu gestaltet wurde, soll nun an drei Beispielen erläutert werden. Als Quellen ließen sich alle älteren noch zugelassenen Geschichtsbücher heranziehen.

Beispiel 1: »Entdecken & Verstehen« entwickelt zunächst für das 7. Jahrhundert den neuen Erzählrahmen »Christentum – Islam – Judentum«. Hier findet sich auch der Abschnitt »Der Islam wird Weltreligion«. Der Brennpunkt der Erzählung ist ausschließlich religiös; Geschichte und Gegenwart werden in zehn Schritten miteinander verkettet: (1) Der Koran und die fünf Pflichten; (2) der Koran und das Alltagsleben; (3) Muhammad als letzter Prophet; (4) seine Verfolgung und Auswanderung; (5) Muslime kämpfen für ihren Glauben; (6) Herrschaft der Kalifen; (7) Islamische Kultur in Spanien; (8) Männer und Frauen im Koran; (9) Familie im Islam heute; (10) Spurensuche: Muslime in Deutschland (»Entdecken & Verstehen« für die Realschule (7. Klasse). Berlin: Cornelsen 1995, S. 242–254).

Beispiel 2: »Mitmischen« versucht hingegen, dem religiösen Rahmen zu entkommen. Mitten im historischen Abschnitt »Rom – viele Völker in einem Reich« erscheint statt der früheren Erzählung »Ausbreitung des Islam« eine neue Erzählung mit dem Titel »Warum seid ihr zu uns gekommen?«. Es finden sich darin Unterabschnitte, die wie ein Spiegel der Aktualität wirken: Fremdsein in Deutschland – Klassenfahrt – Sich Kennenlernen beim Klassenfest. Auch in diesen Abschnitten geht es um »Fremde«, die sich neu in der Schule eingefunden haben und um eine stillschweigend vorausgesetzte Wir-Gruppe. Muslime und religiöse Themen werden dabei nur beiläufig gestreift. In einem späteren Abschnitt »Menschen sind gekommen« geht das Buch dann auch auf Themen wie Ausländer, Inländer, Gastarbeiter, »Zwischen den Stühlen?« sowie dem »Streitfall Kopftuch« ein (»Mitmischen« für die Hauptschule (7. Klasse). München 1999–2001: Klett, S. 108–114).

Beispiel 3: Kurze Zeit später verlässt »Geschichte Real« das alte Erzählschema gänzlich und wendet sich nunmehr den aktuellen Konflikten zu. Innerhalb eines neuen Schwerpunktes »Der Außereuropäische Kulturraum: Die Türkei« lernen die Schüler ihre Meinung zu den folgenden Themen zu äußern: (1) Der Streit um das Kopftuch, (2) Der Streit um

Moscheen, (3) »Konfliktstoff muslimische Feiertage«, (4) »Etwas andere Familien«, sowie (5) »Der Türkei-Beitritt«. Die didaktische Methode sieht die Gegenüberstellung von Pro- und Contra-Meinungen vor. Es finden sich dazu Fotos von türkischen Schülern, die *ihre* Meinung im Untertitel kundtun (»Geschichte Real« für die Hauptschule, Band 3 (7. Klasse). Berlin: Cornelsen 2005, S. 260–78).

Zusammenfassung und Ausblick

Zwischen 600 n. Chr. und 1300 n. Chr. wurden die Verhältnisse auf der Halbinsel, die später Europa sein sollte, neu gestaltet. Was davon in der kollektiven Erinnerung Westeuropas bewahrt blieb, war eine verquere Darstellung aus der Siegerperspektive, aus der alle Daten entfernt worden waren, um lediglich das Fazit ›Wir wurden angegriffen also mussten wir uns verteidigen‹ übrig zu lassen. Mit der Einführung von Geschichtsbüchern fand diese Darstellung nicht nur ihre endgültige Kanonisierung sondern auch eine Massenverbreitung, mit der jegliches Wissen, das auf Begegnung, Anschauung und Erfahrung beruhte, nicht konkurrieren konnte.

Solches auf Erfahrung beruhendes Wissen bot sich immer wieder an. Die protestantischen Pädagogen, die die ersten Schulgeschichtsbücher verfassten, hatten bereits einen breiten Zugriff auf die damalige Ethnographie. Für das 16. Jahrhundert trifft man auf Geschichtsdarstellungen, die mit ethnographischen Berichten über die Türken in einem Band herausgegeben wurden. Curas' Anhang »Über die Türken« ist ein Echo dieser Praxis. Im 18. Jahrhundert, als die »Türkenkriege« allmählich in eine ferne Erinnerung entschwanden, gab es auch in den Schulbüchern Raum für neue, erfrischende, auf eigener Anschauung beruhende Darstellungen, die alles vorherige Wissen in Frage stellten. Sie wurden in einer Zeit verfasst, als der Gedanke an einem Nationalstaat noch keine Sogwirkung entfaltete. Sobald jedoch die gemeinsame Staatsgründung die Geister in Atem hielt, gab es dafür buchstäblich keinen Platz mehr. Nicht umsonst rückten stattdessen die Kreuzzüge ins Zentrum des Geschehens: der werdende deutsche Staat suchte sich nach Innen wie nach Außen abzugrenzen.

Das 20. Jahrhundert durchzieht ein kümmerlicher Rest. Es ist nur noch ein blasser Schatten der vorherigen Erzählung, der dennoch als Projektionsfläche für immer neue Grenzziehungen dient. Nationale und nationalsozialistische, sozialistische und dem »freien Westen« verpflichtete Pädagogen drehen und wenden die Muhammad-Erzählung so wie sie ihnen gerade passt. Aber wie dramatisch sich das Jahrhundert auch gestaltet, erst an seinem Ende finden die Ereignisse statt, die mit dem überlieferten Islam-Narrativ keine Erklärung mehr finden können. Kaum sind die ethnographischen Expeditionen ganzer Schulklassen in Bewegung gesetzt, bricht wieder einmal das Unvorhergesehene ein. Der Schock des 11. Septembers 2001 stülpt die Didaktik um und so manche fragen sich, ob das kanonische Wissen von Angriff und Verteidigung nicht doch den besseren Interpretationsrahmen bietet.

Die britische Religionssoziologin Grace Davie argumentierte im Jahre 2000, dass wir gegenwärtig Zeugen einer grundlegenden Transformation sind, in der sich ›die Religion Europas‹ zu ›Religionen *in* Europa‹ verändert. In diesem Prozess gewinnt, so Davie, die Darstellung von alternativ zueinander stehenden Wertesystemen Boden gegenüber der Vorstellung eines einzigen, von allen geteilten, christlichen Erbes (Davie, 2000, S. 82 f.). Eine solche Umgestaltung hat nicht nur Konsequenzen für den Religionsunterricht, sondern auch für die Geschichtsvermittlung, hat sie doch die originäre Aufgabe, der nächsten Generation zu vermitteln, wo sie herkommt, welches ihre Aufgabe sei und an welchen Normen und Werten sie sich dabei zu halten habe. Es ist fraglich, ob die Islam-Erzählung – ob nun in ihrer kanonischen oder in ihrer verjüngten ethnographischen Gestalt – dabei weiter die Rolle des Grenzwächters zwischen ›wir‹ und ›nicht-wir‹ einnehmen soll. Aber wer ist ›wir‹? Wie die Antwort in Zukunft auch immer ausfallen wird, klar ist jetzt schon, dass eine plurale Vorstellung auf dem Vormarsch ist. Damit platziert sich dieser Beitrag in einem *umstrittenen Gelände*, von dem heute doch nicht abzusehen ist, wohin die Reise gehen wird.

Literatur

CREASY, SIR EDWARD, 1994/1851, *Fifteen Decisive Battles of the World. From Marathon to Waterloo.* New York.

BRUSA, ANTONIO, 2009, *»Who were the »Others« at Poitiers? Medieval History as both cultured and daily stereotype about Islam in Italy since the 1950s«.* In: GERDIEN JONKER UND SHIRAZ THOBANI (HRSG.), *Narrating Islam. Interpretations of the Muslim World in European Texts.* London: IB Tauris, S. 151–168.

BORGOLTE, MICHAEL, 2006, *Christen, Juden, Muselmanen. Die Erben der Antike und der Aufstieg des Abendlandes 300 bis 1400 n. Chr.,* München.

DAVIE, GRACE, 2000, *Religion in Modern Europe. A Memory Mutates,* Oxford.

GIBATDINOV, MARAT M., 2009, *»Cross-referencing Images of Muslims and Islam in Russian and Tatar Textbooks 1747 to 2007«.* In: GERDIEN JONKER UND SHIRAZ

THOBANI (HRSG.), *Narrating Islam. Interpretations of the Muslim World in European Texts.* London: IB Tauris, S. 62–95.

HELMRATH, JOHANNES, 2000, *»Pius II und die Türken«.* In: BODO GUTHMÜLLER UND WILHELM KÜHLMANN (HRSG.), *Europa und die Türken in der Renaissance.* Tübingen, S. 79–137.

JONKER, GERDIEN, 2009a, *«The longue durée of the Islam narrative: The emergence of a script for German history education 1550 to 1804«.* In: GERDIEN JONKER UND SHIRAZ THOBANI (HRSG.), *Narrating Islam. Interpretations of the Muslim World in European Texts,* London: IB Tauris, S. 11–40.

JONKER, GERDIEN, 2009b, *»Europäische Erzählmuster über den Islam«.* In: THORSTEN GERALD SCHNEIDERS (HRSG.), *Islamfeindlichkeit. Wenn die Grenzen der Kritik verschwimmen.* Wiesbaden, 2009, S. 71–85.

Quellen

Dok.1

»In den Zeiten H e r a c l i i fängt M a h o m e t h u s in Asien ein neu Reich an. Er war von geringen Eltern/und dienete im Anfang einer reichen Wittfrau/ welche er durch seine Zauberey zur Liebe gelocket/und geheyrathet. Er hatte die schwere Noth/und damit er deswegen nicht möchte in Verachtung kommen/so hatte er aus Anstifftung eines Münchs S e r g i i vorgewendet/der Erz-Engel Gabriel köme von dem Himmel/und habe ins geheim mit ihm zu reden/ und durch dessen Glanz falle er so bestürtzt zu Erden nieder.
Durch diesen und dergleichen Künste ist er in Arabien der Saracener Fürst worden Anno 622, welchen er den A l c o r a n u m durch Hülffe des Münchs S e r g i i geschrieben. Er ist darnach immer mächtiger worden/und starb Anno 632 und succedirte ihm A m i t a s sein Tochter Mann/welcher Damascum, Gaza und Jerusalem nach zweyjähriger Belagerung einnahm.«
Aus: Universal-Historie in kleine Periodos oder Exercitia eingetheilet, umb der Jugend das studium historicum angenehme zu machen, .../Johann Gerlach Wilhelmi. – Jetzund vermehret, und biß auff gegenwärtiges 1696. Jahr continuiret, heraußgegeben. – Berlin : Völcker, 1696, Monarchus IV 4, Classis 2, S.112 f.

Dok. 2

»Woher haben die Türken ihren Ursprung?
Von einem, Mahomet genannt; daher sie auch Mahometaner genannt werden.
Wer war dieser Mahomet?
Er war aus Arabien gebürtig, sein Vater war ein Heyde, seine Mutter war eine Jüdin.

Was war seine Hanthierung?

Er war ein Kaufmann, und nachdem er viel Geld erworben, trachtete er nach höhern Dingen, und erdichtete eine neue Religion, welche er aus verschiedenen Religionen zusammenflickte.

Wie wurde diese Religion genennet?

Die Mahomethanische.

Wie wird das Buch genennet, darinnen er die Mahometanische Religion geschrieben und zusammen getragen?

Der Alcoran.

Wie befestigte er diese Religion?

Durch allerhand falsche und betrügliche Wunderzeichen.

(...)

Wie fing es weiter an?

Er zog alles räuberische Volk und rohe Gesindel an sich, also dass er in kurzer Zeit einen großen Anhang hatte.

Was nahm er für ein Ende?

Er hatte prophezeit, dass er (am) 3. Tage nach seinem Tode wieder würde auferstehen, diese Sache wollte sein Diener an ihm probieren, und brachte ihm Gifft bey, ist aber bis Dato noch nicht auferstanden.«

Aus: Einleitung zur Universal Historie, worinnen die merkwürdigste Begebenheiten von Anfang der Welt bis auf diese Zeit, in Fragen und Antwort kurz vorgetragen werden, nebst einem Anhang der türkischen Historie wie auch eine vollständige Genealogie der Churfürsten zu Brandenburg, von Hilmar Curas. Berlin: Gottlieb Nicolai, 1723, S. 226–227.

Dok. 3

»Muhamed oder Mohammed, den die Griechen Mahomet nennen, war ein Araber, aus Mecca gebürtig; ein Mann von vornehmer Herkunft und nicht geringen Gaben, beredt mit dichterischer Fähigkeit, einnehmend in seinem Betragen, kriegerisch und unternehmend; aber ohne Gelehrsamkeit, und mit einer wilden, hitzigen Einbildungskraft erfüllt. (...)

Anfänglich gab sich Muhamed das Ansehen, als wenn er bloß die alte Religion des Abraham, und andrer Patriarchen, wiederherstellen wollte. Allein da er ein unerwartetes Glück hatte, verleitete ihn seine Herrscherbegierde, auch ein eigenes mit seiner Religion genau verbundenes Reich zu stiften. Die Hauptlehren seiner Religion waren Folgende: Es ist nur Ein Gott, und Muhammed ist der Prophet oder Gesandte dieses Gottes; – man muß jeden Tag zu Gott sein Gebet verrichten; – den Armen fleißig Almosen ertheilen; –jährlich ein feyerliches Fasten im neunten Monathe begehen; – und einmal in seinem Leben eine Wallfahrt nach Mecca vornehmen. Dazu setzte er noch viele andere Lehrsätze

von Gott, von der unvermeidlichen Nothwendigkeit aller menschlichen Handlungen; von der Beschneidung, die er seinen Anhängern vorschrieb; vom Paradiese, welches auf die Muhamedaner warte; ein Verbot des Weintrinckens; eine Erlaubniß der Vielweiberey, und dergleichen mehr. (...)
Schon bedroheten die Araber oder Saracenen aus Spanien das übrige Europa mit einer gänzlichen Bezwingung. Sie fielen in Franckreich mit einem ungemein fürchterlichen Heere ein; erlitten aber bey Tours durch die Tapferkeit des Carl Martell, des ersten Feldherrn seiner Zeit, eine der allergrößten Niederlagen.«
Aus: Einleitung zur Universalhistorie. Zum Gebrauche bei dem ersten Unterricht der Jugend. Ganz neu überarbeitet, berichtet und zum Gebrauch der Schulen bequemer gemacht von Johann Matthias Schröck nach dem Vorbild von Hilmar Curas. Berlin und Stettin 1774, S. 273–74; 277–278; 320–21.

Dok. 4

»Denn überhaupt sind die Mohamedaner gleichweit von Verfolgung und Bekehrungssucht entfernt, und nur in dem höchsten Fall, d. i. wenn ein Fremder das Band ihrer Ehe verletzt, oder ihren Propheten durch unedlen Worte entheiligt, dann muß er entweder im ersten Fall ihre Religion annehmen oder sterben, und im anderen ist er im nichts vom Tode zu erretten, da eben diese Gesetze auch den Mußelmann nicht lossagen können.
Überhaupt äußern die Araber nicht sowohl einen auffallenden Religionshass, als eine auffallende stufenweise Verachtung, unter der die Banianen aus Indien obenan stehen. Nächst diesen kommen die Juden, wiewohl man ihrer in den meisten Provinzen Arabiens antrifft (...), und diese folgen die Christen. (...)
Doch fast in demselben Lichte sind die Araber oft den Ausländern geschildert worden, und nur wenige Reisebeschreiber haben uns durch den dicken Schleier von Raubsucht, Dieberey und Verstellung einen etwas bessern Blick auf ihren Karakter werfen lassen. Ihr eignes, und unpartheyisches Geständnis hierüber hat unsern ganzen Beyfall, und so viel Wahres zum Grunde, dass man es billig bey jeder Nation oben an schreiben sollte, nämlich sie gestehen›dass nicht alle ihre Landsleute gleich gut denken und gleich ehrlich handeln‹, ja sie rechnen es sich oft zum Verbrechen ihrer Religion an, dass ihre Nation oft nicht so gewissenhaft in Erfüllung ihrer Versprechen sey, als die Europäer; allein wir glauben, sie würden dieses gutherzige Zutrauen nicht so sehr allgemein machen, wenn sie bedächten, wie viel die Europäer unter den Türken gezwungen sind, gut zu seyn, und wenn sie sich in Europa anders davon überzeugen könnten.«
Aus: K. Hammersdorfer und C. K Kosche: Asia. Ein geographisch-historisches Lesebuch zum Nutzen der Jugend und ihrer Erzieher. Leipzig 1786, S. 235–36.

Dok. 5

»Die innere Feindseligkeit christlichen und mohamedanischen Strebens mußte notwendig, wo beide Bildungskreise sich örtlich berührten, einen Kampf auf Leben und Tod erzeugen. Diese Berührungen traten bald genug durch das erobernde Ueberfluten der Stämme Arabiens über die Grenzen dieses Landes ein, und das oströmische Kaiserreich wie die westgotischen und fränkischen Königreiche hatten mit den Jüngern des falschen Propheten einen Jahrhunderte fortgesetzten Kampf zu bestehen.« (S. 145).

»Ward nun der Kampf der christlichen und mohamedanischen Welt ein innerlich notwendiger, auch äußerlich frühzeitig begonnener und nie wider ganz unterlassener, so hatte doch die Auflösung des großen Khalifenreiches den Andrang der Anhänger Mohameds gegen die christliche Welt gebrochen, und es bedurfte neuer Entwicklungen, um jetzt im Abendlande einen solchen Enthusiasmus zu erzeugen, dass die Rollen gewechselt, und die römisch-christliche Welt die in gewaltigem Andrange und mit vereinigten Kräften angreifende ward.« (S. 153).

»Der Gedanke, Palästina wider zu einem christlichen Reiche zu machen, der vorher als frommer Wunsch zuweilen aufgesessen sein mochte, ward überall rege, seid die seldchukischen Türken sich des heiligen Landes bemächtigt hatten, denn sie triben Frevel aller Art. Die Abenteuerlichkeit, die durch die damit verbundene Gefahr einer Pilgerfahrt bekam, reizte um so mehr.« (S. 156).

Aus: Heinrich Leo, Lehrbuch der Universalgeschichte zum Gebrauche in höheren Unterrichtsanstalten. 2. Band/2. Auflage: Die Geschichte des Mittelalters. Halle: bei Eduard Anton, 1839, S. 145, 153, 156.

Dok. 6

»Wie sie aber am Karfreitag ungefähr in der zweiten Morgenstunde aus einem Flecken zogen, da fielen sie plötzlich den Arabern in die Hände. Diese fielen über sie, stürzten wie Wölfe auf sie los und verwundeten die ersten. Die Unseren wollten anfangs Widerstand leisten, mußten aber schnell in die Flecken zurückfliehen, da sie unbewaffnet waren. Auf der Flucht wurden viele getötet (...)«. (S. 141)

»Nach der Schlacht legten wir die Waffen ab, reinigten uns von dem Blute und besuchten mit unbedecktem Haupte und in bloßen Füßen die heiligen Orte. Viele opferten dem Herrn ihren Raub, den sie bei der Plünderung gefunden hatten. Dann zerstreuten wir uns in den Gassen und Häuser und lebten im Überfluß von den Speisen und dem Wein, den wir dort fanden. In den nächsten Tagen versammelten sich die Fürsten, um einen König zu wählen.« (S. 147)

Aus: Scheiblhuber, Deutsche Geschichte/Das Mittelalter. Berlin: 1928 (8. Auflage), S. 141, 147.

Dok. 7

»Mit begeistertem Jubel wird die Kunde von dem Erfolge des ersten Kreuzzuges im ganzen Abendlande begrüßt. Aber die schwachen Streitkräfte reichen zum Schutze des heiligen Landes nichts aus. Dringende Hilferufe ergehen ins Abendland. Wie von einem Fieber wird nun auch das deutsche Volk
von dem unheilvollen Taumel der Kreuzzugsbewegung er ergriffen. Wander-
prediger ziehen durch die Lande und rufen mit glühenden Worten zur Kreuzfahrt auf. Im Jahre 1147 ist es soweit, dass Kaiser Konrad III. selbst das Kreuz
nimmt und gemeinsam mit dem französischen König sich an der Spitze seiner
deutschen Krieger zur Heerfahrt nach Palästina aufmacht. Ein neuer furchtbarer
Fehlschlag! Unter der sengenden Sonne Kleinasiens, unter Entbehrungen, Seuchen und den Pfeilen hinterhältiger Seldschukenhorden sinken zu Tausenden
die besten deutschen Krieger jammervoll in den Tod. Krank, verzweifelt kehrt
der Kaiser nach Deutschland zurück (1149)«.
Aus: Volkwerden der Deutschen, Berlin 1940, S. 48.

Dok. 8

»In den arabischen Ländern Palästinas und Kleinasiens wohnten nicht nur
Mohammedaner, sondern auch Christen. Sie mussten zwar einen Kopfzins zahlen, in ihrem Glauben wurden sie jedoch von den Mohammedanern nicht
behindert. Alljährlich besuchten sogar Christen aus den europäischen Ländern Palästina. Diese Reisenden nannte man *Pilger*. Sie besuchten in der Stadt
Jerusalem das sogenannte Grab Christi, des angeblichen Gründers der christlichen Religion. Diese Pilger erzählten bei der Rückkehr von ihren Erlebnissen
und dem Reichtum der fernen Länder. Außer ihnen berichteten auch die Kaufleute aus Venedig und Genua von der Pracht, dem Reichtum und der Frucht-
barkeit dieser Gebiete. Die Schilderungen erweckten den Neid und die Hab-
gier des Papstes und der europäischen Feudalherren. Deshalb rief im Jahre 1095
Papst Urban II. zur Eroberung Vorderasiens auf. Er wollte erreichen, dass die
christlichen Gemeinden in Vorderasien ihn als Oberhaupt anerkennen. Durch
ihre Abgaben wollte er noch reicher werden. Zugleich verfolgte er das Ziel,
den Islam von den Grenzen Europas fernzuhalten. Um einen Vorwand für
die Eroberung zu finden, verbreitete der Papst die Lüge von der angeblichen
Ermordung christlicher Pilger durch die Mohammedaner. (...)«.
Aus: Lehrbuch für Geschichte 6. Berlin 1964.

Dok. 9

Mohammed und der Islam: »Hoch über allen Pflichten jedoch steht der Kampf
für die Ausbreitung des Glaubens. Der für den Glauben Gefallene geht ein in
die Wonnen reich bewässerter, schattiger Gärten, in denen ewiger Frühling

herrscht. Tollkühn kann sich der Kämpfer in die Schlacht stürzen; denn nirgendwo entrinnt jemand seinem Schicksal. Es ist vorbestimmt, ob er umkommt oder überlebt. Wer sterben soll, stirbt auch fern vom Schlachtfeld«. (S. 4).
Die Kreuzzüge: »dennoch hat das Abendland die unzählbaren Opfer an Menschen nicht vergebens gebracht. Der Angriff der Türken, die bereits das Einfallstor Europas am Bosporus berannten, wurde für zwei Jahrhunderte aufgehalten«. (S. 60).
Aus: Grundzüge der Geschichte. Hrsg. von Joachim Herbst und Herbert Krieger. Diesterweg 1965 (Mittelstufe/2), S. 4, S. 60.

Gerdien Jonker

Wer ist ›wir‹? Zur Darstellung des Christentums in den deutschen Schulbüchern (von 1700 bis 2010)

Zwischen 300 n. Chr. und 1400 n. Chr. wurde Westeuropa von Rom aus christianisiert. Der lange Zeitraum, in dem dies geschah, weist darauf hin, dass der Prozess nicht überall gleich verlief. Frühe Zeugen des Christentums waren Römer, die Verwaltungsfunktionen in den römischen Provinzen *Hispania*, *Gallia* und *Britannia* ausübten. Ihr Wirkungskreis beschränkte sich auf die Städte und war noch recht übersichtlich. Die letzten europäischen Regionen, die sich im 14. Jahrhundert zur römisch-katholischen Westkirche bekannten, befanden sich im Baltikum und wurden von bewaffneten Rittern aus dem Westen zwangschristianisiert. In den gut tausend Jahren, die zwischen diesen beiden Ereignissen lagen, konnte sich das römisch-katholische Christentum erst nach und nach durchsetzen. Auf dem Lande ließ sich die animistische Verehrung von Flüssen, Seen und Bäumen nur schwer vertreiben. In den Städten waren es jüdische Gemeinden, die sich vehement dem Glaubenswechsel entzogen. An der Peripherie widerstanden ganze Landstriche. So blieb Skandinavien bis in die Frühe Neuzeit »heidnisch«, während die Lappenvölker sich noch heute nach schamanischem Brauchtum richten. Der Historiker Michael Borgolte hat deutlich aufgezeigt, dass das Christentum sich den europäischen Raum immer mit anderen Religionen geteilt hat, allen voran mit Juden und Muslimen. Auf der iberischen Halbinsel wurden die letzten Muslime 1498 vertrieben, während zur selben Zeit in Südosteuropa ganze Völker zum Islam übergingen. Weiter östlich, auf der Krim und entlang der Wolga, war der Islam bereits im 10. Jahrhundert die vorherrschende Religion (Borgolte, 2006). Zudem erblickte die Westkirche in der byzantinischen Ostkirche eine scharfe Konkurrentin.

Es waren Römer, die die römisch-katholische Ausrichtung des Christentums in die römischen Provinzen trugen. Auf der anderen Seite des *Limes* befanden sich germanische, später auch westgotische Siedler, die sich bereits der Ostkirche angeschlossen hatten. Der Druck der Völkerwanderung verschlug die Westgoten nach Spanien, wo sie bis zur Ankunft der berberischen Siedler aus Nordafrika die dominante Kirche stellten. Auch im italienischen »Kernland« der katholischen Kirche befanden sich große byzantinische Enklaven. Die Konkurrenz zwischen beiden Kirchen um Einfluss und Besitz nahm im Laufe des ersten Jahrtausends an Schärfe zu, bis sie in dem Kirchenschisma von 1054 und dem ersten Kreuzzug 1096 gipfelte.

Bis zur Jahrtausendwende war also noch nicht abzusehen, dass »Europa« ein christlicher Kontinent römisch-katholischer Prägung werden würde. Ein entscheidender Schritt zur Vereinheitlichung des Glaubens, und damit des sozialen Lebens und der Reichsgewalt über das Gemeinwesen, war die Christianisierung ›von oben‹ nach dem Motto: ›Mein Gott ist stärker als Dein Gott‹. Waffengewalt erwies sich tatsächlich als das schlagkräftigste Argument, um das römische Christentum durchzusetzen. Hatten die Römer noch auf individuelle Überzeugungsarbeit gesetzt, so übten um 500 n. Chr. die fränkischen Stämme Gewalt als eine selbstverständliche Haltung gegenüber jeglichem abweichenden Glauben aus, und sie wurden von ihren Nachbarn an der anderen Seite des Rheins, den dortigen Germanen und den Alemannen, darin bestens verstanden (Brown, 1995; Borgolte, 2006).

Bei dieser Neuinterpretation des christlichen Erbes sticht ein fränkischer Kleinfürst bei Tournai hervor: Chlodwig. Wie vor ihm der große Konstantin, der dem Christentum den Weg bahnte zur Staatsreligion der Römer, weil er eine aussichtslose Schlacht (an der Milvischen Brücke bei Rom im Jahre 312 n. Chr.) gewann, so versprach auch dieser Chlodwig auf dem Höhepunkt eines Waffengangs (Schlacht bei Zülpich im Jahre 496 n. Chr.), den er zu verlieren drohte, sollte er die Schlacht doch noch gewinnen, so würde er zum Gott seiner Frau übertreten (sie war eine römische Christin). So zumindest erzählt es uns Chlodwigs' Biograph, Gregor von Tours. Chlodwig gewann, wurde feierlich getauft und machte sich auf, alle rechtsrheinischen Kleinkönige grausam zu unterwerfen. Seine Neuerung wurde von den deutschen Kaisern beibehalten und so konnte das römische Christentum Schritt für Schritt, von West nach Ost, von Frankreich bis ins Baltikum mit Gewalt der ortsansässigen Bevölkerung auferlegt werden. Dabei hinterließ es eine Blutspur, an die kein westeuropäisches Schulbuch gerne erinnert. Das trifft auf die Bücher der Frühen Neuzeit ebenso wie auf die von heute zu.

Im Folgenden soll ein Längsschnitt durch die deutschen Geschichtsbücher von 1700 bis heute durchgeführt werden, um die Frage zu beantworten, wie dem christlichen ›wir‹ im Laufe von drei Jahrhunderten Gestalt gegeben worden ist. Ausgangspunkt ist die These, dass Geschichtsbücher nicht verfasst wurden, um einen Beitrag zur Geschichtsforschung zu leisten. Was sie jedoch stets zuverlässig bereitstellten, war eine Antwort auf die Frage, woher ›wir‹ kommen und wohin ›wir‹ gehen. Damit stellten sie die Weichen für Prozesse der Inklusion und Exklusion, für Identität und Abgrenzung. Der Beitrag wird zeigen, dass zwischen 1700 und heute das christliche ›wir‹ keinesfalls festgeklopft wurde, sondern sich mehrmals um die eigene Achse drehte. Es stellt sich daher die Frage, wie die Schulbucherzählungen über das Christentum die Identität geformt haben.

Das protestantische Grundmuster

Die Einführung eines Geschichtsunterrichts in den deutschen Schulen ist ein protestantisches Vorgehen gewesen, das sich um 1700 ereignet hat. Geschichtserzählungen gehörten zur protestantischen Selbstvergewisserung und sie boten der Lutherkirche ein Instrument, um sich von der Papstkirche abzugrenzen. Aus der ursprünglichen religiösen Polemik entstanden im Laufe des 17. Jahrhunderts Erzählungen für die Jugend, die in Schulbüchern für die neu gegründeten Ratsgymnasien gipfelten. Deren dezentrale Organisation begünstigte zudem die Schulbuchproduktion (Jonker, 2009).

Am Anfang der protestantischen »Weltgeschichte«, die in den Ratsgymnasien unterrichtet wurde, stand selbstverständlich die Schöpfung. Man kannte sie bereits aus dem Alten Testament und auch der weitere Lauf der Geschichte unterschied sich nicht sehr vom Religionsunterricht. Anfänglich gehörte der Geschichtsunterricht zu den Randfächern, die in der Mittagspause zusammen mit Singen und Schönschreiben zur Auswahl angeboten wurden. Von Immanuel Kant, der in den 1730er Jahren bei den Pietisten zur Schule ging, wird berichtet, dass er sich in Geschichte langweilte und es vorzog, seine Handschrift zu üben (Kuhn, 2007). Hilmar Curas, derselbe Autor, der 1723 die Schulbucherzählung »Über die Türcken« schuf (s. Jonker in diesem Band), erzählte den Anfang der Geschichte wie folgt:

Wann fängt die Historia an?
Sie fanget an von Erschaffung der Welt, und gehet biß auf diese Zeit.
Wie lange hat die Welt nun mehr gestanden?
Bald sechs tausend Jahr. (6000.)
Was hat sich in dieser Zeit am Allermerckwürdigsten zugetragen?
Die Sündfluth und die Geburt Christi.
Wie kann man diese Zeit am besten eintheilen?

In drey Theile.
Wie denn?

Von Erschaffung der Welt bis auf die Sündfluth sind	1657 J.
Von der Sündfluth biß auf die Geburt Christi, sind	2292 J.
Von Chr. Geburt biß auf diese Zeit, sind	1724 J.
	———
Hat also die Welt gestanden	5673. J.

Die innere Logik dieser »Weltgeschichte« erschließt sich dem Leser in einigen wenigen Schritten. Am Anfang der Geschichte steht die Schöpfung. Nach der Schöpfung folgt die Sintflut: »*Warum hat GOTT der HERR die Sündfluth lassen kommen?* Die Menschen wollten sich von dem Geiste GOTTES nicht mehr zwingen lassen.« Nach der Sintflut erfindet sich das Menschengeschlecht neu und kommt auch bereits »Europa« in den Blick:

Durch wen ist die Welt nach der Sündfluth wieder bewohnet und angebauet worden?
Durch Noam und seine drey Söhne
Wie hiessen diese drey Söhne?
Sem, Cham und Japheth.
Wohin haben sich Japheths Nachkommen gerichtet?
Nach Europam.

Aus den drei Söhnen Noahs entstehen drei Völker, die sich über die Kontinente verteilen. *Sem* geht nach Asien, *Cham* nach Afrika und *Japheth* nach Europa. Die Aufteilung ist ein Echo der mittelalterlichen Weltkarte, auf der sich die Kontinente wie Blumenblätter um das Mittelmeer ordneten. Es ist das Fundament, auf dem der Autor eine Genealogie von Herrschern errichtet, deren Überlieferung unaufhörlich Richtung Westen und Europa führt, also an Alttestamentarische Patriarchen assyrische, persische, griechische und römische »Kaiser« reiht und an diese wieder die deutschen. Curas' Erzählung ist nicht nur mit großer Selbstverständlichkeit christlich geprägt, sie ist auch teleologisch. Um das zu leisten, baut er einige Dreh- und Angelpunkte ein, die den Lauf der Geschichte immer wieder zurück ins christliche Flussbett lenken.
Den ersten Angelpunkt bildet der Anfang der Geschichte, gestaltet vom christlichen Gott und seiner Schöpfung. Einen weiteren Drehpunkt verkörpern die deutschen Kaiser als Garanten des Christentums. Sie sind es, die das Christentum aus den Händen der Barbaren ›retten‹ und in Westeuropa verbreiten. Herausgehoben werden Konstantin und Karl, zwei Männer die beide »der Große« genannt werden und die Geschichte Richtung Zukunft

lenken. Bereits fünfundzwanzig Seiten später dient sich die Zukunft an in der Gestalt der Reformation. Es folgen der Auftritt Martin Luthers, eine ausführliche Erörterung der Reformation, der erste Religionsfriede von Augsburg, die Ausrottung der Hugenotten und der Dreißigjährige Krieg. Diese Zukunft bildet den letzten Drehpunkt und ist das Herzstück der christlichen Historiographie. Sie schöpft aus der Vorstellung, dass Gott nicht nur die Welt schuf, sondern auch in die Geschichte eintrat – »Fleisch wurde« wie es im Neuen Testament (Prolog des Johannesevangeliums) heißt – um die Welt zu retten. Daraus entwickelte sich das lineare Zeitbewusstsein, das dem Ende der Geschichte, dem *Telos*, geradezu entgegenfieberte, eben weil das göttliche Versprechen auf Rettung erst am Ende der Zeit in Erfüllung gehen würde (Breisach, 1987). So reicht diese Weltgeschichte auch schon beinahe an die Gegenwart des Autors heran. Was hat sie den Zeitgenossen vermittelt? Doch wohl ein großes optimistisches Selbstbewusstsein, dass der Geschichte ein Sinn innewohnt und alles auf die Erfüllung dieses Sinns zuläuft? (Einleitung zur Universal Historie, worinnen die merkwürdigste Begebenheiten von Anfang der Welt bis auf diese Zeit, in Fragen und Antwort kurz vorgetragen werden, nebst einem Anhang der türkischen Historie wie auch eine vollständige Genealogie der Churfürsten zu Brandenburg, von Hilmar Curas. Berlin: Gottlieb Nicolai, 1723, S. 1–2, 7).

Säkularisierung

Wir machen einen Sprung, überschlagen die zahlreichen Überarbeitungen, Neuauflagen und Nachahmungen, die dieser Schulbucherzählung in der Folgezeit widerfährt und wenden uns einem ebenfalls oft verlegten Buch zu, das hundert Jahre später die Glanzlichter der Aufklärung in die Geschichte einfügte: I. E. Gailer, Erzählungen der Weltgeschichte (1839). Der Autor verlässt darin die alten Markierungen, die seine Vorgänger aufgestellt haben und unternimmt den Versuch, die Weltgeschichte in einer Porträtgalerie zu bändigen. Sein Buch stellt somit eine kleine Revolution dar. Es enthält eine Genealogie, die, neben alttestamentarischen Patriarchen, auch griechische und römische Philosophen, Politiker und Historiker einreiht. Aber nicht nur sie, auch eine lange Reihe deutscher Erfinder, Entdecker und Reformatoren, Dichter, Denker und Komponisten findet in der Galerie einen Platz, sogar einige Frauen sind darunter.

Damit ist die christliche Sinnerfüllung der Geschichte, die Teleologie, nicht aufgehoben, sondern sie hat sich verlagert. Statt in der Reformation wird sie nunmehr im Genius der deutschen Gegenwart gesucht und damit entschieden säkular gewendet. Den Anfang der Geschichte markieren ägyptische Könige: Menes, Möris und Gesostris (Nr. 1). Noah und Abraham kommen erst an vierter Stelle. Es folgen fünfzehn Eintragungen mit Griechen, darunter Sokrates, Platon, Lysander und Xenophon. Die Römer besetzen 35 Plätze. Muhammed steht auf Platz 75, auf dem Fuß gefolgt von Karl Martell. Die deutschen Kaiser müssen sich ihren Platz mit nicht-christlichen Herrschern teilen. So treffen wir Karl den Großen in Gesellschaft Harun ar-Raschids' an. Mit Gutenberg (Nr. 109), Columbus (Nr. 114), Kopernikus und Galilei (Nr. 115) vollzieht eine neue gesellschaftliche Schicht ihren Eintritt. Sie bereiten den Auftritt der Reformatoren vor. Neben Luther, Melanchthon, Erasmus und Zwingli (Nr.117) begegnen wir auch dem Gründer der Gesellschaft Jesu, Ignatius von Loyola (Nr. 119). Es ist nur ein kleiner Einschub, aber Gailer schafft es damit, die reformatorische Kirchenspaltung stillschweigend ad acta zu legen.

Schließlich sind vierzig Plätze den Dichtern und Denkern der jüngsten Vergangenheit gewidmet, darunter Kant und Fichte (Nr. 148), Schiller, Goethe, Wieland und Herder (Nr. 149), Haydn, Händel, Mozart und Beethoven (Nr. 150). In der allerletzten Eintragung erscheint »Jesus Christus. Der Eck- und Schlussstein der Weltgeschichte« in Gesellschaft der Apostel Petrus, Johannes und Paulus (Nr. 151).

Die pietistische Fokussierung auf Christus kann nicht verdecken, dass sich hier ein ganz anderer Anfang Bahn bricht, nämlich einer, der sich in der »Vernunft« der alten Hochkulturen gründet und die eigene Gegenwart als ihnen ebenbürtig betrachtet. Das Christentum ordnet sich in dieser Galerie anders ein und die Reformation ist lediglich ein Thema unter anderen geworden. Dafür schafft die Moderne ihren Eintritt und vermittelt ein Bewusstsein davon, dass das zeitgenössische ›wir‹ die Krönung der Schöpfung darstellt. Mit dieser Verschiebung gelang es Gailer, nicht nur den Anfang der Geschichte aus der religiösen Klammer zu befreien, sondern auch das Ende der Geschichte außerhalb der Kirche zu platzieren. Noch wird der Gesamterzählung ein obligatorischer christlicher Anstrich verpasst, aber der Inhalt hat einen Riss bekommen. (I. E. Gailer, 1839, Erzählungen aus der Weltgeschichte. Als Vorübung zum Studium derselben. Für die heranwachsende Jugend. Wesel, Verlag von A. Bagel).

Die Moderne

Gailers' Porträtgalerie mag im Rückblick zu den Ausnahmen gehören, sie signalisiert aber eine Tendenz, die von zahlreichen Geschichtsbüchern im

19. Jahrhundert aufgegriffen wird, nämlich die Loslösung vom christlichen Ursprung und Inhalt sowie die Verlagerung der teleologischen Geschichtsbetrachtung in eine zwar heilsversprechende, aber durch und durch säkulare Zukunft. Sie markiert damit auch den Übergang von einem Erfahrungs- in einen Erwartungshorizont (Koselleck, 2003, S. 246f.).

Als Beispiel sei ein Buch ausgewählt, das zahlreiche Auflagen erlebte, nämlich G. G. Bredow, Lehrbuch der Weltgeschichte (1852). (G. G. Bredow, 1852, Lehrbuch der Weltgeschichte, oder umständliche Erzählung der merkwürdigen Begebenheiten aus der allgemeinen Weltgeschichte. Besonders für Bürger- und Landschulen so wie auch für Töchterschulen und zum Selbstunterricht. Altona, Verlag von Johann Friedrich Hammerich. Dreizehnte vermehrte und verbesserte Auflage). Sechsundsiebzig Kapitel erzählen darin den Lauf der Weltgeschichte als eine Reihe von Erfindungen und Entdeckungen. Der Bogen reicht von »Was lernt man aus der Geschichte« bis zu »Asien, Afrika und Amerika«. Dazwischen finden sich Erzählungen über die Gründung des Ackerbaus, die Erfindung des Brotbackens, die »ersten Mittel, Feuer zu erhalten«, über Handel, Schifffahrt, Münzen, Uhren, Schießpulver, Staaten und Religionen.

Die Geschichte des Alten Testaments beschlagnahmt in diesem Geschichtsbuch nur noch knappe vierzehn Seiten, die Geschichte der Griechen und der Römer bereits mehr als siebzig. Der Übergang von den Römern zu den Deutschen bleibt unkommentiert, in der Mitte des Buches wird er jedoch vollzogen. Diese Drehung funktioniert nach wie vor und so wird die Weltgeschichte deutsch, ihr nationales Schicksal verbunden mit Erfindungen und Entdeckungen sowie Erneuerern wie Luther und Maria Theresia. Schließlich weichen die Helden der Vergangenheit den deutschen Dichtern der Gegenwart. Wir begegnen Goethe und Wieland, Novalis und Clemens von Brentano. Die Erzählung endet bei der Französischen Revolution und ihren Folgen, nämlich als neues Fenster auf die Welt, das damit aufgestoßen worden ist und den Blick nach Asien, Afrika und Amerika lenkt. Das Zeitalter des Kolonialismus ist angebrochen. Die historische Betrachtung bleibt nicht mehr bei der Vergangenheit stehen sondern schaut ungeduldig nach vorne. Die Moderne stellt sich nun als eine Erfahrung von Zeitbeschleunigung ein, welche die Gegenwart nur noch als einen bloßen Durchgangspunkt begreift (Gumbrecht, 1978, S. 121). So wird der Erfahrungshorizont zunehmend vom Erwartungshorizont abgelöst. Weder das Alte Testament noch die Antike, sondern die verheißungsvolle Zukunft scheint so nah, dass man sie mit Händen greifen kann.

Unter nationalen Vorzeichen?

»Die heilige Schrift ist die älteste Geschichtsquelle, aus der wir schöpfen. Sie erzählt uns von der Weltschöpfung, den ersten Menschen und ihrem Aufenthalt im Paradies« (Prof. Dr. H. Kassian, 1889, Weltgeschichte für höhere Mädchenschulen und Lehrerinnen-Bildungsanstalten, mit besonderer Berücksichtigung der Geschichte der Frauen. Erster Teil. Geschichte des Altertums. 6. Auflage. Wiesbaden, S. 5). Mit diesem oder einem ähnlichen Satz eröffnen alle Geschichtsbücher nach 1871. Eine Restauration der Geschichtsbetrachtung scheint die Zukunft vorläufig verbannt zu haben. Der Anfang der Geschichte kehrt wieder an die Quellen des Alten Testaments zurück. Die Sintflut sticht sogar hervor, weil, wie es heißt, die Menschheit danach wieder von vorne anfing. Wie das geschah wird folgendermaßen berichtet:

»Nach Hautfarbe und Körperbildung teilt man die Menschheit in fünf Rassen ein. Diese sind : die weiße oder kaukasische, die gelbe oder mongolische, die schwarze, äthiopische oder Negerrasse, die dunkelbraune oder malaische und die kupferrote, amerikanische oder Indianerrasse. Darunter sind die der kaukasischen Rasse angehörigen Semiten und Arier oder Japhetiten die eigentlich weltgeschichtlichen Völker geworden.« (Georg Weber, 1879, die Weltgeschichte in übersichtlicher Darstellung. 17. Revidierte und bis zur Gegenwart fortgeführte Auflage. Leipzig, Verlag von Wilhelm Engelmann).

Diese Interpretation der Sintflut wiederholt sich in allen Geschichtsbüchern des Kaiserreichs und sie folgt dabei der bewährten Genealogie. Zuerst schafft Gott Himmel und Erde. Es folgt die Flut, woraufhin sich die Völker der Erde neu ordnen. Die Bücher greifen dabei auf das Muster Sem = Asien, Cham = Afrika, Japheth = Europa zurück und verknüpfen es mit einer Rassentheorie, die in der Folgezeit immer weiter ausgeschmückt wird. Darstellungen der antiken Hochkulturen führen uns in das Land der Germanen. »Das Weströmische Reich« macht Platz für »den Sieg des Christentums«. Das Wort »Abendland« zieht seine Bahn und alsbald gilt es, dieses gegen die Angriffe der »Mohammedaner« zu verteidigen. Die »neue Zeit« wird noch immer von Gutenberg, Columbus und Luther beherrscht, also von Erfindung, Entdeckung und Erneuerung. Der Rest wird im Flug bewältigt. Ein Religionskrieg bricht aus und ordnet die Verhältnisse neu. Die Reformation erobert Europa, das Neue setzt sich durch. Katholiken bieten Widerstand, aber damit räumt die Französische Revolution auf. Das Scheinwerferlicht bleibt endlich auf der deutschen Nation haften und lässt die deutsche Kultur, die Aufklärung und die Romantik und schließlich »das große Jahr 1870 auf 1871«, als die Franzosen vernichtend geschlagen und das Kaiserreich inthronisiert wird, erstrahlen.

Bei all dem bleibt die Darstellung des Christentums den eingeschliffenen Erwartungs- und Erklärungsmustern verhaftet. Der Anfang ist wieder jener weit zurückliegende Schöpfungsakt. Auch sind Verheißungen für das Ende der Geschichte selbstverständlich vorhanden. Der Inhalt setzt beim christlichen Gott an, um sich von dort unabwendbar in Richtung »Sieg des Christentums« vorzuarbeiten. Die Reformation war solch ein Sieg, wird aber von der deutschen Nation 1871 bei weitem übertroffen. Die Reichsgründung erfolgt unter der Vorherrschaft des protestantischen Preußens und färbt den Nationalismus protestantisch. Für die Schulbuchautoren des Kaiserreichs ist der Sinn und Zweck der Geschichte nunmehr der Nationalstaat; auf ihm werden die Erwartungen auf Erlösung übertragen.

Wir machen nochmals einen Sprung. Die Nationalsozialisten versuchen schließlich, die Erlösung hier und jetzt herbeizuführen. Um das zu leisten machen sie Schluss mit dem christlich geprägten Anfang und der christlichen Ahnenreihe. Fortan fängt die Geschichte mit den Germanen und ihren Vorfahren »die Urmenschen« an, wie es im Vorwort zum Unterrichtswerk »Deutsche Geschichte« 1938 heißt:

> »Das Ziel unserer Arbeit war, in der Jugend die Achtung zu wecken vor den Ahnen unseres Volkes, ferner das Rassenbewusstsein und den berechtigten Stolz auf die großen Leistungen der Urväter. Die ausführliche Darstellung des steten Ringens um Aufstieg und Kultur, die Schilderung der heroischen Taten, der hohen sittlichen Haltung und Lebensführung der Germanen und ihrer schöpferischen Leistung auf allen Gebieten des völkischen und staatlichen Lebens, soll die Schüler mit Bewunderung erfüllen.« (Karl Guttmann und Mark Stoll, 1938, Deutsche Geschichte. 1. Band. Vor- und Frühgeschichte des deutschen Volkes. Von dem ersten Auftreten des Menschen in Deutschland bis zur Gründung des Ersten Reiches. Bamberg, Oldenbourg, München und Berlin: C. C. Buchners Verlag, S. III).

Die überlieferten Geschichtsbücher, so stellen die Autoren fest, sind »abstoßend«. Der Bruch, den sie mit ihnen vollziehen, ist »voller Absicht« und »endgültig«. Ihre Erzählung dreht sich um den Kampf ums Dasein im Darwin'schen Sinne: »Wer leben will, der kämpfe!« Das Christentum kann dafür keinen Erzählrahmen bieten. Es kommt erst wieder zur Sprache als ein gewisser »Chlodwig mit seinem Volk« zum Christentum übertritt. Chlodwig gehörte zu jenen fränkischen Kleinkönigen, einer, der um 500 Westeuropa mit Gewalt das römisch-katholische Christentum aufpfropfte, der aber bislang in den Geschichtsbüchern nur wenig oder gar keine Bedeutung erlangt hatte. 1938 tritt er in die Geschichtsbücher ein, und zwar als derjenige, der »Europa« christlich macht. Um das zu erzählen, nehmen die Autoren Chlodwigs Perspektive ein und schauen ihm gewissermaßen über die Schulter. Noch wird seine Tat positiv bewertet:

»Fremde Einflüsse machten sich jedoch von einer anderen Seite her geltend. Nach dem Sieg über die Alemannen war nämlich Chlodwig mit seinem Volk zum Christentum übergetreten, mehr aus kluger, staatsmännischer Berechnung, als aus Überzeugung. Durch diesen Schritt wurde die Verbindung von Romkirche und fränkischem Königtum eingeleitet. (...) Der Übertritt Chlodwigs und der Franken zur römisch-katholischen Lehre führte zu deren endgültigem Sieg und zum Untergang des Arianischen Bekenntnisses, dem sich die meisten germanischen Stämme der Völkerwanderschaftszeit angeschlossen hatten, denn das Reich der Franken war das mächtigste des ganzen Abendlandes und zwang den unterworfenen Völkern auch seinen Willen in religiöser Hinsicht auf.« (A. a. O., S. 191).

Fünf Jahre später ist der Perspektivwechsel vollzogen. Nicht Chlodwig, sondern die von ihm zwangsgetauften Sachsen stehen nun im Mittelpunkt:

»Auf einem großen grauen Stein, der einst zum Opfern diente, sitzt der König der Franken. Vor ihm ist die Frankenfahne aufgepflanzt, hinter ihm stehen die Bischöfe und Mönche, ein Holzkreuz in ihrer Mitte. Im weiten Rund sind die Frauen und Männer der Sachsen versammelt. (...) Mit Schrecken und Entsetzen hören die Freien die Blutgesetze des Königs: ›Sterben soll, wer die Fasten nicht hält. Sterben soll, wer nicht zur Taufe kommt. Sterben soll, wer einen Toten nach germanischer Sitte verbrennt. Sterben soll, wer nach heidnischem Brauche betet oder opfert. Sterben soll, wer mit Gewalt in eine Kirche dringt, sie beraubt oder durch Feuer vernichtet‹. Und immer weiter: Sterben soll...! Sterben soll...! Fassungslos hören die Sachsen zu. Ihre Fäuste sind geballt, ihre Körper recken sich auf. Sie alle haben nur den einen Wunsch, Trotz zu bieten und die fränkischen Unterdrücker aus dem Lande zu jagen. Wer aber wird ihr Führer sein?« (Dieter Klagges, 1943, Volk und Führer. Deutsche Geschichte für Schulen. Klasse 1: Erzählungen zur deutschen Geschichte. Frankfurt am Main: Verlag Moritz Diesterweg, S. 154 f.).

Auf dem Höhepunkt der nationalsozialistischen Herrschaft ist auch die Erinnerung an die Erinnerung getilgt worden. Es wird stattdessen etwas radikal Neues eingeführt. Der Anfang der Geschichte beginnt jetzt bei ihrer Vollendung, nämlich beim »Führer«, der als Telos präsentiert wird. Von ihm aus läuft die Geschichte nunmehr rückwärts in die Zeit zurück. Das deutsche Volk »verteidigt sich gegen eine Welt von Feinden« und rückblickend scheint die Geschichte zu bestätigen, dass dies immer schon so gewesen ist. In dieser Umkehrung verschwindet jegliche Erinnerung an Erzählstrukturen, die einst den Schöpfungsakt zum Anfang der Geschichte erklärten und sich damit beschäftigten, unterschiedliche Helden in einer Genealogie einzureihen, die das christliche ›wir‹ der Gegenwart vorbereiteten. Dafür sticht das Ende der Geschichte, die als Tausendjähriges Reich präsentiert wird, umso schärfer hervor. Die Erwartungen an den »Führer« haben den Erfahrungshorizont endgültig abgelöst. Damit ist die Geschichte aufgehoben.

Nachkriegszeit

Nach dem Krieg knüpfen die Schulbuchautoren in Westdeutschland wieder bei der kaiserzeitlichen Erzählung an, mit dem bezeichnenden Unterschied, dass jetzt Säkularisierung und Modernisierung unwiderruflich die Struktur der Erzählung bestimmen. Der Anfang der Geschichte liegt nicht mehr, wie solange zuvor, beim Gott des Alten Testaments und seinem Schöpfungsakt sondern bei den Jägerhorden und Steinzeitbauern Westeuropas. Damit wird die nationalsozialistische Revolution stillschweigend übernommen. Die frühen Hochkulturen erhalten wieder einen Platz, aber die gesamte Darstellung des Altertums bleibt jetzt auf nur wenige Seiten begrenzt. Auch andere Änderungen übernehmen die Nachkriegsautoren von ihren Vorgängern. So wird die Geschichte, wie aus Germanen Christen wurden und Chlodwig die Franken zum Christentum bekehrte, nicht nur beibehalten, sondern der Bekehrung Westeuropas wird ein Platz eingeräumt, der in der Folge immer weiter ausgeschmückt werden wird. Die Perspektive, die die Schulbuchautoren wählen, ist die des Angreifers. Entsprechend positiv fällt die Bewertung Chlodwigs' aus:

> »In dieser Zeit wollten auch die Alemannen ihr Land vergrößern. Der Alemannenherzog fiel mit seinen Bauernkriegern ins Frankenland ein. Chlodwig eilte ihm entgegen. Auf einer Heide unweit von Köln kam es zur Schlacht (496). Die fränkischen Krieger begannen zu weichen. Da erhob

Chlodwig seine Augen gen Himmel und gelobte: ›Jesus Christus, meine Gemahlin Chlotilde nennt dich den lebendigen Gott. Wenn du es bist, so schenke mir den Sieg, und ich will mich zu dir bekehren und dir mit meinem ganzen Volke dienen.‹ (Otto Boeck, Eugen Efinger, Robert Hübner, Fritz Klenk und Otto Kratzert, Mit eigener Kraft. Fachband Geschichte Band 1–4. Stuttgart: Ernst Klett Verlag, S. 33).

Auf welches Ziel diese Nachkriegsgeschichte zulaufen soll, geht aus dem Buch nicht klar hervor. Die Gegenwart wird eher zurückhaltend dargestellt. Dennoch gibt die Chlodwig-Geschichte einen Hinweis auf die Richtung, die die Darstellung des Christentums noch nehmen wird.

Aber nicht nur westdeutsche Schulbücher, auch der Lehrplan der DDR weist das Lehrpersonal an, den Schülern zuerst über »die Urgemeinschaft« von vor 50 000 Jahren zu berichten, als die Menschen noch »frei« waren, um dann zur »Sklavenhaltergesellschaft der Römer« mit seinen verheerenden Folgen für »das Volk« und seinen »unvermeidlichen Untergang« überzugehen. Es folgt der Auftritt Chlodwigs:

»Während die Schüler die Abbildung (von Chlodwig) betrachten, gibt der Lehrer einen Bericht (Informationswissen) über Chlodwig: Geboren 466, gestorben 511, ursprünglich fränkischer Kleinkönig. Besiegte 486 mit dem Heer der Franken den letzten römischen Statthalter in Gallien.« (Werner Hertzsch, Sonja Martini und Hans Wermes, 1971, Unterrichtshilfen Geschichte 6. Klasse. Zum Lehrplan 1967. Materialien und Hinweise zur Vorbereitung des Unterrichts. Volk und Wissen. Volkseigener Verlag Berlin, S. 60–67).

Ein Quellentext, nämlich der Augenzeugenbericht von Gregor von Tours, zeugt von der Grausamkeit Chlodwigs gegen die besiegten Römer. Über die Zwangschristianisierung wird jedoch kein Wort verloren. Lediglich im Unterrichtsgespräch soll der Lehrer mit seinen Schülern über den ursprünglichen Glauben der Germanen sprechen (Wodan, Baldur und Freya) und mit ihnen die Frage erörtern, warum Chlodwig nicht beim eigenen Glauben blieb, sondern den Glauben der Besiegten, nämlich das Christentum, annahm. Die Antwort auf dieser Frage nimmt das Buch gleich vorweg: »weil er erkannte, dass dies seine Macht festigen würde«. Die zentralen Fragen folgen sogleich: »Wem gehörte das Land? Was veränderte sich nach der Eroberung Galliens? Warum verarmten viele Bauern? Wer nutzte die Verarmung aus?« Das Fazit der Geschichte:

»Chlodwig stärkte seine Macht. Er übernahm den römischen Glauben, trat in die Kirche ein. Durch große Landschenkungen verschaffte er sich einen Dienstadel, der in seinem Auftrage Aufgaben bei der Verwaltung des Reiches übernahm. In der Dorfgenossenschaft entstand Privateigentum. Damit wuchs die Ungleichheit der Bauern.«

Anders als die westdeutschen Schulbuchautoren verfügen die ostdeutschen über eine Gewissheit, wodurch die Idee eines *Telos*, der der Geschichte gesetzmäßig innewohnt, nicht abhanden kommt. Die historisch-materialistische Geschichtstheorie lässt sie in dem Klassenkampf das geeignete Mittel erblicken, um die Erlösung herbei zu führen. Es gelingt ihnen sogar mit dem Finger auf die Schuldigen zu zeigen, die dafür verantwortlich seien, dass sie nicht eingetreten ist. *Telos* heißt nunmehr Gleichheit und das Privateigentum hat Schuld daran, dass stattdessen noch immer Ungleichheit herrscht.

Gegenwart

1991 hat sich in den deutschen Schulgeschichtsbüchern der Erzählbogen, der von den Mammutjägern der Vorzeit und den Bauern der Jungsteinzeit zu den Völkerwanderungen der Germanen reicht, in ganzer Linie durchgesetzt. Damit rückt der Werdegang Europas an die Stelle der göttlichen Ursprungserzählung. Germanen gründen Reiche. Römer danken ab. Es folgt der Auftritt Chlodwigs. Missionare »bringen« das Christentum. Ägypter, Mesopotamier, Griechen und Römer finden irgendwo in dieser Haupthandlung einen mehr oder weniger sinnvollen Platz. Was dazwischen unaufhörlich wächst, ist die Darstellung des Christentums. Einige Autorenteams lassen dafür sogar von den Germanen ab und kehren zurück zum Römerreich, um deren Ursprung zu ergründen:

»Die Römer glaubten an viele Götter und Göttinnen. Sie beließen auch den unterworfenen Völkern ihre Religion. Durch den Kontakt mit anderen Kulturen veränderten sich allerdings ihre Vorstellungen. (...) Neben den Mysterienkulten lernten die Römer auch den Glauben der *Juden* kennen. Für diese gab es nur einen Gott, der die Welt geschaffen hatte und der keinen weiteren Gott neben sich duldete. Dazu verkündeten die *Juden* die Auferstehung der Toten und die Ankunft eines Messias (Erlösers), der ein Friedensreich errichten werde.« (Dieter Brückner, Harald Focke, Peer Frieß, Klaus Gast,

Hannelore Lachner, Jürgen Mirow, Stephan Schmal, Gudula Zuckert, Das Waren Zeiten. Unterrichtswerk für Geschichte an Gymnasien und Gesamtschulen. Sekundarstufe I. Band I für die 7. Jahrgangsstufe. Bamberg: C.C. Buchners Verlag, 2. Auflage 1999, S.116, 129).

Es folgen eine Kurzbiographie von Jesus, die Anfänge des Christentums, die Märtyrer und endlich Kaiser Konstantin, der das Gelöbnis ablegt, Christ zu werden. Das römische Westreich zerbricht, Byzanz kommt zum ersten Mal in den Blick, Chlodwig bleibt das wichtigste Verbindungsglied zwischen vor-christlichen und christlichen Germanen. Eine freie Nacherzählung über sein Leben wird jetzt als Zeugin aufgerufen, um einen feierlichen, und für »Europa« höchst bedeutenden Moment zu markieren:

»Das festlich geschmückte Gotteshaus war erfüllt vom gleichmäßigen Murmeln der Priester, die Bittpsalmen beteten, und dem Flüstern der Gefolgschaft des Königs. Weihrauchwolken und duftende Kerzen verbreiteten ihren Wohlgeruch. Bischof Remigius richtete mit lauter Stimme das Wort an alle Anwesenden: »Wir preisen des allmächtigen Gottes! Wir loben ihn, da es ihm gefallen hat, unseren König Chlodwig zu erleuchten und aus der Dunkelheit des Unglaubens in das Licht des wahren Glaubens zu führen. O Herr, Du hast ihm Deine Allmacht offenbart. Im Augenblick der höchsten Bedrängnis hast Du ihn und sein Heer vor dem sicheren Untergang gerettet, als er zu Dir flehte und Dich um Hilfe bat (...)«. (A.a.O., S.129).

»Aus der Dunkelheit des Unglaubens in das Licht des wahren Glaubens«, »vor dem sicheren Untergang gerettet«: diese Semantik verrät die christliche Sicht von der Errettung aus der Geschichte. Sie lässt die Frage aufkommen, ob Europa hier etwa zum neuen *Telos* erhoben wird. Europa, so scheint der Unterton zu sagen, war vom Anfang an auserkoren, der christliche Kontinent zu werden, der es heute ist. Um das zu unterstreichen, wechselt die Textsorte von der Erzählung zum Gebet und beschwört damit geradezu den gewichtigen Augenblick des Anfangs. Die weitere Erzählhandlung verstärkt dies noch. Es folgen Einschübe über Kirchenbau und Klosterleben, Religion und Herrschaft, Kirchenreform und Religionskampf. Die Kreuzzüge stechen als Hochzeit christlicher Selbstvergewisserung geradezu hervor. Semantisch gehen »Europa« und »christlich« eine neue Verbindung ein.

Wozu das? In den 1990er Jahren verschwinden die Grenzen zwischen Ost- und Westdeutschland und damit auch zwischen einer sozialistischen und einer christlichen Bestimmung der Geschichte. Fortan haben die

Schulbuchautoren die Wahl. Man möchte wissen: Wie gehen sie heute mit den eingeschliffenen Erzählstrukturen um? Ist es für sie noch immer eine Frage, woher die Geschichte kommt? Wohin sie geht? Ob sie auch Sinn machen soll?

Auch wenn diese Fragen sich noch nicht eindeutig beantworten lassen, so zeichnen sich doch in den augenblicklich zugelassenen Geschichtsbüchern schon bestimmte Tendenzen ab. Eine betrifft die Unterschiede zwischen von SPD und von CDU regierten Bundesländern. Wer dem Christlichen nicht all zu viel Nachdruck geben möchte, der lässt die Geschichte in der Steinzeit anfangen. Für wen der christliche Kontinent im Mittelpunkt steht, der setzt bei der griechischen und römischen Antike an. Eine andere Tendenz lässt sich zwischen Nord- und Süddeutschland, zwischen (ehemaligen) protestantischen und (ehemaligen) katholischen Ländern feststellen. Danach neigen die nördlichen Länder dazu, die Darstellung des Christentums in eine Drei-Religionen-Erzählung aufgehen zu lassen, in der Judentum, Christentum und Islam verknüpft werden, während die südlichen sich lieber an die alte Erzählvorlage zu halten scheinen. Beide Tendenzen verraten, dass der Konfiguration »Europa plus Christentum« im Augenblick sehr unterschiedlich Gestalt gegeben wird.

Zusammenfassung und Ausblick

Dieser Beitrag schlug einen Bogen von 1700 bis zur Gegenwart, um die Frage zu beantworten, wie das Christentum in den deutschen Schulbüchern dargestellt wird. Dabei wurde klar, dass der Erzählstoff »Christentum« mit dem erzählten ›wir‹ stets eine unterschwellige Verbindung einging. Das ›wir‹, dem die aufeinander folgenden Generationen der Schulbuchautoren Gestalt gaben, hatte daher stets zwei Seiten. Sie wurde unausgesprochen in den Rahmen der christlichen Heilsgeschichte eingebettet und ausdrücklich mit Akteuren der christlichen Vergangenheit besetzt. Garanten für die christliche Identität waren die Anfangserzählung, die Genealogie sowie das teleologische Erwartungsmuster, das jede Generation dazu verführte, die eigene Gegenwart als Einlösung des ursprünglichen Versprechens zu betrachten. Dazu abschließend einige Überlegungen.

(1) Zuerst der Anfang: Die frühen Protestanten stellten ihn selbstverständlich in den Schöpfungsakt und daran änderte sich bis Mitte des 20. Jahrhunderts wenig. Die Söhne Noahs' bildeten darin das Erklärungsmuster für die verschiedenen Völker und Kontinente, eine Komponente, die im 19. Jahrhundert eine unübersehbar rassistische Prägung erhielt.

Der Erzählhorizont verschob sich von der Erfahrung zur Erwartung. Die Nationalsozialisten vollzogen den Bruch mit der Vergangenheit, indem der »Führer« alleine den Platz des zu erwartenden Heils besetzte. Sie verschoben ebenfalls den Anfang der Geschichte in die europäische Steinzeit. Die Nachkriegsbücher in Ost und West hatten zumindest dieser Entkopplung nichts entgegen zu setzen und Noah und seine Söhne entschwanden ins Dunkel der Geschichte. Damit wurde die Geschichte endgültig säkular. Konstantin und Chlodwig jedoch blieben und steuerten weiter die Erzählrichtung. Sie verlief vom ›Gipfel‹ der Staatskirchenwerdung zum ›Gipfel‹ der Zwangschristianisierung und von dort zu einem offenen Erwartungshorizont.

(2) In welchem Anfang das christliche ›wir‹ sich im Laufe von drei Jahrhunderten auch herausbildete, alle Schulbucherzählungen hielten sich stets an eine *longue durée* Struktur, in der nur einige wenige Akteure unablässig heraufbeschworen wurden. Der Leser kennt sie inzwischen: Noah mit seinen Söhnen Sem, Cham und Japheth, Konstantin, Karl der Große und Chlodwig. Die Protestanten fügten Luther hinzu. Die Pietisten stellten auch Christus in die Ahnenreihe. Die Schulbücher der Aufklärung verlegten den Schwerpunkt auf die Gegenwart und reihten deutsche Dichter und Denker ein. Im Kaiserreich galt wieder der Dreischritt Noah – Konstantin – Chlodwig. Die Nationalsozialisten durchtrennten das Band und stellten den »Führer« an deren Statt.

(3) Der Durchgang durch die Geschichte der Schulbücher zeigte schließlich, dass in den unterschiedlichen historischen Perioden die Verheißung eines göttlichen Versprechens auf Errettung stets beibehalten wurde, jedoch die Vorstellung, wie sie aussehen würde, ganz unterschiedlich ausfiel. Die protestantischen Autoren des Barock erblickten den *Telos* in der Reformation, die Aufklärer im eigenen Genius, die Kaiserzeit in der großen deutschen Nation und die Nationalsozialisten in Hitler. Als der Krieg verloren war, setzten die beiden deutschen Teilstaaten nunmehr Kurs auf Chlodwig, die einen zur Markierung der Unterdrückung der Arbeiterklasse, die anderen jedoch um »Europa« in den Blick zu bekommen.

(4) Ist Europa die neue Verheißung? Die neuesten Schulbücher lassen eine andere Vermutung aufkommen. Wie schon so oft im Lauf der Geschichte hat sich in Europa in den 1990er Jahren die Ungleichzeitigkeit des Gleichzeitigen ereignet. Die Nachkommen der religiösen Konkurrenten, die im Laufe der europäischen Geschichte verdrängt, vertrieben und ausgerottet wurden, sind heute wieder an die Schauplätze der Auseinandersetzung zurückgekehrt. Heute rühmt Europa sich einer großen kulturellen und religiösen Verschiedenheit. Das Christentum ist als gelebte

Religion nicht mehr selbstverständlich; es wird zudem von anderen Religionen beobachtet *und* in Frage gestellt. Europa hat sich mit der EU auch eine neue Gestalt gegeben, zu gleicher Zeit ist die Europäische Union nach Innen und nach Außen eine Region unter vielen geworden. (5) Wer ist denn ›wir‹? Allmählich kristallisiert sich heraus, dass es etwas Neues geben wird. Welches Gesicht die europäische Identität jedoch einmal erhalten wird, ist noch unklar.

(6) Wir beobachten in den Schulbüchern inzwischen eine Übergangsphase, die noch nicht annähernd zu Ende ist. Eine Sache scheint gewiss: Geschichtserzählungen, die mit Hilfe von Anfangsbestimmungen, Genealogien und Heilsversprechungen nur eine Bevölkerungsgruppe unter vielen bevorzugen, spiegeln nicht mehr, was die Gegenwart benötigt. Deren Verfasser müssen sich stattdessen die Frage gefallen lassen, was die überlieferte Erzählung vom Christentum noch dazu beitragen kann, die tatsächliche Verschiedenheit zu stärken und ins Zentrum der Geschichte zu heben.

Literatur

BORGOLTE, MICHAEL, 2006, *Christen, Juden, Muselmanen. Die Erben der Antike und der Aufstieg des Abendlandes 300 bis 1400 n. Chr.* München.

BREISACH, ERNST, 1987, »*Historiography: An Overview*«. In: MIRCEA ELIADE (HRSG.), *The Encyclopedia of Religion.* New York und London, Band 6, S. 370–387.

BROWN, PETER, 1995, *Die Entstehung des christlichen Europas*, München.

GUMBRECHT, HANS ULRICH, 1978, »*Modern, Moderne, Modernität*«. In: OTTO BRUNNER, WERNER CONZE, REINHART KOSELLECK (HRSG.), *Geschichtliche Grundbegriffe. Historisches Lexikon zur politisch-sozialen Sprache in Deutschland.* München: Band 4, S. 91–131.

JONKER, GERDIEN, 2009, «*The longue durée of the Islam-Narrative: The Emergence and Development of a Narrative Concept in European School Textbooks*«. In: GERDIEN JONKER UND SHIRAZ THOBANI (HRSG.), *Narrating Islam. Interpretations of the Muslim World in European Texts.* London: I. B. Tauris, S. 19–40.

KOSELLECK, REINHART, 2003, *Zeitschichten. Studien zur Historik,* Frankfurt am Main.

KÜHN, MANFRED, 2007, *Kant. Eine Biographie.*

Wolfram Reiss

Die Darstellung des Judentums in arabischen Schulbüchern

Die Darstellung des Judentums in arabischen Schulbüchern ist seit Ende der 1990er Jahre in den Mittelpunkt wissenschaftlichen, medialen und politischen Interesses gerückt. Ausgelöst wurde die Debatte durch die 1998 gegründete israelisch-amerikanische Organisation »Center for Monitoring the Impact of Peace« (CMIP), die Untersuchungen zunächst an palästinensischen, dann an syrischen, ägyptischen und saudi-arabischen Schulbuchtexten vornahm. (Die Organisation änderte vor kurzem ihren Namen in »The Institute for Monitoring Peace and Cultural Tolerance in School Education (IMPACT-SE)«. Unter http://www.impact-se. org/about/about.html sind weitere Informationen zu erhalten.) Das Institut verfolgte nicht so sehr eine wissenschaftliche, sondern vornehmlich eine politische Zielsetzung. Dies wurde insbesondere dadurch deutlich, dass die Ergebnisse der Untersuchungen nicht in Fachzeitschriften und -büchern, sondern in ca. 50 bis 150 Seiten umfassenden »Reports« im Eigenverlag festgehalten und in hoher Auflage Politikern in Israel und den USA zugespielt wurden. Zusätzlich wurden einzelne Sätze aus den Schulbüchern in großformatigen Anzeigen in Tageszeitungen und Medien in Israel und Amerika abgedruckt, um aufzuzeigen, dass die palästinensische Autonomiebehörde entgegen allen Beteuerungen in den Friedensverhandlungen nach wie vor ein Klima des Hasses und des Fanatismus gegen Israel fördere. Nicht die israelische Besatzung, sondern die palästinensische Bildungspolitik sei verantwortlich für die Eskalation der Gewalt in der Intifada und für die Anschläge radikaler Palästinenser. Ein direktes Gespräch mit dem palästinensischen Curriculumzentrum und dem palästinensischen Bildungsministerium wurde nicht gesucht. Es ging insoweit nicht um eine pädagogisch-didaktische Fachdebatte zur Verbesserung der Schulbücher, sondern um öffentliche Diffamierung des politischen Gegners und darum, ihm die finanzielle Unterstützung zu entziehen. Die propagandistische Verbreitung in politischen Kreisen und in den Medien entsprach der früheren Tätigkeit des damaligen Leiters des CMIP, Itamar Marcus. Er arbeitete zuvor für David Bar Ilan, den PR-Chef Benjamin Netanjahus.

Die plakativen Sätze hatten in der Tat eine nicht geringe Wirkung auf die Fortsetzung der Friedensverhandlungen. Darauf wies der israelische Publizist Akiva Eldar in der Tageszeitung Haaretz vom 2.1.2001 hin:

»Nach der Debatte über die Souveränität des Tempelberges und dem Rückkehrrecht der Palästinenser wendet sich nun die Diskussion den Schulbüchern zu, diesem giftigen Material, das die Schüler in den Gebieten einer Gehirnwäsche unterzieht. Sogar die konsequentesten Unterstützer aus dem linken Spektrum haben ein Problem mit den antisemitischen Zitaten, die jüdische Organisationen und politisch rechts stehende Studieneinrichtungen in den Schulbüchern gefunden haben, die unsere Partner für den Frieden benutzen. Ihre Großanzeigen, die in Zeitungen in Israel und den USA veröffentlicht wurden, erinnern uns Woche für Woche daran, mit wem wir es zu tun haben. Welcher Dummkopf wird schon lebenswichtiges Territorium und heilige Stätten an einen Nachbarn übergeben, der seine Kinder lehrt, dass der Nachbar von gegenüber ein schrecklicher und teuflischer Feind ist? Wie kann man eine Vertrauensbeziehung mit Regimes aufbauen, die ihre Söhne und Töchter lehren, Israel und die Juden zu hassen?«

Im Mai 2000 wurde der Bildungsausschuss der Knesset über die Ergebnisse der CMIP-Studien informiert und er beschloss folgende Resolution:

»1. Der Ausschuss für Bildung und Kultur hörte den Bericht des Centers for Monitoring the Impact of Peace, der die Anti-Semitismen und Rassismen in den Schulbüchern der Palästinensischen Behörden, Syriens und Jordaniens herausstellt. Der Ausschuss verurteilt einstimmig die sehr schwerwiegenden Enthüllungen der Holocaust-Leugnung, der Aufhetzung und des Hasses gegen Juden und den Zionismus, die in den Schulbüchern aufgedeckt wurden. 2. Der Ausschuss folgerte daraus, dass es unmöglich ist, einen wirklichen Frieden aufzubauen, so lange Antisemitismus und Leugnung des Holocausts ein Teil der Erziehung der nächsten Generation bleiben. Deshalb ist es Beschluss des Ausschusses, den Premierminister darum zu bitten, dass er sich an die Führer der Palästinensischen Behörden und der Regierung von Jordanien wendet, um eine sofortige Revision der Schulbücher zu fordern. Ebenso empfiehlt der Ausschuss, sich an die UNESCO und an die Länder zu wenden, die den Friedensprozess unterstützen, damit sie ähnliche Maßnahmen einfordern. 3. Der Ausschuss fordert den Premierminister auf, Anweisung zu geben, um die Aktivität für das trilaterale Gespräch zu erneuern, um eine Diskussion über das Thema der Aufhetzung in Schulbüchern zu beginnen und um von den palästinensischen Behörden eine fundamentale Veränderung in den Schulbüchern einzufordern.«

Sowohl im US-Kongress als auch in der Europäischen Union wurden heftige Debatten darüber geführt, ob die Antisemitismen in den palästinensischen Schulbüchern nicht die Folge haben müssten, dass unverzüglich die Finanzmittel für die Palästinensische Nationalbehörde gestoppt werden müssten. Die UNRWA wurde bereits 1998 von der amerikanischen Regierung angefragt, ob die geschilderte Beschreibung der palästinensischen Schulbücher korrekt sei. Der damalige EU-Parlamentarier Armin Laschet (CDU), der die Diskussion durch eine Presseveröffentlichung am 26.8.2001 in Deutschland eröffnete, forderte gemeinsam mit dem Vorsitzenden des Auswärtigen Ausschusses im Europäischen Parlament, Elmar Brok (EVP), die sofortige Einfrierung von Geldern für palästinensische Bildungsprogramme, solange nicht der Nachweis erbracht sei, dass die geförderten Programme nicht den Grundwerten der Europäischen Union zuwiderliefen. Die Zeitungen *Welt am Sonntag* (27.8.2001) und *Bild* (27.8.2001) sprachen von »Judenhetze«, *Die Zeit* (6.6.2002) von einem »Kriegscurriculum«. Der Mitchell-Report vom April 2001 beschäftigt sich auf mehreren Seiten ausführlich mit der Schulbuchfrage. Christopher Patten nahm in den Jahren 2001 und 2002 mehrfach ausführlich zur Schulbuchthematik im Europa-Parlament Stellung. Der Verfasser führte im Jahr 2003 eine Studie für die Weltbank durch, bei der sogar die ca. 120 mathematischen und naturwissenschaftlichen Schulbücher der Palästinenser (größtenteils ägyptische und jordanische Nachdrucke) daraufhin untersucht wurden, ob sie Antijudaismen oder sonstige religiöse, ethnische oder geschlechtsspezifische Diskriminierungen enthielten. Nur dann war die Weltbank bereit, weitere finanzielle Unterstützung für die Schulbuchproduktion zu geben. Die Debatte löste eine ganze Fülle weiterer Untersuchungen an palästinensischen, aber auch an Schulbüchern anderer Länder aus, die zum Teil die Ergebnisse bestätigten, sie zum Teil aber auch vehement bestritten.

Einer der Hauptkritikpunkte an den CMIP-Studien bestand darin, dass diese gar nicht die originär palästinensischen Schulbücher analysiert hatten, die erst ab dem Jahr 2000/2001 erschienen, sondern die völlig veralteten ägyptischen und jordanischen Schulbücher, die teilweise noch aus den 50er und 60er Jahren stammten, aber immer noch in Gebrauch waren, weil die israelische Besatzungsbehörde seit 1967 jegliche Reform blockiert bzw. nicht für notwendig erachtet hatte. Die Palästinenser selbst betrachteten diese Schulbücher nicht nur wegen der darin enthaltenen Feindbilder, sondern auch wegen völlig veralteter Informationen und wegen des Fehlens jedes nationalen Bezuges als äußerst kritikwürdig. Sie arbeiteten seit der Übernahme ihrer Verantwortung für die Bildung im Jahr 1994 fieberhaft an einer grundlegenden Reform des Bildungssystems und entwarfen

1996 einen ersten, dann 1998 einen zweiten Entwurf für ein nationales Curriculum, der vom palästinensischen Legislativrat schließlich akzeptiert wurde. Kommissionen für die verschiedenen Schulbuchreihen wurden eingesetzt. Erste eigene Schulbücher sollten im Schuljahr 2001/2002 herausgegeben werden.

Mitten in diesem Überarbeitungsprozess wurden die Palästinenser nun allerdings in den Jahren 1998 bis 2001 von CMIP weltweit an den Pranger gestellt für Bücher, die ägyptischer und jordanischer Provenienz waren und von den Israelis selbst jahrelang zugelassen worden waren. Es war insoweit grotesk, dass den Palästinensern gerade zu diesem Zeitpunkt die Fördermittel gestrichen werden sollten, da sie begannen, die überfällige Revision vorzunehmen. Die Propaganda von CMIP hatte jedenfalls den »Erfolg«, dass palästinensische Schulbücher noch vor ihrem Erscheinen in den USA und vielen Ländern Europas den Ruf hatten, ebenso wie auch andere arabische Schulbücher unterschiedslos gegen Israel und die Juden zu hetzen.

Dies ist aber durchaus nicht der Fall. Bereits 2001 musste von Itamar Marcus bei einem Seminar an der Hebräischen Universität von Jerusalem eingeräumt werden, dass in den erstmals von Palästinensern neu produzierten Schulbüchern »der offene Aufruf zur Zerstörung Israels, der in früheren Büchern (ägyptischer und jordanischer Herkunft) zu finden war, jetzt nicht mehr vorhanden ist.« Ebenso wurde eingeräumt, dass auch »die Passagen, die Juden und Israelis als ›Verräter‹ oder als ›teuflischen Feind‹ bezeichneten, verschwunden sind« (Zitate nach *Haaretz*, 2.1.2001). Gerade die Passagen, die also in amerikanischen, israelischen und europäischen Medien verbreitet worden waren, waren von den Palästinensern beseitigt worden.

Auffällig war des weiteren, dass das CMIP bei einer Studie über ägyptische Schulbücher aus dem Jahre 2004 hingegen ein sehr viel milderes Urteil über die Schulbücher dieses Landes fällte und dass die negativen Aspekte auch längst nicht mehr in gleicher Weise in den Medien ausgeschlachtet wurden wie bei den palästinensischen Schulbüchern. Als Ergebnisse der Untersuchung hielt man fest, dass Judentum und Christentum im Allgemeinen in den ägyptischen Schulbüchern als monotheistische Religionen respektiert und ihr historisches Erbe gewürdigt werde. Der christlich geprägte Westen werde in der Regel nicht als Rivale oder Feind dargestellt. Nur bei der Darstellung der Kreuzzüge und des Kolonialismus komme es bisweilen zu negativen Aussagen. Hinsichtlich der Juden werde schon ein negatives Bild gemalt, aber dieses beziehe sich vor allem auf die historischen Beziehungen Muhammads zu den jüdischen Stämmen und nicht auf die Gegenwart. Es scheint als ob hier im Unterschied zu den palästinensischen Schulbüchern Zurückhaltung angesagt war, um den einzigen einigermaßen verlässlichen Nachbarstaat, mit dem ein Friedensabkommen besteht, nicht zu verärgern.

Angesichts dieser politisch motivierten Studien mag es interessant sein, einmal genauer in Augenschein zu nehmen, was in Palästina und Ägypten denn tatsächlich über das Judentum gesagt worden ist. Die Untersuchung erfolgte im Zusammenhang mit einer umfassenden Studie des Verfassers über die Darstellung des Christentums in ägyptischen und palästinensischen Schulbüchern, bei der sämtliche aktuellen Schulbücher beider Länder im Detail analysiert wurden (Reiss, 2005). Darüber hinaus soll auch ein Blick auf die Schulbücher in Syrien gerichtet werden, weil dadurch aufgezeigt werden kann, dass Stereotypen in der Darstellung des Judentums in der islamischen Welt durchaus nicht einheitlich sind, sondern sehr stark variieren. Dabei ergeben sich überraschende Ergebnisse, die teils in diametralem Gegensatz zu den Ergebnissen stehen, die CMIP vorgelegt hat.

Die Darstellung des Judentums in ägyptischen Schulbüchern

Aussagen zum Judentum finden sich insbesondere in den Schulbüchern für den islamischen Religionsunterricht. Zum ersten Mal werden die Juden in den islamischen Religionsbüchern bei der Schilderung des Vertrages von Medina in der 3. Klasse Grundschule erwähnt. Die Juden hätten zunächst dem Vertrag zugestimmt, den Muhammad mit ihnen schloss und mit dem er ihnen volle Gleichberechtigung zuerkennen wollte, dann aber »brachen *die Juden diesen Vertrag und der Prophet vertrieb sie aus dem erleuchteten Medina.*« Die historische Gegebenheit wird im 4. Schuljahr zu einer allgemeinen Charakterisierung des Judentums ausgeweitet: Als primäres Lernziel für das Kapitel über die Vertreibung des jüdischen Stammes der Banu Qainuqa' wird formuliert: »*Was lernen wir in dieser Lektion? – Die Juden sind ein Volk des Betrugs und des Verrats*« und am Ende der Lektion wird dann im Text etwas ausführlicher resümiert: »*Die Juden waren Verräter. Sie respektierten nicht die Verträge, die zwischen ihnen und den Muslimen bestanden. Sie achteten nicht die Rechte des Nachbarn ... die Muslime aber halten Verträge, behandeln den Nachbarn und die Angehörigen der anderen Religionsgemeinschaften gut.*« Als Beispiel und Beweis für die islamische Haltung gegenüber Nicht-Muslimen wird die gute Behandlung der Christen durch die Muslime angeführt. Mit ihnen, den Kopten, seien die Muslime in einer Schicksalsgemeinschaft eng verbunden: »*Wir in Ägypten, die Kopten und die Muslime, leben als Brüder, die sich lieben, zusammen. Wir arbeiten zusammen für das Gute. Wir teilen Glück und Unglück und stehen in einer Reihe zur Verteidigung des Vaterlandes auf. Damit wird Sicherheit und Ruhe verwirklicht für unsere Nation und ihre Söhne.*« Im Zusammenhang mit der Abgrenzung zu den Juden will das heißen: Christen und Muslime Ägyptens bilden eine gemeinsame Front gegenüber den »verräterischen Juden«. Die viel beschworene »nationale Einheit« wird damit im Wesentlichen eine Einheit, die sich gegen Israel und die Juden richtet. Im gemeinsamen Hass gegen den Feind Nr. 1 trifft man sich. Der Übergang aus der historischen Betrachtung in die Gegenwart und die allgemeine Formulierung des Lernziels zeigt deutlich, dass man dem Judentum nicht nur Vertragsbruch in bestimmten Momenten der Frühgeschichte des Islam vorwirft, sondern dass man »Betrug und Verrat« allgemein und für alle Zeit als zutreffende Grundcharakteristika des Judentums ansieht.

Dies wird in der 5. Klasse in einer Unterrrichtseinheit gefestigt. Ein ägyptischer Vater zieht während einer Autofahrt zum Sinai im Gespräch mit seinen Kindern Parallelen zwischen dem Oktoberkrieg von 1973 und dem Streit zwischen Muhammad und den Juden in Medina. Der Vater sagt: »*Gott gab uns den Sieg über die Juden, genauso wie er Muhammad den Sieg über sie in Medina gegeben hatte.*« (Der Oktoberkrieg wird allgemein in der arabischen Welt als großer Sieg gefeiert, obwohl Israel nach anfänglicher Schwäche zurückschlagen konnte und am Ende sogar bis ins ägyptische Kernland vordrang.) Der Vater erklärt weiter, dass der Grund für die Auseinandersetzung in Medina der Plan der Juden gewesen sei, Muhammad zu töten, obwohl er einen Vertrag mit ihnen geschlossen hatte. Als die Juden dann Medina verlassen mussten, hätten die Juden ihre Häuser mutwillig zerstört, um die Nutzung durch die Muslime zu verhindern. Dabei wird auf Sure 59 verwiesen, in der in der Tat von einer Häuserzerstörung berichtet wird (Vers 2). Das gleiche hätten die Juden, »*die Feinde der Muslime*«, auch getan als sie den Sinai verlassen haben. Der Vater schärft seiner Familie ein: »*Wir lernen daraus, dass die Juden keine Verträge halten. Sie haben Gott und seinen Propheten verraten, aber Gott bestrafte sie. So aber sind sie allezeit!*«

Um diese Schlussfolgerung zu veranschaulichen, besucht die Familie in der nächsten Lektion die Ruinen der Stadt Yamit, die 1982 von jüdischen Siedlern zunächst gehalten und dann durch israelische Streitkräfte zwangsweise geräumt und zerstört wurde, weil die Siedler sich weigerten, den ägyptisch-israelischen Vertrag anzuerkennen, der den Rückzug Israels aus dem Sinai vorsah. Der Vater verallgemeinert nun seine Wertung bezüglich des Verhaltens der jüdischen Siedler: »*Dies tun die Juden an jedem Ort, den sie verlassen, sodass niemand anders ihn nutzen kann.*« Nachdem die Familie Sure 59 auf Kassette gehört hat (in der von der Vertreibung des jüdischen Stammes der Banû Nadîr die Rede ist), fasst Sohn Mahmud auf Aufforderung des Vaters den Inhalt der »teuren Lektion« mit folgenden Worten zusammen: »*Die Juden sind Leute des Betruges und des Verrates. Gott hat sie bereits eine Strafe für ihren Verrat durch die Hände der Gläubigen schmecken lassen und droht ihnen alles zu vergelten, was sie zu tun pflegen.*«

Hier werden Juden pauschal verurteilt. Die unmittelbare Herstellung der Verbindung zwischen dem Oktoberkrieg und den Auseinandersetzungen mit dem jüdischen Stamm der Banû Nadîr zur Zeit Muhammads verwandelt 13 Jahrhunderte Geschichte des Judentums und den modernen Staat Israel in eine homogene Masse, die über Jahrhunderte gleich bleibt. Der Vergleich ist falsch, weil es nicht Muslime, sondern israelische, d. h. jüdische Streitkräfte waren, die die radikalen Siedler aus Yamit vertrieben. Nicht Siedler oder Israel, sondern sehr allgemein »die Juden« werden zu »Feinden« stilisiert. Es gibt keine Erinnerung an die Jahrhunderte während Symbiose jüdischer und islamischer Kultur, es gibt offenbar keinen Friedensvertrag mit Israel und die Feindschaft besteht mit allen Juden, wo auch immer sie leben. Sie werden explizit in der Zusammenfassung als »Volk des Verrats und des Betruges« diffamiert und als Menschen, die »stets« sinnlos zerstören. Es ist auch nicht nur eine Feindschaft zwischen Muslimen und Juden, sondern es ist nun sogar eine Feindschaft zwischen Gott und den Juden. Gott habe sie im Diesseits durch die Muslime bestraft und werde sie auch im Jenseits strafen. Hier wird mit Rückgriff auf uralte islamische Vorbehalte aus der Frühzeit des Islam ein Feindbild von einer anderen Religion entworfen und an Schüler weitervermittelt, das agitatorischen Charakter hat und das nicht der langen Geschichte des guten Zusammenlebens von Juden und Muslimen gerecht wird.

Neben dem Vorwurf des historischen Verrates und des Vertragsbruches, der bereits mehrfach geäußert wurde, wird hier die immerwährende Feindschaft zwischen Juden und Muslimen über alle Jahrhunderte beschworen und noch einmal dadurch gesteigert, dass Gott und der Prophet selbst Feinde der Juden seien. Dies bedeutet eine erhebliche Ausweitung der antijüdischen Polemik, denn damit wird die historische Perspektive auch zu einer Perspektive für die Gegenwart und Zukunft. Mit solchen Aussagen kann letztlich jede Gewaltanwendung gegen Juden auf aller Welt legitimiert werden, da sie sich stets als Arm der Vollstreckung eines göttlichen Willens verstehen kann.

Insbesondere die Verknüpfung der (durchaus berechtigten) Kritik israelischer Politik in der Gegenwart mit Vorurteilen, die in der Religionsgeschichte begründet werden und für alle Zeiten verallgemeinert werden, muss als Ausdruck eines arabischen Antijudaismus bezeichnet werden. Darüber hinaus ist konkret zu fragen, welche Bedeutung es hat, wenn gerade Ägypten, das nun einmal einen Vertrag mit Israel abgeschlossen hat, allen Juden und damit auch dem Vertragspartner in seinen Schulbüchern Vertragsbruch vorwirft. Ägypten selbst ist zu fragen, ob es nicht gerade mit dieser Duldung antijudaistischer Äußerungen in seinen offiziellen Schulbüchern einen bisher gültigen Vertrag in Frage stellt.

Die Beziehungen zum Judentum werden schließlich noch ein weiteres Mal in den islamischen Religionsbüchern in der 3. Klasse der Oberstufe angesprochen. Die besondere Beziehung des Propheten zu sieben jüdischen Gemeinschaften auf der arabischen Halbinsel wird auf vier Seiten in einer Lektion mit der Überschrift *»Die Position des Propheten – Heil und Frieden sei mit ihm – gegenüber den Juden«* dargestellt. Jedes Mal beginnt die Beschreibung mit dem Versuch Muhammads, mit den Juden in Harmonie und Toleranz zusammenzuleben. Die Beziehungen zu den verschiedenen Stämmen hätten jedoch stets in einem Fehlschlag geendet, da sich die Juden gegen die Muslime auflehnten und daraufhin die Muslime gezwungen waren, ihre neue Religion zu verteidigen. In der Einführung erklärt der Text zwar, dass es grundsätzlich drei verschiedene Möglichkeiten der Beziehungen zu den Juden gebe (a. einen Vertrag, b. einen Krieg oder c. eine Versöhnung nach einem Krieg), aber letztlich enden alle Geschichten mit dem Krieg und der Vertreibung der Juden und das Kapitel schließt erneut mit einer Verallgemeinerung, in der die bereits entfalteten Stereotypen durch neue ergänzt werden. In dem Resümee heißt es wörtlich:

»1. Der Prophet – Heil sei mit ihm und Frieden – behandelte die Juden freundschaftlich und wohlwollend. Er öffnete ihnen das Tor zur Zusammenarbeit und zur Freundschaft, zum Zusammenleben in Sicherheit mit den Muslimen. Aber er begegnete nur Betrug und Kriegsplänen. Es bedurfte daher einer anderen Behandlung, die der entsprach, wie sie sich verhielten.

2. Religiöse Überheblichkeit beherrscht sie. Sie sind der islamischen Religion gegenüber feindlich gesinnt und nehmen die Haltung der Feindschaft und des Krieges gegenüber jeder anderen Religion ein, die nicht die ihre ist.

3. Der Rassismus ist in ihren Seelen fest verankert und sie unterdrücken andere Rassen und Völker.

4. Sie sind nicht loyal zu der Nation, in der sie sich aufhalten; sie halten mit ihr keinen Vertrag. Ihr Leben beruht vielmehr auf Betrug und Verrat.

5. Wahrlich: Die Juden von gestern aber sind die Juden von heute und morgen – sie sind immer gleich. Da gibt es keinen Zweifel, dass man sie und ihre Gier studieren muss, damit man sich mit allen Mitteln gegen sie wappnet.

6. Vor, nach und während des Ramadan-Krieges [= Oktoberkrieg 1973] zeigte sich deutlich die Arroganz der Juden, ihre Verblendung und ihre Verachtung aller Werte.«

Neben den Elementen der Illoyalität, des Vertragsbruches und der Feindschaft gegenüber den Muslimen, die in Punkt 1 und 4 der Auflistung nochmals wiederholt werden, kommt in Punkt 2 und 3 noch der Rassismus als pauschaler Vorwurf hinzu. Juden seien rassistisch und dies führe dazu, dass sie andere Religionen und Völker unterdrückten. Die Feindschaft wird nun also von einer speziell muslimischen Feindschaft zu einer allgemeinen Feindschaft gegenüber allen anderen Völkern der Welt. Und ein weiteres Mal wird die Gleichförmigkeit und Unveränderlichkeit »der Juden« beschworen.

Wer allerdings nur ein wenig mit offenem Blick die Geschichte betrachtet, müsste erkennen, dass es mit der »Unterdrückung der Juden« Jahrhunderte lang gerade andersherum bestellt war. Nicht sie haben unterdrückt, sondern sie wurden unterdrückt und waren Verfolgungen und Pogromen in zahlreichen Ländern ausgesetzt. Und auch ein Blick in die islamische Geschichte zeigt, dass es gerade nicht historischer Erfahrung entspricht, dass Juden sich gegenüber ihrer muslimischen Obrigkeit als besonders illoyal erwiesen. Da man sie kaum verdächtigten konnte, mit den christlichen Reichen im Westen zu kooperieren, in denen es den Juden meist schlechter ging als im islamischen Herrschaftsreich, galten Juden bis in die Neuzeit gerade umgekehrt im islamischen Bereich als besonders loyale Untertanen, die man wegen ihrer Vertrauenswürdigkeit auch mit heiklen Missionen betrauen konnte. Bernard Lewis weist darauf in seinem Buch »Die Juden in der islamischen Welt« (1987, S. 128) zu Recht hin:

»Wegen ihrer Sachkenntnis von Europa, dem sie zudem kaum verpflichtet waren, übten Juden eine Zeitlang eine recht bedeutsame Beraterfunktion aus in den Auslandsbeziehungen des Osmanischen Reiches, wenn es um Verhandlungen mit den europäischen Mächten ging. Sie waren ein wirtschaftlich produktiver, profitbringender Bevölkerungsteil. Weiter besaßen sie aus türkischer Sicht den großen Vorzug, dass man sie als Nichtchristen auch nicht verdächtigen konnte, mit dem Hauptfeind der Osmanen zu sympathisieren und zu konspirieren, womit natürlich die europäische Christenheit gemeint war.«

Es ist daher auch nicht ohne Grund, dass man hier einen solch weiten Bogen vom Koran und der Frühzeit des Islam bis in die jüngste Gegenwart spannen muss, um eine prinzipielle theologische Feindschaft zwischen Muslimen und Juden zu begründen. Weil es über Jahrhunderte kaum eine theologisch begründete Feindschaft gegenüber dem Judentum gab, die dem christlichen Antisemitismus vergleichbar wäre, und weil eine muslimische Polemik gegenüber den Juden kaum entwickelt war, muss man hier schon sehr weit in die Frühgeschichte des Islam zurückgreifen oder auf die jüngste Gegenwart hinweisen, um eine prinzipielle muslimisch-jüdische Feindschaft zu konstruieren. Nochmals sei hier Bernard Lewis zitiert (Lewis, 1987, S. 83):

»In der islamischen Gesellschaft ist die Judenfeindlichkeit nicht theologischer Natur. Sie hängt weder mit einer spezifisch islamischen Doktrin zusammen noch mit irgendeinem spezifischen Umstand in der heiligen islamischen Geschichte. [...] Im allgemeinen widmen muslimische Polemiker den verhältnismäßig unbedeutenden Juden geringe Aufmerksamkeit. Soweit sie sich herablassen, über die überholten Religionen zu reden, befassen sie sich weit mehr mit den Christen, die als Vertreter eines konkurrierenden, auf Bekehrung ausgerichteten Glaubens und als Herren eines rivalisierenden Weltreichs eine ernstliche Alternative und daher eine potentielle Gefahr für die muslimische Ordnung und für den Islam als Weltreligion darstellten. Die Juden waren keine politische Bedrohung für die islamische Weltordnung, keine religiöse Herausforderung für den islamischen Glauben; auch wetteiferten sie nicht, wie die Christen, mit den Muslimen, die noch unbekehrten Heiden als Anhänger zu gewinnen. Trotz der Verdammung im Koran und im Kommentar sowie im Hadith war antijüdische Polemik selten, und wenn sie auftauchte, stammte sie meist von zum Islam übergetretenen Juden, die ihren Glaubenswechsel rechtfertigten und ihre neuen Glaubensgenossen mit Fakten und Argumenten zur Verwendung gegen die alten belieferten.«

Nicht nur aufgrund der untragbaren politischen Implikationen, die diese Stellen in sich bergen, sondern auch um der eigenen islamischen Geschichtsschreibung willen, die von solchen Exzessen eines theologischen Antijudaismus nichts weiß, wäre es zu wünschen, dass solche Passagen gestrichen bzw. völlig neu überarbeitet werden, um sie der islamischen Geschichtsschreibung und der realen politischen Haltung Ägyptens anzugleichen. Freilich wird genau dies voraussichtlich nicht geschehen. Die Polemik gegen Juden in den Schulbüchern bzw. in den Medien wird zugelassen, weil man dringend ein Ventil für die in der Bevölkerung allseits vorhandene Verärgerung über die Zurückhaltung der offiziellen Politik Ägyptens gegenüber Israel braucht. Da man nicht in offiziellen Stellungnahmen hetzen und aufwiegeln kann ohne an den vorhandenen Vertrag zu rühren und den Westen zu verärgern, lässt man Polemik an anderen Orten, zum Beispiel in den Schulbüchern, kontrolliert zu. Dennoch musste der ägyptische Bildungsminister bereits mehrfach heftige Angriffe in der Öffentlichkeit abwehren, weil ihm immer wieder vorgeworfen wird, dass amerikanische und zionistische Gruppen Einfluss genommen hätten auf die Schulbücher und die Curricula.

Angesichts dieser Ausgangslage in Ägypten ist der nun folgende Blick auf die palästinensischen Schulbücher umso spannender. Wie gingen die Palästinenser, die bis zum Schuljahr 1999/2000 ausschließlich die ägyptischen Schulbücher (im Gazastreifen) und die jordanischen Schulbücher (in der Westbank) benutzten, mit den vorhandenen Anti-Judaismen und der anti-israelischen Hetze in den Schulbüchern bei der Neuentwicklung eines palästinensischen Curriculums um?

Die Darstellung des Judentums in palästinensischen Schulbüchern

Im völligen Gegensatz zu der im Westen weit verbreiteten Meinung, dass die Palästinenser ein »Kriegscurriculum« erarbeitet hätten, in dem gegen Juden und Israel gehetzt wird, muss man bei genauerer Analyse mit Erstaunen feststellen, dass die neuen Schulbücher des Landes, das den größten Blutzoll in der Auseinandersetzung mit Israel und dem jüdischen Volk zahlen musste, die moderatesten sind im ganzen Nahen Osten bei der Darstellung der Juden und Israel. An allen Stellen, an denen bisher in den ägyptischen und jordanischen Schulbüchern Antisemitismen und anti-israelische Ressentiments vorhanden waren, wurden diese getilgt und stattdessen wurde an vielen Stellen zum Frieden und zur Toleranz gegenüber anderen Religionen aufgefordert. Die islamischen Religionsbücher bewegen sich (im Unterschied zu den Schulbüchern der Staatsbürgerkunde und der Nationalen Erziehung) zwar ebenfalls in sehr traditionellem Rahmen im Hinblick auf ihre Sicht der Gesellschaft, aber offene Antisemitismen oder anti-israelische Stellungnahmen finden sich nicht mehr. Was zu finden ist, ist vor allem ein Schweigen: Das Thema Israel und Juden wird fast vollständig ausgeklammert. Auf Landkarten werden das israelische Staatsgebiet und die israelischen Städte einfach weggelassen. Bei der Toleranz gegenüber Nichtmuslimen wird fast nur von den Christen gesprochen. In den

Analysen von CMIP und MEMRI wird dies als Bestreitung der Existenz/ des Existenzrechtes Israels bzw. als Intoleranz gegenüber Juden angesehen. Sicherlich ist diese Nichterwähnung zu kritisieren. Dabei aber ungesagt zu lassen, dass die palästinensische Curriculumskommission die große Leistung vollbracht hat, einen Großteil der Antijudaismen und anti-israelischen Passagen erst einmal zu entfernen, ist unfair und wird dem wirklichen Tun der Palästinenser nicht gerecht. Die heute noch in den palästinensischen Schulbüchern zu findenden kritischen Passagen sind »Peanuts« im Vergleich zu dem, was sich in den jordanischen und ägyptischen bis heute findet. Geht es nicht nur darum, den politischen Gegner zu diffamieren, sondern wirklich darum, Antisemitismen aufzudecken, dann sollte sich der Blick eher nach Ägypten, Syrien und Jordanien richten.

Dennoch sollen auch hier die wichtigsten kritischen Passagen in den neuen islamischen Religionsbüchern herausgegriffen werden. Die politisch brisanteste Stelle findet sich in einem Schulbuch der 6. Klasse. Unter der Überschrift »*Unsere Pflicht gegenüber unserem Vaterland*« heißt es dort: »*Gegenüber dem Vaterland gibt es zahlreiche Pflichten in Bezug auf sein Volk und seine Söhne: 1. Seine Verteidigung auf jede mögliche Weise (w: auf jedem möglichen Weg). D. h. der Islam macht die Verteidigung des Vaterlandes zu einer religiösen Pflicht. Und derjenige, der auf dem Weg der Verteidigung für es getötet wird, wird als Märtyrer erachtet. Ihm gebührt die höchste der Stufen. So sagt der Erhabene: ›Warum sollten wir denn nicht für die Sache Gottes kämpfen, da der Feind uns doch aus unseren Häusern vertrieben und uns von unseren Söhnen getrennt hat?‹ (Sure 2 ›Die Kuh‹, 246). 2. ...*« Der erste Abschnitt kann nicht nur als Legitimation der Gewaltanwendung, sondern sogar als Aufruf dazu interpretiert werden, denn es wird ja explizit gesagt, dass *alle möglichen Methoden* zur Verteidigung angewendet werden sollen. Da das Buch in einer Situation erschien, da häufig Selbstmordattentate verübt wurden, kann dies möglicherweise dahin gedeutet werden, dass man die Selbstmordattentate nicht nur legitimieren wollte, sondern auch dazu ermutigen und sie sogar zur religiösen Pflicht machen wollte. Eine solche Aussage hat in einem Buch, das von der Nationalen Palästinensischen Bildungsbehörde herausgegeben und von der UNESCO und europäischen Staaten mitfinanziert wird, keinen Platz und sollte umgehend aus dem Text genommen werden – auch wenn es sich nur um eine Fehldeutung des Textes handeln sollte.

Es ist darauf hinzuweisen, dass der Einsatz eines jeglichen Mittels auch nicht dem traditionellen islamischen Rechtsdenken entspricht, das schon sehr früh den islamischen Kämpfern Einschränkungen hinsichtlich der Gewaltanwendung auferlegte. Der Koran selbst macht es in Sure 17, 33 zum Prinzip, dass für zu Unrecht Getötete sogar Rache genommen werden darf, dass man aber auf keinen Fall »*maßlos im Töten*« sein darf. Im Aufruf, dass jedes beliebige Mittel recht sei, um sein Land zu verteidigen, spiegelt sich nicht islamisches Recht, sondern dessen Fehlinterpretation durch militante islamistische Gruppen, die in einem Schulbuch in Palästina unangebracht ist. Andererseits muss jedoch gesagt werden, dass im Unterschied zu jordanischen Schulbuchtexten, in denen explizit zum militärischen Dschihad aufgerufen wird und die ganze Gesellschaft als Dschihadi-Gesellschaft bezeichnet wird, hier überhaupt nichts über die Form des Dschihads gesagt wird. Es kann also genauso auch ein Dschihad im Sinne einer extremen Anstrengung für eine Friedenslösung mit allen politischen Mitteln gemeint sein. Dagegen wird wohl kaum etwas einzuwenden sein. Zudem wird immerhin an anderer Stelle eindeutig klargestellt, dass das Töten von Frauen, Kindern und Alten nach islamischer Kriegsethik nicht erlaubt ist. Weiterhin wird an anderen Stellen eindeutig klargestellt, dass der Dschihad in jedem Fall nur eine Ausnahme sein darf.

In einem Text der 7. Klasse für das Fach islamische Religion, der apologetischen Charakter hat, wird die Behauptung abgewiesen, dass der Islam eine Religion des Schwertes sei. Dies könne und dürfe gar nicht sein, weil Gott selbst gesagt habe, dass es »*keinen Zwang in der Religion gebe*« (Sure 2, 256) und weil Muslime nach dem Frieden suchen müssten, solange es nur immer möglich sei.

»Einige Feinde des Islam behaupten, dass die Verbreitung des Islam mit der Schärfe des Schwertes erfolgt sei. Die Wahrheit unterscheidet sich aber von dem, was sie behaupten. Wie soll denn das Schwert die Methode zur Verbreitung des Islam gewesen sein, wenn doch Gott, der Erhabene, den Zwang in der Religion verboten hat! Der Erhabene sagte: ›Es gibt keinen Zwang in der Religion‹ (Sure ›Die Kuh‹, 256). Der Islam ist doch die Religion des Friedens, d. h. Gott, der Erhabene, spornt zu ihm an, solange ein Weg zu ihm zu finden ist. Der Erhabene sagt: ›Wenn sie zum Frieden neigen, entschließe du dich auch dafür, und verlass dich auf Gott! Er ist es, der alles hört und alles weiß‹ (Sure ›Die Beute‹, 61). Der Frieden ist die Grundlage und der Krieg nur ein Ausnahmezustand, der zur Selbstverteidigung vorgeschrieben ist, zur Entfernung einer Unterdrückung und zur Beseitigung von Hindernissen hinsichtlich der Ausbreitung der islamischen Mission.«

Die Kriterien, die in dem Text genannt werden (Verteidigung des Vaterlandes, Entfernung einer Unterdrückung, Beseitigung von Hindernissen bei Infragestellung der islamischen Missionsmöglichkeit) sind zwar höchst interpretationsbedürftig und die Begründung ist schwach, weil sie von der islamischen Geschichte absieht, aber immerhin muss man zugestehen, dass man hier eindeutig versucht, den Dschihad in seine Schranken zu weisen, während z. B. in jordanischen Religionsbüchern vermittelt wird, dass er unabdingbar zum Islam dazu gehöre – der Dschihad ist dort nicht Ausnahme, sondern unerlässliche individuelle Pflicht (*fardlain*) für jeden Muslim und zu jeder Zeit. In den palästinensischen Büchern ist dagegen nicht derjenige, der Frieden befürwortet, sondern derjenige, der unfriedliche Mittel befürwortet, prinzipiell gezwungen, seine Haltung zu legitimieren.

Interessant ist, wie man in den palästinensischen Schulbüchern mit dem Vertrag von Medina umgeht. Im islamischen Religionsbuch der Klasse 7 wird hierzu unter der Überschrift »Die Beziehungen der Muslime zu den Anderen« folgendes gesagt:

> »Der Prophet – Gott segne ihn und schenke ihm Heil – organisierte die Beziehungen zwischen den Muslimen als eine Gemeinschaft, die sich vom Rest der Menschheit unterscheidet und zu den jüdischen Stämmen, die in der erleuchteten Stadt und ihrer Umgebung lebten. Diese Stämme begrüßten nicht die Auswanderung des Propheten Gottes – Gott segne ihn und schenke ihm Heil – und der Muslime von Mekka in die erleuchtete Stadt, obwohl sie keinen Widerstand zeigten oder Streit anfingen. In dem Vertrag zwischen ihm und ihnen ließ er ihnen uneingeschränkte Freiheiten in ihrer Religion und ihrem Vermögen. Unter den wichtigsten Artikeln, die in diesem Vertrag enthalten sind [sind folgende]: Die Juden haben ihre Religion und die Muslime ihre Religion. Sie stehen sich bei gegen den, der Krieg gegen die Bevölkerung dieser oder jener Seite führt oder gegen den, der Yathrib überfällt. Beratungen und Konsultationen sollen zwischen ihnen stattfinden, Rechtschaffenheit ohne Freveltat soll herrschen. Sobald etwas auf dieser Seite passiert oder wenn ein Streit ausbricht, bei dem zu fürchten ist, dass er entgleitet, dann soll es vor Gott, den Starken und Mächtigen und vor Muhammad – Gott segne ihn und schenke ihm Heil – gebracht werden.«

Die historischen Auseinandersetzungen werden hier darauf reduziert, dass die Juden Medinas die Auswanderung Muhammads nicht »begrüßten«. Die vertraglichen Einigungen werden betont, während der Vorwurf des Vertragsbruchs hier im Haupttext überhaupt nicht mehr vorkommt. Ebenso wurden alle Anti-Judaismen getilgt. Der Text kann in dieser Form durchaus als Grundlage dafür dienen, um historisch-theologisch zu begründen, dass eine vertragliche Lösung mit Juden (und anderen Nicht-Muslimen) prinzipiell möglich und anzustreben ist.

Zur religiösen Toleranz wird in den islamischen Religionsbüchern an mehreren Stellen ausdrücklich aufgerufen. So heißt es im Religionsbuch der 3. Klasse, dass der Prophet befohlen habe, »*die Anderen zu achten, gleich ob sie groß oder klein, reich oder arm, Muslime oder Nichtmuslime sind*«. Im Schulbuch der 7. Klasse wird als einer der Gründe für die Ausbreitung des Islam ausgeführt, dass man in den eroberten Gebieten die Nichtmuslime »*gerecht und gnädig*« behandelte und dass »*der Islam ihnen ihr Vermögen, ihre Sicherheit und ihre religiöse Freiheit garantierte und Anfeindung von ihnen fernhielt.*«

In der 8. Klasse wird unter einem Abschnitt »*Toleranz im Umgang mit Nichtmuslimen*« folgendes gesagt:

> »Der Islam errichtet Beziehungen zwischen den Menschen auf der Basis von Gerechtigkeit, Erbarmen und dem Bewahren der menschlichen Würde. Er ermutigt zur Beziehung zwischen muslimischen und nichtmuslimischen Bürgern in der islamischen Gesellschaft, die gegründet ist auf den soliden Fundamenten von Toleranz, Gerechtigkeit und Erbarmen. So sprach der Gepriesene: ›Gott verbietet euch nicht, gegen diejenigen, die euch des Glaubens wegen nicht bekämpft und euch aus euren Häusern nicht vertrieben haben, gütig und gerecht zu sein. Gott liebt die Gerechten.‹ (Sure ›Die Prüfende‹, 8)«

Auch hier ist eindeutig, dass man versucht, eine tolerante Haltung gegenüber Nicht-Muslimen zu begründen. Problematisch ist nur, dass man dies gerade auf der Basis von Sure 60, 8 tut. Wenn nur Frieden mit denjenigen geschlossen werden kann, die Nicht-Muslime aus ihren Häusern vertrieben und sie wegen des Glaubens bekämpft haben, so kann die Frage aufkommen, ob Israel als Partner aus dieser Sicht für einen Frieden überhaupt in Betracht kommt. Zweifelsohne besteht schließlich in einem Großteil der palästinensischen Bevölkerung darüber Konsens, dass es 1948 bei der Gründung des Staates Israel zur großen Katastrophe (*an-nakba*) gekommen ist, bei der ein großer Teil der palästinensischen Bevölkerung vertrieben wurde. Darüber hinaus besteht auch kein Zweifel darüber, dass in den letzten Jahrzehnten im Zuge der fortdauernden Siedlungspolitik Land völkerrechtswidrig enteignet wurde und dass dieser Prozess der Vertreibung und Enteignung durch die Militäraktionen, Häusersprengungen, Abriegelungen und Deportationen und die offene israelische Debatte über den »Transfer der Araber« bis in die aktuelle Gegenwart anhält. Ein palästinensischer muslimischer Schüler wird den unkommentierten Text daher möglicherweise dahingehend verstehen können, dass ein Kompromiss oder eine friedliche Aussöhnung mit Israel aus religiöser Sicht nicht möglich ist. Das Anliegen des Kapitels »Toleranz im Umgang mit Nichtmuslimen« könnte also bei Betrachtung der aktuellen Realität genau ins Gegenteil verkehrt werden

Dennoch ist festzuhalten: Die Problematik in den palästinensischen Schulbuchtexten liegt weniger in den Texten selbst, denn in ihren vielfältigen Interpretationsmöglichkeiten und in dem, was sie auslassen. Nirgendwo in den palästinensischen Schulbüchern für den islamischen Religionsunterricht sind jedoch prinzipielle Anti-Judaismen und negative Stereotypen anzutreffen, wie sie für die ägyptischen und jordanischen Bücher charakteristisch sind. Nirgendwo wird das Judentum als verräterisch, rassistisch, als Feind der Muslime oder Feind Gottes oder ähnliches beschrieben. Vielmehr wird zur Toleranz gegenüber Nicht-Muslimen aufgerufen und der Islam als eine Religion des Friedens beschrieben. Der Dschihad wird nur als Defensivmaßnahme legitimiert, der Krieg als Ausnahmezustand beschrieben, der besonderer Rechtfertigung bedarf. Dies ist ein eindeutiger Fortschritt gegenüber den bisher gebrauchten ägyptischen und jordanischen Nachdrucken, zumal die neuen palästinensischen Schulbücher hinsichtlich der Druckqualität, der Didaktik und des Layouts einen großen Sprung nach vorne gemacht haben. Nicht immer sind die Begründungen überzeugend. Vielfach sind Passagen in verschiedene Richtungen auslegbar. Das Vermeiden der Wörter »Israel« und »Juden« führt an vielen Stellen zu einer merkwürdigen Realitätsferne. Die fehlende Definition, was mit dem zu verteidigenden »Vaterland« (*watan*) gemeint ist, kann radikale Fehlinterpretationen zur Folge haben. In vielem bleiben die palästinensischen Schulbücher für den Islamunterricht daher verbesserungsbedürftig. Eine sachliche Darstellung des Judentums in arabischen Schulbüchern steht noch aus. In den palästinensischen Schulbüchern für Nationale Erziehung und für Staatsbürgerkunde wird zwar die Erziehung zur Toleranz und zur Gleichberechtigung, zu Demokratie und zu Frauenrechten sehr stark betont, und stets wird von dem Christentum und dem Islam als absolut gleichberechtigte Religionen gesprochen. Aber von der jüdischen Tradition im Heiligen Lande, von jüdischen Heiligen Stätten, von jüdischen Bewohnern des Landes fehlt jegliche Erwähnung in Text oder Bild. Insbesondere fehlt eine neutral-deskriptive Beschreibung der wesentlichen Merkmale des Judentums, seien es nun der Monotheismus, die Speiseverbote, die Einhaltung des Sabbats, die religiösen Feste oder auch die theologischen Vorstellungen der Erwählung, des Bundes Gottes mit dem Volk Israel, der Landverheißung und vielem mehr. Dies ist eindeutig ein Mangel, der behoben werden sollte. Eine seriöse historische Darstellung der Religion des Judentums und ihrer charakteristischen Merkmale sollte auch durchaus möglich sein, denn in der islamischen Tradition und Geschichtsschreibung gab es keine grundsätzlichen Vorbehalte gegenüber dem Judentum, die dem christlichen Antisemitismus vergleichbar wären. Die Entfernung von Antisemitismen ist sicherlich ein erster Schritt in die richtige Richtung, aber ein völliges Verschweigen und Ignorieren einer Religionsgemeinschaft und eines Volkes, die für die palästinensischen Schülerinnen und Schüler nun einmal eine Realität sind, kann nicht der letzte Schritt sein. Statt stereotypen Verurteilens und Verschweigens bedarf es einer sachlich-deskriptiven Beschreibung des Judentums. Dennoch ist es aber eindeutig verfehlt und abwegig, die palästinensischen Schulbücher als ein »Kriegscurriculum« zu bezeichnen. Die palästinensischen Schulbücher sind weit besser als ihr Ruf.

Literatur

Center for Monitoring the Impact of Peace (Hrsg.):
1. *Palestinian Authority School Textbooks*, Jerusalem-New York 1998 (2. Aufl., März 2001);
2. M. ITAMAR, *Palestinian Authority Teachers' Guides*, Jerusalem-New York 2000;
3. M. ITAMAR, *The New Palestinian Authority School Textbooks for Grades One and Six*, Jerusalem-New York 2000;
4. *Antisemitism in the Textbooks of the Palestinian Authority and Syria*; Jerusalem-New York 2000;
5. A. YOVEL, *Arabs and Palestinians in Israeli Textbooks in the School Year 1999–2000*, Jerusalem-New York 2000;
6. A. GROISS/Y. MANOR, *Jews, Zionism and Israel in Syrian School Textbooks*, Jerusalem-New York June 2001;
7. A. GROISS, *Jews, Israel and Peace in the Palestinian Authority Textbooks and High School Final Examinations*, Jerusalem-New York 2002;
8. A. GROISS, *The West, Christians and Jews in Saudi Arabian Schoolbooks*, New York-Jerusalem 2003.

A. GROISS, *Jews, Christians, War and Peace in Egyptian School Textbooks*, Jerusalem-New York 2004.

IHTIYAR, NESE/REISS, WOLFRAM, 2003, *Die Darstellung von ethnischen, religiösen und geschlechtsspezifischen Themen in palästinensischen Schulbüchern. Eine Analyse ausgewählter Schulbücher aus den naturwissenschaftlich-mathematischen Fächern*, Braunschweig.

ISRAELI/PALESTINE CENTER FOR RESEARCH AND INFORMATION (ED.), 2003, *Analysis and Evaluation of the New Palestinian Curriculum. Reviewing Palestinian Textbooks and Tolerance Education Program*, Jerusalem.

KRIENER, JONATHAN/REISS, WOLFRAM, 2011, *Die Darstellung des Christentums in Schulbüchern islamisch geprägter Länder*. Bd. 3: *Libanon und Jordanien*, hrsg. von KLAUS HOCK, JOHANNES LÄHNEMANN und WOLFRAM REISS, Berlin.

LEWIS, BERNARD, 1987, *Die Juden in der islamischen Welt*, München.

NORDBRUCH, G., 2002, *Narrating Palestinian Nationalism. A study of the New Palestinian Textbooks*, Washington/DC.

REISS, WOLFRAM, 2001, *Bildung mit Mängeln. Zur Debatte um Antisemitismus in palästinensischen Schulbüchern*, in: KNA-ÖKI 46 (13.11.2001), S. 10–17.

REISS, WOLFRAM, 2002, *Die Palästinenser werden getadelt, wo sie stattdessen gelobt werden sollten. Klarstellungen zur Kritik an den palästinensischen Schulbüchern aus Anlass eines Zeit-Dossiers*, in: *Palästina-Journal 50* (Juli 2002), S. 32–35.

REISS, WOLFRAM, 2005, *Die Darstellung des Christentums in Schulbüchern islamisch geprägter Länder*. Bd. 1: *Ägypten und Palästina*, hrsg. von KLAUS HOCK UND JOHANNES LÄHNEMANN, Hamburg-Schenefeld.

REISS, WOLFRAM, 2005, *Religiöse Toleranz, die Erziehung zur Demokratie und Gleichberechtigung in palästinensischen Schulbüchern*, in: *POLIS. Report der Deutschen Vereinigung für Politische Bildung 1/2005*, S. 17–19.

REISS, WOLFRAM, 2004, *Visions of Society and Peace Education in Palestinian Textbooks*, in: *Ministry of Education and Higher Education (ed.): Palestinian School Textbooks. A Collection of Reports and Articles*, Ramallah 2004, S. 21–40.

WURMSER, M, 2001, *The Schools of Ba'athism. A study of Syrian Textbooks*, Washington/DC.

III. Kulturkonflikte

Gisbert Gemein

Heiliger Krieg und Märtyrertod im antiken Judentum

»Jahwe ist ein gewaltiger Held, ein Kriegsheld« (Ps 24,8) oder »Jahwe ist ein Kriegsmann, Jahwe sein Name« (Ex 15,3), diese Kennzeichnung als eine der markantesten Erscheinungsformen von Israels Gott zieht sich wie ein Leitfaden durch das Alte Testament. Jahwe ist »Gott der Heerscharen«, der mit seinem Volk in die Schlacht zieht, so auch Ex 7,4, wo Gott verheißt »meine Heere, mein Volk, die Israeliten« aus Ägypten herauszuführen. Dies gilt für die Vergangenheit wie die Zukunft, wenn in Dtn 20, 1–4 Israels Gott ankündigt: »Wenn du zum Kriege gegen deine Feinde ausziehst, ... fürchtet euch nicht, ... denn es ist Jahwe euer Gott, der mit euch geht, für euch mit euren Feinden zu kämpfen, euch zu erretten.« Dass die Bundeslade mit auf das Schlachtfeld getragen wurde (Num 10,35 f.; Jos 6; 1 Sam 4,3, 5; Ps 68,2), hat eine ähnliche kultische Funktion wie das Blasen der Trompeten, um Gott den Kämpfern in Erinnerung zu rufen (Num 10,9; 2 Chr 13,14) oder die verschiedenen Vorschriften zur Heilighaltung des Lagers. Sprechen diese Bibelzitate von einem heiligen Krieg? Oder sind sie nur Belege für eine religiös begründete Exodus-Geschichte und anschließende Landnahme? Ab wann gab es Märtyrer? Was macht diesen Begriff aus? Reicht der Tod bei den Landnahmekämpfen dafür aus oder muß es nicht ein Sterben für den Glauben sein?

Nachdem die (protestantische) Exegese des 19. Jahrhunderts den Begriff des »Heiligen Krieges« in der Bibel nicht gekannt hatte, fand ein im Jahre 1901 erschienener Band des Semitisten Friedrich Schwally eine hohe Aufmerksamkeit nicht nur bei Alttestamentlern, sondern auch bei anderen am Judentum interessierten Gelehrten wie Max Weber. Unter ausdrücklichem Bezug auf Schwally schrieb Immanuel Benzinger: »Da der Krieg in Israel ein »heiliger Krieg Jahves« ist und alle Krieger während desselben im Zustand der Weihe sich befinden, ist von der Teilnahme am Krieg jeder ausgeschlossen, der kultisch unrein ist, d. h. irgendwie in Beziehung zu anderen Objekten kultischer Verehrung, in unserem Falle zu Dämonen irgendwelcher Art steht.« (Benzinger, 1902, S. 113). Eine regelrechte Theorie des Heiligen Kriegs entwickelt dann Mitte des 20. Jahrhunderts mit einer auch international sehr erfolgreichen Schrift »Der Heilige Krieg im

Alten Israel« Gerhard von Rad. In dieser Theorie sind drei Elemente wichtig: 1. Der Krieg ist rituell inszeniert und besitzt so eine eminent kultische Bedeutung. 2. Der eigentliche Akteur im Krieg ist Jahwe, der Kriegsherr, nicht die Menschen, die nur vordergründig als Akteure auftreten. 3. Israel hat seine Heiligen Kriege stets defensiv geführt.

Nach einer anfänglich zustimmenden, zum Teil begeisterten Rezeption dieser Schrift hat sich heute eine mehr distanzierte Sicht der Dinge durchgesetzt (Smend, Stolz, Weippert, Miller und später Kang): Die von Rad als spezifisch altisraelitisch behaupteten Elemente der Kriegsführung und vor allem Kriegsdeutung lassen sich auch in anderen altorientalischen Kriegsüberlieferungen nachweisen. Die Vorstellung, dass Götter über Sieg und Niederlage entscheiden, gilt als Topos für die gesamte Antike. Die Unterscheidung zwischen profanen und heiligen Kriegen ist für diesen gesamten Zeitraum wenig hilfreich.

Eine neue Qualität hinsichtlich der Kennzeichnung als »Heiliger Krieg« bringen allerdings die Makkabäerkriege, weil sie aus der wahrscheinlich ersten Religionsverfolgung hervorgingen. Dabei mag es für die Entscheidung, ob es sich hier um einen »Heiligen Krieg« gehandelt hat, unerheblich sein, ob hier der Seleukidenherrscher Antiochus Epiphanes (um 215–164 v. Chr.) der alleinige oder hauptsächliche Verursacher des Aufstandes war oder ein innerisraelischer Konflikt zwischen einer dem Hellenismus zuneigenden, weitgehend städtischen Oberschicht und einer am strengen Monotheismus festhaltenden Mehrheitsbevölkerung bestand (Dok. 1), wobei sich Antiochus auf die Seite der (jüdischen) Obrigkeit stellte. Für die Spaltung der israelischen Gesellschaft bieten die beiden Makkabäerbücher 1 und 2 genügend Belege. Neu in der Geschichte ist die hier auftretende systematische Religionsverfolgung, die vom Grundsatz her in einer polytheistischen Welt nicht denkbar ist, die sich – unbeschadet regionaler Rivalitäten – eher durch eine Toleranz auszeichnet und keinen Drang verspürt, den Kult ihrer Götter anderen Völkern und Kulturen aufzuzwingen. Das Gegenteil ist eher der Fall, durch die Aufnahme fremder Götter, z. B. um im Kriegsfall die Gegenseite zu schwächen. Lediglich da, wo ein Kult die öffentliche Ordnung im Staat oder die Moral einer Gesellschaft zu gefährden drohte, sind staatliche Maßnahmen gegen Religionen zu verzeichnen z. B. die Maßnahmen des römischen Senats im Jahre 186 v. Chr. gegen die Ausbreitung des Dionysos-Kultes oder das Verbot des gallischen Druidenkultes in der Kaiserzeit, weil in ihm die Widerstandszelle gegen die römische Besatzung vermutet wurde. Insofern mag die Unterdrückungspolitik des Antiochus Epiphanes noch in die Konzeption einer traditionellen Religionspolitik hellenistischer Herrscher einzuordnen sein, unter bestimmten Umständen gegen Kulte vorzugehen, auch wenn dies nicht zu ihren üblichen Verhaltensweisen gehörte. Doch die Heftigkeit, Unbarmherzigkeit und Konsequenz, mit der die Auseinandersetzung geführt wurde, ebenso aber auch die Reaktion der Betroffenen bieten eine neue Qualität. Auch andere Völker kannten Gebote, kein Schweinefleisch zu essen oder Knaben zu beschneiden, doch nur den Juden wurde die Beschneidung verboten und das Essen von Schweinefleisch wurde wie das Opfern vor Götzen zum Testfall für Untertanengehorsam. Es ging also nicht um die Integration der Juden in die hellenistische Kultur, sondern darum, den jüdischen Widerstand zu brechen, mit der Konsequenz für die jüdische Gesellschaft, die als einzige einen monotheistischen Glauben besaß, ihrer Identität beraubt zu werden, ja völlig ausgelöscht zu werden, wenn die Maßnahmen auch auf die unter seleukidischer Herrchaft bestehenden Diaspora-Gemeinden in Syrien und Babylonien ausgeweitet werden würden. Aus dem bedingungslosen Festhalten der jüdischen Massen am Glauben ihrer Väter erwuchs eine große Opferbereitschaft, zum ersten Mal in der (uns bekannten) Weltgeschichte entstand eine Bereitschaft zum Märtyrertod in großem Stil, die Vorbild wurde nicht nur für den Aufstand des Bar Kochba im 2. nachchristlichen Jahrhundert, sondern auch für die Christen (Dok. 2 bis 5). »Ein zentraler Faktor, aus dem die Juden Kraft zur Teilnahme am Aufstand schöpften, war die religiöse Begeisterung der Aufständischen und das Bewusstsein der Kämpfer, dass sie einen heiligen Krieg führten, für den jüdischen Glauben und die Wahrung der göttlichen Lehre gegen die Entweihung des Heiligtums und die Existenzbedrohung des Judentums und seiner Institutionen« (Oppenheimer, 2008, S. 36). Auch der Auferstehungsglaube bei Juden wie Christen geht auf diese Makkabäertradition zurück (Dok. 3).

Eine vergleichbare Ausgangslage war auch Grundlage für den Aufstand unter Bar Kochba. Kaiser Hadrian (76–138 n. Chr., reg. 117–138), eher als friedliebender Herrscher bekannt, betrieb in Palästina eine Hellenisierungspolitik. Während die Errichtung eines Hadrianeums oder die Umbenennung von Städten in Galiläa von der dortigen jüdischen Bevölkerung ohne nennenswerten Widerstand hingenommen wurden, führten entsprechende Maßnahmen wie der Wiederaufbau des 70 n. Chr. zerstörten Jerusalems unter dem Namen Aelia Capitolina mit der Einweihung eines Jupitertempels zum Aufstand des Bar Kochba im Jahre 132 n. Chr. (Dok. 6). Anlass war die Verwandlung Jerusalems in eine heidnische Stadt mit römischem Namen und heidnischem Jupitertempel, ähnlich wie einst Antiochus Epiphanes den Jerusalemer Tempel dem olympischen Zeus weihte und die Stadt nach ihm benannte. Dieser Aufstandsanlass unterschied sich in seiner religiösen Begründung von allen anderen Aufständen der römischen Kaiserzeit, die in der Regel auf die Unzufriedenheit mit der römischen Besteuerung bzw. dem Verhalten der Steuereinnehmer zurückzuführen waren. Das Judentum als monotheistische Religion war nicht bereit, an der heiligen Stätte Jerusalem einen heidnischen Kult zu dulden. Man mag darüber streiten, ob man Hadrians Religionspolitik einen Vernichtungswillen gegenüber einer den Kaiserkult negierenden monotheistischen Religion unterstellen darf; auf jeden Fall haben dies Bar Kochbas Anhänger getan. Die religiöse Begeisterung und Hingabe selbst des eigenen Lebens machen den Bar-Kochba-Aufstand zu einem heiligen Krieg. Das schon den Makkabäer-Aufstand beherrschende Märtyrertum wird hier begrifflich und theoretisch voll ausgeprägt: Die hebräischen Bezeichnungen für Märtyrertod (*Qiddusch haSchem*) und heiliger Krieg (*Milschemet Qodesch*) enthalten beide den mit der monotheistischen Glaubensvorstellung zusammenhängenden Begriff der Heiligkeit.

Dem Bar-Kochba-Aufstand ging der Große Aufstand von 66–70 n. Chr. voraus, der mit der Zerstörung Jerusalems endete und mit dem gemeinsamen Selbstmord der Verteidiger von Massada ein tragisches Nachspiel hatte. Man mag darüber streiten, ob dieser – weil er auch andere Gründe hatte – ein vergleichbarer heiliger Krieg war. Sicherlich war er es für die Sikarier (Dok. 4), die als harter Kern der Aufständischen eine Sekte von religiösen Fanatikern bildeten, deren Politik auch zu innerjüdischen Spannungen führte.

Ob der sog. Diaspora-Aufstand 115 bis 117 n. Chr. während der Regierungszeit Trajans (53–117 n. Chr., reg. 98–117) in der Kyrenaika, in Ägypten, Zypern und Mesopotamien (der einzige Aufstand bis zum Warschauer Ghetto-Aufstand 1943 außerhalb Israels) die gleichen Kriterien erfüllt, um ihn als heiligen Krieg zu kennzeichnen, muss hinsichtlich der aufgrund der Quellenlage undurchsichtigen Hintergründe offen bleiben, auch wenn die heutige Forschung annimmt, dass dieser Diaspora-Aufstand hauptsächlich messianisch bedingt war und die Aufständischen nach Jerusalem gelangen wollten. Dass Cassius Dio, der in seiner Schilderung des Bar-Kochba-Aufstandes keine jüdischen Gräueltaten verzeichnete, bei seiner Schilderung des Diaspora-Aufstandes (sicherlich übertreibend) den Aufständischen sogar Kannibalismus unterstellte (Dok. 7), mag ein Nachklang der Härte der Auseinandersetzungen sein, bei dem ein sikarischer Einfluss durch antike Zeugnisse belegbar ist, auch wenn eine Bemessung seiner Höhe nicht möglich ist. Mit Ausnahme der kriegerischen Auseinandersetzungen in Mesopotamien, wo der Aufstand in die römisch-parthischen Kämpfe einzuordnen ist, war ein extremer religiöser Fanatismus kennzeichnend, der sich auch in der Leidensbereitschaft und im Märtyrertum der von den römischen Siegern Gefassten zeigte. Offenbar bestand ein Zusammenhang zwischen der Intensität des religiösen Fanatismus und der Schwäche der jüdischen Position; denn der erfolgreiche Makkabäer-Aufstand sowie der anfangs ebenfalls nicht unerfolgreiche Bar-Kochba-Aufstand waren nicht durch derart extreme Verhaltensweisen und einen übermäßigen Fanatismus geprägt. Der Makkabäer Mattatias erlaubte eine Kriegführung am Sabbat (Makk 2, 39 ff.), als er merkte, dass die Seleukiden die übliche Sabbatruhe zum Angriff auf die Juden nutzten, d. h. er passte ein religiöses Gebot den neuen realen Bedürfnissen an. Bar Kochba hatte umsichtig den Aufstand vorbereitet, schlug erst los, als Hadrian das Land verlassen hatte, während die Kämpfer des Großen Aufstandes unvernünftig handelten, als sie Archive und Speicherräume verbrannten.

Oppenheimer fasst die Neuerungen, die die Kriegsgeschichte dem Monotheismus zu verdanken hat, zusammen:

»Religion als Hauptursache, nicht nur Anlaß, zusätzlicher Faktor oder Vorwand für einen Krieg. Der Monotheismus hat die Religion zu einem zentralen Moment des Konflikts gemacht. Dieses Phänomen ist nicht nur im Judentum zu finden, sondern später auch im Islam; das Christentum hat ebenfalls die Idee des heiligen Krieges freudig aufgenommen. Die Kreuzzüge stellen sogar heilige Kriege um heiliges Land dar. Auch in den langwierigen Kämpfen zwischen Katholiken und Protestanten im 16. und 17. Jahrhundert spielte die Religion eine zentrale Rolle. Ausgegangen ist die Idee des heiligen Krieges vom Judentum, denn das Judentum war die erste monotheistische Religion unter den polytheistischen Religionen des Altertums.« (Oppenheimer, 2008, S. 42).

Die Selbstaufopferung im Märtyrertum gehört zwar nicht notwendigerweise zum heiligen Krieg, wie im christlichen Märtyrertum der Antike zu beobachten ist; es tritt in den Religionskriegen der Frühen Neuzeit ganz zurück, erlebt aber gerade in heutiger Zeit im Islam eine zunehmende Bedeutung. Das antike Judentum hat nicht nur den heiligen Krieg und den Märtyrertod erfunden, sondern auch die Kombination von beidem.

Literatur

BENZINGER, IMMANUEL, 1902, *Art. Kriegswesen bei den Hebräern*, in: *Realencyklopädie für protestantische Theologie und Kirche*, Band 11, Leipzig 2. Aufl., S. 111–119.

HEILIGER KRIEG IN DER BIBEL? DIE KÄMPFE DER MAKKABÄER, 2007, in: *Welt und Umwelt der Bibel*, Heft 1.

KANG, SA-MOON, 1989, *Divine War in the Old Testament and in the Ancient Near East*, Berlin/New York.

MILLER JR., PATRICK D., 1973, *The Divine Warrior in Early Israel*, Cambridge MA (Nachdruck Atlanta 2006).

OPPENHEIMER, AHARON, 2008, *Heilige Kriege im antiken Judentum*, in: KLAUS SCHREINER (HRSG.), *Heilige Kriege*, München, S. 31–42.

VON RAD, GERHARD, 1991, *Der Heilige Krieg im alten Israel*, Göttingen 1952; engl. Übersetzung: Holy War in Ancient Israel, Grand Rapids.

SCHWALLY, FRIEDRICH, 1901, *Der Heilige Krieg im Islam in religionsgeschichtlicher und staatsrechtlicher Bedeutung*, in: *Internationale Monatsschrift 10, 1916/17, Sp, 687ff.;* Schwally knüpft hier an seine Monographie *»Der heilige Krieg im alten Israel«*, Leipzig 1901 an.

SMEND, RUDOLF, 1966, *Jahwekrieg und Stämmebund*, Göttingen.

STOLZ, FRITZ, 1972, *Jahwes und Israels Krieg*, Zürich.

WEIPPERT, MANFRED, 1972, *Heiliger Krieg in Israel und Assyrien. Kritische Anmerkungen zu Gerhard von Rads Konzept des Heiligen Krieges im Alten Israel,* in: *Zeitschrift für Alttestamentliche Wissenschaft 84,* S. 460–493.

Quellen

Dok. 1 Hellenisierung contra Gesetzestreue im Judentum (1 Makk 2, 23–28)
Dok. 2 Das Martyrium des Eleaser (2 Makk 6, 18–31)
Dok. 3 Das Martyrium der 7 Brüder und ihrer Mutter (2 Makk 7, 1–9)
Dok. 4 Ein Bericht über jüdische Märtyrer im Großen Aufstand 66–70 n. Chr.
Dok. 5 Märtyrerbereitschaft bei den Juden
Dok. 6 Anlass des Bar-Kochba-Aufstandes
Dok. 7 Gräueltaten beim Diaspora-Aufstand

Dok. 1: Hellenisierung contra Gesetzestreue im Judentum

Die innerjüdischen Auseinandersetzungen hinsichtlich der Übernahme hellenistischer Praktiken belegt die folgende Stelle aus 1 Makk 2, 23–28:
»... da trat vor aller Augen ein Jude vor und wollte auf dem Altar von Modein opfern wie es der König angeordnet hatte. Als Mattatias das sah, packte ihn leidenschaftlicher Eifer; er bebte vor Erregung und ließ seinem gerechten Zorn freien Lauf. Er sprang vor und erstach den Abtrünnigen vor dem Altar. Zusammen mit ihm erschlug er auch den königlichen Beamten, der sie zum Opfer zwingen wollte, und riss den Altar nieder; der leidenschaftliche Eifer für das Gesetz hatte ihn gepackt ... Dann ging Mattatias durch die Stadt und rief laut: Wer sich

193

für das Gesetz ereifert und zum Bund steht, der soll mir folgen. Und er floh mit seinen Söhnen in die Berge; ihren ganzen Besitz ließen sie in der Stadt zurück.«
1 Makk 2, 23–28.

Dok. 2: Das Martyrium des Eleaser

In 2 Makk 6, 18–31 wird das Martyrium des Schriftgelehrten Eleaser geschildert:
»Unter den angesehensten Schriftgelehrten war Eleaser, ein Mann von hohem Alter und edlen Gesichtszügen. Man sperrte ihm den Mund auf und wollte ihn zwingen, Schweinefleisch zu essen. Er aber zog den ehrenvollen Tod einem Leben voll Schande vor, ging freiwillig auf die Folterbank zu und spuckte das Fleisch wieder aus.«
2 Makk 6, 18–20.

Dok. 3: Das Martyrium der 7 Brüder und ihrer Mutter

Im Anschluss an die Eleazer-Geschichte berichtet 2 Makk vom Martyrium der 7 Brüder und ihrer Mutter, die sich dem König widersetzen, Schweinefleisch zu essen. Darauf werden sie nacheinander vor den Augen der Mutter gefoltert und getötet. Bevor sie sterben, richtet jeder ein vernichtendes Wort an den König, der trotzdem dem jüngsten und allein überlebenden großen Reichtum und Ehre verspricht, wenn er sein Gebot befolgt. Die Mutter bestärkt ihn in seinem Märtyrerwillen, beide sterben. Theologiegeschichtlich bedeutsam ist diese Erzählung, weil sie einer der Ursprünge des Auferstehungsglaubens ist:
»Ein andermal geschah es, dass man sieben Brüder mit ihrer Mutter festnahm. Der König wollte sie zwingen, entgegen dem göttlichen Gesetz Schweinefleisch zu essen, und ließ sie darum mit Geißeln und Riemen peitschen. Einer von ihnen ergriff für die anderen das Wort und sagte: Was willst du uns fragen und von uns wissen? Eher sterben wir, als dass wir die Gesetze unserer Väter übertreten. Da wurde der König zornig und befahl, Pfannen und Kessel heiß zu machen. Kaum waren sie heiß geworden, ließ er ihrem Sprecher die Zunge abschneiden, ihm nach Skythenart die Kopfhaut abziehen und Nase, Ohren, Hände und Füße stückweise abhacken. Dabei mussten die anderen Brüder und die Mutter zuschauen. Den grässlich Verstümmelten, der noch atmete, ließ er ans Feuer bringen und in der Pfanne braten. Während sich der Dunst aus der Pfanne nach allen Seiten verbreitete, sprachen sie und ihre Mutter einander Mut zu, in edler Haltung zu sterben ...
Als der erste der Brüder auf diese Weise gestorben war, führten sie den zweiten zur Folterung. Sie zogen ihm die Kopfhaut samt den Haaren ab und fragten ihn: Willst du essen, bevor wir dich Glied für Glied foltern? Er antwortete in

seiner Muttersprache: Nein! Deshalb wurde er genauso wie der erste gefoltert. Als er in den letzten Zügen lag, sagte er: Du Unmensch! Du nimmst uns dieses Leben; aber der König der Welt wird uns zu einem neuen, ewigen Leben auferwecken, weil wir für seine Gesetze gestorben sind. ...«
2 Makk 7, 1–9.

Dok. 4: Ein Bericht über jüdische Märtyrer im Großen Aufstand 66 bis 70 n.Chr.

Flavius Josephus berichtet über die Agitation der nach dem gescheiterten Aufstand geflohenen Sikarier und eine jüdische Gegenwehr, die die Sikarier verhaftete und den Römern auslieferte :
»Mit großem Elan fielen sie über die Sikarier her und setzten sie hinter Schloß und Riegel. 600 von ihnen wurden sogleich verhaftet; andere hatten versucht, nach Ägypten hinein, insbesondere nach Theben zu fliehen, wurden jedoch alsbald ergriffen und zurückgebracht. Man war allgemein verwundert über ihre Hartnäckigkeit, ihre Tollkühnheit oder, wenn man will, über ihre seelische Haltung. Denn obgleich sie alle möglichen Folterungen und Verstümmelungen auszuhalten hatten, einzig damit sie den römischen Kaiser als Herrn anerkannten, wurde nicht ein einziger von ihnen schwach, und keiner sprach das geforderte Wort, sondern sie blieben in ihrer Gesinnung unerschütterlich, als wären sie unempfindlich gegen Marter und Feuersqualen, ja sie freuten sich sogar noch darüber. Am meisten Bewunderung zollten die Zuschauer den Knaben, von denen sich keiner bewegen ließ, den Kaiser als seinen Herrn zu bezeichnen, in solchem Maße war ihre Kühnheit Herr über ihren schwachen Körper.«
Flavius Josephus, Der Jüdische Krieg, VII, 10,1, Bd. 2, München 1966, S. 267. Die Rechte an der Übersetzung von Hermann Endrös liegen beim Wilhelm Goldmann Verlag, München, in der Verlagsgruppe Random House.

Dok. 5: Märtyrerbereitschaft bei den Juden

Ein rabbinischer Zeitgenosse schildert die Bereitschaft zum Märtyrertod während der hadrianischen Verfolgung (Bar-Kochba-Aufstand):
»»Die mich lieben und meine Gebote halten« (Ex 2,6) – das sind die Israeliten, die im Land Israel wohnen und ihr Leben für die Gebote dahingeben: Wofür sollst du getötet werden? – Ich habe meinen Sohn beschneiden lassen. Wofür sollst du verbrannt werden? – Ich habe in der Tora gelesen. Wofür sollst du gekreuzigt werden? – Ich habe (zu Pessach) ungesäuertes Brot (Mazza) gegessen. Wofür sollst du geprügelt werden? – Ich habe (am Laubhüttenfest) den Feststrauß geschwungen.«
Zitiert nach: Oppenheimer, 2008, S. 38.

Dok. 6: Anlass des Bar-Kochba-Aufstandes

Der römische Historiker Cassius Dio schildert den Vorgang so:
»Als er (gemeint ist Hadrian) in Jerusalem anstelle der zerstörten eine neue Stadt gründete, die er Aelia Capitolina nannte, und an der Stelle des Tempels Gottes einen anderen, dem Jupiter geweihten erbaute, brach ein bedeutender und langwieriger Krieg aus.«
Cassius Dio, Historia Romana 69, 12: 1–2.

Dok. 7: Gräueltaten beim Diaspora-Aufstand

Cassius Dio beschreibt – sicherlich übertreibend – das Vorgehen der Aufständischen:
»Zu jener Zeit (gemeint ist: 115 n. Chr.) setzten die kyrenäischen Juden einen Mann namens Andreas an die Spitze, in dessen Gefolge liquidierten sie Römer und Griechen. Ihr Fleisch aßen sie, mit ihren Gedärmen umgürteten sie sich, mit ihrem Blut schmierten sie sich ein, mit ihrer Haut umhüllten sie sich, viele spalteten sie von Kopf bis Fuß. Manche wurden wilden Tieren vorgeworfen, andere mussten (als Gladiatoren) zum Zweikampf gegeneinander antreten ... ähnliche Taten wurden von ihnen auch in Ägypten und auf Zypern verübt.«
Cassius Dio, Historia Romana 68, 32: 1–3.

Gisbert Gemein

Die Kreuzzugsidee im Mittelalter und in der Moderne

Krieg in einer Friedensreligion?

Das Christentum versteht sich als eine Friedensreligion, die nicht nur den Nächsten, sondern sogar den Feind zu lieben fordert. Dies stellt den Staatsbürger, der sein Land verteidigen soll, vor eine grundsätzliche Frage. Für die frühchristlichen Kirchenväter (z. B. Tertullian) war die Antwort eindeutig: Krieg war für sie Massenmord. Aber als das Christentum nach Konstantin dem Großen Staatsreligion geworden war, stellte sich die Frage neu, ob der Bürger nicht verpflichtet sei, zur Verteidigung des jetzt christlichen Staates zu den Waffen greifen zu müssen.

Der lateinische Kirchenschriftsteller Tertullian schrieb über Soldaten, um 210–220:

»Wie kann man Kriege führen, ja selbst im Frieden Soldat sein, ohne das Schwert, das der Herr fortnahm? Denn wenn auch Soldaten zu Johannes kamen und von ihm die Regel ihrer Pflichten erhielten, und obwohl der Centurio gläubig wurde, so hat doch der Herr späterhin Petrus entwaffnet und damit jedem Soldaten das Schwert genommen. [...] Man kann sich nicht zugleich Gott und den Menschen verpflichten; es vertragen sich nicht das Zeichen Christi und das Zeichen des Teufels, das Lager des Lichtes und das Lager der Finsternis; man kann nicht beiden dienen, Gott und dem Kaiser.« Tertullian, Über den Götzendienst 19. Übers. von Hermann Doerries, 1958, Konstantin der Große, Stuttgart, S.82.

Die Ostkirche nahm in dieser Frage durchgängig eine rigorosere, ablehnendere Haltung ein als die lateinisch geprägte Westkirche. Vom Soldaten, der im Kampf einen Gegner getötet hatte, wurden stets Buße und Reinigung verlangt. Ganz anders im Westen: Hier hatte Augustinus eingeräumt, dass unter ganz bestimmten Umständen auf Befehl Gottes Kriege durchgeführt werden können. Den aristokratischen Militärgesellschaften, insbesondere dem fränkischen-normanischen Adel, die im Westen aus den germanischen Invasionen hervorgegangen waren, bot dies die Möglichkeit, ihrem »gewohnheitsmäßigen Zeitvertreib« (Runciman) nachzugehen und zu rechtfertigen. Folge war eine zumindest partielle Militarisierung des westlichen Christentums, wie sie sich nicht nur in Waffensegen sondern auch in religiösen Formeln wie »Christus Herr der Heerscharen« zeigte.

Der lateinische Kirchenlehrer Augustinus (354–430) zum Kriegsdienst
»Wenn ein Soldat im Gehorsam gegen die Obrigkeit, der er rechtmäßig untergeben ist, einen Menschen tötet, so ist er nach keinem Gesetze seines Staates des Mordes schuldig; im Gegenteil, wenn er anders handelt, macht er sich der Befehlsverweigerung und -missachtung schuldig. Handelte er aber ohne Befehl aus eigener Vollmacht, so läge das Verbrechen vor, Menschenblut vergossen zu haben.«
Augustinus, Gottesstaat I, 26; übers. von Heinrich Karpp, 1985, Vom Umgang der Kirche mit der Heiligen Schrift, Köln, Wien, S. 85.

Die Kirche erklärte den Heiligen Krieg, d. h. einen Krieg in ihrem eigenen Interesse, nicht nur für statthaft, sondern für wünschenswert; sie setzte folgerichtig himmlische Belohnungen aus. Doch muss man die gleichzeitige Gottesfriedensbewegung (Treuga Dei) im Auge behalten, die insbesondere von der gleichen Kirche zur Eindämmung der feudalen Fehden betrieben wurde. Papst Urbans II. Kreuzzugsaufruf erweist sich somit als der (nicht gerade erfolgreiche) Versuch, die kriegerischen Aktivitäten des europäischen Adels nach außen zu lenken. Es ist symptomatisch, dass der Aufruf zum Kreuzzug in dem Land erfolgte, in dem die Gottesfriedensbewegung am ausgeprägtesten war. Doch gab es auch im Westen stets eine mit der Ostkirche vergleichbare grundsätzliche Kritik am Krieg. Ein Geistlicher wie Bruno von Querfurt, der 1009 den Märtyrertod in Preußen erlitt, ist einer von vielen, die sich über die Kriege der Zeit zutiefst empörten (so auch der englische Gelehrte Radulfus Niger, der Pariser Theologe Alanus ab Insulis oder der Würzburger Annalist MGH SS 16).

Papst Urbans Kreuzzugsaufruf

Nach gängiger Geschichtsdarstellung war es Papst Urban II., der am 27.11.1095 in einer mitreißenden Rede dazu aufrief, die heiligen Stätten mit Waffengewalt zu erobern. Eine genauere Untersuchung der Predigt zeigt, dass deren Wirkung weit über die Intentionen des Sprechers hinausging, dem es – ähnlich wie auf dem vorausgehenden Konzil von Piacenza – darum ging, ein Hilfegesuch des oströmischen Kaisers Alexios Komnenos

(1048–1118) positiv zu beantworten, bot sich doch hier die Gelegenheit, das Schisma von 1054 zu überwinden und gleichzeitig sich in der Auseinandersetzung mit dem vom deutschen Kaiser eingesetzten Gegenpapst Clemens III. zu profilieren. Die anderen Themen des Konzils, an dem französische und spanische Bischöfe teilnahmen, waren eher Routine: innerkirchliche Probleme wie Laieninvestitur sowie der Kirchenbann gegen den ehebrecherischen französischen König Philipp. Es sind die Zuhörer der Abschlusskundgebung am 27. November 1095, die die Wirkung dieser Rede ausmachen und es ist auch kein Zufall, dass Frankreich auch für die folgenden Kreuzzüge Ausgangs- und Schwerpunkt dieser Bewegung war.

Von dem Dutzend Redefassungen, die mittelalterliche Chronisten überliefern, mag zwar die von Wilhelm von Tyrus die literarisch schönste sein, von den fünf zeitgenössischen Chronisten gilt Fulcher von Chartres mit seinem analytischen Blick für die Ereignisse als die seriöseste Quelle. Ungleich stärkere Wirkung hat aber Robert der Mönch, dessen Chronik selbst ins Mittelhochdeutsche übersetzt worden ist. Er ist für die politische Instrumentalisierung der Vorurteilsstrukturen verantwortlich. Ein Vergleich verschiedener lateinischer Redefassungen (Urban selbst dürfte in Altfranzösisch gesprochen haben) lässt zumindest in seiner Grundstruktur die tatsächlich gehaltene Predigt rekonstruieren.

Die Rede Urbans II. nach Fulcher von Chartres:

»Ihr Söhne Gottes, wenn Ihr auch mannhafter als gewöhnlich versprochen habt, bei Euch Friede zu halten und die Rechte der Kirche getreulich zu bewahren, bleibt es noch der Mühe wert, daß Ihr eben noch gestärkt durch göttliche Ermahnung darüberhinaus noch die Stärke Eurer Tapferkeit bei einer weiteren Aufgabe Gottes und Eurer selbst unter Beweis stellt. Es ist nämlich nötig, daß Ihr Euren Mitbrüdern im Orient, die Eurer schon so oft erbetenen Hilfe bedürfen, unverzüglich diese Hilfe bringt. Wie den meisten von Euch schon gesagt worden ist, sind nämlich die Türken, ein persischer Stamm, bis hin zum Mittelmeer, bis zum sogenannten Georgsarm (Bosporus) eingefallen; diese Türken haben von den Grenzen Romaniens an die Gebiete der Christen mehr und mehr besetzt, die siebenfach besiegten Christen überwunden, wobei sie viele töteten oder gefangennahmen, Kirchen zerstörten und das Reich Gottes verwüsteten. Jedenfalls, wenn Ihr sie (die Türken) noch eine Zeitlang so gewähren laßt, werden sie die Gläubigen Gottes noch viel weiter überrennen. Darum ermahne ich Euch flehentlich, nein nicht ich, sondern der Herr ermahnt Euch als Herolde Christi, daß Ihr allen Menschen jeglichen Standes,

Rittern wie Fußsoldaten, Reichen wie Armen durch häufige Bekanntmachung ratet, bei der Vertreibung dieses nichtswürdigen Stammes aus unseren Gebieten den Anbetern Christi rasch zu helfen.

Den Anwesenden sage ich es, den Abwesenden lasse ich es sagen, Christus aber befiehlt es. Allen aber, die dorthin gehen, wird die sofortige Vergebung ihrer Sünden zuteil, gleichgültig ob sie auf dem Marsch oder bei der Fahrt über das Meer oder auch im Kampf gegen die Heiden ihr an den Tod gefesseltes Leben beenden. Dies sichere ich allen zu, die gehen werden, da ich von Gott mit dieser Gabe ausgestattet bin.

Oh, welche Schande, wenn eine so verabscheuungswürdige Menschenart, verkommen und Dienerin der Dämonen, das Volk des allmächtigen Gottes, das mit der Gabe des Glaubens beschenkt ist und im Namen Christi erstrahlt, in dieser Weise überwältigt! Oh, wieviele Sünden werden Euch vom Herrn selbst angerechnet werden, wenn Ihr denen nicht helft, die zum christlichen Bekenntnis gezählt werden, ebenso wie Ihr. Es sollen, fuhr er fort, zum Kampf gegen die Ungläubigen, der es wert ist, nun begonnen zu werden, und der siegreich beendet werden wird, alle die antreten, die sonst leichtfertig langandauernde Fehden sogar gegen Gläubige zu führen pflegten. Nun sollen Soldaten Christi werden, die gerade noch Räuber waren. Jetzt sollen rechtmäßig die gegen Barbaren kämpfen, die einst gegen Brüder und Blutsverwandte stritten. Jetzt sollen ewigen Lohn erhalten, die eben noch für ein paar Münzen Söldner waren. Für doppelte Ehre sollen sich anstrengen, die sich (bislang) zum Schaden für Leib und Seele abmühten. Vielmehr: Auf der einen Seite werden die Traurigen und Armen, auf der andern aber die Fröhlichen und Reichen sein, hier die Feinde des Herrn, dort aber seine Freunde. Nichts aber soll die Reisewilligen aufhalten, sondern nach Verpachtung ihrer Eigentümer und nach Beschaffung des nötigen Reisegeldes sollen sie, wenn der Winter weicht und der Frühling folgt, unter Führung des Herrn tatkräftig die Fahrt antreten.«

Aus dem Lateinischen übersetzt: Fulcheri Carnotensis Historia Hierosolymitana (1095–1127), mit Erläuterungen und einem Anhange, hrsg. von Heinrich Hagenmeyer, Heidelberg 1913, S. 132 f. (Übersetzung: Gisbert Gemein). (Zitiert nach: Gemein/Cornelissen, 1992, Kreuzzug und Kreuzzugsgedanke in Mittelalter und Gegenwart, München, S. 42).

Urban-Predigt nach Robert dem Mönch:

»Volk der Franken, Volk auf dieser Seite der Berge, Du Volk, wie in vielen Eurer Werke deutlich wird, von Gott ausgewählt und geliebt, sowohl durch die geographische Lage als auch den katholischen Glauben wie auch durch

die Ehre der heiligen Kirche herausgehoben von allen anderen Völkern: An Euch richtet sich unsere Rede und Euch meint unsere Ermahnung. Wir wollen, daß Ihr wißt, welch trauriger Grund uns in Euer Land geführt hat, welches Bedürfnis nach Euch und allen Gläubigen uns hierher gezogen hat. Aus dem Land von Jerusalem und von der Stadt Konstantinopel kam ein schwerwiegender Bericht, und schon sehr oft kam uns zu Ohren, daß nämlich das Volk des Reichs der Perser, ein fremdes Volk, ein Gott gänzlich fernstehendes Volk, eine Art von Menschen also, die weder ein Herz haben noch an Gott glauben, die Länder jener Christen überfallen, mit Schwert, Raub und Feuer verwüstet, die Gefangenen teils in ihr Land verschleppt, teils auch elendiglich abgeschlachtet hat, die Kirchen Gottes entweder von Grund auf zerstört oder für den Ritus ihrer eigenen Heiligen in Beschlag genommen haben. Altäre besudeln sie mit ihrem Unrat; sie beschneiden Christen und das Blut der Beschneidung gießen sie auf den Altar oder in die Taufbecken. Bei manchen Leuten gefällt es ihnen, sie mit einem besonders schimpflichen Tod zu quälen; sie durchbohren den Nabel, reißen den noch Lebenden die Gedärme heraus, binden sie an einen Baumstamm und treiben sie so unter Schlägen herum, bis sie mit heraushängenden Eingeweiden zusammenbrechen und zu Boden fallen. Manche, die sie an einen Baum gebunden haben, erschießen sie mit Pfeilen; manchen strecken sie den Hals, gehen mit dem blanken Schwert auf sie los und probieren, ob sie mit einem Schlag den Kopf abschlagen können. Was soll ich über die schändliche Vergewaltigung der Frauen sagen, über die zu sprechen schlimmer ist als zu schweigen? Das Reich der Griechen ist von ihnen schon so weit niedergedrückt und besetzt, daß man es in noch nicht einmal zwei Monaten durchqueren kann. Wem also obliegt die Mühe, dies zu rächen, dies (den Feinden) zu entreißen, wenn nicht Euch, denen vor allen anderen Völkern Gott den glänzenden Schmuck der Waffen, Geistesgröße, körperliche Behendigkeit und die Fähigkeit verliehen hat, die Scheitel derer zu ducken, die sich Euch widersetzen?
Zur Tapferkeit mögen Euch die Taten Eurer Vorfahren anspornen, die Tüchtigkeit und Größe König Karls des Großen und seines Sohnes Ludwig und Eurer anderen Könige, die die Reiche der Heiden zerschlugen und in ihnen das Gebiet der Heiligen Kirche ausdehnten. Besonders soll Euch bewegen das Heilige Grab unseres Herrn Heilands, das im Besitz unreiner Völker ist, und die heiligen Orte, die jetzt unehrenhaft behandelt und unehrerbietig durch deren Unrat besudelt werden. Oh, Ihr überaus tapferen Soldaten und Nachkommen unbesiegter Eltern, schlagt nicht aus der Art, sondern erinnert Euch der Tapferkeit Eurer Vorfahren. Wenn aber die Liebe zu Kindern, Eltern und Frauen Euch abhält, so ruft Euch ins Gedächtnis, was im Evangelium der Herr sagt: »Wer Vater und Mutter mehr liebt als mich, der ist meiner nicht

wert. Wer aber Haus oder Vater oder Mutter oder Frau oder Kinder oder Äcker verläßt in meinem Namen, der wird hundertfach belohnt werden und das ewige Leben besitzen.« Es sollte Euch kein Besitz festhalten, kein Kummer der Familie, denn dieses Land, das Ihr bewohnt, ringsum vom Meer umschlossen oder von Bergen umgeben, wird viel zu eng durch Eure hohe Bevölkerungszahl, strömt nicht gerade über von Reichtümern und beschert den Menschen, die es bebauen, gerade mal den Lebensunterhalt. Von daher kommt es ja auch, daß Ihr Euch gegenseitig bedrängt und bekämpft, Kriege anzettelt und Euch meistens gegenseitig umbringt. Es soll also weichen der Haß unter Euch, Unfrieden soll aufhören, Kriege sollen ruhen, und jeglicher Streit soll beigelegt werden. Macht Euch auf den Weg zum Heiligen Grab, entreißt jenes Land dem ruchlosen Volk, unterwerft es Euch; jenes Land ist den Söhnen Israels von Gott in Besitz gegeben worden, ein Land, wie die Schrift sagt, »in dem Milch und Honig fließt«.«

Aus dem Lateinischen übersetzt: Roberti Monachi Historia Hierosolymitana, in: Recueil des Historiens des Croisades, Bd. 3, Paris 1866 (Neudruck 1967), S. 727 f. (Übersetzung: Gisbert Gemein). (Zitiert nach: Gemein/Cornelissen, 1992, Kreuzzug und Kreuzzugsgedanke in Mittelalter und Gegenwart, München, S. 43 f.).

Urban bot mit seinem Aufruf den Ausweg aus den Widersprüchen einer Gesellschaft im Umbruch. Die Eroberung reicher Gebiete befriedigte einerseits den Landhunger des Adels und kam andererseits der Hoffnung auf Reichtum angesichts eigener materieller Not entgegen. Dies galt insbesondere für nachgeborene, von der Erbfolge ausgeschlossene Söhne des niederen Adels, die bislang in den Gefolgschaften des kriegführenden Hochadels Unterkunft und eine Beschäftigung gefunden hatten, die nun durch die Gottesfriedensbewegung eine Beschränkung erfahren sollte. Kreuzfahrt als bewaffnete Pilgerschaft wurde damit zum gottgefälligen Werk, blieb aber gleichzeitig ritterliche »aventiure«, Abenteuer. Die Motive der Kreuzritter waren sehr komplex. Eine frühere Geschichtsschreibung hebt die religiöse Begeisterung hervor, zeichnet ein »Heldenlied der Kreuzzüge« (so der Titel eines französischen Standardwerkes von Grousset), eine jüngere fragt nach den materiellen Interessen, oft mit erschreckendem Befund. Dabei muss noch nicht einmal an den nach Konstantinopel »umgeleiteten« vierten Kreuzzug 1204 gedacht werden. Beides ist richtig; beides erklärt aber auch nur unzureichend eine Bewegung, die Europa über knapp 200 Jahre mehr als 10 Millionen Tote kostete, die Leidens- und Todesbereitschaft zahlloser Menschen, die oft ihr gesamtes Vermögen versetzen mussten, um Ausrüstung und Reise finanzieren zu können, auf der ihnen fast unerträgliche Strapazen, Hunger, Durst und Kämpfe abverlangt wurden, alles für die vage Hoffnung, die Orte betreten zu können, auf denen einmal der Fuß des Heilands gewandelt war. Mittelalterliche Frömmigkeit ist für uns schwer nachvollziehbar. Das unvermittelte Nebeneinander von religiöser Verzückung mit Rationalität und verbrecherischem Handeln, vom Blutrausch nach der Eroberung Jerusalems mit anschließender Prozession und Gottesdienst wirken auf uns Heutige fremdartig.

Die ekstatischen Reaktionen der Versammlung deuten schon daraufhin, dass die Wirkung der Rede weit über die politischen Intentionen Urbans II. ging, dem man als politischem Routinier aus einem Grafengeschlecht der Champagne ruhig unterstellen darf, dass genügend gleichfarbige Stoffkreuze am Ende seiner Rede vorhanden waren und dass er auch schon vorab in Geheimverhandlungen mit Vertretern des Hochadels wie Raimund von Toulouse seine Ideen besprochen hatte. Dass eine Massenbewegung, dass ein Kreuzzug der Armen und Bauern aus dieser Rede entstand (Peter der Eremit ist nur der bekannteste der Prediger), lag kaum im Interesse Urbans, der sich nach Fulchers Redefassung lediglich zur Befreiung der Christen Romaniens (d. h. Kleinasiens) ausgesprochen hatte. Das Ziel Jerusalem, die Befreiung des Heiligen Grabes machte aus dem Hilfegesuch des Oströmischen Kaisers eine europäische Massenbewegung, die auch theologische Unterschiede zwischen Amtskirche und den populären Predigern zeitigte: Während das Konzilsdekret und die (meisten) Urban-Erklärungen einen Erlass kanonischer Kirchenstrafen unter ganz bestimmten Bedingungen versprachen und damit im Rahmen der bis dahin üblichen Bußpraktiken blieben, versprachen die Prediger den Erlass der zeitlichen irdischen und jenseitigen Sündenstrafen. Die Amtskirche hat zwar diese theologisch eher bedenkliche Neuerung nicht propagiert, aber die damit verbundenen Hoffnungen auf Erlass des Fegefeuers auch nicht gedämpft, wie sie auch die Bedingungen auf eine erfolgreiche Buße (Verzicht auf Beute, Rückkehrwilligkeit) eher halbherzig propagierte. Denn in der Kreuzzugspropaganda wurde das »himmlische Jerusalem« als eine Stadt mit realem Reichtum dargestellt, das Heilige Land wurde als ein Gebiet angesehen, in dem nicht nur sprichwörtlich »Milch und Honig« fließen.

Über die Wirkung als Auslöser des ersten Kreuzzuges hinaus hat die Predigt Urbans II. noch eine bis in unsere Gegenwart reichende Wirkung. Heutige deutsche Vorurteile gegen Türken gehen auf sie zurück. Schon ein Aufruf deutscher Fürsten zur Christianisierung des Slawenlandes beweist durch die zum Teil wörtlichen Anklänge, wie Vorurteilsstrukturen übertragbar sind.

1108 rufen geistliche und weltliche Fürsten zur Christianisierung des Slawenlandes auf:

»Erhoben haben sich wider uns grausame Feinde, Männer ohne Barmherzigkeit, und sie bedrücken uns hart. Ihrer Bosheit sich rühmend, entweihen sie die Kirchen Christi mit ihrem Götzendienst, zerstören die Altäre und schrecken nicht davor zurück, das gegen uns zu vollführen, was zu hören das Herz des Menschen erschauern läßt. In unser Gebiet werden sie oft geführt, schonen keinen, rauben, morden und vernichten und bringen mit ausgesuchten Martern um, enthaupten viele und opfern die Köpfe ihren Götzen. Einigen holten sie die Eingeweide aus dem Leib, schnitten ihnen die Hände ab, banden die Füße zusammen und sagten, indem sie unseren Christus beschimpften: »Wo ist nun ihr Gott?« [...] Die Heiden sind schlimm, aber ihr Land ist sehr gut an Fleisch, Honig, Mehl und Vögeln. Wenn es bebaut wird, ist es voller Reichtum, so daß ihm keines gleich ist.«
Zitiert nach: Peter Milger, Die Kreuzzüge. Krieg im Namen Gottes, S. 34 f.
©1988 C. Bertelsmann Verlag, München, in der Verlagsgruppe Random House.

Wandel des Kreuzzugsbegriffs im Mittelalter

Der Kreuzzugsbegriff ist nicht eindeutig zu definieren. Gehört die Reconquista in Spanien dazu? Sind unter Kreuzzügen nur die militärischen Unternehmen in den Nahen Osten zu verstehen? Was ist mit den Kreuzzügen gegen Ketzer wie die Albigenser? Oder des Bremer Bischofs gegen die christlichen Stedinger Bauern, die sich lediglich dem Feudalisierungsprozess widersetzten? Gehören die militärischen Unternehmen des deutschen Ordens gegen Pruzzen und später gegen die Litauer in die Epoche der Kreuzzüge? Ein im Westen populäres Geschichtsbild verortet die Epoche vom Kreuzzugsaufruf Urbans II. bis zum Fall Akkons 1291 (manche nennen auch 1302, den Fall der wasserlosen Insel Ruad), als die christliche Herrschaft in Palästina endgültig vorbei war. Doch herrscht in der Forschung lediglich um den Beginn (27.11.1095) Konsens, über das Ende der Epoche wird gestritten und für den englischen Historiker Riley-Smith endet die Epoche erst mit dem Untergang des letzten Kreuzritterstaates durch die Eroberung Maltas durch Napoleon. Mittelalterlichem Selbstverständnis widerspricht auf jeden Fall die moderne Klassifizierung. Selbstverständlich verstanden sich die Teilnehmer der Schlacht von Nikopolis 1396, die den Osmanen unterlagen, als Kreuzritter.

Von daher verwundert es nicht, dass es in der Forschung des 20. Jahrhunderts zu unterschiedlichen Schulen kam, die der englische Historiker

Riley-Smith als Generalisten, Popularisten, Traditionalisten und Pluralisten unterscheidet.

Mit Ausnahme des Kreuzzuges Friedrichs II. von 1228/29, der allerdings weitgehend auf militärische Gewalt zugunsten von Verhandlungen verzichtete, wird nach 1200 das direkte Ziel Jerusalem aufgegeben. Richard Löwenherz (1157–1199) hatte vor seiner Abreise aus dem Morgenland militärische Aktionen gegen Ägypten empfohlen, weil von diesem Kernland aus aller Nachschub für die Muslime in Palästina kam. Die Planung der Kreuzzüge erfolgte nach einer politischen Logik. Nach dem dritten Kreuzzug erfolgten Kreuzzüge nach Konstantinopel, nach Ägypten und im Süden Frankreichs gegen die Albigenser. Die Feinde Gottes wurden also nicht nur im Nahen Osten bekämpft. Das Erscheinungsbild der Kreuzzüge wurde vielfältiger. Das Abklingen des Jerusalemideals ist am ehesten an dem sogenannten Kinderkreuzzug von 1212 zu sehen, einem hoffnungslosen Unternehmen einer zusammengewürfelten Schar Jugendlicher, Armer und religiös Begeisterter, die ohne Waffen von Deutschland und Frankreich aus aufbrachen und auf ein Wunder hofften, das dann ausblieb. Ähnlich dem Kreuzzug des gebannten Friedrich II. speiste er sich aus alten Traditionen, kam aber nicht mehr aus der Mitte der politisch und sozial bedeutenden Stände und Gruppen. Es ist typisch, dass angesichts dieser veränderten Situation der in Akkon nach dem Fall Jerusalems gegründete Deutsche Orden schon wenige Jahrzehnte nach seiner Entstehung um 1230 das Schwergewicht seiner Aktivitäten aus dem Heiligen Land nach Preußen verlegte.

Der Kreuzzug von 1199 in Sizilien kann als erster politischer Kreuzzug gelten, der sich gegen katholische, wenn auch exkommunizierte Christen wandte. Der Kreuzzug gegen Konstantinopel 1204 folgte diesem Vorbild und brachte dramatisch diesen Bedeutungswandel zum Ausdruck. Die Entwicklung des 12. Jahrhunderts, z. B. im Investiturstreit, hatte zur begrifflichen Trennung von weltlicher und geistlicher Sphäre geführt, die jeweils eigenen Gesetzmäßigkeiten unterworfen waren, doch das verstärkte politische Engagement der Kirche hatte die beiden Bereiche von geistlichen und politischen Gewalten wieder in einen sehr engen Kontakt gebracht. Folgerichtig wurden geistliche Kategorien auf weltlich-politische Situationen angewandt: Könige wurden exkommuniziert, die mit der Kurie im Streit lagen, die Durchführung von Kreuzzügen gegen politische Gegner folgte dem gleichen Muster. Bei dem Kreuzzug, den Papst Bonifaz VIII. im November 1297 gegen zwei seiner Kardinäle, die der mächtigen römischen Adelsfamilie der Colonna angehörten, ausrief, ging es um einen Streit rein weltlicher Natur, um den Kauf von Grundstücken und um konkurrierende Interessen.

Der Begriff »Kreuzzug« kommt im Zusammenhang mit den großen Kriegszügen gen Jerusalem in den mittelalterlichen Quellen nicht vor. Er wurde erst später, im 13./14. Jahrhundert geprägt, als diese Züge Vergangenheit waren. Es handelt sich hier um einen typischen Forschungsbegriff, und die Auseinandersetzungen darüber, wie er zu verstehen ist, spiegeln mithin auch Entwicklungen der Historiographie wider. Hinsichtlich der Vorstellungen, die die Teilnehmer des ersten Kreuzzuges prägten, spricht man in der Regel heute von »bewaffneter Pilgerfahrt«, um das Unternehmen zu kennzeichnen. Es gab für diesen Zug noch keine eindeutigen Vorbilder. Der Historiker Hehl versteht mit einigem Recht die Kreuzzüge weniger als militärische Ereignisse an den Grenzen des christlichen Europas als vielmehr als einen authentischen Ausdruck des inneren Zustandes dieses christlichen Europas; denn die Motivation für diese Züge ist nur aus der besonderen religiösen Aufbruchsstimmung zu verstehen, die das westchristliche Abendland des ausgehenden 11. Jahrhunderts erfasst hatte. Hinsichtlich der Kreuzzugshistoriographie ist eine deutliche Verschiebung von der Schilderung der militärischen Ereignisse zu einer Geschichte der kulturellen Entwicklungen, auch zur kulturellem Konfrontation zu verzeichnen (z. B. Martin Kaufhold).

Der Kreuzzugsbegriff in der Neuzeit

Schon im Mittelalter lässt sich im 12. und 13. Jahrhundert ein Rekurs auf die Kreuzzüge in verschiedenen Quellengattungen aufzeigen. Insbesondere der erste Kreuzzug wandelte sich zum Mythos, Erinnerung wurde zur Geschichtsschreibung und wirkte auf die Zeitgenossen ein. Die zahlreichen Kriegszüge zur Gewinnung und Verteidigung des heiligen Landes sowie die anderen vom Papst ausgerufenen Unternehmungen gegen Feinde des Christentums wurden in der Regel – bei Betonung des Vorbildcharakters der großen Helden – auf den ersten Kreuzzug reduziert; eine Aufforderung zur Imitation war damit verbunden.

Eine solche Sicht der Kreuzzüge steht im völligen Gegensatz zu heutigen Vorstellungen, in denen die Kreuzzüge als brutale, ausbeuterische und ungerechte Kriege gegen einen kulturell überlegenen Gegner gelten. Diese Bewertung hat eine Vorgeschichte, geht auf eine Auffassung zur Zeit der Aufklärung zurück. Voltaire und David Hume äußerten sich ablehnend. Die Geschichtsschreibung des 18. Jahrhunderts betrachtete die Kreuzzüge eher skeptisch. Edward Gibbon behauptete in seinem berühmten Werk »The History of Decline and Fall of the Roman Empire«, die Kreuzzüge hätten den »Reifungsprozess Europas aufgehalten und nicht beflügelt«, sie hätten Energien verpuffen lassen, die zu Hause nutzbringender hätten angewendet werden können. Der schottische Historiker William Robertson bezeichnete die Kreuzzüge gar als »ein einzigartiges Denkmal menschlicher Torheit«, auch wenn er eine günstige Auswirkung auf die Entwicklung des Handels und das Aufblühen italienischer Städte einräumte.

Die Äußerungen über die Kreuzzüge im 19. Jahrhundert waren zwar gegenüber Einzelaspekten nicht unkritisch, betrachteten sie aber insgesamt als Manifestation des christlichen Ritters gegenüber einem exotischen Feind eher verklärend. Hintergrund ist sicherlich das – seit dem Abklingen der Türkengefahr – gewandelte Bild der muslimischen Welt, eines nach Napoleons Ägyptenfeldzuges neu angeregten Orientinteresses. Aus Reiseberichten z. B. des französischen Schriftstellers Chateaubriand und Mark Twains oder den Romanen des späteren englischen Premiers Benjamin Disraeli, dessen Roman »Tancred« man im Kontext seiner politischen Pläne einer Osterweiterung des britischen Empire sehen kann, spricht neben persönlicher Begeisterung auch die Faszination für eine heldenhafte Geschichte; Edward Daniel Clarke bildet hier eher die Ausnahme, während Kaiser Wilhelm II. auf seiner Reise von 1898 ins Heilige Land wünschte, die Altstadt von Jerusalem zu Pferde zu betreten, ein für Eroberer reserviertes Ritual. Wilhelm II. legte auf Saladins Grab in Damaskus eine seidene Fahne und einen bronzenen Lorbeerkranz nieder, der die Aufschrift trug: »Einem großen Kaiser von einem anderen« (als Kriegsbeute von Thomas Edward Lawrence nach Großbritannien gebracht und heute im Imperial War Museum London aufbewahrt). Man wird Wilhelms II. Auftreten als religiös-koloniales Projekt einer durchaus zeittypischen friedlichen Kreuzzugsideologie kennzeichnen können.

Der Kreuzzugsbegriff in Reiseberichten

a) In seinem 1812 veröffentlichten Reisebericht »Various Countries of Europe, Asia and Africa« schreibt Edward Daniel Clarke:

> »Es ist ein verbreiteter Irrtum, alles Barbarische jener Zeiten den Mohammedanern zuzuschreiben, den Christen hingegen eine höhere Kultur, als sie wirklich besaßen. Eine genaue Betrachtung der Geschichte ergibt, dass die Sarazenen, wie man sie nannte, aufgeklärter waren als diejenigen, welche in ihre Länder einfielen; auch findet sich kein Hinweis, dass sie sich jemals über Zerstörungstaten freuten ... Die Tücke und das schamlose Verhalten, das die Christen bei ihren Kriegen im Heiligen Land an den Tag legten, sind kaum je übertroffen worden.«

Zitiert nach: Elizabeth Siberry, 1999, Das Bild der Kreuzzüge im 19. und 20. Jahrhundert, in: Jonathan Riley-Smith (Hrsg.), Illustrierte Geschichte der Kreuzzüge, Frankfurt, S. 419.

b) In Chateaubriands Reisetagebuch (»Itinéraire de Paris à Jérusalem«, veröffentlicht 1811) wimmelt es von Anspielungen auf die Kreuzzugsbewegung:

»Wir reisten nach Jerusalem unter dem Banner des Kreuzes. Vielleicht bin ich der letzte Franzose, der aus seiner Heimat zu einer Reise ins Heilige Land mit den Vorstellungen, den Empfindungen und den Zielen eines Pilgers aufbricht.« Als er – Höhepunkt der Reise – am Grabe Christi mit dem Schwert Gottfrieds von Bouillon zum Ritter des Heiligen Grabes geschlagen wurde (eine bei Besuchen prominenter Westeuropäer durchaus übliche Zeremonie), gelobte er, in voller Bewaffnung mit den anderen Rittern für die Befreiung des Heiligen Grabes »aus der Herrschaft der Ungläubigen« zu kämpfen.«
Zitiert nach: Elizabeth Siberry, 1999, Das Bild der Kreuzzüge im 19. und 20. Jahrhundert, in: Jonathan Riley-Smith (Hrsg.), Illustrierte Geschichte der Kreuzzüge, Frankfurt, S. 420.

c) Mark Twain, der die italienische Renaissance mit zynischer Distanz betrachtete, besuchte auf seiner Reise auch das Schlachtfeld von Hattin und Jerusalem. In »The Innocents Abroad« von 1869 beschreibt er den tiefen Eindruck, den das angebliche Schwert Gottfrieds von Bouillon auf ihn machte:

»Kein Schwert der gesamten Christenheit übt einen solchen Zauber aus – kein Schwert unter allen, die in den altehrwürdigen Hallen Europas rosten, erregt im Hirn des Betrachters solch romantische Visionen wie dieses ... Es weckt in jedem Menschen die Erinnerung an die heiligen Kriege, die lange Jahre in seinem Gedächtnis schliefen, und bevölkert seine Gedanken mit den Bildern von Gepanzerten ... Es spricht zu ihm von Balduin und Tankred, von dem fürstlichen Saladin und dem großen Richard Löwenherz.«
Zitiert nach: Elizabeth Siberry, 1999, Das Bild der Kreuzzüge im 19. und 20. Jahrhundert, in: Jonathan Riley-Smith (Hrsg.), Illustrierte Geschichte der Kreuzzüge, Frankfurt, S. 421.

In Disraelis Roman »Tancred« werden Erinnerungen an die glorreiche Kreuzfahrerzeit wachgerufen. Tancred hat Richard Löwenherz einst das Leben gerettet. Gobelins hängen in einem Saal von Tancreds Familiensitz, rufen Erinnerungen wach. Der spätere Premier klagt:

»Vor mehr als sechshundert Jahren sandte England seinen König und die Blüte seiner Ritter und Gemeinen, um Jerusalem aus den Händen derjenigen zu retten, die sie für Ungläubige hielten, und heute verschwendet es, anders als im Dritten Kreuzzug, seine überschüssigen Energien auf den Bau von Eisenbahnen.«
Zitiert nach: Elizabeth Siberry, 1999. Das Bild der Kreuzzüge im 19. und 20. Jahrhundert, in: Jonathan Riley-Smith (Hrsg.), Illustrierte Geschichte der Kreuzzüge, Frankfurt, S.420.

Einen großen Einfluss auf das Kreuzzugsbild des 19. Jahrhunderts hatte Torquato Tassos 1581 erschienenes Epos »La Gierusalemme liberata« (Das befreite Jerusalem), das, verbunden mit drei Nebenhandlungen um vereitelte Liebe und neue Charaktere wie den christlichen Ritter Rinaldo und die Zauberin Armida, die Geschichte des ersten Kreuzzuges erzählt. Dieses Werk übte vor allem auf Künstler und Komponisten einen großen Reiz aus (z.B. Rossinis Oper »Armida« oder Brahms dramatische Kantate »Rinaldo«). Zahlreiche Maler des 19. Jahrhunderts entnahmen hier ihre Motive (z.B. den Tasso-Saal des Cassino Massimo in Rom, den der Nazarener Joseph von Führich ausmalte). Kreuzzugsmotive sind ein Lieblingsthema der Düsseldorfer Malerschule, wobei ein direkter Einfluss Scotts bemerkbar ist. Sir Walter Scott, der Tasso in englischer Übersetzung gelesen hatte, hat mit seinen vier Romanen aus der Kreuzzugszeit ebenso wesentlich den Kreuzzugsmythos des 19. Jahrhunderts geprägt. Auch wenn er – durchaus kritisch – in seinem »Essay on Chivalry« für die Encyclopaedia Britannica 1818 den Wert der Kreuzzüge bezweifelte, bot er doch in seinen Romanen ein romantisch verklärtes Bild der Kreuzzugsbewegung.

Ab Ende der 30er Jahre des 19. Jahrhunderts errichteten die europäischen Mächte Konsulate im Heiligen Land. Die Memoiren des britischen Konsuls James Finn, der sein Amt von 1845 bis 1863 ausübte, bieten ein anschauliches Bild von Rivalitäten, die bis in die Kreuzzugszeit zurückreichten. Die Vorstellungswelt der Kreuzzüge fand auch auf die zeitgenössischen politischen Konflikte Anwendung. Obwohl Frankreich und England als Verbündete einer muslimischen Macht, des Osmanischen Reiches, gegen ein christliches Reich, Russland, kämpften, wurde der Krimkrieg als eine Art Kreuzzug zur Rettung der heiligen Stätten dargestellt.

Diese politische Instrumentalisierung der Kreuzzugsidee im 19. Jahrhundert reichte weit ins 20. Jahrhundert hinein. In England wurde die Kreuzzugsmotivik vor allem in Berichten über den Dardanellenfeldzug (1915) und den palästinensichen Kriegsschauplatz bemüht. Auch im Spanischen Bürgerkrieg (1936 bis 1939) benutzten beide Seiten das gleiche Motiv. Die Mitglieder der Internationalen Brigaden wurden als »Kreuzfahrer der Freiheit« gefeiert; auf der anderen Seite ließ sich Franco als Kreuzritter malen und behauptete, einen »Kreuzzug der Befreiung« Spaniens von Kommunismus und Atheismus zu führen. Eine mehrbändige Geschichte des Bürgerkrieges (Madrid 1940 bis 1943) trug den Titel »Historia de la cruzada espanola«. Auch Hitler griff zumindest indirekt auf dieses Motiv zurück, als er seinen Überfall auf die Sowjetunion mit »Unternehmen Barbarossa« bezeichnete. Für den amerikanischen General Eisenhower war der Feldzug gegen Nazi-Deutschland ein »Crusade in Europe«.

Die Übertragung des Kreuzzugsbegriffs auf innereuropäische Konflikte:
a) In seinen Memoiren als Konsul (1845 bis 63) im Heiligen Land bietet der Brite James Finn ein anschauliches Bild der Rivalitäten europäischer Mächte, die ihren Ursprung in der Kreuzzugszeit hatten. Zu den Ansprüchen der Franzosen schreibt er:

»Es trifft zu, dass die Franzosen in der Türkei eine hohe Stellung zu behaupten haben, weil sie nicht nur durch allgemeine Zustimmung Beschützer der Christen des Orients sind, sondern auch, weil sie beanspruchen, ihnen in den Heiligen Kriegen zu helfen; Peter der Eremit war doch Franzose, das Konzil von Clermont war ein französisches Konzil, Gottfried von Bouillon und sein Bruder Balduin waren Franzosen, und den letzten Kreuzzug führte der heilige Ludwig höchstpersönlich.«
Zitiert nach: Elizabeth Siberry, 1999. Das Bild der Kreuzzüge im 19. und 20. Jahrhundert, in: Jonathan Riley-Smith (Hrsg.), Illustrierte Geschichte der Kreuzzüge, Frankfurt, S. 422 f.

b) Der britische Konsul in Jerusalem kommentiert den Krimkrieg:

»Der Schlachtruf »Gott will es!«, der den Ersten Kreuzzug antrieb, richtete sich gegen die muslimischen Inhaber des Heiligen Grabes, die Kriegsrufe aber, um die es jetzt geht, wurden von Repräsentanten der gleichen Nationen vorgebracht, die in jenem Ersten Kreuzzug fochten; jetzt aber zur Verteidigung der muslimischen Besitzer des begehrten Schatzes und gegen eine Macht (Russland), die erst nach der Kreuzzugszeit durchgängig christlich wurde und gleichermaßen Anspruch auf das Heilige Grab erhebt.«
Zitiert nach: Elizabeth Siberry, 1999. Das Bild der Kreuzzüge im 19. und 20. Jahrhundert, in: Jonathan Riley-Smith (Hrsg.), Illustrierte Geschichte der Kreuzzüge, Frankfurt, S. 426.

Ein deutlich verändertes Kreuzzugsbild ist für die Nachkriegszeit seit den 50er Jahren des 20. Jahrhunderts zu verzeichnen. Der Zusammenbruch der Kolonialreiche ließ die Kreuzfahrerstaaten in einem neuen Licht erscheinen, sie als Präfigurierungen eines als ungerecht angesehenen politischen Modells verstehen. Einige Historiker sahen sogar eine vermeintlich direkte Linie zwischen dem Holocaust und den Judenpogromen der Kreuzzugszeit. Die »kolonialen Kreuzzugsmythen des 19. Jahrhunderts, nicht die mittelalterlichen Schriften, schufen die Voraussetzungen für die antikolonialen Negativ- und Gegenmythen des 20. Jahrhunderts« (Jaspert, 2007, S. 162).

Die Kreuzzugsidee ist zwar ein gesamteuropäisches Phänomen, aber mit erheblichen Auswirkungen über die Grenzen des Kontinents und der Religionen hinaus. Das Jerusalemer Massaker an den Juden (und den Muslimen), das die Kreuzritter 1099 veranstalteten, wird noch heute in der Geschichte der jüdischen Welt und seiner langen Leidensgeschichte ebenso wie die Judenpogrome im Rheinland 1096 durch Erzählung und Überlieferung wach gehalten. Noch stärker wirkt die Kreuzzugsidee im islamischen Raum. Die christliche Besetzung Palästinas hinterließ tiefe Spuren im kollektiven Gedächtnis, die bis heute andauern. Schon der osmanische Sultan Abdülhamit II. (reg. 1876 bis 1909) hatte zum Ende des 19. Jahrhunderts die Politik der europäischen Mächte als »neue Kreuzzüge« bezeichnet, gegen die man sich wehren müsse. Durchgängig wird Saladin in der arabischen Forschung wie Literatur als erfolgreicher Kämpfer gegen die Besatzer aus dem Westen dargestellt, in der Regel mit der direkten oder indirekten Aufforderung verbunden, es ihm gleich zu tun. Wider alle historische Logik wird nach dem gleichen Konzept der Staat Israel als Nachfahre der christlichen »Kreuzfahrerstaaten« bezeichnet. Diese islamische Adaption des Kreuzzugsmythos ist heute sicherlich die am weitesten hergeholte, aber wirkmächtigste Ausprägung eines Kreuzzugsbegriffs, der in den verschiedenen politischen Lagern nichts von seiner Wirkungskraft eingebüßt hat. »Dieser Mythos dient auch heute noch den unterschiedlichsten Zwecken: als Sinnbild für Grausamkeit und Gewalt, als Symbol für Aufopferung und Idealismus, aber auch als Präfigurierung europäischer Arroganz und Expansion.« (Jaspert, 2007, S. 163).

Der Kreuzzugsbegriff der Gegenwart

Die Behandlung des Kreuzzugsbegriffs im Unterricht bietet vielfache Möglichkeiten. Dabei kann man bei der schon mittelalterlichen Instrumentalisierung des Begriffs ansetzen. Auf der christlichen Seite wird aus der bewaffneten Pilgerschaft eine militärische Unternehmung für eine gerechte, gute und damit heilig gehaltene Sache, bei der allerdings der religiöse Aspekt immer weiter, wenn auch nie vollständig, in den Hintergrund hinter die militärische Aktion tritt.

Die unterschiedlichen mittelalterlichen Fremd- wie Selbstinterpretationen wirken fort, stehen in einem Interdependenzverhältnis und gehen Verbindungen mit verwandten Ideen (wie der Idee des bellum iustum) ein. Die mittelalterliche Kriegsideologie zeigte ihre Lebensfähigkeit, indem sie in gewandelter und säkularisierter Form sich von verschiedenen politischen und unpolitischen Richtungen vereinnahmen ließ. Eisenhower erhob das amerikanische Engagement im Zweiten Weltkrieg zum »Crusade in Europe«. Mao Tse-tung gar nannte den gerechten, d. h. den revolutionär-sozialistischen Krieg im Gegensatz zum ungerechten, d. h. imperialistisch-kapitalistischen, sogar »heilig«. In durchaus friedlichem Gewand kommt der »Kampf gegen Hunger und Armut auf der Welt« als Kreuzzug daher wie der gleiche Begriff gelegentlich in der Alltagssprache ganz seine ursprünglichen Bedeutung verloren zu haben scheint. In der arabischen Welt wird der Ausdruck »Kreuzzügler« als negativ besetzter Kampfbegriff zur Kennzeichnung westlicher Politik verwendet.

Der Kreuzzugsbegriff in der Alltagssprache:

»U Thant warnt vor einem heiligen Krieg
In seinem Jahresbericht für die am Dienstag beginnende 21. Vollversammlung der Vereinten Nationen betonte UNO-Generalsekretär U Thant, er sehe in dem Konzept eines heiligen Krieges zwischen Kommunismus und Demokratie nur Gefahren für den Weltfrieden. – Er bleibe davon überzeugt, daß das Hauptproblem in Vietnam nicht ideologischer Natur sei, sondern dass dort um nationale Eigenständigkeit und Existenz gekämpft werde. (...)«
Die Welt, Hamburg, vom 19.9.1966.

»Indiana Jones und der letzte Kreuzzug«
(Film-Titel 1989).

»Simeoni en croisade contre Eurodisneyland«
(Schlagzeile der französischen Tageszeitung »Liberation« vom 16.3.1990 über den korsischen Europaabgeordneten Max Simeoni).

»Ein »heiliger Kreuzzug« gegen Rom
Freiheit für die Lombardei
In Norditalien kämpft eine obskure Separatistenpartei für die Autonomie der Provinz«
Süddeutsche Zeitung, München, vom 25.5.1990.

»Der digitale Kreuzritter Kai Krause will aus zwei Burgen ein Silicon Valley am Rhein machen«
Schlagzeile der Neuß-Grevenbroicher Zeitung vom 26.6.2002 über einen mittelständischen Unternehmer von regionaler Bedeutung.

Der Kreuzzugsbegriff im Geschichtsbild des arabischen Nationalismus:

a) Der ägyptische Historiker Sayyid Ali al-Hariri schreibt 1899:
»Die europäischen Mächte greifen heute wie im Mittelalter das Osmanische Reich an. Mit vollem Recht betrachtet unser großer Sultan Abdul Hamid II. das politische Unternehmen, das heute von Europa gegen uns ins Werk gesetzt wird, als nichts mehr und nichts weniger als einen Kreuzzug.«
Sayyid Ali al-Hariri, 1899, Die glorreiche Geschichte der Kreuzzüge, Kairo (in Arab.), S.6.

b) Ein ägyptischer Forscher schreibt 1949:
»Der Kampf gegen die Zionisten hat in unseren Herzen die Erinnerung an die Kreuzzüge wiederbelebt, die kultivierte Jugend der arabischen Welt brennt in dem Wunsche, sich Wissen über den Verlauf der Religionskriege anzueignen.«
Abd al-Latif Hamza, 1949, Die Literatur zur Zeit der Kreuzzüge, Kairo (in Arab.), S.3f.

c) Der ägyptische Militärhistoriker Oberst Abd al-Rahman Zaki schreibt 1947:
»Wir finden uns heute mit einem Kreuzzug neuer Art konfrontiert. Und wir glauben trotzdem, vertrauend auf unser gutes Recht und auf uns selbst, dass der Ausgang desselben genau derselbe sein wird, wie derjenige der vorherigen. Mit Gottes Hilfe wird die Zukunft des Orients ewig sein.«
Abd al-Rahman Zaki, 1947, Der Krieg des Orients und Okzidents im Mittelalter, Kairo (in Arab.), S.4.

d) Auch außerhalb des islamischen Fundamentalismus – etwa im arabischen Nationalismus eines Nasser – wird in der Auseinandersetzung mit

Israel und dem Westen der Kreuzzugsbegriff instrumentalisiert. So stilisiert sich Nasser in einer Rede vor arabischen Gewerkschaftsvertretern am 26.Mai 1967 zu einem neuen Saladin:
»Während der Besetzung durch die Kreuzfahrer warteten die Araber siebzig Jahre, bis sich eine geeignete Gelegenheit bot, die Kreuzritter zu vertreiben... seit Kurzem spüren wir, dass wir stark genug sind, dass wir, wenn wir in die Schlacht gegen Israel ziehen, mit Gottes Hilfe triumphieren können.«
Walter Laqueur, 2007, The Israel-Arab Reader, S.215–218, zitiert nach: Efraim Karsh, Imperialismus im Namen Allahs, München, S.245.

e) Jassir Arafat sieht in Israel einen »Staat der neuen Kreuzritter«. In einem Interview mit der Zeitung al-Anwar (Beirut) am 2. August 1968 führt er aus:
»Unsere Vorfahren kämpften ein Jahrhundert lang gegen die Kreuzfahrer und später gegen den osmanischen Imperialismus, dann über Jahre gegen den britischen und französischen Imperialismus. Es ist unsere Pflicht, das Banner des Kampfes von ihnen zu übernehmen und es so unbefleckt und stolz wehend wie seit jeher an die Generationen nach uns weiterzugeben. Wir werden nie ein Verbrechen gegen sie verüben, nämlich das Verbrechen, die Existenz eines rassistischen Staates im Herzen der arabischen Welt zuzulassen.«
Zitiert nach: Efraim Karsh, 2007, Imperialismus im Namen Allahs, München, S.274.

f) In Radio Damaskus führt der syrische Staatspräsident Hafiz al-Assad am 13.Dezember 1981 aus:
»Was ich hier sage, ist nicht neu. Ich referiere nur einige Tatsachen aus unserer Geschichte. Nehmen wir die Invasion der Kreuzritter. Sie bekämpften uns 200 Jahre lang, aber wir unterlagen oder kapitulierten nicht. Auch sie waren eine Großmacht und errangen viele Siege, während wir besiegt wurden. Doch nach zweihundert Jahren haben wir triumphiert. Warum erwartet man jetzt von uns, dass wir binnen einmal dreißig Jahren einen entscheidenden Sieg erringen oder vollständig unterliegen?«
Zitiert nach: Efraim Karsh, 2007, Imperialismus im Namen Allahs, München, S.280.

g) Zur 800-Jahr-Feier der Schlacht von Hattin vereinigten sich in Damaskus, Bagdad und Kairo Politiker, Schriftsteller, Historiker und Religionsgelehrte zu drei großen Kongressen, die mit Pomp die erfolgreiche Schlacht feierten. In der Schlussresolution des Kongresses von Damaskus wird festgehalten:

»Hattin bedeutet nicht nur eine historische Schlacht. Dieser Kampf verkörpert den Glauben der arabischen Nation an seine Zukunft. Deshalb muss
sie aus ihr Lehren ziehen und diese vertiefen (...). Heutzutage taucht Hattin im Kollektivbewusstsein unseres Volkes wieder auf, weil jeder Araber die
Angriffe, die gegen sein Land, seinen Glauben und seine Werte geführt werden, körperlich (wörtlich: in seinem Fleisch) spürt. Zwischen der zionistischen Okkupation, ihrer Art und ihren Methoden und der Besetzung durch
die Kreuzfahrer finden sich große Ähnlichkeiten (...).
Muss ich daran erinnern, dass Saladin mehr ist als ein berühmter Mann.
Er ist die Inkarnation des heroischen Geistes der arabischen Nation; er
bringt den unbeugsamen Kampfeswillen zum Ausdruck, der jede Generation mit einem neuen Inhalt versieht. Die Kreuzfahrer haben unser Land in
dem Moment angegriffen, in dem die arabische Nation geteilt war, so wie
heute. In einer ähnlichen Situation begannen die präimperialistischen Kreuzfahrer ihre Offensive mit dem Ziel, sich der aus geostrategischer Lage im
Schnittpunkt von Orient und Okzident äußerst bedeutsamen Territorien zu
bemächtigen. Die imperialistischen Kräfte haben die westliche Kultur in den
Orient importiert und aus allen vier Ecken der Welt Massen von Fremden
hereingebracht. Unter dem Vorwand religiöser Gründe, deren erfundener
Charakter mit der Zeit offenbar wurde, ist es ihnen gelungen, im Bilad al-
Islam (d. i. Groß-Syrien, Anm. d. Ü.) eine fremde Enklave zu errichten, die
sich neunzig Jahre lang, bis zum Tage von Hattin halten konnte. Dort mussten sie eine einschneidende Niederlage hinnehmen mit der Folge der Befreiung Jerusalems und binnen eines Jahrhunderts (wörtlich: am Ende eines Jahrhunderts) wurden die Eindringlinge schließlich aus den ihnen verbliebenen
Stützpunkten vertrieben.
Wenn die Araber heute um sich blicken, so stellen sie fest, dass der mittelalterliche Kolonialismus in anderer Form wiedergekehrt ist, aber unter Verwendung der gleichen Strategie und eines verwandten Systems religiöser
Propaganda. Unser Kongress ist der Beweis dafür, dass der Sieg von Hattin
keinem Zufall zu verdanken ist. An ihm ist auch nichts Wunderbares. Der
Dschihad ist die Frucht langwieriger Arbeit. Er war nicht ausschließlich militärisch, sondern erforderte auch eine geistige Vorbereitung der Menschen,
an unsere legitimen Rechte zu glauben und an unseren beharrlichen Willen, unser Land zurückzugewinnen; all dies hat Vorbereitungen erfordert, die
Einrichtung eines diplomatischen Systems und die Bereitstellung materieller Güter ohnegleichen. Deshalb müssen wir die Erinnerung an Hattin wach
halten, nicht, um uns auf unseren Lorbeeren auszuruhen, sondern um daraus
für die Zukunft nützliche Lehren zu ziehen: Einigkeit, Beharrlichkeit und
Glauben an unsere Aufgabe.«

Tishrin, 14. Juli 1987, Damaskus; zitiert nach: Emanuel Sivan, 1995, Mythes politiques arabes, Paris, S. 64 f. (aus dem Französischen übersetzt von Hartmut Redmer).

Kennzeichnend für den modernen Kreuzzugsbegriff ist der Verlust an Religiosität mit einer teilweisen Überbetonung des Militärischen bzw. ritterlicher Eigenschaften wie des Opfersinns für übergeordnete Ziele. Der Rückgriff auf historische Motive soll Legitimität für Militäraktionen der Gegenwart verleihen, um sein Leben für eine gute, d. h. heilige Sache zu opfern. Dieser säkularisierte Kreuzzugsbegriff wird von so unterschiedlichen Weltanschauungen wie Faschismus, Maoismus und Demokratie benutzt, wobei Maos Charakterisierung des Krieges gegen die Japaner als »heilig« wohl weniger als eine erneute »Spiritualisierung« als vielmehr als Rückgriff auf historisch legitimierende Schlagworte zu verstehen ist. Hier wird besonders deutlich, dass der Kreuzzugsbegriff zum bloßen Etikett verkommen ist, ähnlich wie auch in der modernen Alltagssprache oder in der Werbung.

Kreuzzug als Kampfbegriff des islamischen Fundamentalismus

Der Muslimbruder Qutb:
Auf die Frage, ob der Kreuzzugsgedanke in Europa noch existiere, das doch sein Christentum abgelegt habe, antwortet Qutb in einer Schrift von 1955:

»Kreuzfahrertum war nicht auf den Klang der Waffen begrenzt, sondern war, früher und immer danach, eine intellektuelle Feindschaft. Europäische imperiale Interessen können niemals vergessen, dass der Geist des Islam fest dem Geist des Imperialismus entgegengesetzt ist. Da gibt es welche, die halten dies für den finanziellen Einfluss der Juden der Vereinigten Staaten und andernorts, der die Politik des Westens steuert. Dann gibt es andere, die sagen, der englische Ehrgeiz und die angelsächsische Arglist seien dafür verantwortlich. ... Und dann gibt es die, die glauben, es sei die Antipathie zwischen Ost und West. ... All diese Meinungen übersehen ein vitales Element in dieser Frage. ..., den Kreuzfahrergeist, der im Blut aller Menschen des Westens fließt. In diesem Sinne gibt es keinen Unterschied zwischen Russland und den Vereinigten Staaten. Beide haben an dem gemeinsamen Kreuzzug gegen den Geist des Islam Anteil.«
Zitiert nach: Richard P. Mitchell, 1969, The Society of the Muslim Brothers, London, S. 230 (aus dem Englischen übersetzt von Gisbert Gemein).

Der jordanische Radikalenführer Scheikh Abu Zant zum ersten Golfkrieg:

»Dies ist keine Schlacht zwischen Irak und Amerika, sondern zwischen dem Islam und den Kreuzrittern... sie wird nicht zwischen Saddam und Bush ausgetragen, sondern zwischen den Anführern der Ungläubigen und dem Propheten des Islam. ... Warum steht Irak im Mittelpunkt? Weil die zionistischen und amerikanischen Feinde nicht wünschen, daß es eine arabische oder moslemische Macht gibt, die sich gegen Israel richtet. ... Die Saudis haben ihre Glaubwürdigkeit als Moslems verloren, seit sie fremden Truppen erlaubt haben, in unser heiliges Land einzudringen, das allein Gott beschützen kann! Die Saudis haben uns die Amerikaner gebracht, und was die Amerikaner ins Heilige Land gebracht haben, sind Geschlechtskrankheiten und AIDS.«
Aus Milton Viorst, A Reporter at Large. The House of Hasem, in: New Yorker, 7. Januar 1991, S. 32 , zitiert nach: Martin E. Marty/R. Scott Appleby, 1996, Herausforderung Fundamentalismus, Campus Verlag, Frankfurt a. M., S. 180 f.

Abu Mussab al-Suri:

In seiner umfangreichen Schrift »Aufruf zum weltweiten islamischen Widerstand« lobt Suri den Anführer Usama Bin Laden, weil er den richtigen Weg weise. Im Gegensatz zum anderen al-Quaida-Ideologen Zawahiri kommt er zwar zu einem pessimistischen Bild über das Ungleichgewicht der Kräfte zwischen der weltweiten Koalition der gottlosen »Juden und Kreuzfahrer« unter der Führung der USA, Israels und Großbritanniens und einer entfremdeten, orientierungslosen muslimischen Welt, teilt mit ihm aber das Geschichtsbild:

»Zu Beginn dieses christlichen 21. Jahrhunderts erlebt die islamische Umma unmittelbar die amerikanische Invasion (Ghazou) der westlichen Zionisten und Kreuzfahrer, dazu eine Allianz und vollständige Zusammenarbeit der machthabenden Regime und der heuchlerischen Kräfte der arabischen und islamischen Welt mit dem gottlosen Eindringling. Viele führende Köpfe der dschihadistischen Bewegung wurden beseitigt, und ein größerer Teil ihrer Basen wurde zerstört durch die militärische und polizeiliche Offensive dieser Allianz.«
Zitiert nach: Gilles Kepel, 2008, Die Spirale des Terrors. Der Weg des Islamismus vom 11. September bis in unsere Vorstädte, München, S. 197 f.

Auffällig ist allerdings, dass der Kreuzzugsbegriff heute im politischen Bereich hauptsächlich von fundamentalistischer Seite benutzt wird.

Dies trifft sowohl für die islamistische Seite, die die Haltung des Westens generell als Kreuzzüglertum diffamiert, wie auch z. B. für Aktivitäten der rechtsradikalen Militia in einzelnen Staaten der USA zu. Kreuzzug in dieser Form wird zum Rechtfertigungs- bzw. Kampfbegriff fundamentalistischer Bewegungen. Er ist eingebettet in eine generelle Auseinandersetzung, wobei die Konfliktlinien nicht nur, wie Samuel Phillipps Huntington sagt, zwischen den Zivilisationen verlaufen, sondern gleichzeitig (um mit Thomas Meyer zu sprechen) auch innerhalb der einzelnen Gesellschaften. Ihre ideengeschichtliche Analyse ist notwendig, um die globalen Ausmaße der gegenwärtigen fundamentalistischen Bewegungen einordnen zu können.

Kreuzzugsbegriff im Fundamentalismus der USA: Militia of Montana:

In den 90er Jahren hat James Madison eine Bewegung zur nationalen Verteidigung der USA gegründet. Mit ihren engen Beziehungen zur National Rifle Association, mit der sie zusammen das Recht des freien Amerikaners auf Waffenbesitz verteidigt, korrespondiert eine regierungskritische Haltung.

a) Ziele der Militia of Montana:
»... Die Verfassung der Vereinigten Staaten von Amerika und die Verfassung des Staates von Montana (sind) gegen alle Feinde (zu) verteidigen, sowohl im Ausland wie auch im Inneren...
Die Verschwörer, die eine sozialistische Eine-Welt-Regierung unter den Vereinten Nationen bilden wollen, sind noch immer am Werk, verräterisch die Verfassung zu zerstören, um die Bürger des Staates Montana, der Vereinigten Staaten und der Welt in einer sozialistischen Union zu versklaven... Schließe dich der Armee an und diene der UN oder schließe dich der Militia an und diene Amerika. Es ist deine Wahl – Freiheit oder Sklaverei. Schließe dich an oder bilde deine örtliche Militia heute! Sei militant in deiner Suche nach Wahrheit und in der Verteidigung der Freiheit!«
Militia of Montana, web site: http:/www.militiaofmontana.com (übersetzt von Gisbert Gemein).

b) Kreuzzug für die Rechte des Volkes:
»Wenn die Verordnungen und Statuten für die Mehrheit des Volkes ungerecht sind, wird das Volk mit Recht revoltieren und die Regierung wird nachgeben müssen, ohne dass ein Schuss abgefeuert wird, denn die Militia steht wachsam bereit, den Willen des Volkes in Verteidigung der Rechte und der Freiheit auszuführen. Der Zweck der Regierung liegt im Schutz

der Rechte des Volkes; wenn sie dies nicht bewirkt, ist die Militia der Kreuzzug, der vortritt, und auf ihr ruht der Schutz der Rechte des Volkes.« K. A. Stern, 1996, A Force upon the Plain: The American Militia Movement and the Politics Hate, New York, S. 76 (übersetzt von Gisbert Gemein).

c) Der Chefpropagandist Bob Fletcher über die politische Orientierung der Militia of Montana:
»Wir wollen nichts von links und rechts, konservativ und liberal hören, all diese blödsinnigen Etiketten. Wir wollen zurückkehren zu der Idee von guten und bösen Kerlen, gerechten und modernen Regierungen – der ehrlichen, fairen, rechtmäßigen amerikanischen Regierung, von der wir alle fälschlicherweise glauben gemacht wurden, dass sie noch aufrecht stünde.«
M. Kelly, Road to Paranoia, The New Yorker, 19. Juni 1995, S. 63 (übersetzt von Gisbert Gemein).

Literaturverzeichnis

ASBRIDGE, THOMAS, 2010, *Die Kreuzzüge*, Stuttgart.

BART, REINHARD, 1999, *Taschenlexikon Kreuzzüge*, München.

ERBSTÖSSER, MARTIN, 1996, *Die Kreuzzüge. Eine Kulturgeschichte*, 3. überarbeitete Aufl., Leipzig.

GEMEIN, GISBERT/CORNELISSEN, JOACHIM, 1992, *Kreuzzüge und Kreuzzugsgedanke in Mittelalter und Gegenwart*, München.

GEMEIN, GISBERT, 2003, *Kreuzzugsidee und Gihad im 20. Jahrhundert*, in: *Praxis Geschichte 1*, S. 43 f.

GEMEIN, GISBERT/REDMER, HARTMUT, 2003, *Der christlich-europäische Westen und die islamische Welt – Ein Kampf der Kulturen?*, in: *Geschichte und Geschehen, Bd. 1*, Klett, Leipzig.

HEHL, E.-D., 1994, *Was ist eigentlich ein Kreuzzug?* In: *Historische Zeitschrift 259*, S. 297–336.

HILLENBRAND, CAROLE, 1999, *The Crusades, Islamic Perspectives*, Edinburgh University Press, Edinburgh.

IBN MUNQIDH, USAMA, 2004, *Ein Leben im Kampf gegen Kreuzritterheere. Aus dem Arabischen von Gernot Rotter*. Lenningen: Edition Erdmann, (Erstausgabe 1978).

JASPERT, NIKOLAS, 2007, *Die Kreuzzüge*, Wiss. Buchges., Darmstadt 2003.

KAUFHOLD, MARTIN, *Die Kreuzzüge*, Wiesbaden.

MAALOUF, AMIN, 2001, *Der heilige Krieg der Barbaren. Die Kreuzzüge aus der Sicht der Araber*, 3. Aufl., München.

MAYER, HANS EBERHARD, 2000, *Geschichte der Kreuzzüge*, 9. verbesserte und erweiterte Aufl., Stuttgart.

MEYER, THOMAS, 1997, *Identitäts-Wahn*, Berlin.

RILEY-SMITH, JONATHAN, 1992, *Die Kreuzzüge. Kriege im Namen Gottes*, Freiburg.

RILEY-SMITH, JONATHAN (HRSG.), 1999, *Illustrierte Geschichte der Kreuzzüge*, Frankfurt a. M.

RILEY-SMITH, JONATHAN, 2003, *Wozu heilige Kriege?*, Berlin.

RUNCIMAN, STEVEN, 1995, *Geschichte der Kreuzzüge*, München.

SIVAN, EMANUEL, 1995, *Mythes politiques arabes*, Paris (israel. Erstveröff. Tel Aviv 1988).

THORAU, PETER, 2004, *Die Kreuzzüge*, München.

Gisbert Gemein

Der Dschihad-Begriff im Wandel der Zeit

Vorbemerkung

Dieser Beitrag hat – neben einem historischen Überblick über den Wandel des Dschihad-Begriffes, in anderer Schreibweise »Jihad« – vorrangig das Ziel, die verschiedenen Bedeutungen des Begriffes im 20. Jahrhundert darzustellen, insbesondere die Entwicklung im Islamismus als einer primär politischen, wenn auch religiös begründeten Bewegung, in der der ursprünglich religiös geprägte Begriff (auch wenn in der Vergangenheit politische Instrumentalisierungen zu verzeichnen waren) politisiert und militarisiert wurde. Es wäre falsch, diese historische Entwicklungslinie, die mit dem Dschihadismus des modernen Terrorismus ein vorläufiges Ende gefunden hat, mit der Entwicklung im gesamten Islam gleichzusetzen. Für ihn, insbesondere den europäischen Islam, ist vielmehr eine Entwicklung zu verzeichnen, die die Übersetzung des Wortes Dschihad mit »Heiliger Krieg« nicht nur für philologisch falsch hält, sondern in ihr gleichzeitig eine Verunglimpfung des Islam sieht, der eben nicht »mit Feuer und Schwert« missionierte.

Großer und kleiner Dschihad

Das heutige Bild des Islam ist von Gewalt geprägt. Islamischer Terrorismus beherrscht die Schlagzeilen der Medien. Alte Klischees wie »Die Ausbreitung des Islam mit Feuer und Schwert« scheinen sich zu bestätigen, die Kreuzzugspropaganda feiert fröhlich Urständ, auch wenn dies – im Unterschied zu den hier deutlich geschichtsbewussteren Muslimen – den meisten europäischen Zeitgenossen gar nicht so bewusst ist. Die übliche Übersetzung des arabischen Begriffs Dschihad mit »heiliger Krieg« bestätigt dies.

Da nutzt es wenig, wenn die seriöse Islamwissenschaft darauf hinweist, dass eine solche Übersetzung philologisch falsch sei, dass der Islam, der sich selbst als eine »Friedensreligion« versteht, Krieg nie als etwas Heiliges verstehen kann. Dschihad, abgeleitet vom Verb dschahada = sich anstrengen, bedeutet Anstrengung, Anstrengung für die Sache Gottes. Diese kann sich vielfältig zeigen, kann ein körperliches wie ein geistiges Bemühen sein, kann sich in einer bewaffneten Verteidigung des Glaubens wie im Kampf für ein gottgefälliges Leben zur Überwindung der eigenen inneren Schwächen manifestieren.

Dschihad mit »heiliger Krieg« zu übersetzen, ist nicht nur philologisch falsch, es belastet auch den Dialog mit Muslimen, die den Islam als Friedensreligion verstehen und auf die gemeinsamen Wurzeln von Islam und salam = Frieden hinweisen. Im Unterschied zur Friedensreligion Christentum mit seinem den Menschen letztlich überfordernden Gebot der Feindesliebe geht der Islam von der Realität aus, kann daher auch für den Krieg Regeln formulieren (z.B. Schutz für Nichtkombattanten, Frauen und Kinder): Krieg könne nie etwas »Heiliges« sein. Da aber andererseits der bewaffnete Kampf für den Glauben im Koran durchaus als verdienstvoll angesehen wird, hat Albrecht Noth den Begriff »heiliger Kampf« vorgeschlagen, der sich allerdings – theologisch ebenso nicht unproblematisch – in der Literatur nicht durchgesetzt hat. Er hat allerdings den Vorteil, dass er auf die individuelle Entscheidung des Einzelnen abhebt, der den Dschihad von dem parallelen Begriff des Kreuzzugs unterscheidet.

Regeln für die Kriegsführung:

Regeln für die Kriegsführung stellt der Kalif Abu Bakr 632 für seine Armee auf; At-Tabari berichtet:

> »Ihr Leute! Ich mache euch zehn Regeln zur Vorschrift, denkt daran! Betrügt nicht und eignete euch keinen Teil der Beute widerrechtlich an. Seid nicht treulos und verstümmelt niemanden. Tötet kein Kind, keinen alten Mann und keine Frau. Entwurzelt und verbrennt keine Palmen, schlagt keine fruchttragenden Bäume. Schlachtet kein Schaf, keine Kuh, kein Kamel, es sei denn, ihr seid hungrig. Ihr werdet auf Menschen treffen, die sich in die Einsiedelei zurückgezogen haben; lasst sie in Ruhe, damit sie ihr Vorhaben ausführen können. Ihr werdet Menschen begegnen, die euch Speisen und verschiedene Nahrungsmittel bringen; nehmt ihr davon, dann sprecht den Namen Gottes über eurem Essen aus. Ihr werdet auf Leute stoßen, die ihre Schädel geschoren haben, so daß nur noch ein Haarkranz übrig ist; schlagt sie mit dem Schwert. Geht nun im Namen Gottes, und Gott schütze euch vor Schwert und Pest.« At-Tabari, Tarih, Bd.1, 1850 ; zitiert nach : Bernard Lewis, 1991, Die politische Sprache des Islam, Berlin, S.129 f.

Wenn in der islamischen Tradition Dschihad als Krieg verstanden wird, wird auch ein noch so schicksalshafter Krieg nie als »heilig« erklärt. Vorstöße in dieser Richtung sind alle neueren Datums, sie gehen auch nicht mit der authentischen islamischen Lehre konform. In der Erklärung der Islamischen Gipfelkonferenz von Taif von 1981 wird erstmals die Adjektivverbindung »der heilige Dschihad« (al-dschihad al-muqaddas) benutzt. Smail Balic, damaliger Vorsitzender der österreichischen Muslime, schließt daraus, dass »die in rein menschlicher Verantwortung vorgenommene Hinzufügung des Attributs »heilig« zum Wort Dschihad beweist, dass die »Heiligkeit« dem Dschihad nicht inhärent ist.« (Balic, 1988, S. 1).

Die islamische Theologie hat – auf Mohammed zurückgehend – schon früh zwischen dem Großen Dschihad und dem Kleinen Dschihad, der auch bewaffneter Kampf zur Verteidigung des Glaubens sein konnte, unterschieden. Die Adjektive beschreiben gleichzeitig eine Wertung.

Das Islamische Zentrum Hamburg zum Dschihad:

Muhammad Moghaddam hat eine Broschüre verfasst, die aus Freitagsansprachen entstanden ist. Das Islamische Zentrum Hamburg verbreitet sie über das Internet:

»... Wir können die Bedeutung von »Jihad« jedoch solange nicht begreifen, ehe wir uns nicht über ein anderes wichtiges islamisches Prinzip im Klaren sind, das mit »Jihad« in enger Verbindung steht: nämlich »Salam« – Frieden. Frieden ist eine der höchsten Maximen im Islam, was schon im Namen dieser Religion deutlich zu erkennen ist. So entspringen die Begriffe Islam und Salam derselben arabischen Sprachwurzel....

Die Religion des Islam will die Menschen immer zum Frieden führen. Wenn also der Quran das Prinzip Jihad, d. h. diese Auseinandersetzung des Gläubigen mit dem Bösen bekräftigt, so nur deshalb, weil dadurch Frieden verwirklicht werden soll! Nur aus diesem Grunde ist im Rahmen von Jihad auch der Kampf gegen jene Menschen zulässig, die den Frieden unter den Menschen stören, Unheil stiften und die Menschen ihrer Freiheit berauben. Jihad ist jedoch niemals ein für sich alleinstehendes Ziel. Es ist lediglich ein Mittel, um Freiheit, Gerechtigkeit und Frieden unter den Menschen zu begründen. Jihad bezieht sich auf den Kampf des Menschen mit den Faktoren des Bösen, d. h. auf sein permanentes Ringen auf individueller, gesellschaftlicher, wissenschaftlicher, politischer und wirtschaftlicher Ebene um eine Veränderung hin zum Guten. Daher kann Jihad auch nicht als heiliger Krieg übersetzt werden, denn dies würde die weite Bedeutung des Begriffes völlig einengen und verfälschen....«

Islamisches Echo in Europa, 7. Folge: Jihad – nicht »Heiliger Krieg«, hrsg. vom Islamischen Zentrum Hamburg, ISBN 3-925165-00-2 (http://www.mmnetz.de/onlinebuecher/jihad.htm).

Wenn heutige staatliche Richtlinien des Landes Nordrhein-Westfalen für das Fach »Islamische Unterweisung« für 4. Grundschulklassen den Dschihad fordern, meinen sie selbstverständlich den »Großen«. Die parallelen Ausführungen in syrischen Religionsbüchern verstehen unter Dschihad »Arbeitseifer«, ganz im Sinne der dort herrschenden sozialistischen Baath-Partei. Die ägyptische Verfassung fordert einen Dschihad als Kampf gegen Hunger, Armut, Korruption und Kolonialismus, Forderungen, denen sich auch Vertreter des Westens anschließen können. Wenn auch recht allgemein formuliert, ist hier eine politische Komponente enthalten; es bleibt unklar, ob ein solcher Dschihad groß oder klein ist. Smail Balic definiert in seinem Artikel »Dschihad als Einsatz für Frieden und Fortschritt«.

Dschihad in der ägyptischen Verfassung:
Aus der Präambel der ägyptischen Verfassung von 1956:

»Wir verankern diese Grundlagen und Prinzipien zu einer Verfassung, die unseren Gihad organisiert und schützt. Wir verkünden heute diese Verfassung, deren Bestimmungen aus dem Innersten unseres Kampfes hervorgehen... und aus den ewigen Werten, um deren Verteidigung willen unsere Märtyrer gefallen sind, und aus den Träumen der Schlacht, in die sich unsere Väter und Großväter sowohl in der Süße des Sieges als auch in der Bitterkeit der Niederlage stürzten.«
zitiert nach: Monika Tworuschka, Gihad im Islam – Bedeutung und Wandel eines Phänomens, in: Symbolon, Jahrbuch für Symbolforschung, Neue Folge, Bd. 8, S. 70.

Eine Unterscheidung der Arten des Dschihad durch muslimische Juristen fasst Christine Schirrmacher zusammen:

»Vier Arten des jihad
1. Der jihad des Herzens: Dies ist die Bekämpfung des Teufels und die Abwehr seiner Angriffe, um die Menschen zum Bösen zu verleiten.
2. Der jihad der Zunge: Er wird gekämpft durch das Aussprechen des Wahren und Richtigen.
3. Der jihad der Hände: Dies ist das Eintreten für das Richtige und das Vermeiden des Falschen.
4. Der jihad des Schwertes: Nur er bedeutet Kampf und Krieg gegen die Ungläubigen und Feinde des Glaubens.« (Schirrmacher, 2003, S. 183).

Die Unterscheidung zwischen Großem und Kleinen Dschihad wird obsolet, wenn die kriegerische Interpretation des Dschihad wegfällt, wenn sie – wie in den Richtlinien der Landes Nordrhein-Westfalen oder den syrischen Religionsbüchern – gar nicht mehr vorkommt. Eine politische Instrumentalisierung des Dschihad hat es immer gegeben, schon zu Zeiten des Propheten, der in der medinensischen Phase zur aktiven Verteidigung des Glaubens gegen die heidnischen Mekkaner seine Anhänger aufrufen musste, später im bewaffneten »Heidenkampf« (nicht gegen die Angehörigen der Buchreligionen), in der Kreuzzugszeit auch gegen Christen, bald auch gegen muslimische Konkurrenten.

Dschihad ist also ein schillernder Begriff, unterliegt historischen Veränderungen, seit dem Mittelalter zudem einem Interdependenzverhältnis mit dem Parallelbegriff des Kreuzzugsgedankens, auch wenn dieser ganz andere Wurzeln – wie z.B. die römische Idee des *bellum iustum* (Gerechter Krieg) – hatte. Als *proelium sanctum* (Heiliger Kampf) war der Kreuzzug im Gegensatz zum Dschihad tatsächlich ein »heiliger Krieg«, zu dem der Papst, wenn auch nicht faktisch, so doch rechtlich bindend die Gläubigen aufrufen konnte, während bei der Idee des Dschihad immer die Entscheidung des Einzelnen im Vordergrund stand, der Aufruf des politischen Herrschers nur Appellcharakter besaß. Während die Kreuzzugsidee – ihres ursprünglich religiösen Charakters entkleidet – mehrere Wellen der Säkularisierung zu verzeichnen hatte, ist dies bei der Idee des Dschihad nur ansatzweise zu beobachten; wohl hat sie – im ausgehenden 20. Jahrhundert – Züge der Kreuzzugsidee angenommen, so dass angesichts des Bedeutungswandels, die sie bei den Dschihadisten genommen hat, die Übersetzung mit »heiliger Krieg« nicht mehr als falsch erscheint.

Doch was hier für eine kleine Minderheit der Muslime zutreffen mag, erstreckt sich nicht auf deren überwiegende Mehrheit. Für die klassische muslimische Theologie gehört der Dschihad nicht zum Kernbereich des Glaubens, nicht zu den fünf Säulen (Pfeilern) wie Glaubensbekenntnis, rituelles Gebet, Fasten, Almosengeben und die Wallfahrt nach Mekka. Es ist der Islamismus, keine religiöse, sondern eher eine (religiös begründete) politische Bewegung, die eine Umkehrung der bisherigen Theologie verursachte. Der indo-pakistanische Denker Maududi (1903–1979) sprach vom Dschihad als »vernachlässigter Pflicht«, notwendig als Vorbereitung zur Erfüllung der fünf Pfeiler des Islam. Während bei Maududi Dschihad in bewaffneter wie unbewaffneter Form durchgeführt werden kann, so dass auch Alte oder Frauen an ihm teilhaben können, ist bei dem Ägypter Qutb (1906–1966) eine Militarisierung zu verzeichnen. Beiden gemeinsam ist aber eine Umkehrung der bisherigen islamischen Theologie, die den Dschihad, bei beiden als Kampf gegen westliche Ideen verstanden, den fünf Pfeilern überordnet. Es ist daher nur ein kleiner Schritt zu den modernen Dschihadisten, die den Dschihad nur als einzige Lebensform gelten lassen. Wer den Dschihad kämpft, braucht die anderen Bereiche des Glaubens nicht mehr.

Der Dschihad-Begriff bei Mohammed und im Koran

Das Arabische kennt mit den Wörtern *qital* oder *harb* weitere Bezeichnungen für Kampf und Krieg, die neben dem Wort Dschihad im Koran vorkommen. Es ist daher methodisch unzulänglich, den Koran nur nach dem Gebrauch des Wortes Dschihad abzuklopfen. Stattdessen wird die grundsätzliche Frage nach der Gewaltanwendung (im Krieg oder bei einer Razzia = einem Streif- und Beutezug nach altarabischer Auffassung) gestellt.

Ähnlich wie bei dem Begriff Dschihad bietet der Koran hinsichtlich der Frage der Gewaltanwendung ein widersprüchliches Bild. Es stehen sich Verse, die zur Friedfertigkeit bzw. Gewaltvermeidung aufrufen, den sogenannten »Schwertversen«, gegenüber.

Ist eine kriegerische Interpretation von Sure 4,84f. zwingend?
Eine vielzitierte Stelle aus der vierten Sure wurde in der christlichen Propaganda als Beleg dafür verstanden, dass sich der Islam »mit Feuer und Schwert« ausbreite; eine fundamentalistische Interpretation sieht – gewissermaßen analog dazu – die Aufforderung zum bewaffneten Dschihad. Im Textzusammenhang, der auf eine persönliche Entscheidung abhebt, ist eine solche »kriegerische« Interpretation nicht zwingend:

> »84 Kämpfe nun um Gottes willen! Du hast (dereinst) nur die Last für deine eigenen Handlungen zu tragen. Und feure die Gläubigen (zum Kampf) an! Vielleicht wird Gott die Gewalt derer, die ungläubig sind, (vor euch) zurückhalten (so daß sie euch nichts anhaben können). Gott verfügt über mehr Gewalt und kann schrecklicher bestrafen (als irgendwer auf der Welt). 85 Wer eine gute Fürbitte einlegt, bekommt (dereinst?) einen Anteil daran. Und wer eine schlechte Fürbitte einlegt, bekommt (dereinst?), was ihr entspricht. Gott ist um alles besorgt (?).« (Sure 4, 84f.).

Totschlag, Mord und Tötung im Krieg (Regelungen der Sure 4)
Sure 4 (Die Frauen) regelt Fragen u.a. Fragen von Totschlag, Mord und Tötung im Krieg; dabei wird Sure 4, 93 meist als Beleg für den Auf-

ruf zum Dschihad angeführt. Der Textzusammenhang macht eher die von Mohammed und dem Islam als einer städtischen Religion propagierte »Neuerung« deutlich, das archaische Blutracheprinzip und ein beduinisches Beuteverhalten bei Razzien (arab. Streifzug) einzudämmen:

> »92 Kein Gläubiger darf einen (anderen) Gläubigen töten, es sei denn (er tötet ihn) aus Versehen. In diesem Fall ist (als Sühne) ein gläubiger Sklave in Freiheit zu setzen und (außerdem) Wergeld (zu bezahlen), das seinen Angehörigen auszuhändigen ist – es sei denn, sie zeigen sich mildtätig (w. sie geben (es als) Almosen, d. h. sie verzichten auf das Wergeld). Und wenn er (d. h. der Getötete) zu Leuten gehört, die euch feind sind, während er (seinerseits) gläubig ist, ist (als Sühne) ein gläubiger Sklave in Freiheit zu setzen (ohne daß auch noch Wergeld bezahlt wird). Und wenn er Leuten zugehört, mit denen ihr in einem Vertragsverhältnis steht (ohne daß sie ihrerseits den Islam angenommen haben), ist Wergeld (zu bezahlen), das seinen Angehörigen auszuhändigen ist, und (außerdem) ein gläubiger Sklave in Freiheit zu setzen. Und wenn einer keine Möglichkeit findet (einen Sklaven in Freiheit zu setzen), hat er (dafür) zwei aufeinanderfolgende Monate zu fasten. (Das ist) ein Gnadenakt (?) (w. Vergebung) von seiten Gottes. Gott weiß Bescheid und ist weise. 93 Und wenn einer einen Gläubigen vorsätzlich tötet, ist die Hölle sein Lohn, daß er (ewig) darin weile. Und Gott ist (?) zornig auf ihn und hat (?) ihn verflucht, und er hat (im Jenseits) eine gewaltige Strafe für ihn bereit. 94 Ihr Gläubigen! Wenn ihr um Gottes willen (auf einem Kriegszug) unterwegs seid, dann paßt genau auf und sagt nicht zu einem, der euch den Heilsgruß entboten hat: ›Du bist kein Gläubiger‹, wobei ihr (unter dem Vorwand, einen Ungläubigen vor euch zu haben und ihn bekämpfen zu müssen) den Glücksgütern des diesseitigen Lebens nachgeht! Gott bietet (euch) doch genug (andere) Möglichkeiten, Beute zu machen. So (d. h. beutegierig und auf irdische Glücksgüter eingestellt) seid ihr früher gewesen (als ihr noch Heiden waret). Aber dann hat euch Gott Gnade erwiesen (indem er euch dem Glauben zugeführt und euren Blick auf das Jenseits gerichtet hat). Paßt also genau auf (und begeht keine solchen Mißgriffe)! Gott ist wohl darüber unterrichtet, was ihr tut.
> * 95 Diejenigen Gläubigen, die daheim bleiben (statt in den Krieg zu ziehen) – abgesehen von denen, die eine (körperliche?) Schädigung (als Entschuldigungsgrund vorzuweisen) haben –, sind nicht denen gleich(zusetzen), die mit ihrem Vermögen und mit ihrer eigenen Person um Gottes willen Krieg führen (w. sich abmühen). Gott hat diejenigen, die mit ihrem Vermögen und mit ihrer eigenen Person Krieg führen, gegenüber denjenigen, die daheim bleiben, um eine Stufe höher bewertet (w. ausgezeichnet). Aber einem jeden (Gläubi-

gen, ob er daheim bleibt oder Krieg führt) hat Gott das (Aller)beste (d. h. das Paradies) versprochen. Doch hat Gott die Kriegführenden gegenüber denen, die daheim bleiben, mit gewaltigem Lohn ausgezeichnet, 96 (mit besonderen) Rangstufen (die sie) von ihm (im Paradies zugewiesen bekommen) und Vergebung und Barmherzigkeit. Gott ist barmherzig und bereit zu vergeben.« Sure 4, 92f.

Vorrangig die 8. und 9. Sure befassen sich mit dem Thema Dschihad, sonst lassen sich nur einzelne Bezüge finden. Von den 41 Mal, in denen das Wort im Koran vorkommt, stehen nur zehn im Zusammenhang mit Kampf, woraus sich der Kleine Dschihad gegen militärische Gegner ableitet. Alles andere lässt sich mit dem Großen Dschihad in Verbindung bringen, also mit der Anstrengung zur Reinigung der eigenen Seele. Doch auch die Textstellen mit einem direkten Bezug zum bewaffneten Kampf bieten keine einheitliche Lehre: Das Spektrum der Aussagen reicht von Geduld bei der Verbreitung des Glaubens bei Juden und Christen über den Aufruf zur Verteidigung des Glaubens bis zur Erlaubnis zum Angriff und zur Aufforderung zum Kampf, bis der Gegner die Kopfsteuer für nichtmuslimische Untertanen zahlt.

In der mekkanischen Sure 52,25 lautet der Befehl an die Gläubigen: »Gehorche den Ungläubigen nicht, sondern führe mit ihm (d. h. mit dem Koran) gegen sie einen großen Dschihad«. Dschihad meint hier weniger das Ringen um neue Anhänger, wie Tilman Nagel (2008, S. 386) meint, sondern die Bestärkung der gewonnenen Anhänger, auch den neuen Glauben zu erhalten. Auch in den ersten Versen der schon als medinensisch geltenden Sure 29, 6 liest man die Zusage Allahs, dass jeder seinen eigenen Nutzen im Jenseits habe, der den Dschihad zu seiner Herzensangelegenheit mache. In Sure 2, in Medina entstanden, spricht Mohammed offen von einem Dschihad (Vers 218) als einer kriegerischen Anstrengung, allerdings aus der Stellung des Nutznießers des medinensischen Fremdenschutzes, dass allein diejenigen, die mit ihm die Hidschra unternahmen, Träger dieses Dschihad seien.

Nach dem Sieg von Badr werden auch die »Helfer«, das sind die medinensischen Araber, die sich zum Islam bekehrt hatten, in das Gebot zum Dschihad als kriegerische Unternehmung aufgenommen. Dennoch wird hinsichtlich des Dschihad zwischen beiden Gruppen unterschieden: »Diejenigen, die gläubig wurden, auswanderten und mit ihrem Vermögen und ihrem Leben auf dem Pfade Allahs den Dschihad führten, und diejenigen, die die ersteren beherbergten und unterstützten, sind einander freund« (Sure 8,72). Unklar bleibt die Stellung der Gruppe der Gläubigen, die nicht auswanderten, etwa in Mekka verblieben; mit ihnen darf man nicht befreundet sein, denn es könnte »im Lande Anfechtung und großes Verderben« geben.

In den Jahren zwischen dem Grabenkrieg und al-Hudaibija fällt der kriegslüsterne Ton auf, den Mohammed anschlägt. »Er bildet die schrille Begleitmusik des rapiden Bedeutungsverlustes der »Helfer« und der Umwandlung der Gemeinschaft der Gläubigen in ein Gemeinwesen, dessen raison d'être der Dschihad darstellt, die Unterjochung Andersgläubiger zum Zwecke der Alimentierung einer Kriegerclique, die sich als Sachwalterin der Sache Allahs versteht.« (Nagel, 2008, S. 388). In dieser Zeit bildet sich ein Gemeinwesen von Glaubenskriegern heraus, das sein Ziel im Erbeuten von Sachgütern bzw. der Erträge der neu eroberten Länder, aber auch in der Unterwerfung Andersgläubiger fand, die die neu eingeführte Kopfsteuer zu zahlen hatten, die zum finanziellen Rückgrat des neu entstehenden islamischen Staates wurde.

Mit dem universellen Machtanspruch, das »Reich des Satans« ständig einzuengen, wird zwar einerseits der Dschihad zur Verpflichtung der Muslime zur Ausbreitung des Glaubens, andererseits lassen die Mohammed-Äußerungen den Schluss zu, dass er zwar von den Menschen schlechthin redete, aber stets seine Volksgenossen im Auge hatte, die er zu einer gleichförmigen Gemeinschaft gläubiger Muslime zusammenzuschmieden versuchte. Diese Idee des Dschihad ist auch noch unter den ersten Nachfolgern Mohammeds zu verzeichnen. Al-Baladuri (gest. um 890) hat neben einem monumentalen Geschichtswerk über die frühislamische Zeit auch eine Darstellung der Eroberungszeit hinterlassen: »*Deshalb schrieb Abu Bakr an die Bewohner von Mekka und Taif, an die Leute im Jemen und an alle Beduinen im Nedschd und Hedschas, um sie für den Dschihad auszuheben und in ihnen die Lust daran und an der bei den Rhomäern zu holenden Kriegsbeute zu entfachen.*« (Nagel, 2008, S. 475). Die »Sure des Dschihad«, die nach der Schlacht von Badr entstandene Sure 8, wurde zur Motivation der Truppe vorgetragen. Doch schon unter dem Kalifat 'Umars machte man erste Anzeichen für ein Erlahmen der Dschihad-Bewegung aus; diese verstärkten sich in der Folgezeit, als die Auswirkungen des durch das Beutewesen ungleich verteilten Reichtums unter den ersten Muslimen durch Neueroberungen nicht mehr ausgeglichen werden konnten, als vor allem die Dschihad-Bewegung angesichts des enorm gewachsenen islamischen Reiches an seinen Grenzen nur noch für eine Minderheit des Grenzkriegertums faktisch möglich war. Folge dieser Entwicklung war im Innern eine zunehmende Abkehr vom Dschihad-Gedanken, wie ihn Mohammed in Medina noch gepredigt hatte, durch einen Vorrang im »Wissen«.

Im Weltverständnis des in den Hadithen gleichsam neu erfundenen Mohammed (die meisten Hadithe sind von einer jüngeren Generation überliefert, die – wenn überhaupt – nur den alten Propheten persönlich erlebt haben konnten) schaffen nicht Waffen und Selbstaufopferung des Gläubigen die Anwartschaft auf das Paradies, sondern jetzt ist es notwendig, sich mit aller Gewissenhaftigkeit den Riten zu widmen. Mohammed hatte nach der Schlacht von Badr die Grenzen des Glaubenskrieges derart ausgeweitet, dass man die Aussagen der Sure 2 nicht mehr im ursprünglich gemeinten Sinne auf Mekka beziehen musste; er hatte durch die Erfindung der sadaqa die Spaltung seiner Anhängerschaft in die kriegführenden Gläubigen und die ihrem normalen Broterwerb nachgehenden Muslime abgewendet. Der Status der Nichtkombattanten blieb zwar gegenüber den Glaubenskriegern untergeordnet, besaß aber im neu entstehenden islamischen Reich eine unentbehrliche dienende Funktion.

Die Frage der gerechten Entlohnung der ersten Gruppe ist eine der Ursachen für die *fitna* (arab. Versuchung, Spaltung), die kriegerischen Auseinandersetzungen und Bürgerkriege schon unter den ersten vier »rechtgeleiteten Kalifen«. Im Gegensatz zu Mohammeds medinensischer Zeit wird insbesondere von den jüngeren Prophetengenossen eine Umdeutung des kämpferischen Glaubens in eine Überlieferung vorgenommen, die ein vor-dschihadistisches Glaubensverständnis wiederbelebt. Der Einzug ins Paradies wird nicht mehr, wie Mohammed in Medina noch lehrte, durch kriegerische Gläubigkeit, sondern durch Ritentreue erlangt. Die durch die Riten gefestigte und verstetigte Hingewandtheit zu Allah, die in die Lebensmitte der neuen Religion rückte, brachte mit dem gleichzeitigen »Abbau der Dschihadgesellschaft« (Nagel, 2008, S.716) mehr Gleichheit, bedeutete aber auch eine Schwächung der politischen Macht der Kalifen.

Eine Instrumentalisierung des Dschihad-Begriffes in der Geschichte

Der kriegerische (kleine) Dschihad spielte bei der Ausbreitung der arabischen Eroberung unter den Omayyaden als »imperialer Dschihad« eine bedeutende Rolle. Für die frühen Schiiten und die Kharidschiten ist ein anderes Verständnis des Dschihad-Gedankens zu verzeichnen; bei den ersteren ist er eng mit dem Märtyrertum verbunden, bei den letzteren ist die Vorstellung verbreitet, dass er gewissermaßen als »Pfeiler« des Glaubens eine zentrale Rolle spielt. Die Verlegung des Regierungssitzes von Damaskus nach Bagdad unter den Abbasiden ist auch in einer Abkehr vom Eroberungsgedanken von Byzanz zu verstehen. Auch wenn der Kalif wie Harun al-Raschid noch als Ghazi-Kalif und damit im traditionellen Dschihad-Verständnis in den Quellen bezeichnet wird, ist mit der zunehmenden Professionalisierung des muslimischen Militärs und der Einführung von Militärsklaven unter den Nachfolgern Haruns eine Veränderung des (kleinen) Dschihad-Verständnisses zu beobachten. Einerseits wurde der große Dschihad-Gedanke ausgeformt, andererseits kam es wie 965 zu einem regelrechten Grenzkrieg gegen die Byzantiner, den ein lokaler Freitagsprediger ausrief, unabhängig davon, dass den Bagdader Machthabern ein Krieg überhaupt nicht recht war. Das Ereignis belegte außerdem, dass ein regelmäßiger »Nachschub« von Freiwilligen für einen solchen als Dschihad verstandenen Grenzkrieg bestand. Den kleinen Dschihad bemühten in Spanien neben dem großen Eroberer Almansur auch die Almoraviden zur Motivation ihrer Berberkrieger.

Der kleine Dschihad als kriegerische Unternehmung behielt zwar in der Einschränkung auf Grenzkrieger über die gesamte folgende Geschichte des Islam seine Bedeutung, doch besaß im normalen Leben der Gläubigen der große Dschihad eine weit größere Bedeutung, zumal die Ausübung militärischer Gewalt sich von den Arabern auf die Türken verlagerte. Türken sind daher auch die militärischen Hauptgegner der Christen in den Kreuzzugskriegen. Der anfängliche militärische Erfolg der von den Arabern pauschal sogenannten »Franken« war auch auf die Zersplitterung der politischen und militärischen Macht zurückzuführen; Palästina war ein Puffer zwischen den beiden Kalifaten bzw. Machtzentren in Ägypten und Bagdad.

Nureddin (1118–1174), der den nicht-christlich beherrschten Raum Syriens wieder vereinigte, instrumentalisierte den Dschihad-Gedanken in seinem Kampf gegen die christliche Herrschaft, indem er einen regelrechten Propagandaapparat von mehreren hundert Gelehrten, meistens Männer des Glaubens, rekrutierte mit dem Auftrag, ihm die aktive Sympathie des Volkes zu gewinnen und die Führer der arabischen Welt zu zwingen, ihm zu folgen. Saladin (1137 oder 1138–1193) führte diese Politik erfolgreich fort. Dschihad bedeutete für ihn die Bekämpfung der christlichen Herrschaft, die Rückeroberung Jerusalems.

Nureddins (Nur ad-Din) Dschihad-Aufruf:

Nureddin (gestorben 1174) eint (vor allem durch die Besetzung von Damaskus) den vorher politisch zersplitterten syrisch-palästinensischen Raum und wird zum entschiedenen Gegner der christlichen Herrschaft. Der arabische Historiker Ibn al-Athir (1160–1233) berichtet über die

Klage eines Emirs aus der Dschazira-Ebene, der von Nuredin »eingeladen« wurde, an seinem Feldzug gegen die Kreuzfahrer teilzunehmen:

»Wenn ich Nureddin nicht helfe, sagte er, dann nimmt er mir mein Besitztum weg, denn er hat schon an die Frommen und die Asketen geschrieben, um sie um ihren Beistand im Gebet zu bitten und sie zu veranlassen, die Muslims für den Djihad zu begeistern. Zur Zeit sitzt jeder von ihnen mit seinen Glaubensgenossen und Gesellen zusammen und liest weinend die Briefe Nureddins, und alle verfluchen mich. Wenn ich dem Kirchenbann entgehen will, muß ich seinem Willen nachkommen.«
Zitiert nach: Amin Maalouf, 2001, Der Heilige Krieg der Barbaren. Die Kreuzzüge aus der Sicht der Araber, München 3. Aufl., S. 159.

Aus einem Brief Nureddins an die Würdenträger von Damaskus:

»Ich will nur das Wohl der Muslims, den Djihad gegen die Ungläubigen und die Freilassung der Gefangenen, die sie von uns haben. Wenn ihr euch mit dem Heer von Damaskus auf meine Seite stellt, wenn wir einander gegenseitig helfen, um den Djihad zu führen, dann ist mein Wunsch erfüllt.«
Zitiert nach: Amin Maalouf, 2001, Der Heilige Krieg der Barbaren. Die Kreuzzüge aus der Sicht der Araber, München 3. Aufl., S. 167.

Einen bedeutsamen Vorkämpfer für die Ausgestaltung des modernen Dschihad-Begriffes stellt der mittelalterliche Gelehrte Ibn Taymiyya (1263–1328) dar. Als Vertreter der (rigorosen) hanbalitischen Rechtsschule, der wegen seiner Radikalität selbst die Kritik seiner zeitgenössischen Kollegen auf sich zog, lehrte er den Dschihad als die Summe aller Tugenden und religiösen Pflichten. Seine Lehre war durch die für den Islam existenzbedrohende mongolische Invasion massiv beeinflusst. Zwar war zu seinen Lebzeiten der Übertritt der Mongolen zum Islam zu verzeichnen; was aber seine Lehre für moderne Islamisten so attraktiv macht, ist die Überzeugung, bei diesen neuen muslimischen Herrschern handele es sich um keine rechtmäßige islamische Herrschaft, so lange sie ihre alten Stammesgesetze aufrecht erhielten und die Scharia nicht Gültigkeit erlangte. Insofern sei eine neue dschahiliyya ausgebrochen, der Zustand der Unwissenheit vor dem Wirken des Propheten Mohammeds.

Auch die osmanischen Sultane bedienten sich in ihrer Anfangsphase des Begriffs des Dschihad zur Rechtfertigung ihrer Eroberungskriege. Nach der erfolglosen zweiten Belagerung von Wien 1683 war – zögerlich – im Laufe des 18., vorrangig im 19. Jahrhundert, dann ein Wandel des Begriffes eingetreten. Zum Dschihad wurde nun als Verteidigungskrieg gegen die russischen Eroberungen im Kaukasus, aber auch gegen die französische Besitznahme von Algerien aufgerufen. Es ging darum, muslimisches Gebiet für die Einwohner zu erhalten, da gleichzeitig die Lehre vertreten wurde, ein Gläubiger dürfe nicht unter der Herrschaft eines Ungläubigen leben. Die durchaus bedeutsamen Flüchtlingsströme aus dem Kaukasus und aus dem Balkan nach Anatolien stellten das Osmanische Reich vor große Integrationsprobleme. Die Begegnung mit westlichen Ideen durch den europäischen Kolonialismus brachte weitere Veränderungen. So lehrte der indische Islam-Reformer Sayyid Ahmad Khan, Dschihad sei ausschließlich in den Fällen einer unrechtmäßigen Unterdrückung der Glaubenspraxis erlaubt; da die britische Herrschaft aber religiöse Freiheit garantiere, gäbe es für die Muslime keinen Grund dagegen zu rebellieren. Dennoch gab es weiterhin bis ins 20. Jahrhundert eine politische Instrumentalisierung des Dschihad. An den Aufrufen der osmanischen Regierung im Ersten Weltkrieg waren deutsche Diplomaten und Orientalisten so stark beteiligt, dass dieser als »the jihad made in Germany« in die (angelsächsischen und französischen) Geschichtsbücher einging. Zum Dschihad wurde in jüngster Zeit von beiden Seiten im Krieg zwischen Irak und Iran (1980–1988) aufgerufen.

Eine neue Qualität der politischen Instrumentalisierung erfuhr der Dschihad-Gedanke allerdings durch den islamischen Fundamentalismus bzw. den Islamismus. Von hier ist eine gerade Linie zum modernen Dschihadismus und Terrorismus zu zeichnen.

Eine jeweils gleiche Instrumentalisierung in der westlichen anti-islamischen Propaganda wie bei den Dschihadisten erfährt der Vers 47,4. Liest man ihn im Zusammenhang, geht es wieder um die Sicherung der noch jungen und gefährdeten Glaubensgemeinschaft:

»Im Namen des barmherzigen und gnädigen Gottes.
1 Denen, die ungläubig sind und (ihre Mitmenschen) vom Weg Gottes abhalten, läßt Gott (w. er) ihre Werke fehlgehen (so daß sie damit nicht zum Ziel kommen). 2 Denen aber, die glauben und tun, was recht ist, und die an das glauben, was auf Mohammed (als Offenbarung) herabgesandt worden ist – es ist (ja) die Wahrheit (und kommt) von ihrem Herrn –, denen tilgt er ihre schlechten Taten und bringt alles für sie in Ordnung. 3 Dies (geschieht) deshalb, weil diejenigen, die ungläubig sind, dem folgen, was nichtig ist, und weil diejenigen, die glauben, der Wahrheit folgen (die) von ihrem Herrn (kommt). So stellt Gott den Menschen (in Form von Sentenzen) ihr Wesen dar (w. So prägt Gott den Menschen ihre Gleichnisse).

* 4 Wenn ihr (auf einem Feldzug) mit den Ungläubigen zusammentrefft, dann haut (ihnen mit dem Schwert) auf den Nacken! Wenn ihr sie schließlich vollständig niedergekämpft habt, dann legt (sie) in Fesseln, (um sie) später entweder auf dem Gnadenweg oder gegen Lösegeld (freizugeben)! (Haut mit dem Schwert drein) bis der Krieg (euch) von seinen Lasten befreit (w. bis der Krieg seine Lasten ablegt) (und vom Frieden abgelöst wird)! Dies (ist der Wortlaut der Offenbarung). Wenn Gott wollte, würde er sich (selber) gegen sie helfen. Aber er möchte (nicht unmittelbar eingreifen, vielmehr) die einen von euch (die gläubig sind) durch die anderen (die ungläubig sind) auf die Probe stellen. Und denen, die um Gottes willen (w. auf dem Weg Gottes) getötet werden (Variante: kämpfen), wird er ihre Werke nicht fehlgehen lassen (so daß sie damit nicht zum Ziel kommen würden). 5 Er wird sie rechtleiten, alles für sie in Ordnung bringen 6 und sie ins Paradies eingehen lassen, das er ihnen zu erkennen gegeben hat.

7 Ihr Gläubigen! Wenn ihr Gott helft, hilft er (auch) euch und festigt eure Füße (so daß ihr keinen Fehltritt macht). 8 Diejenigen aber, die ungläubig sind, – nieder mit ihnen! Gott (w. Er) läßt ihre Werke fehlgehen (so daß sie damit nicht zum Ziel kommen). 9 Dies (geschieht ihnen) deshalb, weil ihnen zuwider ist, was Gott (als Offenbarung) herabgesandt hat. Er macht darum ihre Werke hinfällig. 10 Sind sie denn nicht im Land umhergezogen, so daß sie schauen konnten, wie das Ende derer war, die vor ihnen lebten? Gott hat die Vernichtung über sie hereinbrechen lassen. Den (zeitgenössischen) Ungläubigen wird es ähnlich ergehen. 11 Dies deshalb, weil Gott der Schutzherr derer ist, die glauben, und weil die Ungläubigen keinen Schutzherrn haben. 12 Gott läßt diejenigen, die glauben und tun, was recht ist, (dereinst) in Gärten eingehen, in deren Niederungen (w. unter denen) Bäche fließen. Die Ungläubigen aber genießen (ihr kurz befristetes Dasein) und verleiben sich (gedankenlos) ihre Nahrung ein (w. essen), wie das Vieh es tut. Sie werden ihr Quartier im Höllenfeuer haben.
(Sure 47,1–12)

Eine klassische evolutionäre Kriegstheorie

Bedeutsam für die Gegenwart ist schlechterdings die Entwicklung des Dschihad-Begriffes in den letzten 60 Jahren, insbesondere im noch jüngeren Islamismus. Die folgende Darstellung sucht diese nachzuzeichnen, auch wenn sie nicht für das gesamte Spektrum des Islam repräsentativ ist. Es sind allerdings Berührungspunkte bzw. Schnittstellen herauszustellen, die zu den unterschiedlichen Interpretationen des Dschihad-Begriffes führen.

Eine klassische, eher konservativ eingestellte arabische muslimische Theologie (vgl. Tafsir Muqadil) löste den Widerspruch zwischen den Koranversen hinsichtlich des Verständnisses von Dschihad, indem sie darin eine »evolutionäre« Entwicklung sah, die abhängig von der sozialen bzw. politischen Stellung des Propheten war. Als er zu Beginn seiner prophetischen Laufbahn in Mekka noch schwach war und wenig Anhänger besaß, vermied er die Anwendung physischer Gewalt. Dies änderte sich nach der Hidschra nach Medina im Jahre 622, als Mohammed und seinen Anhängern die göttliche Vollmacht zum Krieg gegeben wurde, wenn auch nur zur Verteidigung des Glaubens. Als die muslimische Gemeinde weiter wuchs und an Macht in Medina zunahm, wurde diese Beschränkung aufgehoben, so dass Krieg gegen Nicht-Muslime jederzeit erlaubt war.

Ein solches evolutionäres Szenario einer historischen Entwicklung löst das Problem der Widersprüchlichkeit des Textes, weil es diesen mit spezifischen Gegebenheiten der bekannten und für wahr gehaltenen islamischen Geschichte verbindet. Die daraus folgende Logik zieht den Schluss, dass die göttliche Befugnis für einen totalen Krieg den Muslimen nur so lange vorenthalten war, wie sie nicht dazu in der Lage waren, ein solches Programm umzusetzen. Gott hat gewissermaßen seine Gemeinde auf die Rolle eines Welteroberers und Verbreiters des größten und tiefsten religiös-kulturellen Systems der Geschichte vorbereitet.

Dieses traditionelle Schema der Rechtfertigung des Krieges im Koran umfasste vier Schritte, die von der Non-Konfrontation über Defensive, erlaubten Angriff, wenn auch innerhalb der überkommen alten Strukturen, bis zum Befehl, alle Ungläubigen zu bekämpfen, reichen.

Stufe 1: Keine Konfrontation
Angeführt werden hier verschiedene Koranstellen

Sure 15, 94–98
»Und gib bekannt (?) (oder führe aus), was dir befohlen wird, und wende dich von den Heiden (d. h. von denen, die (dem einen Gott andere Götter) beigesellen) ab! Wir genügen dir (als Schutz und Beistand) gegenüber den Spöttern, die (dem einen) Gott einen anderen Gott zu Seite setzen. Sie werden (schon noch zu) wissen (bekommen, was mit ihnen geschieht). Wir wissen wohl, dass du dich durch das, was sie (d. h. die Ungläubigen) sagen, bedrückt fühlst. Aber (fasse dich in Geduld und) lobpreise den Herrn und wirf dich (wie das andere auch tun vor ihm) nieder! Und diene deinem Herrn, bis zu dir kommt, was (allen) gewiss ist (d. h. der Tod).«

Sure 16, 125–127

»Ruf (die Menschen) mit Weisheit und einer guten Ermahnung auf den Weg deines Herrn und streite mit ihnen auf eine möglichst gute Art (oder auf eine bessere Art,(als sie das mit dir) tun?). Dein Herr weiß sehr wohl, wer von seinem Weg abirrt und wer rechtgeleitet ist. Und wenn ihr (für eine Untat, die gegen euch verübt worden ist) eine Strafe verhängt, dann tut das nach Maßgabe dessen, was euch (von der Gegenseite) angetan worden ist. Aber wenn ihr geduldig seid (und auf eine Bestrafung verzichtet), ist das besser für euch (w. für die, die geduldig sind).

Sei geduldig! Nur mit Gottes Hilfe (w. durch Gott) wirst du geduldig sein. – und sei nicht traurig über sie (d. h. die Ungläubigen und ihre Verstocktheit)! Und lass dich wegen der Ränke, die sie schmieden, nicht bedrücken! Gott ist mit denen, die (ihn) fürchten und rechtschaffen sind.«

Stufe 2: Verteidigungskampf

Sure 22, 38–40a

»Gott sorgt für die Verteidigung derer, die glauben. Er liebt keinen, der betrügerisch und undankbar ist. Denjenigen, die (gegen die Ungläubigen) kämpfen (so nach einer abweichenden Lesart, im Text: die bekämpft werden), ist die Erlaubnis (zu kämpfen) erteilt worden, weil ihnen (vorher) Unrecht geschehen ist – Gott hat die Macht, ihnen zu helfen. – (Ihnen) die unberechtigterweise aus ihren Wohnungen vertrieben worden sind, nur weil sie sagen: Unser Herr ist Gott.«

Die nachfolgenden Verse werden auf das Jahr der Hidschra 622 datiert. Sie gelten als die erste Verkündigung, die den Muslimen Gewaltanwendung im Kampf erlaubte. Man kann sie im Zusammenhang mit anderen Koranstellen lesen:

Sure 29, 46

»Und streitet mit den Leuten der Schrift nie anders als auf eine möglichst gute Art (oder: auf eine bessere Art (als sie das mit euch tun)?) – mit Ausnahme derer von ihnen, die Frevler sind! Und sagt: ›Wir glauben an das, was (als Offenbarung) zu uns, und was zu euch herabgesandt worden ist. Unser und euer Gott ist einer. Ihm sind wir ergeben.«

Muslimische Koran-Exegeten vermuten, dass vor der Verkündigung von Sure 22, 39 ein allgemeiner Bann gegen jedes Kämpfen bestand. Aus einer rückschauenden Sicht war dies eine notwendige Schutzmaßnahme, um zu verhindern, dass die noch zu kleine und schwache muslimische Gemeinde durch die Übermacht ihrer Gegner überwunden würde. Diese Sicht wird auch von einer Reihe von Koranstellen gestützt, die eine verbale Argumentation einer physischen Gewaltanwendung vorziehen. Diese Betrachtung geht allerdings im Verlaufe der früh-islamischen Geschichte verloren, wenn ein etwas aggressiverer Standpunkt eingenommen wird:

Sure 2, 190
»Und kämpft um Gottes willen gegen diejenigen, die gegen euch kämpfen! Aber begeht keine Übertretung (indem ihr den Kampf auf unrechtmäßige Weise führt)! Gott liebt die nicht, die Übertretungen begehen.«

Sure 2, 190 war im Jahre 628 geoffenbart worden, anlässlich oder kurz nach der Vereinbarung von al-Hudaybiyya. Mohammed und die mekkanischen Quraisch vereinbarten damals, dass die Muslime in diesem Jahr zurückgehalten werden sollten, Mekka zu betreten, dass ihnen aber im Folgejahr die Pilgerfahrt erlaubt werden sollte, so lange für drei Tage die Stadt von ihren heidnischen Bewohnern verlassen werden sollte.

Stufe 3: Erlaubter Angriff, aber innerhalb der alten Strukturen

Sure 2, 217
»Man fragt dich nach dem heiligen Monat, (nämlich) danach, (ob es erlaubt ist) in ihm zu kämpfen. Sag: In ihm Kämpfen ist ein schweres Vergehen (w. wiegt schwer). Aber (seine Mitmenschen) vom Weg Gottes Abhalten – und nicht an ihn Glauben –, und (Gläubige) von der heiligen Kultstätte (Abhalten), und deren Anwohner daraus Vertreiben, (all das) wiegt bei Gott schwerer. Und der Versuch, (Gläubige zum Abfall vom Islam) zu verführen, wiegt schwerer als Töten. Und sie (d. h. die Ungläubigen) werden nicht aufhören, gegen euch zu kämpfen, bis sie euch von eurer Religion abbringen – wenn sie (es) können. Und diejenigen von euch, die sich (etwa) von ihrer Religion abbringen lassen und (ohne sich wieder bekehrt zu haben) als Ungläubige sterben, deren Werke sind im Diesseits und im Jenseits hinfällig. Sie werden Insassen des Höllenfeuers sein und (ewig) darin weilen.«

Die Offenbarung von Sure 2, 217 wird allgemein mit einem Beutezug nach Nakhla in Verbindung gebracht, bei dem ein mekkanischer Karawanentreiber getötet wurde. Die Razzia fand im Jahre 624 statt, zwei Monate vor der Schlacht von Badr. Die Datierung der Tötung ist umstritten, am ersten Tag des Monats Dschumada al-Akhira oder am letzten Tag des Monats

Radschab, einem der vier »heiligen Monate«, in denen in der vor-islmischen Epoche jegliche Tötung verboten war. Die Unsicherheit hinsichtlich der genauen Datierung ist das natürliche Resultat eines Kalendersystems dieser Epoche, in der nur die Mondbeobachtung die Meßlatte der Zeitbestimmung sein konnte.

Sure 2, 191–193

»Und tötet sie (d. h. die heidnischen Gegner), wo (immer) ihr sie zu fassen bekommt, und vertreibt sie, von wo sie euch vertrieben haben! Der Versuch (Gläubige zum Abfall vom Islam) zu verführen ist schlimmer als Töten. Jedoch kämpft nicht bei der heiligen Kultstätte (von Mekka) gegen sie, solange sie nicht (ihrerseits) dort gegen euch kämpfen! Aber wenn sie (dort) gegen euch kämpfen, dann tötet sie! Derart ist der Lohn der Ungläubigen. 192 Wenn sie jedoch (mit ihrem gottlosen Treiben) aufhören (und sich bekehren), so ist Gott barmherzig und bereit zu vergeben. 193 Und kämpft gegen sie, bis niemand (mehr) versucht, (Gläubige zum Abfall vom Islam) zu verführen, und bis nur noch Gott verehrt wird! Wenn sie jedoch (mit ihrem gottlosen Treiben) aufhören (und sich bekehren), darf es keine Übertretung geben (d. h. dann sind alle weiteren Übergriffe untersagt), es sei denn gegen die Frevler.«

Stufe 4: Befehl, alle Ungläubigen zu bekämpfen

Sure 2, 216

»Euch ist vorgeschrieben, (gegen die Ungläubigen) zu kämpfen, obwohl es euch zuwider ist. Aber vielleicht ist euch etwas zuwider, während es gut für euch ist, und vielleicht liebt ihr etwas, während es schlecht für euch ist. Gott weiß Bescheid, ihr aber nicht«.

Sure 9, 5

»Und wenn nun die heiligen Monate abgelaufen sind, dann tötet die Heiden, wo (immer) ihr sie findet, greift sie, umzingelt sie und lauert ihnen überall auf! Wenn sie sich aber bekehren, das Gebet verrichten und die Almosensteuer geben, dann laßt sie ihres Weges ziehen! Gott ist barmherzig und bereit zu vergeben.«

Sure 9, 29

»Kämpft gegen diejenigen, die nicht an Gott und den jüngsten Tag glauben und nicht verbieten (oder: für verboten erklären), was Gott und sein Gesandter verboten haben, und nicht der wahren Religion angehören – von denen, die die Schrift erhalten haben – (kämpft gegen sie), bis sie kleinlaut aus der Hand (?) Tribut entrichten!«

Sure 9, 29 wird mit dem Kriegszug nach Tabuk 630 n. Chr. in Verbindung gebracht. Dieser Vers ist der erste Befehl Mohammeds, Schriftbesitzer zu bekämpfen, indem er eine Offensive gegen die Byzantiner plante. Der islamische Koran-Kommentator Nahhas glaubt, dass 9, 29 alle Verse aufhebt, die zu Geduld und Vergebung gegenüber den Schriftbesitzern aufrufen. Das Vier-Stufen-Schema spiegelt eine evolutionäre Entwicklung der koranischen Verkündigung vor von der frühesten Periode, in der die Bekämpfung der Opposition verboten war, bis zur letzten, als der Islam sich aggressiv ausbreitete. Doch die Chronologie der Verkündigung ist eine Interpretation der Exegeten. Darauf hat insbesondere jüngst Michael Bonner hingewiesen.

Eine Reihe von Koranversen legt die Vermutung nahe, dass es innerhalb der muslimischen Gemeinde hinsichtlich der Frage der Gewaltanwendung bzw. der Kriegsführung unterschiedliche Meinungen gab. Diejenigen, die gegen kriegerische Expeditionen waren, werden als selbstsüchtig, feige oder gar als ungehorsam gegen Gottes Gebote dargestellt.

Sure 4, 95–96

»Diejenigen Gläubigen, die daheim bleiben (statt in den Krieg zu ziehen) – abgesehen von denen, die eine (körperliche?) Schädigung (als Entschuldigungsgrund vorzuweisen) haben –, sind nicht denen gleich(zusetzen), die mit ihrem Vermögen und mit ihrer eigenen Person um Gottes willen Krieg führen (w. sich abmühen). Gott hat diejenigen, die mit ihrem Vermögen und mit ihrer eigenen Person Krieg führen, gegenüber denjenigen, die daheim bleiben, um eine Stufe höher bewertet (w. ausgezeichnet). Aber einem jeden (Gläubigen, ob er daheim bleibt oder Krieg führt) hat Gott das (Aller)beste (d. h. das Paradies) versprochen. Doch hat Gott die Kriegführenden gegenüber denen, die daheim bleiben, mit gewaltigem Lohn ausgezeichnet, 96 (mit besonderen) Rangstufen (die sie) von ihm (im Paradies zugewiesen bekommen) und Vergebung und Barmherzigkeit. Gott ist barmherzig und bereit zu vergeben.«

Es gab offensichtlich mehr oder weniger militante Gruppen innerhalb der muslimischen Gemeinde, die jeweils Mohammed unterstützten und ihrerseits göttliche Autorität für ihre jeweilige Sicht der Dinge in Anspruch nehmen konnten. Militante Gruppen forderten ein aggressives Vorgehen gegen die Gegner des Islam. Ihr Programm ist in den Koranversen überlie-

fert, die als »spätere« Verkündigung in der obigen »evolutionären« Koran-
deutung zitiert wurden. Wenn – wie es moderne westliche Forschung
nahe legt – der Islam innerhalb der arabischen Grenzsoldaten entstanden
ist, wenn die Rezitation der Koranverse vorrangig in den muslimischen
Militärlagern von deren Vertretern erfolgte, dann ist eine »Bevorzugung«
der militärischen Aspekte wahrscheinlich. Doch die hier »gewinnende«
militante Gruppe kann nicht die Sichtweise der weniger militanten oder
gar nicht-militanten Gruppierungen ausschalten. Diese wird sowohl im
Koran wie in der frühen exegetischen Literatur wiedergegeben, nach der
sogar (zumindest ein großer Teil der) Muslime es hassten, in den Krieg zu
ziehen.

Einige Koranverse lassen die Interpretation zu, dass das alte, vor-isla-
mische Kampfverbot während der »heiligen Monate« weiterhin unterstützt wird. Die »heiligen Monate« waren eine Institution gewesen, die
auch selbst bei der heißesten Blutfehde verhindern sollte, dass ein arabischer Stamm einen anderen vollständig überwinden konnte. Das Problem dieser Institution der »heiligen Monate« für den militanten Islam war,
dass er die Ausbreitung der neuen sozioreligiösen Vereinigung der Muslime über Gesamt-Arabien behinderte. Die Muslime mussten diese Regel
aufheben, was ihnen mit Hilfe der Unterstützung göttlicher Verkündigung und ihrer eigenen partikularen Exegese gelang. Doch nicht alle
göttlichen Verkündigungen waren so eindeutig, und manche können als
Unterstützung dafür angesehen werden, dass die Heiligkeit der »heiligen
Monate« fortdauere. Die Gruppen, die die traditionelle Sicht der »heiligen
Monate« beibehielten, konnten sich nicht gegen Neuerungen durchsetzen, die einen Bruch mit den Übeln der vor-islamischen Epoche wollten
(vgl. oben Sure 9, 5).

Die Politisierung und Militarisierung des Dschihad-Begriffs im Fundamentalismus

Begriffe wie islamischer Fundamentalismus und Islamismus werden in
der Literatur häufig synonym verwandt, auch wenn sie begrifflich wie
inhaltlich zu unterscheiden sind. Den arabischen Wahhabismus wird man
mit Recht als fundamentalistisch bezeichnen können, auch wenn ihn von
dem stärker sozialpolitisch orientierten Islamismus der Muslimbruderschaft einiges unterscheidet. Doch theologisch stehen sich beide Bewegungen durch ihr ausgeprägtes konservatives Religionsverständnis und
dem Beharren auf einem rigiden Wortverständnis des Koran nahe. Beide

Bewegungen berufen sich auf den mittelalterlichen hanbalitischen Denker Ibn Taymiyya.

Ibn Taymiyya
»Der Kopf aller Dinge ist der Islam; sein Pfeiler ist das Gebet; sein Gipfel ist der Dschihad für die Sache Gottes.« (Meriboute, 2004, S. 64).

Meriboute sieht die Entwicklung des modernen Islamismus in drei Generationen: Mohammed und seine Zeitgenossen, mittelalterliche Denker wie Ibn Taymiyya und ihre modernen Interpreten wie Hassan al-Banna und Qutb. Diese Entwicklung ist einerseits folgerichtig, sie blendet aber andere Entwicklungen im Islam aus. Neben der hanbalitischen Rechtsschule, als deren durchaus radikalen Vertreter wir Ibn Taymiyya ansehen dürfen, entwickelten sich im Mittelalter drei weitere große, zahlenmäßig hinsichtlich ihres Anhangs zum Teil größere Rechtsschulen, die weniger radikale Interpretationen des Koran und der Scharia anboten.

Für die moderne islamistische Bewegung sind insbesondere Qutb, Maududi und Khomeini bedeutsam. Der ägyptische Publizist Sayyid Qutb (1906–1966) wurde für die islamistischen Bewegung durch sein »Märtyrertum« geheiligt, nachdem er nach neun Jahren Arbeitslager 1965 erneut verhaftet, zum Tode verurteilt und hingerichtet worden war. Seit 1952 Leiter der Propagandaabteilung der Muslimbrüder hat er seine bis heute weit verbreiteten Hauptwerke wie den Koran-Kommentar »Im Schatten des Koran« (30 Bände) oder die zum Leitfaden der islamistischen Bewegung gewordenen »Wegmarken« erst in den 1960er Jahren geschrieben. Qutb wandte sich an eine »neue« Generation, die nach der Entlassung in die Unabhängigkeit geboren wurde und nicht mehr zu den Gewinnern der damit verbundenen gesellschaftlichen Umverteilung gehörte. Er bediente sich dabei einer »neuen« Sprache, begründete einen neuen islamischen Stil, indem er die mit zahllosen Verweisen gespickte und geschraubte Rhetorik der Religionsgelehrten durch eine moderne Schriftsprache ersetzte, die sich dem Niveau seiner Leser anpasste. Das Medium der politischen Kommunikation wurde damit auch zu dem der Glaubensverkündung. Von seinem pakistanischen Zeitgenossen Maududi beeinflusst, entwickelte er eine radikalere und militantere Konzeption, die für den sunnitischen Islamismus der gesamten islamischen Welt von zentraler Bedeutung geworden ist. Das von Maududi eingeführte Begriffspaar »Souveränität« (*hakimiyya*) und »Anbetung« (*'ubudiyya*) wurde zum Unterscheidungskriterium zwischen Gut und Böse, Recht und Unrecht, Islam und Nichtislam. Da im Islam allein Allah Souveränität besitzt, nur Allah angebetet werden darf, wird jegliche andere Souveräni-

tät, ob des Volkes, der Nation, der Partei usw. verworfen. Der Propagand-
akult der Massenveranstaltungen, die sich autoritäre Regime wie in Ägypten Nasser, in Syrien und Irak die Baath-Parteien zunutze machten, wurde
als »Anbetung« eines »Götzen«, der wiederum die Nation, die Partei, die
Armee usw. sein konnte, kritisiert. Die Kritik ging damit über die aktuelle
politische Situation hinaus ins Grundsätzliche. Sie richtete sich gegen das
Böse schlechthin, gegen Unrecht und Unwahrheit. Damit aber wurden im
Gegensatz zur traditionellen islamischen Theologie Muslime und muslimische Herrscher außerhalb des Islam gestellt, schlimmer noch, als Abtrünnige
gebrandmarkt. Indem die aktuelle Situation mit der historischen gleichgesetzt wurde, als sich der Islam gegen den Nicht- bzw. Antiislam (die *dschahiliyya*) durchsetzen musste, ergab sich ein vergleichbarer Auftrag: der Prophet stürzte in Mekka die »Götzenbilder«. Für die muslimischen Gegner
der Islamisten bedeutete der Vorwurf des Abfalls die schlimmste Anschul-
digung, weil der damit »Exkommunizierte« nach einem wörtlich genom-
menen islamischen Recht mit Todesandrohung für vogelfrei erklärt wurde.

Nachdem er Sure 9, 29–32 zitiert hat, folgert Qutb in seinem grundlegenden Werk »Milestones« die zwingenden Gründe für den Dschihad:

> »Die Gründe für den Jihad, die in den oben zitierten Versen beschrieben
> wurden, sind diese: Die Autorität Gottes auf der Welt einzusetzen, mensch-
> liche Angelegenheiten in Einklang mit der wahren Führung, wie sie von
> Gott versprochen wurde, zu regeln; alle satanischen Mächte und satanischen
> Lebensformen zu vernichten; die Herrschaft eines Menschen über die andern
> zu beenden, bis alle Menschen Geschöpfe Gottes sind und keiner die Macht
> hat, sie zu seinen Dienern zu machen oder willkürliche Gesetze zu erlassen.
> Diese Gründe reichen aus, um den Jihad zu erklären...«
> Seyyid Qutb, Milestones, Damaskus o.J., S.70 (aus dem Englischen übersetzt
> von Gisbert Gemein).

Der aus Nordindien stammende Maududi (1903–1979) kann als einer
der geistigen Väter des pakistanischen Staates gelten. Sein Denken spiegelt
die durchaus eigenständige Geschichte des Islam auf diesem Subkonti-
nent wider. Die europäische Perspektive setzt oft den arabischen mit dem
gesamten Islam gleich und hält den indischen oder indonesischen für peri-
pher, obwohl diese ihn zahlenmäßig übertreffen. In Indien stellte zwar der
Islam unter den Mogul-Kaisern die politische Herrschaft, blieb aber doch
gegenüber den Hindus eine Minderheitsreligion. Seine Stellung veränderte sich durch die britische Eroberung grundsätzlich.

Maududi lehnte die koloniale Fremdherrschaft wie die neu entstehenden Nationalstaaten als irreligiös ab und entwickelte eine islamistische Ideologie, die das theoretische und begriffliche Rüstzeug für die politische Auseinandersetzung mit beiden Herrschaftsformen lieferte. Indem er eine Islamisierung »von oben« befürwortete, konnte er bei Aufbau und Legitimierung des pakistanischen Staates in einer 1941 gegründeten Partei mitarbeiten, wenn dieser Staat seine Souveränität im Namen Allahs ausübte und die Scharia anwandte. Folgenreich für die geistesgeschichtliche Entwicklung des Islamismus ist aber seine Lehre, dass die Politik *»ein integraler und untrennbarer Bestandteil des islamischen Glaubens ist und der islamische Staat, den die Muslime durch ihre politische Aktivität errichten wollen, das Allheilmittel für all ihre Probleme«* (Nasr, 1994, S. 7). Damit ist die Schwelle von der Religion zur politischen Ideologie überschritten. Folgerichtig werden dann die traditionellen fünf Pfeiler des Islam (Glaubensbekenntnis, Pflichtgebet, Fasten, Almosensteuer und Pilgerfahrt) zur geistigen Vorbereitung auf den Dschihad herabgestuft, der sich gegen all die richten muss, die sich die Souveränität Allahs angemaßt haben.

Die Politisierung und Ideologisierung einer Religion spiegelt sich auch in Maududis »islamischer Fibel«, in der er im Kapitel »Gebet und Gottesdienst« neben dem Gebet, dem Fasten und der Sakat (Almosengeben), alle drei zu den fünf Pfeilern des Islam gehörend, die »Verteidigung des Islam« und den »Dschihad« hinzusetzt. Obwohl Maududi selbst einräumt, dass »die Verteidigung des Islam nicht ein fundamentaler Grundsatz ist«, wenn auch durch Koran und Hadithe betont, wird er durch den Zusammenhang zur verbindlichen Forderung aufgewertet. Die spirituelle Bedeutung des Dschihad, z. B. die Überwindung der eigenen Schwächen, wird durch die Erörterung militärpolitischer Überlegungen ersetzt:

»Der Dschihad ist ein Teil der vorstehend erläuterten allgemeinen Verteidigung des Islam. Dschihad bedeutet Kampf, Bemühung, Anstrengung bis zum äußersten der eigenen Leistungsfähigkeit. Ein Mensch, der sich körperlich oder geistig anstrengt oder sein Vermögen für die Sache Gottes hingibt, ist tatsächlich im Dschihad begriffen. Doch in der Sprache der Scharia wird dieses Wort vornehmlich für den Krieg benutzt, der einzig und allein im Namen Gottes und gegen jene geführt wird, die als Gegner des Islam Unterdrückung ausüben. Die außerordentliche Opferbereitschaft, selbst das eigene Leben hinzugeben, müssen alle Muslime aufbringen. Wenn sich jedoch ein Teil der Muslimen erbietet, am Dschihad teilzunehmen, so ist damit die ganze Gemeinde von ihrer Verantwortung entbunden. Tritt aber niemand freiwillig hervor, dann ist jeder einzelne verantwortlich. Dieses Zugeständnis wird in dem Moment für die Bürger eines islamischen Staates ungültig, wenn dieser von Nichtmuslimen angegriffen wird. In diesem Fall muß jeder zum Dschihad bereit sein. Wenn das angegriffene Land nicht stark genug ist, um sich selbst zu verteidigen, dann ist es die religiöse Pflicht der benachbarten Muslim-Länder, ihm zu helfen; doch wenn auch sie zu schwach sind, dann müssen die Muslime der ganzen Welt den gemeinsamen Feind bekämpfen. In all diesen Fällen ist der Dschihad eine genauso unerläßliche und primäre Pflicht der betreffenden Muslime wie das tägliche Gebet oder das Fasten. Wer dem zu entkommen sucht, ist ein Sünder, ja, seine Behauptung, ein Muslim zu sein, wird dadurch zweifelhaft. Er ist ganz offenbar ein Heuchler, der bei der Prüfung seiner Aufrichtigkeit versagt, und all seine Ibadat und Gebete sind leerer Schein, eine wertlose, hohle Vorspiegelung von Gottergebenheit.«

Sayyid Abu-l-A´la Maudoodi, Weltanschauung und Leben im Islam, Freiburg 1971, S. 140.

Ein zentraler Begriff in Maududis theologischem Denken ist »Deen« (arab. din, Religion), die er als »the Divine Code of life: Al-Islam« definiert. Indem die Verpflichtung zum Dschihad zu einem göttlichen Gesetz, ja einer verpflichtenden Lebensform gemacht wird, gibt es für den Menschen keine andere Alternative:

»Jetzt ist absolut klar, warum der Jihad im Islam so bedeutsam ist. »Deen« Allahs kann sich nicht mit einer bloßen Anerkennung ihres Anteils an Wahrheit zufrieden geben wie alle anderen Lebensformen; du kannst dich auch nicht als Zeichen deines Glaubens auf formale Handlungen beschränken. Du kannst nicht dieser »Deen« folgen, indem du einer anderen »Deen« dienst. Du kannst ihr ebenso nicht in Verbindung mit einer anderen Lebensform folgen. Wenn du so diese »Deen« als wahr ansiehst, dann hast du keine andere Alternative außer dich mit deiner äußersten Kraft anzustrengen, diesen »Deen« zu verwirklichen.«

Abu a'la Maududi, Fundamentals of Islam, Lahore o. J. (1974), S. 260 (aus dem Englischen übersetzt von Gisbert Gemein).

Was Maududi und Qutb für den sunnitischen Islamismus bedeuten, ist Khomeini (1902–1989) für seine schiitische Ausrichtung. Als der Schah von Persien 1971 mit großem Pomp im historischen Persepolis das 2500jährige Jubiläum der persischen Monarchie feierte und sich damit zur Legitimierung seiner Herrschaft auf ein antikes, vorislamisches Vorbild berief, hatte Khomeini im gleichen Jahr in seinem Exil in Nadschaf in einem Buch »Für eine islamische Regierung« (Khomeini, 1981) eine Reihe von Vorträgen zusammengestellt, die dann mit der iranischen Revolution von 1979 umgesetzt wurden. Dieses im Westen erst einmal unbeachtete Werk löste unter den zeitgenössischen sunnitischen Muslimen eine breite Diskussion aus, weil ein schiitischer Geistlicher sich Ideen von Qutb und Maududi zu eigen gemacht hatte, die beide gegenüber der 'ulema (Religionsgelehrte) immer erhebliche Vorbehalte gehabt hatten. Jetzt erhielten islamistische Ideen sunnitischer Herkunft die Weihe eines hochrangigen schiitischen Theologen.

Khomeini brach radikal mit dem schiitischen Quietismus, wie er sich etwa in dem »Dolorismus« (der rituellen Geißelung) im Gedenken an den »Märtyrertod« Husseins in Kerbela 680 n. Chr. manifestierte. Khomeini brach ebenso radikal mit einer den Schiismus bislang beherrschenden Denkrichtung, die in der Erwartung des Mahdi und bei Unterwerfung einer sich aus dem politischen Leben zurückhaltenden Geistlichkeit einen schlechten Herrscher hinnahm. Die Forderung, dass die Geistlichkeit auch die tatsächliche Macht übernehmen sollte, war eine tiefgreifende Umgestaltung der traditionellen schiitischen Denkweisen. Sie kam aber den Vorstellungen der vom iranischen Philosophen Ali Shariati (1933–1977) geprägten jungen Intellektuellen entgegen. Führer der künftigen Revolution und des islamischen Staates sollten für Khomeini die (theologisch geprägten) Rechtsgelehrten sein, wie sie auch im heutigen Iran als letzte Instanz herrschen und Reformversuche einer parlamentarisch gewählten Regierung verhindern können. Indem Khomeini nach 1970 systematisch die vorher nur selten gebrauchten Begriffe »*mostasafin*« und »*mostakberin*« benutzte, machte er sich zum Sprecher der »Entrechteten« und sicherte sich so nicht nur die Unterstützung der traditionsgebundenen Land- und Stadtbevölkerung, die traditionell den anerkannten Religionsgelehrten folgten, sondern auch der modernen gesellschaftlichen Gruppen in den Städten wie Studenten, Angestellten und Arbeitern, die sich in ihrer Oppositionshaltung zum Schah und seiner Hofgesellschaft als unterprivilegiert empfanden. Da Khomeini den Begriff der »Entrechteten« bewusst vage ließ und nicht definierte, konnten sich alle angesprochen fühlen. Dies war eine wichtige Voraussetzung dafür, dass Khomeini die iranische Revolution von 1979 durch die Vereinigung fast aller gesellschaftlichen Gruppen zum Erfolg führen konnte.

Für Khomeini gehören Religion und Krieg zusammen. Die folgende Rede wurde vor den Oberbefehlshabern der drei Waffengattungen und hohen Staatsbeamten anlässlich des Geburtstages des Propheten am 12. Dezember 1984 während des iranisch-irakischen Krieges gehalten:

»... Wenn man es zuläßt, daß die Ungläubigen damit fortfahren, ihre verderbliche Rolle auf Erden zu spielen, so wird ihre Strafe umso schlimmer sein. Wenn wir also die Ungläubigen töten, um ihrem (verwerflichen) Handeln ein Ende zu bereiten, dann haben wir ihnen im Grunde einen Gefallen getan. Denn ihre Strafe wird dereinst geringer sein. Den Ungläubigen das Leben zu lassen bedeutet Nachsicht gegenüber ihrem verderblichen Tun. (Sie zu töten) ist wie das Herausschneiden eines Geschwürs, wie es Allah der Allmächtige befiehlt. Jene, die dem Koran folgen, wissen, daß wir die Quissas (Strafgesetze) anwenden und töten müssen. Krieg ist ein Segen für die Welt und jede Nation. Es ist Allah selbst, der den Menschen befiehlt, Krieg zu führen und zu töten. Die Kriege, die unser Prophet, Friede seiner Seele, gegen die Ungläubigen führte, waren ein Geschenk Gottes an die Menschheit. Wir müssen (auf der ganzen Welt) Krieg führen, bis alle Verderbnis, aller Ungehorsam gegenüber dem islamischen Gesetz aufhören. Eine Religion ohne Krieg ist eine verkrüppelte Religion. Es ist der Krieg, der die Erde läutert.«
Zitiert nach: Amir Taheri, Tausend und eine Parole, in: FAZ vom 14.02.2002 © Alle Rechte vorbehalten. Frankfurter Allgemeine Zeitung GmbH, Frankfurt. Zur Verfügung gestellt vom Frankfurter Allgemeine Archiv.

Khamenei, Nachfolger Khomeinis als »oberster Führer der Islamischen Republik Iran«, bemerkte bei einer Rede in Teheran am 5. Juni 1992:

»Den Koran in der einen Hand, einen Säbel in der anderen: So führte unser Prophet seinen göttlichen Auftrag aus. Der Islam ist keine Religion für Duckmäuser, sondern Glaube derjenigen, die den Kampf und die Vergeltung schätzen.«
Zitiert nach: Amir Taheri, Morden für Allah, S. 7. © 1993 für die deutsche Ausgabe: Droemersche Verlagsanstalt Th. Knaur, München.

Die geistesgeschichtliche Bedeutung dieser drei Theoretiker des modernen Islamismus hinsichtlich der Entwicklung des Dschihad-Begriffes ist über dessen politische Instrumentalisierung hinaus seine Militarisierung. Bei Maududi wird die spirituelle Bedeutung des (großen) Dschihad durch die Erörterung militärpolitischer Erfordernisse ersetzt; insofern können auch Alte bzw. Frauen als Unterstützer der kämpfenden Gruppe am Dschihad teilnehmen. Der Dschihad ist für ihn eine genauso unerlässliche und primäre Pflicht wie das tägliche Gebet. Qutb und Khomeini sind hier noch eindeutiger. Für Qutb ist der Dschihad bis zur Vollendung eines weltumspannenden Gottesstaates zu führen. Für Khomeini gehören Religion und Krieg zusammen, wie er in obiger Rede vor iranischen Militärs ausführte. Im Krieg mit dem Irak, in dem er aberzigtausende von Jugendlichen als Minenräumer in den »Märtyrertod« schickte, steht er für den Anfang einer unheilvollen Entwicklung, die mit Inflationierung des Märtyrertums im Dschihad den Beginn des Selbstmordattentätertums im modernen Terrorismus beginnen lässt.

Die Auswirkungen des Islamismus: Vom Dschihad zum Terror

Maududi und Qutb heben zwar die Bedeutung des bewaffneten Dschihads hervor, bleiben aber noch im Rahmen der traditionellen islamischen Theologie. Diese verlässt mit einer regelrechten Umdeutung des Dschihad-Begriffes ΄Umar ΄Abdarrahman (geb. 1938), der für den ersten Anschlag auf das World Trade Center 1993 verantwortlich ist und heute lebenslänglich in den USA einsitzt. Die Rechtfertigung islamistischen Terrors als Dschihad war geboren. Der blinde Student ΄Abdarrahman lehnte in seiner etwa 2 000seitigen Dissertation an der Al-Azhar-Universität Kairo die Unterscheidung des Großen und Kleinen Dschihad als eine verwerfliche Erfindung unter dem Einfluss der Kolonialmächte ab und lehrte den Dschihad als militante Aktion, alle Ungläubigen zur Übernahme des Islams oder zumindest zur Unterwerfung zu bewegen. Gekrönt wurde dies mit der Geschichtsklitterung, der Islam habe sich in historischer Zeit nur durch Waffengewalt ausgebreitet und müsse dies daher auch in Zukunft so tun.

Den säkular bestimmten Widerstand der Palästinenser gegen Israel bis in die 1970er Jahre mag man noch unter »Befreiungskampf« fassen. Die islamistische Bewegung vermochte aus seiner Umdeutung in einen Dschihad einen erheblichen Motivationsschub zu gewinnen. Dschihad musste nicht notwendigerweise bewaffneter Kampf sein, konnte auch in Form einer ideellen oder materiellen Unterstützung erfolgen. Doch treten diese auch bei den Muslimbrüdern vorhandenen Aspekte aufgrund der islamistischen Propaganda und der Agitation einer jüngeren Generation von Aktivisten in den Hintergrund. Als typisch kann die Kritik des von Israel als Terrororganisation eingeschätzten »Islamischen Dschihad« an der (ebenfalls islamistischen) Muslimbruderschaft wegen der Vernachlässigung des Dschihad zugunsten ihres sozialen Engagements gelten.

Schiqaqi, Gründer des Islamischen Dschihad, grenzt sich von den Muslimbrüdern wie auch der PLO ab:

»Die, die das Banner des Islam tragen (gemeint sind die Muslimbrüder) kämpfen nicht für Palästina, und die, die für Palästina kämpfen (die PLO) entfernen den Islam von seinem ideologischen Rahmen. Jedoch wir als junge muslimische Palästinenser haben entdeckt, daß Palästina im Herzen des Koran gegründet ist. Folglich haben wir verstanden ... ,daß der Weg des Dschihad in Palästina der Weg der Rettung für uns selbst ist, als Individuen, als Gruppe und als Nation.«
Zitiert nach: Meir Hatina, 2001, Islam and Salvation in Palestine. The Islamic Jihad Movement, Tel Aviv, S. 26 (aus dem Englischen übersetzt von Gisbert Gemein).

Der im arabischen Sender Al Jazeera häufig auftretende »Fernsehscheich« Yusuf al-Qaradawi (geb. 1926), ein Mitglied der Muslimbruderschaft, rechtfertigt Selbstmordattentate als höchste Form des Dschihad. Normalen Selbstmord, wie ihn der Islam verbietet, kritisiert auch al-Qaradawi als selbstsüchtig, den Selbstmordattentäter aber lobt er, weil er sein Leben Allah opfert. Man wird die Wirkung dieses populären Predigers aus Ägypten, der seine Heimat nicht mehr betreten darf, nicht unterschätzen dürfen, sondern ihn als einen der geistigen Väter des modernen Terrorismus bezeichnen müssen.

Dabei war der Westen beim Aufstieg dieses militanten Islamismus nicht unschuldig. Im Kampf um Afghanistan, das die Russen von 1979 bis 1989 besetzt hielten, war er ein nützlicher Verbündeter. Viele arabische Staaten wie Saudi-Arabien, Ägypten oder Algerien waren froh, ihre unruhigen Elemente in Afghanistan beschäftigt zu sehen. Nach dem Abzug der Russen hielten allerdings diese Islamisten dies für ihren ausschließlichen Sieg, ohne etwa die Wirkung der von den USA gelieferten Stinger-Raketen zu beachten. Da man obendrein die autoritär geführte Sowjet-Union für den stärkeren Feind als den dekadenten Westen hielt, war ein entsprechendes Selbstbewusstsein die Folge. Der Erfolg gegen die Russen hatte noch eine andere Wirkung: Viele der in der Regel noch jungen Männer hatten in den jahrelangen Kämpfen nur den ihnen gepredigten Dschihad als alleinige Lebensform kennen gelernt. Diese Lebensweise übertrugen sie auf ihr späteres Leben, wo sie als Dschihad-Kämpfer in Tschetschenien, Bosnien oder im algerischen Bürgerkrieg auftraten. Sie hatten nichts anderes gelernt, als zu kämpfen und hielten dies für ein gottgefälliges Leben. Da die Aufopferung ihres eigenen Lebens, ob im Kampf oder als Selbstmordattentäter, als die Erfüllung dieser Lebensweise galt, konnten sie als Dchihadisten auch zur Tarnung eine westliche Lebensform annehmen. Die eigentlichen fünf Pfeiler des Islam galten ihnen lediglich als Vorbereitung des Dschihad. Wählte man diesen aber als Lebensform, brauchte man sie gar nicht mehr.

Am 22. Februar 1998 kündigte Usama bin Laden (geb. 1957) die Bildung einer »Internationalen Islamischen Front für einen Dschihad gegen die Juden und Kreuzfahrer« an. Zu den Unterzeichnern der Vereinbarung gehören neben Zawahiri von der ägyptischen Dschihad-Gruppe Bin Ladens treuer Stellvertreter Taha und Führer militanter Organisationen aus Pakistan und Bangladesch. Das Gründungsmanifest vom 22. Februar 1998 bereitet die Terrorangriffe von al-Qaida vor. Der Dschihad ist normalerweise an ein bestimmtes Land bzw. Territorium gebunden. Usama bin Laden und die anderen Unterzeichner entterritorialisierten den Begriff und weiteten ihn auf das gesamte Universum aus. Dies war ein klarer Bruch mit der klassischen Tradition, für die allerdings Khomeinis Fatwa, mit der er weltweit alle Muslime zur Tötung Salman Rushdies aufrief, als Vorbild gelten kann. Im Gegensatz zu Khomeini, der in den Amerikanern Apostaten sah, werden sie von Al-Quaida als universelle Feinde angesehen, deren Bestrafung daher einen universellen Wert hat und auf der gesamten Welt erfolgen kann.

Erklärung der »Internationalen Islamischen Front für den Heiligen Krieg gegen die Juden und Kreuzfahrer« (Usama bin Laden):

»Ehre sei Gott, der die Schrift offenbart, die Wolken zerstreut, die Gegner zerschmettert und in Seinem Buch gesagt hat: {Sind aber die heiligen Monate verflossen, so erschlaget die Götzendiener, wo ihr sie findet, und packet sie und belagert sie und lauert ihnen in jedem Hinterhalt auf} [Koran 9,5]. Gebet und Heil unserem Propheten Mohammed Bin Abdullah, der gesagt hat: »Ich bin mit dem Schwert geschickt worden, vor dem Tag des Gerichts, damit allein Gott angebetet werde. Er hat meine Lanze zu meinem Broterwerb gemacht und hat jedem, der mir nicht gehorcht, Demütigung und Unglück versprochen« (Hadith aus dem Musnad von Ahmed Ibn Hanbal). Seit Gott die Arabische Halbinsel ausgebreitet, ihre Wüste geschaffen und sie mit Meeren umschlossen hat, hat kein Unglück sie so getroffen wie die Heere der Kreuzfahrer, die Heuschrecken gleich eingefallen sind, ihr Land bedeckt, alles Grün verschlungen haben und ihre Schätze ausbeuten. All dies geschieht, während die Nationen übereinkommen, die Muslime als Blutsauger anzugreifen. Darum müssen wir in dem Augenblick, wo die Gefahren sich auftürmen und die Hilfe rar ist, das betrachten, was die gegenwärtigen Ereignisse verbergen, bevor wir übereinkommen, ihnen entgegenzutreten. (...)

Die Amerikaner und ihre Verbündeten zu töten, ob Zivilisten oder Soldaten, ist eine Pflicht für jeden Muslim, der es tun kann, in jedem Land, wo er
sich befindet, bis die al-Aqsa-Moschee und die große Moschee in Mekka von
ihnen befreit sind, bis ihre Armeen alle muslimischen Gebiete verlassen, mit
gelähmten Händen, gebrochenen Flügeln, unfähig, einen einzigen Muslim
zu bedrohen, entsprechend.
(...)
Wir rufen, wenn Gott es gestattet, jeden Muslim, der an Gott glaubt und von
Ihm belohnt werden möchte, auf, dem Befehl Gottes Folge zu leisten und die
Amerikaner zu töten und ihre Habe zu plündern an jedem Ort, wo er sie findet, und zu jeder Zeit, wenn er es kann. Wir rufen die muslimischen Ulema,
ihre Anführer, ihre jungen Leute und ihre Soldaten auf, die amerikanischen
Soldaten des Satans und ihre Verbündeten, Ausgeburten des Satans, anzu-
greifen und zu verjagen; dann vielleicht werden sie sich besinnen...«
Gilles Kepel und Jean-Pierre Minelli (Hrsg.), Al-Quaida. Texte des Terrors,
S. 85 f. ©der deutschen Übersetzung: 2006 Piper Verlag GmbH München.

Bei dem folgenden Text handelt es sich um die Abschrift einer aufgezeich-
neten Erklärung Bin Ladens, die am 18. Oktober 2003 verbreitet wurde
zusammen mit einer zweiten, an die Amerikaner gerichteten Botschaft.

Zweiter Brief an die Muslime im Irak

»Lob sei Gott! Lob sei Gott! (...)
Dies ist mein zweiter Brief an die muslimischen Brüder im Irak.
0 Söhne von Saad und al-Muthanna, von Chalid und al -Muanna, o Nachkommen Saladins! (...)
Freut euch, denn Amerika ist in den Sümpfen von Euphrat und Tigris ver-
sunken. Bush glaubte, der Irak und sein Öl wären leichte Beute, und nun
steckt er in Schwierigkeiten. Dank Gott (gepriesen sei Er!) beginnt Amerika
zu schreien und sich vor der ganzen Welt zu erniedrigen.
Es ist nicht erstaunlich, daß ihr Amerika dies antun und solche Schläge zufügen konntet, denn ihr seid die Söhne der tapferen Ritter, die den Islam in
den Orient und bis nach China gebracht haben.
Wißt, daß dieser Krieg ein neuer Kreuzzug gegen die muslimische Welt ist
und daß er entscheidend für die internationale muslimische Gemeinschaft sein
wird. Er kann gefährliche Folgen und schädliche Auswirkungen für den Islam
und die Muslime in einem Ausmaß haben, das niemand kennt außer Gott.
Darum, o junge Muslime an allen Orten und vor allem in den Nachbarländern [des Iraks] und im Jemen,

Ihr müßt den Heiligen Krieg führen, wie es sich gehört, der Wahrheit folgen und euch hüten, auf Männer zu hören, die nur ihren Begierden nachlaufen und sich auf die Erde werfen, oder denen, die sich auf Unterdrücker verlassen, um euch zittern und euch von diesem gesegneten Heiligen Krieg abbringen.

Denn im Irak haben sich Stimmen erhoben, wie zuvor in Palästina, in Ägypten, in Jordanien, im Jemen und anderswo, die zu einer friedlichen und demokratischen Lösung aufrufen in Zusammenarbeit mit den gottlosen Regimen oder mit den Invasoren aus den Reihen der Juden und Kreuzfahrer, statt den Heiligen Krieg zu führen. Kurz, man muß sich vor dieser falschen und trügerischen Methode hüten, die im Gegensatz zu Gottes Gesetz steht und den Heiligen Krieg behindert.

Wie könnt ihr den Heiligen Krieg fortführen, ohne für die Sache Gottes zu kämpfen? Werdet ihr den Rückzug antreten? (...)

Hebt die Fahne, Gott wird euch erheben, laßt euch nicht einschüchtern von diesen Mauleseln in Waffen, denn Gott hat sie geschwächt. Laßt euch nicht beeindrucken durch ihre große Zahl, denn ihre Herzen sind leer, und ihre Lage verschlechtert sich militärisch, aber auch wirtschaftlich, vor allem seit jenem berühmten gesegneten Tag von New York, Dank sei Gott.

Ihre Verluste haben durch diesen Schlag und seine Auswirkungen über eine Billion Dollar erreicht – das heißt tausend mal tausend Millionen Dollar –, und zum dritten Mal hintereinander hat ihr Haushaltsdefizit eine Rekordzahl erreicht, denn es wird auf über 450 000 Millionen Dollar geschätzt, Gott sei gepriesen dafür.

Zum Schluß, (...)

Die Christen haben sich unter dem Banner des Kreuzes versammelt, um die Gemeinschaft des geliebten Mohammed (Gott schenke ihm Gebet und Heil!) zu bekämpfen. Gebt euch mit eurem Heiligen Krieg zufrieden. Kein Muslim ist würdig, euch voranzugehen, denn Gott selbst ist das, worauf ihr vertraut, und die gewaltigen Hoffnungen, die nach Gott in euch gesetzt werden, machen den Muslimen heute keine Schande. Nehmt euch ein Beispiel an Saad (möge Gott ihn annehmen!), der gesagt hat am Tag der Schlacht in dem Graben:

Warte ein wenig, das Getümmel wird dem Angriff folgen, wenig bedeutet der Tod, wenn seine Stunde gekommen ist....«

Gilles Kepel und Jean-Pierre Minelli (Hrsg.), Al-Quaida. Texte des Terrors, S. 129 f. © der deutschen Übersetzung: 2006 Piper Verlag GmbH München.

Abu Mussad al-Suri, neben Zawahiri ein bedeutender Ideologe al-Qaidas und des Dschihadismus, lehrt: »Der Terrorismus ist eine religiöse Pflicht, und die Tötung ist eine Tradition des Propheten« (zitiert nach Kepel, 2008, S. 201). Er unterscheidet im 8. Kapitel seiner voluminösen Schrift »Aufruf zum weltweiten islamischen Widerstand« unter der Kapitelüberschrift »Theorien des Aufrufs zum globalen islamischen Widerstand« drei »Schulen« des Dschihads im Laufe der zurückliegenden Jahrzehnte: eine hierarchische und zentralisierte, eine mit offener Front und schließlich den individuellen Dschihad »mit kleinen Terrorzellen« (Kepel, 2008, S. 200). Die moderne Forschung hat diese Sichtweise weitgehend übernommen. Den Amerikanern ist es gelungen, die zentralisierte Form von al-Qaida zu zerschlagen, aber nach der »offenen Front« (wie in Afghanistan oder im Irak) ist die gesamte Welt zum Schlachtfeld der Dschihad-Kämpfer geworden. Diese müssen heute da, wo sie leben, Mitglieder einer Terrorzelle werden, in ihrem unmittelbaren Umfeld, denn dies sichert den maximalen Erfolg.

Man wird den modernen Dschihadismus eher mit Terrorismus als einer religiösen Bewegung gleichsetzen. Seine theologischen Begründungen haben ihn zu weit von der klassischen islamischen Theologie entfernt. Die geistige Vaterschaft Qutbs ist weiterhin wirksam, wenn auch in einer verflachten Version. Die Grenzen zum Banditentum etwa in der algerischen GIA sind fließend. Die Bemühungen von al-Qaida, Anhänger unter europäischen Kriminellen zu suchen, sprechen eine eigene Sprache. Es geht nicht mehr um die Durchsetzung einer religiösen Idee, es geht um den terroristischen Kampf gegen die nicht-islamistische Welt, gleichgültig ob der Westen, Russland, das autoritär geführte China oder muslimische Regime gemeint sind. Es geht um eine kampfbetonte Lebensform, die im Selbstmordattentat die höchste Form der Vollendung des Menschseins sieht.

Literatur

BALIC, SMAIL, 1988, *Dschihad als Einsatz für Frieden und Fortschritt*, in: *Islam und der Westen. Unabhängige Zeitschrift europäischer Muslime*, Jg. 8, Heft 4, Dez. 1988.

BERGEN, PETER, 2001, *Heiliger Krieg Inc.. Osama Bin Ladens Terrornetz*, Berlin.

BONNER, MICHAEL, 2006, *Jihad in Islamic History. Doctrines and Practice*, Princeton/ Oxford (frz. Originalausgabe: Le jihad, origines, interpretations, combats).

BOSTOM, ANDREW G., 2005, *The Legacy of Jihad: Islamic Holy War and the Fate of Non-Muslim*, New York.

FIRESTONE, REUVEN, 1999, *Jihad. The Origin of Holy War in Islam*, New York/ Oxford.

JOHNSON, JAMES TURNER, 1997, *The Holy War Idea in Western and Islamic Tradition*, Pennsylvania State University Press.

KARSH, EFRAIM, 2007, *Imperialismus im Namen Allahs. Von Muhammad bis Osama Bin Laden*, München.

KEPEL, GILLES, 2002, *Das Schwarzbuch des Dschihad*, München.

KEPEL, GILLES, 2008, *Die Spirale des Terrors. Der Weg des Islamismus vom 11. September bis in unsere Vorstädte*, München.

KEPEL, GILLES/MINELLI, Jean-PIERRE (HRSG.), 2006, *Al-Quaida. Texte des Terrors*, Münschen.

KHADURI, MAJID, 1955, *War and Peace in the Law of Islam*, Baltimore.

KHOMEINI, RUHOLLAH, 1981, *Islam and Revolution. Writings and Declarations of Imam Khomeini*, Berkeley (eine kritische englische Ausgabe der Schriften Khomeinis).

LEWIS, BERNARD, 1974, *Politics and War*, in: JOSEPH SCHACHT/C.E. BOSWORTH (HRSG.), *The Legacy of Islam*, Oxford.

LEWIS,BERNARD/CHURCHILL, BUNTZIE ELLIS, 2008, *Islam. The Religion And The People*, Upper Saddle River.

MERIBOUTE, ZIDANE, 2004, *La fracture islamique: demain, le soufisme*, Paris.

MUQATIL B. SULAYMAN, z.B. TAFSIR, 1979, *Al-Hay'a al-Misriyya al-'Ama lil-Kitab*, 5 Bände, Kairo.

NAGEL, TILMAN, 2008, *Mohammed. Leben und Legende*, München.

AL-NAHHAS, 1991, *Al-Nasikh wal mansukh fi kitab Allah 'azza wajalla*, 3 Bände, Beirut.

NASR, SEYYED VALID REZA, 1994, *The Vanguard of The Islamic Revolution. The Jama'at-Islami of Pakistan*, London.

PETERS, RUDOLPH, 1996, *Jihad in Classical and Modern Islam*, Princeton.

SCHIRRMACHER, CHRISTINE, 2003, *Der Islam. Geschichte – Lehre – Unterschiede zum Christentum*, Bd. 1, Holzgerlingen.

SCHULZE, REINHARD, 2007, *Islamistischer Terror und die Hermeneutik der Tat*, in: MONIKA WOHLRAB-SAHR/LEVENT TEZCAN (HRSG.), *Konfliktfeld Islam in Europa*, Baden-Baden , S. 77–109.

AL-TABARI, 1954, *Jami 'al-bayan 'an ta 'wil ay al Quran*, 30 Bücher in 15 Bänden, Kairo.

THIELMANN, JÖRN, 2010, »*Der Islam, der religiöse Text und die Autorität. Von der Selbstermächtigung zum Terrorismus*«, in: HERBERT PRIBYL (HRSG.), *Terrorismus – eine apokalyptische Bedrohung?*, Heiligenkreuz im Wienerwald, S. 101–120.

Gisbert Gemein

Muslimische Märtyrer oder Selbstmordattentäter?

Der Islam versteht sich als Friedensreligion. Selbstmord ist – zumindest in sunnitischer Tradition – verboten. Wie vereinbaren sich daher Selbstmordattentate mit dieser Religion? Die üblichen Reaktionen der muslimischen Ulema, der Geistlichkeit, es handele sich hier um Abtrünnige von der Religion, greifen zu kurz. Ihre gleichzeitige Subsumierung unter dem Begriff Märtyrer enthält eine Rechtfertigung. Wie aber wird der Selbstmordattentäter zum Märtyrer? Ist nicht die in westlichen Medien übliche Bezeichnung als »Selbstmordattentäter« genauso parteilich wie die übliche muslimische als »Märtyrer«? Die Kennzeichnung der Tat als »Selbsttötungs-« oder »Suizidanschlag« erscheint sachgemäßer.

Scheich Ben Baz, der Großmufti von Saudi-Arabien, gefragt nach dem Urteil des Islam über denjenigen, »der sich in die Luft sprengt, um dadurch eine Gruppe Juden zu töten«, antwortete:
»Das ist nicht erlaubt, denn derjenige tötet sich, und Allah hat gesagt »tötet euch nicht«, und der Prophet, gepriesen sei er, hat gesagt »wer sich tötet, wird am Tage des Gerichts gefoltert werden«.«
Gilles Kepel, Die Spirale des Terrors, S. 113. © der deutschen Übersetzung: 2006 Piper Verlag GmbH München.

Menschen vermögen für ihren Glauben zu sterben; sie geben »Zeugnis«, werden zum Märtyrer (griech. martyros). In christlichen Heiligenlegenden »erdulden« sie den Tod, doch ist auch dem Christentum in der Kreuzzugsideologie eine Militarisierung dieses »Zeugnisgebens« nicht fremd. Schon in der Frühzeit des Islam, als er sich in den kriegerischen Auseinandersetzung gegen die heidnischen Mekkaner behaupten musste, ist eine ähnliche Entwicklung zu verzeichnen, auch wenn sich eine regelrechte Ideologie des Kriegermartyriums erst nach Muhammad herausbildete. Der Koran verbietet den Selbstmord.

Der Märtyrer im Koran und der islamischen Frühgeschichte:

254

»Und du darfst ja nicht meinen, dass diejenigen, die um Gottes willen getötet worden sind, wirklich tot sind. Nein, sie sind lebendig im Jenseits, und ihnen wird bei ihrem Herrn himmlische Speise beschert.«
Sure 3, 169
»Niemand im Paradies möchte wieder auf die Erde zurückkehren, mit Ausnahme des Märtyrers, der im Kampf für die Sache Gottes gefallen ist. Er möchte auf die Erde zurückkehren, um noch zehnmal getötet zu werden, nach all den Ehrenbezeugungen, die ihm im Paradies zuteil wurden.«
Sahih al-Buhari, 1991, Nachrichten von Taten und Aussprüchen des Propheten Mohammad, Reclam Stuttgart, S. 304.

Wenn sich ein Soldat todesmutig mit nur geringer Überlebenschance in die Schlacht stürzt, gilt dies auch nach westlicher bzw. christlicher Überzeugung nicht als Selbstmord, weil diese Form des Märtyrertums eine theoretische Überlebenschance bietet, der Tod durch fremde Hand erfolgt. Dies gilt im Grundsatz auch für die mittelalterlichen Assassinen, Angehörige einer schiitischen Sekte; von ihnen leiten sich die französischen und englischen Bezeichnungen für »Mordanschlag« ab. Ziel der jeweiligen Anschläge war die Durchsetzung politischer Ziele. Die Assassinen verringerten zwar durch den Einsatz des Dolches mögliche Überlebenschancen drastisch; sie ließen sich meist nach erfolgreichem Attentat von den Leibwächtern des Ermordeten töten.

Ein zeitgenössischer arabischer Historiker, Raschid ad-Din, berichtet von der Ermordung Nizam al-Mulks:

»Unser Meister legte Schlingen und stellte Fallen auf, um ein so edles Wild wie Nizam al-Mulk im Netz des Todes und des Verderbens zu fangen. Durch diese Tat wurde sein Ruhm gewaltig vermehrt. Mit der Gaukelei der Täuschung und dem Kunstgriff der Lüge, mit arglistiger Verstellung und hinterhältiger Zurichtung bereitete er den Boden für die Fida'is (die Geweihten oder Sich-Opfernden), um endlich zu fragen: «Wer von euch ist willens, dieses Land von dem Übeltäter zu befreien?« Ein Mann namens Bu Tahir Arrani legte die Hand auf sein Herz, um seine Bereitschaft anzuzeigen. Und in der Nacht zum 12. Ramadan des Jahres 485 (16. Oktober 1092) näherte er sich, dem Pfade des Irrtums folgend, um auf ihm zur Seligkeit der künftigen Welt zu gelangen, als Sufi verkleidet der Sänfte Nizam al-Mulks, der vom Audienzsaal zum Zelt seiner Frauen getragen wurde, und erstach ihn mit einem Messer. Noch während er zustieß, erlitt er das Martyrium. Unser Meister (mag er nach seinen Verdiensten gerichtet werden) sagte: «Die Tötung dieses

255

Teufels ist der Beginn der Seligkeit.««
Zitiert nach: Lewis, 2001, Die Assassinen, S. 4.

Selbstmordattentate als die Waffe der kriegstechnisch Unterlegenen sind allerdings nicht auf die muslimische Welt beschränkt. Es hat sie bei Befreiungskämpfen (z. B. bei den Tamilen), selbst in regulären Kriegen gegeben (japanische Kamikaze-Flieger im Zweiten Weltkrieg). Für die sunnitische Welt dürfte das Verbot des Selbstmordes im Koran über lange Zeit eher hemmend gewirkt haben. Bezeichnend ist, dass der erste blutige Anschlag im Nahen Osten am 30. Mai 1972 auf dem Tel Aviver Flughafen von drei Japanern angerichtet wurde. Erst dieses Beispiel, vor allem aber die höhnische Reaktion des lybischen Revolutionsführers und Staatschefs Gaddafis an der angeblich zu harmlos reagierenden PLO (Palästinensische Befreiungsorganisation) provozierten Nachahmungstäter. Deren Zahl erscheint für die 1970er und frühen 1980er Jahre im Vergleich zu der Entwicklung in den letzten beiden Jahrzehnten allerdings als eher klein, auch wenn es sich um einen ersten Tabubruch handelte. Dennoch dürfen sie als ein (säkular bzw. links begründetes) Vorbild für die später religiös-ideologisch begründeten Anschläge gelten. Die Testamente von Attentätern machen die ideologiegeschichtliche Entwicklung deutlich.

Testamente von Selbstmordattentätern

Ein Vergleich der Testamente von Selbstmordattentätern aus den 70er Jahren des vorigen Jahrhunderts mit solchen von der Jahrtausendwende macht die mentalitätsgeschichtlich bedeutsame Entwicklung in der gewaltbereiten palästinensischen Jugend deutlich. Die eher säkular argumentierende nationale Begründung wird durch eine religiös verbrämte abgelöst. Hintergrund ist die Rivalität der aus dem arabischen Nationalismus kommenden PLO mit der islamistischen Hamas, die sich auch in der unterschiedlichen Akzeptanz eines Friedensprozesses manifestiert.

Testament eines PLO-Attentäters vom 1973
Das politische Testament des palästinensischen Selbstmordattentäters Munir al-Maghrebi wurde von der Zeitung Al-Anwar vom 12. April 1973 vollständig abgedruckt:

»Bevor wir nun zur Erfüllung unserer Aufgabe aufbrechen, will ich zu euch sprechen. Ich bin Munir al-Maghrebi und erlebe in diesem Moment das höchste Glück meines Lebens, weil ich mich für mein Land opfern darf, um den Feind ins Herz zu treffen. Ich danke euch meine Freunde, die ihr euer Vertrauen in mich setzt, und ich danke der Volksfront, unser aller Mutter, die mir die Ehre zuteil werden ließ, diesen Weg zu beschreiten, um unsere Ziele zu verwirklichen. Ich werde jetzt gehen und nicht zurückkehren, das weiß ich, und ich weiß auch, daß mir Millionen Revolutionäre dieser Welt auf diesem Weg folgen werden. Freunde, wie süß ist doch der Geschmack des Todes, wenn er sich mit der Luft meines Landes vermählt.

Freunde, wir, die wir auf die lange Geschichte unserer arabischen Länder zurückblicken, wie ist es möglich, daß wir angesichts dieser unserer arabischen Geschichte , die voll ist von Heldentum, den Sieg nicht erringen konnten. Wir werden heute sterben, nicht weil wir vor dem Leben flüchten oder am Leben verzweifeln. Denn der Tod auf dem Weg zum Ziel ist der Beginn eines neuen wunderbaren Lebens, wir kämpfen für das Volk und sterben für unser Land.

Schon jetzt kann ich spüren, wie das Joch der Flüchtlingslager von uns abfällt, wie die schlammigen Gassen zu breiten sonnendurchfluteten Straßen werden und wie die Gesichter der Kinder meines Landes, in denen Trauer geschrieben steht, sich verwandeln und mit Glück und Hoffnung erfüllt sein werden, ohne Angst vor der Gegenwart und ohne Furcht vor der Zukunft. Ich liebe euch, Kinder meines Landes, und so bereite ich euch den Weg zur Freude, den ihr bewahren und jenen, die nach euch kommen, zum Geschenk machen sollt.«

Zitiert nach: Joseph Croitoru, 2003, Der Märtyrer als Waffe. Die historischen Wurzeln des Selbstmordattentats, München, S. 84f.

Offizielles Testament eines Hamas-Selbstmordattentäters

Ismael Masawahi, ein begabter Kalligraph und aus einer begüterten Familie im Gaza stammend, sprengte sich kurz vor seinem Universitätsexamen am 22. Juni 2001 in die Luft; sein Testament wurde in einem Wettbewerb, den ein Dozent unter den zahlreichen »Märtyrern« der Islamischen Universität von Gaza organisiert hatte, als besonders gut formuliert ausgezeichnet.

Das offizielle Testament des Ismail Masawahi (in Auszügen)

»Dank sei Gott, der den Mudschaheddin den Sieg und den Diktatoren die Niederlage gibt, und gepriesen seien Mohammed, der ehrliche, gläubige Prophet Mohammed, und all seine Freunde und jene, die ihm auf seinem Weg gefolgt sind.

Liebe Muslim-Jugend überall in der Welt, ich grüße euch mit den gesegneten Grüßen des Islam, Grüße, die ich an all jene unter euch schicke, die im Namen der Religion und ihrer Nation kämpfen, Grüße an alle, die überzeugte Kämpfer und Märtyrer sind.

Liebe Muslim-Jugend, ich möchte euch wissen lassen, dass ich von euch besonders jene geschätzt habe, die stets als Erste zum Gebet in die Moschee gekommen sind.

Liebe Brüder, es gibt keinen Zweifel an der Lage der muslimischen Umma, der muslimischen Nation, sie ist offensichtlich für jedermann, ob alt oder jung. Eine Lage, die uns weinen lässt und unsere Herzen traurig macht über das, was den Muslimen widerfahren ist, und wir sind aufrichtig betrübt darüber.

Wir wurden schwach, nachdem wir die Macht hatten; wir leben in Demütigung, wo wir einst in Würde lebten. Wir sind unwissend, wo wir wissend waren. Wir sind zum Schlusslicht der Welt geworden, da wir einst ihre Führer waren.

Der Wunsch, ein Märtyrer zu sein, dominiert mein Leben, mein Herz, meine Seele und meine Gefühle. Wenn ich die Verse des Korans höre, werde ich traurig, weil ich nichts tue, um die Situation zu ändern. Unsere Nation ist so schwach geworden, und jeder bedient sich daran. Wir sind eine Nation, die in Schande lebt und unter der Besetzung der Juden. Dies widerfuhr uns, weil wir nicht gegen sie gekämpft haben, weil wir nicht für Gott gekämpft haben.

Diese schreckliche und dunkle Situation, die ich kenne und erlebe, lehne ich ab – und habe beschlossen, ein Lichtstrahl zu werden, um den Muslimen den Weg zu leuchten, und ein Feuerstrahl, um den Feind Gottes zu verbrennen. Einfach nur zuzusehen, wie unser muslimisches Volk abgeschlachtet wird von den Juden, und keinen Schritt zu unternehmen, diese Situation zu ändern, ist ein schmutziges Spiel, das ich nicht ertrage. Deshalb, im Namen Jerusalems und der al-Aqsa-Moschee, im Namen Gottes auf seiner Erde, ziehe ich es vor, Gott zu treffen und die Menschen zu verlassen. Deshalb habe ich mir selbst gesagt, dass ich morgen mit dem Propheten Mohammed und seinen Getreuen sein werde...

Gott wird euch nicht vergeben, wenn ihr ein solches Leben akzeptiert. Das andere ist das wahre Leben. Gott wird euch nicht vergeben, wenn ihr die Demütigung akzeptiert und nicht kämpft, um die Situation zu beenden und den Islam zu stärken. Meine Brüder und meine Familie, ich werde im Paradies sein, wo ich alles bekomme. Also seid nicht traurig, dass ihr mich verloren habt. Dort werde ich unsterblich sein, also solltet ihr glücklich sein, dass ich dort bin. Allen, die mich geliebt haben, sage ich, weint nicht, denn eure Tränen lassen mich nicht ruhen. Dies ist mein Weg. Also macht, wenn ihr mich wirklich geliebt habt, weiter und tragt meine Waffe.

Ich habe beschlossen, zu den Waffen zu greifen und den Brigaden der Märtyrer Izzedin al-Qassam zu folgen, um die Juden jenes Leid und jene Zerstörung spüren zu lassen, denen sie mein Volk jeden Tag und seit langer Zeit aussetzen.

Grüße von einem Märtyrer, der sich wünscht, euch eines Tages alle im Paradies Gottes wiederzusehen, des Schöpfers von Himmel und Erde. Grüße an alle, die mich kannten und liebten und die den Weg des Dschihad und der Mudschaheddin lieben.

Ich hoffe, dass Gott mich als Märtyrer akzeptiert.«

Das Testament für die Familie

»Liebe Mama, lieber Papa,

ihr, die ihr große Anstrengungen unternommen habt, um mich aufzuziehen, die ihr nachts gewacht habt, damit ich schlafen und ruhen kann, die ihr mich als einen Muslim erzogen habt: Ihr seid mir so teuer wie meine Augen und mein Herz. Ihr habt das Beste getan, um mich zu einem erwachsenen Menschen zu machen. Ihr habt mir sehr viel geholfen, und möge Allah euch mit dem Besten dafür belohnen. Ich finde nicht die passenden Worte, um euch für all das, was ihr für mich getan habt, zu danken, aber ich bitte Gott den Allmächtigen, uns im Paradies wieder zu vereinigen.

Meine geliebten Eltern, ich weiß, dass es schwierig und hart ist, mich zu verlieren, aber vergesst nicht, dass wir uns im Paradies wiedersehen. Das ist das Versprechen Gottes. Was für ein wunderbares und schönes Versprechen, wenn wir uns dort alle wiedersehen.

Liebe Mama, sei geduldig und glücklich, und bete zu Gott, um ihm zu danken, dass er dir einen Märtyrer als Sohn geschenkt hat. Und denk an al-Khansaa, die ihre vier Söhne als Märtyrer für Gott gegeben hat, weil sie wusste, dass sie sie alle im Paradies wiedersehen wird und dass sie eines Tages auch dort hinkommen wird.

Lieber und guter Vater, bitte verzeih mir. Dass ich deinen Traum nicht erfüllt habe, zu erleben, wie ich mein Studium an der Universität beende, und stolz zu sein, wenn ich einen Job bekomme. Aber du solltest zufrieden sein, weil dein Sohn zwar kein Schihada, aber dafür das große Schahada bekommen wird; darauf solltest du stolz sein.

Du warst es, der mir beigebracht hat, in allen Situationen ein Mann zu sein. Du bist es, der in seinem Haus einen Löwen herangezogen hat, der die Feinde Gottes und der Muslime das Fürchten lehrt. Verzeih mir, lieber Vater, wenn du die Nachricht von meinem Märtyrertum erhältst und überrascht sein wirst, weil ich weiß, dass du nur darauf wartest, dass ich jeden Augenblick mein Studium beende, aber dies ist es, was ich in der jetzigen Situation tun muss. Und wir werden uns in einem anderen Leben wiedersehen. Meine geliebten Brüder, ich habe euch alle vom Grunde meines Herzen geliebt. Seid gut zu Vater und Mutter.

Meine lieben Gläubigen, lieber Mohammed, Ahmed und Mahmud, ihr seid die Jugend der Zukunft, bitte seid, wenn ich tot bin, gut zu meinen Eltern. Helft meinem Vater bei der Arbeit und meiner Mutter im Haus. Und geht regelmäßig in die Moschee. Habt keine schlechten Freunde. Lest den Koran. Meine geliebten und guten Schwestern, ich war immer glücklich, wenn ich euch gesehen und mit euch gesprochen habe. Wenn ich euch besuchen kam, habt ihr mich willkommen geheißen mit einem freundlichen Lachen und warmen Worten. Seid geduldig und dankt Gott und bitte verzeiht mir, wenn ich einen Fehler gemacht habe.«

Zitiert nach: Christoph Reuter, 2002, Mein Leben ist eine Waffe. Selbstmordattentäter – Psychogramm eines Phänomens, München, S. 145 f.

Anmerkungen:

Khansaa: eine berühmte Mutter in der arabischen Geschichte, die vier Söhne im Krieg, aber nie ihre Geduld verloren hat.

Schihada: das reguläre Diplom

Schahada: (Glaubens-)zeugnis, Bekenntnis.

Versuche der Rechtfertigung

Die heutige Gestalt des Dschihad-Kämpfers, der sich opfert und möglichst viele Feinde mit in den Tod reißt, wurde nach einer gängigen Geschichtsauffassung, der allerdings Schneiders widerspricht, im Iran ersonnen, dann in den Libanon zur Hisbollah exportiert; gefolgt wird hier (zumindest was die religiös-ideologische Begründung betrifft) Kepel und Damir-Geilsdorf. Erst von dort kam er über die Hamas zu den Sunniten und zu al-Qaida. Deren Strategie des Selbstmordattentäters, wie am 11. September 2001, gelangte weiter in den Irak und traf dort vorrangig die schiitische Bevölkerung. Eine ursprünglich schiitische Strategie wurde von Sunniten übernommen, allerdings mit einem erheblichen Unterschied. Während sich die schiitischen »Märtyrer-Operationen«, in der Regel präzise geplant, meist nur gegen feindliche Kämpfer richteten, richteten sich die sunnitischen Selbstmordattentate unterschiedslos sowohl gegen Militärpersonen wie gegen die muslimische Zivilbevölkerung.

Selbstmordattentate der Gegenwart treffen immer wieder Frauen und Kinder, nach altislamischer Regel ein klares Unrecht:
»Auf einem Feldzug des Gesandten Gottes (S) wurde die Leiche einer Frau gefunden. Sie war getötet worden. Der Prophet (S) untersagte es, Frauen und Kinder zu töten.«.
Sahih al-Buhari, 1991, Nachrichten von Taten und Aussprüchen des Propheten Mohammad, Reclam, Stuttgart, S. 316.

Der jeweilige kulturhistorische Hintergrund macht die Unterschiede deutlich. Der schiitischen Glaubenspraxis liegt ein Märtyrertod zugrunde. Im Jahre 680 n. Chr. wurde der Enkel Muhammads, der Imam Hussein, von den Truppen des sunnitischen Kalifen von Damaskus in der Schlacht von Kerbela getötet. Dieser Tod in einem aussichtslosen Kampf findet im Aschura-Fest der Schiiten sein jährliches Gedächtnis, bei dem sich die Gläubigen an die Brust schlagen, sich oft bis aufs Blut peitschen und so das Martyrium von Hussein nachspielen.

Durch die Machtergreifung von Ayatollah Khomeini (1902–1989) in der iranischen Revolution wurde diese Urszene in eine Aktion verwandelt; das Martyrium wird nicht mehr inszeniert, sondern mobilisiert. »Aus den Gläubigen sind militante Revolutionäre geworden, sie dringen in den politischen und militärischen Raum vor und opfern ihr eigenes Leben, wie der Imam sein Leben geopfert hat.« (Kepel, 2008, S. 98). Eine regelrechte Vervielfachung solcher Märtyrer erfolgte im Krieg mit dem Irak, den der irakische Präsident Saddam Hussein im September 1980 vom Zaune brach. Das Khomeini-Regime schickte zigtausende von Kindern und Jugendlichen mit einem Paradies-Schlüssel um den Hals als Märtyrer in die Minenfelder des »Feindes«, um diese für einen späteren Vorstoß der regulären Truppen zu räumen.

Diese Strategie wurde von Teheran zu den Schiiten im Libanon exportiert. Das Vordringen der israelischen Armee in den Süden des Libanon im Jahre 1982 wurde zwar anfangs von den Schiiten begrüßt, die sich ein Ende der Unterjochung durch die PLO (Palästinensische Befreiungsorganisation) erhofften, doch traf das Abkommen zwischen den Christen des Libanon und Israelis auf den Widerstand von Syrien und Iran: Iranische Revolutionswächter, die in die Schiitenstadt Baalbek geschickt wurden, trafen dort auf ein Netzwerk radikaler schiitischer religiöser Würdenträger, die in der irakischen Gelehrtenstadt Nadschaf ausgebildet worden waren, als dort Khomeini lehrte.

Der 11. November 1982, als der Attentäter Ahmad Kassir das israelische Hauptquartier in Tyros im Südlibanon zerstörte und dabei 72 Israelis und 14 Libanesen mit in den Tod riss, wird bis heute als Tag der Märtyrer gefeiert. Die wichtigste Straße in der südlichen Vorstadt Beiruts trägt seinen Namen. Am 24. Oktober 1983 richteten sich zwei parallele Operationen gegen die Lager der amerikanischen Marines und der französischen Legionäre, mit den bis dahin blutigsten Ergebnissen: 241 bzw. 58 Menschen starben. Die multinationale Truppe sollte zwar die Palästinenser vor Übergriffen durch die christlichen Falangisten schützen, aber in den Augen von Teheran, Damaskus und ihrer libanesischen Unterstützer symbolisierten sie die Kontrolle des Westens über den Libanon. Diese spektakulären Attentate zwangen die hochgerüsteten USA und Frankreich zum Rückzug aus dem Libanon; auch Israel zog sich bald in dessen südliches Grenzgebiet zurück.

Sayyid Ibrahim al-Amin, ein führender Geistlicher der libanesischen Hisbollah, führt in einer Rede am 23. Januar 1986 aus:

> »... diejenigen, die das Hauptquartier der (US) Marines und den Sitz der israelischen Militärverwaltung in Tyrus ausbliesen, waren nicht Märtyrer aufgrund einer Entscheidung einer politischen Partei oder Bewegung. Sie erlitten den Märtyrertod, weil der Imam Khomeini ihn erlaubt hatte. Sie wussten von nichts außer Gott, und sie besiegten Israel und Amerika für Gott. Es war der Imam der Nation (Khomeini), der ihnen den Weg zeigte und ihnen diesen Geist einflößte.«
>
> Martin Kramer, 1996, Arab Awakening and Islamic Revival. The Politics of Ideas in the Middle East, New Brunswick (USA), S. 239 (aus dem Amerikanischen übersetzt von Gisbert Gemein).

Die Bilder von Märtyrern, die in den von der Hisbollah kontrollierten Dörfern und Stadtvierteln überall hängen, zeigen junge Menschen, die mit einem Lächeln auf den Lippen in den Tod gegangen sind und damit zur Vertreibung Israels aus dem Libanon (als Vorstufe aus dem Nahen Osten verstanden) beigetragen haben. Das Märtyrertum durchdringt die gesamte schiitische Gesellschaft. Die Märtyrer werden in absteigenden Kategorien klassifiziert:

An der Spitze stehen die zwölf (die Zahl der schiitischen Imame) am meisten verehrten Märtyrer (auch wenn nicht alle zwölf eines unnatürlichen Todes gestorben sind) mit dem Titel *istishhadi moujahid* (»Kämpfer des Dschihad, der das Martyrium anstrebt« bzw. »begehrender Kämpfer um Zeugenschaft für den islamischen Glauben« für die nicht eines unnatürlichen Todes gestorbenen Imame).

Darunter stehen die fast 1 300 *shahid moujahid* (»Märtyrer-Kämpfer des Dschihads«), die in den fast zwei Jahrzehnten israelischer Besatzung gegen den Feind gefallen sind.

Die dritte Kategorie einfacher Märtyrer (*shahid*) bilden die Muslime, die von Israelis getötet wurden, ohne dass sie an Kämpfen teilgenommen haben.

Die vierte Kategorie bilden die *shahid al watan* (»Märtyrer des Vaterlandes«); es sind alle, unabhängig von Konfession und Funktion, für deren Tod Israel verantwortlich ist.

Diese von der Hisbollah, der Partei Gottes, festgelegte Kategorisierung der Märtyrer zieht eine hierarchische Ordnung der gesamten Gesellschaft nach sich, an deren Spitze sich – gewissermaßen als Avantgarde – die Hisbollah selbst versteht.

Zur sprachlichen Form der Verschleierung des verbotenen Selbstmords:

»Nach und nach entsteht über die Jahre eine ganze Kultur des Märtyrertums: So, wie die Eskimos Namen haben für die verschiedenen Formen des Eises und die Beduinen für die Arten des Sandes, pflegt die Hisbollah den arabischen Wortschatz des ganz speziellen Todes: Da Selbstmordattentate per definitionem kein Selbstmord sein dürfen, kommt für sie der Begriff der Amaliat al Istischhadiyya, der Märtyreroperation, auf. Im Zentrum steht der Schahid, der Märtyrer. Das kann der Schahid as-said sein, der glückliche Märtyrer, oder auch Schahid al-muqattil, »der im Kampf getötete Schahid«, der lebend hätte davon kommen können, aber den Tod vorzog – wie Hussain in Kerbela. Höhepunkt der Opferbereitschaft ist der Istischhadi, der sich selbst dem Martyrium Übereignende, mithin jeder Selbstmordattentäter. Aber da gibt es auch den Schahid al-mazlum, der ungeplant, auch ungewollt zu Tode Gekommene. In den Kondolenzanzeigen der Hisbollah für die Fahrer der Sprengstoffautos wird fein auf die Unterschiede geachtet. Um Selbstmordattentate zu verhindern, hatten die israelischen Kommandanten angeordnet, dass in jedem Auto in der besetzten »Sicherheitszone« zwei Leute sitzen müssten. Sie konnten sich nicht vorstellen, dass diese von ihnen für fanatisierte Amokläufer gehaltenmen Täter keine Einzelgänger sind. Fortan sitzen in jedem mit Hunderten Kilo TNT gefüllten Auto eben zwei Leute, und später in den Kommuniqués wird der Fahrer als Schahid as-said,

als »glücklicher Märtyrer«, gepriesen, während der Beifahrer, als Schahid al-mazlum, als »unbeabsichtigter Märtyrer«, sozusagen zweiter Klasse ins Para-dies eingefahren ist.«
Christoph Reuter, Mein Leben ist eine Waffe. Selbstmordattentäter –
Psychogramm eines Phänomens, S. 107 f. © 2002 C. Bertelsmann Verlag
München in der Verlagsgruppe Random House.

Der Märtyrertod ist zwar der sunnitischen Welt nicht fremd, doch hatte er hier eine völlig andere Ausprägung erfahren. Bis zum Afghanistan-Krieg gegen die Russen war der Guerillakrieg die beherrschende Form des Dschihads. Der Kämpfer, der mit der Waffe in der Hand stirbt oder äußerste Risiken eingeht, darf nicht selbst den Tod wählen. Über dessen Zeitpunkt entscheidet allein Allah. Insofern gilt das Selbstmordverbot im sunniti-schen Glauben fort, in dem es keine Tradition der Selbstaufopferung wie mit der auf den Schild gehobenen Gestalt des Kalifenenkels Hussein gibt. Vielmehr gilt bis in die 1990er Jahre jede an Selbstmord heranreichende Tat als verboten. Dieses Selbstmordverbot wird auch in der heutigen Kenn-zeichnung solcher Aktionen – zumindest theoretisch – beibehalten, indem zwischen *al-amaliya al-istishadiya* und *al-amaliya al-intihariya* unterschieden wird: *Istishad* meint dabei (durchaus aktive) Märtyrer-Operationen, wäh-rend *intihar* Suizidoperationen beschreibt. »Die Begriffsbildung im Arabi-schen ist eine neuzeitliche Erscheinung, in der klassisch-arabischen Sprache findet sich der Terminus nicht. Vermutlich geht die Wortschöpfung auf die Hisbollah zurück.« (Schneiders, 2006, S. 37).
Mit dieser sunnitischen Tradition brach die Hamas, der palästinensische Zweig der 1928 in Ägypten entstandenen, bald aber in die Nachbarländer sich ausbreitenden radikal-islamischen Muslimbruderschaft. Sie konnte durch ihr sozialpolitisches Engagement einigen Rückhalt in der Bevölke-rung finden. Da es im sunnitischen Islam im Gegensatz zum Schiitentum keine hierarchische Organisation gibt, die etwa Regelungen hätte durch-setzen können, breiteten sich die Selbstmordattentate aus, nachdem erst einmal die grundsätzlichen Hemmungen gefallen waren. Die erste Inti-fada seit Dezember 1987, bei der die Hamas entstand, hatten die Paläs-tinenser noch im Rahmen einer klassischen Guerillaaktion und zivilen Widerstands geführt, die allerdings im Frühjahr 1993 langsam verebbte, weil die Bevölkerung aufgrund des enormen Einbruchs des Lebensstan-dards erschöpft war. Gleichzeitig zeichnete sich auch die Möglichkeit eines Abkommens zwischen PLO und Israel ab, nachdem die Friedenskonfe-renz von Madrid (Dezember 1991) und der neue amerikanische Präsident Clinton zusammen mit Itzhak Rabin (seit Juni 1993 als Ministerpräsident

im Amt) den Weg zum Friedensabkommen von Oslo (September 1993) mit dem PLO-Führer Arafat geebnet hatten. Angesichts der wechselseitigen Anerkennung von PLO und Israel drohte die Hamas gewissermaßen zwischen Hammer und Amboss zu geraten.

Für die Hamas war die Anerkennung Israels der »Verrat von Oslo«. Sie schuf als bewaffneten Arm die Al-Kassam-Brigaden, benannt nach einem Scheich gleichen Namens, der 1935 im Dschihad gegen die britische Mandatsverwaltung gefallen war. Auf ihr Konto gehen die meisten Selbstmordattentate der Folgezeit. Schon 1988 hatte Fatih Schiqaqi, Führer des zwar sunnitischen »Islamischen Dschihad«, der aber sehr stark von iranischem Gedankengut geprägt war, Sprengstoffanschläge verteidigt, die den Täter das Leben kosteten. Der Islamische Dschihad, dessen Logo dem der Hisbollah ähnelt, hatte an der Seite der Hisbollah an den Militäraktionen im Südlibanon gegen Israel teilgenommen, sich hinsichtlich seiner Methoden und Doktrin dieser angenähert. Als nun der Hauptverantwortliche der Al-Kassam-Brigaden, Yahya Ayyache, den Einsatz menschlicher Bomben 1994 anordnete, um die Kosten der Besatzung für Israel unerträglich hoch zu schrauben, traten diese Attentate an die Stelle des erlahmenden Volksaufstandes gegen Israel; sie waren geeignet, die Friedenspolitik Arafats zu konterkarieren.

Die hinter der Rechtfertigung des Selbstmordattentats stehende Welt- und Menschensicht wird aus folgender Äußerung des Gründers des Islamischen Dschihad, Shiqaqi, in der Beiruter Zeitung al-Mudschahid vom 2. August 1991 deutlich:

> »Das Leben in der gegenwärtigen Welt ist nur vergänglich. Jedoch ist es die Arena des Kampfes zwischen Glauben und Unglauben, Anbetung Gottes und Anbetung von Trieben und Eitelkeiten. Dies lenkt das Leben auf eine Brücke, über die man das Paradies erreicht, indem man danach strebt, ein dankbarer Diener Allahs zu sein, oder auf eine Brücke zum Höllenfeuer, wenn man sich von Allah entfremdet.«
> Zitiert nach: Meir Hatina, 2001, Islam and Salvation in Palestine. The Islamic Jihad Movement, Tel Aviv, Moshe Dayan Center for Middle Eastern and African Studies, S. 118 (aus dem Englischen übersetzt von Gisbert Gemein).

Es gelang der Hamas allerdings nur schrittweise, diese »Märtyrer-Operationen« zu legitimieren. Eine erste Anschlagsserie vom April bis zum Sommer 1994 kann als Antwort auf den Amoklauf eines jüdischen Siedlers, Baruch Goldstein, am 25. Februar 1994 in der Moschee des Abrahamsgrabs in Hebron gesehen werden, bei dem er mehr als 30 Menschen tötete. Das anfängliche Motiv der Rache wurde aber sehr schnell von der politischen Intention überlagert, Arafat zur Anerkennung der Hamas als politisch bedeutenden Faktor zu zwingen. Eine zweite Welle von Anschlägen folgte im Februar und März 1996, als Israel Yahya Ayyache getötet hatte. Mehr als 60 israelische Zivilisten starben. Als Konsequenz wählten die Israelis Benjamin Netanjahu im Mai 1996 zum Premier, der mit aller Härte gegen den Terrorismus vorzugehen versprach und dem Friedensprozess von Oslo immer mehr Hindernisse in den Weg legte.

Waren bis zur Mitte der 90er Jahre Selbstmordattentate in der sunnitischen Welt eher eine Randerscheinung geblieben, spielte allerdings die palästinensische Selbstmordkampagne von 1996 bis 1998 in der öffentlichen Debatte eine erhebliche Rolle. Der Begriff des Märtyrertums wurde dadurch in der sunnitischen Welt erst populär. Die Dschihad-Gruppen aus der arabischen Welt, von Algerien über Ägypten bis zum Jemen, die in Afghanistan und Tschetschenien, später in Bosnien gekämpft hatten, fühlten sich als Avantgarde einer Bewegung, ohne allerdings eine enge Verbindung mit der muslimischen Bevölkerung eingehen zu können. In den Dschihads in Algerien und Ägypten gab es keine menschlichen Bomben, das Massaker im Herbst 1997 an Schweizer Zivilisten im ägyptischen Luxor führte eher zu einer Entfremdung gegenüber den muslimischen Massen.

Die Hamas, die ab 1996 Selbstmordattentäter in großer Zahl einsetzte, hatte eine andersartige soziale Absicherung: Nicht nur die Unterstützung der Intifada, auch ihr großes soziales Engagement (Schulen, Armenküchen, Krankenhäuser u. ä.) hatte ihr ein dichtes Unterstützungsnetz in der – obendrein demographisch stark wachsenden – palästinensischen Bevölkerung beschert. Die überaus große Zahl der Bewerber für den Märtyrertod kam aus diesen Reihen von Sympathisanten, die – nach dem Scheitern des Aufstandes – nicht nur mit der politischen Lage unzufrieden waren, sondern sich auch gleichzeitig angesichts des sozialen Elends und der mangelnden Zukunftsaussichten keine Perspektive ausrechnen konnten. Der versprochene himmlische Lohn, vor allem aber auch die nicht unerhebliche finanzielle Unterstützung ihrer verbleibenden »Märtyrerfamilie« (teils durch finanzielle Transfers aus dem Iran, teils durch »karitative« Sammlungen in Saudi-Arabien finanziert, aber auch in Europa) wurden zum entscheidenden Motiv.

Anders als die Anschläge der schiitischen Hisbollah, die sich vorrangig und offiziell nur gegen militärische Ziele richteten, forderten die Selbstmordattentate der Hamas und des Islamischen Dschihad hauptsächlich unter Zivilisten ihre Opfer. Die Gründe dafür waren offensichtlich: Solche »weichen Ziele« waren leichter zu treffen, sie versprachen gleichzeitig auch eine größere mediale Präsenz. Diese konnte aber durchaus zweischneidig sein, da sich die öffentliche Meinung durchaus mit den Opfern solidarisieren konnte. Die Hamas bedauerte daher 1996 in einem Memorandum zwar den Tod »gewisser unschuldiger Personen«, aber rechnete diesen letztlich zu den »Kollateralschäden« der harten israelischen Besatzungspolitik.

In dieser gespannten Atmosphäre war ein Rechtsgutachten, eine fatwa, der ʿulema, der muslimischen Religionsgelehrten, gefragt. Der Großmufti von Saudi-Arabien, Scheich Ibn Baz, sowie mehrere bedeutende Vertreter des in Saudi-Arabien herrschenden Wahhabitentums, alles Vertreter des Establishments, sprachen sich eindeutig gegen Selbstmordanschläge aus. Dies tat auch der syrische Scheich Nasr ad-Din al-Albani, einer der weltweit wichtigsten Vertreter des Salafismus, einer eher konservativ-reaktionären Richtung im modernen Islam.

Ein Gutachten der Al-Azhar-Universität, von mehreren Professoren erstellt, rechtfertigt »Märtyrer-Aktionen«:

> »Wer sich opfert, gibt seine Seele, um näher bei Allah zu sein, um seine Rechte, um seinen Respekt und das Land der Muslime zu schützen. Wenn die Muslime in ihren Häusern angegriffen werden und das Land geraubt wird, sind Märtyreroperationen eine Pflicht und die höchste Form des Dschihad. Jene, die ihre Seele an Gott geben, sind die Avantgarde der Märtyrer in Gottes Augen. Sie symbolisieren die Wiederkehr der Nation, ihre Standhaftigkeit im Kampf sowie den Umstand, dass die Nation lebendig ist und nicht tot.«
> Zitiert nach: Christoph Reuter, Mein Leben ist eine Waffe. Selbstmordattentäter – Psychogramm eines Phänomens, S. 257. © 2002 C. Bertelsmann Verlag München in der Verlagsgruppe Random House.

Prinzipiell positiv äußerte sich Scheich Tantawi, der Rektor der Al-Azhar-Universität in Kairo, deren Lehrmeinung traditionell in der sunnitischen Welt einen hohen Stellenwert besitzt; Tantawi tat dies zwar mit Einschränkungen, die die Anwendung des Selbstmordanschlags doch stark begrenzten. Im März 1996 hieß Tantawi »Märtyrer-Operationen« für willkommen, wenn sie angesichts von Unterdrückung das Ziel hätten, die Religion, die *umma* (d. i. die Gemeinschaft der Gläubigen) und das Vaterland zu verteidigen. Wer sich unter diesen Umständen durch einen Sprengstoffanschlag in die Luft sprenge, sei kein Selbstmörder, sondern ein Märtyrer, der im Rahmen des Dschihads falle. Dies entsprach der Haltung jener Ägypter, die den Friedensvertrag mit Israel entschieden ablehnten. Als Vertreter der israelischen Regierung sich über die Reaktion Tantawis, der immerhin eine offizielle Funktion ausübte, beschwerten, modifizierte er seine Position: Einerseits seien Selbstmordattentate eine legitime Form der Notwehr in einer Lage der Unterdrückung, andererseits forderte Tantawi die Palästinenser auf, sich »mit allen legitimen Mitteln« zu verteidigen, die Islam und Moral vorsehen. Nach dem 11. September 2001 gab Tantawi, inzwischen Mufti der Republik Ägypten, eine eher negative Einschätzung zum Phänomen der Selbstmordanschläge.

Zwar wurde der Anschlag vom 11. September 2001 auch von Scheich Yusuf al Qaradawi verurteilt, doch dürfte dies mehr aus taktischen Gesichtspunkten geschehen sein. Qaradawi, ein ausgesprochen einflussreicher, weil bei Al Jazeera tätiger Fernsehgeistlicher, hat sich in einer Fatwa vom März 1996 am klarsten und positivsten zu den palästinensischen »Märtyrer-Operationen« geäußert. Diese Auffassung wiederholte er auch in der folgenden Zeit mehrmals. Er unterscheidet zwar zwischen Dschihad und Terrorismus, doch die Selbstmordanschläge junger Hamas-Aktivisten sind für ihn die »ruhmreichste Form des Dschihads«. Er bestreitet, dass es sich um »Selbstmordattentate« handelt, für ihn sind es »heroische Märtyrer-Operationen von Fedayyin«, worunter die Menschen zu verstehen sind, die ihr Leben für eine höhere Sache opfern. Die Anklänge seiner Rhetorik an die der iranischen Revolution sind offensichtlich. Die Tatsache, dass bei solchen Anschlägen israelische Zivilisten sterben, wird damit begründet, dass Israel als »militaristische Gesellschaft« eingeschätzt wird, in der alle, auch Frauen, zum Krieg eingezogen werden können und folglich Angehörige der Armee seien. Kinder und Alte, die starben, werden als Kollateralschaden abgetan, da der Anschlag sich ja nicht vorrangig gegen sie richtete. Die Fatwa bezog sich zwar auf die Situation in Palästina, war aber in ihrer Argumentation geeignet, analog auf alle Situationen übertragen zu werden, in denen Muslime ihr Land oder ihre Ehre verteidigen zu glauben meinten.

Der im arabischen Sender Al Jazeera häufig auftretende »Fernsehscheich« Yusuf al-Qaradawi rechtfertigt Selbstmordattentate:

«Diese Operationen sind die höchste Form des Dschihad und sehr wohl gestattet in der Scharia, heißt es doch dort: Verbreite Furcht unter deinen Feinden und den Feinden Gottes! Wer Selbstmord begeht, bringt sich um seines eigenen Vorteils willen um. Derjenige aber, der zum Märtyrer wird, opfert sich für Glauben und Nation. Während derjenige, der sich umbringt, die Hoffnung an sich und Gott aufgegeben hat, ist der Mudschahid, der Kämpfer, voll des Glaubens an Gottes Gnade. Er bekämpft seinen Feind und den Feind Gottes mit dieser neuen Waffe, welche die Vorsehung in die Hände der Schwachen gelegt hat, sodass sie imstande sind, die Mächtigen und Arroganten zu bekämpfen. Der Mudschahid wird zur lebenden Bombe, deren Ort und Zeit der Explosion in der Mitte der Feinde er bestimmt und sie hilflos im Angesicht des tapferen Märtyrers werden lässt, der seine Seele an Allah verkauft hat und das Märtyrertum um Gottes Willen gesucht hat.« Al-Ahram al-Arabi, ägyptische Tageszeitung, Kairo, 3.2.2001, zitiert nach Christoph Reuter, Mein Leben ist eine Waffe. Selbstmordattentäter – Psychogramm eines Phänomens, S. 251. ©2002 C. Bertelsmann Verlag München in der Verlagsgruppe Random House.

Die Fatwas von Tantawi und Qaradawi kamen aus einem Umfeld, das sich selbst als nicht-extremistisch einschätzt. Tantawi gehört zum ägyptischen Establishment, Qaradawi, ein ägyptischer Muslimbruder, der sein Heimatland nicht mehr betreten darf, zählt sich zu einer »zentristischen« islamistischen Bewegung, die sich zumindest oberflächlich der modernen Welt anzupassen versucht. Beide modifizierten ihre Position nach dem 11. September 2001: Tantawi widerrief seine Zustimmung, Qaradawi betonte, seine Zustimmung beziehe sich nur auf die Situation, in der ein Feind Krieg gegen den Islam führe.

Dies war aber keine eindeutige Abgrenzung. Vielmehr wurden durch die fast tägliche Berichterstattung über die israelische Besatzungspolitik und die darauf erfolgenden Selbstmordanschläge durch den Fernsehsender Al Jazeera, der 1996 seinen Sendebetrieb in Qatar aufgenommen hatte, die arabische Öffentlichkeit an diese Form des Dschihads regelrecht gewöhnt, auch wenn Al Jazeera eine unabhängige, häufig Kontroversen darstellende Form der Berichterstattung pflegt, die sich wohltuend von der offiziellen Berichterstattung der staatlichen Anstalten unterscheidet. Der französische Politikwissenschaftler Kepel (2008, S. 19) bemängelt: »Jeder von den Israelis getötete Palästinenser, Libanese oder Araber wird als ›Märtyrer‹ bezeichnet, tote Israelis sind einfach ›Getötete‹. Wenn in der codierten Sprache des Senders von ›drei Märtyrern‹ (istash hadou) und fünf Getöteten (qatilu) die Rede ist, bedeutet das, ohne weitere Erklärung, dass drei Araber und fünf Israelis ums Leben gekommen sind.« Der Sender reproduziert so fast täglich das Klischee vom Kampf des Guten (verkörpert in den Arabern) mit dem Bösen (repräsentiert durch Israel). Man wird die Wirkung dieses Senders nicht unterschätzen dürfen.

Zur Verherrlichung der »Märtyrer«

»Der Körper des explodierenden Märtyrers durftet nach Moschus.«
Hamas-Funktionär aus Gaza
Christoph Reuter, Mein Leben ist eine Waffe. Selbstmordattentäter –
Psychogramm eines Phänomens, S. 135. ©2002 C. Bertelsmann Verlag
München in der Verlagsgruppe Random House.

Aus der spirituellen Anleitung für den Anschlag auf das World Trade
Center, gefunden in der Reisetasche von Mohammed Atta:

»Du wirst bemerken, dass das Flugzeug anhalten und dann erneut fliegen
wird. Dies ist die Stunde, in der du Gott treffen wirst.«
Christoph Reuter, Mein Leben ist eine Waffe. Selbstmordattentäter –
Psychogramm eines Phänomens, S. 9. ©2002 C. Bertelsmann Verlag
München in der Verlagsgruppe Random House.

»Wenn der Märtyrer sich umbringen will, weil er das Leben satt hat, dann
ist es Selbstmord. Wenn er aber seine Seele opfern möchte, um den Feind zu
schlagen und um Gottes willen – nun dann ist er ein Märtyrer.«
Abdelaziz al-Rantisi, Vize des politischen Flügels der Hamas in Gaza.
Christoph Reuter, Mein Leben ist eine Waffe. Selbstmordattentäter –
Psychogramm eines Phänomens, S. 243. ©2002 C. Bertelsmann Verlag
München in der Verlagsgruppe Random House.

Über den »Lohn« für den Märtyrer führt Scheich Abdelsalam Abu
Schucheyden, Chefmufti der palästinensischen Polizeibehörde aus:

»Vom Moment an, wenn der erste Tropfen seines Blutes vergossen ist, spürt
er nicht mehr den Schmerz seiner Wunden. All seine Sünden sind ihm vergeben, er sieht seinen Sitz im Paradies, entgeht der Prüfung durch die Grabes-
engel und dem Schrecken des Jüngsten Gerichts; er heiratet die »Dunkeläugi-
gen« und ebnet 70 seiner Familienmitglieder den Weg ins Paradies.«
Al-Hayat al-Dschadida, 17.8.2001;
Christoph Reuter, Mein Leben ist eine Waffe. Selbstmordattentäter –
Psychogramm eines Phänomens, S. 259. ©2002 C. Bertelsmann Verlag
München in der Verlagsgruppe Random House.

Die Argumentationslinie, die Qaradawi vorgegeben hatte, wurde von
Usama Bin Laden und seiner al-Qaida übernommen. In der Erklärung der

»Internationalen Islamischen Front« wurden die USA auf eine Stufe mit Israel gesetzt und die Argumentation der Legitimität von Selbstmordanschlägen analog übernommen. Die ersten spektakulären Anschläge fanden am 7. August 1998 zeitgleich (bei einer massiven Beteiligung des Irans) gegen die amerikanischen Botschaften in Nairobi (213 Tote, darunter 12 Amerikaner, und mehr als 4500 Verletzte) und Daressalam (12 Tote und 85 Verletzte, darunter kein Amerikaner) statt. Al-Qaida wollte die Konfrontation mit dem Westen im Allgemeinen und mit den USA im Besonderen. Dies wurde mit der am 21. Februar 1998 verabschiedeten Erklärung der »Internationalen Front gegen die Juden und Kreuzfahrer« (unterzeichnet von Bin Laden, Ayman al-Zawahiri, dem al-Qaida-Vordenker, und den Anführern kleinerer radikaler islamistischer Gruppen aus Arabien und Indien) deutlich. Die Anschläge von Nairobi und Daressalam waren die Konsequenz dieser Erklärung, bei denen allerdings Hunderte von Kenianer und Tansaniern starben, Tausende verletzt wurden, überwiegend Muslime. Im Rückblick war es wie ein Vorspiel auf die Ereignisse vom 11.September 2001. Diese erweisen sich als eine Universalisierung des Dschihads, den die Hamas nur gegen Israel ausfocht, gegen den gesamten Westen, den nun al-Qaida bekämpfte. Was Qaradawi – wollen wir seine Worte ernst nehmen – noch als Ausnahme erlaubte, wurde nun weltweit als universeller Dschihad zur Regel ausgeweitet. Al-Qaida wollte von der Popularität der palästinensischen Selbstmordanschläge profitieren, um sich durch das Martyrium seiner Helden als Vorbild für die muslimischen Massen zu stilisieren. Diese Rechnung ging allerdings nur bedingt auf. Die amerikanischen Opfer fanden selbst in der arabischen Welt Mitgefühl und Sympathie, die in einer Empörung über diese Form des Terrorismus gipfelten. Für die Ulema, die die Terroraktionen gegen Israel als Märtyrer-Aktionen verteidigt hatten, war es wichtig, die Anschläge vom 11. September 2001 davon zu unterscheiden. Selbst Qaradawi verurteilte sie: Weil sich die USA nicht im Krieg gegen den Islam befänden, gäbe es keinen Grund für einen Dschihad und folglich auch nicht für Märtyrer-Aktionen; die 19 Attentäter seien mithin Selbstmörder, als solche Abtrünnige vom Islam und diesem nicht mehr zuzurechnen.

Es gab allerdings in der arabischen Welt auch spontane Freudenkundgebungen über den gelungenen Anschlag, und die Popularität Bin Ladens wuchs. Im gleichen Zusammenhang erfreuten sich Verleugnungsstrategien (z. B. mit Vorwürfen, der Mossad habe die Anschläge inszeniert) im arabischen Raum großer Beliebtheit und Verbreitung, unabhängig davon dass al-Qaida im April 2002 in einer Fernseherklärung die Verantwortung für die Anschläge übernommen hatte: Die Videotestamente einiger Selbstmordattentäter waren von einem polemisierenden Kommentar unterlegt, der die 'ulama scharf angriff, die zwar die Märtyrer-Aktionen gegen Israel zur höchsten Form des Dschihad erklärten, die gegen die USA aber verurteilten. Ohne Qaradawi namentlich zu nennen, wurde seine Argumentationslinie Punkt für Punkt aufgegriffen und erklärt, die USA befänden sich als Hauptunterstützer Israels ebenfalls im Krieg gegen den Islam.

Der israelische Angriff vom April 2002 auf das Flüchtlingslager Dschenin mit seinen zahlreichen Werkstätten für Bombenbauer endete mit einem Blutbad und entsprechenden Reaktionen in der gesamten muslimischen Welt. Eine davon war ein vertieftes Verständnis für Selbstmordanschläge als Märtyrer-Aktionen, auf die selbst marxistische Organisationen wie die PFLP (Volksfront zur Befreiung Palästinas) zurückgriffen. Die der PLO nahestehenden Al-Aqsa-Brigaden schickten am 27. Januar 2002 mit Wafa Idris die erste Frau in den Selbstmord, deren Tod eine gewaltige Wirkung als große Heldin in der gesamten arabischen Welt zeitigte.

Zur Verherrlichung von Wafa Idris, der ersten Selbstmordattentäterin

Adel Sadew, Psychiater und Leiter des Fachbereichs an der Universität Kairo, verglich Wafa Idris mit dem im Islam ebenfalls als Propheten verehrten Jesus:

> »Vielleicht wurdest du in der gleichen Stadt geboren, im selben Viertel und im selben Haus. Vielleicht hast du von demselben Teller gegessen, aus demselben Becher getrunken; das Wasser, das durch die Adern der heiligen Stadt fließt und ein Kind in Marias Schoß legte. Vielleicht hat derselbe heilige Geist uns die Märtyrerin Wafa gebracht und ihren reinen Körper in Dynamit gehüllt. Aus Marias Schoß wurde jener Märtyrer geboren, der die Unterdrückung beseitigte, während Wafa zur Bombe wurde, die die Verzweiflung beseitigte und Hoffnung keimen ließ.«
> Barbara Victor, 2005, Shahidas, Die Töchter des Terrors, München, S. 41.

Ähnlich äußert sich auch Halim Qandil, stellvertretender Herausgeber der nasseristischen Wochenzeitung al-Arabi, in einem Leitartikel:

> »Sie ist Jeanne d'Arc, Jesus Christus und die Mona Lisa...«
> Barbara Victor, 2005, Shahidas. Die Töchter des Terrors, München, S. 40.

Abb. 1: Erfurt, umgebaute mittelalterliche Synagoge
Foto: Ulrich Knufinke

Abb. 2: Memmelsdorf, Synagoge von 1728/29
Foto: Ulrich Knufinke

Abb. 3: Memmelsdorf, Synagoge
         Foto: Ulrich Knufinke

Abb. 4: Seesen, sog. ›Jacobstempel‹ von 1810
         Modell und Foto: Bet Tfila – Forschungsstelle
         für jüdische Architektur in Europa

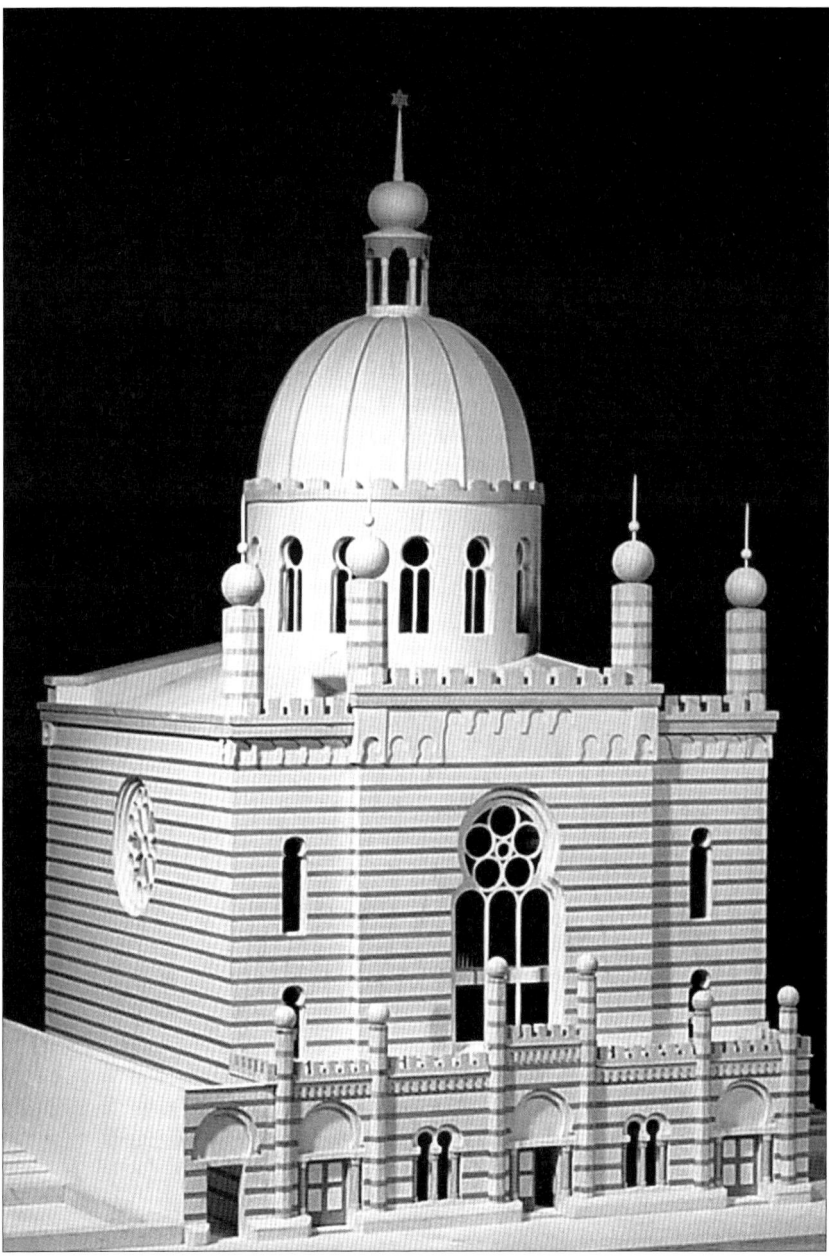

Abb. 5: Köln, Synagoge in der Glockengasse von 1857
Modell und Foto: Bet Tfila – Forschungsstelle für jüdische Architektur in
Europa

Abb. 6: Berlin, Synagoge in der Oranienburger Straße von 1859-66
(historischer Stich)

Abb. 7: Kassel, Synagoge von 1833–39
historisches Foto

Abb. 8: Kassel, Synagoge
historischer Stich

Abb. 9: Melle-Buer, Kirche von 1853-55
        Foto: Ulrich Knufinke

Abb. 10: Kippenheim, Synagoge von 1852
        Foto: Ulrich Knufinke

Abb. 11: Dresden, Synagoge von 1840
Modell und Foto: Bet Tfila – Forschungsstelle
für jüdische Architektur in Europa

Abb. 12: Köln, Synagoge in der Roonstraße von 1899
Foto: Ulrich Knufinke

Abb. 13: Köln, Synagoge in der Roonstraße
        Foto: Ulrich Knufinke

Abb. 14: Glöß'scher politischer Bilderbogen »Auszug der Juden aus Deutschland!«, Dresden 1895 (Ausschnitt)

Abb. 15: Berlin, Synagoge in der Rykestraße von 1904
Foto: Ulrich Knufinke

Abb. 16: Hannover, Synagoge von 1864-70
historisches Foto

Abb. 17: Darmstadt, Pauluskirche von 1907
historisches Foto

Abb. 18: Leipzig, Trauerhalle des jüdischen Friedhofs
an der Delitzscher Straße von 1928
historisches Foto

Abb. 19: Essen, Synagoge von 1913
Foto: Ulrich Knufinke

Abb. 20: Hamburg, Tempel in der Oberstraße von 1931
Foto: Ulrich Knufinke

Abb. 21: Hamburg, Tempel in der Oberstraße
historisches Foto

Abb. 22: Trutzhain, Lagerbaracke mit dem Synagogenraum, 1946–47 genutzt
Foto: Ulrich Knufinke

פתחו שערים ויבא גוי צדיק שמר אמנים

Abb. 23: Stuttgart, Synagoge von 1952
historisches Foto

Abb. 24: Stuttgart, Synagoge
      Foto: Ulrich Knufinke

Abb. 25: Erfurt, Synagoge von 1953
      Foto: Ulrich Knufinke

Abb. 26: Trier, Synagoge von 1956–57
Foto: Ulrich Knufinke

Abb. 27: Trier, Synagoge
Foto: Ulrich Knufinke

Abb. 28: Düsseldorf, Synagoge von 1958
Foto: Ulrich Knufinke

Abb. 29: Düsseldorf, Synagoge
Foto: Ulrich Knufinke

Abb. 30: Düsseldorf, katholische St. Rochus-Kirche von 1954
Foto: Ulrich Knufinke

Abb. 31: Darmstadt, Synagoge und Gemeindezentrum von 1988
Foto: Ulrich Knufinke

Abb. 32: Duisburg, jüdisches Gemeindezentrum mit Synagoge
von 1999
Foto: Ulrich Knufinke

Abb. 33: Darmstadt, Synagoge und Gemeindezentrum
        Foto: Ulrich Knufinke

Abb. 34: München, Synagoge am Jakobsplatz von 2006
Foto: Ulrich Knufinke

Abb. 35: Freiburg, Ökumenisches Kirchenzentrum Maria Magdalena von 2004
Foto: Ulrich Knufinke

Abb. 36: München, Synagoge am Jakobsplatz
        Foto: Ulrich Knufinke

Abb. 37: Hannover, aus einer evangelischen Kirche hervorgegangene Synagoge von 2009
Foto: Ulrich Knufinke

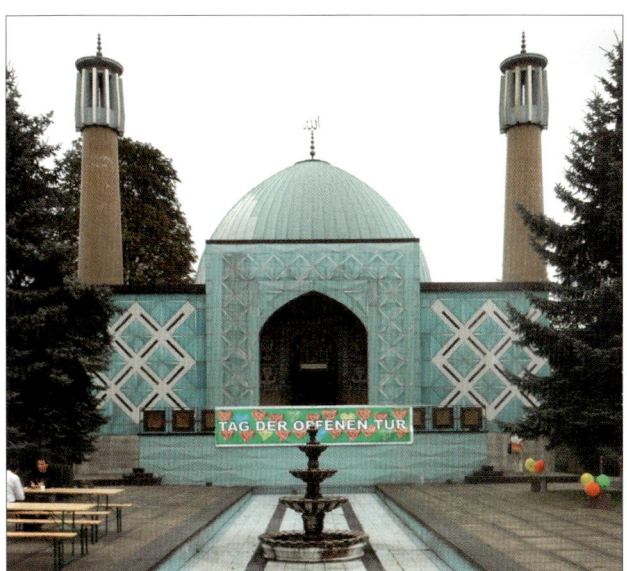

Abb. 38: Hamburg, Imam Ali-Moschee, ab 1961
Foto: Ulrich Knufinke

Abb. 39: Göttingen, Moschee von 2006
        Foto: Ulrich Knufinke

Abb. 40: Wolfsburg, Al-Salam-Moschee von 2006
        Foto: Ulrich Knufinke

Abb. 41: Die Alhambra in Granada: Löwenhof und Generalife.
      Foto: Ludolf Pelizaeus

Abb. 42: Aus den Cantigas de Santa Maria: Dargestellt ist die Geschichte eines
Ritters, der, obwohl in die Schlacht gerufen, zunächst sein Gebet an die
Gottesmutter verrichtet, weswegen diese ihm den Sieg schenkt. Man
beachte besonders die Schlachtdarstellung, bei der deutlich zu sehen ist,
wie auch auf Seiten der Muslime christliche Ritter kämpfen. ▷▷▷

Abb. 43: Jeréz de la Frontera: Die Position und die Bauweise des Turms der Kathedrale zeigen deutlich, dass er als Minarett errichtet wurde. Foto: Ludolf Pelizaeus

▷▷▷   Abb. aus: López Serrano, Matilde (1987), Cantigas de Santa María de Alfonso X el Sabio, Rey de Castilla, Madrid

Abb. 44: Reque Meruvia: Franco als Kreuzritter.
Archivo Historico Miltiar Madrid

Abb. 45: Zahara (heute Provinz Cádiz) im Königreich Granada, das seine
alte Struktur noch weitgehend erhalten hat, als Beispiel für eine
kleine schwer zugängliche Siedlung in den Bergen.
Foto: Ludolf Pelizaeus

Abb. 46: Jean-Léon Gérôme: »Einzug Christi in Jerusalem« (1890)

Abb. 47: »Ruth und Boas«
aus: Dwight D. Elmendorf, A Camera Crusade Through the Holy Land,
London 1913, plate XVII

Abb. 48: Gustave Doré: »Die Himmelfahrt« (1865)
(Bibelillustration Nr. 223)

Abb. 49: Gustave Doré: »Herabkunft des Heiligen Geistes« (1865)
(Bibelillustration Nr. 224)

Country.	Number.	Cephalic Index.	Dolichocephalic, −75.	Mesocephalic, 75–80.	Brachycephalic, 80+.	Observer.
Galicia	413	{ 83.6 / 81.7	3.63	17.67	78.69	{ Mejer and Kopernicki
Russia	100	83.11	1.00	13.00	86.00	Blechman
"	100	82.5	1.00	18.00	81.00	Weissenberg
"	67	82.2	....	17.9	82.1	Stieda
Lithuania	69	81.7	0.9	15.94	84.06	} Talko-Hry-
Ukraine	438	82.2		13.47	85.61	) ncewicz
Italy	112	82.14	2.68	19.64	77.68	Lombroso
Various	19	82.2	....	26.3	73.8	Weisbach
Russia	139	80.9	2.16	31.65	66.19	Yakowenko
Bosnia	55	80.1	7.3	34.5	58.2	Glück
Baden	36	83.5	....	11.6	87.8	Ammon
Caucasus	53	85.2	....	1.7	98.3	Pantukhof
Russia	51	82.8	....	....	....	Ikoff
England	363	80.0	....	....	....	Jacobs
Poland	325	81.9	1.0	22.0	77.0	Elkind
Italy	34	81.6	....	....	....	Livi
Various	500	82.12	1.8	23.8	74.4	Fishberg

Abb. 50: Tabelle mit Auswertungen der Maße von annähernd 3000 Köpfen von Juden, wie sie seit den 1880er Jahren zuvor von 17 jüdischen Forschern ermittelt worden waren. Aus dem Artikel » Craniometrie«, in: Jewish Encyclopedia, New York/London 1901–1905, Bd. 4, S. 333

Von den ersten 30 Selbstmordanschlägen vom Ausbruch der zweiten Intifada bis zum 11. September 2001 fanden 20 davon im Frühjahr und Sommer statt, meist auf das Konto der Hamas und des Islamischen Dschihad gehend. Waren in der erten Intifada noch Steine werfende Kinder kennzeichnend, wurde jetzt die Begeisterung zum Selbstopfer so groß und die Unterstützung aus der Bevölkerung so breit, dass die zahlreichen Bewerber zu Fehlern bei der Duchführung führten, in dem Sinne, dass diese in letzter Minute einen Rückzieher machten oder ihr Ziel verfehlten oder von den israelischen Sicherheitsbehörden gefasst wurden. In den Wochen nach dem 11. September 2001 war zwar eine Abschwächung der Kurve von Selbstmordattentaten zu verzeichnen, die allerdings gegen Ende des Jahres wieder steil anstieg; in den Jahren bis 2004 zählte man 94 Märtyrer -Aktionen. Die Israelis versuchen seit 2002 durch den Bau einer Mauer zwischen Israel und dem Westjordanland ein (fast unüberwindliches) Hindernis zu schaffen.

Dass die Zahl der Märtyrer in Palästina seitdem deutlich zurückging, wurde allerdings nicht als Niederlage der Hamas empfunden. Im Gegenteil: Ihre Popularität war derart gestiegen, auch weil sie als weniger korrupt galt, dass sie Wahlen gewinnen und im Gazastreifen die PLO entmachten konnte. Eine Folge – sowohl der Aktionen al-Qaidas wie auch der palästinensischen Selbstmordanschläge – war allerdings, dass sich dieses Modell als beliebig reproduzierbar erwies. Nach der Besetzung des Iraks durch die Amerikaner und ihre Verbündeten im Frühjahr 2003 fand es dort eine massive Verbreitung.

Die anfängliche Zustimmung zur Invasion des Irak durch demokratische arabische Intellektuelle war nach dem Bekanntwerden von Guantanamo und der Übergriffe im Gefängnis von Abu Ghraib bald einer Ernüchterung gewichen. Insgesamt ist in der muslimischen Welt die Zustimmung zur Invasion ab 2004 ständig gesunken. Der sunnitische Widerstand gegen den Westen, der am 19. August 2003, vier Monate nach der Invasion der Amerikaner, durch einen Selbstmordanschlag das UNO-Hauptquartier in Bagdad zerstörte, dabei starben der UNO-Sondergesandte, der Brasilianer Sergio Vieira de Mello, und einige seiner Mitarbeiter, wurde sehr schnell um eine anti-schiitische Variante ergänzt: Zehn Tage später kamen bei einem weiteren Selbstmordanschlag in Nadschaf, einem der heiligsten Orte der Schiiten, Ayatollah Muhammad Bakr al-Hakim und zahlreiche seiner Gefolgsleute ums Leben. Diese beiden Anschläge waren nur der Auftakt einer ausgesprochen blutigen Anschlagsserie – allein im Juli 2006 wurden mehr als 3 500 Anschläge gezählt, manchmal mit mehr als 100 Toten an einem einzigen Tag – gegen Ausländer und Schiiten, die dabei deutlich mehr Opfer zu beklagen hatten, bis die schiitischen Milizen ab Frühjahr 2005 und verstärkt ab Februar 2006 zurückschlugen, als mit der Goldenen Moschee von Samarra eine ihrer heiligsten Stätten durch einen Sprengstoffanschlag zerstört worden war. Im Gegensatz zu den ägyptischen Muslimbrüdern oder den algerischen Dschihad-Kämpfern trieb der sunnitische Islamismus den Hass auf die Schiiten auf die Spitze, wobei die angegriffene Seite gleichermaßen reagierte. Anti-schiitische Sprengstoffanschläge dauerten bis ins Jahr 2009 an. Innen- bzw. gesellschaftspolitisch überbieten sich beide Seiten an Religiosität: Für Frauen ist es verpflichtend, den Schleier zu tragen, nach saudischer Vorschrift bei den Sunniten, nach iranischem Vorbild bei den Schiiten.

Zusammenfassend lässt sich sagen: Das Instrument des Selbstmordattentats wurzelt zwar in dem schiitischen Verständnis von Märtyrertum; dieses wurde aber erst durch das massenhafte Hineintreiben von Schülern und Jugendlichen in die irakischen Minenfelder durch das Khomeini-Regime popularisiert. Über die schiitische Hisbollah im Libanon wurde das Selbstmordattentat in die Auseinandersetzung der Palästinenser mit Israel exportiert und dann von der sunnitischen Hamas übernommen. Mit dieser Übernahme war auch eine qualitative Veränderung verbunden: Richteten sich Hisbollah-Anschläge als sogenannte Märtyrer-Aktionen in der Regel gegen militärische Ziele, waren jetzt vorrangig »weiche Ziele«, in der Regel Zivilisten, der Hauptangriffspunkt. Die Übernahme des Instruments des Selbstmordattentats durch eine sunnitische Organisation hatte eine lebhafte und kontroverse Debatte unter der ulema, der islamischen Geistlichkeit, zur Folge. Insbesondere der Fernsehprediger von Al Jazeera, Qaradawi, verteidigte die Selbstmordaktionen als Märtyrertum in der höchsten Stufe des Dschihads. Seiner Argumentation folgte Usama Bin Laden und al-Qaida, die diese Aktionen weltweit – nicht nur auf den Kampf gegen Israel bezogen – gegen die USA und den Westen schlechthin als Kreuzfahrerstaaten ausweiteten. Im Irak der letzten Jahre richteten sich die Selbstmordanschläge sunnitischer Provenienz (von Baathisten bis zu al-Qaida) gegen die westlichen Besatzungstruppen, bald in zunehmendem Maße auch und vorrangig gegen Schiiten. Es mag als Ironie der Geschichte gelten, dass sich ein schiitisches Instrument heute gegen Schiiten richtet.

Literatur

BERGEN, PETER L., 2001, *Heiliger Krieg Inc. Osama Bin Ladens Terrornetz*, Berlin.

BULTMANN, CHRISTOPH U.A.(HRSG.), 2004, *Religion – Gewalt – Gewaltlosigkeit*, Münster.

CROITORU, JOSEPH, 2003, *Der Märtyrer als Waffe. Die historischen Wurzeln des Selbstmordattentats*, München.

ESPOSITO, JOHN, 2002, *Unholy War. Terror in the Name of Islam*, Oxford.

HOFFMANN, BRUCE, 2002, *Terrorismus. Der unerklärte Krieg. Neue Gefahren politischer Gewalt*, Frankfurt a. M.

JUERGENSMEYER, MARK, 2000, *Terror in the Mind of God. The Global Race of Religious Violence*, Berkeley.

KEPEL, GILLES, 2008, *Die Spirale des Terrors. Der Weg des Islamismus vom 11. September bis in unsere Vorstädte*, München.

KIPPENBERG, HANS G., 2008, *Gewalt als Gottesdienst. Religionskriege im Zeitalter der Globalisierung*. München.

KIPPENBERG, HANS G. UND SEIDENSTICKER, TILMAN, 2004, *Terror im Dienste Gottes. Die «Geistliche Anleitung» der Attentäter des 11. September 2001*. Frankfurt a. M., New York.

KHOSROKHAVAR, FARHAD, 1995, *L'islamisme et la mort. Le martyr révolutionaire en Iran*, Paris.

MAALOUF, AMIN, 2000, *Mörderische Identitäten*, Frankfurt a. M.

REUTER, CHRISTOPH, 2002, *Mein Leben ist eine Waffe. Selbstmordattentäter – Psychogramm eines Phänomens*, München.

SABAH, RAID, 2002, *Der Tod ist ein Geschenk. Die Geschichte eines Selbstmordattentäters*, München.

ART. SHAHĪD (ETAN KOHLBERG), 1997, *The Encyclopaedia of Islam. New Edition*, Leiden: Brill, vol IX San-Sze, pp. 203b–207a.

SCHNEIDERS, THORSTEN GERALD, 2006, *Heute sprenge ich mich in die Luft – Suizidanschläge im israelisch-palästinensischen Konflikt*, Berlin.

SCHULZE, REINHARD, 2007, *»Islamistischer Terrorismus und die Hermeneutik der Tat«*, in: MONIKA WOHLRAB-SAHR/LEVENT TEZCAN (HRSG.), *Konfliktfeld Islam in Europa*. Baden-Baden: Nomos, S. 77–109.

TAHERI, AMIR, 1993, *Morden für Allah. Terrorismus im Auftrag der Mullahs*, München.

THAMM, BERND GEORG, 2004, *Terrorbasis Deutschland. Die islamistische Gefahr in unserer Mitte*, Kreuzlingen/München.

Online-Fatwas mit dem Schlagwort »Martyr Operations« unter www.islamonline.net, Rubrique »Living Shari'ah > Fatwa Bank«.

Jörn Thielmann

Wie tolerant ist der Islam?
Das Problem des Glaubenswechsels

Die Frage nach der Toleranz des Islam trifft meist auf zwei gegensätzliche Anworten. Die eine bestreitet sofort mit Verweis auf muslimische Terroristen und fundamentalistische Fanatiker prinzipiell die Möglichkeit, dass der Islam gegenüber anderen Kulturen und Religionen tolerant sein könnte. Und die andere geht auf die goldenen Zeiten im mittelalterlichen Andalusien zurück, wo Muslime, Christen und Juden gemeinsam eine kulturelle und wissenschaftliche Blüte zuwege brachten, die Europa bis heute bestimmt und inspiriert, und nimmt diese als Wesensmerkmal eines toleranten Islam. Beide Antworten enthalten ein Körnchen Wahrheit, greifen aber zu kurz und verbiegen die Wirklichkeit auf ihre je eigene Weise.

Zunächst ist festzuhalten, dass alle Religionen notwendigerweise einen nichtaufgebbaren Wahrheitsanspruch haben – und haben müssen, denn warum sollte man sonst einer bestimmten Religion folgen? Diese Wahrheitsansprüche kollidieren natürlich miteinander. Der Islam, im 7. Jahrhundert nach Christus durch die Offenbarungen, die der Kaufmann Muhammad aus Mekka empfing, entstanden, bezieht sich ausdrücklich in seiner heiligen Schrift, dem Koran, auf die jüdische Thora und die christlichen Evangelien. Damit ist bereits ein wesentliches Bestimmungsmerkmal des Islam genannt: Er versteht sich als der Abschluss und die Vollendung einer Abfolge inhaltsidentischer göttlicher Botschaften. Muhammad ist das »Siegel der Propheten«. Der Koran ist seinem Selbstverständnis nach die erneuerte Gottesbotschaft, die bereits die Juden und Christen erhalten hatten, welche diese aber – so die islamische Sicht – verfälscht haben. Die Frage nach der Toleranz des Islam rückt damit in einen Kontext, der von den oben skizzierten Antworten radikal unterschieden ist. Es ist für den Muslim Gott selbst, der die Beziehungen zu anderen Religionen durch sein Wort im Koran bestimmt und Regeln für den Umgang mit ihnen festsetzt. Dabei ist der Koran nicht einheitlich, sondern zeigt deutlich Spuren einer Entwicklung. Fühlte Muhammad sich zunächst den Juden der arabischen Halbinsel nahe, änderte sich dies in Medina, als die dortigen jüdischen Stämme sein Prophetentum nicht anerkannten. Muhammad vertrieb zunächst einen Teil von ihnen aus Medina, die anderen wurden später getötet. Die Gebetsrichtung wurde von Jerusalem nach Mekka verlegt, einige Festtage geändert. Mit den Christen, die es ebenfalls in Arabien gegeben hat, scheint es solche Auseinandersetzungen nicht gegeben zu haben. Vielleicht, weil, wie neuere Forschungen andeuten, der Koran einen christlichen Ursprung haben könnte? Wie immer dem auch sei: Der Koran und die gesamte islamische Tradition spricht von den Juden und Christen als den «Leuten des Buches«, *ahl al-kitab*, die unter Schutz stehen. Konkret heißt das, dass Krieg gegen sie möglich ist, Juden und Christen aber, wenn sie die muslimische Oberhoheit anerkennen, ihren Glauben behalten können und ihr Eigentum geschützt ist. Bei der Ausbreitung des Islam nach Asien wurde diese Akzeptanz anderer Religionen in der Praxis unter anderem auch auf die polytheistischen Hindus ausgedehnt. Man kann beim Konzept der »dhimma« durchaus von einer «geregelten Diskriminierung« sprechen: Juden und Christen mußten eine Kopfsteuer entrichten, zum Teil wurden Kirchen und Synagogen in Moscheen umgewandelt (das haben Christen andersherum auch gemacht) und immer wieder gibt es in islamischen Ländern Schwierigkeiten beim Kirchenneubau oder bei Renovierungen. Bis heute finden sich in Ägypten, Syrien oder Libanon große christliche Minderheiten, selbst im Iran gibt es noch einheimische Christen. Und in Andalusien gab es am Ende der muslimischen Herrschaft noch Christen und Juden. Hundert Jahre nach der Reconquista, der christlichen Rückeroberung, waren alle Juden und Muslime jedoch entweder zwangsgetauft oder vertrieben worden. So schlimm kann es also um die praktische Toleranz des Islam gegenüber Nichtmuslimen nicht bestellt sein, auch wenn manche Koranverse und die rechtswissenschaftliche und theologische Literatur (siehe in diesem Band den Beitrag von Gemein zum Dschihad) das Gegenteil nahe legen.

Toleranz nach innen: Theologische Abweichungen und Glaubenswechsel im Islam

Den wahren Test für die Toleranz des Islam stellt hingegen der Umgang mit Muslimen dar, die anders mit der islamischen Tradition umgehen als die dominanten Strömungen oder die sich gar ganz vom Islam entfernt haben. Der berühmte Koranvers »Keinen Zwang in der Religion« (Sure 2, 256: »In der Religion gibt es keinen Zwang (d. h. man kann niemand zum (rechten) Glauben zwingen.)« gilt für sie in den meisten islamischen Ländern nicht oder nur eingeschränkt (vgl. Arzt, 1996, S. 407 f.). Das Bekenntnis, Atheist zu sein, führt in der Regel zur sozialen Isolation oder nötigt zum Wegzug aus der vertrauten Umgebung und hat in vielen islamischen Ländern gravierende rechtliche Folgen. Auch der Versuch neuer Antworten auf theologische Fragen – und die können durchaus die reiche islamische Tradition nutzen – beschert Muslimen heute enorme Probleme, siehe den Fall des jüngst verstorbenen ägyptischen Professors Nasr Hamid Abu Zaid, der im holländischen Exil lebte, nachdem seine Ehe vom Kassationshof, dem höchsten ägyptischen Zivilgericht, auf Antrag einer Gruppe von Anwälten wegen Glaubensabfalls zwangsgeschieden worden war (Thielmann, 2003, 2009).

Der berühmte Koranvers »Es gibt keinen Zwang in der Religion« (*la ikraha fi-d-din*, Sure 2, 256), der für unsere heutigen Ohren wie eine Grundlegung von Religionsfreiheit klingt und heute so auch im interreligiösen Dialog und bei der Diskussion der Frage, ob der Islam mit einer säkularen Umwelt koexistieren kann, benutzt wird, ist also kritisch zu befragen, ob er diese Toleranz und Freiheit tatsächlich meint und garantiert. Die in Princeton arbeitende dänische Historikerin und Islamwissenschaftlerin Patricia Crone hat die wesentlichen exegetischen Positionen dazu in Geschichte und Gegenwart zusammengetragen (Crone, 2009). Zunächst ist festzuhalten, dass das politische Gemeinwesen, in dem die frühen Muslime lebten, überhaupt erst vom Islam geschaffen worden ist. Wenn die Grundlage des Staates aber eine gemeinsame Religion ist, kann es keine Religionsfreiheit geben, es sei denn, man verlässt diesen Staat. Für die frühen Exegeten, so Crone, war dieser Vers daher ein Problem. Sie lösten es auf drei verschiedene Weisen: Erstens, der Vers sei aufgehoben (abrogiert) worden, da er in Mekka in einer Zeit der Machtlosigkeit geoffenbart worden sei, wo es keine Möglichkeiten für Zwang gab. In Medina sei die Verpflichtung zum Kampf gegen die Ungäubigen geoffenbart worden und hätte den Vers aufgehoben. Zweitens, der Vers sei für eine ganz konkrete historische Situation in Medina geoffenbart worden. Medinensische Eltern, deren Kinder vor der Ankunft des Islam Juden oder Christen geworden waren, wollten diese zwingen, Muslime zu werden. Der Vers habe sie daran gehindert. Drittens, dieser Vers sei in Medina mit Blick auf den Umgang mit besiegten Juden und Christen – also »schutzbefohlenen« *dhimmis* – geoffenbart worden und verbiete die Zwangkonvertierung von diesen. In dieser Interpretation gewährt der Vers tatsächlich Religionsfreiheit – aber nur für dhimmis, und nicht für alle Menschen. Diese drei frühen Lesarten sind die klassischen Deutungen dieses Verses. Sie lassen sich gut vereinbaren mit der Todesstrafe für einen Apostaten (*murtadd*, das ist ein Muslim, der den Islam verlassen hat), Gewalt gegen innere Abweichler oder mit dem Dschihad gegen Nichtmuslime zur Ausbreitung des Islam. Die unter muslimischen Juristen völlig unstrittige Todesstrafe für Apostaten stützt sich dabei nicht auf den Koran, sondern auf die Tradition des Propheten Muhammad (*sunna*) (vgl. al-Jabri, 2009, S. 196–200; Peters/de Vries, 1976/77; Rohe, 2009, S. 134 f.).

Vom 9. Jahrhundert an verlagerte sich die bis dahin eher juristische Deutung (es ist moralisch falsch und rechtlich verboten, in religiösen Dingen Gewalt anzuwenden) hin zu theologischen Deutungen. Die Mu'tazila – eine theologische Schule, die stark beeinflusst war von griechischer Philosophie – vertrat die Position, dass der Vers sagt, dass Gott den Menschen nicht zwingt zu glauben, er also völlig frei ist, sich für oder gegen Gott zu entscheiden. Menschen jedoch können Zwang ausüben. Dieser Zwang berührt aber nur das äußere Reden und Handeln des Menschen; die inneren Überzeugungen des Menschen bleiben durch andere Menschen unangetastet.

Viele Theologen-Juristen vertraten jedoch die Überzeugung, dass es zum Besten des Menschen sei, ihn zu der seiner inneren Natur (*fitra*) entsprechenden Religion (al-Jabri, 2009, S. 183–187), nämlich dem Islam (z. B. Sure 3, 19 oder 3, 85), zu zwingen. Dies böte dann die Voraussetzung, dass der innere Glaube tatsächlich heranwachsen könne. Freiheit von Zwang in religiösen Angelegenheit nach Sure 2, 256 genössen nur *dhimmis*, aber weder nicht-protegierte Nichtmuslime noch Muslime. Im schon genannten Fall des ägyptischen Professors Nasr Hamid Abu Zaid war genau dies die Argumentation des Kassationsgerichtshofs, um die Zwangsscheidung wegen Apostasie in Übereinstimmung mit der verfassungsmäßigen Religionsfreiheit zu bringen: Seine inneren Glaubensüberzeugungen seien seine Sache und könnten nicht beurteilt werden. Ein Urteil werde nur über den Inhalt seiner Schriften, also von außen zugänglich, getroffen. Und dieser Inhalt sei mit dem – islamisch bestimmten – ordre public nicht vereinbar.

Echte oder vermeintliche Apostasie ist so kein Problem religiöser Freiheit, sondern eines der öffentlichen Ordnung. Sie ist Hochverrat oder Rebellion gegen den Islam als Grundlage von Gesellschaft und Staat (al-Jabri, 2009, S. 196–200; Crone, 2009). Für den eigenen Weg zum Heil war der einzelne Mensch daher zwar frei, sich für oder gegen eine Religion seiner Wahl zu entscheiden. Für seine Rolle in einem auf eine bestimmte Religion (Islam) und ein bestimmtes religiöses Gesetz (Scharia) gegründeten Gemeinwesen hingegen war er selbstredend nicht frei, denn dies hätte dieses Gemeinwesen in seinem Zusammenhalt zutiefst gefährdet. Juden und Christen stellten hier auf Grund der *dhimma* kein ordnungspolitisches Problem dar: Ihre rechtliche, politische und religiöse Stellung – dem Islam und den Muslimen untergeordnet – war ja klar geregelt und so (beschränkte) Freiheitsgarantien möglich.

Das grundlegende Problem ist nur, dass die so umrissene Freiheit im Inneren kein einklagbares Recht darstellt, auf das der Mensch als soziales Wesen einen Anspruch hat. Der Koranvers »Keinen Zwang in der Religion« kann daher nicht ohne weiteres als »islamisches Äquivalent« der UN-Menschenrechtscharta gelten, denn entweder gilt er gar nicht mehr, oder er gilt nur für (bestimmte) Nichtmuslime, oder er beschreibt nur Gottes Haltung gegenüber dem Menschen.

Damit wird erneut deutlich, dass vor allem Muslime von der Enge oder Weite der Auslegung dieses oder auch anderer einschlägiger Verse des Koran betroffen sind. Hat man seine Religion zusätzlich zur Staatsangehörigkeit und dies aus eigenem Willen? Oder ist die Religionszugehörigkeit Teil der Staatsangehörigkeit? In vielen arabisch-islamischen Ländern ist der Islam Staatsreligion. Wer in Libyen als Muslim seine Religion wechselt, verliert nach Art. 10 Abs. 8 des Staatsangehörigkeitsgesetzes (Gesetz Nr. 18 von 1980) automatisch seine arabische, d. h. libysche Staatsangehörigkeit (Rohe, 2009, S. 256). Etliche Apostasiefälle im 20. Jahrhundert in Ländern wie Sudan (Hinrichtung von Mahmud Muhammad Taha) oder Afghanistan wurden als Hochverratsprozesse geführt – oder indirekt im Feld des Familien- und Personenstandsrechts ausgetragen, wie im Fall Nasr Hamid Abu Zaid (vgl. Arzt, 1996, S. 427–436; Rohe, 2009, S. 266 f.; Thielmann, 2003).

Glaubenswechsel als Möglichkeit denken: Muslime in einer globalisierten Welt

Seit dem Zweiten Weltkrieg leben Muslime mehr und mehr auch als Minderheiten rund um den Globus. Internationale Menschenrechtsbewegungen im Rahmen der Vereinten Nationen oder durch zivilgesellschaftliche Akteure (global z. B. durch amnesty international oder Human Rights Watch, lokal durch eine Vielzahl von Vereinen) brachten und bringen Werte und Ideen in muslimische Gesellschaften und Gemeinschaften, die dem Islam selbst zunächst oft fremd waren (dies trifft nota bene auch für andere Religionen zu: vieles hat z. B. die römisch-katholische Kirche auch erst im Zweiten Vatikanischen Konzil akzeptiert und für sich angenommen). Muslimische Theologen und Juristen reagieren natürlich darauf, selbst Islamisten. So lag es nahe, den oben diskutierten Koranvers »Keinen Zwang in der Religion« (Sure 2, 256) als islamische Formulierung von Religionsfreiheit heranzuziehen. Manche muslimische Autoren betonen dann mit Nachdruck, die Religionsfreiheit sei zuerst im Islam garantiert worden.

Aber es gibt auch noch andere Koranverse, die genutzt werden können, um religiösen Pluralismus – und indirekt Glaubenswechsel – zuzulassen. So heißt es in Sure 5, 48: »Für jeden von euch (die ihr verschiedenen Bekenntnissen angehört) haben wir ein (eigenes) Brauchtum (?) und einen (eigenen) Weg bestimmt. Und wenn Gott gewollt hätte, hätte er euch zu einer einzigen Gemeinschaft gemacht.« Und Vers 54 der gleichen Sure 5 erklärt: »Ihr Gläubigen! Wenn sich jemand von euch von seiner Religion abbringen läßt (und ungläubig wird, hat das nichts zu sagen).« Das heißt, Apostasie ist nicht mit dem Tode zu bestrafen, auch wenn dies – gestützt auf die Sunna – die von allen Rechtsschulen akzeptierte Strafe ist.

Und wenn die Verse 19 oder 85 der Sure 3 den Islam als die einzig wahre und von Gott akzeptierte Religion beschreiben, die der wahren Natur des Menschen entspreche, so sprechen andere Verse davon, dass auch andere gerettet sind: »Diejenigen, die glauben (d. h. die Muslime) und diejenigen, die dem Judentum angehören, und die Christen und die Sābier, – (alle) die, die an Gott und den jüngsten Tag glauben und tun, was recht ist, denen steht bei ihrem Herrn ihr Lohn zu, und sie brauchen (wegen des Gerichts) keine Angst haben, und sie werden (nach der Abrechnung am jüngsten Tag) nicht traurig sein.« (Sure 2, 62).

Die so hervortretende innere Differenz im Koran selbst wird seit Anfang des 20. Jahrhunderts mehr und mehr von muslimischen Gelehrten (z. B. Abdullahi an-Na'im, Muhammed al-Jabri, Abdulaziz Sachedina) genutzt, die als universell verstandenen Menschenrechte islamisch zu reflektieren und zu verankern. Dass Muslime in Europa oder Nordamerika mit den ensprechenden Menschenrechtsdiskursen und den daraus resultierenden Praktiken leben und durch moderne Medien eine globalisierte und vernetzte Welt entsteht, schafft innerhalb der islamischen *umma*, der islamischen Gemeinschaft, weltweit eine starke Dynamik der Veränderung, intensiviert noch durch die massiven sozio-ökonomischen Umbrüche der heutigen Zeit. Muslime sind zwar immer noch intensiver mit ihrer Religion verbunden als der Durchschnitt der Christen. Aber die religiöse Praxis schwächt sich auch in islamischen Ländern ab – und die Zahl der Muslime, die de facto Agnostiker oder Atheisten werden oder zu einer anderen Religion übertreten, nimmt zu.

So verwundert es nicht, dass der »Zentralrat der Muslime in Deutschland«, einer der bundesweiten Zusammenschlüsse von Muslimen in unserem Land, in seiner »Islamischen Charta« vom 20. Februar 2002 – nach durchaus heftigen Diskussionen innerhalb der muslimischen Gemeinschaft und auch innermuslimische Kritik hervorrufend – in Art. 11 festhält, dass jeder Mensch das Recht hat, seine Religion zu wechseln, eine andere Religion zu wählen oder sich gar für Religionslosigkeit zu entscheiden. Andere Verbände haben sich dem in öffentlichen Stellungnahmen angeschlossen. Vielen – und gerade den frommen! – Muslimen ist in den letzten Jahren im Zusammenhang mit der intensiven Debatte um die Stellung des Islam in Deutschland klar geworden, dass sie, wenn sie für sich Freiheiten in der Glaubensausübung fordern, auch für die Freiheit anderer Menschen eintreten müssen, selbst wenn dies bedeutet, Religionslosigkeit und Glaubenswechsel weg vom Islam akzeptieren zu müssen. Das ist ein durchaus schmerzlicher Prozeß, der aber auch als Chance begriffen wird, den wesentlichen Glaubenskern des Islam neu zu fassen und im Leben der gläubigen Muslime in den Anfechtungen und Schwierigkeiten der globalisierten Moderne zu vertiefen.

Literatur

AL-JABRI, MOHAMMED ABED, 2009, *Democracy, Human Rights and Law in Islamic Thought*, London.

AN-NA'IM, ABDULLAHI A., 1996, *»Islamic Foundations of Religious Human Rights«*, in: JOHN WITTE, JR., UND JOHAN D. VAN DER VYVER (HRSG.), *Religious Human Rights in Global Perspective. Religious Perspectives*, The Hague/Boston/London, S. 337–359.

ARZT, DONNA E., 1996, *»The Treatment of Religious Dissidents Under Classical and Contemporary Islamic Law«*, in: JOHN WITTE, JR., UND JOHAN D. VAN DER VYVER (HRSG.), *Religious Human Rights in Global Perspective. Religious Perspectives*, The Hague/Boston/London, S. 387–453.

CRONE, PATRICIA, 2009, *»Islam and Religious Freedom«*, in: RAINER BRUNNER, JENS PETER LAUT UND MAURUS REINKOWSKI (HRSG.), *XXX. Deutscher Orientalistentag Freiburg, 24.-28. September 2007. Ausgewählte Vorträge*. online-Publikation: http://orient.ruf.uni-freiburg.de/dotpub/crone.pdf.

KHOURY, ADEL THEODOR, 1980, *Toleranz im Islam*, München/Mainz.

MAYER, ANN ELIZABETH, 2007, *Islam and Human Rights. Tradition and Politics*, 4. Aufl., Boulder/Col.

PETERS, RUDOLPH, GERT J.J. DE VRIES, 1976/77, *»Apostasy in Islam«*, in: *Die Welt des Islams*, N. S. Nr. 17, S. 1–25.

ROHE, MATHIAS, 2009, *Das islamische Recht – Geschichte und Gegenwart*, München.

SACHEDINA, ABDULAZIZ, 2009, *Islam and the Challenge of Human Rights*, Oxford.

THIELMANN, JÖRN, 2003, *Nasr Hāmid Abū Zaid und die wiedererfundene hisba. Sarī'a und Qānūn im heutigen Ägypten*, Würzburg.

THIELMANN, JÖRN, 2009, *»Religiöses und weltliches Recht im heutigen Ägypten«*, in: *INAMO*, Nr. 57, S. 18–21.

Klaus Spenlen

Das Kopftuch – religiöses Symbol oder politischer Ausdruck?

Der Konflikt

Das aus religiösen Gründen getragene Kopftuch von Musliminnen ist ein Zeichen religiöser Zugehörigkeit, an dem sich dann die Geister scheiden, wenn es in speziellen Bereichen der Öffentlichkeit, insbesondere bei Bediensteten des Staates und in staatlichen Bildungseinrichtungen, getragen wird. Die »Kopftuchfrage« wird von Vertretern der Mehrheitsgesellschaft vielfach als Gradmesser für gelungene oder misslungene Integration gewertet, während das Kopftuchverbot auf muslimischer Seite als Beleg für die Ausgrenzung einer Minderheit von der Mehrheitsgesellschaft angeführt wird. Hier wird von einem Rechtfertigungszwang gesprochen, von Vorwürfen, denen junge Frauen ausgesetzt seien, die als Reaktion darauf meinten, sich über dieses Kleidungsstück definieren zu müssen. Auf einer anderen Ebene gibt es den Konflikt um das Kopftuch aber auch innerhalb der Minderheitsgesellschaft, wenn Mädchen und junge Frauen das Tragen des Kopftuchs verweigern, also nicht tun, was ihre Mütter bzw. Familien von ihnen fordern. Sie brechen dadurch mit religiösen Riten und Traditionen. Und eine dritte Ebene wird in den Schulen sichtbar, wenn muslimische Mädchen, die das Kopftuch verweigern, von ihren muslimischen Mitschülern und Mitschülerinnen Repressionen ausgesetzt werden. Schließlich muss der »Kopftuchstreit« auch als Symbol für Identität und als Schutz wie psychische Sicherheit und sogar als Grundlage für eigenes Selbstbewusstsein herhalten. »Man kann die Traditionen des Herkunftslandes nicht mehr leben, man möchte sie auch nicht mehr unbedingt leben. Man hat keinen Leitfaden, wie man (hier) mit diesen Traditionen umgehen kann. Die Anforderungen dieser Gesellschaft gehen konträr in die ganz andere Richtung [...]. Also, wenn du das alles wegwirfst, das ist ja ohnehin alles veraltet, dann bist du emanzipiert. Wenn du dich dieser Sache zuneigst, bist du völlig verloren.« (Waltz, 2002, S. 27).
Im Gegensatz zur Rechtssituation Kopftuch tragender Lehrerinnen an öffentlichen Schulen ist unstreitig, dass es religionsmündigen Schülerinnen und Schülern an öffentlichen Schulen rechtlich freisteht, Zeichen ihrer

Religionszugehörigkeit zu tragen oder sich religiösen Geboten gemäß zu kleiden, soweit nicht gewichtige sachliche Gründe, z. B. die Gewährleistung der Sicherheit im Sportunterricht, entgegenstehen. Von Schule und Elternhaus muss aber darauf geachtet werden, dass sowohl das Tragen als auch das Nicht-Tragen eines Kopftuches nicht zu Ausgrenzungen oder einem Rechtfertigungsdruck auf muslimische Mädchen führt. Eine Verhüllung des Gesichts bzw. des ganzen Körpers ist allerdings mit der offenen Kommunikation, die den Unterricht und den Erziehungsprozess in der Schule bestimmt, unvereinbar.

Unstreitig dagegen ist, dass dieses Zeichen von der im Grundgesetz gewährleisteten Religionsfreiheit umfasst ist. Zwar kennt der Islam weitere Bekleidungsvorschriften. So tragen muslimische Frauen vom Kopftuch über den Schleier (*niqab*) und *Tschador* bis zum *Hidschab* und zur Burka verschiedene Formen der Bedeckung. Sie sind jedoch bislang – mit Ausnahme der *Kurma* und *Burka* – nicht Gegenstand öffentlicher Diskussionen und Rechtsverfahren geworden.

Deshalb beschränken sich die folgenden Ausführungen auf das sogenannte »islamische Kopftuch« und hier insbesondere auf das Tragen durch muslimische Mädchen und Frauen in öffentlichen Schulen.

Grundlagen im Koran

Das Gebot des Kopftuchtragens für die Frau wird vor allem mit drei Textpassagen des Koran begründet, die sich in Sure 24, 31; 33, 53 und 33, 59 finden.

> »Und sag den gläubigen Frauen, sie sollen die Augen niederschlagen, und sie sollen darauf achten, dass ihre Scham bedeckt ist, den Schmuck, den sie tragen, nicht offen zeigen, soweit er nicht (sc. normalerweise) sichtbar ist, ihren ḫimār über den Schlitz (sc. des Kleides) ziehen und den Schmuck, den sie tragen, niemandem offen zeigen, außer ihrem Mann, ihrem Vater, ihrem Schwiegervater, ihren Söhnen, ihren Stiefsöhnen, ihren Brüdern, den Söhnen ihrer Brüder und ihrer Schwestern, ihren Frauen, ihren Sklavinnen, den männlichen Bediensteten, die keinen Geschlechtstrieb haben, und den Kindern, die noch nichts von weiblichen Geschlechtsteilen wissen. ...«
> (Sure 24, 31).

Begründet wird die Pflicht zum Kopftuchtragen innerhalb dieses Passus einerseits mit der Maßgabe, die Frauen sollten ihren ḫimār über den Schlitz ihres Kleides ziehen, andererseits mit dem Verbot, den eigenen Schmuck anderen Personen als den aufgezählten zu zeigen.

Mit dem *ḥimār*, der über den Gewandschlitz gezogen werden soll, ist die altarabische Frauenbekleidung gemeint, deren Aussehen aus Beschreibungen, Abbildungen und poetischen Versen der vorislamischen Zeit und/ oder der Zeit Muhammads her rekonstruierbar ist (Wielandt, 2009). Sie bestand aus einem langen und weiten hemdartigen Kleid, bei dem vorn vom Halsausschnitt aus ein offener Schlitz in Richtung Taille nach unten reichte – ein Schlitz also, der, wäre er nicht zusätzlich bedeckt worden, bei bestimmten Bewegungen oder Körperhaltungen den Brustbereich der Frau hätte sichtbar werden lassen. Weiterhin trugen arabische Frauen in der genannten Zeit ein großes Umschlagtuch, das um Kopf und Schultern drapiert wurde und auch vor das Gesicht gezogen werden konnte. Vor diesem Hintergrund bedeutet die Aufforderung des Koranverses also, die Frauen sollten sich die Enden dieses Schleiertuchs so über den Schlitz ihres Kleides schlagen, dass die Möglichkeit aufreizender Einblicke in ihr Décolleté unterbunden war.

In der Textstelle heißt es also nicht, die Frauen sollten ihren *Kopf* mit dem *ḥimār* bedecken, sondern vielmehr, sie sollten den *Schlitz ihres Kleides* und damit ihr Décolleté mit diesem damals allgemein üblichen Bestandteil der altarabischen Frauenbekleidung bedecken. Davon lässt sich ableiten, dass die Bedeckung prinzipiell auch anders als mit dem *ḥimār* erreicht werden kann, also z. B. mit einem Schal, der nur um den Hals gelegt wird, oder dadurch, dass die Frau eine hochgeschlossene Oberbekleidung trägt, die Einblicke verhindert.

»Gleichwohl gebietet der Islam, nach allen islamischen Rechtsschulen, das Einhalten bestimmter Bekleidungsvorschriften, und zwar für Mann und Frau. Der Frau ist geboten, sich bis auf Hände, Füße und Gesicht zu bekleiden, dazu gehören einstimmig die Kopfhaare« (Presseerklärung). Daraus folgern traditionsgebundene Muslime bis heute für Frauen, dass zugleich mit dem Verhüllen des Brustschlitzes des Kleides mittels des *ḥimār* auch das Tragen dieses *ḥimār* selbst oder einer modernen Variante von ihm wie z. B. des Kopftuchs geboten ist. Sie berufen sich dafür auf den Grundsatz, dass, wenn ein Ziel obligatorisch sei, zugleich auch das Mittel obligatorisch sei, das zur Erreichung dieses Zieles diene; das im Koran genannte Mittel, um den Schlitz des Kleides zu bedecken, sei, so argumentieren sie, nun einmal der *ḥimār*; also sei auch dieser obligatorisch. Allerdings drängt sich die Frage auf, ob das im Koran genannte Ziel – Bedeckung des Décolletés – unbedingt auch die zeitlich unbegrenzte Verbindlichkeit des dort genannten Mittels, nämlich des Kopfschleiers, bedeuten muss. Ein Teil der heutigen Muslime beantwortet diese Frage im Sinne eines Wandels.

Weiterhin wird der Koran als Beleg dafür angeführt, Frauen dürften ihren Schmuck niemandem außerhalb des Kreises der im Einzelnen genannten nahe stehenden Personen oder der Geschlechtsgenossinnen, wenn sie mit diesen allein sind, zeigen. In frühislamischer Zeit herrschten noch unterschiedliche Ansichten darüber, ob hier mit dem Schmuck, den die Frau außerhalb dieses Kreises auf keinen Fall offen zeigen darf, auch ihr Haupthaar gemeint sei. Von einzelnen namentlich bekannten frühen Autoritäten sind Erklärungen dieser Koranstelle überliefert, die erkennen lassen, dass sie mit dem Schmuck, von dem hier die Rede ist, zunächst einmal nur am Körper getragene Schmuckstücke und dekorative Kosmetik wie etwa Körperbemalungen mit Henna assoziierten. Dennoch setzte sich unter islamischen Gelehrten die Einschätzung durch, dass das Haar der Frau zu ihrem Schmuck zu rechnen sei, der gegenüber Männern außerhalb des genannten Personenkreises nicht sichtbar sein dürfe. Diskutiert wurde darüber hinaus auch die Frage, ob in diesem Vers für die Frau zusammen mit der Verschleierung des Kopfes auch die totale oder partielle Verschleierung des Gesichts vorgeschrieben sei. Zwar ist wiederum der Poesie zu entnehmen, dass im alten Arabien tatsächlich verschiedene Formen des Gesichtsschleiers getragen wurden. Diese sind aber im Koran nicht erwähnt, woraus gefolgt wird, dass für die Frau das Tragen eines Gesichtsschleiers nicht zwingende religiöse Verpflichtung sei. Von den meisten Befürwortern der Kopftuchpflicht wird dieser Schluss jedoch abgelehnt.

Der zweite Koranvers, mit dem das Gebot des Kopftuchtragens für Frauen begründet wird, ist Sure 33, 53. Dieser Vers beginnt mit einer Reihe von Regeln für Besuche im Haushalt des Propheten. Dabei werden die männlichen Gläubigen unter anderem angewiesen, erst einzutreten, nachdem sie hereingebeten worden sind, und ihren Aufenthalt nach genossenem Essen nicht zu Unterhaltungszwecken übermäßig auszudehnen. Im Anschluss daran fällt dann auch der für die Kopftuchfrage relevante Satz:

»Und wenn ihr die Gattinnen des Propheten um etwas bittet, das ihr benötigt, dann tut das hinter einem *ḥiǧāb* hervor! Auf diese Weise bleibt ihr und euer Herz rein.«

In Vers 55 derselben Sure 33 wird weiter ausgeführt, dass der Verzicht auf diesen Blickschutz

»...keine Sünde für die Gattinnen des Propheten (sei), (ohne Vorhang mit Männern zu verkehren), wenn es sich um ihren Vater, ihre Söhne, ihre Brüder, die Söhne ihrer Brüder und ihrer Schwestern, ihre Frauen und ihre Sklavinnen handelt. Fürchtet Gott (ihr Frauen)! Er ist über alles Zeuge.«

Der Vers schließt mit dem an die Prophetengattinnen gerichteten Appell:

»Diejenigen, die Gott und seinem Gesandten Ungemach zufügen, hat Gott im Diesseits verflucht, und (er wird sie auch) im Jenseits (verfluchen). Und er hat für sie (im Jenseits) eine erniedrigende Strafe bereit. Und diejenigen, die gläubigen Männern und Frauen Ungemach zufügen (indem sie sie) wegen etwas (in Verruf bringen), was sie (gar) nicht begangen haben, laden damit (das Vergehen von) Verleumdung(?) (oder: Schandbarkeit?) und offenkundige Sünde auf sich«.

Es sind also diese Frauen, die um ihres Heiles willen darauf achten müssen, durch den ˘ḥiǧāb vor den Blicken fremder Männer abgeschirmt zu sein. ˘ḥiǧāb ist heutzutage die arabische Standardbezeichnung für den Kopfschleier, war es aber zu Zeiten der Verkündung des Koran noch nicht. Es heißt seiner Grundbedeutung nach »Absperrung« oder »Verhüllung vor jemandes Blicken« und von daher dann auch »Vorhang« oder »Schleier«. Wenn der Koranvers sagt, die männlichen Besucher sollten mit den Prophetengattinnen nur »hinter einem ˘ḥiǧāb hervor« sprechen, dann ist hier offensichtlich ein Vorhang gemeint, nicht ein Tuch, das die Frau auf dem Kopf trägt. Im Übrigen sind mit den Vorschriften zum ˘ḥiǧāb in diesem Koranvers speziell die Frauen des Propheten und die Besucher von dessen Haus angesprochen. Bei Verkündung des Koranverses zum ˘ḥiǧāb war der Prophet bereits Oberhaupt eines expandierenden islamischen Stadtstaates; daher ist die Vermutung geäußert worden, dass dieser Koranvers eine Übernahme einer derartigen Hofetikette in den islamischen Rahmen reflektieren könnte (vgl. Heine, 2006).

In der Folgezeit haben islamische Rechtsgelehrte angenommen, dass die hier speziell für die Frauen des Propheten getroffene Regelung auch für die muslimischen Frauen im Allgemeinen zu gelten habe, und sie haben mit ihr die generelle Forderung der Geschlechtersegregation begründet, zu deren Instrumenten in früheren Zeiten außer der Verschleierung des Kopfes und im städtischen Bereich auch des Gesichts der Frau gegenüber fremden Männern noch die Beschränkung der Frau auf ein Frauengemach innerhalb des Hauses und ihr weitgehender Ausschluss aus dem öffentlichen Raum gehörten.

Als dritter Vers wird auch noch Sure 33, 59 häufig zur Begründung der Vorschrift der Kopfverschleierung herangezogen. Hier heißt es an den Propheten gerichtet:

>»Sag deinen Gattinnen und Töchtern und den Frauen der Gläubigen, sie sollen (wenn sie austreten) sich etwas von ihrem Gewand *ǧilbāb* (über den Kopf) herunterziehen. So ist es am ehesten gewährleistet, dass sie (als ehrbare Frauen) erkannt und daraufhin nicht belästigt werden. Gott aber ist barmherzig und bereit zu vergeben«.

Der *ǧilbāb* war ein weites umhangartiges Gewand, das im alten Arabien nur freie Frauen, nicht jedoch Sklavinnen außerhalb des Hauses trugen und das mithin zugleich ein Merkmal ihres sozialen Status war. Damit verbunden war der Gedanke, dass Frauen, wenn sie bei Dunkelheit, wie damals üblich, außerhalb ihres Hauses oder Zeltes ihre Notdurft verrichteten, in besonderem Maße dem Risiko von Belästigungen durch fremde Männer ausgesetzt gewesen seien und darum hier die Anweisung erhalten hätten, sich dadurch als ehrbare freie Frau kenntlich zu machen, dass sie sich ihren *ǧilbāb* über den Kopf vor das Gesicht zogen.
Festzuhalten bleibt, dass keiner der angeführten Korantexte, die hauptsächlich zur Begründung des Kopftuchgebots für die Frau herangezogen werden, ausdrücklich die Kopfverschleierung vorschreibt.

Weitergehende Festlegungen im Hadîth

Dass die Kopfverschleierung in der älteren islamischen Tradition dennoch einhellig im Sinne einer solchen Vorschrift interpretiert wurde, beruht auf zusätzlichen Bestimmungen, die in den Hadîthen (arab. Nachricht von Worten und Taten des Propheten Muhammad) der Sunna ihren Niederschlag gefunden haben.
Nicht einem Korantext, sondern einem Hadîth entnommen ist die genaue Bestimmung der »Blöße« (*awra*) der Frau, also derjenigen Körperzonen, die sie bedeckt zu halten hat, und zudem für welche Frau die Bedeckungsvorschrift gilt.

>»Aisha, die Frau des Propheten, berichtet, dass der Prophet seinen Blick von ihrer Schwester Asmaa abwandte, als diese einmal mit durchsichtiger Kleidung zu ihm kam. Er sagte zu ihr: ›Asmaa, wenn eine Frau ihre erste Regelblutung hatte, soll man nichts von ihr sehen, außer diesem und diesem.‹ Und er zeigte dabei auf sein Gesicht und seine Hände« (Abu Dawud).

Nach diesem Hadîth ist bei der Frau mithin alles außer Gesicht und Händen »Blöße« und daher zu bedecken. Der noch weiter gehende Standpunkt, die Frau sei »ganz Blöße« und deshalb durch Verhüllung von Kopf bis Fuß komplett den Blicken aller Männer mit Ausnahme der für sie nicht heiratbaren Verwandten zu entziehen, fand hingegen bei der großen Mehrheit der Gelehrten keine Akzeptanz.

Bemerkenswert ist, dass das islamische Recht die Blöße und damit auch die Verhüllungspflicht der Sklavinnen wesentlich enger begrenzt als die der freien Frauen: Bei Sklavinnen (auch muslimischen) gilt wie bei Männern nur der Bereich vom Bauch bis zum Knie als »Blöße«, die unbedingt bedeckt zu halten ist. Der Sklavin wurde allein wegen ihrer niedrigeren sozialen Stellung nicht jene schützenswerte Ehrbarkeit zugestanden, die man bei der freien Frau voraussetzte.

Der erwähnte Hadîth bestimmt zudem, wer Frau im Sinne dieser Vorschrift ist: die geschlechtsreife, bereits menstruierende Frau. Dieses Kriterium ist auch von der gesamten späteren islamischen Rechtstradition als maßgeblich betrachtet worden. Diese Bestimmung wird indirekt bestätigt durch den Koranvers 24, 60 und dessen Interpretation in der klassischen islamischen Koranexegese.

»Und für diejenigen Frauen, die alt geworden sind (w. die sich (zur Ruhe) gesetzt haben) und nicht (mehr) darauf rechnen können, zu heiraten, ist es keine Sünde, wenn sie ihre Kleider ablegen, soweit sie sich (dabei) nicht mit Schmuck herausputzen. Es ist aber besser für sie, sie verzichten darauf (sich in dieser Hinsicht Freiheiten zu erlauben). Gott hört und weiß (alles).«

Der Vers gestattet es älteren (nicht mehr menstruierenden) Frauen also, ihre verhüllende Bekleidung abzulegen.

Klassische islamische Koranexegese, islamisches Recht und die aktuelle Diskussion

Die große Mehrzahl der islamischen Religionsgelehrten hält die Kopfverschleierung für die geschlechtsreife muslimische Frau auch heute noch für obligatorisch. Dieser Standpunkt wurde auch von dem großenteils aus Hochschultheologen bestehenden »Obersten Rat für religiöse Angelegenheiten« des türkischen Präsidiums für religiöse Angelegenheiten, also der zentralen Religionsbehörde der offiziell laizistischen Republik Türkei, noch in *Fatwas* der letzten 30 Jahre mehrfach (1980, 1993 und 2006) ausdrücklich bekräftigt – zur selben Zeit, in der den Studentinnen an staatlichen Universitäten das Tragen des Kopftuches bei Androhung der Exmatrikulation kategorisch verboten war.

Dennoch gibt es in der jüngeren Vergangenheit und Gegenwart eine nicht unerhebliche Zahl von muslimischen Frauen *und* Männern, die bekundet haben, dass sie die Auffassung, die Kopfverschleierung sei für die geschlechtsreife Muslimin von Gott für immer vorgeschrieben und darum auch noch jetzt eine Norm, die unbedingt eingehalten werden müsse, *nicht* teilen, ja ihr zum Teil sogar unter Angabe von Gründen öffentlich widersprechen. Sie begründen ihre Einschätzung damit, dass die Ansicht, der Kopfschleier sei obligatorisch, einerseits die Unfähigkeit der Frau impliziere, sich ohne ihn selbst zu schützen. Andererseits werde damit eine Vorstellung vom Mann transportiert, derzufolge dieser, wie gut er auch erzogen sein mag, letztlich doch immer jemand bleibt, von dem die Frau Übles zu befürchten hat und der ihr am liebsten die Ehre stehlen würde. Insofern liegt nach dem Urteil dieser Autorinnen der Annahme eines Gebots des Kopfschleiertragens ein fragwürdiges Frauen- *und* Männerbild zugrunde. Andere begründen ihre Ablehnung des Kopftuchs damit, dass das Kopftuch vor mehr als tausend Jahren als Schutz für Frauen innerhalb der damaligen Gesellschaft galt. Unter den Bedingungen einer modernen westlichen Gesellschaft sei eine solche Art und Weise des Schutzes – nicht die Schutzfunktion selbst – obsolet geworden. Sie erblicken kein Indiz dafür, dass diese Verse mehr enthalten als eine Empfehlung, mit der Gott den Frauen zur Zeit Muhammads gesagt hat, wie sie sich unter den damaligen Bedingungen am besten gegen männliche Belästigungen schützen konnten. Es ginge Gott hier gar nicht um den Erlass einer Kleidervorschrift, sondern um die Sicherung des sozialen Friedens, und zwar in diesem Fall konkret durch Unterbindung von Belästigungen, denen Frauen im historischen Umfeld Muhammads ausgesetzt waren – wofür hier eben Mittel genannt wurden, die den damaligen Bedingungen entsprachen.

Beyza Bilgin, die jetzt im Ruhestand befindliche renommierte Professorin für Religionspädagogik an der Theologischen Fakultät der Universität Ankara, verneint ebenfalls eine allgemeine Kopftuchpflicht für muslimische Frauen. Sie setzt mit ihrer Argumentation vor allem an zwei Punkten an: Zum einen widerspricht, so urteilt sie, schon die in der islamischen Tradition einhellig bekräftigte Regel, dass freie muslimische Frauen das Kopftuch tragen müssen, muslimische Sklavinnen das aber nicht tun dürfen, der Annahme, dass es eine von Gott gegebene generelle Kopftuchpflicht für muslimische Frauen gibt. Denn freie Frauen und Sklavinnen sind exakt in gleicher Weise Frauen. Müsste also die freie Frau grundsätzlich das Kopftuch tragen, dann müsste dies auch die Sklavin tun. Folglich kann das Kopftuchtragen keine allgemeinverbindliche Maßgabe Gottes für Frauen sein, sondern nur ein Mittel sozialer Distinktion, das in älterer Zeit einmal bei den Arabern gebräuchlich war. Zum anderen argumentiert sie historisch, nämlich von den Bekleidungssitten der Araber her: In alten Zeiten, in denen man noch keine Unterwäsche kannte, aber Kleider oft trotzdem weit ausgeschnitten waren, konnte es leicht vorkommen, dass bei bestimmten Bewegungen der unbedeckte Oberkörper einer Frau sichtbar wurde. Unter diesen Umständen war es eine pragmatische Lösung, dort, wo es ohnehin üblich war, dass Frauen Kopfschleier trugen, die Bedeckung des Halsausschnitts mit den Enden des Kopftuchs zu empfehlen. Nichts anderes ist im Koran geschehen. Wo aber Kopftücher nicht Sitte seien, könnte man die Bedeckung des Ausschnitts zum Schutz des gottgewollten Anstands genauso gut mit anderen Kleidungsstücken erreichen. Und wenn die Kleidung nicht tief ausgeschnitten sei und man noch dazu, wie heute üblich, mehrere Kleidungsschichten übereinander trüge, so dass keine Gefahr unsittlicher Einblicke bestehe, könne man auf solche Bedeckungsmaßnahmen überhaupt verzichten (Bilgin, 2002, S. 119 f.).

Jenseits aller Einzelargumente geht es auch den Gegnern eines verpflichtenden Kopftuchtragens zwar um die von Gott im Koran verbindlich vorgegebene ethische Zielsetzung eines schamhaften, züchtigen und von Selbstbeherrschung in Bezug auf den eigenen Sexualtrieb gekennzeichneten Verhaltens zwischen den Geschlechtern. Gleichwohl seien die zeit- und kulturbedingte sozialgeschichtliche Situation und damit die damaligen Verstehens- und Verhaltensmöglichkeiten der unmittelbaren Empfänger der Gottesbotschaft zu berücksichtigen. Die Vertreter dieser Auffassung verweisen zugleich darauf, dass sich seit den Anfängen des Islam die gesellschaftlichen und kulturellen Verhältnisse tiefgreifend verändert haben und dass deshalb ein sittsamer und züchtiger Umgang zwischen den Geschlechtern heute mit anderen Mitteln gesichert werden kann.

Bei der schulfachlichen Lösung der »Kopftuchfrage« ist mithin zu beachten: Nach herrschendem islamisch-theologischen Verständnis handelt es sich bei der Verhüllung des weiblichen Haupthaares ab Eintritt der Geschlechtsreife um ein religiöses Gebot, dessen Befolgung der freien Entscheidung der Frau überlassen bleibt. Ein entsprechendes Gebot vor Eintritt der Geschlechtsreife besteht nach übereinstimmender Auffassung nicht.

Die selbstbestimmte Entscheidung der Frau für das Anlegen des Kopftuches ist ebenso zu respektieren wie der bewusste Verzicht einer Muslimin hierauf. Dies betrifft sowohl das alltägliche gesellschaftliche Miteinander als auch das Arbeitsleben, in dem Einschränkungen der Freiheit zur Religionsausübung nur aus gewichtigen Gründen rechtlich zulässig sind.

Zur Rechtslage in Deutschland

Religionsmündigen Schülerinnen und Schülern an öffentlichen Schulen steht es in Ausübung ihres Grundrechts auf freie Religionsausübung aus Art. 4 GG frei, Zeichen ihrer Religionszugehörigkeit zu tragen oder sich religiösen Vorschriften gemäß zu kleiden, soweit nicht gewichtige sachliche Gründe, z. B. die Gewährleistung der Sicherheit im Sportunterricht, entgegenstehen. Das Tragen des Kopftuches kann daher nicht in Schulordnungen, Elternverträgen oder ähnlichem untersagt werden.

Das elterliche Erziehungsrecht vor Eintritt der Religionsmündigkeit umfasst nach Art. 6 GG grundsätzlich auch, auf die Bekleidung ihrer Kinder Einfluss zu nehmen und diese mitzubestimmen. Insofern könnten Eltern ihre Töchter vor Eintritt der Religionsmündigkeit und auch vor der Pubertät zum Tragen des Kopftuches anhalten, wenngleich das Tragen des Kopftuches nach ganz überwiegender islamischer Auffassung vor Eintritt der Pubertät kein religiöses Gebot ist.

Eine Verhüllung des Gesichts bzw. des ganzen Körpers ist dagegen mit der offenen Kommunikation, die den Unterricht und den Erziehungsprozess in der Schule bestimmt, unvereinbar. In diesen Fällen überwiegt der Erziehungsauftrag des Staates aus Art. 7 Abs. 1 GG gegenüber den Rechten der Schülerinnen und Schüler aus Art. 4 GG sowie den Rechten der Eltern aus Art. 6 GG, so dass eine Untersagung einer Verschleierung des Gesichtes oder Körpers verfassungsgemäß ist.

Abschließende Gesamtbewertung des Konflikts

Die Kontroverse verweist auf ein grundsätzliches exegetisches Problem, das gerade in jüngerer Vergangenheit diejenigen muslimischen Gelehrten, die sich tiefer gehend mit der Theorie der Koranexegese befasst haben, immer wieder beschäftigt hat, nämlich das Problem eines differenzierteren Verständnisses koranischer Handlungsanweisungen im Hinblick darauf, in welchem genauen Sinn und Grad sie als normativ zu betrachten sind: Ist es zwangsläufig immer dem Wortsinn nach auf ewig verbindlich, wenn Gott etwas durch den Mund des Propheten gesagt hat? Handelt es sich dabei nicht womöglich um ein Gebot speziell für die gesellschaftliche Situation, in der die Menschen damals lebten, die aber nun längst vergangen ist? Und was ist überhaupt genau der verbindlich bleibende Gotteswille an der in den Suren vorliegenden Weisungen, auch denen in Sure 33, 59, Frauen sollten zur Kenntlichmachung ihrer Ehrbarkeit ihren Kopf mit dem darüber gezogenen Gewand verhüllen?

Die großen islamischen Dachverbände in Deutschland haben die Fragen für sich längst beantwortet. Sie sind sich einig, dass die »Kleidervorschriften für Männer und Frauen Bestandteil der islamischen Lehre (sind). Ihre Befolgung gehört somit zum islamischen Glauben und zur islamischen Lebensweise. Dazu gehört die Kopfbedeckung für Frauen, die durch alle Rechtsquellen im Islam, das sind der Koran, die Tradition des Propheten (die Sunna) und der Konsens, belegbar ist.« Die Kopfbedeckung gilt »als Pflicht ab der Geschlechtsreife. Auch vor diesem Alter sollen bestimmte Teile dieser Vorschriften, z. B. Bedeckung der Geschlechtsteile, aus erzieherischen und gesellschaftlichen Gründen beachtet werden« und die »Kopfbedeckung für Frauen wird durch Rechtsquellen belegt« (Stellungnahme, 2003).

Dieser zwar theologische, im Kern jedoch soziologische, verfassungsrechtliche und integrationspolitische Dissens findet erst in Ansätzen, jedoch offensichtlich mit zum Teil unversöhnlichen Positionen statt.

Zusammenfassung

Die koranische Textbasis enthält keine explizite Weisung an muslimische Frauen, ihren Kopf in Gegenwart von Männern, die nicht zum Kreis ihrer rechtlich nicht heiratbaren Verwandten gehören, bedeckt zu halten. Eine noch heute gültige inbegriffene Weisung dieses Inhalts lässt sich auf dem Wege der Interpretation aus Koranvers 24, 31 nur dann entnehmen, wenn man voraussetzt, dass Gott in diesem Vers nicht nur das Ziel eines schamhaften und sittsamen Umgangs zwischen Mann und Frau zeitlos verbindlich vorschreiben wollte, sondern zugleich auch das dort genannte *Mittel* des Kopfschleiers, das den Bekleidungssitten der Araber zur Zeit des Propheten entsprach. Diese letztere hermeneutische Voraussetzung ist jedoch nicht selbstverständlich und auch nicht die einzige, die gegenwärtig unter Muslimen für richtig gehalten wird. Vielmehr bieten Koran und Hadîthe Musliminnen hinsichtlich der Art der Kopfverschleierung eine Pluralität von Deutungsmöglichkeiten und damit auch von gelebten Alternativen. Sich in diese Auseinandersetzung einzumischen oder Partei zu ergreifen, kann nicht Sache des weltanschaulich neutralen Staates sein. Er – und mit ihm seine Schulen – muss jedoch zur Wahrung des Prinzips der Religionsfreiheit sicherstellen, dass die real existierende Pluralität muslimischer Positionen in der Kopftuchfrage so weit geschützt wird, dass die unterschiedlichen Auffassungen gleichermaßen zur Geltung kommen und respektiert werden. Und er wird darauf zu achten haben, dass noch nicht geschlechtsreife Mädchen, ob in (staatlichen) Kindergärten oder Grundschulen von niemandem einem Druck in Richtung auf eine Verhüllung ihres Kopfes ausgesetzt werden.

Literatur

ABU-DAWUD, 2007, *Materialien über den Koran. Hadîthe-Sammlung*, in: *MuslimHope. com*, Juli.

BAUER, JOCHEN, 2001, *Konfliktstoff Kopftuch. Eine thematische Einführung in den Islam ; ein Arbeitsbuch für die Sekundarstufe*, Mülheim an der Ruhr.

BILGIN, BEYZA, *Bedeutungen des Kopftuchs aus islamischer Sicht*, in: BIRGIT ROMMEL-SPACHER (HRSG.), 2002, *Anerkennung und Ausgrenzung. Deutschland als multikulturelle Gesellschaft*, Frankfurt a. M., S. 119 f.

GHADBAN, RALPH, *Das Kopftuch in Koran und Sunna*, in: PECHMANN, RALPH U. A. (HRSG.), 2005, *So weit die Worte tragen. Wie tragfähig ist der Dialog zwischen Christen, Juden und Muslimen?*, Gießen.

HEINE, PETER, *Kleidung und Kopfbedeckung*, in: ADEL THEODOR KHOURY U. A. (HRSG.), 2006, *Islam-Lexikon A-Z. Geschichten-Ideen-Gestalten*, Freiburg, S. 355–360.

KNIEPS, CLAUDIA, 1999, *Geschichte der Verschleierung der Frau im Islam*, Würzburg.

PARET, RUDI, 2004, *Der Koran. Übersetzt, kommentiert und eingeleitet*. Digitale Bibliothek Band 46, Berlin.

Presseerklärung der Islamischen Föderation vom April 2004 *»Kopftuch nur aus freiem Willen« – Verbot der Unterdrückung*.

SHIRIN, AMIR-MOASAMI, 2007, *Politisierte Religion. Der Kopftuchstreit in Deutschland und Frankreich*, Bielefeld.

SPULER-STEGEMANN, URSULA, 2005, *Muslime in Deutschland*, Freiburg im Breisgau.

Stellungnahme des Zentralrats der Muslime in Deutschland (ZMD) zur Vorlage beim Bundesverfassungsgericht zum Verfahren der Verfassungsbeschwerde der Frau Fereshta Ludin – BvR 1463/02 – vom 13. Mai 2003, unterzeichnet von Dr. Nadeem Elyas, Vorsitzender.

WALTZ, VIKTORIA, *Toleranz fängt beim Kopftuch erst an. Zur Verhinderung der Chancengleichheit durch gesellschaftliche Verhältnisse*, in: WILHELM HEITMEYER U. A. (HRSG.), 2002, *Die bedrängte Toleranz. Ethnisch-kulturelle Konflikte, religiöse Differenzen und die Gefahren politisierter Gewalt*, Frankfurt a. M., S. 27.

WIELANDT, ROTRAUD, 2009, *Die Vorschrift des Kopftuchtragens für die muslimische Frau. Grundlagen und aktueller innerislamischer Diskussionsstand*, unveröffentlichtes Manuskript, Bamberg.

Necla Kelek

Für das Recht auf Kindheit ohne Kopftuch

Eine Stellungnahme

Meist beginnt es mit einem Mädchen, das in der ersten oder zweiten Klasse der Grundschule mit einem Kopftuch zum Unterricht erscheint. Die Lehrerin mag dies hinnehmen oder zur Diskussion stellen. Der Imam in der Moschee, der Vorbeter in der Koranschule, in die die Kinder nachmittags geschickt werden, die Verwandten, Mütter, Väter und Brüder, die Gemeinde bedeuten dem Kind, dass es unschicklich ist, seine Haare und damit seine Reize Fremden zu zeigen. Denn Männer sind nach dieser Auffassung unberechenbar, können sich nicht beherrschen und werden vom hübschen Kind erregt. Das junge Mädchen möchte vielleicht der Mutter und dem Vater gefallen und bindet »freiwillig« das Kopftuch um. Das Kind wird dadurch bereits mit sechs oder sieben Jahren zu einem Sexualobjekt gemacht. Trägt ein Mädchen das Kopftuch, eifern andere Eltern ihr nach und stecken auch ihr Kind unter den Schleier, denn man will sich ja auch als »rein« erweisen. Und die Brüder kontrollieren, dass sich die Mädchen auch sonst möglichst unsichtbar machen und »ehrenhaft« verhalten. Mädchen vor dem 14. Lebensjahr mit dem Kopftuch in die Schule zu schicken hat nichts mit Religionsfreiheit oder dem natürlichen Recht der Eltern auf Erziehung zu tun, sondern ist ein Verstoß gegen die durch das Grundgesetz garantierte Menschenwürde und gegen das Diskriminierungsverbot. Streng religiöse Muslime und ihre Islamverbände benutzen die durch die Verfassung garantierte Freiheit der Religionsausübung, um das islamische Gesellschaftsmodell der unterschiedlichen Behandlung von Männern und Frauen durchzusetzen, und sexualisieren Kinder auf unerträgliche Weise. Glaube und Religionsausübung sind aber in unserer säkularen Gesellschaft aus gutem Grund nur ein Teil der Verfassung und stehen nicht über ihr. Seit über zwei Jahren diskutieren Vertreter aus Bund und Ländern, Wissenschaftler und Verfassungsjuristen im Plenum und den Arbeitsgruppen der »Deutschen Islamkonferenz« mit Vertretern der Muslime in Deutschland über diese Fragen. Nach langem Zögern haben sich die Funktionäre der Islamverbände dazu bequemt, sich zur Verfassung und den Grundwerten unserer Gesellschaft zu bekennen, um sie sogleich in der Praxis und in Erklärungen wieder zurückzunehmen. Im Frühjahr 2009 tagte das 3. Plenum der Islamkonferenz und die Verfasserin hat dort mit Nachdruck »Das Recht auf Kindheit ohne Kopftuch« eingefordert.

Muhammad soll – so der Koran und die Legende – seinen Frauen empfohlen haben, nachts, wenn sie zum Austreten hinter das Haus gingen, ihren Schleier über die Brust (nicht über den Kopf) zu ziehen, damit die draußen herumlungernden Männer sie als Frauen des Propheten erkannten und nicht belästigten. Der Schleier, sonst den hochgeachteten Tempelfrauen rund um die Ka´ba vorbehalten, wurde so zum Zeichen der Frauen des Propheten. Muhammad hat in seinem Haus einen Hidschab, einen Schleier zwischen den Besucher- und Privaträumen gezogen, damit er und seine Frauen von den vielen männlichen Besuchern in seinem Haus nicht gestört wurden.

Frauen waren für ihn – nachdem die erste ältere Ehefrau Khaditscha verstorben war – Beute, Geschenk, Pfand, Vergnügen, vor allem aber Besitz. Indem er die Frauen unter den Schutz der Männer stellte (in ihren Besitz brachte), waren sie vor sexueller Ausbeutung durch andere Männern geschützt, gleichzeitig wandelten sich aber die matriarchalischen Strukturen – die sesshaften Frauen waren bis dahin teilweise »frei« in der Wahl ihrer nomadisierenden Partner – in ein unumschränktes Patriarchat, das bis heute in islamischen Gesellschaften existiert. Als Frau und heiratsfähig galt ein Kind, sobald es die erste Menstruation bekam. ʻAʼischa, die Lieblingsfrau des Propheten, war nach muslimischen Quellen sechs Jahre, als er sie mit dem Geld eines Freundes kaufte, und neun Jahre alt, als der über Fünfzigjährige mit ihr die Ehe vollzogen haben soll.

Einen spirituellen Grund für die Verschleierung gab es nie, denn das Kopftuch wird nicht aus Demut vor Allah getragen, sondern war von Beginn an ein besitzanzeigendes Zeichen. Der Schleier trennt die Gesellschaft in innen und außen, in Öffentlichkeit und Privates, in Männer und Frauen.

Die Politik der Nachfolger Muhammads machte die vertikale Trennung der Gesellschaft, hier die Männer in der Öffentlichkeit, dort ihre Frauen in den Häusern oder unter Schleiern zur »Sunna«, zur nachahmenswerten Tradition und zum Wesensmerkmal des Islam. Der Schleier prägte im Laufe der Jahrhunderte die gesellschaftliche Stellung der Frauen im Islam. Ohne Kopftuch, das heißt mit Beteiligung der Frauen am öffentlichen Leben, wäre der Islam ein anderer.

Die türkische Republik verbannte als erstes muslimisch geprägtes Land Kopftuch und Fez aus dem öffentlichen Leben; zurück kam das Kopftuch 1979 als Fahne der islamischen Revolution durch den Sieg der Schiiten im Iran. Seitdem kämpfen auch in Europa vor allem islamische Verbände für die Anerkennung des Kopftuchs als religiöses Symbol und in der Türkei versuchen die muslimischen Politiker mithilfe ihrer Frauen das Kopftuch und damit »das religiöse Leben« salonfähig zu machen. Wenn Frauen sich heute mit dem Kopftuch freiwillig als Muslima »outen«, mag es dafür die unterschiedlichsten Gründe geben: Sie erkennen die gottgewollte Herrschaft der Männer über die Frauen an; sie demonstrieren ihren politischen Willen, in einer muslimischen Gesellschaft leben zu wollen; sie nehmen es als Zeichen einer identitätsstiftenden Mode oder des Protests. Auf einer Veranstaltung von »Frauen ohne Grenzen« in Wien mit Frauen aus aller Welt, warfen sich – außer den deutschen und den türkischen Teilnehmerinnen – alle zum Fototermin aus Solidarität mit den unterdrückten Muslimas in aller Welt und entgegen einem »Recht auf Kindheit« den Schleier über. Das Kopftuch wurde dabei zum politischen Protestsymbol des Rechts der »Freiheit zur Unfreiheit« in dem Sinne, wir tragen das Kopftuch aus Solidarität mit den unter dem Patriarchat leidenden Frauen. So absurd kann Solidarität sein und so wenig wird über den Unterschied zwischen Religion als Spiritualität und Politik reflektiert.

Unter dem Schild der Religionsfreiheit versuchen die Islamverbände ihre Version des »religiösen Lebens« auch in Deutschland durchzusetzen, Moscheebau und Kopftuch sind die Schwerpunkte ihrer Mission. Für Lehrerinnen mit Kopftuch sind sie durch alle juristischen Instanzen gegangen und letztlich unterlegen. An den Schulen allerdings versuchen vor allem die den Islamverbänden nahestehenden Familien das Kopftuch und andere islamische Traditionen durchzusetzen, und zwar über ihre Kinder. In dieser Frage zeigt sich deutlich, dass die Islamverbände eben nicht den Geist des Grundgesetztes akzeptieren, der den Schutz und die Rechte des Einzelnen und besonders der Kinder als staatliche Aufgabe sieht, sondern die Verfassung nur benutzen, um ihre Version des »religiösen Lebens« zu legitimieren.

Wenn traditionelle Muslime meinen, Frauen und selbst Kinder müssten sich verschleiern, weil die Männer sonst ihrer Triebe nicht Herr würden, und die Frauen seien vor ihnen nicht geschützt, ist dies einem Menschenbild geschuldet, das kein Gewissen kennt. Während in der aufgeklärten »westlichen« Gesellschaft die Verantwortung für das eigene Verhalten ins Innere des Einzelnen gestellt ist – wir nennen es Gewissen – wurden die Ahndung der Verstöße zum Staat hin durch Gesetze, Polizei und Gerichte nach außen verlagert. Die islamische Auffassung kennt weder die Trennung von Staat und Religion noch die Institution des Gewissens. Das islamische Recht, die Scharia, geht von Gottesgeboten und bei deren Übertretung von Strafen aus.

Und so verkehrt man vordergründig folgerichtig die Verantwortung für das eigene Verhalten ins Gegenteil. Das Opfer ist schuld, wenn es den Täter durch seine Reize provoziert. Mit dem Kopftuch wird bei Mädchen dieses Menschenbild auf Kinder übertragen. Das ist diskriminierend und trägt zur gesellschaftlichen Verwahrlosung und zur Ausgrenzung der Kinder bei. Zu den wichtigsten Errungenschaften unserer Zivilgesellschaft gehört jedoch die Beherrschung des Sexualtriebs. Die Gesellschaft kann von einem Mann verlangen, Frauen nicht zu belästigen. Nicht das potentielle Opfer muss sich verschleiern, sondern der Täter eines sexuellen Übergriffs muss von der Gesellschaft zur Verantwortung gezogen werden.

Wir müssen uns nicht nur dafür einsetzen, dass Frauen selbst entscheiden, ob, wann und wen sie heiraten und ob und wie viele Kinder sie bekommen. Zur Not müssen wir die Schwachen der Gesellschaft, in diesem Fall die jungen Mädchen, vor Missbrauch schützen. Wir müssen uns einmischen und Selbstkontrolle und körperliche Disziplin abverlangen. Auch hier verlangt eine moderne Gesellschaft ihren Mitgliedern Eigenverantwortung ab. Verzicht ist eine Tugend, die von Menschen verlangt werden kann, ohne ihre Rechte einzuschränken.

Der traditionelle Islam kennt die sexuelle Selbstbestimmung der Frau nicht, sie steht zeitlebens unter der Kontrolle der Männer. Ihre Reinheit ist die »Ehre« des Mannes, der Familie. Noch immer ist die Sexualität der Ehe und wie selbstverständlich dem Mann vorbehalten. Von der Selbstverantwortung der Frau sind die traditionell muslimischen wie auch andere Gesellschaften noch sehr weit entfernt. Die Väter kontrollieren die Töchter, die Brüder die Schwestern, die Männer ihre Frauen, dann die Söhne die Mütter, die Männer die Frauen, die Frauen sich selbst.

Wir stehen erst ganz am Anfang. Diese Befreiung kann nur von den Frauen selbst ausgehen. Die muslimischen und andere auf überkommene Rechte vernagelte Männer werden zunächst dabei nicht helfen, weil ihnen etwas genommen werden muss – die Macht über und den Besitz an den Frauen und Mädchen. Aber sie werden auch etwas zurückbekommen, die Selbstbestimmung über ihr eigenes Leben. Auch sie werden so in die Lage kommen, von den Erfolgen der Frauenbewegung zu profitieren, sie werden keine fremdbestimmte Rolle mehr spielen müssen.

Es sind daher folgende Forderungen zu stellen:

Jedes Kind hat ein Recht auf Kindheit und auf körperliche Unversehrtheit. Die Beschneidung von Mädchen und Jungen aus traditionellen oder religiösen Gründen ist ohne Ausnahme zu verbieten.

Jedes Mädchen hat ein Recht, ohne Kopftuch aufzuwachsen. Das Grundgesetz sieht die Religionsmündigkeit ab einem Alter von 14 Jahren vor. Das bedeutet, dass zumindest an den Schulen bis zur sechsten Klasse generell das aus religiösen Gründen begründete Kopftuch nicht zugelassen werden sollte.

Jedes Kind hat ein Recht, über seine Rechte aufgeklärt zu werden und zu lernen, wie Freiheit gelebt und verteidigt werden kann. Es hat ein Recht zu lernen, wie ein selbstbestimmtes Leben geführt wird. Dies ist eine gesellschaftliche Aufgabe, die vorrangig von der »Integrationsagentur« Schule geleistet werden sollte.

Kinder sind kein Besitz der Eltern, sondern stehen unter dem Schutz der Grundrechte. Wenn Eltern nicht in der Lage sind, den Kindern eine angemessene Pflege und Eingliederung in die Gesellschaft zu ermöglichen, müssen Schulen und Sozialeinrichtungen hierbei helfen.

Weder im Notfall noch aus Armutsgründen dürfen Kinder verheiratet oder verkauft werden. Jeder Erwachsene, der Kinder verkauft oder kauft, auch mit Eheabsichten, muss strafrechtlich verfolgt und bestraft werden. Das Gesetz, das Zwangsheirat zu einem eigenen Straftatbestand macht, muss endlich verabschiedet werden. Jede junge Frau und jeder junge Mann hat das Recht selbst zu entscheiden, ob, wann und wen sie und er heiraten will.

Muslime müssen sich, wenn sie von der Gesellschaft akzeptiert werden wollen, zum Grundgesetz bekennen und die Werte unserer Gemeinschaft leben.

Die Islamverbände sind keine religiösen Institutionen, sondern politische Interessenvertretungen der in ihr organisierten Gläubigen oder fremder Regierungen. Sie haben kein Recht für alle Muslime zu sprechen. Eine klärende Antwort auf die Frage, was der Islam oder religiöses Leben bedeutet, ist von ihnen nicht zu erwarten.

Religion ist ein Teil unserer Freiheit, steht aber nicht über ihr.

IV. Kulturbegegnungen

Wolfram Reiss

Arabische Wissenschaft als Synthese antiker Wissenschaftstraditionen der griechischen, persischen und indischen Kultur

Einführung

Betrachtet man die arabischen Wissenschaften, die sich im 8. bis 10. Jahrhundert unter den Abbasiden (750 bis 1258) entwickelten und bereits in dieser Zeit zu einer großen Blüte gelangten, so muss grundlegend zwischen zwei Bereichen der Wissenschaft unterschieden werden. Den einen nannte man »Wissenschaften der Tradition« (*'ulûm an-naql*) und den anderen bezeichnete man als »Wissenschaften des Verstandes« (*'ulûm al-'aql*).

Unter den »Wissenschaften der Tradition« verstand man vornehmlich die Wissenschaften, die sich auf die Offenbarung, die Religion und ureigene islamisch-arabische Quellen bezogen. Darunter fielen vor allem die Wissenschaft des Korans und seiner Auslegung (*'ulûm al-qur'ân wa-t-tafsîr*), die damit zusammenhängende Sprachwissenschaft (*'ulûm al-lughawiyya*), die Wissenschaft des Hadith (*'ulûm al-hadith*), die damit eng verbundene Wissenschaft des islamischen Rechtes (*'ulûm al-fiqh*) und die Wissenschaft der Geschichtsschreibung (*'ulum at-tarikh*).

Die anderen Wissenschaften waren die Wissenschaften, die von anderen Kulturen und Völkern übernommen wurden. Sie wurden im Arabischen aber gerade nicht als die tradierten bzw. überlieferten Wissenschaften bezeichnet, sondern als die »Wissenschaften des Verstandes« (*'ulûm al-'aql*). Sie beruhten nicht auf Offenbarungen wie der Koran und der Hadith und auch nicht auf geschichtlichen Erfahrungen der sich konstituierenden islamisch-arabischen Nation, sondern auf allgemein menschlichen Verstandesanstrengungen, die von verschiedenen Völkern vor dem Islam bereits unternommen worden waren und nun von den Arabern aufgegriffen wurden.

Dazu gehörte vor allem die Wissenschaftstradition der Griechen, der Perser und der Inder, die sich mit Mathematik und Astronomie, Medizin,

(Al-)Chemie und Botanik, Physik, Geograpie und Nautik, Logik, Metaphysik und Philosophie beschäftigt hatten. Ihre Werke wurden in der Zeit der Abbasiden übersetzt und formten die arabische Wissenschaft. Die *'ulûm an-naql*, die auf den göttlichen Offenbarungen Muhammads und seinem vorbildlichen Verhalten beruhten, galten zwar ähnlich wie die christliche Theologie im Westen über viele Jahrhunderte als die Krönung der Wissenschaften. Die Erkenntnisse der Verstandeswissenschaften, die von anderen Völkern übernommen wurden, hatten jedoch auch mannigfache Rückwirkung auf die »theologischen« Wissenschaften. Dies liegt auch daran, dass die meisten Wissenschaftler in dieser Zeit als Universalgelehrte lehrten und oftmals auf mehreren Gebieten wichtige Erkenntnisse erarbeiteten. Es gab aber durchaus auch Konflikte zwischen beiden Wissenschaftsrichtungen. Die Wissenschaftler, die ihren Forschungsschwerpunkt in fremden Traditionen hatten und ihre Theorien und Thesen auf empirische Untersuchungen aufbauten, sahen sich als die besseren Wissenschaftler, weil diese auf der Beobachtung der Realität beruhten, während die Wissenschaftler der Traditionswissenschaften ihre Wissenschaftsdisziplin als die überlegene ansahen, weil diese auf göttlichen Offenbarungen, das heißt übermenschlichem, unangreifbarem Wissen, beruhte.

Bewertung der Leistungen der islamisch-arabischen Wissenschaft

Im Westen wird die Leistung der Araber in vielen Büchern bis heute oftmals darauf reduziert, dass sie Vermittler der antiken Wissenschaft (vornehmlich der griechischen Wissenschaft) gewesen seien. Es wird oft so dargestellt, als ob die Araber nur das griechische Wissen kopiert, aufbewahrt und dann an die Europäer überliefert hätten, die dieses dann zur eigentlichen Blüte in der Renaissance brachten. Eine solche These ist jedoch nicht haltbar.

Erstens zog sich der Prozess der Aneignung über mehrere Jahrhunderte hin, in denen sich viele Veränderungen ereigneten. Zweitens übersetzten die Araber nicht nur die griechische Überlieferung, sondern sie brachten Wissen aus persischen, indischen und griechischen Quellen zu einer Synthese, die weit mehr war als nur das Wissen der griechischen Antike. Drittens entwickelten die Araber vieles eigenständig weiter, so dass man die griechische Wissenschaft, die von Europäern ab dem Mittelalter rezipiert wurde, längst eine griechisch-arabische Wissenschaft nennen muss.

Das, was heute in fast jedem Geschichtsbuch und jedem Schulbuch zu lesen ist, dass nämlich unsere europäische Kultur im Wesentlichen auf der griechisch-römischen Kultur beruht, ist falsch, denn das meiste, was wir von der griechischen Wissenschaft wissen, die ab dem 11./12. Jahrhundert aus dem Arabischen in europäische Sprachen übersetzt wurde, ist uns durch die Araber übermittelt worden und vornehmlich in dieser weiter entwickelten Form ist sie rezipiert worden. Die europäische Renaissance und die Entstehung der meisten modernen Wissenschaften verdanken wir nicht einer Kulturbegegnung mit den Griechen, sondern vor allem den Arabern, die griechische Wissenschaftstraditionen aufgegriffen, sie mit anderen Wissenschaftstraditionen aus Persien und Indien verbanden und weiterentwickelten. Montgomery Watt beklagt daher zu Recht, dass »wir Europäer blind [sind] für die kulturelle Schuld, in der wir beim Islam stehen« (Watt, 2001, S. 4).

Lange Zeit wurde dieser Beitrag der Araber jedoch abqualifiziert, so wie dies z. B. von Carra de Vaux, einem großen Islamwissenschaftler, gemacht wurde.

Obwohl er einräumen muss:

»Die Araber haben in der Naturwissenschaft wirklich Großes geleistet; sie lehrten uns den Gebrauch der Ziffern (sc. der arabischen Zahlenzeichen), auch wenn sie diese nicht erfunden haben, und wurden so zu Begründern des alltäglichen Rechnens. Sie machten aus der Algebra eine exakte Wissenschaft, entwickelten sie beträchtlich weiter und legten die Grundlagen zur analytischen Geometrie. Unbestreitbar waren sie auch die Begründer der ebenen und sphärischen Trigonometrie, die bei den Griechen so nicht existierte. In der Astronomie machten sie eine Reihe wertvoller Beobachtungen«, trifft er an anderer Stelle folgende Aussage:

«Wir dürfen nicht erwarten, bei den Arabern demselben mächtigen Genie zu begegnen, derselben Begabung zur wissenschaftlichen Phantasie, demselben ›Enthusiasmus‹, derselben Originalität des Denkens wie bei den Griechen. Die Araber sind in erster Linie Schüler der Griechen, ihre Naturwissenschaft ist eine Fortsetzung der griechischen Naturwissenschaft, welche die Araber bewahrt, kultiviert und in einer Reihe von Punkten weiterentwickelt und vervollkommnet haben.« (Zitat nach Watt, 2001, S. 49).

Offensichtlich fällt es äußerst schwer, die wissenschaftlichen Leistungen der Araber zu würdigen. Andere wie z. B. die Journalistin Sigrid Hunke, die vor mittlerweile 50 Jahren das immer noch lesenswerte Buch »Allahs Sonne über dem Abendland« geschrieben hat (Hunke, 1960), das mittlerweile in zahlreiche Sprachen übersetzt wurde und in zahlreichen Auflagen gedruckt wurde, neigen etwas zur Übertreibung, weil nun alles einseitig den Arabern zugeschrieben wird und nicht berücksichtigt wird, dass an vielen Entwicklungen auch syrische Christen, Perser und Inder ganz maßgeblichen Anteil hatten bei dem, was wir die hohe arabisch-islamische Kultur der Abbasidenzeit heute nennen.

Im Folgenden soll versucht werden, möglichst nüchtern zu beschreiben, was übernommen wurde, was eigenständig weiterentwickelt und was übermittelt wurde. Dabei konzentriert sich die Darstellung auf die Zeit der Abbasiden, d. h. die Entstehung der arabischen Wissenschaft durch die Synthese der persischen, indischen, syroaramäisch-griechischen Wissenschaft in Mesopotamien. An vielen Stellen wird darüber hinaus der Transfer des Wissens im 11. und 12. Jahrhundert nach Spanien und von dort in die verschiedenen europäischen Länder in den Blick genommen.

Anknüpfung an heidnische und christliche Wissenschaftsakademien

Als die Araber im 7. Jahrhundert den Irak, Syrien und Ägypten eroberten, existierten verschiedene Zentren, in denen griechische Naturwissenschaft und Philosophie gepflegt wurden.

Die berühmteste *Philosophen-Schule* in der Antike lag im ägyptischen *Alexandria* mit seiner Bibliothek, die bereits kurz nach ihrer Gründung im Jahre 331 v. Chr. um die 450 000 Schriften umfasst haben soll. Bis zum Ende des 2. Jahrhunderts n. Chr. war sie die bedeutendste der gesamten Antike, und die berühmtesten Ärzte, Philosophen, Theologen, Astronomen, Philologen und Mathematiker jener Zeit erhielten dort ihre Bildung. Um 200 v. Chr. entstand hier im Auftrag von Ptolemaios II. durch jüdische Forscher die Septuaginta, die griechische Übersetzung der Hebräischen Bibel, die zur Grundlage des hellenistischen Judentums und später auch der katholischen Bibel wurde. Die jüdisch-alexandrinische Philosophie hatte hier ihren Sitz, die platonische und jüdische Lehren zu verbinden versuchte. Philo von Alexandrien (10 v. Chr.–40 n. Chr.) gilt als deren wichtigster Vertreter. Ebenso lehrten hier Ammonios Sakkas (175–242 n. Chr.) und Plotin (205–270 n. Chr.), die die neuplatonische Schule begründeten.

In Konkurrenz zu der jüdisch-heidnischen Schule von Alexandria entwickelte sich ab dem 2. Jahrhundert n. Chr. auch die berühmte *Katechetenschule von Alexandria*, die erste und bedeutendste Bildungseinrichtung der Alten Kirche, wo mit Hilfe griechischer Begriffe der christliche Glaube in philosophische Sprache gefasst wurde. Das von einem Alexandriner

Theologen formulierte Nicaeno-Constantinopolitanum ist bis heute die wesentliche Grundlage, die alle Christen auf der Welt teilen. Aus dieser christlichen Schule ging auch Origenes (185–254) hervor, der erstmals im 3. Jahrhundert einen systematischen Vergleich der biblischen Manuskripte vornahm und damit zum Begründer wissenschaftlicher Textkritik wurde. Obwohl die Schule im 4. Jahrhundert erstmals verbrannt und im 7. Jahrhundert dann endgültig von Christen geschlossen wurde, war es bei arabischen Wissenschaftlern auch im 8. und 9. Jahrhundert noch immer üblich, dass man nach Alexandria pilgerte, um nach Handschriften jeglicher Art zu suchen.

In Syrien waren weitere wichtige Zentren der Wissenschaft. Wichtige Schulen waren die von *Antiochia am Orontes*, von *Edessa* und von *Harran* (der Ort liegt in der heutigen Türkei, direkt an der Grenze zu Syrien). Antiochia und Edessa entwickelten sich zum Zentrum christlicher Gelehrsamkeit, während in Harran noch längere Zeit heidnische Wissenschaftler ihr Zentrum hatten mit einer neuplatonischen Akademie. Hier entstand, anknüpfend an die Wissenschaftstradition, noch unter den Umayyaden im 8. Jahrhundert eine erste Madrasa, die manchen als erste Universität der islamischen Welt gilt. An ihr wurden insbesondere Astronomie und Al-Kimiyya (Al-Chemie) gelehrt.

Das wichtigste Zentrum war aber das christliche Kollegium der syrischen Nestorianer in Dschundischapur. Es liegt in der heutigen Provinz Khuzestan im Südwesten Irans. Der Name bedeutet: »Armee des Schapur«. Die Stadt wurde durch Schapur I., den Begründer des neupersischen Reiches der Sassaniden, Anfang des 3. Jahrhunderts n. Chr. nach der Eroberung Antiochias gegründet. Zahlreiche Gelehrte aus Antiochia wurden hierher deportiert. Dies bildete den Grundstock dafür, dass im 5. bis 7. Jahrhundert weitere Wissenschaftler hier Zuflucht fanden. Insbesondere der Sassanidenkönig Chosrau I. (531–579) gewährte zahlreichen heidnischen Philosophen Griechenlands sowie aramäischen Christen, die von der byzantinischen Reichskirche als Häretiker betrachtet und verfolgt wurden (»Nestorianer« und »Monophysiten«), politisches Asyl.

Der König beauftragte die Flüchtlinge, griechische und aramäische Texte in die Sprache Pahlevi (Mittelpersisch) zu übersetzen. So wurden verschiedene Werke aus der Medizin, Philosophie, Astronomie und dem Handwerk übersetzt. Hier wurde auch erstmals das griechische Wissen mit dem Wissen von Indien und China verbunden. Chosrau sandte seinen persischen Leibarzt Burzoe nach Indien, um indische und chinesische Gelehrte nach Dschundischapur einzuladen. Diese übersetzten indische Texte über Astronomie, Mathematik, Medizin und Astrologie sowie chinesische Texte über Kräutermedizin und Religion ins Mittelpersische. Hier wurde erstmals auch ein Krankenhaus gegründet, das ganz neue Schritte in der Medizinerausbildung beschritt, weil die theoretische Ausbildung mit praktischer Ausbildung am Krankenbett verbunden wurde.

Als die Sassanidendynastie den muslimischen Armeen im Jahre 642 in der Schlacht von Nihawand unterlag, wurde diese Schule zunächst unter den Muslimen weitergeführt. Im 9. Jahrhundert unter den Abbassiden wurde die Gelehrtenwelt von Dschundischapur jedoch weitgehend nach Bagdad, in die neue Hauptstadt des Abbasidenreiches (teilweise gegen den Willen der Wissenschaftler) abgezogen und die Akademie verlor an Bedeutung. Die Hochschule stellte über ein Jahrhundert lang die Leibärzte der Abbasiden und wurde zum Vorbild für die Abbasiden, die nun die Idee der Verbindung der Wissenschaftstraditionen aus Griechenland, Indien und Persien und die Methoden der Akademie von Dschundischapur aufgriffen und weiter entwickelten. Statt ins Pahlevi wurden nun die wichtigsten Bücher aus dem Persischen und Syrischen ins Arabische übertragen.

Die wichtigsten Kalifen, die die Förderung der Übersetzung einleiteten waren Harûn ar-Raschîd (786–809) und al-Ma'mûn (813–833). Unter dem Ersten begann die Übersetzertätigkeit. Noch größere Bedeutung aber hatte sein Sohn Abû Al-Abbâs 'Abdallâh al-Ma'mûn. Er gründete ein eigenes Institut, das »Haus der Weisheit« (*bait al-hikma*), eine Art wissenschaftlicher Akademie, das sich zu einem Zentrum der Gelehrsamkeit entwickelte. Nach Aussagen des Historikers al-Qufiti sollen beim Aufbau des Hauses 37 Christen, 8 Sabäer und 9 Juden beteiligt gewesen sein. Später sollen sogar an die hundert Personen an wissenschaftlichen Übersetzungen ins Arabische gearbeitet haben. Hier wurde nun die Übersetzungtätigkeit im 9./10. Jahrhundert konsequent fortgesetzt, bis die Araber alle griechischen Texte, die sie interessierten, übersetzt hatten.

Die ersten Übersetzungen wurden fast ausschließlich aus dem Syrischen angefertigt; es war nämlich schon eine beträchtliche Zahl griechischer Werke vorhanden, die man ins Syrische, die Sprache der nestorianischen Christen und babylonischen Juden, übersetzt hatte. Später übersetzte man dann direkt aus der Originalsprache. Die Einführung dieser überlegenen Methode wird dem berühmtesten aller Übersetzer zugeschrieben, einem Nestorianer aus Hira namens Hunain Ibn Ishâq (809–873). Er war Universalgelehrter, brillierte aber insbesonders mit seinen medizinischen Kenntnissen, so dass er Leibarzt des Kalifen al-Mutawakkil (Regierungszeit 847–861) wurde und vornehmlich Medizin in Bagdad lehrte. Er konnte Griechisch und bereiste Teile des byzantinischen Reiches, wo er Handschriften von naturwissenschaftlichen und philosophischen Werken sammelte. Daher kam ihm eine Leitungsfunktion in den weiteren Übersetzungsprojekten zu. Er beschäftigte ein ganzes Team von Übersetzern, zu dem auch sein Sohn Ishaq, sein Neffe Hubaisch und andere junge Gelehrte gehörten. Hunain soll eine große Anzahl medizinischer Werke von Hippokrates und Galen übersetzt haben, ferner den *Staat*, die *Gesetze* und den *Timaios* von Platon, Werke über Logik von Aristoteles und mathematische Werke von Euklid, Archimedes und anderen. Mit dieser Übersetzerschule erreichte die Übersetzung technisch und sprachlich einen Höhepunkt, denn Hunain erkannte, wie nützlich es war, Handschriften zu vergleichen, bevor er an die Erarbeitung oder Revision einer Übersetzung ging.

Ein großes Problem der Übersetzer im 9. Jahrhundert war der Mangel an arabischsprachiger Literatur aus dem Themenbereich der zu übersetzenden Bücher. Die Christen waren daher oftmals gezwungen in Anlehnung an syrische Begriffe neue arabische Wörter zu schöpfen. Sie trugen damit wesentlich zur Schaffung einer wissenschaftlichen Terminologie im Arabischen bei, die bis heute größtenteils erhalten geblieben ist. Durch ihr Wirken und das ihrer Nachfolger entstand allmählich ein selbständiges arabisches Schrifttum in den verschiedenen Disziplinen der Naturwissenschaft wie der Mathematik, Logik und Metaphysik, und gleichzeitig entwickelte sich ein Fachvokabular für die verschiedenen Disziplinen.

In der zweiten Phase konnte man die früheren Übersetzungen überarbeiten, um den Gedankengang prägnanter herauszuarbeiten. Die Gelehrten aus Spanien spielten nur in dieser späteren Phase der Überarbeitung älterer Übersetzungen eine Rolle. 951 taten sich in Cordoba ein christlicher Mönch, ein spanischer Jude und einige arabische Ärzte zusammen und revidierten Hunains alte Übersetzung der Arzneimittellehre des Dioskorides; gut dreißig Jahre später ergänzte sie ein anderer spanisch-arabischer Arzt. In dieser Form erreichten dann zahlreiche Bücher erstmals Europa und führten dort zur Begründung der modernen medizinischen Wissenschaft in Europa.

Das *bait al-hikma* wurde mit der Zeit immer besser ausgestattet. Ein Krankenhaus wurde gegründet, ein Observatorium und eine umfangreiche Bibliothek wurden angeschafft. Ihr Bestand stammte aus Beutegut, das bei dem Kampf gegen andere Völker mitgebracht worden war. Später wurden auch gezielt Bücher aus den verschiedenen Kulturländern angekauft.

Die ersten übersetzten Bücher betrafen Themen, die von unmittelbarem praktischen Interesse für die Araber waren, vor allem Bücher der Medizin und der Astronomie. Auf die medizinischen Kenntnisse der Gelehrten von

Dschundischapur war man aufmerksam geworden, weil mehrere Kalifen an Krankheiten erkrankten, die mit der arabischen Naturmedizin nicht zu heilen waren. Als die herangeholten Mediziner selbst in schweren Fällen helfen konnten, beschlossen die Kalifen, die gebildeten Ärzte zu sich an den Hof zu holen und für sich arbeiten zu lassen. Ein ganzes Jahrhundert lang waren alle Leibärzte der Abbasiden aus Dschundishapur. Mit der Medizin verbunden waren die Wissenschaften der Botanik und der Al-Chemie, denn es war üblich, dass die Wissenschaftler ihre Arzneien selbst herstellten.

Am zweitbedeutendsten war die Astronomie. Auch diese war von enorm großer praktischer Bedeutung wegen der Berechnung der islamischen Festzeiten und des Kalenders, der ja bis heute ein reiner Mondkalender ist. Zudem wurde Astronomie gebraucht, um für jeden beliebigen Ort in dem riesigen Reich die Richtung der Lage Mekkas herauszufinden, denn für die Erfüllung der rituellen Pflicht ist die Ausrichtung des Gebets in Richtung Mekka unabdingbar.

Die Mathematik erhielt insbesondere mit der Ausdehnung des Reiches immer größere Bedeutung, denn zur Berechnung der Tribute aus den verschiedenen Teilen des Reiches und zur Entlohnung der Söldner mussten teilweise komplizierte Rechenoperationen durchgeführt werden.

Weitere Disziplinen wie die Nautik und die Geographie entwickelten sich durch die Ausbreitung des Islam zu Wasser und zu Land, denn durch die Zusammenführung der verschiedenen Teile der Welt vom Atlantik bis zum Indus waren ganz neue Kenntnisse erforderlich, die für die militärische Führung und die ökonomische Verwaltung von hohem Nutzen waren.

Freilich waren alle diese Wissenschaften auch mit philosophischen Fragestellungen verbunden. Eine grundsätzliche Trennung von Geistes- und Naturwissenschaften war damals nicht vorhanden. Dies ist aber auch in der westlichen Welt erst eine Entwicklung der Neuzeit. Die meisten Wissenschaftler waren Forscher auf mehreren Gebieten und sie verbanden sehr stark praktische Fragestellungen mit tief gehenden religiösen und philosophischen Theorien. Im Folgenden sollen nun die wichtigsten Wissenschaftsdisziplinen beschrieben werden.

Mathematik

Als wichtigster Name auf dem Gebiet der Mathematik wie dem der Astronomie ist zunächst Muhammad al-Khawârizmi (al-Khwarizmi) zu nennen, dessen Herkunftsbezeichnung al-Khawarizmi man im Lateinischen zu *Algorismus*, *Algorithmus* oder *Alghoarismus* verballhornte. Nach seinem Namen sind bis heute die genau definierten Handlungsvorschriften und Programmabläufe abgeleitet, nach der man komplizierte Handlungsabläufe mit Hilfe mathematischer Formeln beschreibt. Fließbänder zur Herstellung von Autos, Schaltkreise in elektrischen Geräten bzw. Computerprogramme und vieles mehr sind z.B. von solchen Programmierungsabläufen oder Algorithmen gesteuert. Sie bilden bis heute einen Hauptgegenstand der Informatik und Mathematik, aber kommen überall auch im alltäglichen Leben vor. Die zentrale Frage dabei ist: Wie können Handlungsabläufe durch mathematische Formeln ausgedrückt werden und wie können Handlungsabläufe optimiert werden? Algorithmen stecken z.B. hinter folgenden Handlungsabläufen:

Prozess	Person	Algorithmus	Typische Anweisung
Spielen einer Melodie	z.B. Geiger	Tonfolge	Notennotierung: c–d–e
Essenszubereitung	z.B. Koch, Hausfrau	Rezept	Nimm 1 kg Fleisch, koche es 1 Stunde etc.
Telefonieren	Anrufer	Bedienungsanleitung	Drücke die Taste #
Elektrogerät reparieren	Elektriker	Schaltplan und Montageanleitung	Verbinde Diode mit...
Taschenrechner	z.B. Schüler	Bedienungsanleitung für Taschenrechner	Eintippen einer Addition: $47 + 4 = 51$

Al-Khawarizmi (in der Literatur meist so zu finden) wurde ca. 780 geboren, wirkte während des Kalifats von al-Ma'mun im *bait al-hikma* und starb um 850. Er ist wohl der bedeutendste arabische Mathematiker. Im Mittelalter wurde sein Name allgemein zum Synonym für die Kunst des Rechnens mit den arabischen Ziffern benutzt.

Al-Khawarizmi stützte sich in seinen Büchern vermutlich hauptsächlich auf indische Autoren, wie z.B. Aryabhata (576–650) und Brahmagupta (598–668), die im 6. Jahrhundert bzw. 7. Jahrhundert lebten und die das Konzept der Null (arabisch: *Sifr*) erstmals nutzten. Bis heute erinnert unser Wort «Ziffer» noch daran. Ein anderes Werk ist das – neben indischen

Schriften – erste Werk über den arithmetischen Gebrauch unserer heutigen Dezimalnotation – jener Zahlenzeichen, die wir »arabische« nennen.

0	1	2	3	4	5	6	7	8	9
٠	١	٢	٣	٤	٥	٦	٧	٨	٩

Die Idee der Null steht in Zusammenhang mit der Entwicklung von Rechentabellen und der Entwicklung des Dezimalsystems in Indien. Wenn man nicht ein Additionssystem benutzt, sondern feste Stellen für Hunderter, Zehner und Einer hat, dann entsteht allerdings ein Problem, wenn man zu geraden Zahlen kommt.

	H	Z	E
	5	3	8
–	5	1	8
		2	

An die Leerstelle hat man einen Punkt oder Kreis gemalt, um nicht in die Hunderter oder Einerstelle zu verrutschen. Das indische Wort dafür hieß »Sunya«, die Leere (zentraler Begriff bis heute im Buddhismus). Im Arabischen wurde es wörtlich übersetzt in »*sifr*«, was ebensfalls »Leere« heißt.

Diese Erfindungen waren sensationell – zunächst für Arabien, dann auch für Europa. Dies wird erst deutlich, wenn man sich klar macht, wie kompliziert es bis dahin war, Zahlen zu notieren und mit Zahlen zu rechnen. Wenn man z. B. mit größeren Zahlen operieren musste, die mit römischen Zahlen wiedergegeben wurden, so war dies ein komplexer Rechenvorgang. Man versuche nur einmal 7 zu einer größeren Zahl mit römischen Zahlen zu addieren und dann die gleiche Rechenoperation nach dem tabellarischen Dezimalsystem durchzuführen: MMCDLXXXVII + VII = ? (Ergebnis: MMCDXCIV). Schreibt man hingegen die Zahlen tabellarisch auf, so ist die gleiche Rechnung sehr einfach. Beispiel:

	2	4	8	7
+				7
	2	4	9	4

Die Begeisterung für die arabische Mathematik war anfangs zurückhaltend in Europa. Als man jedoch merkte, welch große Erleichterung dieses Rechnen brachte, wurde auch vieles übernommen, was nicht unbedingt sinnvoll war. So übernahm man im Deutschen die Tradition, die Einerzahlen vor den Zehnerzahlen zu nennen (z. B. zweitausendeinhundert*vier*unddreißig). Dies ist bis heute für Kinder und Ausländer, die die deutsche Sprache lernen müssen, schwer nachzuvollziehen. Araber haben dagegen kein Problem damit, denn sie machen das bis heute genauso.

Die älteste Handschrift seines kleinen Lehrbuches, in dem al-Khawarizmi den Gebrauch der indischen Zahlzeichen erklärt und in das »indische Rechnen« einführt, das Zahlenschreiben, das Addieren und Subtrahieren, das Halbieren und Verdoppeln, das Multiplizieren und Dividieren und das Bruchrechnen, befindet sich in der Österreichischen Nationalbibliothek. Es stammt aus dem Jahre 1143 und beginnt mit den Worten: *Dixit algoritmi* (Also sprach Algoritmi). Hier ist noch erkennbar, dass es sich bei Algorithmi eigentlich nicht um eine mathematische Funktion, sondern eigentlich um den Namen eines Mathematikers handelt.

Neben den Algorithmen ist auf Al-Khawarizmi auch die Algebra zurückzuführen. Das Wort »Algebra«, das in alle europäischen Sprachen übernommen wurde, rührt vom Titel einer seiner wichtigsten Schriften her. Es lautete: *al-kitâb al-mukhtasar fi hisâb al-dschabr wa-l-muqabala* (»Das kurz gefasste Buch über das Rechnen durch Ergänzen und Ausgleichen«) und wurde vermutlich im Jahre 825 im *bait al-hikma* verfasst. In dem Buch geht es um die Lösung von Gleichungen mit Unbekannten. Diese Rechnungen sind heute noch Grundbestandteil jeder mathematischen Ausbildung in der Schule, z. B.: 3x + 4 = 25. Durch Hinzuaddieren oder Subtrahieren, Division oder Multiplikation kann ein unbekannter Faktor ausgerechnet werden.

Übrigens stammt auch unser »x« in diesen Rechnungen als Bezeichnung für etwas Unbekanntes in Gleichungen aus dem Arabischen. Das klingt vielleicht etwas seltsam, denn ein »x« gibt es nicht im Arabischen. Das hatte Al-Khawarizmi aber auch gar nicht geschrieben. Vielmehr schrieb er den Buchstaben ش (»Schin«) als Abkürzung für »*schai'un*« für etwas Unbekanntes in einer Gleichung. »*Schai'un*« heißt im Arabischen einfach nur »Etwas«. ٩ ش bedeutete also »9 (mal) etwas (Unbekanntes)«. Die Spanier gaben das »Schin« mit dem griechischen Buchstaben »x« (chi) wieder, denn dieser ist dem »sch« am Ähnlichsten. Bis heute sagen die Spanier nicht »Mexiko«, sondern »Mechiko«. Andere Europäer verstanden diese Zusammenhänge nicht mehr, sondern verstanden es als lateinisches »x« und fügten, wenn noch weitere Unbekannte auftraten »y« und »z« hinzu, die letzten Buchstaben des lateinischen Alphabets. Deshalb rechnen wir bis heute z. B. $3x + 5y = 10z + 20$.

Nach den Aussagen des Autors enthält das Buch alles, was »aus der Arithmetik überaus brauchbar ist, was Menschen bei Vererbungsangelegenheiten brauchen, bei Teilungsproblemen, bei Rechtsstreitigkeiten, im Handel, und überhaupt bei allen gegenseitigen Beziehungen; oder auch bei der Landvermessung, beim Graben von Kanälen, bei geometrischen Berechnungen und verschiedenen anderen Dingen«. Das Buch ist in 3 Teile gegliedert: 1. Systematische Behandlung und Auflösungen von Gleichnungen ersten und zweiten Grades mit abschließenden Übungsaufgaben, 2. Praktische Vermessungsaufgaben, 3. Lösung von Erbteilungsaufgaben. Auch hier zeigt sich deutlich die praktische Anwendung der Wissenschaften.

Al-Khawarizmi und seine Nachfolger entwickelten Methoden zur rechnerischen Bewältigung komplexer mathematischer Operationen, etwa der Ermittlung der Quadratwurzel einer Zahl. Den Beginn des Umgangs mit Dezimalbrüchen kann man anhand eines um 950 entstandenen Werkes verfolgen, dessen Verfasser ein gewisser *al-Uqlîdîsî* war. Dieser griff offensichtlich insbesondere die Erkenntnise Euklids auf, denn sein Namen bedeutet »der Euklidianer«. Die meisten Werke der Mathematiker wurden ab dem 11. Jahrhundert ins Lateinische übersetzt und begründeten seit dieser Zeit die Grundlagen der modernen Mathematik in Europa.

Einer der bekanntesten wurde *Ibn al-Haitam*, lateinisch Alhazen (gest. 1039). Dieser eignete sich die Kenntnis aller Werke von griechischen und früheren arabischen Mathematikern und Physikern an und machte sich sodann an die Lösung neuer Probleme. Mehr als fünfzig Bücher und Abhandlungen sind von ihm erhalten. Das bekannteste ist das «*kitab al-manâzir*», ins Lateinische übersetzt unter dem Titel «Opticae thesaurus» (Schatzkammer des Sehens). In dieser Schrift widerspricht er u. a. der von Euklid und Ptolemäus aufgestellten Theorie, dass vom Auge Sehstrahlen zum betrachteten Gegenstand wandern. Vielmehr gehe das Licht vom Gegenstand aus und werde vom Auge aufgenommen.

Er befasste sich auch mit dem, was noch heute als «Alhazens Problem» bekannt ist, und löste es mit Hilfe einer Gleichung vierten Grades. Er führte auch zahlreiche Experimente durch. Dank seiner Beschäftigung mit Parabol-Spiegeln und mit der Brechung des Lichts beim Durchgang durch ein transparentes Medium konnte er die Höhe der Erdatmosphäre berechnen. Er gilt als Begründer der neuzeitlichen Optik.

Astronomie

Astronomische Studien hatte man in Mesopotamien schon in persischer Zeit unter den Sassaniden intensiv betrieben. Man stützte sich auf die indische und die griechische Astronomie, wobei Ptolemäus besondere Bedeutung zukam. Als die Araber sich für diese Wissenschaft zu interessieren begannen, ließen sie Übersetzungen nicht nur aus dem Griechischen und Altsyrischen anfertigen, sondern auch aus dem Sanskrit und dem Pahlevi. Theoretischer Grundlagentext war der Almagest (arabisch *al-midschisti*), d.h. die *Megale Syntaxis* des Ptolemäus. Die Übersetzung entstand wahrscheinlich Ende des 8. Jahrhunderts und wurde mehrmals überarbeitet und mit zahlreichen Kommentaren und Einführungen versehen. Mit Ptolemäus glaubten die arabischen Astronomen an eine feststehende Erde, um die sich acht Himmelssphären drehten. Diese trugen Sonne und Mond, die fünf Planeten und die Fixsterne. Um dieses System mit den beobachteten Phänomenen in Einklang zu bringen, bedurfte es komplizierter Theorien von Epizyklen und mathematischer Korrekturen. Mit der Zeit erkannten die Araber die Schwächen des ptolemäischen Systems und rückten von ihm ab, ohne jedoch eine überzeugende Alternative zu haben. Immerhin gelang *Ibn asch-Schâtir* aus Damaskus (um 1350) eine beträchtliche Vereinfachung der mathematischen Berechnungen im Zusammenhang mit der Astronomie. Der besondere Beitrag der Araber bestand darin, dass ihr Augenmerk nicht so sehr der Theorie galt, sondern den »zidsch«, das heißt Werken mit astronomischen Tafeln, in denen Himmelsbeobachtungen festgehalten wurden. Es gab viele solcher Tafelwerke, sei es indischen, persischen oder griechischen Ursprungs. Die Unstimmigkeiten zwischen den verschiedenen Tafelwerken veranlassten die Araber zu genauerer Himmelsbeobachtung und komplizierten mathematischen Berechnungen. Al-Bategnius (*Muhammad ibn Dschâbir al-Battanî*, ca. 860–929) legte besonders genaue Tafelwerke an. Damit gelang es ihm, die Länge des Sonnesjahres bis auf 2 Minuten genau zu berechnen und das Weltbild des Ptolemäus zu korrigieren. Ebenso gelang es ihm, die Bewegung von mehreren Planeten sehr genau zu berechnen. Noch im 18. Jahrhundert hat man sich in Europa zu vergleichenden Zwecken auf seine exakten Beobachtungen von Mond- und Sonnenfinsternissen bezogen. Aber auch in der Trigonometrie erwarb er sich große Verdienste. Er benutzte erstmals den Sinus und bewies als erster den Sinussatz.

Medizin

Die Araber fanden in Mesopotamien ein blühendes Gesundheitswesen vor. Den Mittelpunkt bildete die Akademie der Nestorianer in Dschundischapur. An ihr verband man das Studium der medizinischen Theorie Galens und anderer griechischer Autoren mit praktischem Unterricht in einem Ausbildungskrankenhaus, das der Akademie angeschlossen war. Es wurde griechische Naturwissenschaft und Philosophie gelehrt, und diese Fächerverbindung behielten die Muslime auch in ihren Schulen, die ab dem 8. Jahrhundert gegründet wurden, bei. Viele Lehrer waren daher auf mehreren Gebieten hoch qualifiziert. Der vielleicht größte islamische Philosoph, Avicenna, war auch ein hervorragender Arzt.

Die Araber erkannten recht bald den Wert des bestehenden Gesundheitswesens und machten Gebrauch davon. Mehrfach ließen Kalifen bei Krankheiten die christlichen Ärzte aus Dschundischapur rufen, bis sie sie schließlich – nicht immer mit ihrem Einverständnis – ganz nach Bagdad abzogen. Der Sohn von *Dschirdschis Ibn Dschibril Bar Yischu'*, der Leiter der medizinischen Schule in Dschundischapur, begründete nach dem Tod des Vaters die medizinische Tradition in Bagdad. Er schrieb ein Handbuch der Medizin auf Syrisch, das dann ins Arabische übersetzt wurde. Einen großen Raum in seiner Medizin nahmen diätische Verordnungen ein. Er benutzte neben pflanzlichen auch mineralische Heilmittel (z. B. Arsen) und es sind auch Bemerkungen zur Pathologie der Gebärmutter oder des Brustkrebs überliefert.

Im Jahr 800 wurde auf Anregung von Kalif Harun ar-Raschid ein eigenständiges Krankenhaus in Bagdad errichtet, dem viele andere ab dem 9. Jahrhundert auch in den Provinzhauptstädten des islamischen Reiches folgten. Die Gründer waren meist wohlhabende Männer, zum Beispiel Wesire, die eine hohe Geldsumme als *waqf* (Stiftung) einbrachten. Aus deren Ertrag wurden die Belegschaft und die Ausstattung der Krankenhäuser bezahlt. Ab dem frühen 10. Jahrhundert wurde von der Einrichtung von mobilen Kliniken mit Apotheken zur medizinischen Versorgung der Dörfer im unteren Irak sowie von Gefängnisvisitationen durch Ärzte berichtet.

Eines der größten war das Mansuri-Krankenhaus in Kairo, dessen Reste noch heute besichtigt werden können. Es wurde 1284 gegründet und hatte angeblich Platz für achttausend Patienten. Dieses Krankenhaus war großzügig ausgestattet. Es gab spezielle Stationen für Patienten mit Fieber, Augenentzündungen, Ruhr oder für chirurgische Fälle. Männer und Frauen wurden in getrennten Abteilungen untergebracht. Neben den Ärzten, unter ihnen Spezialisten wie Chirurgen, Augenärzte und Internisten, gab es Pflegepersonal beiderlei Geschlechts, zahlreiche Behandlungsräume, einen großen Verwaltungsstab, eine Apotheke, Vorratskammern, einen Gebetsraum, eine Bücherei und einen Vortragssaal. Dampfbäder, Gymnastik, Massagen, Musiktherapie sowie die Anlage einer schönen Gartenanlage sollten die Genesung fördern. Aufgrund der Größe und der immer komplexer werdenden Struktur vieler Krankenhäuser entstanden bald auch schon erste Handbücher über Krankenhausverwaltung.

Als nach der ersten Periode der Übersetzungen die Hauptwerke Galens und Hippokrates' auf Arabisch vorlagen, verloren die Christen ihre Monopolstellung in der Medizin. Manche Muslime brachten es in der Medizin so weit, dass sie ihre griechischen und christlichen Lehrmeister überragten. Dies gelang ihnen vor allem durch die Verbindung eines enormen theoretischen Wissens mit penibler Beobachtung während der klinischen Praxis.

Genannt seien hier nur die drei berühmtesten Ärzte, *Abu Bakr Muhammad Ibn Zakariyya ar-Râzî* (lat. »Rhazes«), *Abu 'Ali al-Husain ibn 'Abdallah ibn Sinâ* (lat. »Avicenna«), sowie ein *'Ali ibn 'Abbâs al-Madschûsî* (lat. »Haly Abbas«), die eine besondere Bedeutung für Europa hatten, da insbesondere auf ihren Schriften die moderne Medizin des Westens aufbaute. Doch gab es zwischen 800 und 1300 mehr als siebzig Autoren, von denen medizinische Schriften auf Arabisch bekannt sind. Die meisten dieser Wissenschaftler waren Muslime, doch finden sich darunter auch einige Christen und Juden.

Rhazes (ca. 865 – 928)

Abu Bakr Muhammad ibn Zakariyya ar-Râzî, latinisiert »Rhazes«, war Leiter eines Krankenhauses in Bagdad und Autor eines umfangreichen naturwissenschaftlichen und philosophischen Werkes. Die Medizin war jedoch nach allgemeiner Ansicht seine größte Stärke. Mehr als fünfzig seiner Werke sind erhalten geblieben. Eines der bekanntesten ist eine Abhandlung über Pocken und Masern, von der Übersetzungen ins Lateinische, Griechische, Französische und Englische angefertigt wurden. Seine Beschreibung und seine Therapievorschläge sind weitgehend bis heute gültig. Er gilt als der Empiriker, da er bei der Ausbildung der Ärzte sehr darauf bestand, dass die Ärzte sich nicht in Spekulationen ergingen, sondern vor allem anderen sehr genau den Krankheitsverlauf und sämtliche Therapiemaßnahmen bis ins Detail dokumentierten.

Sein größtes Werk war *Al-Hawi*, »Das Umfassende«, ein Kompendium des gesamten medizinischen Wissens seiner Zeit, das nach *ar-Razis* Tod seine

Schüler herausgaben. Zu jeder Krankheit referierte er zunächst die Ansicht griechischer, syrischer, indischer, persischer und arabischer Autoren, die er durch Beobachtungen aus seiner eigenen klinischen Praxis ergänzte, um zuletzt ein abschließendes Urteil zu fällen. Eine wichtige Errungenschaft war dabei sein System der wissenschaftlichen Überprüfung von Therapiemaßnahmen durch Kontrollgruppen. Ende des 13. Jahrhunderts wurde das Kompendium von einem jüdischen Arzt ins Lateinische übersetzt.

Haly Abbas (gest. 994)

Ein weiterer Mediziner von höchstem Rang war *'Ali ibn 'Abbâs al-Madschûsî* (lat. »Haly Abbas«). Sein besonderer Beitrag lag darin, dass er eine Kurzfassung der Ausführungen von *ar-Razis* Wissen zusammenstellte. Niemand bestritt zwar den eminenten Rang des »Continens« des *ar-Razi*, aber für die Praxis war er doch vielen zu langatmig. So verfaßte dieser persische Arzt ein halbes Jahrhundert später ein ebenso gründliches, aber weniger dickes Kompendium. Er war Leibarzt des Sultans Adud ad-daula, und sein Buch hieß »Kitab kamil as-sina'a at-tibbiyya« (»Das Buch der ganzen Heilkunst«). Es war eines der ersten medinischen Bücher, das ins Lateinische übersetzt wurde und als »*Liber regius*« zahlreichen Generationen von Ärzten als wichtigstes Lehrbuch diente, die die moderne Medizin in Europa begründeten.
Er beschrieb darin die Elemente und Körperessenzen, die Physiologie und die Anatomie des menschlichen Körpers. Er erläuterte die Notwendigkeit der Hygiene und gesunden Ernährung, um Krankheiten vorzubeugen, und empfahl therapeutische Maßnahmen bei Erkrankungen. Grundlegend sind dabei seine Behandlungsmethoden bei Fieber, bei Erkrankungen des Augen-, Nasen- und Rachenraumes und seine Beschreibung der Verdauung. Durch sein Buch wurden erstmals auch zahlreiche chirurgische Methoden in Europa bekannt, die in der islamischen Kultur als Standardoperationen vertraut waren, aber in Europa als etwas völlig Neues galten.

Avicenna (ca. 980–1037)

Der dritte hervorragende Mediziner, der vielen jedoch noch mehr als Philosoph bekannt ist, war *Abu 'Ali al-Husain ibn Abdallah ibn Sina*, kurz Ibn Sina oder Avicenna. Er wurde um 980 in Afschana im Samanidenreich geboren und starb 1037 in Hamadan. Er war wie ar-Razi Universalgelehrter und soll als Philosoph noch größer gewesen sein denn als Arzt. Trotzdem gilt sein *qanun al-tibb* (»Kanon der Medizin«) als Meisterwerk der Systematisierung des arabischen medizinischen Wissens. Der Kanon wurde im 12. Jahrhundert ins Lateinische übersetzt und beherrschte den medizinischen Unterricht in Europa bis mindestens gegen Ende des 16. Jahrhunderts. Sechzehn Auflagen, darunter eine hebräische, erlebte das Buch allein im 15. Jahrhundert, zwanzig Auflagen im 16. und nochmals einige im 17. Jahrhundert. Hinzu kamen unzählige Kommentare auf Lateinisch, Griechisch und in den verschiedenen Nationalsprachen Europas.

Eine seiner wichtigsten Erkenntnisse bestand darin, dass er Tuberkulose und Geschlechtskrankheiten erstmals als ansteckende Krankheiten erkannte und beschrieb. Auch die Notwendigkeit der operativen Entfernung von Krebswucherungen wurde von ihm erstmals erkannt. Er experimentierte mit verschiedenen Mitteln zur Schmerzbekämpfung und setzte dabei auch Alkohol und andere Drogen ein. All dies verschaffte ihm bei den orthodoxen Gelehrten nicht nur Freunde, sondern auch große Feinde. Die Kalifen, die jedoch an der Nutzung des Wissens dieses genialen Wissenschaftlers interessiert waren, ließen ihn größtenteils gewähren.

Chemie

Eng verbunden mit der Medizin war die Chemie, denn ein Arzt musste in der Regel auch seine Medizin selbst herstellen durch Kombination von verschiedenen Naturheilmitteln und Versetzung mit verschiedenen Substanzen. Das Wort Chemie wurde aus dem Arabischen *al-Kimiyya* übernommen und bezeichnet bis heute in allen europäischen Fremdsprachen eine wichtige Wissenschaftsdisziplin. Alchemie befasste sich zum einen mit der allegorisch-mystischen Deutung chemischer Reaktionen, d. h. mit der spirituellen Entwicklung des Menschen, und war damit weit entfernt von dem, was heute Chemie heißt. Eine andere Richtung hingegen versuchte, die Beschaffenheit der Materie und ihre Veränderungsprozesse zu ergründen. Zwar scheint auch dies mit moderner Chemie oft wenig zu tun zu haben, glaubten diese Alchimisten doch an die Möglichkeit der Umwandlung von Elementen.

Wenn man aber das begrenzte Wissen jener Zeit berücksichtigt, ist klar, dass der Alchimist der zweiten Art dieselbe Kategorie von Fragen stellte wie der moderne Chemiker heute. Ebenso bediente er sich bereits ähnlicher experimenteller Methoden. Ins Lateinische übersetzt wurden alchemistische Werke beiderlei Typs, doch sollen im Folgenden nur die wissenschaftlichen Werke Erwähnung finden, die die Grundlage für die moderne Disziplin der Chemie bildeten.

Der wichtigste Vertreter der arabischen Alchemie ist Abu Musa Dschabir Ibn Hayyan (lat. »Geber«). Er lebte in der zweiten Hälfte des 8. Jahrhunderts, allerdings sind zahlreiche ihm zugeschriebene Schriften vermutlich erst im 9./10. Jahrhundert oder noch später entstanden. Das Werk enthält eine umfassende Darstellung der Alchemie als experimenteller Naturwissenschaft und erläutert verschiedenartige Instrumente und Methoden zur Behandlung chemischer Substanzen. Dabei stützt es sich auf Theorien, die aus der aristotelischen Naturwissenschaft abgeleitet sind. Das Werk beschreibt die Zubereitung vieler Substanzen und Methoden zu deren Reinigung. Zahlreiche Wörter für chemische Substanzen und chemische Gefäße sind aus dem Werk Gebers in die europäischen Sprachen eingegangen (z. B. Soda, Alaun, Zucker, Alkohol, Aldehyd, Alkali, Anilin, Antimon, Natrium, Kalium, Amalgam, Lack).

Einige große Gelehrte der islamischen Welt waren in der Alchemie ebenso bewandert wie in anderen Disziplinen. Der Arzt ar-Razi schrieb ebenso einige wichtige Abhandlungen über die Alchimie. Die Hypothese von der Umwandlung der Elemente widerlegten sowohl der Philosoph und Arzt Ibn Sina als auch ein anderer großer Gelehrter, al-Biruni. Dieser war zwar vor allem ein Kenner Indiens, doch befasste er sich auch mit indischer Naturwissenschaft. Als Alchimist ermittelte er das spezifische Gewicht vieler Substanzen und erzielte dabei ein hohes Maß an Genauigkeit.

Geographie

Abû Rayhan Muhammad ibn Ahmad al-Birûnî (lat. Al-Birûnî) wurde 973 geboren und wurde von Mahmud von Ghazni an den Hof nach Ghazni (heute im Norden von Afghanistan) geholt, wo der Herrscher mit Hilfe seiner Überfälle auf Indien ein neues prächtiges Reich schuf. Insgesamt 17-mal soll Mahmud von Ghazni in Indien eingefallen sein und zahlreiche Tempelschätze von Hindu- und Jainatempeln zerstört und geplündert haben. Bis heute gilt dieser Herrscher in Indien als so etwas wie ein Dschingis Khan. Bei einigen dieser Raubzüge nahm Mahmud von Ghazni allerdings auch Wissenschaftler mit, um die Kultur und Religion des Landes zu erforschen. Zu ihnen gehörte Al-Biruni, der nach seiner Rückkehr die erste Beschreibung des Landes Indien, seiner Kultur und seiner Religionen vornahm, die uns überliefert wurde. Er führte in der Geographie das System der Längengrade ein, um die Lage eines Ortes genauer zu bestimmen und er kann mit seiner recht objektiven Beschreibung der Religionen Indiens auch als einer der ersten Religionswissenschaftler angesehen werden. Er versuchte nicht nur die Geschichte der Religionen unter Berücksichtigung der Originalquellen und deren Selbstverständnis zu beschreiben, sondern machte auch erste Vergleiche, darunter einen Vergleich hinduistischer Ethik mit der christlichen. Als Universalgelehrter trug er jedoch auch noch in anderen Wissenschaftsbereichen wesentliches bei. So gelang ihm eine fast exakte Berechnung des Radius der Erde. Er entwarf ein Instrument zur Bestimmung der Dichte von Elementen und schrieb einige grundlegende Werke über Mineralien und Heilpflanzen.

Philosophie

Medizin, Astronomie und Mathematik waren zunächst die vordringlichen Wissenschaften, an denen die Araber Interesse hatten. Bei der Lektüre und Übersetzung griechischer Autoren begegneten sie jedoch auch philosophischen Auffassungen, mit denen man sich im Laufe der Zeit immer stärker auseinandersetzte. Sie bestimmten mehr und mehr das gesamte islamische Denken. Philosophischem Gedankengut begegneten die Muslime zunächst im religiösen Disput mit den Christen. Ab dem 9. Jahrhundert wurden dann auch philosophische Schriften übersetzt.

Ein wichtiger Grund dafür, dass man sich in der Abbasidenzeit auch mit den Philosophen zu beschäftigen begann, war auch die Tatsache, dass sich die Abbasiden ganz bewusst nicht mehr wie die Umayyaden als Anführer einer arabisch-islamischen Stammeskonförderation sahen, die andere besiegt hatten und sie kontrollierten. Ihr Anspruch griff viel weiter aus: Sie wollten in die Nachfolge aller von ihnen repräsentierten Kulturen treten. Sie verstanden sich also nicht bloß als Hüter arabischer Stammestraditionen, sondern auch als Hüter und Förderer aller anderen Kulturen, die unter den Machtbereich des Islam geraten waren, ob das nun die byzantinische, die persische oder auch die indische Kultur war. Das brachte es mit sich, dass die Abbasiden sich in ihrer Kulturpolitik auch mit dem philosophischen Erbe der Antike beschäftigten. Auffällig ist auch, dass ein Großteil der bisher hier aufgezählten Wissenschaftler nicht arabischer, sondern byzantinischer, syrischer und persischer Herkunft war.

Insoweit reklamieren viele Errungenschaften, die hier beschrieben werden, Perser, Griechen und Syrer gleichermaßen auch für sich und bestreiten, dass es sich um eine arabisch-islamische Wissenschaft handelt. Wichtig daran ist, dass die Blüte der Wissenschaft und Kultur durch eine intensive

Kulturbegegnung und Synthese der Erkenntnisse aus verschiedenen Traditionen zustandekam. Dies kann übrigens auch einen anderen Blick eröffnen auf die heutige Begegnung der Kulturen: Diese stellt nicht nur eine Gefahr dar, sondern kann auch eine große Chance der Weiterentwicklung von Gesellschaft und Kultur sein.

Al-Kindi (ca. 800–870)

Die Anfänge der islamischen Philsophie sind untrennbar verknüpft mit dem Namen von *Abu Ya'qûb ibn Ishâq al-Kindî* (lat. »Alkindus«). Er wurde von seinen Zeitgenossen als »der Philosoph der Araber« bezeichnet, weil er einer der wenigen Wissenschaftler war, der nicht persischer, byzantinischer oder syrischer Herkunft entstammte. Er hatte einen entscheidenden Anteil an der Begründung der philosophischen Wissenschaft in arabischer Sprache. Er stammte aus einer einflussreichen südarabischen Familie, studierte zunächst in Kufa und dann in Basra und verbrachte einen Großteil seines Lebens dann am Kalifenhof in Bagdad.

Kindis Werk ist nicht einheitlich, sondern lässt eine deutliche Entwicklung erkennen. Dies hängt damit zusammen, dass zahlreiche philosophische Schriften erst zu seiner Lebenszeit übersetzt wurden und ihm immer wieder Anlass gaben, sein philosophisches System zu verändern und weiterzuentwicklen. Er scheint sogar selbst mehrere Übersetzungen philosophischer Schriften von Aristoteles und Platon angeregt zu haben und hatte Anteil an der Verbesserung und Verfeinerung der philosophischen Terminologie im Arabischen, insoweit er an vielen Stellen das wissenschaftliche Vokabular zur Wiedergabe griechischer Termini verbesserte und zu normieren versuchte.

Während er an seinen eigenen Werken arbeitete, veränderte sich ständig die Grundlage seines Nachdenkens. Stets wurden neue Texte mit anderen Fragestellungen und anderen Lösungsansätzen bekannt, so dass er mehrfach gezwungen wurde, seine Vorstellungen zu modifizieren und durch Anregungen aus Quellen zu ergänzen, die vorher noch nicht zugänglich waren. Dies lässt sich insbesonere an seinem Hauptwerk über die »Erste Philosophie«, zeigen, worin er sich mal an aristotelische, mal an platonische, mal an neuplatonische Vorstellungen und Werke anlehnt.

Im ersten Teil beschreibt er in Anlehnung an Aristoteles' Metaphysik die Aufgabe des Philosophen. Diese bestehe darin, die Wahrheit zu suchen und den Ursachen für Form, Materie, Bewegung und Zweck aller Dinge nachzugehen. Im zweiten Teil erklärt Al-Kindi, dass die Welt sowohl im

Blick auf den Raum als auch im Blick auf die Zeit endlich ist. Er greift dabei teilweise auf Aristoteles, teilweise auf den Neuplatoniker Johannes Philoponos zurück. Im dritten Teil versucht er die Existenz Gottes mit dem Argument zu beweisen, dass die Vielheit der sinnlich wahrnehmbaren Dinge auf die Existenz des ursprünglich Einen zurückgeführt werden müsse. Hier lässt sich zeigen, dass er Gedanken des Neuplatonikers Proklos aufgreift, denn was er erklärt, lässt sich weder mit Aristoteles noch mit Johannes Philoponos verbinden. Im vierten Teil beschreibt Al-Kindi schließlich Gott mit Hilfe einer »theologia negativa«, die ganz in der Tradition des Neuplatonismus steht. Allerdings nimmt er ganz zum Schluss dann auch noch das religiöse Dogma auf, indem er behauptet, dass Gott nicht die Welt von Ewigkeit her bewirkt, sondern in der Zeit aus dem Nichts geschaffen habe.

Al-Kindi versuchte also möglichst viele philosophische Konzepte und Argumentationsstrategien mit seinen eigenen Überzeugungen zu verbinden. Handelte es sich um Themen der Naturphilosophie, so war seine Haltung vornehmlich aristotelisch. Bei Fragen der Psychologie und Ethik stand al-Kindi jedoch eher in platonischer Tradition.

Sein bedeutendstes Werk, das am stärksten eigene Konzepte aufweist, ist die sehr einflussreiche Schrift »Über den Intellekt«. Er knüpfte darin an die Ausführungen von Aristoteles an, bot nun aber eigene Deutungen. Nach ihm ist die geistige Erkenntnis in drei Stufen aufgebaut. a) Der potentielle Intellekt: Dies ist das grundsätzliche Vermögen des Menschen zu denken. b) Der aktualisierte oder erworbene Intellekt: Das ist das Wissen, das sich ein Mensch angeeignet hat, das aber gerade nicht angewandt wird: Ein Mensch, der sprechen, lesen, schreiben kann, aber nicht momentan diese Tätigkeiten ausübt. c) Der sichtbare oder demonstrative Intellekt: Das Vermögen des Menschen, das erworbene Wissen anzuwenden. Diese Dreiteilung wurde von zahlreichen islamischen Autoren, aber auch von europäischen Autoren später übernommen.

Prägend für seinen philosophischen Ansatz war, dass er die philosophische Erkenntnis und das Wissen, das sich aus der Offenbarung ableitet, noch nicht auf eine gemeinsame Basis stellte, sondern unvermittelt nebeneinander bestehen ließ bzw. in Konfliktfällen der Religion den Vorrang gab. Dies zeigt sich z.B. in seiner ersten Philosophie, in der er ganz zum Schluss die Lehre von der Schöpfung aus dem Nichts einführt, obwohl dafür keine nähere Begründung gebracht wird. Dies zeigt sich aber auch darin, dass er an anderer Stelle z.B. von der Auferstehung des Leibes spricht, obwohl dies in keinen Zusammenhang mit der platonischen Seelenlehre gebracht wird, oder seinem Eingeständnis, dass die Philosophie immer nur schrittweise der Wahrheit näher kommen könne, während die Propheten ein vollkommenes und ewiges Wissen – weil auf göttliche Offenbarung beruhendes Wissen – besäßen.

Rhazes

Ein zweiter großer philosophischer Entwurf wurde von *Abu Bakr Muhammad ibn Zakariyya ar-Razi*, latinisiert »Rhazes«, vorgelegt, von dem schon im Zusammenhang mit der Medizin die Rede war. In seiner Zeit entwickelte sich das Denken der Philosophen und das Denken der religiösen Gelehrten immer weiter auseinander. Die Theologen, die lange Zeit bereit gewesen waren, mit den verschiedensten gedanklichen Anregungen auch aus dem antiken Erbe zu operieren, betonten jetzt die Normativität der göttlichen Offenbarungen und der islamischen Überlieferung. Maßgeblichen Anteil daran hatten *Abû al-Hasan Ibn Ismâ'îl al-Asch'ari* (gest. 935) und *Muhammad Ibn Mahmûd Abu Mansur al-Maturidi* (gest. 944). Sie verzichteten zwar nicht auf die Anwendung von rationalen Beweisführungen, meinten aber, jedes Dogma müsse aus dem Koran oder aus den Hadithen begründet bzw. abgesichert werden.

Die Philosophen hatten dagegen ganz andere Ziele. Sie beschränkten sich nicht mehr auf das Postulat, die Philosophie möge im Sinne Al-Kindis Argumente und Erklärungsmodelle im Dienste des islamischen Dogmas bereitstellen. Vielmehr hieß es jetzt, sie müsse sich von allen religiösen Vorbedingungen freimachen und in Verfolgung ihrer eigenen Axiome und Methoden nach unbedingter Erkenntnis streben.

So lautete jedenfalls die Forderung, die Rhazes aufstellte. Mit ihm begegnen wir dem ersten Denker im islamischen Kulturkreis, der ohne Einschränkung für die Autonomie der Philosophie eintrat. Als Arzt wurde er weitgehend anerkannt. Sein Kompendium der Medizin wurde über Jahrhunderte hinweg in der islamischen Welt benutzt. Seine philosophischen Anschauungen hingegen stießen jedoch weitgehend auf Ablehnung. Warum, das lässt sich schnell feststellen, wenn man seine philosophische Konzeption betrachtet.

Er meinte nämlich, dass die Welt nicht auf ein einziges Prinzip, auf Gott, sondern auf fünf Prinzipien zurückzuführen sei: Neben Gott, der auch als vollkommener Intellekt beschrieben wird, sollen auch die Zeit, der Raum, die Universalseele und eine unstrukturierte und aus Atomen bestehende Materie anfangslos und endlos sein. Sie alle waren nach Rhazes ursprünglich getrennt und ohne jede Verbindung. Dann aber kam es zu einem Prozess, der bis heute anhält: Die Seele wollte sich mit der Materie verbinden. Dies scheiterte jedoch, woraufhin Gott eingriff und in seiner Barmherzigkeit es ermöglichte, dass die Seele in den Körper einging. Dann schenkte er der Seele noch Anteil an seinem Intellekt. Mit dessen Hilfe können wir unsere Herkunft und unsere Bestimmung erkennen. Denn der Intellekt zeigt uns, dass unsere Seelen gar nicht in die Körper gehören, sondern zu ihrem Ursprung wieder zurückfinden müssen. Das gilt für jeden von uns, weil alle Menschen hinreichende intellektuelle Fähigkeiten besitzen, um ihre Seelen zu befreien.

In seinen ethischen Werken »Die geistige Medizin« und »Die philosophische Lebensweise« erklärt er, wie die Seelen zur Tugend erzogen werden können. Vornehmlich geschieht dies durch Streben nach Erkenntnis, durch gutes Handeln, Mitleid, maßvollen Genuss und Vertrauen auf den barmherzigen Gott. Sind die Seelen auf diese Weise aufgestiegen, wird die geschaffene Welt vergehen und der Ausgangszustand wiederhergestellt werden. Dann wird die Universalseele restituiert sein – so wie sie ursprünglich war, aber um die Erkenntnis reicher, dass ihre Bestimmung nicht in der Verbindung mit der Materie liegt.

Al-Farabi

Der dritte große philosophische Entwurf wurde von *Abu Nasr Muhammad al-Farabi* entworfen. Über seine Kindheit und Jugend gibt es keine klaren Informationen. Möglicherweise stammt er aus einem Ort im Norden von Transoxanien oder in Afghanistan. Auch ist nicht klar, ob er persischer oder türkischer Abstammung war. Sicher ist nur, dass er schon als Kind nach Bagdad kam und dort bei christlichen Wissenschaftlern in die Lehre ging. In der Wissenschaftsgeschichte wird al-Farabi als »zweiter Lehrer« nach Aristoteles angesehen. Im Unterschied zu den vorgenannten Philosophen lag zu seinen Lebzeiten bereits die ganze Fülle der antiken philosophischen Texte vor.

Kernpunkt seiner Auseinandersetzung bildeten die logischen Schriften des Aristoteles. In ihnen erkannte al-Farabi nicht nur eine zutreffende Struktur des menschlichen Denkens, sondern auch eine Beschreibung der verschiedenen Argumentationsformen, deren sich ein denkender Mensch bedienen kann. Er behandelte Fragen der Kategorienbildung, der Hermeneutik und der verschiedenen Formen der logischen Schlüsse.

Er unterschied dabei a) den *demonstrativen* Schluss, der von gesicherten Prämissen zu einem unanfechtbaren Ergebnis führt; b) den *dialektischen*

Schluss, der von wahrscheinlichen, das heißt aus guten Gründen geglaubten Prämissen ausgeht und sich häufig im Für und Wider einer Diskusion entwickelt; c) den *rhetorischen* Schluss, der seine Adressaten überzeugen soll und deswegen von allgemein herrschenden Meinungen ausgeht; d) den *poetischen* Schluss, der zum Ziel hat, in den Hörern eine bestimmte Vorstellung zu evozieren, um aus ihnen Schlussfolgerungen zu ziehen; e) den *Trugschluss*, bei dem unklare Prämissen und logische Irrtümer vorliegen. Diese Schlussarten sind für al-Farabi Formen des menschlichen Wissens. Sie geben die verschiedenen Weisen an, in denen sich unsere Rationalität ausdrücken kann. Diese verschiedenen Erkenntniswege weist er den verschiedenen Wissenschaften zu: a) Demonstrativer Schluss: Die Philosophie biete universal gültige Sätze; b) Dialektischer Schluss: Rechtswissenschaft, Sprachwissenschaft, Theologie; dieser werde jedoch nur von bestimmten Anhängern einer Religion und einer Region geteilt; c) Rhetorischer und d) Poetischer Schluss: Texte der Offenbarung, die nicht überzeugen können, aber einen Menschen durch Beispiele dennoch zur Wahrheit führen können; e) Trugschluss: Fehlerhafter Schluss. Mit diesen Definitionen rückte Farabi das *Organon* des Aristoteles in den Mittelpunkt der philosophischen Debatte. Wer sich zu Fragen der Philosophie, Theologie und der Rechtswissenschaft kompetent äußern wolle, müsse dieses Textkorpus kennen. Das leitete eine jahrhundertelange intensive Beschäftigung mit der aristotelischen Logik ein.

In einem anderen Werk legt al-Farabi dar, wie sich die menschliche Wissensgeschichte entwickelt habe. Der Anfang sei durch die Sprache gegeben, mit der Dinge begrifflich zu fassen gewesen seien. Dann habe man Kenntnisse in Mathematik und Physik erworben, in denen man bereits die Frage nach dem Grund der Dinge aufgeworfen habe. Letztlich habe man die Wissenschaft der Dialektik und der Politik entwickelt. Schließlich habe Aristoteles mit dem Organon gezeigt, wie man Sachverhalte nicht nur verteidigen, sondern auch unwiderlegbar beweisen könne. Diese Methode sei jedoch nicht allen zugänglich. Deshalb habe es einen anderen, einfacheren Zuganges zur Wahrheit bedurft. Dieser war den Menschen durch die Religion, das heißt konkret durch die Propheten, geschenkt worden. Sie gründeten ihre Aussagen nämlich nicht auf universale Begriffe und apodiktische Beweise, sondern führten ihre Anhänger zur rechten Einsicht, indem sie auf ältere und zugleich anschaulichere Formen des Argumentierens zurückgriffen.

Damit war die Rollenverteilung noch pointierter formuliert: Die Religion konnte nicht der Ort sein, um Wahrheiten zu begründen oder gar zu beweisen. Den Propheten kommt die Aufgabe zu, die Wahrheit unter all jenen Menschen zu verbreiten, die zu einer philosophischen Beweisführung nicht im Stande sind. Bewiesen wird die Wahrheit jedoch alleine durch die Philosophie. Sie illustriert ihre Aussagen nicht mit einzelnen Gleichnissen und Symbolen, sondern demonstriert sie im Allgemeinen des Begriffs. Deshalb sei sie auch keine partikulare Wissenschaft, die nur in einem bestimmten Sprach-Kulturkreis Anerkennung finden könne, sondern eine universale Wissenschaft, die überall Gültigkeit besitzt. Dies geschah zunächst in Griechenland, wo Platon und Sokrates lehrten, wurde dann in den Schulen in Alexandria und Harran weiter fortgeführt und wird nun in der Welt des Islam durch die islamischen Philosophen weitergeführt.

Avicenna

Ibn Sina, von dem wir ebenfalls schon im Zusammenhang mit der Darstellung der Medizin hörten, hat dem arabischen Aristotelismus seine endgültige Gestalt gegeben. Für viele galt der Universalgelehrte im Mittelalter als der größte Gelehrte der Araber. Er stammte aus Khorazan (im heutigen Afghanistan), wuchs in Buchara auf und beschäftigte sich in seinen philosophischen Studien vor allem mit al-Farabi. Während al-Kindi und al-Farabi ihre Philosophie unter dem Schutz der Abbasidenkalifen betreiben konnten, bekam Ibn Sina die Regionalisierung und Zersplitterung der islamischen Welt hautnah zu spüren. Wegen Kriegswirren zwischen verschiedenen islamischen Dynastien wanderte er mehrfach in verschiedene Städte im heutigen nördlichen Persien und Afghanistan umher und verbrachte seine Zeit als Gelehrter an verschiedenen Fürstenhöfen. Erst seine letzten Lebensjahre waren etwas ruhiger. Doch als der Fürst von Ghazni 1030 Isfahan eroberte, wurde sein Haus geplündert und seine Bibliothek nach Ghazni gebracht. Er selber starb, erneut auf der Flucht, 1037 bei Harran, wo auch heute noch sein Grabmal zu besichtigen ist.

Als erster islamischer Philosoph schuf Ibn Sina ein kohärentes System der Wissenschaften. Sein Hauptwerk *asch-Schifâ'* »Die Heilung (der Seele vom Irrtum)« behandelt Logik, Physik, Mathematik und Metaphysik in vier Kapiteln. Es ist die für die ganze Folgezeit maßgebende, einflußreichste Synthese der aristotelisch-neuplatonischen Metaphysik. Zugleich ist es auch der umfassendste Versuch, philosophisches und religiöses Denken miteinander zu verbinden.

Mit der Vorstellung, dass etwas existiert, ist für Avicenna die Annahme einer ersten, notwendig seienden und notwendig wirkenden Ursache verbunden. Avicenna spricht von dem *wadschib al-wudschud*, dem Notwendig-Seienden, das alles andere hervorbringt und das in der religiösen Sprache

Gott genannt wird. Nur dann, wenn eine solche Ursache am Ursprung des Seins steht, sei es erklärbar, dass die vielen kontingenten Dinge, die wir in der Welt wahrnehmen, überhaupt existieren. Diese Annahme hat jedoch eine weitere Konsequenz: Sie impliziert nicht nur die Notwendigkeit der Existenz Gottes, sondern besagt auch, dass alles, was von ihm bewirkt wird, mit Notwendigkeit an seine Existenz gebunden ist. Die Dinge, die von ihm hervorgebracht werden, müssen folglich gleichzeitig mit ihm existieren, weil notwendige Wirkungen von ihrer Ursache nicht zu trennen sind. Gott existiert aber von Ewigkeit her, denn er ist ja der Notwendig-Seiende. Also besteht auch die Welt schon immer, da ihr Sein von Ewigkeit her von ihm bewirkt wurde. Insbesondere diese Folgerung hat Avicenna heftige Kritik eingetragen. Man warf ihm vor, den Aussagen des Korans zu widersprechen und den grundsätzlichen Unterschied zwischen Gott und der Schöpfung zu relativieren. Obwohl dies nicht seine Absicht war und er eher die ontologische Differenz zwischen Gott und den Geschöpfen herauszuarbeiten versuchte, wurde er scharf angegriffen. Ihn hatte vor allem der Theologe al-Ghazali im Auge, wenn er später die Philosophie kritisierte. Es sind besonders Avicennas neuplatonische Ideen einer Emanation der Welt aus Gott und einer außergöttlichen ewigen Materie, die al-Ghazali im Widerspruch zur Offenbarung zu stehen schienen.

Doch Ibn Sina blieb wirksamster Vermittler griechischen Denkens, der in seiner Seinslehre in beeindruckender Weise den schon von al-Farabi gesehenen Unterschied zwischen Wesen und Existenz in jedem Seienden herausarbeitete. Nur bei Gott, dem Notwendig-Seienden, falle Wesen und Existenz in eins. Nur von ihm her könne die ganze Kette der existierenden Dinge erklärt werden: Gott ist das einfache und ewig existierende Sein, aus dem als unwandelbarem Urgrund alle wandelbaren und kontingenten Seienden in dynamischer Stufenfolge hervorgehen: zuerst die außerzeitliche, lichthaft vorgestellte Welt, dann die zeitlich materielle.

Was die Rückkehr der Welt zu Gott betrifft, begründete Avicenna rational die Unsterblichkeit der einfachen Geistseele, die anders als der zusammengesetzte Körper nicht zerfallen könne. Auf dieser philosophischen Grundlage erklärte er schließlich mit Hilfe einer rationalen Exegese von Koran und Hadith auch die Möglichkeit der prophetischen Erkenntnis, der Offenbarung und der Wunder sowie die Gesetze und Institutionen, durch die Gott sein Ziel erreicht.

Der Glaube an Gott wird so zum mystischen Seelenaufstieg zum ersten Sein, das wesenhaft Erkennen, Wahrheit, Güte und Liebe in einem ist – ganz wie der Sufismus Gott erfährt: Eine Harmonie also von Philosophie

und Religion in einer philosophischen Mystik, die Ibn Sina auch in alle-
gorischen Dichtungen zum Ausdruck bringt – erkauft freilich damit, dass
er die geoffenbarten Texte an entscheidenden Punkten als Allegorien für
Wahrheiten versteht, die auch ohne Offenbarung rein philosophisch einsehbar sind.

Literatur

ADAMSON, PETER/TAYLOR, RICHARD C. (HRSG.), 2005, *The Cambridge Companion to
Arabic Philosophy.* Cambridge.

ANSARI, M. RAZAULLAH, 2002, *History of oriental astronomy.* Kluwer Acad. Publ.,
Dordrecht.

ARNOLD, THOMAS WALKER/GUILLAUME, ALFRED (HRSG), 1931, *The legacy of Islam,*
Oxford.

BRANDENBURG, DIETRICH, 1992, *Die Ärzte des Propheten. Islam und Medizin.*
Berlin.

BROWNE, E.G., 1921, *Arabian Medicin,* Cambridge.

DAWSON, CHRISTOPHER, 1950, *Religion and the Rise of Western Culture,* London.

ENDRESS, GERHARD, 1989, *Die arabisch-islamische Philosophie des Mittelalters,* ein
Forschungsbericht. In: *Zeitschrift für die Geschichte der arabisch-islamischen
Wissenschaften.* 5, 1989, S. 47.

FOLKERTS, MENSO, 1997, *Die älteste lateinische Schrift über das indische Rechnen nach
al- Hwārizmī,* Verl. der Bayer. Akad. der Wiss., München.

GERICKE, HELMUTH, 2005, *Mathematik in Antike und Orient, Mathematik im Abendland.* Matrix Verlag, Wiesbaden.

HUNKE, SIGRID, 1960, *Allahs Sonne über dem Abendland,* Frankfurt a. M.

KLEIN, WASSILIOS, 2005, *Abu Rayhan al-Biruni und die Religionen. Eine interkulturelle Perspektive.* Bautz, Nordhausen.

KLEIN-FRANKE, FELIX, 1982, *Vorlesungen über die Medizin im Islam,* Stuttgart.

LERCH, WOLFGANG GÜNTER, 2000, *Denker des Propheten. Die Philosophie des Islam.*
Patmos, Düsseldorf.

MARMURA, MICHAEL, 1985, *Die islamische Philosophie des Mittelalters.* In: M. WATT,
M. MARMURA (HRSG.), *Der Islam.* Band 2. Stuttgart, S. 320–392.

MOSTAFID, MOHAMMAD KAZEM, 1965, *Leben und medizinische Werke des persischen
Arztes Razes,* Freiburg im Breisgau.

NASR, SEYYED HOSSEIN, 1968, *Science and Civilisation in Islam,* Harvard University
Press, Cambridge (Mass.).

RASHED, ROSHDI (ED.), 1996, *Encyclopedia of the History of Arabic Science,* London.

RUDOLPH, 2004, *Islamische Philosophie. Von den Anfängen bis zur Gegenwart*, Beck, München.

SABRA, A.I., 1989, *The Optics of Ibn Al-Haytham*, Books I-III (2 vols.), London.

SCHIPPERGES, HEINRICH, 1964, *Die Assimilation der arabischen Medizin durch das lateinische Mittelalter*, Wiesbaden.

SCHMIEDER, KARL CHRISTOPH, 2005, *Geschichte der Alchemie. 1832 herausgegeben und mit einem Vorwort von Marco Frenschkowski*. Neu gesetzte und überarbeitete Auflage, Wiesbaden.

SCHÖFFLER, HEINZ HERBERT, 1980, *Die Akademie von Gondischapur. Aristoteles auf dem Wege in den Orient.* Mit einem Geleitwort von Friedrich Hiebel. 2. Aufl., Stuttgart (= Logoi 5).

SCHRAMM, MATTHIAS, 1963, *Ibn Al-Haithams Weg zur Physik.* Wiesbaden.

STROHMAIER, GOTTHARD, 1999, *Avicenna*, München.

ULLMANN, MANFRED, 1970, *Die Medizin im Islam*, Leiden (= Handbuch der Orientalistik 1. Abteilung, Der Nahe und der Mittlere Osten : Ergänzungsband 6,1).

VOGEL, KURT, 1963, *Mohammed ibn Musa Alchwarizmi's Algorismus. Das früheste Lehrbuch zum Rechnen mit ind. Ziffern.* Zeller, Aalen.

WATT, W. MONTGOMERY, 2001, *Der Einfluss des Islam auf das europäische Mittelalter*, Berlin, S. 55−59.

WINDERLICH, R., 1925, *Arabische Alchemisten. Zeitschrift für angewandte Chemie 38 (16)*, S. 348−350.

Ludolf Pelizaeus

Austausch und Konflikt zwischen Muslimen und Christen auf der iberischen Halbinsel

Die heutige Sicht der spanischen Geschichte im Mittelalter und der Frühen Neuzeit wurde vielfach im 19. und 20. Jahrhundert geprägt. Ein Topos ist dabei die Verherrlichung von Al Andalus: am Fuße der schön gelegenen Alhambra fand und findet, so scheint es, das Zusammenleben zwischen friedlichen Mauren, Christen und Juden seinen Niederschlag in Dichtung, Kunst und touristischer Darstellung (Abb. 41). Al Andalus wird heute vielfach als Sinnbild der Integration oder doch zumindest des friedlichen Zusammenlebens (Convivencia) herangezogen, wohingegen auf islamischen Seiten im Internet die Heldentaten des Eroberers von Spanien, Tariq, gepriesen werden. Hier nun wird eher das Gegensatzpaar zwischen »toleranter« islamischer Zeit und einer fanatischen Unterdrückung in der christlichen Zeit bemüht. (Allebrand, 2004,Traumschloss, S. 139–158).[1]

Legenden

Um die Einordnung der unterschiedlichen Sichtweisen zu leisten, müssen zwei Stränge zurückverfolgt werden: Toleranz im islamischen Spanien versus Intoleranz im christlichen Spanien. Die Vorstellung des intoleranten christlichen Spaniens geht zurück auf das 16. Jahrhundert. Sowohl durch die spanische Herrschaft in Italien wie im Kreis der in die Niederlande ausgewiesenen Juden nach 1492 und in der Reformation in Deutschland entstand ein verschiedene Facetten umfassendes Stereotyp: der des verschlagenen, bigotten, stolzen und heimtückischen Spaniers. Zwar verwiesen spanische Historiker seit 1914 auf die Nutzung des Stereotyps, um Spanien als Nation zu schaden, doch fanden sie noch nicht einmal Zustimmung in der eigenen Zunft.
So ist es zu erklären, warum spanische Historiker seit der Mitte des 19. Jahrhunderts darum bemüht waren, die nationale Geschichte stark in den Vordergrund zu rücken, zu der eben gerade auch die muslimische Zeit gehörte. Von der Zeit nach der Übernahme der Krone durch die (ausländischen) habsburgischen Herrscher Philipp den Schönen (1504–1506) und

Karl V. (in Spanien Karl I.) hingegen distanzierten sich besonders nach 1898 viele spanische Intellektuelle. So kam es, wie zu zeigen sein wird, zu Beginn des 20. Jahrhunderts zu einer positiven Bewertung der Geschichte von Al Andalus, während sonst in Europa meist eine negative Sicht der Eroberung der iberischen Halbinsel im Jahre 711 vorherrschte.

Es ist also nicht nur zu fragen, warum es zu einer derart unterschiedlichen Bewertung der gleichen Epoche kommen konnte und besonders bis heute noch kommen kann, sondern auch, welche Einschnitte es in der spanischen Geschichte gibt. Zudem ist zu untersuchen, was Al Andalus ausmachte, also was seine Blüte in kultureller, wissenschaftlicher und künstlerischer Hinsicht bedeutete. Abschließend gilt es der Frage nach der Integration des »Anderen« nachzugehen und zu klären, was am Ende dieser Phase steht: Toleranz oder lediglich Duldung des »Anderen«.

Die Eroberung und Beherrschung der Iberischen Halbinsel

Wenden wir uns zunächst der Genese von Al Andalus zu. Die gotische Herrschaft auf der iberischen Halbinsel war nur kurz und oberflächlich. Den Goten, die im Zuge der Völkerwanderung im 5. Jahrhundert die Herrschaft auf der iberischen Halbinsel und Nordafrika übernommen hatten, gelang allenfalls als Oberschicht im Umkreis ihrer Herrschaftssitze die Kontrolle über das Land zu gewinnen. Dazu kam, dass im Nordwesten das Reich der Suewen entstand und im Süden Ostrom die Herrschaft ausübte. Erst durch die arabische Expansion nach dem Tod Mohammeds verschwand das oströmische Reich in Nordafrika und Südspanien. Hinzu trat schließlich noch, dass die religiösen Vorstellungen der arianischen Goten bis zur Konversion von König Recaredo I. (586–601) im Jahre 589 nicht mit denen der römisch-katholischen einheimischen Bevölkerung übereinstimmten. Es gab daher innerhalb der Oberschicht und in den Beziehungen zur Mehrheitsbevölkerung ein erhebliches Spannungspotential (Palol, 1991, S. 13–20).

Dies war die Situation, als die Invasion der iberischen Halbinsel durch die arabischen Heere 711 begann. Doch bereits hier liegen zwei weit verbreitete Missverständnisse vor. Weder beruhte die Invasion auf der Eigeninitiative des Führers dieser Krieger, Tariq ibn Ziyad, noch handelte es sich um vorwiegend islamisch-arabische Krieger. Zum einen unternahm Tariq seine Überfahrt erst, nachdem er von Akhila und seinen Brüdern, den Söhnen des gotischen Königs Wittizas (698–710), um Hilfe gegen Roderich (710–711) gerufen worden war. Dabei hatte Tariq aber wohl zunächst nur einen Raubzug (al-mutatawi'a bzw. ghazwa) im Sinn, der sich dann aber ausweitete. Letztlich war der Appell der Goten eben nur einer von vielen an ausländische Mächte, vergleichbar mit jenem, der vorher bereits an Byzanz ergangen war. Zum anderen waren bereits bei dieser ersten Invasion die Mehrheit der Teilnehmer keine Araber, wie häufig dargestellt, sondern nordafrikanische Berber, die ihrerseits bisher nur geringfügig mit dem Islam in Berührung gekommen waren.

Diese erste Invasionswelle der iberischen Halbinsel gewann dann durch die Entwicklungen im Osten eine neue Dimension. Nach dem Massaker an den Angehörigen der Dynastie der Umayyaden gelang es lediglich 'Abd ar-Rahman I. (756–788) nach Spanien zu fliehen (Dok. 1). Dort war ar-Rahman als Nachfolger der Kalifen und Angehöriger der alten Herrscherfamilie nicht nur Träger von Prestige, sondern auch aus legitimatorischen Gründen bestrebt, seinen neuen Besitzungen das gleiche Gewicht zu geben wie den verlorenen Gebieten im Osten. Unter dem aus Syrien stammenden Herrscher entstand in Spanien ein Dissidentenkalifat, welches aber den Anspruch, das »wahre« Kalifat zu sein, aufrecht erhielt. Sinnfällig wurde dieses Streben nach Rechtfertigung durch den Beginn eines bedeutenden Baues: der Moschee von Córdoba. Diese Moschee lehnte sich sowohl in den Dimensionen wie in der Architektur eng an die Moschee in Damaskus an. Zudem war Abd al-Rahmân bemüht, durch die umfangreiche Förderung von Literatur und Kunst seine Verdienste und die Erinnerung an seine Dynastie zu retten (Ewert, 1997, S. 203–224; Barrucand, 1991, S. 35).

Die Sozialstruktur von Al Andalus

Mit den Umayyaden waren nun aber auch Syrer und Ägypter ins Land gekommen, die es mit der alten Oberschicht Spaniens und den nordafrikanischen Ethnien in einem Herrschaftsapparat zusammen zu führen galt. Dies gelang dem Herrscher und er vollbrachte das, was noch bis in die siebziger Jahre des letzten Jahrhunderts in Spanien bewusst ignoriert wurde: die Konversion der Mehrheit der Bevölkerung. Vermutlich 80% der Einwohner im Kalifat der iberischen Halbinsel konvertierten zum Islam bis zum Ende des 11. Jahrhunderts und arrangierten sich, ähnlich wie später unter den Osmanen auf dem Balkan, mit den neuen Herren. Damit gab es nun Neumuslime (*musalimum*), deren Nachkommen (*muwalladun*), dann die Christen, die Musta'ribûn (Arabisierten), deren Name zu »Mozarabes« verballhornt wurde, und schließlich die sephardischen Juden, die als Dhimmis (arab., »Schutzbefohlene«) ebenso wie die Christen speziellen Schutz genossen. Mit dieser Entwicklung wurde das Arabische zur allgemeinen Umgangssprache, das in den größten Teilen Spaniens das Latein zumindest als Umgangssprache verdrängte. Für die Sephardim, die Juden auf der iberischen Halbinsel, begann zugleich ein wichtiger historischer Abschnitt. Als den Christen gleich gestellte Untertanen verbesserte sich ihr Status im Vergleich zur Zeit der gotischen Herrschaft. Ihnen war es, besonders wenn sie konvertierten, möglich, in hohe Ämter aufzusteigen. Dies zeigt der Lebensweg von Chasdai ibn Shaprut (Abu Yusuf ben Yitzhak ben Ezra) (915–970/990), dem Hauptdiplomaten des Kalifen von Córdoba oder der des Philosophen Ibn Maimun (Maimonides 1135–1204). Aber auch konvertierten Christen standen im islamischen Spanien hohe Ämter offen, die im christlichen Spanien dem Adel vorbehalten waren, kannte doch die islamische Sozialstruktur lediglich eine von hoher sozialer Mobilität gekennzeichnete Oberschicht (jassa) und das Volk (*umma*). Diese Mobilität wird an den Sklaventaifas, also Kleinkönigreichen, die von ehemaligen Sklaven regiert wurden, recht deutlich.

Doch entstand keine einheitliche arabische Herrschaft, vielmehr wurden die nicht dem Kalifat unmittelbar unterstellten Grenzgebiete in drei Zonen geteilt: Im Norden das Gebiet der Kleinkönigreiche um Zaragoza, die Mittlere Mark um Toledo und schließlich die Untere Mark mit dem Zentrum Mérida, die auch Portugal und die Extremadura umfasste. In den Grenzmarken regierten Clans wie die Banû Qâsî, die in engem Austausch mit ihren christlichen Nachbarn im Norden standen. In einem schmalen Streifen an der Küste hielten sich die Königreiche León, Pamplona und Aragón. Diese Grenze darf man sich aber nicht statisch vorstellen, denn einerseits bedingten Eroberungen und interne Streitigkeiten ständige Verschiebungen, andererseits entstand ein Kordon zwischen dem christlichen und dem islamischen Herrschaftsbereich. (Singer, 1991, S. 264–322; Kennedy, 1998; Barrucand/Bednorz, 1991, S. 25–37).

Die Blüte von Córdoba

Anders als der ländlich geprägte christliche Norden, blühte der urbane Süden auf, wobei er freilich an die römische Tradition anknüpfen konnte. Unbestrittenes Zentrum der arabischen Herrschaft wurde jedoch ab 716 Córdoba. Die Stadt wurde in der Zeit des Kalifats mit geschätzten 500 000 Einwohnern zu einer der größten Städte der Welt. Sie zählte 200 000 Gebäude, darunter 1 500 Moscheen – die meisten jedoch sehr kleine Koranhochschulen (Medressen) – sowie mehr als 100 öffentliche Bäder. Córdobas Bibliotheken beherbergten mehr als eine halbe Million Handschriften, die den neusten Kenntnisstand in Astronomie, Geographie und Medizin, gerade auch dank des Austausches mit Persien, darstellten. Dieses Wissen führte zudem zur Einrichtung einer Reihe von Krankenhäusern, so dass Bildung und Wohlfahrt umfassend in der Stadt gefördert wurden. Wichtige Personen der Spätzeit waren zweifelsohne der Philosoph Ibn Ruschd (1126–1198), in Europa als Averroes bekannt, ebenso wie Ibn Khaldûn (1332–1406) (Samsó, 1985). Neben der herausragenden geistesgeschichtlichen Bedeutung, gewann Andalusien aber zudem eine wirtschaftliche Schlüsselrolle. Die Kontakte zur arabischen Welt ermöglichten weitreichende Handelsbeziehungen bis in die Levante, die Einführung von Pflanzen, von fortgeschrittenen Bewässerungs- und Anbautechniken, ja sogar die Kamel- und Pfauenzucht in Südspanien. Der Minensektor wurde ausgebaut, was besonders für die Münzprägungen von Bedeutung war. Das wirtschaftlich erheblich schwächere Nordspanien hing daher von den Handelsbeziehungen mit Al Andalus ab.

Die kulturelle und wirtschaftliche Blüte darf aber nicht darüber hinweg täuschen, dass das Kalifat auch mit Problemen zu ringen hatte. Es kam immer wieder zu Aufständen und Machtkämpfen, so die Morde unter Al-Hakam I. (796–822) im Jahre 797 oder der Aufstand in Córdoba zwischen 805 und 818. Bis zum Ende der islamischen Herrschaft 1492 blieben unsichere Thronnachfolgen ein zentrales Herrschaftsproblem (Dok. 4). Bei solchen Unruhen wurde gegen Aufständische ohne Ansehen der Religion unverzüglich hart vorgegangen. Besonders anfällig für Widerstand gegen äußere Zugriffe waren jedoch schon im Mittelalter bestimmte »typische« Aufstandszonen, wie das Land zwischen Ronda und Antequera. Dieses Bergland blieb bis in die christliche Zeit, also bis zum sogenannten Alpujarraaufstand von 1569, schwer kontrollierbar (Barrucand, 1991, S. 41) (Abb. 45).

Genau an diesem Punkt zeigen sich die Grenzen des Zusammenlebens (Convivencia). Die verschiedenen Herrscher mit ihren unterschiedlichen Herrschaftspraktiken akzeptierten zwar die verschiedenen Religionsgruppen aus einem gewissen Pragmatismus heraus. Es war ihnen dabei aber wichtig, die Steuereinnahmen und Dienste der verschiedenen Untertanengruppen zu erhalten. Dies bedeutete, dass die Obrigkeiten nur selten – meist bei Leistungsverweigerung – in das alltägliche Zusammenleben eingriffen. Wenn nun von Al Andalus oft das Bild eines friedlichen Zusammenlebens aller Religionen gezeichnet wird, so ist diese Sicht aus einer Reihe von Gründen unvollständig. Es gab in der ganzen Zeit der islamischen Herrschaft lokale gewalttätige Konflikte und besonders Aufstände und Steuerverweigerungen, gegen die dann ebenso vorgegangen wurde. Dabei darf nicht vergessen werden, dass achtzig Prozent der Bevölkerung zum Islam konvertiert war und sich daher erst ab dem 12. Jahrhundert durch den Wechsel von muslimischer und christlicher Herrschaft vermehrt Probleme für die Bevölkerung ergaben. Besonders die Mozaraber sahen sich der Verfolgung durch Almoraviden und Almohaden ausgesetzt. Vieles, was heute als Toleranz erscheint, war in Wirklichkeit eher ein Ausweis geringer herrschaftlicher Durchdringung weiter Teile der iberischen Halbinsel.

Zum Zusammenleben gehörte aber auch, dass es in der ersten Phase nach der Eroberung nicht nur Konfrontation, sondern durchaus auch Austausch mit den christlichen Königreichen gab. So war 'Abd ar-Rahman III. (912–961) Sohn einer baskischen oder fränkischen Kriegsgefangenen und Enkel einer baskischen Prinzessin. Zwar war er nur unter Umgehung der Erbfolge durch die Tötung seines Vaters und der Beseitigung weiterer Thronprätendenten an die Macht gekommen, doch vermochte er seine instabile Herrschaft zu sichern und zudem noch Ceuta (931) und Tanger (951) zu erobern (Barrucand, 1991, S. 62).

Bis zur Mitte des 11. Jahrhunderts dauerte die Blütezeit des Kalifates, von der bis heute der Palast von al-Madina az Zahira ein eindrückliches Zeugnis gibt (Ewert, 1997, S. 213–215), (Dok. 2). Erst mit dem Untergang des Kalifates mit der Absetzung von Hischam III. (1027–1031/1036) im Jahr 1031 kam es zu einer christlichen Gegenbewegung, die freilich weiterhin schwach und sporadisch blieb.

Zusammenarbeit der christlichen und muslimischen Teilreiche

Es war nicht christlicher Antrieb, der die christlichen Herrscher bewog, gegen die islamischen Heere zu ziehen, sondern eher die Unwilligkeit, Tribute zu zahlen, denn die militärische Konfrontation mit dem muslimischen Gegner bedeutete weiterhin ein Risiko. Daher taten beide Seiten gut daran, trotz häufiger Raubzüge in das andere Gebiet, wechselseitig gute Beziehungen der Oberschichten zu pflegen. Dabei war es durchaus für kastilische wie aragonesische Ritter nicht unüblich, für eine bestimmte Zeit auch einem muslimischen Herrscher zu dienen, zumal die christlichen Königreiche auch untereinander Krieg führten. Auch Rodrigo Díaz de Vivar (um 1043–1099), bekannt als »Cid Campeador« gehörte zur Gruppe dieser Adeligen. Zunächst hatte er dem kastilischen König Sancho II. (1065–1072) gedient, doch fiel dieser 1072 im Kampf gegen ein christlich-muslimisches Heer Alfons VI. (1072–1109). Von Alfons als neuem König von Kastilien verbannt, trat der Cid in die Dienste der Taifen von Zaragossa, wurde aber erst später als Eroberer von Valencia (1094) für die christliche Seite berühmt, wobei er dabei auf eigene Rechnung und in der Hoffnung auf größtmögliche Beute operiert hatte. Erst durch das um 1140 von einem Spielmann gedichtete und 1779 erstmals herausgegebene Heldenepos »Das Gedicht von meinem Cid« (*Poema de Mio Cid*) entstand das Bild eines treu für seinen christlichen König kämpfenden edlen Ritters (Dok. 3 und 4) (Cid, S. 215–231).

Diese christliche Zurückhaltung gegenüber dem muslimischen Gegner verschwand, als sich der Herrscher eines Teilreiches (Taifa), Al-Muqtadir, aufgrund der zu zahlenden Schutzgelder an König Alfons VI. von Kastilien (1072–1109) wandte und ihm Toledo 1085 verpfändete. Die Stadt wurde also nicht durch die Christen »erobert«, sondern war dank eines Abkommens mit einem König, der seine eigene Herrschaft der muslimischen Unterstützung verdankte, übereignet worden. Jene Muslime, die die Übergabe kritisiert hatten, sollten Recht behalten (Dok. 3). Denn mit Toledo fiel eben ein symbolträchtiger Ort in christliche Hände, in dem sehr gemischte Bevölkerung lebte (12 000 Einwohner). Diese musste nun in die neue Herrschaft eingegliedert werden, so dass sich die Frage nach deren zukünftigen sozialen Stellung ergab (Segura, 1985, S. 48–53; Ewert, 1997, S. 211 f.).

Toledo als Wendepunkt der Entwicklung

Mit Toledo war die ehemalige gotische Hauptstadt und ein Erzbischofssitz erneut in christlicher Hand, was sich sowohl im Selbstbewusstsein wie im Herrschaftsanspruch der Eroberer niederschlagen musste. Tatsächlich bezeichnete sich König Alfons nun als »Toledanischer Kaiser« (»imperator toledanus«). Außerdem war mit dem Gewinn der Stadt eine geographische Grenze überschritten worden, denn jetzt lag den christlichen Heeren die Ebene, die Mancha, offen. Für die Eroberung von Al Andalus galt es nur noch das Gebirge der Sierra Morena zu bezwingen (Vones, 1993).

Hinzu kam, dass von Aragonien kommend mit dem Orden der Zisterzienser missionarische Ideen nach Kastilien gelangten. Der neue Erzbischof von Toledo, der aus Frankreich stammende Cluniazenser Bernard de Sauvetat (1086–1124), der vorher Abt von Sahágun gewesen war, brachte rigide Vorstellungen aus seinem Heimatland mit. Für den Franzosen war die Kooperation mit den Muslimen nicht akzeptabel. Als erster Erzbischof von Toledo und damit Primas der Kirche Kastiliens vermochte er einen erheblichen Einfluss auszuüben. Zudem wurde das expandierende Königreich Kastilien und Leon durch seine Expansion in die Mancha wirtschaftlich unabhängiger, genauso wie Aragonien, welches durch die Eroberung großer Teile der Mittelmeerküste am Ende des 11. Jahrhunderts bedeutende Handelsplätze sichern konnte. Schließlich zogen die Erfolge und die Gewinnaussichten zunehmend Ritter aus dem übrigen Europa an, die in den Dienst der spanischen Ritterorden Santiago, Alcántara und Calatrava mit ihren Vorstellungen eines »Kreuzzuges« traten. Noch konnten diese aus dem Westen stammenden Ritter und Kleriker die allgemeine Grundhaltung auf der Iberischen Halbinsel nicht derart ändern, dass man von einem »Kreuzzug« ab diesem Datum sprechen konnte, doch waren Kirche und Papsttum darum bemüht, genau diesen Eindruck zu erwecken. So wurde den Kämpfern gegen Tarragona 1089 die gleiche Indulgenz aus den Zeiten Papst Alexanders II. (1061–1073) wie später gegen Jerusalem zugestanden (Herbers, 2004, S. 47; allg.: Mayer, 1976, S. 10–15). Während sich damit die Situation zuspitzte, blieb in Toledo die Lage vorläufig weitgehend unverändert. Diesem Umstand verdankte die sephardische Familie der Álvarez de Toledo es auch, dass sie zu Grafen, im 16. Jahrhundert sogar zu Herzögen von Alba aufsteigen konnten.

Die Gegenbewegung der Almoraviden und Almohaden

Das islamische Spanien befand sich hingegen durch die Aufteilung in Kleinkönigreiche (Taifas/Tawa'if) in einer geschwächten Position, denn im Vergleich zur Kalifatszeit waren nun auch zentrale Gebiete regionalen Herrschern unterworfen. Diese Tendenz einer Schwächung der islamischen Herrschaft konnten weder die in Spanien einrückenden Almoraviden noch die Almohaden aufhalten. Die Almoraviden (Leute vom Kloster; al murabitun) waren Nomaden, die zum Teil aus dem heutigen Senegal stammten. Als die Nachkommen der Umayyaden in Spanien durch Alfons VI. und El Cid Campeador Rodrigo Díaz de Vivar in Bedrängnis gerieten, rief Mohamed Al Mu'tamid von Sevilla (1069–1091) 1086 die Almoraviden aus Nordafrika zu Hilfe. In schnellen Vorstößen eroberten sie große Teile Südwestspaniens von den Christen zurück. Ihre Herrschaft und die der Nachfolgedynastien dauerte bis 1170, als sie durch die Almohaden (Einheitsbekenner, al muwahhidum) abgelöst wurde. Diese neue Bewegung von Glaubenskriegern von Masmuda, also Halbnomaden der *maghrebinischen* Hochebene, die sich um Ibn Tumart (1077–1130) als ihren

Mahdi (Messias) gesammelt hatten, expandierten seit 1130 in Nordafrika. Sie eroberten 1145 Ronda, 1146 dann Sevilla und drangen schnell in Andalusien und der Extremadura vor, ohne jedoch die ganze iberische Halbinsel erobern zu können. Den letzten großen Vorstoß gegen die christlichen Königreiche vermochte dann der Almohade Abu Yusuf Ya'qub ibn Yusuf, genannt al-Mansur (1184–1199), zu unternehmen. Da er bis nach Santiago de Compostela vordrang, setzte er den christlichen Norden in Schrecken, der selbst zu diesem Zeitpunkt noch zu keiner konzertierten Gegenaktion fähig war. Beide Bewegungen brachten kulturelle und geistesgeschichtliche Umbrüche. Für ihren kulturellen Einfluss kann die Moschee in Sevilla stehen, von der freilich nur noch der von der Kutubiyya in Marrakesch beeinflusste Turm, die *Giralda* steht. Andererseits bedeuten beide aus dem Maghreb entstammenden ursprünglich nomadischen Bewegungen den Versuch der Rückkehr zu einem »gereinigten« Islam. Dies führte dazu, dass sie beide nicht nur die Christen, sondern auch jene als lasch empfundenen Muslime im Andalus verfolgten und als anstößig empfundene Monumente zerstörten. So fiel auch eines der herausragendsten islamischen Bauwerke des Andalus, das Wüstenschloss Madina az Zahira, ihrem Angriff zum Opfer. Beide Bewegungen besaßen also militärische Kraft, um schnell vorzurücken, zeigten sich aber aufgrund ihrer ordensähnlichen Verfassung nicht imstande, die islamische Herrschaft und Gesellschaft insgesamt auf eine neue sichere Grundlage zu stellen (Brentjes, 1992, S. 64 f., S. 74–179; Herbers, 2004, S. 53 f.; Guichard, 2002, S. 95–99). So hatten beide Seiten daran Anteil, dass die Akzeptanz anderer Glaubensrichtungen abnahm: Einerseits die ordensähnlichen Almohaden und Almoraviden, andererseits die christlichen Bettelorden und in ihrer Folge die mit ihnen verbundene Inquisition. Graf Raymond VI. von Toulouse (1156–1222), zeitweise aber auch die Grafen von Barcelona, waren tief in die katharische Ketzerbewegung verstrickt. Gegen sie gingen die Anhänger des aus Kastilien stammenden Domingo de Osma (1170–1221), Gründer des Dominikanerordens, unerbittlich vor. Von den Dominikanern wurde die päpstliche Inquisition nach Aragonien gebracht, welche einerseits die Zuspitzung des Verhältnisses zu den Juden, andererseits aber eine Blüte an Universitätsgründungen mit sich brachte. Hatte es im Kalifat durch die vielen Medressen bereits ein umfassendes islamisches Universitätswesen gegeben, so begann dieses nun auch im christlichen Teil der iberischen Halbinsel Fuß zu fassen. Die Gründungen der Universitäten von Palencia (Valladolid) (1208) und Salamanca (1230) erfolgten im europäischen Vergleich früh, aber erheblich später als in der islamischen Welt. Doch kam den christlichen Neugründungen zu Gute, dass sie sich in Bezug auf die

Lehrinhalte in philosophischer, astronomischer und medizinischer Hinsicht auf die arabisch-islamische Tradition zu stützen vermochten, was ihnen schnell einen europäischen Ruf bescherte (Iyanga Pendi, 2000, S. 102).

Die »Rückeroberung« (Reconquista) 1212 bis 1492

Die inneren Streitigkeiten in den islamischen Königreichen erleichterten nach dem Sieg in der Schlacht von Navas de Tolosa 1212 den Heeren aus dem Norden den Vormarsch. Aragonien vermochte weitere Landgewinne in der iberischen Levante zu erzielen, Kastilien in der Mancha und in Andalusien, Portugal entlang der Atlantikküste. Als 1236 Valencia wieder und Córdoba und Sevilla erstmalig (1248) in christliche Hände fielen, schienen die Tage der muslimischen Herrschaft gezählt. Dennoch konnte sich der Nasridenherrscher Muhammad I. (1232–1273) von Jaén nach Granada zurückziehen und hier ein eigenes Königreich errichten. Einerseits hatte er die christlichen Heere bei der Belagerung von Sevilla (1247/48) unterstützt, andererseits einen Vasallenstatus gegenüber dem König von Kastilien akzeptiert. Dieses Königreich musste zwar in den folgenden Jahren im Gebiet von Gibraltar bis zu seinen Grenzorten, so z. B. Jerez de la Frontera, einige Gebietsverluste hinnehmen, doch konnte es sich bis 1492 halten (Schulze, 1998, S. 333–407; Brentjes, 1992, S. 179–227; Dressendörfer, 2004, S. 61–72) (Abb. 43).

Der bis 1492 dauernde Fortbestand des Königreiches Granada war einmal durch die geographischen Barrieren, so die Gebirge der Sierra de Jaén, der Sierra de Segura und das Meer im Süden möglich, andererseits durch die wirtschaftliche Bedeutung des Nasridenreiches. Kastilien war am Handelsumschlagsplatz Granada mit seinen Küstenstädten interessiert, da über das Königreich mit dem gesamten nordafrikanischen Raum und der Levante gehandelt werden konnte. Da der nasridische Herrscher zudem den kastilischen Königen Tribut leistete, waren deren Einnahmen gesichert. Ökonomische Vorteile boten sich aber gleichermaßen für den Adel, da dieser ungestraft Raubzüge ins Feindesland, die besonders der Sklavenbeschaffung dienten, unternehmen konnte (Dok. 6) (Carriazo, 1940, S. 76–83, S. 91–94; Noth, 1966, S. 61–66). Es entstand damit erneut eine Grenz- bzw. Grauzone (la Frontera), von der heute viele Namen (wie Jerez de la Frontera) zeugen und die stets erlaubte, sich dem Zugriff der je anderen Seite zu entziehen (Dok. 5). Der Fortbestand des »Anderen« war aber nur so lange gesichert, wie ökonomische Faktoren und politisches Kalkül die Weiterexistenz wünschenswert erscheinen ließen.

Diese Voraussetzungen änderten sich nach 1474. Aus einem langen Bürgerkrieg (luchas civiles) war als umstrittene Nachfolgerin von König Heinrich IV. (1454–1474) seine Halbschwester Isabella die Katholische (1474–1504) hervorgegangen, deren Legitimität vom Adel in Zweifel gezogen wurde. Um ihre Position zu sichern, hatte sie heimlich Ferdinand von Aragonien (1479–1516) geheiratet. Damit eröffnete sich erstmalig die Option eines gemeinsamen Vorgehens Kastiliens und Aragoniens auf der Iberischen Halbinsel. Bisher hatte sich das nasridische Königreich auch gerade dank der kastilisch-aragonesischen Konkurrenz halten können. König Ferdinand musste an der Stärkung Isabellas gelegen sein, weil ihre Absetzung auch seine Herrschaft in Frage gestellt hätte. Nachdem die katholischen Könige Portugal besiegt hatten, galt es, einmal den Adel hinter sich zu sammeln, besonders aber dessen Bereitschaft, sich gegen die Krone zu erheben, in eine andere Richtung zu kanalisieren. Zudem sollten Niederadelige aus dem Norden gewonnen werden, um ein Gegengewicht gegen den Hochadel zu bilden, der ja gerade aufgrund der großen Landbesitzungen, welche diesem nach den Eroberungen ab 1212 verliehen worden waren, so mächtig geworden war. Daher kam nun nur noch ein Feldzug gegen das nasridische Königreich in Frage, weil hierdurch einerseits der Hochadel abgelenkt, andererseits viele Niederadelige mit Landbesitz belohnt werden konnten. Als »Kreuzzug« oder geplante Vollendung der Reconquista, wie dies später gesehen wurde, war der Vorstoß also kaum zu verstehen (Valdeón Baruque, 1999, S. 337–347; Perez, 1995, S. 80–85; Herbers, 2004, S. 39–41, S. 57 f.; Dressendörfer, 2004, S. 65–67).

Wie schon so oft zuvor, waren es jedoch letztlich wieder innere Streitigkeiten, die am Anfang des Krieges standen und durch ein islamisch-christlichen Bündnis die Möglichkeit einer Intervention boten. Der Nasridenherrscher Abu l-Hassan rief die katholischen Könige bei Thronstreitigkeiten zu Hilfe, ohne zu ahnen, dass diese nur darauf gewartet hatten, ihren Feldzug zu starten. Obwohl Abu l-Hassan schnell dann doch die Seiten wechselte, vermochten weder er noch sein Bruder Abu 'Abdallah (Muhammad XIII., der mit Muhammad XII. teilweise zur gleichen Zeit regierte und daher eine höhere Herrscherzählung trug, obwohl er nicht der letzte König war), genannt al-Zaghal (der Fuchs), den Vormarsch der Christen zu stoppen. Gerade dank der inneren Streitigkeiten im Nasridenreich konnten die katholischen Könige dann bis 1492 mit der Kapitulation von Granada und der Übergabe der Alhambra durch Sultan Abu 'Abdallah (Muhammad XII.), verballhornt zu Bo-abdil, den Sieg erringen (Pelizaeus, 2007, S. 38; Valdés Fernández, S. 233–242).

Die Folgen der Eroberung von Granada nach 1492

Das Jahr 1492 wurde in vielerlei Hinsicht ein wichtiger Einschnitt für die Geschichte der Iberischen Halbinsel. Mit der Einnahme Granadas war nun endgültig die als Rückeroberung (Reconquista) bezeichnete christliche Expansion auf der Iberischen Halbinsel abgeschlossen. Gleichzeitig führte die Eroberung von Hispaniola (Haiti), wenngleich erst einige Jahre später als Beginn der Entdeckung eines Kontinents erkannt, zu einer neuen Weltsicht. Hinzu trat als drittes wichtiges Ereignis das Dekret zur Vertreibung der Juden aus Spanien.

Daher gingen ab 1492 die christlichen Herrscher anders mit den Minderheiten um. Bereits der Krieg von 1485 bis 1492 hatte seine Schatten geworfen. Denn nur die islamische Bevölkerung der Stadt Granada wurde nach der Einnahme weitgehend geschont. In den übrigen Städten an der Küste (Málaga, Vélez Málaga) richteten die christlichen Heere Massaker an. Die Bevölkerung wurde getötet, versklavt oder vertrieben. An ihrer statt wurden Christen aus anderen Teilen Spaniens (60 % aus Andalusien, 13 % aus Kastilien und 16 % aus Toledo und der Extremadura, die restlichen 11 % aus dem Baskenland) angesiedelt. Die Einwohnerzahl des früheren Königreichs Granada sank aber aufgrund der Massaker und Vertreibungen dramatisch. Die Folge war ein Kampf zwischen der verbliebenen muslimischen und der neu angekommenen christlichen Bevölkerung, bei dem nicht die Religion, sondern letztlich die Frage des Besitzes der Hauptstreitpunkt war. Denn da der Handel mit dem Maghreb zusammenbrach, kollabierte auch die Lebensmittelversorgung, denn viele Waren waren aus Fes und Tlemcen bisher eingeführt worden. Selbst die niederadeligen Feldzugsteilnehmer sahen sich um die Früchte des Erfolgs betrogen, da der Hochadel das Gros der Ländereien erhielt. Damit entstand die Sozialstruktur, die bis in das 20. Jahrhundert fortbestand: einige wenige Adelige besaßen das Land, auf dem sich die Mehrheit der Bevölkerung als Landarbeiter zu verdingen hatte, was eine deutliche soziale Verschlechterung im Vergleich zur islamischen Zeit insofern darstellte, weil es vor 1492 keine derartige Konzentration von Landbesitz gegeben hatte. Andererseits führte die Unzufriedenheit des niederadeligen Elements in den Städten zu Aufständen am Anfang des 16. Jahrhunderts (Asenjo González, 2001, S. 75–97; Gerbet, 1972, S. 295–326).

Noch einschneidender war der Umgang mit den Juden. Waren die jüdischen Gemeinden (Aljamas) im 13. Jahrhundert zunächst weitgehend unangetastet geblieben, so zeigte sich im 14. Jahrhundert eine zunehmende Gettoisierung mit dem Bau von Mauern um die jüdischen Siedlungen.

1391 kam es dann zur ersten großen Welle von Pogromen. Damit verbunden waren Zwangstaufen, welche die Entstehung einer großen Schicht von Konvertiten (Conversos) zur Folge hatten. Übertritte hatte es zwar schon zuvor gegeben, jetzt aber waren sie in kurzer Zeit massiv erzwungen worden, was durch ihre nachträgliche kirchliche Billigung auch zur Nachahmung führte (Poliakov, 1981, S. 86–90; Bernecker, 2002, S. 23–27). Es gibt einen Streit, ob die Conversos Kryptojudaismus praktiziert hätten (vgl. Suárez Fernández, Luís, 2001, La salida de los judíos. In: Isabel la Católica y la política. Hg. v. Julio Valdeón Baruque, Valladolid, S. 85–90) oder dies eine Erfindung der Inquisition sei (Netanyahu, Benzion, 2001, Causes y fines de la Inquisición española. In: Isabel la Católica y la política. Hg. v. Julio Valdeón Baruque, Valladolid, S. 315–331).

Die Konkurrenz der verschiedenen Gruppen in den Städten nahm zu. Während sich der Adel vor dem Fall Granadas an den Grenzen des Königreichs noch zu gemeinsamen Festen getroffen hatte, bei denen ein Austausch der Kulturen stattfand, wurden nun die islamischen Dörfer oder Stadtteile oder die jüdischen Stadtviertel immer stärker abgegrenzt: Dies umso mehr, da beide Gruppen, die Muslime und die Juden, weiterhin Handel und Handwerk betrieben und damit eine ökonomische Konkurrenz darstellten. Die Handelsverbindungen erlaubten den Muslimen zudem, hochwertige Handelsgüter aus Nordafrika einzuführen. Noch ein Faktor verstärkte die innerstädtischen Spannungen. Mit der Ausbreitung der Bettelorden waren diese und der spanische Orden der Mercedarier in die Städte gekommen. Wie in anderen Teilen Europas zeichneten sich gerade Bettelordensmönche durch antijüdische Predigten aus, die auch im deutschen Sprachraum vielfach am Anfang von Pogromen gestanden hatten. Zunächst wurden die Juden 1483 aus Andalusien deportiert, dann mussten sie 1492 unter Zurücklassung aller Habe das Land verlassen, was einen finanziellen Gewinn für die Krone bedeutete. Motor der Ausweisung ist besonders die Inquisition gewesen. Seit 1487 war diese nationale Institution der Krone unterstellt. Da sie ihre Notwendigkeit aus einer vermeintlichen Bedrohung des Christentums zog, bemühte sie sich, konvertierte Juden und Muslime als eine ständige Gefahr für das Christentum zu zeichnen (Dok. 9).

Von den Sepharden, die sich eine Überfahrt leisten konnten, gingen die meisten entweder nach Nordafrika oder die Wohlhabenderen in das Osmanische Reich. Während einige der Flüchtlinge, die in Marokko oder Algerien an Land kamen, dort wenig freundlich empfangen, ja z. T. auch ausgeplündert und umgebracht wurden, war der Empfang im Osmanischen Reich im Regelfall erheblich besser, was aber gerade mit der sozialen

Stellung der Flüchtlinge zu tun hatte. Zwar hatten die Juden ihr Vermögen nicht mitnehmen können, doch in einzelnen Fällen kamen zwangsgetaufte Familienmitglieder nach 1492 nach, die dann auch gewisse finanzielle Ressourcen mitbrachten. Die jüdischen Einwanderer wurden in Istanbul oder in Saloniki angesiedelt, wo sie sich schnell im Tuchgewerbe, einer Tätigkeit, die einige von ihnen auch in Kastilien ausgeübt hatten, niederließen und jetzt Tuche für das Osmanische Heer produzierten. Zudem gründeten sie, wohl um 1493, die erste Druckerei (Faroqhi, 2003, S. 34; Poliakov, 1981, S. 98 – 147; Bossong, 2008, S. 53 – 69). Eine weitere Gruppe ging nach Portugal, wo die Inquisition erst später die Konversion verlangte. Diese konvertierten Juden gingen teilweise, nach der Vereinigung von Kastilien und Portugal, als Maranen nach Spanien, wo sie aber dann durch Philipp IV. (1621 – 1665), als er sie als Finanziers nicht mehr brauchte, ausgewiesen wurden (Heinen, 2002; Ders., 2004, S. 91 – 110; Bossong, 2008, S. 69 – 107).

Auch gegenüber den Muslimen wurden die von den Katholischen Königen zugesicherten Freiheiten nicht eingehalten (Harvey, 2005, S. 45 – 78; Cañavate Toribio, 2006, S. 29 – 122). Hatte die Inquisition schon für die Conversos festgestellt, dass deren »Verstocktheit« eine Gefahr für ihre Seelen, besonders aber für die ihrer Mitmenschen darstellte, so galt Ähnliches nun auch für die Muslime, denen zwar 1492 noch Glaubensfreiheit zugesichert worden war, die aber ab 1497 zur Konversion gezwungen wurden (Dok. 7 und 8). Ausgenommen hiervon blieben nur Wenige, so die Muslime im Gebirge der Alpujarras und im Königreich Valencia (Pardo Molero, 2001, S. 34 – 40; Harvey, 2005, S. 79 – 101).

Die Konsequenzen des Interregnums von 1504

Mit dem Tod von Königin Isabella der Katholischen 1504 war die Thronnachfolge unklar. Der Habsburger Philipp der Schöne übernahm für seine für regierungsunfähig erklärte Frau Johanna (die Wahnsinnige) die Regierung. Da er jedoch bereits 1506 starb und sein ältester Sohn Karl, der spätere Karl V., noch zu jung war, übernahm erneut Ferdinand der Katholische, König von Aragonien, die Herrschaft de jure. De facto übernahmen aber die Großadeligen immer mehr die Macht im Land (Pelizaeus, 2007, S. 50 – 61, S. 154 – 159).

Unsicherheit auf dem Land, Überwachung durch die Inquisition und die Grundfesten erschütternde Nachrichten aus der neuen Welt ließen die Endzeiterwartung (millenarismo) anwachsen. Die spanischen Eroberer in

Amerika waren davon überzeugt, dass die Indigenen Teufelsanbeter oder Muslime seien. Daher bezeichneten sie die Kultorte in Amerika vielfach als »Moscheen« und erbaten den Beistand des Heiligen Jakob Maurentöter (Santiago Matamoros) (Abb. 9, 10). Die erfolgte Expansion mischte sich mit einer Angst vor dem Ende der Welt und der Wiederkehr des Antichrist (Pelizaeus, 2008, S. 45–48; Ders., 2007, S. 35–47).

In dieser gespannten Situation trat Karl I. (1500–1556/1558, ab 1519 als Karl V. Kaiser) die Regierung in den verschiedenen spanischen Königreichen an. Er verlangte gleich zu Anfang hohe Summen von den Ständen, die ihm zwar schließlich genehmigt wurden, aber zu Aufständen führten: in Kastilien von 1520 bis 1522 als »Comunidades«, in Katalonien und Valencia hingegen von 1520 bis 1524 als »Germanies« bezeichnet.

Der »Frühling der Angst« und die Zwangstaufen der Muslime 1519 bis 1526

Mehr noch als die Comunidades de Castilla, die v. a. vom Stadtadel geführt wurden, waren die Germanies ein Aufstand der Unterschichten und Handwerker. Diese Gruppe gab dann auch dem Aufstand den Namen, der sich von den Bruderschaften (Germanies) ableitete. Hatten im Heiligen Römischen Reich die habsburgischen Stände von Karl V. als Erzherzog die Ausweisung der Juden verlangt, so forderten die Vertreter der Zünfte vom neuen König das Ende des »Maurenproblems«. Millenarismus, wirtschaftliche Konkurrenz, Neid auf die Zusammenarbeit der muslimischen Bevölkerung mit den Grundherren und die Angst vor einer Zusammenarbeit der Muslime mit den Glaubensbrüdern im Maghreb führten zu einer explosiven Stimmung.

Waren auch vor 1519 die muslimischen Bewohner der Dörfer schon oft von der christlichen Mehrheit terrorisiert und bedroht worden, so kam es nun zum gewaltsamen Vorgehen. Die Aufständischen schrieben »Tod oder Taufe« auf ihre Fahnen und verschiedentlich tauchte ein Messias (»Encubierto«, der Verborgene) auf. An vielen Orten des Königreichs Valencia wurden die muslimischen Einwohner entweder gleich getötet oder vor die Alternative Tod oder Taufe gestellt. Für die vormalig muslimische Gemeinschaft, deren Zwangskonversion 1525/26 von einer eigens einberufenen Kommission für rechtens erklärt wurde, blieb nun lediglich die stete Angst vor der Inquisition. Die wenigen geflohenen Muslime, welche die Germanía überlebt hatten, wurden in der Sierra de Espadán 1526 von spanischen und deutschen Söldnern getötet oder zur Konversion gezwungen. Aber auch nach 1526 sollte die Endzeiterwartung keinesfalls ihr Ende gefunden haben. Die Behörden verfolgten noch 1528/29 und erneut 1541 den »Verborgenen« (Sánchez Blanco, 1996, S. 27–51; Pelizaeus, 2007, S. 41–44, S. 61–63, S. 281–305; Pardo Molero, 1992, S. 243; Vallés Borrás, 2000, S. 258). Damit waren zwischen 1499 und 1526 alle Muslime auf der Iberischen Halbinsel zur Konversion gezwungen worden: sie waren nun die »Moriscos« (Pardo Molero, 2007, S. 243 f.; Vallés Borrás. 2000, S. 262–264; Harvey, 2005, S. 101).

Die Morisken und die Inquisition

Da in den Moriskengemeinden (morerías) islamische Vorschriften weiter respektiert wurden, erregte dies schnell die Aufmerksamkeit der Inquisition. Alles, was die Inquisitoren in den Moriskengemeinden als islamische Elemente für lebendig hielten – also Beschneidung, Ablehnung von Schweinefleisch und Wein, fünf tägliche Gebete und rituelle Waschungen – ,wurde ständig durch Informanten des Heiligen Offiziums überwacht und verfolgt. Jedem Einzelfall wurde nachgegangen, Misstrauen in den Gemeinden (aljamas) gesät und bei Erfolg mit großem Aufwand die Rückkehr zur Kirche inszeniert. Wie den Conversos warf die Inquisition auch den Morisken die Anwendung von Riten beider Religionen vor. »Mit großer Ignoranz und Gefahr für ihre Seelen achteten sie weder das eine noch das andere Gesetz« (*con gran ygnorancia e peligro de sus ánimas, ni guardauan vna ni otra ley...*) (Ladero Quesada, 1989, S. 262–309; Coleman, 2003; Bunes Ibarra, 1989, S. 125–132).

Obwohl offiziell konvertiert, blieben die Morisken in der landläufigen Meinung Moros, also Muslime, so wie man die Conversos unter den Generalverdacht stellte, weiterhin Juden zu sein. Die Morisken wurden zudem verdächtigt, mit den Barbareskenstaaten zusammen zu arbeiten und sich an Überfällen auf Spanier zu bereichern. Der Druck erzeugte Gegendruck und führte zum Aufstand im Gebirge der Alpujarras 1568 bis 1571, dessen Niederschlagung die Monarchie Philipps II. (1556–1598) vor erhebliche Probleme stellte und in der Deportation der Morisken aus dem Königreich Granada endete. Im Untergrund wurde von gebildeten Morisken versucht, ihre Bevölkerungsgruppe beim Islam zu halten und ihnen Mut zuzusprechen, wovon Texte in aljamiado, also dem in arabischen Buchstaben geschriebenen spanischen Dialekt der Morisken, zeugen.

Zunehmend stand andererseits für König Philipp II. der Sieg des Glaubens gegen Muslime wie gegen Ketzer (in den spanischen Niederlanden), gegen Conversos wie gegen Morisken im Mittelpunkt. Durch den Einfluss des Erzbischofs von Valencia, Juan de Ribera (1532–1611), wurde dann sein Sohn König Philipp III. (1598–1621) überzeugt, dass trotz der erwachsenden ökonomischen Nachteile für ihn als »katholischer König«, so sein Ehrentitel, die Duldung der Morisken nicht mehr zu verantworten sei (Ehlers, 2006; Epalza, 1992; Cardaillac, 1997; Poliakov, 1981, S. 175–200). Daher erfolgte das königliche Ausweisungsdekret mit dem die Morisken 1609 bis 1614 nach Nordafrika, Frankreich oder das Osmanische Reich ausgewiesen wurden. Die Ausweisung der »Anderen« führte einerseits zu einer Verarmung, andererseits aber zu einer Vereinheitlichung der Iberischen Monarchie.

Die Bewertung der islamischen Vergangenheit bis ins Zeitalter Francos

Im 16. bis 18. Jahrhundert wurden Stellen in der staatlichen Verwaltung nach den Vorschriften der Reinheit des Blutes (limpieza de sangre) vergeben, so dass Conversos einerseits nur noch selten sozial aufsteigen konnten, andererseits immer wieder in Verfahren der Inquisition verwickelt wurden, wie übrigens auch Muslime, die aus den nordafrikanischen Gebieten Spaniens auf die iberische Halbinsel kamen (Poliakov, 1981, S. 82–97.). Spanien blieb katholisch, so dass die Umbrüche der Französischen Revolution das Land zunächst kaum erreichten, weil Aufklärer bis ins späte 18. Jahrhundert von der Inquisition verfolgt wurden. Als dann 1808 französische Truppen nach einem Hilferuf von König Ferdinand VII. (1808/1813–1833) ins Land einrückten, beobachtete die Mehrheit der Bevölkerung die Fremden misstrauisch. Dies schlug aber erst in massive Gewalt um, als der französische Statthalter in Madrid, General Murat, den Fehler machte, die Mamlucken einzusetzen. Diese von Bonaparte in Ägypten aufgestellte französische Reitereinheit zur Auflösung einer Menschenansammlung brachte das Fass zum Überlaufen. Goya hat uns diese Szene in seinem Bild »Dos de Mayo« eindrücklich überliefert. Obwohl die Mamlucken nur orientalisch gekleidet waren und fast ausschließlich aus Franzosen bestanden, stellten sie für die Spanier die »Moros« dar. Damit begann der Guerillakrieg, bei dem auf spanischer Seite besonders Kleriker eine entscheidende Rolle spielten und den Kampf gegen die Franzosen als »Ketzer, Juden, Hexer« oder »Mauren« predigten (Pelizaeus, 2008, S. 218–220).

Erst im weiteren Verlauf des 19. Jahrhunderts änderte sich die Sichtweise auf Al Andalus durch die Reisen des Amerikaners Washington Irving

(1783–1859) nach Granada, der 1829 in seinen »Tales of the Alhambra« eine »maurische Kultur« entdeckte und in Frankreich, England und den USA eine wahre Begeisterung auslöste, die in Spanien allerdings nicht geteilt wurde.

In Spanien begann sich im Gegensatz dazu die Oberschicht seit der Mitte des 19. Jahrhunderts zu fragen, inwieweit Al Andalus eine Bereicherung der spanischen Nation gewesen sei. Es wurde die These entwickelt, dass der Islam in Spanien »hispanisiert« worden sei und sich vom »afrikanischen« Islam getrennt habe. Auf der anderen Seite leiteten Politiker und Militärs, die sogenannten Afrikanisten, aus dem Besitzzusammenhang von Al Andalus auf beiden Seiten der Straße von Gibraltar das Recht Spaniens ab, in den Maghreb zu expandieren. Gerade konservative Spanier begrüßten die Errichtung des Protektorats Marokko im Jahre 1912, wenngleich schon bald durch die vernichtenden Niederlagen spanischer Truppen in Nordafrika (Anual 1921) die Diskussion um eine gemeinsame Geschichte wieder aufbrach.

Ein neues Kapitel wurde schließlich mit dem spanischen Bürgerkrieg aufgeschlagen. Franco setzte mit Truppen aus Marokko zu seinem »Kreuzzug« gegen »Marxisten und Atheisten« nach Spanien über. Der »Führer« (Caudillo) wählte bewusst das Bild des Kreuzzuges und ließ sich als Kreuzritter verherrlichen (Abb. 44). Das Paradoxe blieb jedoch, dass Franco in der ersten Phase nur dank der vornehmlich muslimischen Kolonialtruppen Gebietsgewinne erreichen konnte. Es blieb für Franco daher wichtig, seine ersten Weggefährten (Beigbeder, Jordana, Aranda, Asensio, Varela, Yagüe), die Afrikanisten waren, an sich zu binden. So bezeichnete Franco sich selber als »ewigen Bruder der Muslime« (Parra, 2010; Tuňon de Lara, 1982, S. 5–20; Bernecker, 2002, S. 167–169). Dem Francoregime war aus diesem Grund an der Konstruktion einer Einheit zwischen Spanien und Nordafrika gelegen, um das Bild einer »natürlichen marokkanisch-spanischen Bruderschaft« zu erwecken. Dieses führte auch dazu, dass das Thema im Bereich der Folklore gefördert wurde und Feste wie die »Mauren und Christen« (Moros y christianos) einen neuen Impuls erhielten (Allebrand, 2004, S. 139–158).

Ausblick

Fassen wir noch einmal kurz die wichtigsten Punkte zusammen: Der Einmarsch von Nordafrika nach Spanien erfolgte nicht im Rahmen einer islamischen Expansion, sondern maßgeblich, weil Teile der zerstrittenen gotischen Oberschicht die Invasoren zur Hilfe riefen. Der schnelle Vormarsch der Berber unter Tariq war zunächst lediglich ein Vorstoß, freilich mit großem Erfolg. Das dann als Folge des Sturzes der Umayyaden in Syrien entstehende Dissidentenkalifat in Córdoba baute seine Herrschaft auf Kooperation der verschiedenen Gruppen und erreichte dadurch eine kulturelle Blüte. So entstand auf der iberischen Halbinsel im Al Andalus ein Zusammenleben von verschiedenen Gemeinschaften (Convivencia), ohne dass es jemals zu einer vollständigen staatlichen Durchdringung gekommen wäre. Besonders im Norden überließen die Kalifen die Kontrolle den Kleinherrschern. Nach dem Ende des Kalifats 1036 hatten diese Taifas allein die Macht inne. Vergeblich versuchten zwei Invasionsbewegungen, die aus Sekten hervorgegangenen Almoraviden und Almohaden, die Schwächung der islamischen Herrschaft zu bremsen und eine Rückkehr zu alten Idealen zu erreichen.

Anderseits wurde seit dem Anfang des 10. Jahrhunderts die Bewegung aus dem christlichen Norden in Richtung Süden verstärkt zu einer Bedrohung von Al Andalus, wenngleich man dies aber noch nicht als »Rückeroberung« (Reconquista) mit dem Ziel, die gesamte iberische Halbinsel »zurück« zu gewinnen, betrachten darf. Einen Einschnitt stellte die »Eroberung« von Toledo 1085 durch König Alfons VI. dar, die aber nur aufgrund einer islamisch-christlichen Kooperation gelang. Mit dem Fall der Stadt gelangte nicht nur ein wichtiges Symbol in christliche Hände, sondern durch ausländischen Einfluss kamen Ideen ins Land, die später für die Kreuzzüge maßgeblich wurden. Durch diese Faktoren änderte sich die Situation der Juden und Muslime nicht unmittelbar, doch bewegte sich jetzt die Entwicklung auf die Pogrome von 1391/92 zu. Allein das nasridische Granada konnte sich als islamisches Königreich noch halten, da es ökonomisch wichtig blieb und die Konkurrenz der Kronen von Aragon und Kastilien ein gemeinsames Handeln verhinderte. Als dann aber mit der Heirat von Isabella mit Ferdinand Aragonien und Kastilien von einem Paar regiert wurde und die Königin ihre Herrschaft zu sichern trachtete, wurde gegen Granada zu Feld gezogen. Das Ende des nasridischen Königreichs lag aber selbst in dieser späten Phase maßgeblich in dessen inneren Streitigkeiten begründet, die es dem christlichen Gegner erlaubten, hieraus maßgebliche Vorteile zu ziehen.

Mit dem Ende der islamischen Herrschaft auf der Iberischen Halbinsel und der Expansion Spaniens und Portugals nach Nordafrika änderten sich die Kräfteverhältnisse, die sich zunächst gegen die Juden, die 1492 ausgewiesen wurden, und dann gegen die Morisken richteten, die man als Hindernis auf dem Weg zu einer staatlichen Einheit sah. Erst mit deren Vertreibung 1609 bis 1614 glaubte die Krone diese Einheit geschaffen zu haben. Freilich hatte man mittlerweile der Inquisition im Land so viel Macht erlaubt, dass die Iberische Halbinsel von wichtigen geistigen Strömungen in Europa abgekoppelt wurde und den Anschluss verlor. Toleranz aber hatte weder das islamische noch das christliche Spanien gekannt. In Al Andalus waren 80% der Bevölkerung konvertiert, die anderen Religionen wurden geduldet. Immerhin aber hatte dies überhaupt das Zusammenleben der Religionen ermöglicht, das dann mit der christlichen Herrschaft in dem Moment ein Ende fand, als die Einheit der iberischen Halbinsel ab 1492 hergestellt werden sollte. Millenarismus, die Expansion nach Übersee und der auf den Monarchen lastende Druck eines starken Adels beendeten das Zusammenleben der drei Religionen.

Seine Wiederentdeckung verdankt Al Andalus dann im 19. Jahrhundert ausländischen Reisenden, welche die berühmten Bauwerke aufsuchten und in Europa idealisierend wieder bekannt machten. Andererseits konstruierten die spanischen »Afrikanisten« eine Einheit von Spanien mit Nordafrika, um damit die koloniale Expansion in diese Richtung zu begründen. Dieser Strang hielt sich bis in die Zeit Francos, der weiterhin die Idee einer Einheit zwischen Nordafrika und Spanien propagierte. Al Andalus hat eine wechselvolle Geschichte erlebt, die aber fast ebenso viele wechselvolle Interpretationen erfahren hat, was unser Bild bis heute prägt.

Literatur

AL MAQQARRI, A.HMAD IBN-MU.HAMMAD IBN-A.HMAD, 1964, *The history of the Mohammedan dynasties in Spain. 1840–42*. ND. New York.

ALLEBRAND, RAIMUND, 2004, *Terror und Toleranz*, in: *Terror oder Toleranz. Spanien und der Islam*. Hrsg. v. Raimund Allebrand. Bad Honnef, S.6–14.

ALLEBRAND, RAIMUND, 2004, *Traumschloss der Mauren. Die romantische Entdeckung Andalusiens*, in: *Terror oder Toleranz. Spanien und der Islam*, Hrsg. v. Raimund Allebrand, Bad Honnef, S.139–158.

ASENJO GONZÁLES, MARÍA, 2001, *Gestión, Patrimonio y memoria en una tierra de colonización. La oligarquía de Granada (1492–1516)*, in: *Andalucía Medieval. Actas del III. Congreso de Historia de Andalucía*, Córdoba 2001, S.75–97

BARRUCAND, MARIANNE/BEDNORZ, ACHIM, 1991, *Maurische Architektur in Andalusien*, Köln.

BERNECKER, WALTER, 2002, *Spanische Geschichte von der Reconquista bis heute*, Darmstadt.

BOSSONG, GEORG, 2008, *Die Sepharden. Geschichte und Kultur der spanischen Juden*, München.

BRENTJES, BURCHARD, 1992, *Die Kunst der Mauren: islamische Traditionen in Nord-afrika und Südspanien*, Köln.

BUNES IBARRA, MIGUEL ÁNGEL DE, 1989, *La imagen de los muselmanes y del norte de África en la España de los siglos XVI y XVII: los caracteres de una hostilidad*, Madrid.

CAÑAVATE TORIBIO, JUAN MANUEL, 2006, *Granada, de la madina nazarí a la ciudad cristiana*, Granada.

CARDAILLAC, LOUIS, 1997, *Morisques et chrétiens : un affrontement polémique (1492–1640)*, Paris.

CARRIAZO, JUAN DE MATA (HRSG.), 1940, *Hechos del condestable Don Miguel Lucas de Iranzo*, Madrid (Cronica del siglo XV).

COLEMAN, DAVID, 2003, *Creating Christian Granada: society & religious culture in an Old-World frontier city, 1492–1600*, Ithaca.

DER CID, 1985, *Das altspanische Heldenlied*. Übersetzung von Fred Eggarter, Stuttgart.

DRESSENDÖRFER, PETER, 2004, *Al Andalus und die Reconquista. Ein nationa-les Missverständnis*, in: *Terror oder Toleranz. Spanien und der Islam*. Hrsg. v. Raimund Allebrand. Bad Honnef, S. 61–72.

EHLERS, BENJAMIN, 2006, *Between Christians and Moriscos. Juan de Ribera and religious reform in Valencia, 1568–1614*, Baltimore.

EPALZA, MÍKEL DE, 1992, *Los moriscos antes y después de la expulsión*, Madrid.

EWERT, CHRISTIAN, 1997, *Die Präsenz des Islam. Das Kalifat von Córdoba und sein Erbe*, in: *Die Geschichte der spanischen Kunst*. Hrsg. v. Xavier Barral i Alitet, Köln, S. 203–224.

FAROQHI, SURAIYA, 2003, *Geschichte des Osmanischen Reiches*, München.

GERBET, MARIE-CLAUDE, 1972, *Les guerres et l'accès à la noblesse en Espagne de 1465 à 1592*, in: *Mélanges de la casa de Velázquez VIII*, S. 295–326.

GUICHARD, PIERRE, 2002, *Die islamischen Reiche des spanischen Mittelalters (711–1492)*, in: *Kleine Geschichte Spaniens*. Hrsg. v. Peer Schmidt, Stuttgart, S. 77–104: hier S. 95–99.

HARVEY, LEWIS P., 2005, *Muslime in Spain 1500–1614*, Chicago, London, Chicago Univ. Press.

HEINEN, EUGEN, 2004, *Sefarad. Das jüdische Spanien*, in: *Terror oder Toleranz. Spanien und der Islam*. Hrsg. v. Raimund Allebrand, Bad Honnef, S. 91–110.

HEINEN, EUGEN, 2002, *Zur Geschichte des Iberischen Judentums, der Sepharden und Marranen*, Kassel.

HERBERS, KLAUS, 2004, *Reconquista. Spaniens Christen gegen Spaniens Muslime?*, in: *Terror oder Toleranz. Spanien und der Islam*, Hrsg. v. Raimund Allebrand, Bad Honnef.

IMAMUDDIN, S.M., 1965, *Some aspects of the socio-economic and cultural history of Muslim Spain: 711–1492 A.D.*, Leiden.

IYANGA PENDI, AUGUSTO C., 2000, *Historia de la universidad en Europa*, Valencia, S. 102.

KENNEDY, HUGH, 1998, *Muslim Spain and Portugal: a political history of al-Andalus*, London.

LADERO QUESADA, MIGUEL ÁNGEL, 1989, *Granada. Historia de un país islámico. (1232–1571)*, Madrid.

LÓPEZ SERRANO, MATILDE, 1987, *Cantigas de Santa María de Alfonso X el Sabio, Rey de Castilla*, Madrid.

MAYER, HANS EBERHARD, 1976, *Geschichte der Kreuzzüge*, 4. Aufl. Stuttgart.

NETANYAHU, BENZION, 2001, *Causes y fines de la Inquisición española*, in: *Isabel la Católica y la política*, Hrsg. v. Julio Valdeón Baruque, Valladolid, S. 315–331.

NOTH, ALBRECHT, 1966, *Heiliger Krieg und Heiliger Kampf in Islam und Christentum. Beiträge zur Vorgeschichte und Geschichte der Kreuzzüge*, Bonn.

PALOL, PEDRO DE, 1991, *Spanien. Kunst des frühen Mittelalters vom Westgotenreich bis zum Ende der Romanik*, München.

PARDO MOLERO, JUAN FRANCISCO, 2001, *La guerra de Espadán (1526) una cruzada en la Valencia del renacimiento*, Segorbe, S. 34 f.

PARDO MOLERO, JUAN FRANCISCO, 1992, *La Rebelión del Islam. (Sierra de Espadán, 1526)*, in: *Estudis 18*, S. 241–259.

PARRA MONSERAT, DAVID, 2010, *A bridge between East and West. The view of the Muslim past in 19th and 20th century Spain*, in: *Repräsentationen der islamischen Welt im Europa der Frühen Neuzeit*. Hrsg. v. Gabriele Haug-Moritz und Ludolf Pelizaeus, Münster, S. 269–277.

PELIZAEUS, LUDOLF, 2008, *Der Kolonialismus. Geschichte der europäischen Expansion*, Wiesbaden.

PELIZAEUS, LUDOLF, 2007, *Angst und Terror seit der Endphase der Reconquista im christlichen und muslimischen Spanien*, in: *Angst und Terror im Mittelalter. Ursachen, Funktionen, Bewältigungsstrategien*, Hrsg. v. Annette Gerok-Reiter und Sabine Obermaier, in: *Das Mittelalter. Perspektiven mediävistischer Forschung 12*, S. 35–47.

PELIZAEUS, LUDOLF, 2007, *Dynamik der Macht: Städtischer Widerstand und Konfliktbewältigung im Reich Karls V.*, Münster (Geschichte in der Epoche Karls V. Hrsg. v. Alfred Kohler und Martina Fuchs).

PELIZAEUS, LUDOLF, 2008, *Entstehung und Radikalisierung des Guerillakrieges in Spanien und Italien 1808–1813*, in: *Kriegsgräuel*, Hrsg. v. Sönke Neitzel, Paderborn, S. 205–223.

PELIZAEUS, LUDOLF, 2010, *Die Konstruktion eines Islambildes in Spanien und Portugal als iberischer Integrationsfaktor*, in: *Repräsentationen der islamischen Welt im Europa der Frühen Neuzeit. Hrsg. v. Gabriele Haug-Moritz und Ludolf Pelizaeus*, Münster, S. 177–205.

PÉREZ, JOSEPH, 1995, *Ferdinand und Isabella: Spanien zur Zeit der katholischen Könige*, München.

POLIAKOV, LEÓN, 1981, *Geschichte des Antisemitismus: Bd. 4. Die Marranen im Schatten der Inquisition: mit einem Anhang: Die Morisken und ihre Vertreibung*, Worms.

SAMSÓ, JULIO, 1985, *Ciencia muselmana en España*. Madrid, (Historia 16, Heft 144).

SÁNCHEZ BLANCO, RAFAEL, 1996, *El verano del miedo: conflictividad social en la Valencia agermanada y el bautismo de los mudéjares 1521*, in: *Estudis 22*, S. 27–51.

SCHULZE, E., 1998, *Islamische Welt in der Neuzeit*, in: *Der Islamische Orient. Grundzüge seiner Geschichte*. Hrsg. v. Jürgen Paul und Albrecht Noth, Würzburg, S. 333–407.

SEGURA GRAIÑO, CRISTINA, 1985, *La conquista de Toledo (1085): crisis en Al-Andalus*, in: *Historia 16*, 108, S. 48–53.

SINGER, RUDOLF, 1991, *Der Maghreb und die Pyrenäenhalbinsel bis zum Ausgang des Mittelalters*, in: *Geschichte der arabischen Welt*, Hrsg. v. Ulrich Haarmann, München, S. 264–322.

SUÁREZ FERNANDEZ, LUÍS, 2001, *La salida de los judíos*, in: *Isabel la Católica y la política*. Hrsg. v. Julio Valdeón Baruque, Valladolid, S. 85–90.

TUÑON DE LARA, MANUEL, 1982, *La guerra civil*, in: *La España de la Cruzada. Guerra civil y primer franquismo (1936–1959)*, Madrid, Historia 16, Bd. 12, S. 5–20.

VALDEÓN BARUQUE, JULIO, 1999, *Las Españas medievales*, Valladolid.

VALDÉS FERNANDEZ, FERNANDO, o. J., *Die arabische Kunst von den Almohaden bis zum Fall von Granada*, S. 233–242.

VALLÉS BORRAS, VICENT JOAN, 2000, *La Germanía. (1519–1522). Un movimiento social en la Valencia del Renacimiento*, Valencia.

VONES, LUDWIG, 1993, *Geschichte der Iberischen Halbinsel im Mittelalter (711–1480): Reiche, Kronen, Regionen*, Sigmaringen.

Anmerkungen

Die Verherrlichung von Tariq ibn Ziyad als Vorkämpfer gegen den Westen auf: http://www.pakistanidefenceforum.com/lofiversion/index.php/t69768.html oder der die Hinweise auf ein pakistanisches Kriegsschiff gleichen Namens. (Zugriff: 12.1.2008; am 8.1.2010 aus dem Netz genommen). Ein die Taten Tariqs verherrlichender arabischer Zeichentrickfilm auf YouTube: http://www.youtube.com/watch?v=5Aie9IIOdRU قصة القائد طارق بن زياد في فتح الأندلس (»Die Geschichte der Taten des Tariq ibn Ziyad bei der Öffnung (d. h.: Eroberung) von al-Andalus«). »Heldenvita« von Tariq ibn Ziyad auf Islamonline.com: http://islamonline.com/news/articles/7/Tarek-Ibn-Ziyad.html und auf haqislam.org (haqislam = islamisches Recht): http://www.haqislam.org/tariq-bin-ziyad/und auf way-to-allah.com (deutsch): http://www.way-to-allah.com/themen/Andalusien.html. Idealisierende Kommentare zum muslimischen Spanien bei Quantara: http://de.qantara.de/webcom/show_article.php/_c-582/_nr-32/_p-1/i.html (Zugriff: 8.1.2010). Dank an Michael Rohschürrmann für den Hinweis auf die fünf letzten Seiten. Vgl. insgesamt: Allebrand, Raimund, 2004, Terror und Toleranz, in: Terror oder Toleranz. Spanien und der Islam. Hrsg. v. Raimund Allebrand, Bad Honnef, S. 6–14, hier: S. 6.

1. Abbildungen

Abb. 41: Die Alhambra in Granada: Löwenhof und Generalife.

Abb. 42: Aus den Cantigas de Santa Maria. Dargestellt ist die Geschichte eines Ritters, der, obwohl in die Schlacht gerufen, zunächst sein Gebet an die Gottesmutter verrichtet, weswegen diese ihm den Sieg schenkt. Man beachte besonders die Schlachtdarstellung, bei der deutlich zu sehen ist, wie auch auf Seiten der Muslime christliche Ritter kämpfen. Abb. aus: López Serrano, Matilde, 1987, Cantigas de Santa María de Alfonso X el Sabio, Rey de Castilla, Madrid.

Abb. 43: Jeréz de la Frontera: Die Position und die Bauweise des Turms der Kathedrale zeigen deutlich, dass er als Minarett errichtet wurde. (Foto des Autors).

Abb. 44: Reque Meruvia: Franco als Kreuzritter. Archivo Historico Militar, Madrid.

Abb. 45: Zahara (heute Provinz Cádiz) im Königreich Granada, das seine alte Struktur noch weitgehend erhalten hat, als Beispiel für eine kleine schwer zugängliche Siedlung in den Bergen. (Foto des Autors).

2. Quellen

(Bis auf Dok. 2 und Dok. 3 alle Übersetzungen vom Verfasser)

Dok. 1: Der Sieg der Abbasiden

Die Herrschaft der Kalifen von Cordoba geht zurück auf ihre Absetzung in Syrien. Allein Abd-Rahman gelang die Flucht nach Al Andalus, die anderen Mitglieder der Familie oder Anhänger der Dynastie wurden getötet. »Am Dienstag, den 28. Muharram des Jahres 132 (16. September 749) griff Abu Muslim (den) Ali Ibn Djudai Ibn Ali al Kirmani in Nischapur an, nahm ihn gefangen und kerkerte ihn ein; schließlich tötete er ihn. Dann nahm er im Ratssaal Platz und ließ sich als Gouverneur begrüßen, danach leitete er den Gottesdienst und sprach Chutba und Gebet im Namen von as-Saffah Abu'l-Abbas Abdallah Ibn Muhammad, dem ersten Abbasidenkalifen. Daraufhin fiel ihm Chorasan zu, während die Herrschaft der Omayaden dort zusammenbrach. Er entsandte seine Truppen auch zum Kampf gegen Marwan Ibn Muhammad und in der Nacht zum Freitag, den 13. Rabi II, nach Aussage anderer im Rabi I. des Jahres 132 (29. November oder Oktober – November 749) huldigte man as-Saffah, bei seinem Auftreten in Kufa, als Kalifen...Marwans Heer wurde geschlagen, er selbst setzte sich nach Syrien ab. Doch Abdallahs Truppen verfolgten ihn, worauf er nach Ägypten floh...Dort wurde er... getötet. Gott erbarme sich seiner. Man schlug ihm den Kopf ab und schickte diesen zu as-Saffah...«

aus: Ibn Chalikan: Die Söhne der Zeit, in: Lust an der Geschichte: Die Blütezeit der islamischen Welt. Hrsg. v. Gerhard Hoffmann. München, Zürich, 1994, S. 27–31.

Dok. 2: Die Eroberung Valencias aus arabischer Sicht

In dem Bericht über das wechselnde Schicksal der Stadt Valencia zwischen 1092 und 1101 werden die unterschiedlichen Herrschaften und die Möglichkeit einer Ablösung durch Ermordung deutlich. Es zeigt sich aber auch, wie Herrscher Ibn Gahhaf eine sehr umfassende Bildung besaß und andererseits die Angst vor einer zu engen Zusammenarbeit mit den christlichen Herrschern in vielen Kreisen verbreitet war. Der Cid stellt andererseits vor der Hinrichtung von Ibn Gahhaf sicher, dass dieser vor christlichen und islamischen Zeugen geschworen hatte.

»Als Alkadir sich Valencias bemächtigt hatte, führte er Neuheiten ein, hob Urteile auf und legte eine recht verabscheuungswürdige Haltung an den Tag. Er trat mit König Alfons (VI. von Kastilien 1073–1109) in freundschaftliche Beziehungen, schickte ihm Geschenke und hielt die Verbindung mit ihm aufrecht. Die Bewohner Valencias, die argwöhnten, er würde ihre Stadt dem König Alfons in die Hände spielen, wie er es damals mit Toledo gemacht hatte, schlossen sich zusammen und kamen überein, ihn zu töten. Ibn Gahhaf machte sich zu ihrem Führer. Darauf drang dieser bei Alkadir ein und tötete ihn, wie wir schon sagten, am Montagabend, den 23. des Ramadanmonats. Als am nächsten Morgen, am Dienstag, den 24. des Ramadanmonats 485 (28. Oktober 1092) Ibn Gahhaf zum Herrscher ausgerufen war, zog er vor das Schloss, wo er eine große Menge Geld, bewegliches Gut und den königlichen Schatz fand und davon Besitz nahm. Er hatte Rechtswissenschaft in Játiva bei Abu Amru Abd al-Barr studiert und hörte die Vorlesungen über Mohammed bei Abu l'Abbas al Idri und anderen Gelehrten.

Er blieb Herr von Valencia, bis ein gewisser christlicher Graf, ›El Campeador‹ genannt, was ›Herr des Feldes‹ heißt und dessen Name Rodrigo war (Don Rodrigo Díaz de Vivár, ca. 1043–1099) gegen ihn zog. Dieser wollte Valencia nehmen und begann deswegen eine hartnäckige Belagerung, verhinderte dadurch jegliche Verproviantierung, stellte Kriegsmaschinen auf und machte sich daran, die Mauern zu untergraben. Den Belagerten gingen die Lebensmittel aus, und sie verzehrten Ratten, Hunde und Aasfleisch; schließlich aßen sie sich gegenseitig und sobald einer von ihnen Hungers starb, verschlangen ihn die anderen. Der Widerstand wurde zuletzt unmöglich...Nachdem man gegenseitig in die Bedingungen eingewilligt hatte, wurde der Friedensvertrag von beiden Seiten unterzeichnet und das Tor geöffnet...Kurze Zeit darauf wurde Ibn Gahhaf von dem Campeador getötet. Der Grund war, dass Ibn Gahhaf, als er dem Campeador – Gott strafe ihn – die Schätze Alkadirs auslieferte, ein sehr kostbares Kleinod für sich behielt. Da dem Campeador davon etwas zu Ohren gekommen war, fragte er Ibn Gahhaf nach dem Kleinod; dieser aber leugnete, es zu besitzen. Darauf ließ der Campeador ihn dies in Gegenwart von Zeugen, von bedeutenden Muslimen und Christen beschwören...Bald darauf erhielt er [Cid] jedoch die Gewissheit, dass Ibn Gahhaf das Kleinod doch besaß...Wutentbrannt befahl er ihn zu foltern. Nachdem er furchtbar gefoltert worden war, befahl der Campeador, viel Holz zu sammeln und einen Graben zu schaufeln. Man führte Ibn Gahhaf da hinein, legte das Holz um ihn und setzte es in Brand. Ibn Gahhaf zog darauf mit seinen Händen die brennenden Scheiter selbst zu sich heran, um den Tod schneller herbei zu führen.

Valencia blieb in der Gewalt des Campeador, bis es von dem Almoraviden Mazdali im Jahre 495 (1101/1102) befreit wurde.«

Bericht über den Cid, in: Grundzüge der Geschichte. Oberstufe: Von der Urzeit bis zum Zeitalter des Absolutismus. Bearb. v. Rudolf Weinrich u. a. Frankfurt 1984, S. 213–214.

Dok. 3: Die Eroberung Valencias aus christlicher Sicht

Hauptfigur der Quelle ist erneut El Cid Campeador. Es wird deutlich, wie für viele Ritter und auch für den Cid selber, die Aussicht auf Beute das Hauptmotiv für die Kriege waren.

»Der Cid
In Valencia sind die Mauren
voller Angst und voller Schrecken.
Wagen nicht, vors Tor zu gehen,
noch den Kampf mit ihm zu suchen.
Abgetrennt von ihren Huertas (Gärten),
leiden in der Stadt sie Mangel,
denn drei Jahre nimmt er ihnen,
alles Brot, der Cid Rodrigo.
Klage tönt in ganz Valencia.
Wissen nicht, was anzufangen,
denn von keiner Seite kann man
sie mit Brot und Wein versorgen.
Selbst der Vater kann dem Sohn nicht
und der Sohn dem Vater nimmer
Unterstützung jetzt gewähren.
Auch der Freund hat für die Freunde
keinen Trost, denn schlimme Plage
ist es Männern, wenn das Brot fehlt,
Frau und Kinder hungers sterben.
Sehen sie die Trauer vor sich,
können sie es doch nicht ändern.
Boten denken sie zu schicken
zu dem König von Marokko.
Der führt einen schweren Feldzug
gegen den vom Weißen Berge
und bringt ihnen keine Hilfe,
keinen Rat und nichts zum Schutze.
Davon hört der Cid und freut sich.
Rasch verläßt er Murviedro,
reitet eine Nacht ganz durch,
und das Morgengrauen findet
ihn im Land von Monreal schon.
Nach Navarra, Aragón auch,
selbst bis nach Kastilien schickt er

Boten, um dort auszurufen:
»Wer von Not und Sorge frei sein
und zu Reichtum kommen möchte,
soll zum Cid Rodrigo gehen,
der zum Kampfe sich bereitet,
um Valencia zu belagern,
es den Christen zu gewinnen.

Wer zu mir will, guten Willens,
um Valencia zu belagern –
durch Gewalt soll keiner kommen –,
auf den warte ich drei Tage,
hier in Cella del Canal.«

Diese sprach der Cid, der Treue,
kehrt zurück nach Murviedro,
das er sich erobert hatte.
Was die Boten ausgerufen,
überall von Mund zu Munde
läuft es. Auf Gewinn die Aussicht,
keinen läßt sie ruhig schlafen.
Viele sich zusammenrotten
aus dem guten Christenvolke,
klingt es doch von allen Seiten
von den Taten des Ruy Díaz.
Mehr sind, die sich ihm gesellen,
als die ihn verlassen haben.
Immer größer wird sein Reichtum.
Als er so viel Volk beisammen
sah, wie sich der Cid da freute.
Wollte keine Zeit verlieren.
Geradenwegs hin nach Valencia
zieht mein Cid mit seinen Mannen,
um sich auf die Stadt zu werfen.
Fest und ohne Fehl umschließt er
nun die Stadt mit Eisenringen.
Jeden, der der Stadt sich nähert,
kann er schon von weitem sehen,
den, der kommt, und den, der gehn will.
Eine Frist noch stellt er ihnen,

sollten sie auf Hilfe hoffen.
Hat Valencia er belagert
schon neun Monde, kommt der zehnte,
übergeben soll Valencia
sich dem Cid dann unverzüglich.
Großer Jubel allenthalben
herrscht dort, als er endlich einzieht.
Die zu Fuß noch eben waren,
sitzen schon auf edlen Rossen,
um vom Golde und vom Silber,
von den Waffen nich zu reden,
Zeit fehlt, um den Schatz zu zählen.
Alle sind sie reich geworden,
die in diese Stadt gekommen.
Und den fünften Teil der Beute
läßt der Cid beiseite schaffen...«
Der Cid. Das altspanische Heldenlied. Übersetzung von Fred Eggarter. Strophen 72−74. Stuttgart (Reclam) 1985, S. 67−69; © Aufbau Verlag GmbH & Co. KG, Berlin 1968, 2008.

Dok. 4: Ferdinand der Katholische fordert den Großmeister von Calatrava auf, zwei maurische Gefangene frei zu lassen.

Die großen Ritterorden, die sich vielfach nicht an königliche Anordnungen hielten, verdienten viel Geld mit der Sklavenjagd, einer der bestimmenden Faktoren im Grenzgebiet zwischen dem christlichen und dem muslimischen Andalusien.

»Von Seiten der Stadt Jaén wurde mir mitgeteilt, dass seit ungefähr zwei Monaten ein Waffenstillstand ausgehandelt und unterschrieben zwischen meinem Königreich [von Jaén] und dem [muslimischen] König und Königreich von Granada ausgehandelt wurde. Dennoch fahren Eure Leute fort, in die Länder der Mauren einzudringen und im Namen der Stadt von Jaén Mauren aus dem Königreich Granada gefangen zu nehmen...Aus diesem Grund, befehle ich Euch, dass ihr die genannten Mauren befreit und loslasst...«
Königliches Schreiben an den Großmeister des Ritterordens von Calatrava, 8.11.1479, in: Porras Arboledas, Pedro: Ordenanzas de la muy noble, famosa y muy leal ciudad de Jaén, guarda y defendimiento de los reinos de Castilla. Granada 1993, S. 119.

Dok. 5a: Der Krieg um Granada aus muslimischer Sicht

Ahmad Ibn-Muhammad Ibn-Ahmad Al Maqqarrí schreibt um 1640 im Gebiet des heutigen Algeriens eine Geschichte des muslimischen Spaniens. Darin gibt er den Bewohnern von Granada die Schuld am Niedergang des Königreiches aufgrund ihres sündigen Lebens. Gleichzeitig ist es aber eine der wenigen Quellen, die aus arabischer Sicht das Ende des nasridischen Königreichs beleuchten.
»...fürchteten ihn, suchten seine Freundschaft und baten um Frieden...die Bewohner von Málaga und Hisn Al munshát unterwarfen sich ihm, vornehmlich aus Angst vor dem Kastilischen König und seiner Rache...., die Bewohner von Baza wurden ergriffen von Terror und Verzweiflung, und demgemäß begannen sie eine Kapitulation auszuhandeln...«
Andererseits wurde dann aber auch von nasridischer Seite kein Pardon gegeben: »sie griffen eine Burg, welche von den Christen gehalten wurde, an, und nachdem man sie im Sturm genommen hatte, ließ man die Besatzung über die Klinge springen.«

Dok. 5b: Die Aufforderung zur Zwangskonversion 1497 aus muslimischer Sicht

»die muslimische Gemeinschaft...war hilflos...Die christlichen Tyrannen gingen weiter und sagten zum Muslim: Dein Vorfahr war ein Christ, jedoch wurde er Muslim, daher musst Du wieder ein Christ werden...«
Al Maqqarrí, Ahmad Ibn-Muhammad Ibn-Ahmad: The History of the Mohammedan Dynasties in Spain. 1840–42. ND. New York 1964, S. 369, S. 391.

Dok. 6: Auszug aus den Kapitulationsbedingungen von Granada 1492

Nach der Eroberung von Granada war zwar den Einwohnern Religionsfreiheit eingeräumt worden, diese wurde aber schon mit den Kapitulationsbedingungen von 1492 untergraben. Der strittige Passus erlaubte nämlich das Eindringen christlicher Kontrolleure in den Wohnbereich der muslimischen Frauen (Harem), was zum Aufstand von 1497 und dann zu den Anordnungen zur Zwangskonversion führte.
»Niemand darf durch Wort oder Tat einen christlichen Mann oder Frau missbrauchen, die vor dem Datum der Kapitulation Maure geworden ist [i. e. zum Islam konvertiert ist]. Wenn ein Maure eine Renegatin als Frau genommen hat, so ist sie nicht zu zwingen, Christin gegen ihren Willen zu werden, doch mag sie in Gegenwart von Christen und Mauren befragt werden und es ihr erlaubt

sein, ihrem eigenen Willen zu folgen. Das gleiche gilt für Kinder, die von einer christlichen Mutter und einem Mauren geboren wurden...« in: Harvey, Lewis P.: Muslims in Spain 1500–1614. Chicago, London, Chicago Univ. Press, 2005, S. 29.

Dok. 7: Bericht über Zwangskonversionen von 1499 aus Granada

Nachdem der erste Erzbischof von Granada, Fray Hernán de Talavera durch Predigten auf Arabisch nur wenige Muslime zur Konversion gebracht hatte, zog sein Nachfolger auf dem erzbischöflichen Stuhl, Cisneros, die Zügel fester an. Selbst von umfassender humanistischer Bildung und Gründer der Universität in Alcalá, drängte er zur Konversion der muslimischen Bevölkerung und wandte auch Zwang an, was zu einem Aufstand führte, der aber niedergeschlagen wurde.

»Als ihre Hoheiten im Begriff waren, Granada zu verlassen, langte der Erzbischof von Toledo [Cisneros] an. Er wusste, dass es unter den Mauren Elches (solche die früher Christen gewesen waren) gab. Da dies ein Fall war, an welchem die Inquisition Interesse hatte, sann er auf einen Weg, sie dahin zu bringen, ihren Fehler zu bekennen und sie zurück zu unserem Glauben zu bringen, so dass möglicherweise auch einige von den Mauren zu unserem Glauben bekehrt werden würden, entweder durch seine Predigten oder durch die Fähigkeiten, welche ihnen gegeben wurden. Aus dem Wunsch heraus, einige Seelen für unseren Herrn zu gewinnen, beschloss er, in Granada zu bleiben und sich zur Arbeit zu begeben. Er hatte eine Erlaubnis des Großinquisitors, welche die ›Elches‹ betraf, und so verblieb er in der Stadt. Und unserem Herrn gefiel es zu erlauben, dass einige Mauren konvertierten, dank der Predigten des Erzbischofs und seiner Gaben. Er fuhr mit seiner Bestimmung fort. Da leichter Druck auf die ›Elches‹ ausgeübt wurde, ihre Fehler zuzugeben und zu unserem Glauben zu konvertieren, wie dies auch legal ist, und auch, weil die Männer des Erzbischofs die minderjährigen Söhne und Töchter der ›Elches‹ tauften, wie dies legal ist, erhoben sich die Mauren des Albaicíns...«
Harvey, Lewis P.: Muslims in Spain 1500–1614. Chicago, London, Chicago Univ. Press, 2005, S. 33.

Dok. 8: Auszug aus dem Lesebuch »Mein Vaterland« von 1928

In dem sich vornehmlich an Schüler und Studierende richtenden Lesebuch wird in der Zeit der Republik die Verbindung zwischen Afrika und Spanien zwar hergestellt, allerdings noch nicht so pointiert ausgedrückt, wie wenige Jahre später im Francismus.

»Spanien war in seiner Geschichte mit dem Norden Afrikas seit römischer Zeit vereint. Ein Rom verratender Graf bat um die Invasion durch die Vandalen aus Afrika in die ›Baetica‹ [Römische Provinz in Spanien] und ein anderer die Westgoten verratender Graf half den afrikanischen Arabern nach Spanien zu gelangen.

Seit dem Ende der Rückeroberung [Reconquista] unseres Vaterlandes setzten geschlagen jene Nachfahren auf afrikanischen Boden über, die zu Anfang des 8. Jahrhunderts ausgezogen waren, um das spanische Gebiet zu unterwerfen. Nur wenig später begannen die Spanier, bereits Herren ihres Landes, Invasionen nach Nordafrika zu unternehmen...«

Gabino Enciso, Mi patria, Burgos 1928, S. 433–434, in: Parra Monserat, David: A bridge between East and West. The view of the Muslim past in 19th and 20th century Spain, in: Repräsentationen der islamischen Welt im Europa der Frühen Neuzeit. Hrsg. v. Gabriele Haug-Moritz und Ludolf Pelizaeus. Münster 2010, S. 276.

Christoph Cluse

Zwischen Vorurteil und Vertrauen: Die Rettung der Regensburger Juden im Jahr 1349

Juden im mittelalterlichen Reich

Die geläufigen Bilder über die Geschichte der Juden während des europäischen Mittelalters sind nachhaltig von den Vorstellungen über »das« Mittelalter als einer finsteren, unaufgeklärten Epoche geprägt. In diesem Lichte erscheinen die Beziehungen zwischen christlicher Mehrheit und jüdischer Minderheit als Abfolge von Ausgrenzungsmaßnahmen und Verfolgungsereignissen, die Juden als Objekte ihrer Geschichte, nicht als deren Subjekte. In älteren Überblicksdarstellungen zur »deutschen« Geschichte des Mittelalters – und selbst noch in manchen aktuellen Lehrwerken – werden die Juden entweder gar nicht oder allenfalls aus Anlass von Verfolgungen erwähnt. Untersuchungen über andere Aspekte der jüdischen Präsenz, beispielsweise über die wirtschaftliche Tätigkeit von Juden, wurden unter der Leitfrage angestellt, was diese zur Erklärung von Judenfeindschaft und Verfolgung beitragen können. In den letzten Jahrzehnten hat die deutschsprachige Forschung allerdings – angeregt von den wegweisenden Beiträgen deutsch-jüdischer Wissenschaftler aus der Zeit bis 1938 – viele neue Erkenntnisse über die Vielschichtigkeit und Komplexität der Beziehungen zwischen Christen und Juden während des Mittelalters gewonnen und ein Bild zu zeichnen versucht, in dem sich helle und dunkle Stellen deutlicher voneinand unterscheiden lassen (vgl. Toch, 1998; Haverkamp, 1999; Yuval, 2007).

Denn Unterscheidung, »Kritik« im ursprünglichen Wortsinn, ist in mehrfacher Hinsicht vonnöten. Dies gilt zunächst zeitlich: Seit den ersten deutlicheren Quellenhinweisen auf Niederlassungen von Juden an Rhein (9. Jahrhundert) und Donau (11. Jahrhundert) bis zu den Vertreibungen aus den meisten städtischen Zentren des Reiches im 15. und frühen 16. Jahrhundert gab es vielerorts offenkundig lange Zeiträume friedlicher Nachbarschaft oder doch zumindest eines unspektakulären Nebeneinanders von Juden und Christen. Davon zu unterscheiden sind Krisen wie in der Epoche der frühen Kreuzzüge (schwere Judenverfolgungen gab es vor allem beim Aufbruch zum 1. Kreuzzug 1096) oder die Katastrophenzeit zwischen dem letzten Drittel des 13. Jahrhunderts und den Jahren des »Schwarzen Todes« 1348 bis 1350, auf die wir noch zurückkommen werden. Wieder anders zu bewerten sind die vermehrten Tendenzen zur Ausgrenzung der Juden, die im Verlauf des 15. Jahrhunderts, vor allem seit der Hungerkrise der 1430er-Jahre, in vielen Städten fassbar werden. Die Ausdrücke »vielerorts«, »in vielen Städten« verweisen dabei schon auf eine zweite, ebenso notwendige Unterscheidung: Die Geschehnisse folgten nicht überall denselben Abläufen, die lokalen Interessenverhältnisse und die Handlungsspielräume der Beteiligten müssen jeweils im Einzelfall untersucht werden.

Eine dritte Weise der Unterscheidung bezieht sich auf die – modern gesprochen – »Funktionsbereiche« der Gesellschaft während des Mittelalters. Denn diese Gesellschaft lässt sich wohl kaum auf das rigide »Ständemodell« reduzieren, das uns aus dem Geschichtsunterricht geläufig ist. Für die Geschichte der Juden gilt, dass deren Ab- und Ausgrenzung auf der einen Seite und ihre Teilhabe und Einbindung andererseits nicht auf einer einzigen Skala gemessen werden können. Vielmehr macht es einen Unterschied, ob man das Augenmerk auf den Bereich der Religion und des Kults legt (wo die Abgrenzung Teil der Selbstdefinition war) oder beispielsweise auf die Alltagskultur, das lokal geltende Recht (welches Juden häufig das Bürgerrecht zuschrieb) oder die Funktionsebene des Wirtschaftslebens.

Eine letzte Differenzierung gilt den persönlichen Einstellungen und Verhaltensweisen. Die antijüdischen Fremdheitszuschreibungen, die judenfeindlichen Legenden des »Ritualmords« und des »Hostienfrevels«, die Vorwürfe, die vom »Wucher« bis zur »Brunnenvergiftung« reichten, – sie sind von der historischen Forschung und in der mediävistischen Literaturgeschichte gut beschrieben. Ihre Verdichtung im Verlauf des späteren Mittelalters lässt den Eindruck entstehen, dass sie auch die individuellen Beziehungen mit unausweichlicher Konsequenz vergiftet haben müssen. Und doch finden wir immer wieder Äußerungen der »Duldsamkeit« (*toleratio*) und Akte der Menschlichkeit im Hinblick auf die jüdische Minderheit. Auf jüdischer Seite stehen der scharfen Abgrenzung gegenüber dem als götzendienerisch verurteilten »Fremdkult« auch Worte der Anerkennung moralischen und gottesfürchtigen Verhaltens gegenüber. Wie wir sehen werden, haben sich auch Christen, die keineswegs frei von antijüdischen Klischeevorstellungen waren, im konkreten Fall dem vorherrschenden Diskurs entzogen und Kritik daran geübt. Erinnert sei in diesem Zusammenhang nur allgemein an die bedeutende Tradition der päpstlichen Schutzurkunden, in denen sich die Nachfolger Petri wiederholt und nachdrücklich gegen die widerrechtliche Verfolgung von Juden aufgrund haltloser Vorwürfe aussprachen.

Zeitgenossen üben Kritik an den Judenverfolgungen von 1348 bis 1350

Wie schon erwähnt, muss die Epoche zwischen den 1280er-Jahren und der Zeit des »Schwarzen Todes« in der Mitte des 14. Jahrhunderts als Katastrophenzeit für die Juden in den deutschen Landen, vor allem im Westen und Südwesten des mittelalterlichen Reichsgebiets beschrieben werden. Nach vereinzelten, lokal begrenzten Ausschreitungen begann spätestens mit den Pogromen von 1287 aufgrund einer Ritualmordbeschuldigung in Oberwesel eine Zeit regional ausgreifender Verfolgungswellen, denen Tausende von Jüdinnen und Juden zum Opfer fielen. Die Mär, dass Juden in Wiederholung der Passion Christi geweihte Hostien marterten, diente als Vorwand für die Judenverfolgungen des »König Rintfleisch« (eines nach den Quellen verarmten Ritters oder Fleischermeisters) in Franken (1298) und, eine Generation später, die Pogrome unter der Führung eines oder mehrerer »Rex Armleder« (1336–38), wiederum ausgehend von Franken und mit Auswirkungen bis an den Mittelrhein und ins Elsass. Im Sommer bzw. Spätherbst 1338 wurden auch die Juden in Niederösterreich (Pulkau) sowie im bayrischen Deggendorf und Umgebung unter ähnlichen Vorwürfen massenhaft erschlagen. Ihre furchtbare Aufgipfelung erreichten die Verfolgungen in den Jahren 1348 bis 1350, beim Herannahen der Pestwelle in Europa.

Die Pest, eine ansteckende, bakteriell übertragene Krankheit, war im Mittelmeerraum zuletzt zwischen der Mitte des 6. und der Mitte des 8. Jahrhunderts aufgetreten. Als sie 1347 auf genuesischen Handelsschiffen aus der Krim in den Westen verschleppt wurde, traf sie Europa mit voller Wucht. Alle zeitgenössischen Berichte heben ihre hohe Sterblichkeit hervor; die Forschung geht heute davon aus, dass sie zwischen 1347 und 1351 im Schnitt ein Drittel der Bevölkerung dahingerafft hat, wobei regional und lokal sowie nicht zuletzt in sozialer Hinsicht große Unterschiede auszumachen sind. Eine angemessene Erklärung für die Krankheit hatten auch die Ärzte der Zeit nicht, wenngleich der ansteckende Charakter der Seuche allgemein erkannt wurde.

Ein für Zeitgenossen nahe liegendes Erklärungsmodell betrachtete die Pest als Strafe Gottes für die in Sünden verfallene Menschheit. Ein zweites

Modell suchte die Ursache nach den wissenschaftlichen Begriffen der Zeit zu fassen. Demnach waren giftige Dünste dafür verantwortlich, dass die Körpersäfte der Menschen aus dem Gleichgewicht gerieten und eine innere Fäulnis eintrat. Wie dies im großen Maße geschehen konnte, dafür suchte die medizinische Fakultät der Universität Paris in einem noch 1348 publizierten Pestgutachten eine Antwort zu geben: Demnach hatte eine »große Konjunktion« der Planeten Mars, Jupiter und Saturn (ein für Astrologen bedeutungsschweres Ereignis) im März 1345 die gefährlichen Dünste aus dem Erdinneren freigesetzt.

Schon früh kam noch ein drittes Erklärungsmodell auf, demzufolge die Verbreitung der Pest auf menschliches Zutun zurückzuführen sei. »Schließlich kam es so weit, dass sie in den Städten und Dörfern Wachen hielten und niemanden einließen, sofern er nicht gut bekannt war. Und wenn sie bei jemandem Pulver oder Salben fanden, ließen sie ihn diese herunterschlucken aus Angst, es könnte sich um Gift handeln«, schreibt Guy de Chauliac († 1368), damals Leibarzt Papst Clemens' VI. in Avignon (McVaugh, 1997, S. 118). Bald verdichtete sich – anknüpfend an ältere Legenden von einer »jüdischen Weltverschwörung« – der Verdacht gegen die Juden, und nach einer Reihe von »wilden« Pogromen ergriffen im Herbst 1348 die Herrschaftsträger die Initiative und leiteten Prozesse gegen die Verdächtigten ein. Diese Verfahren wurden unter ausgiebigem Einsatz der Folter geführt, die Auswirkungen waren verheerend. Neben der Angst vor der Pest trugen aber auch politische Faktoren – »innerstädtische« Auseinandersetzungen um die Ratsherrschaft, oft verquickt mit regionalen Spannungen oder dem Thronkampf zwischen Karl IV. und den Wittelsbachern im Reich – zu den Verfolgungen bei. Im Reichsgebiet fielen seit dem Winter 1348/49 die weitaus meisten jüdischen Gemeinden und Niederlassungen den Verfolgungen zum Opfer.

Viele der zeitgenössischen Chronisten beziehen sich auf alle drei genannten Erklärungsmodelle und versuchen dann, eine Gewichtung vorzunehmen. So schreibt der Dominikanermönch Konrad von Halberstadt († nach 1362): »Einige sagten, [die Ursache der Pest] liege in der Vergiftung der Quellen, Brunnen und anderen Gewässer durch die Juden. Andere sagten, es komme von den Sternen, die Gifte aus den Eingeweiden der Erde zögen, welche sich mit der Luft vermischten und die Menschen, die sie einatmeten, umbrächten; wieder andere sagten, es liege am göttlichen Willen, damit die verdorbene Welt von der Befleckung durch die Sünden gereinigt werde.« Unwillens, sich auf eines dieser Modelle festzulegen, schreibt Konrad: »Ich meine, dass keiner dieser Gründe für sich genommen ausreicht; vielmehr ergeben sie alle zusammengenommen erst eine vollständige und hinreichende Ursache.« Was die Juden angehe, so argumentierte Konrad, gegen sie spreche der Charakter der Pest: »Sie trat manchmal an einem Ort auf, dann wieder an einem anderen, ließ den dazwischen liegenden aber aus und sprang gleichsam wie bei einem Schachzug dorthin. Und zu den Orten, wohin Juden nicht gelangen konnten, ging auch die Pest nicht über.« (Leng, 1996, S. 205, S. 208).

Die oberflächliche Logik von Konrads Argumentation verliert einiges von ihrer Kraft, wenn man sich vor Augen hält, wie der Text an dieser Stelle entstanden ist. Konrad hatte sich nämlich bei der Chronik seines Ordensbruders Heinrich von Herford († 1370) bedient, die ihm in Rohfassung zugänglich war. Heinrich jedoch hatte eine ganz andere Position eingenommen. Er glaubte nämlich nicht an die Vorwürfe gegen die Juden – »auch wenn diesem Gerücht die Pest Glaubwürdigkeit verleihen könnte, die damals aufs grausamste in der Welt wütete, allerdings nicht überall gleichmäßig, sondern manchmal nach Art eines Schachspiels von einem Ort, wo sie herrschte, zum anderen springend und, ohne die Mitte anzustecken, gleich zum dritten übergehend und vielleicht später zum mittleren zurückkehrend, also gleichsam wählerisch vorging. An Orte, die für Fremde nicht allgemein erreichbar waren, soll sie nicht gelangt sein, als ob diese von einem Gift unbeschadet geblieben wären.« Durch bloße Umstellung einiger Worte und Satzteile hatte Konrad die Aussage seiner Vorlage in ihr Gegenteil verkehrt! Heinrich sollte sich übrigens später über die Art und Weise dieser Benutzung seines vorläufigen Textes bitter beklagen – nicht etwa über das Plagiat (denn Übernahmen aus anderen Chroniken waren nichts Ehrenrühriges), sondern über die »schändliche Verfälschung« dabei (Potthast, 1859, S. 280; dazu Schumann, 1996, S. 188 und Leng, 1996, S. 96).

Diese Diskussion im Medium chronikalischer Texte fand im späteren Verlauf des 14. Jahrhunderts noch einmal eine Fortsetzung: Der Prämonstratenser Petrus von Herentals in Brabant († 1391) schreibt in offenkundiger Anlehnung an Konrads Chronik, die einen führten die Pest auf den Einfluss der Planeten zurück, während andere dafür die Vergiftung der Quellen und Brunnen verantwortlich machten, die sie namentlich den Juden unterstellten, weshalb diese verschiedenenorts, »speziell aber in Brabant, auf unmenschliche Weise zu Tode gebracht wurden«. Er selbst, so fährt Petrus fort, halte die Pest für eine Strafe Gottes für die Sünden der Menschen, und zwar hauptsächlich die Judenmorde selbst! Er verbindet also die Verwendung des Konrad'schen Textes mit einem scharfen Verweis gegen dessen Behauptung von der angeblichen Schuld der Juden an der Pest (Cluse, 2000, S. 217).

Dass die Judenverfolgungen von 1348 bis 1350 hier als »unmenschlich« bezeichnet werden, geht übrigens auf den frühesten Text in unserer Reihe zurück, d. h. auf Heinrich von Herford. Seine Worte verdienen, im Zusammenhang zitiert zu werden: »Auch wurden in diesem Jahr [= 1349] die Juden in Deutschland und in mehreren anderen Provinzen alle mitsamt Frauen und Kinder durch Schwert und Feuer grausam (*crudeliter*) und unmenschlich (*inhumaniter*) dahingerafft. Dies geschah entweder wegen ihrer übergroßen Reichtümer, die so manche, sowohl Adlige als auch andere, Arme und Bedürftige, oder auch ihre Schuldner an sich reißen wollten – was ich für wahr halte, wie es [oben] von den Templern berichtet wurde –, oder wegen der Giftanschläge auf die Gewässer, die sie, wie es so viele behaupten und wie allgemein die Rede geht, in böser und hinterlistiger Absicht verübt hätten in allen Ländern – was ich nicht glaube.«

Interessanterweise bedient sich das Argument, die Juden wären »wegen ihrer übergroßen Reichtümer« umgebracht worden, seinerseits eines Klischees, dem Stereotyp vom reichen »Wucherjuden«. Es taucht auch sonst in den Berichten über die Verfolgungen der Pestzeit auf, beispielsweise bei dem Straßburger Chronisten Fritsche Closener, der am Ende seines Berichts über den Judenmord vom 14. Februar 1349 lakonisch bemerkt: »Was man den Juden schuldig war, das war nun alles wett; alle Pfänder und Schuldbriefe, die sie hatten, wurden zurückgegeben. Ihre Barhabe nahm der Rat und verteilte es anteilmäßig unter die Zünfte. Letztendlich war dies das Gift, das die Juden umgebracht hat.« (Hegel, 1870, S.130). Mit einer vorsichtig skeptischen Wendung gegenüber den Vergiftungsgerüchten schreibt auch der Chronist der Erfurter Peterschronik über die Ereignisse vom März 1349: »Ich glaube eher, die Ursache ihrer Leiden war das viele, unermessliche Geld, das ihnen Fürsten und Ritter, Bürger und Bauern schuldig waren«. Dies erinnert wieder an Heinrichs Argument, erscheint aber umso erstaunlicher, als der Erfurter Chronist den ermordeten Juden ein paar Zeilen zuvor ein gehässiges »*Requiescant in inferno!*« (»Mögen sie in der Hölle ruhen!«) nachgerufen hatte (Holder-Egger,1899, S.380).

Ein Beispiel: Konrad von Megenberg

Kritik an der Brunnenvergiftungs-Theorie und einiges Mitgefühl mit den verfolgten Juden finden sich auch in zwei Werken des gelehrten Magisters und (seit 1348) Regensburger Domherrn Konrad von Megenberg (1309–1374). Konrad hatte in Paris die »freien Künste« studiert und

dort von 1334 bis 1342 auch gelehrt, bevor er in diesem Jahr die Leitung der Wiener Stephansschule übernahm. Er war Autor zahlreicher Werke zur Theologie und Kirchenpolitik, Naturkunde und Moralphilosophie. Als Zeitgenosse äußerte er sich an zwei Stellen ausführlicher zu den Judenverfolgungen der Pestzeit. Seinen Wiener Freunden widmete er die erste Fassung des deutschsprachigen »Buchs von den natürlichen Dingen«, die er in seinen frühen Regensburger Jahren (1348–1350) fertigstellte (eine spätestens 1358 abgeschlossene Überarbeitung hat er dem österreichischen Herzog Rudolf IV. zugeeignet). Wenig später, im Jahr 1350, entstand Konrads lateinischer »Tractatus de mortalitate in Alamannia«, in dem er sich ausführlich mit den Ursachen der Pest auseinandersetzte. Während das lateinische Werk als eine Art »Bewerbungsschrift« an den Kardinal Pierre Roger de Beaufort (den späteren Papst Gregor XI.) gerichtet war und heute nur in zwei Handschriften erhalten ist, erfreute sich das deutschsprachige »Buch der Natur« größter Beliebtheit (über 100 Handschriften, 8 frühe Druckausgaben). In beiden Werken schlägt Konrad eine Erklärung für die Pest vor, die um naturkundliche Logik bemüht ist und in dieser Form bei keinem anderen Autor der Zeit zu finden ist. Im Prinzip folgt er dabei dem auch sonst bekannten Modell, dass das große Sterben auf giftige Ausdünstungen (»Miasmen«) aus dem Erdinneren zurückzuführen sei. Er bezweifelt aber, dass dafür eine Planetenkonstellation verantwortlich gemacht werden könne (denn eine solche währt nie so lange, wie die Pest gewütet hat). Vielmehr sei der Pesthauch bei dem großen, auch sonst viel beachteten Erdbeben vom 25. Januar 1348 in Kärnten freigesetzt worden. Diese Idee stützte sich auf die Beobachtung, dass sich in alten Brunnen oder in Bergwerken oft Grubengase sammelten, die für Menschen tödlich sein konnten (vgl. zuletzt Gottschall, 2005).
Diese – nach den Maßstäben der Zeit – naturwissenschaftliche Argumentation verfolgt Konrad von Megenburg auch, wenn er sich dem gegen Juden erhobenen Vorwurf der Brunnenvergiftung widmet. So heißt es im »Erdbeben«-Kapitel seines »Buch(s) von den natürlichen Dingen«: »Wahrlich, sollten einzelne Juden so etwas getan haben, so weiß ich nichts davon. (...) Was ich aber sehr wohl weiß, ist, dass es von ihnen in Wien so viele gab wie in keiner anderen mir bekannten Stadt in den deutschen Landen. Und dort starben sie so zahlreich, dass sie ihren Friedhof um einiges erweitern mussten und zwei Häuser dazukauften. Hätten sie sich nun selbst vergiftet, so wäre das eine Torheit gewesen.« (Luff & Steer, 2003, S. 136). Noch klarere Worte findet er in seinem »Tractatus«: Auch er hatte gehört, dass vielerorts Säckchen mit Gift in den Quellen, Brunnen und Gewässern gefunden wurden; unter der Folter hatten gewisse »Sackträger« angeblich auch

gestanden, sie seien von den Juden zur Verbreitung des Gifts angestiftet und dafür bezahlt worden. Die Folgen für die Juden waren schrecklich: »O wieviel Trauer, Wehklagen, Herzensangst und Zähneknirschen war bei dem verlassenen Volk zu sehen! Man sah die engelsgleichen Gesichter von Mädchen und die würdigen Gestalten der Frauen ohne Erbarmen zerfleischt von geistlosen Bauern mit Sensen, Spießen und anderem Kriegsgerät, als ob es um das Schlachten von Schweinen ginge oder darum, dem Geflügel den Hals umzudrehen, bevor es in die Küche geht!«

Und wieder argumentiert Konrad von Megenberg, dass die angebliche Verschwörung der Juden zur Erklärung der Pest nicht taugte: Erstens, weil die Juden selbst an der Pest starben, wie man es in Wien und (hier neu eingefügt) Regensburg wie auch auf den Burgen jener Adligen, die ihnen Schutz gewährten, beobachten könne. Zweitens, weil die Menschen auch dort an der Pest starben, wo man die Brunnen vorsichtshalber nicht benutzte und auf fließende Gewässer auswich. Drittens, weil auch an Orten, wo die Juden umgebracht worden waren (wie in der fränkischen Handelsmetropole Nürnberg), die Seuche ihre zahlreichen Opfer fand. »Die Juden sagen«, so Konrad ausdrücklich, allein »der Neid des einfachen Volkes und Hass« seien verantwortlich für die Vorwürfe gegen sie. In der Tat ist es ziemlich wahrscheinlich, dass Konrad von Megenberg in seiner Regensburger Umgebung auch mit Juden gesprochen hatte – trotz seiner religiös bestimmten Abneigung gegen das Judentum im Allgemeinen, die er an mehreren Stellen hervorhebt. An den Leser seines »Tractatus« gerichtet, schreibt er: »Du wirst vielleicht sagen, ich strebte nach der Gunst der Juden. Das sei ferne! Aber soll ich mich etwa nicht des Unrechts erbarmen, wenn es geschieht? Soll ich etwa nicht alle Gesichtspunkte durchforschen, wenn ich die Dinge betrachte?« Und weiter: »Soll ich mich nicht einer Seele erbarmen, die nach dem Bilde Gottes, des Glorreichen, gestaltet ist?« (Krüger, 1972, S. 866f., S. 868).

Der lokale Kontext: Regensburg und der Schutz der Juden

So originell und geistig unabhängig uns die Argumentation Konrads von Megenberg erscheinen mag, sie ist doch nur ganz zu verstehen, wenn man den örtlichen Kontext seines damaligen Wirkungsbereichs einbezieht. Nicht zufällig blieben ja die von ihm erwähnten großen Judengemeinden von Wien (wo er bis 1348 wirkte) und Regensburg (wo er spätestens 1350 als Domkanoniker bezeugt ist) von den Judenverfolgungen zur Zeit des »Schwarzen Todes« verschont. Dasselbe gilt übrigens für die meisten Niederlassungen im Herzogtum Österreich wie auch im Königreich Böhmen, ganz im Gegensatz zu den Landschaften am Rhein, in Franken und Schwaben. Das niederbayerische Zentrum Regensburg erscheint in dieser Perspektive wie ein vorgeschobenes »Bollwerk« gegen die wilden Pogrome und organisierten Judenvernichtungen. Auch die wittelsbachischen Herzöge von Niederbayern hatten schon Anfang 1349 deutlich gemacht, dass sie gegebenenfalls bereit waren, die ihrem Schutz anbefohlenen Juden aufzugeben: Die Juden von Landshut, am 17. Februar an ihre Stadt verpfändet, fielen noch vor Ende März der Verfolgung zum Opfer. Im Juni erreichte die Welle auch Ingolstadt, im Juli Salzburg. Ein konsequenter und wirksamer Schutz der Regensburger Juden war also kein leichtes Unterfangen.

Tatsächlich war es die Bürgergemeinde der reichsfreien Stadt, die diesen Schutz gewährleistete. Von den staufischen Königen mit weitreichenden Privilegien versehen, hatte die Stadt schon früh einen entscheidenden Einfluss auf das Schicksal der in ihrer Mitte – nämlich im Bereich des heutigen Neupfarrplatzes – niedergelassenen Judengemeinde. Nach einem nicht untypischen Muster beanspruchten sowohl Kaiser und Reich als auch die niederbayerischen Herzöge, die Bischöfe von Regensburg, einzelne Patrizier der Stadt sowie die Gemeinde als Ganze jeweils bestimmte Rechte an den Juden. Im Zentrum des Interesses standen dabei deren Steuern bzw. Abgaben einerseits und das so genannte Judengericht andererseits. Über lange Zeiträume hinweg erlaubte die komplizierte Situation es den städtischen Führungsgruppen, eine Judenpolitik nach Maßgabe der örtlichen Gegebenheiten und politischen Bedürfnisse zu gestalten (hierzu und zum Folgenden: Cluse, 2002).

Für die Beziehungen zwischen Christen und Juden in Regensburg spielte das Judengericht offenbar eine entscheidende Rolle. Vor diesem Gericht, das im »Schulhof«, also im Vorhof der Synagoge, tagte, wurden Streitigkeiten unter Juden (sofern sie nicht schiedsgerichtlich beigelegt werden konnten) und gegen Juden verhandelt. Erstmals namentlich erwähnt sind zwei christliche »Judenrichter« 1287. Der eine übte diese Funktion kraft seines Amtes als Schultheiß, der andere als Inhaber des (ursprünglich bischöflichen) Proptsgerichts aus. Beide Judenrichter rekrutierten sich im 14. und 15. Jahrhundert stets aus bedeutenden Patrizierfamilien. Sie saßen dem Gericht vor, doch das Urteil fällten sie nicht: Dies taten christliche und jüdische Schöffen, die »Hausgenossen«. Entscheidend für diese Form des Judengerichts war also die Tatsache, dass sowohl Christen als auch Juden nicht allein am Zeugnis, sondern auch an der Urteilsfindung beteiligt waren. Paritätisch besetzte Judengerichte, an denen Prozesse gegen

Juden verhandelt wurden, gab es in den deutschen Landen während des Spätmittelalters wohl nur im Süden und Südosten.

Aus der Einbindung des alten Patriziats von Regensburg in die Organisation der christlich-jüdischen Rechtsbeziehungen ergab sich ein großes Interesse an Rechtssicherheit auch für die Juden in der Stadt. Denn nicht zuletzt hätte jede Tötung eines Juden ohne vorheriges Gerichtsurteil immer auch einen Eingriff in die Befugnisse des Judengerichts und die Rechte der Judenrichter bedeutet. Bedenkt man, dass jeweils führende Mitglieder der jüdischen Gemeinde und der christlichen Stadtkommune als Schöffen regelmäßig zu den Sitzungen des Judengerichts vor der Synagoge zusammentraten, so müssen wir überdies annehmen, dass diese Institution für die politische Kommunikation zwischen Christen und Juden von entscheidender Bedeutung war und auch die zwischenmenschlichen Beziehungen in hohem Maße stabilisiert haben dürfte. In diesem Umfeld hatten es die judenfeindlichen Gerüchte von Hostienfreveln und Brunnenvergiftungen schwerer; Zweifel daran hatten es leichter als an manch anderen Orten.

Das Interesse der städtischen Führungsgruppen an der Wahrung von Frieden und Rechtssicherheit für christliche wie jüdische Bürger Regensburgs, verbunden mit den skizzierten regelmäßigen Begegnungen auf hoher Ebene, wurde in den Krisensituationen des 13. und 14. Jahrhunderts entscheidend für das Überleben der Juden. Verdichtet lässt sich die Motivation des Stadtrates in dem Konzept des »honor civitatis« fassen. So schreibt zum Jahr 1298, als in Franken die schweren Pogrome des »König Rintfleisch« wüteten, der Regensburger Archidiakon Eberhard in seinen Annalen: »Die Regensburger Bürger jedoch, die ihrer Stadt Ehre erweisen wollten, verboten, dieselben Juden ohne Urteil zu töten und zu vernichten« (Cluse, 2002, S. 375 mit Anm. 55 (Zitat)). Angesichts der internen Wirren des »Auer-Aufstandes« verpflichteten sich Rat und Gemeinde am 14. Februar 1342 erneut, zu einem wirkungsvollen Schutz der Juden all das zu tun, »was uns allen und unserer Stadt zur Ehre und Notdurft gereicht«. Die Bündnisurkunde ist von nicht weniger als 424 Familien besiegelt worden (Regensburger Urkundenbuch, S. 532−539; Zitat S. 533; dazu Schmid, 1980, S. 598 f.). Ein solches Verständnis von »honor civitatis« war keineswegs auf Regensburg beschränkt, ist hier aber besonders gut greifbar.

Dasselbe, keineswegs bloß symbolisch zu verstehende Interesse der Stadt an der Wahrung ihrer »Ehre« gab auch im Jahre 1349 den Ausschlag bei der Rettung der Regensburger Juden vor der Pestverfolgung bzw. ihrer gelungenen Verteidigung gegen die kursierenden Vorwürfe der Brunnenvergiftung. Sicher spielten dabei die patrizischen Judenrichter eine Rolle – möglicherweise eine Schlüsselrolle. Am 3. Oktober 1349 verpflichteten sich der Bürgermeister und 17 Ratsleute sowie nicht weniger als 236 von den wichtigsten Männern der Gemeinde Regensburgs eidlich »um der Ehre und Freiheit unserer Stadt willen« dazu, »*daz wir unser juden hie ze Regenspurch beschirmen und befriden wellen und súllen, als verr* [= so weit] *uns leib und gut werd*«. Die beeindruckende Urkunde, von der zwei Ausfertigungen erhalten sind, enthält dieses Versprechen in Form persönlicher Verpflichtungen in der Ich-Form. Sollte jemand von Vorwürfen gegen die Juden hören oder selbst Verdacht schöpfen – damit war sicherlich in erster Linie auf die kursierenden Gerüchte über die Brunnenvergiftung verwiesen –, so war er verpflichtet, die Sache vor den Rat zu bringen und dessen mehrheitliches Urteil anzuerkennen. Wer dagegen ohne Urteil gegen die Juden vorging, sollte friedlos sein »wie einer, der die Ehre und Würde unserer Stadt kränken oder uns an Leib und Gut Schaden zufügen will« (Regensburger Urkundenbuch, 1912, S. 671–674; dazu Fischer, 1931, S. 57–62; Schmid, 1980).

Mit dieser Erklärung allein war es jedoch nicht getan. Wegen der verteilten und letztlich wohl auch nicht ganz geklärten Rechtsverhältnisse der Regensburger Juden kam es nun vor allem darauf an, die Interessen auswärtiger Herren zu neutralisieren. In Urkunden vom 1. und 2. November 1349 erklärten mehrere Fürsten der Region – Markgraf Ludwig von Brandenburg, Herzog Stephan von Niederbayern, Herzog Konrad von Teck – gegenüber der Stadt, trotz der Gerüchte über die Juden nichts gegen diese unternehmen zu wollen, sondern vielmehr dem Rat und der Gemeinde von Regensburg in dieser Sache freie Hand zu lassen. Ganz regelmäßig erhielten nun gerade diese Herren, meist nur einen oder wenige Tage später, von Mitgliedern der Regensburger Führungsschicht großzügige Kredite. Unter den Kreditgebern sind beide Judenrichter des Jahres – Stephan Tundorfer und Rüdiger Reich, überdies auch dessen Verwandte – vertreten (Cluse, 2002, S. 375 f. mit Anm. 57 f.); das ist wohl kaum zufällig. Wie wir gesehen haben, funktionierte ihr Amt als wichtigste Schaltstelle in den Beziehungen zwischen Judengemeinde und Rat. Im konkreten Fall ist es nicht einmal ausgeschlossen, dass sich die Regensburger Juden angesichts der Bedrohungslage an den Krediten für die auswärtigen Fürsten beteiligten, um diese aus der Sache herauszuhalten.

Fazit

Letztendlich ist die Strategie der Regensburger Stadtväter aufgegangen: Die Pest-Verfolgung fand in Regensburg nicht statt. Das Beispiel zeigt besonders deutlich, dass auch das Eigeninteresse an der Wahrung von Rechtsfrieden und »Ehre« das tatkräftige Eintreten für die Bedrohten förderte. Doch mit diesem Interesse allein ist der Vorgang nicht hinreichend erklärt; das Bild wird erst vollständig, wenn wir berücksichtigen, dass sich gerade um diese Zeit der Domherr Konrad von Megenberg in seinen Schriften zugunsten der bedrohten Juden aussprach, womit er in seiner Stadt nicht der einzige gewesen sein dürfte.

Die Episode stellt zweifellos einen Lichtblick in jenen insgesamt finsteren Jahren der Pest-Verfolgungen dar; an nur allzu vielen Orten behielten andere Interessen die Oberhand. Die nähere Betrachtung des Regensburger Beispiels und die Wiedergabe kritischer Stimmen über die Verfolgungen darf denn auch nicht dazu dienen, die schreckliche Bilanz der Vorgänge zu schönen. Vielmehr geht es – entsprechend der eingangs angesprochenen Aufgabe der Unterscheidung – darum, die unterschiedlichen Einstellungen und Verhaltensweisen der Zeitgenossen zu kontrastieren, also letztlich um den Nachweis, dass humanes Verhalten auch unter schwierigen Rahmenbedingungen möglich bleibt.

Literatur

CLUSE, CHRISTOPH, 2000, *Studien zur Geschichte der Juden in den mittelalterlichen Niederlanden*, Hannover.

CLUSE, CHRISTOPH, 2002, *Stadt und Judengemeinde in Regensburg im späten Mittelalter: Das ›Judengericht‹ und sein Ende*, in: CHRISTOPH CLUSE/ALFRED HAVERKAMP/ISRAEL J. YUVAL (HRSG.), *Jüdische Gemeinden und ihr christlicher Kontext in kulturräumlich vergleichender Betrachtung. Von der Spätantike bis zum 18. Jahrhundert*, Hannover, S. 365–386.

CLUSE, CHRISTOPH (HRSG.), 2004, *Europas Juden im Mittelalter. Beiträge des internationalen Symposiums in Speyer vom 20.–25. Oktober 2002*, Trier.

FISCHER, HERBERT [= ARYE MAIMON], 1931, *Die verfassungsrechtliche Stellung der Juden in den deutschen Städten während des 13. Jahrhunderts*, Breslau.

GOTTSCHALL, DAGMAR, 2006, *»Wissenschaft bei Konrad von Megenberg. Seine Texte zur Pest von 1348«*, in: CLAUDIA MÄRTL (HRSG.), *Konrad von Megenberg (1309–1374) und sein Werk. Das Wissen der Zeit*, München, S. 201–228.

GRAUS, FRANTIŠEK, 1987, *Pest – Geißler – Judenmorde. Das 14. Jahrhundert als Krisenzeit*, Göttingen.

HAVERKAMP, ALFRED, 1981, *»Die Judenverfolgungen zur Zeit des Schwarzen Todes im Gesellschaftsgefüge deutscher Städte«*, in: DERS. (HRSG.), *Zur Geschichte der*

Juden im Deutschland des späten Mittelalters und der frühen Neuzeit, Stuttgart, S. 27–93; Ndr. in: Ders., *Verfassung, Kultur, Lebensform. Beiträge zur italienischen, deutschen und jüdischen Geschichte im europäischen Mittelalter. Dem Autor zur Vollendung des 60. Lebensjahres,* hrsg. von Friedhelm Burgard, Alfred Heit & Michael Matheus, Mainz 1997, S. 223–297.

HAVERKAMP, ALFRED, 1991, *»Lebensbedingungen der Juden im spätmittelalterlichen Deutschland«*, in: DIRK BLASIUS & DAN DINER (HRSG.), *Zerbrochene Geschichte. Leben und Selbstverständnis der Juden in Deutschland*, Frankfurt a. M., S. 11–31; Ndr. in: Ders., *Verfassung, Kultur, Lebensform* [wie oben], S. 463–484.

HAVERKAMP, ALFRED, 1996, *»Concivilitas« von Christen und Juden in Aschkenas im Mittelalter*, in: ROBERT JÜTTE/ABRAHAM P. KUSTERMANN (HRSG.), 2002, *Jüdische Gemeinden und Organisationsformen von der Antike bis zur Gegenwart*, Wien, Köln & Weimar, S. 103–136; Ndr. in: Ders., *Gemeinden, Gemeinschaften und Kommunikationsformen im hohen und späten Mittelalter. Festgabe zur Vollendung des 65. Lebensjahres,* hrsg. von Friedhelm Burgard, Lukas Clemens/Michael Matheus, Trier, S. 315–344

HAVERKAMP, ALFRED (HRSG.), 1998, *Juden und Christen zur Zeit der Kreuzzüge*, Sigmaringen.

HEGEL, CARL (HRSG.), 1870, *»Fritsche Closener's Chronik«* in: *Die Chroniken der deutschen Städte*, Bd. VIII, Göttingen.

HOLDER-EGGER, OSWALD (HRSG.), 1899, *Monumenta Erphesfurtensia saec. XII. XIII. XIV,* Hannover (MGH SS rer. Germ. [42]).

JÖRG, CHRISTIAN, 2008, *Teure, Hunger, Großes Sterben. Hungersnöte und Versorgungskrisen in den Städten des Reiches während des 15. Jahrhunderts*, Stuttgart.

KRÜGER, SABINE, 1972, *Krise der Zeit als Ursache der Pest? Der Traktat De mortalitate in Alamannia des Konrad von Megenberg*, in: *Festschrift für Hermann Heimpel zum 70. Geburtstag am 19. September 1971*, Göttingen, Bd. II, S. 839–883.

LENG, RAINER (HRSG.), 1996, *Konrad von Halberstadt O. P., Chronographia interminata 1277–1355/59*, Stuttgart.

LUFF, ROBERT & STEER, GEORG (HRSG.), 2003, *Konrad von Megenberg, Das ›Buch der Natur‹*, Bd. II: Kritischer Text nach den Handschriften, Tübingen.

MCVAUGH, MICHAEL R. (HRSG.), 1997, *Guigonis de Caulhiaco (Guy de Chauliac) Inventarium sive Chirurgia magna*, Bd. I: Text, Leiden.

POTTHAST, AUGUST (HRSG.), 1859, *Liber de rebus memorabilioribus sive Chronicon Henrici de Hervordia*, Göttingen.

REGENSBURGER URKUNDENBUCH, 1912, Bd. I: *Urkunden der Stadt bis zum Jahre 1350*, München.

SCHMID, ALOIS, 1980, *»Die Judenpolitik der Reichsstadt Regensburg im Jahre 1349«*, in: *Zeitschrift für bayerische Landesgeschichte 43*, S. 589–614.

SCHUMANN, KLAUS PETER, 1996, *Heinrich von Herford. Enzyklopädische Gelehrsamkeit und universalhistorische Konzeption im Dienste dominikanischer Studienbedürfnisse*, Münster.

TOCH, MICHAEL, 1998, *Die Juden im mittelalterlichen Reich*, München.

YUVAL, ISRAEL J., 2007, *Zwei Völker in deinem Leib. Gegenseitige Wahrnehmung von Juden und Christen in Spätantike und Mittelalter*, Göttingen.

Hartmann Wunderer

Zwischen Bedrohung, Faszination und Verachtung: Der Wandel des Türkenbilds in der Frühen Neuzeit

Die kriegerischen Auseinandersetzungen zwischen dem expandierenden Osmanischen Reich und europäischen Staaten prägten seit dem Spätmittelalter bis ins 18. Jahrhundert das Bild von den »Türken«. Die Türkenfurcht sollte ein großes Thema in innereuropäischen politischen und religiösen Auseinandersetzungen werden. Entsprechend den militärischen Konstellationen verschoben sich allerdings allmählich die Wahrnehmungsmuster. Die heute erneut politisch und sozial überaus wirksamen und nicht selten irrationalen »Überflutungsängste« greifen auf Muster zurück, die im Spätmittelalter und in der Frühen Neuzeit entwickelt wurden. Diese – durchaus facettenreichen – Bilder und Stereotypien sollen in diesem Beitrag näher untersucht werden.

Bald nach der Eroberung von Konstantinopel im Jahr 1453 kontrollierten die Osmanen ein Gebiet, das im 17. Jahrhundert den gesamten Orient bis zu einer Grenze, die vom östlichen Schwarzen Meer zum Roten Meer reichte und den Balkan einschließlich Griechenlands und im Süden Syrien, Palästina, Ägypten und große Teile der Küste Nordafrikas einschloss. 1521 konnte Belgrad erobert werden. Ein Jahr später kapitulierten die Johanniter auf Rhodos; 1526 verlor Ungarn seine Selbständigkeit. Nach der Eroberung Ungarns wurde 1529 Wien – allerdings erfolglos – belagert. In dem darauf folgenden »langen Türkenkrieg« kam es zu keinen weiteren größeren territorialen Veränderungen. In der Seeschlacht von Lepanto nördlich des Golfs von Korinth (1571) konnte die überlegene türkische Flotte von einer Koalition europäischer Staaten besiegt werden, damit wurde der osmanische Vormarsch gestoppt. Die erneute Belagerung von Wien im Jahr 1683 endete ergebnislos.

Türkenkriege und Medienkriege

In dieser Zeit entstanden zahlreiche antitürkische Pamphlete. Theologen, Künstler und Literaten nahmen sich des Themas an, natürlich auch die politisch Mächtigen und vor allem die Kirchen, die – unterschiedlich motiviert – die muslimisch-türkische Bedrohung in grellen Farben malten. Mitteleuropa wurde seit der Eroberung von Konstantinopel von Türkentraktaten schier überflutet. In Frankreich wurden zwischen 1480 und 1609 doppelt so viele Bücher über die Türkei und die Türken gedruckt als über die neu entdeckten Gebiete in Süd- und Nordamerika! (Spohn, 1993, S. 19). Dabei dominierte klar eine dramatisierende Übertreibung der tatsächlichen oder vermeintlichen Türkengefahr. Berichtet wurde von brutalen Überfällen und Eroberungen der »Türken«. Türkendrucke berichteten in rascher Folge von den Belagerungen und Kämpfen sowie insbesondere von brutalen Gräueltaten dieser neuen Gefahr aus dem Osten. Wir wissen nicht, wie diese zahlreichen Schauerberichte »vor Ort« ankamen, wir wissen aber, dass diese wahrscheinlich auch auf wache Ohren stießen.

Fingierte kirchliche Briefe machten die Runde, in denen Schauergeschichten erzählt wurden. Nach der Niederlage Hunyadis im Kosovo (1448) berichtet ein Flugblatt: »do logen die toten cristen uf Iren rocken (Rücken) und hattin rot Blut, und die toten Heiden logen uf Iren buchen (Bäuchen) und hattin swarz Blut.« (zit. n. Spohn, 1993, S. 22). Weit verbreitet waren Bilder, die die »türkische Grausamkeit« dämonisierend darstellten. Ein Beispiel: »Ein türkischer Reiter durchbohrt ein Kind mit der Lanze, ein zweiter Türke schlägt ein Neugeborenes, das er an den Beinen hält, mit dem Schwert in der Mitte auseinander, und auf einem mit spitzen Pfählen versehenen Holzzaun im Hintergrund sind aufgespießte Säuglinge zu sehen.« (zit. n. Spohn, 1993, S. 23, diese Abbildung auch bei Wunderer 2003, S. 129). Insbesondere die Kirchen agitierten gegen die Türken in Türkenpredigten wie Türkengebeten. Eingeführt wurden die »Türkenglocken« bzw. das »Türkenläuten«, das die Menschen an die Bedrohung aus dem Osten erinnern sollte.

Bisweilen wurde – entsprechend der apokalyptischen Signatur des frühen 16. Jahrhunderts – mit dem Vordringen der Türken das nahe Weltende prognostiziert. Dürers »apokalyptische Reiter«, die Tod und Verderben bringen, zeigen im Hintergrund türkische Soldaten. Auf dem Gemälde von Hieronymus Bosch »Ecce Homo« tragen Henkersknechte und Hohepriester türkische Gewänder. Solche Beispiele lassen sich schier beliebig erweitern. Andere – wenn auch weniger einflussreiche – Stimmen betonten indes auch die kulturelle Überlegenheit der »Türken« und sahen im Osmanischen Reich auch ein Vorbild für Europa.

Zum nachhaltig wirksamen zeitspezifischen Klischee von marodierenden, grauenvollen Muselmanen schreibt der Historiker Hellmut Diwald: »Dass der Sturm auf Konstantinopel mit einem ›rasenden Türkensturm‹ identisch gewesen sei und diese Bezeichnung nur das Synonym für einen Bildersturm in den Ruhmeshallen der klassischen Kultur gebildet habe, ist eine Legende, die heute kaum noch Nachsicht verdient. ... Das Destruktionsvergnügen seiner siegreichen Truppen duldete der Sultan [Mehmet II.] nur einige Stunden am Tag der Eroberung; es überstieg nicht dasjenige der Schweizer, der französischen, spanischen, englischen oder burgundischen Söldner und bei weitem nicht jenes der Landsknechte eines Frundsberg beim Sacco di Roma (1526). Verglichen mit der grauenhaften Plünderung Konstantinopels durch die sogenannten christlichen Ritter des vierten Kreuzzugs von 1204 benahmen sich Mehmets II. Soldaten wie Anfänger.« (Diwald, 1982, S. 177 f.).

Die »Türkengefahr« wird auch bei den innerreligiösen Konflikten des 16. Jahrhunderts in folgenreicher Weise instrumentalisiert. Vor allem Luthers häufig artikulierten antitürkischen Ressentiments (vgl. Dokument 1) wird eine beachtliche Folgewirkung zugeschrieben. Freilich verknüpft Luther seine antitürkische Agitation mit seiner antipapistischen Polemik, und hier wird offenbar eine Besonderheit antiosmanischer bzw. antimuslimischer Pamphletik deutlich: Offensichtlich zielt Luther gleichermaßen auf »die Türken« wie auf den Papst, seinen »Intimfeind«; die Negativbeschreibungen gelten beiden gleichermaßen. Und weiterhin dienen die antitürkischen Klischees dazu, (indirekt) Missstände im eigenen Land anzuprangern. Insofern könnte man diese Instrumentalisierung antitürkischer Vorurteile zugleich als deren Relativierung deuten (Gemein/Oezsinmaz, 2001, S. 35), galt doch Luthers Kritik auch und gerade den eigenen Landsleuten, den moralischen und religiösen Defiziten in Deutschland. Denn die Schmähungen des Papstes wie der Türken durch den Apokalyptiker Luther gehen einher mit Appellen, Buße zu leisten und zur Umkehr bereit zu sein. Insofern sind die Türken auch ein Werkzeug in der Hand Gottes, der die Christen für ihre Sünden straft: »denn der Türke ist der Mann, der dich lernen wird, was di izt für gute Zeit hast und wie jämerlich undankbarlich, böslich du sie wider Gott, seine Diener und deine Nächsten zugebracht, versäumet und missebrauchet hast.« (zit n. Spohn, 1993, S. 39). Der Papst, die Türken und der Antichrist bilden gewissermaßen eine Einheit, die mit der schärfsten Kritik, der größten Drohung, die der damaligen Zeit zur Verfügung standen, bedacht wird. Sie soll nicht primär zum Kampf gegen die Türken aufrütteln, sondern vor allem eine innere Umkehr bewirken, um den Strafen durch die Türken bzw. der Hölle zu entrinnen. – Umgekehrt wurden auch die Protestanten und die Reformierten durch die Katholiken »turkisiert«. Die Türkengefahr wurde generell in den göttlichen Weltenplan integriert (Kaufmann, 2008).

Aus mitteleuropäischer Perspektive wird dabei wenig in den Blick genommen, wie sich die »Islamisierung« des Balkan vollzog. Während die traditionelle Sichtweise bei diesem Prozess glaubenseifernde Muslime am Werk sehen, die mit »Feuer und Schwert« und einer gewaltigen grauenvollen Barbarei zu Werke gingen, betonen Vertreter einer modernen Osmanistik, dass sich diese Islamisierung eher auf freiwilliger Basis abspielte, konnten sich doch auf diese Weise Völker ihren ehemaligen – wenig toleranten – orthodoxen ostkirchlichen Zwingherren entziehen. Denn immerhin lebten im Osmanischen Reich nicht nur zahlreiche sehr unterschiedliche Volksgruppen und »Nationen«, die auch ihre eigene Sprache sprechen und Kultur leben konnten, sondern deren religiöse und soziale Praktiken im Sinne eines klugen »divide et impera« in der Regel vom dominierenden Islam auch toleriert wurden.

Dafür ein Beispiel aus der Reiseliteratur des 18. Jahrhunderts: Lady Montagu, die Gattin des englischen Botschafters, berichtet von ihrem Stadtviertel in Konstantinopel, unmittelbar nach den Türkenkriegen: »Die Stadt, in der ich lebe, gibt den Turm zu Babel trefflich wieder. In Pera spricht man türkisch, griechisch, hebräisch, armenisch, arabisch, persisch, russisch, slawonisch, walachisch, deutsch, holländisch, französisch, englisch, italienisch, ungarisch. Und, was noch schlimmer ist, zehn von diesen Sprachen werden in meinem eigenen Haushalt gesprochen. Meine Reitknechte sind Araber, die Diener Franzosen, Engländer und Deutsche, die Amme ist eine Armenierin, meine Hausmädchen sind Russinnen; ein halbes Dutzend anderer Bedienter sind Griechen, der Haushofmeister ein Italiener, meine Janitscharen schließlich Türken, so dass ich in einem unaufhörlichen Sprachengewirr lebe. Auf die Menschen, die hier geboren wurden, hat dies eine ganz außerordentliche Wirkung: Sie lernen alle diese Sprachen gleichzeitig, ohne eine einzige gut genug zu beherrschen, um darin zu lesen oder zu schreiben.« (Montagu, 2006, S. 188). Für ein westeuropäisches Überlegenheitsgefühl sieht Lady Montagu keinerlei Begründung, denn diese Beobachtung »nimmt unseren [englischen] Damen den Ruf, außerordentlich geistreich zu sein, der sich auf eine oberflächliche Kenntnis des Französischen und Italienischen gründet.« (ebd.).

Und noch ein weiterer Hinweis auf die weitgehend friedliche Islamisierung: So konnte sich das von den Osmanen unterworfene Volk der Bosnier dank der islamischen Oberherrschaft dem politischen und religiösen Druck der ungarischen Könige widersetzen, die zwangsmäßig den Übertritt zum Katholizismus betrieben. Die Gnostiker und Mystiker der bosnischen Patarener (nicht zu verwechseln mit der hochmittelalterlichen mailändischen Bewegung der »Pataria« in der Zeit des Investiturstreits) standen

dem islamischen Sufismus jedenfalls näher als dem Katholizismus. Insofern erschienen manchen Balkanvölkern die Osmanen eher als Befreier
denn als Unterdrücker. »Bosnische Volksheilige wurden in die islamische
Tradition, muslimische Gelehrte in die bosnische aufgenommen.« (Paturi,
1993, S. 17).

Das Osmanische Reich schien also durchaus auch eine Anziehungskraft
auf Bauern, Handwerker und Soldaten auszuüben, in der die materiellen
Verhältnisse günstiger waren (keine Fronarbeit, klare Abgabenregelungen,
keine marodierenden Truppen, die die Bauern bedrückten etc.). Wie also
die dargestellte mediale Inszenierung des türkischen Feindes tatsächlich
»funktionierte«, ist heute schwer abzuschätzen.

Mediale Dämonisierung versus Realpolitik

Die Wahrnehmung der Türken im »Abendland« vollzog sich nicht im
politisch luftleeren Raum, sondern im Rahmen der großen politischen
Konflikte zwischen dem Papst, dem Heiligen Römischen Reich, Frankreich, Venedig und anderen italienischen Republiken, Spanien und England. Und da liefen die Konfliktlinien keineswegs zwischen dem dämoni-
sierten Orient und dem christlichen Okzident, sondern verwirrend kreuz
und quer. Sicherlich existierte bereits damals ein rudimentäres Bewusstsein
von »Europa«, es war aber – entgegen dem medial inszenierten Feindbild
»Muslime/Türkei« – keineswegs so wirksam und eindeutig wie heute, auch
wenn die Feindbilder bereits damals apodiktisch abwertende wie negative
Zuschreibungen enthielten, die eigentlich keine militärischen oder politischen Koalitionen zuließen. Aber galten die nicht eher einem fiktionalen
Gegner, von dem man kaum etwas Genaueres wusste?

Die diplomatischen Ränke im ausgehenden Mittelalter und in der Frühen
Neuzeit ließen sich von derartigen moralisch-politisch-ideologischen Konstruktionen wenig beirren oder gar leiten, sondern suchten sich ihre Bünd-
nispartner entsprechend einem nüchternen politischen Kalkül, bei dem
religiöse Differenzen oder Gegnerschaften offenbar kaum eine Rolle spielten. Das gilt für Frankreich ebenso wie für Venedig. (Luther wähnte gar
eine politische Komplizenschaft zwischen dem Papst und den Muslimen.)
Und auch die evangelischen Landesfürsten erlebten einen Aufschwung
durch die Dauerrivalität zwischen dem katholischen Frankreich und Habs-
burg. Und bekanntlich förderte die Belagerung von Wien 1529 die protestantische Sache in Deutschland nicht unerheblich. Das dämonisierende,
ideologisch-mediale Sperrfeuer gegen die Türken/Muslime konnte gegen

machtpolitisch bestimmte Konstellationen und diplomatische Bündnisse wohl wenig ausrichten.

Seit Mehmet II. gewann – so Diwald – »das osmanisch-europäische Reich rasch den sachlichen Status eines Faktums der europäischen Politik. Dies allein gab schließlich den Ausschlag dafür, daß den Kämpfen gegen die Osmanen die alte Basis der christlichen Kreuzzugsidee endgültig entzogen wurde.« (Diwald, 1982, S. 178). Die Medici etwa betrachteten die Osmanen und ihre Völker nicht als Ketzer und natürliche Todfeinde Europas, sondern als eine nüchterne Realität. Ähnliches gilt – trotz mancher kriegerischer Auseinandersetzungen – für Genua und Venedig. Frankreich verbündete sich offen mit der Hohen Pforte, gleichgültig gegenüber der Frage, ob es sich bei den Osmanen um »Ungläubige« handelte oder nicht. Auch der Borgia-Papst Alexander VI. fand es selbstverständlich, bei seiner Suche nach Bundesgenossen gegen die Franzosen auch die Osmanen ins Auge zu fassen.

Demonstration der neuen Überlegenheit: Verschleppung von Türken und Turquerien

Türken leben nicht erst seit dem »Wirtschaftswunder« der ausgehenden 1950er und frühen 1960er Jahre in Deutschland, als sie als »Gastarbeiter« angeworben wurden, sondern bereits seit 300 Jahren. Auslöser hierfür waren die Türkenkriege. Nach diesen Kriegen wandelte sich das Bild vom »bedrohlichen Türken«, an seine Stelle trat zunehmend das Interesse am Exotisch-Fremden. Aber auch der Orientalismus war geboren. Darunter versteht Edward Said einen eurozentrischen Blick auf den Orient, der gepägt ist von einem Überlegenheitsgefühl, bei dem einem »aufgeklärten Westen« ein »mysteriöser Orient« gegenübergestellt wird (Said, 2009). Dieser Blick setze letztlich die tief sitzende Tradition von Feindseligkeit gegenüber dem Islam fort und legitimiere eine kolonialistische Haltung gegenüber der muslimischen Welt.

Als der hannoversche Kurfürst Georg Ludwig, 1714 als Georg I. zum englischen König gekrönt, als halbwüchsiger Prinz an den Türkenkriegen teilgenommen hatte, suchte er sich unter den Kriegsgefangenen einen etwa gleichaltrigen Jungen namens Mehmet, – der auch auf eine vornehme Abstammung zurückblicken konnte, – als Kammerdiener heraus. Diesen nahm er dann nach Hannover mit und Mehmet behielt diesen Posten bis zu seinem Lebensende (vgl. Mußmann, 2001, S. 10 f.). Mehmet trat zum christlichen Glauben über und bekam den neuen Namen Ludwig Maximilian. Der Osmane wurde in Deutschland standesgemäß verheiratet und später auch geadelt. So wie Mehmet ging es auch einer Reihe von anderen türkischen Kriegsgefangenen. Einige blieben ihrer Religion treu, andere assimilierten sich.

Im 18. und 19. Jahrhundert, im Zeitalter des Nationalismus, erlosch allmählich das Bewusstsein von einer »Türkengefahr«. Im wenig reformorientierten Osmanischen Reich machten sich Zerfallserscheinungen breit, der interkulturelle Austausch ähnelte eher einer Einbahnstraße, das Interesse des Orients am »Westen« war cum grano salis eher gering (sieht man von der kurzen Phase der »Tulpenzeit« 1718 bis 1730 ab, in der sich vorsichtige Modernisierungen vollzogen und sich eine verstärkte Orientierung am Westen zeigte), und zugleich wandelte sich in Europa das Bild von den »grausamen« Türken. Changierte die Wahrnehmung der Türken früher zwischen Furcht und Bewunderung angesichts der militärischen Leistungen, der vielbeachteten Disziplin und Furchtlosigkeit der legendären Janitscharen, trat nun an die Stelle des gefürchteten Kriegers ein unterschwelliger Spott, Häme und/oder gar Verachtung, auf jeden Fall aber auch eine Neugierde auf das Exotisch-Fremde. Die europäischen Höfe schmückten sich jetzt nicht nur mit einem »Vorzeige-Mohren« aus Schwarzafrika, sondern auch mit einem »echten« Türken, der Neugier, Aufsehen und Bewunderung fand.

Die Beute aus den Türkenkriegen füllte nun die fürstlichen Kuriosenkabinette: Rossschweife, Fahnen, Waffen, Zelte, kostbare Gewänder und Teppiche, Kunstgegenstände und Musikinstrumente, später avancierten sie zu begehrten Sammelstücken von öffentlichen Museen, die auf diese Weise die Kunstfertigkeiten und Pracht orientalischen Lebens dokumentierten. Mit beachtlichem Kostenaufwand entstanden nun im »türkischen Stil« errichtete Lusthäuser, Serails, Moscheen. Madame Du Barry (1743–1793), die Mätresse von König Ludwig XV., posierte für ein Portrait im Kostüm einer Sultanin, aus einem edlen Gefäß Kaffee schlürfend. Johann Sebastian Bach komponierte seine Kaffeekantate.

Aber zugleich wurden diese (auch lebendigen) Beutestücke der Türkenkriege demonstrativ inszenierte Zeugnisse der »westlichen« Überlegenheit über den Orient. Jetzt bedienten »Mohren« in türkischen Gewändern die Gäste bei höfischen Festen. Wilde Vorstellungen von erotischen Freiheiten und Genüssen mit dünn bekleideten Haremsdamen beflügelten Männerfantasien. Erotische Fantasien gingen eine Einheit ein mit vermeintlich eigener kultureller Überlegenheit, mit dem politisch-militärischen Machtzugewinn und dem Bewusstsein, im Kontext kolonialer Expansion in der Position des Stärkeren zu sein. Die neue »Weltoffenheit« bediente sich der Muster, die man in bislang fremden Weltteilen (Asien oder Afrika) meinte erfahren zu haben. Freilich entbehrte diese bewusst inszenierte Form der »Aneignung des Fremden« jegliche genauere Kenntnis des Anderen (»Mohren« mit Turban, Schwarze dirigieren in Türkenkostümen Musikkapellen, dienen als Domestiken etc.). Sie stellte vielmehr eine Form des demonstrativen Konsums dar, der sich des »Fremden« vorrangig zur eigenen Selbsterhöhung bediente. Haben diese für die fürstliche Prachtentfaltung eingesetzten (oder auch missbrauchten) Menschen auch bisweilen Achtung erfahren oder fühlten sie sich nur benutzt? Selbstzeugnisse hierzu sind außerordentlich rar.

Toleranz, Menschlichkeit und Großzügigkeit

Vor allem in der Zeit der Aufklärung, als die Türkengefahr bereits merklich abgeflaut war, verschob sich deutlich das Bild von den Muslimen und Türken. Das Bild changiert nun zwischen der Akzentuierung eines blutrünstigen und intoleranten Glaubens einerseits und Tugenden wie Zuvorkommenheit, Barmherzigkeit und Gastfreundschaft andererseits. Anfänge einer Orientalistik als wissenschaftlicher Disziplin zeichneten sich ab. Eine wichtige Rolle spielte dabei der französische Diplomat und Orientalist Antoine Galland, der erstmalig die »Märchen aus 1001 Nacht« übersetzte (Paris 1704 f.) und damit zu einer Orientophilie (die zweite Belagerung von Wien lag bald 20 Jahre zurück!) in Europa beitrug. Bereits 1697 war die »Bibliothèque orientale« von Barthélemy d'Herbelot de Molainville erschienen; Augenzeugenberichte von Reisenden, Kaufleuten und Diplomaten fanden verstärkt Aufmerksamkeit (Cardini, 2000, S. 249 f.).

Voltaire zeigte seine Wertschätzung für die Türken und betonte ihre Weisheit und Gutmütigkeit und wie sie Gärten und Rosenbeete kultivierten (Cardini 2000, S. 253, S. 256). Seine Schriften »Traité sur la tolérance« sowie sein »Dictionnaire philosophique« (1763/64) zeigen Sympathien für die muslimische Welt. Die Erinnerung an die Schrecken der Türkenkriege wurde gleichsam gezähmt und literarisch gebändigt. In anderen Texten (etwa in seiner Tragödie »Mahomet ou le fanatisme«) zeichnet Voltaire den Propheten Mohammed als grausam, heuchlerisch, intolerant und tyrannisch. Die Stellungnahmen zu den Türken bzw. zum Islam fallen also durchaus ambivalent aus.

Noch weiter geht Gotthold Ephraim Lessing (1729–1781). In seinem »Nathan« steht Saladin nicht einfach nur für die große historische Persönlichkeit der Kreuzzüge, sondern für einen Typus, der in moralischer Hinsicht – ähnlich wie Nathan – seinen »christlichen« Kontrahenten deutlich überlegen ist. Lessing ging es freilich nicht um eine »revisionistische Geschichtsdeutung«, sondern um ein zukunftsträchtiges aufklärerisches Modell zwischenmenschlichen und interkulturellen/interreligiösen Zusammenlebens. Und schließlich ermöglichte das Türkenbild um 1780 den aufgeklärten Bürgern Kritik an politischen und sozialen Missständen im eigenen Land, ohne mit der Zensur in Konflikt zu geraten (Frey 2001, S. 16). Da es ja im eigenen Land weder Sultane noch Sklaverei als Rechtsverhältnis gab, konnten diese Begriffe als »asymmetrische Gegenbegriffe« zur Welt der Bürger herangezogen werden.

Reiseliteratur

Diese Widersprüchlichkeit kennzeichnet auch die im 18. und vor allem im 19. Jahrhundert anschwellende Literatur über den Orient. Freilich kennen viele der Autoren diesen gar nicht aus eigener Anschauung (Goethe gelangte z. B. nur bis nach Italien!), sondern »erfinden« sich »ihren« Orient. Andere benutzen den Orient nicht als Raum zur kritischen Selbstreflektion, sondern zur selbstgefälligen Selbstvergewisserung, wenn das Eigene und das Fremde schroff gegenübergestellt werden, so z. B. in den Reiseberichten von Lady Elizabeth Craven (1750–1828). Das Gros der Trivialliteratur und Lustspiele bewegt sich in den Bahnen von traditionellen Stereotypen, etwa wenn lüsterne und/oder grausame Türken mit edlen Europäern kontrastiert oder wenn in deutschen Dramen türkische Herrscher als Schwächlinge und/oder Despoten vorgeführt werden.

Vor diesem Hintergrund darf die Reiseliteratur (siehe etwa Schulze, Reinhard, 1997, Richard Burton in Mekka, in: Bode, Christoph, West meets East. Klassiker der britischen Orient-Reiseliteratur, Heidelberg, S. 101–116) und insbesondere die Briefe der bereits erwähnten Lady Montagu (Dok. 2) eine besonders herausgehobene Rolle beanspruchen. Denn hier beobachtet eine kluge wie neugierige (privilegierte) Frau und hier werden zahllose Vorurteile über den Orient und den Islam durch bemerkenswerte eigene unvoreingenommene Beobachtungen und Erfahrungen ganz erheblich modifiziert und korrigiert.

Mary Wortley Montagu wurde 1689 als Tochter des Herzogs von Kingston geboren; schon früh lernte das sehr selbstbewusste Mädchen mehrere Sprachen. Sie begleitete 1716 ihren Ehemann, der als königlicher Gesandter nach Istanbul befohlen worden war, gegen den Willen ihrer Familie in den Orient. Im Osmanischen Reich verkehrte sie nicht nur in den höchsten Kreisen, sie hatte auch Zutritt zur geheimnisumwitterten Welt der türkischen Frauen. Mary Wortley Montagu verfügte, dass die 52 Briefe, die während dieser diplomatischen Mission entstanden, erst nach ihrem Tod veröffentlich werden durften. (Die folgenden Zitate sind der neuesten Ausgabe von Irmela Körner (Hrsg.), 2006, Mary Wortley Montagu, Briefe aus dem Orient, Wien entnommen. Zur Biographie von Lady Montagu vgl. Gentsch, Günter, 2007, »Roulette des Lebens«. Die ungewöhnlichen Wege der Lady Mary Montagu, Königstein).

Während der zeitgenössische modische Orientalismus und insbesondere der Exotismus von einer »westlichen Überlegenheit« ausgingen, waren Montagus Beschreibungen weitgehend frei von derartigen Überlegenheitsgefühlen. »So siehst du denn«, schrieb sie ihrer Schwester, »dass die Sitten der Menschheit nicht so sehr verschieden sind, wie es unsere Reisebeschreiber uns glauben machen möchten. Es wäre vielleicht kurzweiliger, wollte ich aus eigenen Stücken einige absonderliche Gebräuche beisteuern, doch nichts erscheint mir anziehender und passender als die Wahrheit.« (S. 125). Und an anderer Stelle: »Es bereitet mir ein besonderes Vergnügen, hier an Ort und Stelle Reisebeschreibungen nach der Levante zu lesen, die meistens so weit entfernt von der Wahrheit und so voll Unsinn sind, dass ich mich dabei weidlich amüsiere. Niemals versäumen es die Verfasser, sich über die Frauen zu äußern, die sie niemals gesehen haben, und sehr weise über den Charakter der Männer zu sprechen, in deren Gesellschaft sie nie aufgenommen wurden.« (S. 167). Montagu beobachtet auch, dass sich die Türken nicht bemühen würden, ihre Sitten bei unterworfenen Völkern einzuführen, »wie dies gewöhnlich andere Völker praktizierten, die sich höher gesittet glauben.« (S. 128). Auch würden die Sklaven großteils besser behandelt als die unteren Schichten in Europa (S. 196 u. ö.). Die Frauen hätten – im privaten Raum – mehr Freiheiten und Macht als ihre europäischen Geschlechtsgenossinnen (ohne freilich das patriarchalische Modell zu erkennen, das den Frauen diese Rollenzuweisungen erteilt.) (S. 123 u. ö.). Dabei verleugnet Montagu keineswegs so manche »barbarischen Züge« der Janitscharenherrschaft (S. 110, 116 f., 119, 150 u. ö.), kann aber dann der drakonischen osmanischen Strafpraxis etwas abgewinnen, wenn Lügner mit einem Brandmal stigmatisiert werden (S. 176).

Ironisch boshaft berichtete sie auch von Formen religiöser Toleranz bzw. von religiösem Synkretismus: »Von allen Religionen erscheint mir der Glaube der Arnauten [Montagu meint damit die Albaner] am merkwürdigsten. [...] [Dieses Volk] liefert die beste Miliz des türkischen Heeres, das einzige Gegengewicht für die Janitscharen. Sie bilden eine Fußtruppe. Aus ihnen bestand unsere Begleitung; in jeder größeren Stadt wurden sie abgelöst. [...] Sie leben unter Christen und Türken, sind in Kasuistik unerfahren. Daher erklären sie sich außerstande, darüber zu urteilen, welcher Glaube der wahre sei. Um aber darüber nicht etwa das Heil zu verwerfen, folgen sie allen beiden. Am Freitag besuchen sie also die Moschee und sonntags gehen sie in die Kirche. Beim Jüngsten Gericht, sagen sie entschuldigend, werde der wahre Prophet sie schon in Schutz nehmen, in dieser Welt vermöchten sie ihn aber nicht zu erkennen. Ich glaube kaum, dass eine andere Nation eine so bescheidene Ansicht von ihrer Urteilsfähigkeit hat.« (S. 113 f.). Montagu mokiert sich hier sichtlich über den bescheidenen intellektuellen Anspruch ihrer Begleitmannschaften, zugleich schimmert hier aber auch eine Sympathie für die wenig »militante« religiöse Haltung durch, zumal sie kurz darauf von einer »Scharlatanerie in allen Kirchen« (S. 114) sprach. Der Koran hingegen sei weit davon entfernt, »den Unsinn zu enthalten, den wir ihm zur Last legten. Alles ist hohe Sittlichkeit, getragen von edelster Sprache.« (S. 113). – Lady Montagus Reisebeobachtungen wurden so ausführlich zitiert, da sie einen neuen Blick auf den islamischen Orient eröffnet, der vergleichsweise frei ist von traditionellen kulturell und sozial imprägnierten Dämonisierungen.

Ausblick: Der kranke Mann am Bosporus – nationale Fremd- und Selbstbilder

Im 19. Jahrhundert ändert sich das Türkenbild erneut gravierend. Ein wichtiger Auslöser hierfür war der im Jahr 1821 einsetzende griechische Befreiungskampf gegen die osmanische Herrschaft, der breite Unterstützung und Solidarität bei europäischen Intellektuellen und Adligen fand, insbesondere als sich die besiegten Überlebenden in der westgriechischen Stadt Missolunghi vor dem Ansturm der »barbarischen Türken« selbst in die Luft gesprengt hatten (Dok. 3).

Die Muster, die dabei entwickelt wurden, vermischen sich mit traditionellen und sie prägen aber auch immer noch unser gegenwärtiges Türkenbild, das ebenfalls von Nichtverstehenwollen, Ablehnung und Geringschätzung bis Verachtung bestimmt ist.

Großen Einfluss auf das Denken deutscher Gebildeter hatte der »Demokritos« von Karl Julius Weber. Sein Werk erlebte seit seinem Erscheinen 1832 bis 1927 zahlreiche Neuauflagen und Sonderausgaben (Dok. 4). Die nationale Bewegung des 19. Jahrhunderts war – man denke an Ernst Moritz Arndt und viele andere – auch auf den Ausschluss des Fremden gerichtet. Dazu eignete sich besonders der Gegensatz zwischen den Griechen – dem Ausgangspunkt europäischer Kultur – und den Türken. Im

Gegensatz zu vielen Aufklärern (aber auch von Lady Montagu) unterschied Weber eben nicht zwischen den türkischen Despoten und dem türkischen Volk, sondern schrieb beiden eine lange Liste von negativen Eigenschaften zu: religiöser Fanatismus, Aberglaube, Dummheit, Grausamkeit, Faulheit, Gewalttätigkeit, Weichlichkeit, sexuelle Freizügigkeit usw. Weber zielte damit aber auch (indirekt) auf die politischen und sozialen Verhältnisse im absolutistischen Deutschland ab. Denn dreht man seine Negativbeschreibungen um, kommen alle die Tugenden zum Vorschein, die an der Spitze des bürgerlichen Moralkanons stehen: Fleiß, Selbstdisziplin, Sparsamkeit, Ordnung, Zielstrebigkeit usw. Das was Weber den türkischen politischen Verhältnissen ankreidet: Korruption, fehlende Gewaltenteilung, Fehlen von rechtsstaatlichen Institutionen usw., sind genau die noch uneingelösten Forderungen der liberalen Bewegung um 1830. Insofern hat sein Türkenbild eminent viel zu tun mit den »rückständigen« sozialen und politischen Verhältnissen in Deutschland.

Eine neue Facette entwickeln die Abenteuerromane bzw. die »Reisebeschreibungen« von Karl May (vgl. Dokument 5), dessen Held Kara ben Nemsi alle »westlichen« bürgerlichen Tugenden des 19. Jahrhunderts beispielhaft verkörpert, während seine türkischen Kontrahenten bisweilen in ähnlich negativer Weise wie bei Weber gezeichnet werden. Karl May hat mit seinen spannenden wie trivialen Abenteuerromanen das Orientbild von Generationen erheblich stärker beeinflusst als ganze Bibliotheken voller seriöser wissenschaftlicher Literatur. Karl May schöpfte seine »Kenntnis« des Orients aus der Lektüre von Reiseberichten, die bisweilen mehr über die nationalen Selbstbilder verraten als Einblicke in fremde Kulturen vermitteln. Freilich profilierte Karl May seinen Helden, den universal »westlich« gebildeten Kara ben Nemsi auch als respektvollen Kenner fremder Sprachen, Religionen und Kulturen, der fremde Bräuche zu achten weiß, auch wenn sie seinem »aufgeklärten Christentum« widersprachen. – Die türkische Regierung setzte den Roman »Durchs wilde Kurdistan« (und andere Werke von Karl May) auf den Index, da ihr Autor ein Sympathisant von »Terroristen« sei. Das erstaunt insofern, da Karl May nicht nur schon seit knapp 100 Jahren tot ist und seine Werke heute kaum noch rezipiert werden. Der europäisch-türkische Kulturkontakt scheint – zumindest in dieser Hinsicht – bei einigen politischen Kräften in der Türkei noch eher eine Einbahnstraße zu sein. Umgekehrt verraten die vielfältigen Klischees, die im »Westen« noch über den Islam (bzw. die Türkei) virulent sind, einiges über die Beständigkeit stereotyper Muster, die vor hunderten von Jahren entwickelt worden sind und die gegenwärtige komplexe soziale Realitäten meilenweit verfehlen.

Literatur

Das wissenschaftliche und populäre Schrifttum zu diesem Thema ist kaum noch überschaubar. Bei diesem Beitrag soll es darum gehen, einen groben Überblick über wichtige historische Einschnitte, Themen und Forschungsergebnisse zu vermitteln. Einen Überblick über einige jüngere Studien und Forschungsschwerpunkte bietet der Tagungsbericht Europa und die Türkei im 18. Jahrhundert. Jahrestagung der Deutschen Gesellschaft für die Erforschung des 18. Jahrhunderts (DGEJ). 09.10.2008–11.10.2008, Bonn, in: H-Soz-u-Kult, 23.02.2009, <http://hsozkult.geschichte.hu-berlin.de/tagungsberichte/id=2490>.
Vgl. ferner Christine Steeger-Strobel (Bearb.), 1999, Orientbilder Europas – Zwischen Faszination und Bedrohung. Literaturauswahl. Institut für Auslandsbeziehungen (IfA), Bibliothek und Dokumentation, Stuttgart (auch unter: http://www.ifa.de/pub/biblio/islam-bib/orientbilder-europas/).

CARDINI, FRANCO, 2000, *Europa und der Islam. Geschichte eines Missverständnisses*, München.

DIWALD, HELLMUT, 1982, *Anspruch auf Mündigkeit. Um 1400 bis 1555 (= Propyläen Geschichte Europas Bd. 1)*, Berlin.

FREY, MANUEL, 2001, *Europäer und ihre Feinde. Der Wandel des Türkenbildes von der Frühen Neuzeit bis zur Mitte des 19. Jahrhunderts*, in: Sowi – Sozialwissenschaftliche Information 1/2001, S. 14–21.

GEMEIN, GISBERT UND OEZSINMAZ, METIN, 2001, *Deutsche und Türken in der Geschichte*, Münster.

HÖFERT, ALMUT, 2003, *Den Feind beschreiben. «Türkengefahr» und europäisches Wissen über das Osmanische Reich (1453–1600)*, Frankfurt a. M.

HÖFERT, ALMUT, 2003, *Ist das Böse schmutzig? Das Osmanische Reich in den Augen europäischer Beobachter des 15. und 16. Jahrhunderts*, in: Historische Anthropologie 11, S. 176–192.

KAUFMANN, THOMAS, 2008, *»Türckenbüchlein«. Zur christlichen Wahrnehmung »türkischer Religion«* in: Spätmittelalter und Reformation, Göttingen.

MONTAGU, MARY WORTLEY, 2006, *Briefe aus dem Orient*, hrsg. von Irmela Körner, Wien.

MUSSMANN, OLAF, 2001, *Zwischen Verschleppung und sozialem Aufstieg. Türken im Deutschland des 17. Jahrhunderts*, in: Sowi – Sozialwissenschaftliche Information 1/2001, S. 10–13.

PATURI, FELIX R., 1993, *Die Geschichte des Islam in Europa*, in: Geschichte. Das Magazin für Kultur und Geschichte 4/1993, S. 8–17.

SAID, EDWARD W., 2009, *Orientalism. With a new Preface 2003 and a new Afterword 1995*, London: Penguin, 2005. [Neue dt. ÜS: *Orientalismus*. Frankfurt a. M. 2009]

SCHULZE, REINHARD, 2005, »Orientalistik und Orientalismus«, in: ENDE, WERNER/ STEINBACH, UDO (HRSG.), Der Islam in der Gegenwart. 5., akt. u. erw. Aufl., München., S. 755–767, S. 928–932, S. 981–982.

SCHULZE, REINHARD, 1993, Im Banne des Islam: Anmerkungen zur islamischen Begeisterung, in: FORKL, HERMANN/KALTER, JOHANNES U. A. (HRSG.), Die Gärten des Islam, Stuttgart, S. 379–384.

SPOHN, MARGRET, 1993, Alles getürkt: 500 Jahre (Vor)Urteile der Deutschen über die Türken, Oldenburg: Bibliotheks- und Informationssystem der Univ.

WUNDERER, HARTMANN (HRSG.), 2003, Der Islam und die westliche Welt – Konfrontation, Konkurrenz, Kulturaustausch, Hannover.

Quellen

Dok. 1: Martin Luther: »Vom Kriege wider die Türken« (1529)

»Und Gott drückt auf sie alle beide mit gleicher Plage und schlägt sie mit Blindheit, daß es ihnen geht wie Paulus Röm. I, 28 von dem schändlichen Laster der stummen Sünden sagt, daß Gott sie in verkehrtem Sinn dahingibt, weil sie Gottes Wort verkehren. Denn so blind und unsinnig sind beide, Papsttum und Türkei, daß sie beide die stummen Sünden als ein ehrlich, löblich Ding unverschämt treiben. Und wie sie den Ehestand nicht achten, geschieht es ihnen recht, daß bei ihnen eitel Hundehochzeit (und wollte Gott, daß es nur Hundehochzeiten wären), ja eitel welsche Hochzeit und florentinische Bräute bei ihnen sind; sie lassen sich dazu dünken, es sei gut getan. Denn ich höre lauter greuliche Dinge, welch ein öffentliches prächtiges Sodom die Türkei sei. Ein jeder, der zu Rom und in welschen Landen sich ein wenig umgesehen hat, weiß ja gut, mit welch Zorn und Plage Gott daselbst die verbotene Ehe rächt und straft, daß man Sodom und Gomorra, die vorzeiten mit Feuer und Schwefel versenkt sind (I. Mose 19, 24) , ein bloßer Scherz und Vorspiel im Vergleich zu diesem Greuel sein lassen muß, daß mir auch dieses Stücks wegen des Türken Regiment in deutschen Landen gar herzlich leid, ja, gar unleidlich sein sollte.« Kurt Aland D. D. (Hrsg.), Luther Deutsch Bd. 7, 2. Auflage, Göttingen 1983 (Vandenhoek & Ruprecht).

Dok. 2: Lady Montagu über die Türken und ihre Kultur (1717)

Mary Wortley Montagu (1689–1762) begleitete gegen den Widerstand ihrer Familie ihren Mann, der 1716 als königlicher Gesandter an den Hof nach Istanbul befohlen wurde. Dort verkehrte sie in höchsten Kreisen. Als Frau hatte sie auch Zugang zur Welt der Türkinnen – Montagu sprach auch etwas Türkisch -, u. a. besuchte sie ein Frauenbad und den geheimnisumwitternden Harem. Hier stieß sie auf Frauen, die nicht nur schön und elegant waren, sondern auf sie durchaus einen zufriedenen Eindruck machten. Auf dieser Reise entstanden 52 Briefe, die sofort nach ihrem Erscheinen ins Deutsche übersetzt wurden. In ihnen korrigiert sie zahlreiche Vorurteile und Fehleinschätzungen über das Osmanische Reich von anderen Schriftstellern. Insbesondere betont sie, dass die Türken ein kultiviertes Volk seien, die Untertanen würden andernorts von ihren Herrschern ähnlich oder gar grausamer behandelt. In ihre wohlwollende Darstellung mischen sich bisweilen aber auch sehr kritische Töne etwa über das »intellektuelle Klima« in Konstantinopel:

»Was können Sie aber auch anderes verlangen von einem Land, aus welchem die Musen entflohen sind, die Wissenschaften für ewig verbannt scheinen; wo es im privaten Leben kein anderes Streben gibt als die Verfeinerung einer trägen Wollust und wo die Männer des öffentlichen Lebens in Ungewissheit, Argwohn und Schrecken leben! Vergnügungen, welchen ich nicht abhold bin, wenn sie nett ausgedacht sind, ekeln mich hier an. Geistesblitze, elegante Konversation, gesellschaftlichen Verkehr kennen die Türken nicht. Und dennoch wären sie dessen fähig, würde nicht der niedrige Sinn der Regierung den Geist ersticken, die Neugier dämpfen und Hunderte Leidenschaften unterdrücken, welche das Leben verschönern und angenehm machen. Die widerlich süßen Freuden des Serails sind fast die einzigen, denen bis zum Übermaß gefrönt wird. Doch sie sind auf der einen Seite erfüllt von dem finsteren Geist der Despotie, was auf der anderen Seite natürlich Niedergeschlagenheit und Ängstlichkeit auslöst, welche für jeden, der so denkt wie ich, das Ganze zu einem sehr gemischten Vergnügen macht. Hierzulande sind die Frauen tatsächlich nicht so streng abgeschlossen, wie manche Schriftsteller berichten. Selbst in ihrer Hörigkeit genießen sie viele Freiheiten und sie kennen zahlreiche Mittel, um zu entkommen und sich zu verkleiden, was für Liebeshändel äußerst förderlich ist. Dennoch beherrscht sie die unangenehme Vorstellung einer Entdeckung, die sie dem erbarmungslosesten Eifersuchtsausbruch ausliefern würde. Eifersucht ist hier ein Ungeheuer, das sich nur mit Blut zufrieden gibt.«
Lady Mary Wortley Montagu an Mr. Pope, 1. September 1717, in: Mary Wortley Montagu, Briefe aus dem Orient, Wien 2006, S. 170 f.

Dok 3: Anonym: Der griechische Freiheitskampf und die Vertreibung der Türken aus Europa (1821)

»Es hat ein furchtbarer Kampf begonnen am östlichsten Ende Europa's, ein Verzweiflungskampf barbarisch Unterdrückter gegen rohe Unterdrücker. Theil-

nehmend blicken des ganzen Welttheils übrige Bewohner, ohne Unterschied der Nationen und der Sprachen, nach des Bosporus mit dem Blute Tausender von christlichen Schlachtopfern getränkten Gestaden und nach des alten Hellas klassischen Gefilden, in diesem Augenblick ein trauriger Schauplatz des grausamsten Vertilgungskrieges. Und nur eine Stimme erschallt durch die civilisierte Welt in allen Zungen, laut den Wunsch, die Hoffnung aussprechend, es möge der Zeitpunkt endlich gekommen seyn, über die Wiege der europäischen Kultur, die unter der zügellosen Herrschaft asiatischer Barbaren verödete Heimath der Hellenen, zurückzuführen die Segnungen eines gesetzlichen Zustandes.(...)
Die Türken sind als ächte Orientalen noch stets die nämlichen, die sie seit Jahrhunderten waren. Sie haben, seitdem sie ihren Thron auf europäischem Grund und Boden, an den herrlichen Gestaden der thrazischen Meerenge, aufgepflanzt (1453), keine Fortschritte in der Kultur gemacht.(...).
Der Sturz einer Europa und der Civilisation fremden Herrschaft, die sich nur durch Terrorismus erhalten kann, muß da als ein herrlicher Sieg der Humanität über die Roheit, des Lichts über die Finsterniß, des Vernunftgesetzes über die regellose, ungezähmte Willkür der Unkultur erscheinen. Darum spricht der Kampf der Griechen gegen die Türken das sittliche Gefühl an: denn es gilt das Interesse der ganzen Menschheit.«
Anonym: Europa und die Türken. In: Friedrich Murhard (Hrsg.): Allgemeine politische Annalen. 10. Heft. Stuttgart und Tübingen: Cotta 1821, S. 117–140, hier S. 117, S. 130 und S. 132.

Dok. 4: Karl Julius Weber über die Türken im frühen 19. Jahrhundert

Die Werke von Karl Julius Weber (1767–1832) wurden im 19. und frühen 20. Jahrhundert viel gelesen. Weber studierte Jura, arbeitete in einer Regierungskanzlei, wurde Hofmeister in der Schweiz, bereiste Frankreich. 1792 trat er als Privatsekretär in den Dienst eines Grafen. 1820–1824 war er Abgeordneter der württembergischen Ständeversammlung. (Zu einer eingehenderen Analyse und Interpretation des nachfolgenden Dokuments vgl. Frey, 2001.)

»Die Türken, die sich aber lieber Osmanen nennen, weil der Türk ein [anderer Ausdruck] für Räuber geworden ist, wie Slave für Sklave, kennt der Europäer unter allen Orientalen am besten; sie waren einst im Zenith ihrer Macht unter Soliman [gemeint: Süleyman, der Prächtige, Sultan von 1520–1566], dem in ganz Europa gefürchteten Soliman, den jedoch ein Weib, die schlaue Roxolane [Roxelana], leitete, und blieben [...] der Schrecken Europa's bis zum Carlowitzer Frieden [Karlowitzer Friede 1699], wo die Sultane sich nicht mehr an die

Spitze der Armee stellten, lieber mit Weibern kämpften und mit dem Becher, und Intriguen des Serails [Palast des Sultans] und Zügellosigkeit der Janitscharen den Staat erschütterten. Der Glanz der Pforte erlosch mit [Prinz] Eugen. (...)

Die Sorglosigkeit dieser barbarischen Nation, ihr Fatalismus und Despotismus entvölkerten den schönsten Theil Europens mehr als die Wuth der Eroberer, und Europa zitterte mehr als ein Mal vor ihrer wilden Kraft, vor dem halben Monde und vor den Roßschweifen, die ihnen der Muth zur Fahne gab. (...) noch heute stehen sie dem Abendlande, wenn gleich minder gefährlich, gegenüber, und machen ein fremdartiges Glied des europäischen Staatenbundes. Das Blut geräth in Wallung, wenn wir auf Griechenland*, die gesegneten Donauländer und Kleinasien hinblicken; man möchte die Barbaren stranguliren, welche die Griechen, denen wir unsere ganze europäische Kultur verdanken, zu Halbmenschen gleich ihnen herabgewürdigt haben, denen doch diese verwahrlosten Länder als Nation gebührten – die Barbaren, die von den Gebirgen Armeniens herab die Nationen und ihre Kultur mit Füßen traten und in Blutströmen wateten bis zum Strome Stambuls.

Noch heute sind die Türken nach vier bis fünf Jahrhunderten mitten unter kultivirten Völkern rohe Barbaren, abergläubisch und unwissend wie die weiterhin wohnenden asiatischen Brüder; noch heute kennen sie weder die Freuden der Tafel, noch die Gesellschaft, noch geistige Kultur. Ruhe, Verborgenheit und grobe Sinnenvergnügungen machen die Freude des Türken und Vis inertiae [die Macht der Faulheit] ist sein Charakter. Kenntnisse und neue Entdeckungen müssen befohlen werden durch negative Prämien, durch Stockprügel und Strang. [...] So liegen denn Ackerbau und Manufakturen, Wissenschaft und Kunst darnieder. Astrologie ist eine vom Staate bezahlte Wissenschaft, und bildende Künste können nicht gedeihen, da die Religion die Abbildung menschlicher Formen untersagt. Das Schlimmste dieser Barbarei ist, daß sie das Eindringen besserer Kultur nach Asien hindert, da diese rohen Osmanli eine unübersteigliche Mauer bilden zwischen dem Morgen- und Abendlande. [...] Türkischer Despotismus, wie er im ganzen Oriente herrscht, spielt mit Menschenleben; Eigentum und Freiheit sind leere Worte. Nirgendswo ist die Justiz schneller. (...) Mit bestochenen Zeugen kann man vor Gericht Alles durchsetzen, dem Gelde widersteht nicht leicht ein Türke, vornehm oder gering, so wenig als der Sinnlichkeit.«

* Weber spielt auf den von den Osmanen brutal unterdrückten Freiheitskampf der Griechen (Unabhängigkeitserklärung 1829) an.

Karl Julius Weber, Demokritos oder hinterlassene Papiere eines lachenden Philosophen. Von dem Verfasser der »Briefe eines in Deutschland reisenden Deutschen.« Bd. 10, Leipzig o.J., S. 52 f.

Dok. 5: Karl May über die Türken

Karl May hat durch seine trivialen, aber gleichwohl spannenden Abenteuerromane das Orientbild von Generationen mutmaßlich stärker beeinflusst als ganze Bibliotheken voller seriöser wissenschaftlicher Literatur. Dabei schöpfte Karl May seine »Kenntnis« des Orients nicht aus eigener Anschauung, sondern durch die Lektüre von mehr oder minder trivialen Reiseberichten, die oft mehr über die nationalen Selbstbilder verraten als Einblicke in fremde Kulturen vermitteln. Freilich nahmen (und nehmen) sehr viele zumal jugendliche Leser diese Ich-Erzählungen als authentische Augenzeugenberichte wahr. Freilich profiliert Karl May seinen Helden, den universal gebildeten Kara ben Nemsi auch als respektvollen Kenner fremder Sprachen, Religionen und Kulturen, der fremde Bräuche durchaus zu achten weiß, auch wenn sie seinem »aufgeklärten Christentum« widersprachen. – Vor einigen Jahren setzte die türkische Regierung den Roman »Durchs wilde Kurdistan« (und andere Werke von Karl May) auf den Index, da ihr Autor ein Sympathisant von »Terroristen« sei. Das erstaunt nicht zuletzt daher, da Karl May nicht nur schon lange tot ist, sondern auch seine Werke heute kaum noch gelesen werden. Der europäisch-türkische Kulturkontakt scheint – zumindest in dieser Hinsicht – eher eine Einbahnstraße zu sein.

Auszug aus Karl May, In den Schluchten des Balkan

»Auch an den kleinen Häusergruppen, welche wir passierten, hielt ich nicht an, da hier keine Wege abzweigten, welche Barud el Amasat hätte einschlagen können. Aber als wir eine kleine Ortschaft erreichten, Bu-kiöj genannt, von welcher einige Pfade zur Seite liefen, hielt ich an und fragte den Ersten, den ich traf:
»Sallam! Gibt es in diesem Ort, den Allah segnen möge, vielleicht einen Bekdschi [Nachtwächter]?«
Der Gefragte trug einen riesigen Sarras an der Seite, einen fürchterlichen Knüppel in der Rechten, hatte über den Fez ein Tuch geschlagen, welches früher jedenfalls eine Farbe gehabt hatte, jetzt aber nur so vom Schmutz starrte, und ging - barfuß. Er betrachtete mich eine ganze Weile und schickte sich dann an, diese eingehende Beobachtung auch über die Andern ergehen zu lassen.
»Nun?« bemerkte ich ungeduldig.
»Sabr, sabr – Geduld, nur Geduld!« antwortete er.
Er stützte sich auf seinen Stock und begann die Gestalt des kleinen Hadschi einer eingehenden Besichtigung zu unterwerfen. Halef Omar aber langte mit der Hand nach den Sattelösen, zog seine Peitsche hervor und fragte:
»Kennst Du vielleicht dieses Ding hier?«

Der Gefragte warf sich in Positur, griff an den Säbel und antwortete:

»Kennst Du dieses hier, Kleiner?«

Kleiner! Kein anderes Wort hätte Halef Omar so wie dieses beleidigen können. Er holte zum Schlage aus; ich aber drängte rasch mein Pferd zwischen ihn und den Bedrohten und warnte:

»Keine Übereilung, Halef! Dieser Mann wird mir meine Frage schon beantworten.«

Ich zog einige kleine Münze aus der Tasche, zeigte sie dem Sarrasträger und wiederholte:

»Also, gibt es hier einen Bekdschi?«

»Gibst Du mir das Geld?« fragte er.

»Ja.«

»So her damit!«

Er streckte die Hand aus.

»Erst die Antwort!«

»Ja, es gibt einen Bekdschi. Nun aber gib mir das Geld!«

Es waren nur einige kupferne Parastücke.

»Hier hast Du!« sagte ich. »Wo wohnt der Bekdschi?«

Er steckte das Geld ein, zuckte die Achsel und fragte dabei grinsend:

»Bezahlst Du auch diese Frage?«

»Du bist bereits bezahlt!«

»Für die erste, aber nicht für die zweite.«

»Gut, hier hast Du noch zwei Fünfparastücke! Also, wo wohnt der Bekdschi?«

»Dort im letzten Hause,« antwortete der Mann nach einem Bauwerke deutend, welches er zwar Haus nannte, das aber nicht einmal die Bezeichnung Hütte, sondern nur den Namen Stall verdiente.

Wir setzten uns nach der angegebenen Richtung in Bewegung. Als wir die baufällige, einstöckige Wohnung erreichten, stieg ich vom Pferd, um an das Loch zu treten, welches als einziger Ein- und Ausgang diente. In diesem Augenblick aber trat eine Frau heraus, welche durch den Hufschlag unserer Pferde hervorgelockt worden war.

»O jazik! Atsch gözünü – o wehe! Nimm Dich in Acht!« rief sie und trat eiligst zurück.

Ihr Gesicht war nämlich nicht verschleiert gewesen, woran allerdings nicht wir die Schuld trugen. Auch sie war barfuß. Ihr Körper war in ein altes zerfetztes Tuch gehüllt, und ihr Haar hatte ganz das Aussehen, als ob ihr Scheitel eine Filzmanufaktur im Kleinen sei. Wasser war jedenfalls seit Monaten nicht an ihr Gesicht gekommen.

Ich glaubte beinahe, daß sie sich nicht wiedersehen lassen werde; aber nach einigen ungeduldigen Ausrufen meinerseits kam sie doch wieder zum Vorschein. Sie hielt den Boden eines zerbrochenen Korbes vor ihr Gesicht. Durch die Ritzen des alten Weidengeflechtes konnte sie uns sehen, ohne daß es uns möglich war, uns an ihrer Schönheit zu weiden.

»Was wollt Ihr?« fragte sie.

»Hier wohnt der Bekdschi?« mußte ich abermals fragen.

»Ja.«

»Du bist sein Weib?«

»Ich bin sein einziges Weib,« antwortete sie stolz, um anzudeuten, daß sie das Herz ihres mitternächtlichen Pascha's ganz allein besitze.«

Karl May: In den Schluchten des Balkan. Hausschatz-Fassung, erfasst von Karlheinz Everts , 172 -173. in: http://www.karl-may-gesellschaft.de/kmg/primlit/ reise/orient/index.htm. Mit freundlicher Genehmigung der Karl-May-Gesellschaft.

Bernhard Hackl

Die Entwicklung der staatlichen Toleranzgesetzgebung im frühneuzeitlichen Europa von der Reformationszeit bis zur Französischen Revolution: Vom »Staatszwangskirchentum« zur »Religionsfreiheit«

Einleitung

»So weit ist es/Gott erbarme es! kommen.« – So lautete ein Kommentar in den ‚Unschuldige[n] Nachrichten von Alten und Neuen Theologischen Sachen« (UnNachr 1712, S. 1068), der Zeitschrift der Wittenberger Orthodoxie, über das im Jahre 1712 im Druck verbreitete Edikt des kleinen Territorialherren Graf Ernst Casimir I. von Ysenburg-Büdingen. Tatsächlich stellt dieser Erlass einen der frühesten offiziellen Belege für einen weitergefassten Toleranzbegriff im »Heiligen Römischen Reich Deutscher Nation« dar und rief eine breite öffentliche Diskussion hervor. Während konservative Kreise das Edikt scharf verurteilten und einen Prozeß beim Reichskammergericht anstrengten, gab es auch zustimmende Urteile. Und vor allem eine Abstimmung »mit den Füßen«: Binnen kurzem wurde die kleine Reichsgrafschaft in der Wetterau zu einem Zufluchtsort für religiöse Außenseiter verschiedenster Schattierungen. Entwicklungsgeschichtlich markiert das Edikt Casimirs I. einen Wendepunkt, da es inhaltlich weit über die Bestimmungen des bis dahin maßgeblichen »Westfälischen Friedens« von 1648 hinausging. Andererseits ist es mit seiner pragmatischen Argumentationslinie und dem Verweis auf wirtschaftliche Argumente noch weit entfernt von den moderner anmutenden Begründungen für religiöse Toleranz in den Gesetzestexten aus der Zeit des aufgeklärten Absolutismus am Ende des 18. Jahrhunderts. (Vgl. dazu allg. Schneider, 1989, S. 87 f.).

Zum Begriff »Toleranz« und zur Typologie des »Toleranzbegriffes«

Eine klare Definition des Begriffes »Toleranz« im geschichtswissenschaftlichen bzw. kirchengeschichtlichen Kontext im engeren Sinn erweist sich aufgrund der Überschneidungen mit den Termini »Gewissensfreiheit« und »Religionsfreiheit« als schwierig. »Toleranz« allgemein lässt sich als ein »Konfliktbegriff« umschreiben, der auf einen Gegensatz zwischen Werten bzw. Wahrheitsansprüchen hinweist, die sich nicht zur Deckung bringen oder zumindest in ein abgestuftes Verhältnis zueinander setzen lassen. Bezogen auf die Frühe Neuzeit steht »religiöse Toleranz« so betrachtet für die rechtliche Regelung des multikonfessionellen bzw. multireligiösen Zusammenlebens. Innerhalb dieses Bezugsrahmens wurde in der Frühen Neuzeit eine große Bandbreite an Lösungsansätzen entwickelt, die von der gewaltsamen Durchsetzung der eigenen Überzeugung bis hin zur skeptischen Indifferenz gegenüber jeglicher Wertesetzung reichte. Aufgrund dieser komplexen Entwicklungsgeschichte der religiösen Toleranz im frühneuzeitlichen Europa versucht die folgende Darstellung zuerst anhand des historischen Materials grundlegende Tendenzen herauszuarbeiten und geht im Anschluß daran näher vor allem auf die Entwicklung im »Heiligen Römischen Reich Deutscher Nation« – im Folgenden auch kurz als »Altes Reich« bezeichnet – ein.

Es lassen sich summa summarum grob drei Typen von »Toleranz« unterscheiden: (1) Die »pragmatische Toleranz«, die um eines anderen, als höher eingestuften Gutes wie Frieden, Rechtssicherheit, dynastische Vorteile, wirtschaftliche Vorteile oder gesellschaftliche Wohlfahrt willen darauf verzichtet, den eigenen Werte- und Wahrheitsanspruch durchzusetzen. Es handelt sich um die im hier behandelten Zeitraum erfolgreichste Form von Toleranz. (2) Die »Konsensus-Toleranz«, die bei aller Divergenz in der äußeren Ausprägung nach Übereinstimmung im Kernbereich sucht, um die nicht vergleichbaren Punkte als sekundär bzw. rein äußerlich (»adiaphorisch«) zu entschärfen. In ihrer klassischen Ausprägung tritt diese Form in den Religionsgesprächen der Frühen Neuzeit zu Tage. (3) Die »dialogische Toleranz«, die die Formulierung von Werten und Überzeugungen als historisch und kulturell bedingt einstuft. Diese Variante ist die modernste und tritt erst seit dem späten 19. Jahrhundert in nennenswerten Ausmaßen auf (Stöve, 2002, S. 646 f.).

Die Entwicklung des Toleranzgedankens zwischen Reformation und Französischer Revolution: Von der »Glaubenszweiheit« zur »Religionsfreiheit«

Obwohl die Bemühungen um die politische Verwirklichung religiöser Toleranz zum Teil bis in die Spätantike zurückreichen, erweist sich doch die Frühe Neuzeit als *das* klassische Zeitalter der Toleranzdiskussion. Da das mittelalterliche Ketzerrecht angesichts der Breite der reformatorischen Bewegung schlicht und einfach versagte, wurden nun neue Formen des Zusammenlebens und des Umganges mit divergierenden religiösen Haltungen nötig. Dies hatte eine Vielzahl von Gründen: Zum einen standen sich seit der Reformation erstmals mehrere gleichstarke »Konfessionen« mit dem Absolutheitsanspruch auf die Alleinvertretung der christlichen Wahrheit gegenüber. Letztlich brachte die reformatorische Bewegung daher »nicht Glaubensfreiheit, sondern Glaubenszweiheit« (Anschütz, Religionsfreiheit, S. 676). Gleichzeitig versagten im 16. Jahrhundert einerseits die traditionellen Mechanismen der Einheitsstiftung, andererseits war Religion aber immer noch ein öffentliches Gut und noch nicht, wie in den modernen Verfassungen, Privatsache. Das Ringen um die »wahre Kirche« endete zudem entgegen den Erwartungen beider Seiten bald im konfessionellen Patt, da es weder kirchlich noch politisch gelang, die alte kirchliche Einheit wiederherzustellen. Im »Heiligen Römischen Reich Deutscher Nation« ergab sich dabei durch die territoriale Zersplitterung und die unklaren feudalen und ständischen Beziehungen eine besondere Ausgangslage. Angesichts der gleichen Größe der Religionsparteien sowie der zersplitterten politischen Strukturen suchte man hier die Lösung lange primär auf der *verfassungsrechtlichen* Ebene. Im angloamerikanischen Raum setzte sich dagegen bereits früh ein betont *individualrechtliches* Verständnis von Toleranz und letztlich »Religionsfreiheit« durch (Mortanges, 1997, S. 565 f. und Stöve, 2002, S. 646 f.). Charakteristisch für die Entwicklung bis 1800 ist, dass die Privilegierung oder Diskriminierung einzelner Konfessionen und Religionen im staatlichen Recht oft auf dem politischen Kalkül der Herrscher beruhte, die sich ökonomische oder politische Vorteile aus diesen Maßnahmen erhofften. Das im Sinne der »pragmatischen« Toleranz geregelte Verhältnis zwischen den großen Konfessionen führte dabei keineswegs zu einer Veränderung in der Einstellung gegenüber anderen Gruppen, wie etwa den Täufern. Die Toleranzbestimmungen galten so bis in die zweite Hälfte des 18. Jahrhunderts zumeist nur für die Angehörigen der drei großen Konfessionen (Katholiken, Lutheraner und Reformierte). In der öffentlichen

Diskussion und Gesetzgebung der frühen Neuzeit nahm in der Folge die Respektierung des »Gewissens« einen immer breiteren Raum ein. Gewissensfreiheit galt allerdings lange Zeit nur für die Fürsten und die anerkannten Konfessionen. Erst der »Westfälische Friede« brachte neben dem freien Zugang zum *exercitium publicum, zur öffentlichen Religionsausübung* für die reichsrechtlich zugelassenen Konfessionen zumindest dem Hausvater theoretisch das Recht, eine seinem Gewissen folgende *devotio privata oder private Andacht* zu pflegen (Vgl. dazu Schneider 1989, S. 87 f., Mortanges, 1997, S. 565 f. und Stöve, 2002, S. 646 f.).

Im 18. Jahrhundert rückten in der Folge die Begriffe Gewissensfreiheit, Religionsfreiheit und Toleranz immer näher zusammen, so dass sie schließlich wechselweise füreinander stehen konnten. Aus dieser Verbindung entwickelte sich schließlich in letzter Konsequenz die Garantie der Glaubens-, Gewissens- und Religionsfreiheit der modernen westlichen Verfassungen. Auf diesem langen Weg wurden, wie die im Folgenden vorgestellten Texte verdeutlichen sollen, in der Frühen Neuzeit viele unterschiedliche Lösungsmodelle für die Entschärfung einander ausschließender Wahrheits- und Heilsansprüche gefunden.

Vergleicht man die Entwicklung in den einzelnen europäischen Ländern, so zeigt sich in den Jahren 1550 bis 1800 hinsichtlich der Argumente und der Ausgestaltung der religiösen Toleranz eine verwirrende Bandbreite. So werden im späten 18. Jahrhundert in den geistlichen Territorien des »Alten Reiches« wirtschaftliche Argumente modern, die etwa in den Niederlanden bereits rund ein Jahrhundert zuvor aktuell gewesen waren. Auch die rechtlichen Bestimmungen der einzelnen Toleranzpatente und -edikte lassen keine klare Entwicklungslinie erkennen. Erst im späten 18. Jahrhundert (»Bill of Rights«, »Déclaration des droits de l'homme«) wurde unter dem Einfluß der Aufklärung schließlich eine neue Stufe erreicht. Nun gestand der Staat das, was im »Westfälischen Frieden« und vergleichbaren Bestimmungen außerhalb des »Alten Reiches« noch alleine dem Hausvater vorbehalten war, jedem Bürger zu. Diese Entwicklung mündete letztlich in der Garantie der Glaubens-, Gewissens- und Kultusfreiheit in den modernen Verfassungen seit der Französischen Revolution (Vgl. dazu Schneider, 1989, S. 87 f., Mortanges, 1997, S. 565 f. und Stöve, 2002, S. 646 f.).

Die Entwicklung im »Heiligen Römischen Reich Deutscher Nation« 1555 bis 1800

Der »Augsburger Religionsfrieden« von 1555

In der Frühzeit der reformatorischen Bewegung gab es im »Alten Reich« ausgeprägte Ansätze zu einer »Konsensus-Toleranz«, die darauf abzielten, sich mit dem religiösen Kontrahenten auf einen Kernbestand essentieller Überzeugungen zu einigen und die unverglichenen Punkte als »adiaphorisch« einzustufen. Diese Bemühungen fanden ihren Ausdruck etwa in folgender Formulierung der »*Confessio Augustana*«, des »Augsburger Bekenntnisses« von 1530:

> »Dann dies ist gnug zu wahrer Einigkeit der christlichen Kirchen, daß da einträchtiglich nach reinem Verstand das Evangelium gepredigt und die Sakrament dem gottlichen Wort gemäß gereicht werden. Und ist nicht not zur wahren Einigkeit der christlichen Kirche, daß allenthalben gleichformige Ceremonien, von den Menschen eingesetzt, gehalten werden [...].« (CA VII in BSLK 61,8 – 16).

Letztlich blieb diesen Bestrebungen aber der realpolitische Erfolg verwehrt, da sich die »pragmatische Toleranz« in den meisten Fällen durchsetzte.

Die rechtliche Basis für die weitere Entwicklung im »Alten Reich« legte daher letztlich der »Augsburger Religionsfrieden« von 1555, der auf die Wiederherstellung des politischen Friedens und die rechtlich garantierte Koexistenz der beiden Konfessionen abzielte. Neben dem römisch-katholischen Bekenntnis wurde nun das »Augsburger Bekenntnis« in den Schutz und die Anerkennung des »Alten Reiches« einbezogen. Alle anderen religiösen Gruppen wurden dagegen von den Friedensbestimmungen ausgeschlossen. Gleichzeitig konnte der Landesherr nicht nur frei seine Konfession wählen, sondern auch für seine Untertanen den Bekenntnisstand festlegen (*ius reformandi*). Andere Konfessionen und Sekten durfte der Landesherr verbieten bzw. vertreiben (*ius reprobandi*), jedoch auch ausnahmsweise dulden (*ius tolerandi*). Den Untertanen der anerkannten Konfessionen wurde immerhin ein Emigrationsrecht zugestanden, d. h. sie durften nach dem Auskauf aus ihrer Grundherrschaft mit ihrer Familie und unter Mitnahme ihres Eigentums auswandern (*ius emigrandi*). Dieses *beneficium emigrandi* (Wohltat der Auswanderung), das die konfessionelle

Geschlossenheit der Territorien wiederherstellen sollte, stellte im Vergleich zum mittelalterlichen »Ketzerrecht« einen ersten bescheidenen Ansatz zur »Toleranz« dar (Vgl. Stöve, 2002, S. 646 f. und Schneider, 1989, S. 87 f.).

Der »Westfälische Friede« von 1648

Nachdem sich das 1555 festgelegte System als unzureichend erwiesen hatte, brachte der »Westfälische Friede« 1648 eine neue konfessionsrechtliche Regelung mit sich, die aufbauend auf dem »Augsburger Religionsfrieden« auch die individuellen Rechte der Untertanen im religiösen Bereich erweiterte. Die Religionsverfassung des »Westfälischen Friedens« blieb schließlich durch das ganze 18. Jahrhundert hindurch bis zum Ende des »Alten Reiches« für die Stellung der Konfessionen maßgeblich. Der Friedensvertrag bestand mit dem Vertrag zwischen dem Kaiser, den Reichsständen und Schweden (»*Instrumentum Pacis Caesareo-Suecicum Osnabrugis*« [= IPO]) und dem Vertrag zwischen dem Kaiser, den Reichsständen und Frankreich (»*Instrumentum Pacis Gallicum Monasterii Westphalici*« [= IPM]) aus zwei Vertragswerken, wobei die konfessionsrechtlichen Regelungen im IPO enthalten waren (Auszug aus dem IPO mit Übersetzung der wichtigsten Teile in Müller, 1949, vgl. dazu auch Conrad, 1961, in Lutz, 1977, S. 155 f.). Das IPO anerkannte zum einen den »Passauer Vertrag« von 1552 und den »Augsburger Religionsfrieden« von 1555 als »heilige und unverletzliche« Verfassungsnorm des »Alten Reiches« (IPO Art. V § 1). Gleichzeitig statuierte der Vertrag die vollständige und wechselseitige Gleichheit der Reichsstände beider Bekenntnisse (IPO Art. V § 1). Zudem wurde die Gewaltanwendung zwischen den beiden Konfessionsparteien untersagt und die theologische Wahrheitsfrage im Interesse der reichspolitischen Koexistenzordnung suspendiert (IPO Art. V § 1). Die säkularisierende Tendenz des IPO wurde dabei durch seine interimistische Geltung bis zur religiösen Wiedervereinigung (IPO Art. V § 1 und V § 14.25.31) begrenzt.
Die Bestimmungen des Friedensvertrages enthielten drei Hauptprinzipien für die Religionsverfassung des »Alten Reiches«: 1. das *ius reformandi* der Landesherren, 2. die geregelte Toleranz Konfessionsfremder und 3. die staatsrechtliche Parität der Konfessionen auf Reichsebene. Das *jus reformandi*, d.h. das landesherrliche Recht, die Religion der Untertanen zu bestimmen, sollte die konfessionelle Einheit innerhalb der Territorien gewährleisten und wurde von der Landesherrschaft (*jus territorii et superioritatis*) abgeleitet (IPO Art. V § 30). Im Hintergrund stand eine religiöspatriarchalische Auffassung des Staates, nach der geistliches und weltliches

Regiment eng miteinander verbunden waren. Das *jus reformandi* war allerdings eingeschränkt durch die reichsrechtlich garantierte Pflicht zur Duldung konfessionsfremder Untertanen nach dem religiösen Besitzstand des Normaljahres 1624 (IPO Art. V § 35). Jenen Untertanen, denen im Jahre 1624 kein öffentliches *exercitium religionis* erlaubt war, räumte der »Westfälische Friede« weiterhin ein Emigrationsrecht ein. Daneben erhielten sie nun aber auch das Recht auf die freie Pflege der Hausandacht (*devotio domestica*) und auf den Besuch des öffentlichen Gottesdienstes ihres Bekenntnisses in einem benachbarten Gebiet eingeräumt. Die konfessionsfremden Untertanen wurden eindrücklich ermahnt, ihre Pflichten mit gebührendem Gehorsam und Untertänigkeit zu erfüllen und keinen Anlaß zu Unruhen zu geben (IPO Art. V § 34). Auf diese Bestimmungen stützte sich im Übrigen auch das bereits genannte Ysenburger Edikt, das die Toleranz davon abhängig machte, dass sich die Betroffenen „in Bürgerlichem Wandel gegen Obrigkeit und Unterthanen [...] ehrbar/sittsam und Christlich" verhielten. Durch die Fortbestandsgarantie für jedes im Jahre 1624 tatsächlich ausgeübte öffentliche oder private Religionsexerzitium (IPO Art. V § 31.34) wurde das *ius emigrandi* des Augsburger Religionsfriedens so faktisch zu einem Bleiberecht weiterentwickelt. Die »Sekten« blieben jedoch aus den religionsrechtlichen Garantien des »Westfälischen Friedens« ausgeschlossen (IPO Art. VII § 2).

Auch das dritte Hauptprinzip des »Westfälischen Friedens«, die staatsrechtliche Parität der Konfessionen auf Reichsebene, galt nur für die drei anerkannten Konfessionen der Katholiken, Lutheraner und Reformierten. Die Aufnahme und Duldung anderer religiöser Gemeinschaften („Sekten") war dagegen ausdrücklich verboten (IPO Art. VII § 2, Abs. 2). Die Frage, ob ein Landesherr aus eigener Machtvollkommenheit eine reichsrechtlich anerkannte Konfession, die im Lande selbst im Normaljahr 1624 keinen Besitzstand aufgewiesen hatte, dulden konnte, war dabei rechtlich umstritten.

In Bezug auf die habsburgischen Territorien Schlesien und Niederösterreich wurde die Anwendung der Normaljahrsregelung durch spezielle Bestimmungen unterlaufen (IPO Art. V § 38–40). So galt das Bleiberecht in Niederösterreich nur für den Adel, nicht aber für die Untertanen. In den Böhmischen-Österreichischen Erbländern der Habsburgermonarchie war damit die Basis für eine konsequente Rekatholisierungspolitik geschaffen, die bis 1781 zum fast völligen Erliegen jeder privaten oder öffentlichen nichtkatholischen Religionsausübung führte (Vgl. dazu Kaufmann, 2003; Schneider, 1989, S. 87 f. sowie Stöve, 2002, S. 646 f.).

Die weitere Entwicklung in den Jahren 1648 bis 1780

Entscheidend für die weitere Entwicklung im »Alten Reich« wurde die Verflechtung von politischen und ökonomischen Motiven. Um sich wirtschaftliche Vorteile im Sinne der merkantilistischen bzw. später kameralistischen Theoretiker zu verschaffen – und dies bedeutete in erster Linie die Erhöhung der Bevölkerungsdichte und die Einwanderung von Fachkräften, unabhängig von deren Bekenntnis – gingen immer mehr Territorialherren zu einer großzügigen gewohnheitsrechtlichen Auslegung der Bestimmungen des »Westfälischen Friedens« über. Man duldete so im Sinne der *tolerantia personarum* konfessionsfremde Einzelpersonen und deren häusliche Andacht, sah darin aber keine *tolerantia religionum*, das heißt die Gewährung eines öffentlichen oder privaten »Religionsexercitiums«. Gleichzeitig hielt man in der Theorie vergleichsweise lange strikt an dem »Sektenverbot« fest. Allerdings ergab sich auch in dieser Hinsicht schon im späten 17. Jahrhundert in der Praxis eine teilweise Auflockerung der Bestimmungen. Bezeichnenderweise bezog sich das Reichskammergericht in seinem Mandat gegen den Ysenburger Grafen ausdrücklich auf den Sektenpassus. Auch ein von Graf Casimir in Auftrag gegebenes Gegengutachten verwies explizit auf die schon vor längerem erfolgte Ansiedelung von Täufern in der Kurpfalz, Holstein, Moers, Neuwied sowie Altona und von Quäkern in Hamburg und Lübeck (Schneider, 1989, S. 87 f.).

Die Einschätzung der territorialen Toleranzpraxis als Gewohnheitsrecht, das die Bestimmungen des IPO außer Kraft setzte, sollte sich langfristig durchsetzen. Allein schon deshalb, weil eine lockere Auslegung wirtschaftlichen Überlegungen (Bevölkerungswachstum, Ansiedelung von Fachkräften) entgegenkam. Auch in den Österreichischen Ländern der Habsburgermonarchie, in denen die einheimischen Protestanten mit aller Härte verfolgt wurden, ging man schon um 1700 dazu über, nichtkatholische Wirtschaftsfachkräfte und Militärs ins Land zu holen. (Vgl. Schneider, 1989, S. 87 f. sowie Stöve, 2002, S. 646 f.).

Die Toleranzgesetzgebung im ausgehenden 18. Jahrhundert: Veränderungen durch Pietismus und Aufklärung

Mit der teilweisen realpolitischen Durchsetzung aufgeklärter Ideen im Rahmen des »aufgeklärten Absolutismus« kam als ein neuer Faktor für die Relativierung der konfessionellen Grenzen die veränderte Einschätzung der persönlichen Religionsübung hinzu. Zunehmend galten nun der religiöse Glaube und die Kultushandlungen des Individuums als Privatsache. Der Staat übernahm dagegen nur mehr eine Aufsichtsfunktion, um Gefahren und Störungen für das Gemeinwesen abzuwehren. Jedem Menschen standen dabei die Gewissensfreiheit und als Teil dieser die Glaubensfreiheit zu. Diese neue Einschätzung wird in sämtlichen im Folgenden vorgestellten Texten aus dieser Zeit deutlich: So erkannten diese Dokumente die Glaubens- und Gewissensfreiheit und das Recht auf die private Hausandacht erstmals grundsätzlich allen Untertanen zu, die sich zu einer der drei großen Konfessionen bekannten. Andererseits räumte man auch weiter – mit Ausnahme Preußens – einzelnen Religionsgemeinschaften jeweils eine bevorzugte Stellung ein und behielt für die anderen Gruppen weiter Einschränkungen bei. »Sekten« bzw. nichtkonfessionelle Gruppen blieben in der Regel auch weiter verboten. (Vgl. dazu Schneider, 1989, S. 87 f. und Stöve, 2002, S. 646 f.).

Die Veränderungen zu Beginn des 19. Jahrhunderts

Das »Alte Reich« als Gesamtkörper hielt, trotz dieser schleichenden Veränderungen, formell letztlich bis an sein Ende im Jahre 1806 an der überlieferten Religionsverfassung von 1648 fest. Der »Reichsdeputationshauptschluß« vom 25. Februar 1803 setzte so lediglich die Säkularisation der geistlichen Fürstentümer durch. Die Grundsätze der Religionsverfassung des »Westfälischen Friedens« blieben dagegen unangetastet. Immerhin schützte der »Reichsdeputationshauptschluß« den *status religionis* bei territorialen Veränderungen infolge der Neuordnung des »Alten Reiches«, während gleichzeitig den Untertanen der säkularisierten Länder ihr religiöser Besitzstand garantiert wurde. Über die bisherigen Bestimmungen hinausgehend gestattete man den Landesherren nun explizit in § 63, neben der privilegierten auch andere Konfessionen zu dulden und diesen den vollen Genuss der bürgerlichen Rechte einzuräumen. Weiter untersagt blieb dagegen die Einräumung paritätischer Rechte und der öffentlichen Religionsausübung. Auch an der Nichtzulassung von »Sekten« sowie Nicht-Christlichen Gruppen änderte sich nichts.
Versuche Bayerns und Preußens während der Säkularisationsverhandlungen von 1802/1803, die allgemeine freie Religionsausübung zum reichsrechtlichen Grundsatz zu erheben, blieben dagegen erfolglos. Die Fortschritte hin zur völligen Gleichstellung aller Konfessionen vollzogen sich daher weiter auf Länderebene. So erließen nach 1806 vor allem Württemberg, Baden und Bayern weitergehende Religionsedikte. Preußen war

dabei bis weit in das 19. Jahrhundert den anderen deutschen Staaten bei der Gewährung der völligen Religionsfreiheit voraus. Die Mehrzahl der Staaten orientierte sich in der Folge an der deutschen Bundesakte von 1815, die bestimmte, dass »die Verschiedenheit der christlichen Religions -Parteyen [...] keinen Unterschied in dem Genusse der bürgerlichen und politischen Rechte begründen« (Art. 16 Abs. 1) könne. Ähnlich wie im »Westfälischen Frieden« galt diese Parität aber nur für die Angehörigen der drei »Hauptkonfessionen«. Eine grundlegende Erweiterung im Sinne einer echten »Religionsfreiheit« sahen erst die von der Frankfurter National-versammlung 1848 beschlossenen »Grundrechte des deutschen Volkes« vor (Vgl. dazu Schneider, 1989, S. 87 f. sowie Stöve, 2002, S. 646 f.).

Die Entwicklung der Jahre 1648 bis 1800 anhand von ausgewählten Einzelbeispielen

Einleitende Überlegungen

Die im Folgenden kurz behandelten Texte wurden vor allem im Hinblick auf ihre Verfügbarkeit, realpolitische Bedeutung sowie ihre Exemplarizität ausgewählt. Inhaltlich fällt zum einen auf, dass vor allem die frühen Patente bzw. Edikte zur Verbindung von religiösen, wirtschaftlichen sowie sozial-politischen Bestimmungen neigen. Die späteren Dokumente enthalten dagegen ausschließlich religionspolitische Bestimmungen. Auch die Regelung des Verhältnisses zwischen den Konfessionen wurde in einem sehr unterschiedlichen Ausmaß thematisiert. Aus der Reihe fällt dabei der preußische Erlaß von 1788, der als einziger Text auch Vorgaben zur Gestaltung der Lehre in der Mehrheitskonfession enthält. Neben den hier behandelten Texten gibt es eine Vielzahl weiterer vergleichbarer Gesetzestexte, die allerdings durchwegs schlecht erschlossen sind bzw. die nicht in deutschen Übersetzungen vorliegen (Polen, Russland, Schweden). Mit Ausnahme Polens (1573) sind die meisten der anderen Toleranzpatente bzw. -edikte in den Jahren 1770 bis 1810 entstanden. Dabei nimmt Russland mit einem Edikt Katharinas II. vom 17. Juni 1773 eine Vorreiterrolle ein. In diesem Erlass duldete die Zarin mit der Ausnahme der Juden alle religiösen Bekenntnisse im neu erworbenen Polen.

Der Gnadenbrief Johann Philipps von Schönborn für die Stadt Kitzingen (1650)

Einen der ersten Belege für religiöse Toleranzbestrebungen nach dem Dreißigjährigen Krieg stellt ein am 17. Dezember 1650 von Johann Philipp von Schönborn (1605–1673) als regierender Landesfürst im Hochstift Würzburg (Fürstbischof seit 1642) unterzeichneter »Gnadenbrief« für die Stadt Kitzingen am Main dar. In diesem Schreiben gestattete der Fürstbischof den Lutheranern bzw. den »Augsburgischen Religionsverwandten« in Kitzingen die Einrichtung einer evangelischen Pfarrei. Diese Bewilligung des »öffentlichen Exercitiums«, d. h. der Abhaltung regulärer Gottesdienste, ging weit über die 1648 vereinbarten Bestimmungen hinaus und weist inhaltlich bereits auf die Erlässe der Aufklärungszeit voraus. Die Urkunde beschreibt dabei zunächst die Voraussetzungen für den Gnadenbrief, indem sie die landesfürstliche »Auslauferlaubnis« (Besuch auswärtiger Gottesdienste) von 1647 bestätigt (Absatz 1) und daran anknüpfend die Eingabe der lutherischen Bürgerschaft um die weitere Verbesserung ihrer gottesdienstlichen Situation wiedergibt (Absatz 2). Als Hauptteil folgen die landesfürstliche Entscheidung, d. h. die Bewilligung der Petition und die damit verknüpften Bedingungen (Absatz 3). Abschließend bringt Absatz 4 einen Ausfertigungsvermerk und die Unterschriften der Beteiligten (Vgl. Zeeden, 1983.).

Das »Chur-Brandenburgische Edict« von 1685

Hinsichtlich seiner Folgewirkung das wichtigste Beispiel für die Gewährung weitergehender Religionsfreiheit stellt die Gesetzgebung in Brandenburg-Preußen seit Friedrich Wilhelm, dem Großen Kurfürsten (1640–1688), dar. Nachdem Friedrich Wilhelm bereits in den sechziger Jahren mehrfach in die Beziehungen zwischen den Lutheranern und Reformierten eingegriffen und beiden Parteien die öffentliche Kritik an den Lehren der Andersgläubigen verboten hatte, erließ er in der Folge eine Reihe von Toleranzedikten, die auf die Gleichbehandlung der verschiedenen Religionsgemeinschaften und den Schutz auch der »Sekten« abzielten. Hinter der Politik Friedrich Wilhelms standen in erster Linie steuer- und wirtschaftspolitische Motive, da die dezimierte Bevölkerung durch innere Kolonisation vergrößert werden sollte. Tatsächlich bewirkte die Toleranzgesetzgebung einen Zustrom ausländischer Religionsflüchtlinge (Hugenotten, Arianer, Sozinianer, Mennoniten, Juden). (Vgl. dazu Richardson,

1997, S. 1–16 und Deppermann, 1980, S. 599 f.). Das zunächst in französischer Sprache veröffentliche sogenannte »Potsdamer Edikt« vom 29. Oktober 1685 sollte dabei französische Hugenotten in das Land ziehen. Diese hatten im Herbst 1685 durch die Aufhebung des Edikts von Nantes ihre Sonderrechte verloren. Die Tatsache, dass es dem Landesfürsten primär um die Gewinnung neuer Einwohner und Fachkräfte ging, belegen die im Edikt angeführten zahlreichen Privilegien und »Wohlthaten«, die den Einheimischen verwehrt blieben (Vgl. Heinrich, 1981.).

Die kurpfälzische »Religionsdeklaration« vom 21. November 1705

Nach langwierigen Verhandlungen unterzeichneten die Kurpfalz und Brandenburg-Preußen am 21. November 1705 die sogenannte »Religionsdeklaration«, die in ihrem Kern die Gewissensfreiheit für Reformierte, Lutheraner und Katholiken festlegte sowie die Aufhebung des unbeliebten »Simultaneums« (= gemeinsame Nutzung von Kirchengebäuden) anordnete. Der Kirchenbesitz wurde nun im Verhältnis fünf Siebtel zu zwei Siebtel allein zwischen Reformierten und Katholiken aufgeteilt, die Lutheraner blieben bei ihrem Besitzstand von 1624. Trotz zahlreicher Proteste, unter anderem auch durch die römische Kurie, blieb die »Deklaration« bis zum Ende des »Alten Reiches« die verbindliche Rechtsgrundlage für das Zusammenleben der Konfessionen. Bedingt durch den konkreten Anlassfall (Frage des Kirchenbesitzes) enthält dieses Dokument im Anschluß an eine kurze Begründung der »vollkommenen Gewissens-Freyheit« ungewöhnlich umfangreiche besitzrechtliche Bestimmungen. Insofern steht es inhaltlich zwischen den typischen Edikten der Aufklärungszeit und den älteren Erlassen aus Preußen und Kitzingen (Vgl. Hans, 1973).

Das Büdinger »Toleranzedikt« vom 29. März 1712

In der Tradition des Gnadenbriefes Schönborns erließ am 29. März 1712 Ernst Casimir für Neusiedler in seiner Residenzstadt Büdingen das bereits eingangs erwähnte Edikt, das umfangreiche Privilegien – darunter die »vollkommene Gewissensfreiheit« (1. Artikel), wirtschaftliche Vergünstigungen und soziale Anreize – versprach und im Gegenzug dafür einen ehrbaren, sittsamen und christlichen Lebenswandel einforderte. Die Mehrzahl der 23 Artikel befasst sich – vergleichbar dem »Potsdamer Edikt«

– mit wirtschaftlichen und sozialen Fragen bzw. Vergünstigungen. Das an „Unterthanen/Frembden oder Beysassen in Unserm Lande so sich zu einer andern/als der Reformirten Religion bekennen« gerichtete Edikt ging dabei insofern weit über den 1648 festgelegten Status quo hinaus, als weder Katholiken noch Lutheraner in dem Ysenburgischen Territorium 1624 einen Besitzstand hatten. Voraussetzung für die Gewährung der Gewissensfreiheit war einschränkend die Ausübung eines Berufes und die Leistung von Abgaben, wobei das Edikt besonders gewünschte Handwerke und Manufakturen explizit anführte (Vgl. dazu Steiger, 1979 und Benad, 1983.).

Das »Toleranzpatent« Josephs II. vom 13. Oktober 1781

Während die übrigen bisher behandelten Texte aus Territorien stammen, in denen die Friedensbestimmungen von 1648 galten, stellte sich in den Ländern der Habsburgermonarchie die Situation grundlegend anders dar. Während in einigen Teilbesitzungen (Siebenbürgen) eine ausgeprägte Toleranz geübt wurde, eliminierte man das protestantische Leben in den Österreichischen Erblanden im Verlauf des 17. Jahrhunderts im Zuge einer radikalen Gegenreformation bis auf kleine Inseln des sogenannten »Geheimprotestantismus« vollkommen. Vor diesem Hintergrund gesehen stellte das Patent Josephs einen entscheidenden Schritt hin zu einer toleranteren Gesetzgebung dar. Im Vergleich etwa zu den fast zeitgleichen Erlässen in Preußen erscheint es dagegen intolerant und restriktiv. Das Patent wurde in der abgedruckten Form am 13. und 27. Oktober 1781 für die Österreichisch-Böhmischen Erblande verkündet und in den folgenden Jahren auch für die übrigen Teile der Monarchie (1781 Ungarn, Galizien, belgische Provinzen, 1782 Lombardei, Ende 1781 Tirol). Das Patent von 1781 ermöglichte den durch den »Westfälischen Frieden« anerkannten »augspurgischen und helvetischen Religions-Verwandten« sowie den »nicht unirten Griechen« – gemeint sind die Griechisch-Orthodoxen – erstmals seit der Gegenreformation die freie private Religionsausübung, das »Privat-Exercitium«. Die »Böhmischen Brüder« blieben dagegen weiterhin illegal. Den Katholiken wurde jedoch weiter eine privilegierte Stellung eingeräumt, da nur sie das öffentliche Religionsexerzitium gewährt erhielten. Die Religionsausübung der bezeichnenderweise als »Accatholici« (Nicht-Katholiken) titulierten Gruppen unterlag zudem massiven Einschränkungen: So lag die Eheschließung als offizieller Akt weiter in der Hand des katholischen Klerus und die »Bethäuser« durften äußerlich nicht wie Kirchen aussehen (kein Turm, keine Glocken, keine Rundfenster) sowie keinen Eingang zur Straßenseite haben. Außerdem durfte ein »Bethaus« nur errichtet werden, wenn sich in einem bestimmten Gebiet zumindest 100 Familien oder 500 Einzelpersonen zum evangelischen Glauben bekannten. Begründet wurde die gewährte Toleranz einleitend mit dem »grossen Nutzen, der für die Religion, und dem Staat, aus einer wahren christlichen Tolleranz entspringet«. Auch hier standen also ökonomische Motive im Vordergrund. In den Schlußpassagen wiederholte das Patent diese Begründung ein zweites Mal und verwies darauf, daß die neue Regelung dazu diene, den »gemeinschaftlichen Nutzen, und Aufnahm Unserer Staaten möglichst zu befördern, und Unsern getreuen Unterthanen die Ausübung jener bestimmten Religionen, zu den sie sich bekennen, einzuräumen«. Der Status quo von 1781 blieb in der Folge bis zur Revolution von 1848 gültig, da erst das »*Staatsgrundgesetz über die allgemeinen Rechte der Staatsbürger*« von 1867 in Artikel 14 jedermann die volle Glaubens- und Gewissensfreiheit und in Artikel 16 auch den Anhängern der gesetzlich nicht anerkannten Religionsbekenntnisse die »häusliche Religionsübung« zuerkannte (Vgl. dazu Barton, 1981).

Das Woellnersche »Religionsedikt« für Brandenburg-Preußen von 1788

In Brandenburg-Preußen, wo wie erwähnt schon im 17. Jahrhundert auch »Sekten« geduldet wurden, fand die religiöse Toleranz ihre gesetzliche Fixierung im »Woellnerschen Religionsedikt« von 1788 und schließlich im »Preußischen Allgemeinen Landrecht« von 1794. Das nach seinem Urheber, dem Justizminister und Chef des geistlichen Departements, Johann Christoph Woellner, benannte »Religionsedikt« setzte in seinen einleitenden Passagen die bisherige Linie der Toleranz fort und bestätigte den ,,drei Hauptkonfessionen der Christlichen Religion, nämlich den Reformierten, Lutherischen und Römisch-Katholischen" ihre bisherige bevorzugte Rechtsstellung und Parität (§ 1). Den bereits bisher in Preußen geduldeten »übrigen Secten und Religions-Partheyen« blieb dagegen der landesherrliche Schutz für ihre gottesdienstlichen Zusammenkünfte erhalten (§ 2). Der Übertritt von einer Konfession zur andern war dabei gestattet, während das »Proselytenmachen«, d. h. die offene interkonfessionelle Mission, streng untersagt (§§ 3–4) wurde. Neben diesen rechtlichen Fixierungen der landesfürstlichen Toleranz stehen Bestimmungen, die den Schutz der protestantischen Lehre gegenüber den Einflüssen der Aufklärungstheologie bezwecken. Diese Ambivalenz – einerseits die rigide Vorgangsweise gegen die weitere Einwirkung aufgeklärten Gedankengutes auf das religiöse Leben in Preußen im Sinne der Neubetonung der Konfessionalität sowie andererseits die Fixierung aufklärerischer Anliegen wie der religiösen Toleranz – führte dazu, dass das formal nie aufgehobene Edikt sofort für heftige Diskussionen sorgte und keines der beiden Lager befriedigte. Dem orthodoxen Lager zu liberal, galt es den aufgeklärten Kreisen als ein Symbol für die beginnende Reaktion (Vgl. Wiggermann, 2010 und Tradt, 1997).

Das »Allgemeine Landrecht« für Brandenburg-Preußen von 1794

Während das Edikt von 1788 ein zwiespältiges Bild bietet, ging das »Allgemeine Landrecht« von 1794 wesentlich konsequenter weiter den Weg hin zur vollen Religionsfreiheit, indem es im 11. Titel des II. Teils (»Von den Rechten und Pflichten der Kirchen und geistlichen Gesellschaften«) »vollkommene Glaubens- und Gewissensfreiheit« (§ 2) sowie das freie Konversionsrecht (§ 40) gewährte. Die theoretisch noch gültige Reichsverfassung wurde in diesem Text bezeichnenderweise mit keinem Wort mehr erwähnt. Das Landrecht unterschied dabei grundsätzlich zwischen Religionsgesellschaften, die sich zur öffentlichen Feier des Gottesdienstes »verbunden« haben (Kirchengesellschaften) und »geistlichen Religionsgesellschaften«, die zu »gewissen anderen besonderen Religionsübungen« vereinigt sind (§§ 11–12). Die vom Staat aufgenommenen Kirchengesellschaften erhielten die Rechtsstellung von privilegierten öffentlich-rechtlichen Korporationen (§§ 17–19), während die übrigen Religionsgesellschaften nur die Rechtsstellung von privaten Vereinigungen zuerkannt (§§ 20–26) bekamen. Verboten blieben lediglich Gruppen, die gegen die »allgemeinen Sittengesetze« und die staatliche Ordnung verstießen. Damit gewährte das Landrecht eine sehr weitgehende Glaubens- und Gewissensfreiheit, die weit in das 19. Jahrhundert vorauswies. (Vgl. Schneider, 1989, S. 87 f.).

Das »Religions-Edict« für Württemberg vom 15. Oktober 1806

Bereits in der napoleonischen Ära wurde auch für Württemberg am 15. Oktober 1806 ein »Religions-Edict« erlassen, das den Mitgliedern der »beiden protestantischen« und der »katholischen Confession« die »freie und ungehinderte Religionsausübung« zusicherte. Die weiteren Bestimmungen dieses Textes befassen sich mit der Frage von Gemeindegründungen, dem Eherecht sowie der Gleichstellung der drei Konfessionen hinsichtlich der Bekleidung von öffentlichen Ämtern. Auffällig kurz fällt in diesem Edikt die Begründung der gewährten Gleichberechtigung aus (Vgl. einführend Paul, 2005).

Die Entwicklung in weiteren europäischen Ländern und in den nordamerikanischen Kolonien

Einleitende Überlegungen

Abgesehen von der Habsburgermonarchie und der Schweiz, wo sich mit gewissen zeitlichen Verschiebungen ähnliche Entwicklungen wie im »Alten Reich« ergaben, waren die meisten europäischen Staaten seit der Mitte des 16. Jahrhunderts mit einer multikonfessionellen Situation konfrontiert. In einigen Fällen (Schweden, Russland) kam zudem neben Protestanten und Katholiken als weiterer Faktor noch die Orthodoxie hinzu. Die Lösungsansätze entsprachen dabei im Wesentlichen den bereits für das »Alte Reich« geschilderten Modellen. Ausnahmen stellten Spanien und Siebenbürgen dar. Während in Spanien praktisch keine Bestrebungen zur rechtlich kodifizierten Toleranz erkennbar waren, praktizierte man in Siebenbürgen ein sehr breit gefasstes Modell, das auch Anti-Trinitarier inkludierte. Einen Sonderweg beschritten auch die amerikanischen Kolonien, die in Fortführung englischer Traditionen eine weitgefaßte religiöse Toleranz verwirklichten, die bereits der modernen Religionsfreiheit nahekam.

Die frühe »Konsensus-Toleranz« in Polen

Eine weitere Ausnahme stellte Polen dar, wo anfangs die »Konsensus-Toleranz« erhebliche Erfolge erzielte. So gelang im »Consensus« von Sandomir (1570) die gegenseitige Anerkennung von Lutheranern, Reformierten und Böhmischen Brüdern. Langfristig setzte sich dann aber auch in Polen die »pragmatische Toleranz« durch. Diese wurde schon früh in der »Warschauer Konföderation« von 1573 kodifiziert, die den Adeligen die völlige Bekenntnisfreiheit zusicherte. In der Folge ergab sich in Polen allerdings eine gegenläufige Entwicklung zu West- und Mitteleuropa, da im Zuge einer ausgeprägten Gegenreformation am Ende des 18. Jahrhunderts der Katholizismus dominierte und die übrigen Gruppen unter teils erheblichen Einschränkungen lebten (Vgl. Schneider, 1989, S. 87 f.).

Großbritannien im 17. und 18. Jahrhundert

In England setzte sich schon im Verlauf der Verfassungskämpfe der 40er Jahre des 17. Jahrhunderts die Auffassung durch, dass religiöse Fragen nicht der menschlichen Verfügungsgewalt unterliegen konnten. Ein 1647 vorgelegter Verfassungsentwurf postulierte etwa, dass in »matters of religion and the way's of God's worship are not at all entrusted by us to any human power«. Die religiösen Angelegenheiten gehörten demnach zu den der Einwirkung der Obrigkeit entzogenen »native rights«. Mit der »*Bill of Rights*« von 1681 behielt diese Auffassung die Oberhand, die Katholiken und Anti-Trinitarier blieben allerdings auch weiterhin von dem Genuss der Religionsfreiheit ausgeschlossen. Mit der 1689 durch Wilhelm III. von Oranien erlassenen »*Bill of Rights*« erhielten zudem auch die protestantischen »Dissenters« das Recht auf einen öffentlichen Gottesdienst. Die Katholiken und Anti-Trinitarier dagegen erlangten die volle Gleichberechtigung erst in der ersten Hälfte des 19. Jahrhunderts (Vgl. Stöve, 2002, S. 646 f.).

Die Entwicklung in Frankreich

In Frankreich gelang die Lösung des konfessionellen Konfliktes in Form der pragmatischen Toleranz erst nach einem jahrzehntelangen blutigen Bürgerkrieg. Enthielt das »*Edikt von St. Germain*« (1562) dabei noch vergleichsweise tolerante Regelungen, die von einem echten Nebeneinander der beiden Konfessionen ausgingen, so erfolgte schon im »*Edikt von Amboise*« (1563) eine erhebliche Einschränkung. In gleicher Weise brachte eine nur beschränkte Kultusfreiheit für die Protestanten das »*Edikt von Nantes*« (1598), das 1685 von Ludwig XIV. widerrufen wurde. Ab diesem Zeitpunkt war die Feier jeglichen nichtkatholischen Gottesdienstes verboten und die Schließung einer Ehe ohne Mitwirkung eines katholischen Priesters ungültig. Erst das »Toleranzedikt« Ludwigs XVI. von 1787 räumte den Nichtkatholiken wieder gewisse Rechte ein, wurde jedoch bald durch die Revolutionsgesetzgebung außer Kraft gesetzt bzw. nach dem Vorbild der Verfassungen in den nordamerikanischen Kolonien in Richtung der

völligen Religionsfreiheit erweitert. Demgegenüber gewährte die »Déclaration des droits de l'homme et du citoyen« von 1789 wegen des erbitter-
ten Widerstandes des katholischen Klerus in der Nationalversammlung in
Artikel 10 keine volle Glaubens- oder Kultusfreiheit, sondern nur die Duldung religiöser Meinungen, wenn diese nicht gegen die gesetzliche Ordnung verstießen. Erst die Verfassungen von 1791 und 1795 gewährleisteten
die volle Kultusfreiheit (Vgl. Stöve, 2002, S. 646 f.).

Die Entwicklung in den englischen Kolonien in Nordamerika im 17. und 18. Jahrhundert

Die in England diskutierten und letztlich gesetzlich fixierten Ideen fanden
auch Eingang in das Religionsrecht der verschiedenen englischen Kolonien
in Nordamerika. So bestätigte Karl II. in der Charta von 1663 den Siedlern
auf Rhode Island das Recht voller religiöser Freiheit. Inkludiert waren hier
erstmals auch Juden und andere Nicht-Christen. In anderen Kolonien wie
Maryland, Pennsylvania oder Carolina blieb die Religionsfreiheit dagegen
auf die christlichen Bekenntnisse beschränkt. Ähnlich wie in Kontinental-
europa spielten dabei neben ideellen Motiven vor allem auch wirtschaftliche Überlegungen eine entscheidende Rolle. In der *»Bill of Rights« von
Virginia* von 1776 schließlich wurde die Religionsfreiheit zum angebore-
nen und unveräußerlichen Recht aller Menschen erklärt. Jedem Menschen
stand es demnach zu, im Einklang mit seinem Gewissen seine Religion
frei auszuüben. Die »Bill of Rights« aus Virginia diente in der Folgezeit bis
zur Gründung des Bundesstaates als Vorbild für eine Reihe von Verfassungen weiterer Teilstaaten. Die Unionsverfassung von 1787 dagegen enthielt
keinerlei Bestimmungen, die die Einzelstaaten zum Schutz der Religionsfreiheit bzw. zu religiöser Toleranz verpflichtet hätten. Erst das *»First
Amendment«* von 1791 machte mit der Formulierung »to make no law res-
pecting an establishment of religion, or prohibiting the free exercise the-
reof« wieder entsprechende Vorschriften (Stöve, 2002, S. 64).

Literatur

Eine ausführliche Bibliographie zum Thema »Toleranzforschung« auf dem Stand von
2005 ist unter der folgenden Internet-Adresse einsehbar: http://www.uni-due.de/coll-
cart/publ/publ2/

BARTON, P.F. (HRSG.), 1981, *Im Lichte der Toleranz. Aufsätze zur Toleranzgesetzgebung des 18. Jahrhunderts in den Reichen Joseph II., ihren Voraussetzungen und ihren Folgen.* Eine Festschrift [=StT II/9], Wien.

BARTON, P.F. (HRSG.), 1981, *Im Zeichen der Toleranz. Aufsätze zur Toleranzgesetzgebung des 18. Jahrhunderts in den Reichen Joseph II., ihren Voraussetzungen und ihren Folgen.* Eine Festschrift [=StT II/8], Wien.

BENAD, M., 1983, *Toleranz als Gebot christlicher Obrigkeit. Das Büdinger Patent von 1712 (=Studia irenica 27),* Hildesheim.

BIRTSCH, G., 1981, *Einleitung: Die Geschichte der Grund- und Freiheitsrechte als Gegenstand der Forschung.* In: *Grund- und Freiheitsrechte im Wandel von Gesellschaft und Geschichte: Beiträge zur Geschichte der Grund- und Freiheitsrechte vom Ausgang des Mittelalters bis zur Revolution von 1848.* Hrsg. von Günter Birtsch, Göttingen (= Veröffentlichungen zur Geschichte der Grund- und Freiheitsrechte Bd. 1).

BORNKAMM, H., 1962, *Art. Toleranz. II. In der Geschichte des Christentums.* In: RGG 36, S. 932–946.

BROER I. UND R. SCHLÜTER (HRSG.), 1996, *Christentum und Toleranz,* Darmstadt.

CONRAD, H., 1977, *Religionsbann, Toleranz und Parität am Ende des Alten Reiches.* In: H. LUTZ (HRSG.): *Zur Geschichte der Toleranz und Religionsfreiheit.* (=WdF 246). Darmstadt, S. 155–192.

DEPPERMANN, K., 1980, *Die Kirchenpolitik des Großen Kurfürsten.* In: JGP 6, S. 99–114.

ERBE, M. (HRSG.), 1996, *Querdenken. Dissens und Toleranz im Wandel der Geschichte.* FS Hans R. Guggisberg, Mannheim.

GERICKE, W., 1977, *Glaubenszeugnisse und Konfessionspolitik der Brandenburgischen Herrscher bis zur Preußischen Union 1540 bis 1815.* Bielefeld (UnCo 6).

GRÖTKER, R. (HRSG.), 1996, *Kulturthema Toleranz. Zur Grundlegung einer interdisziplinären und interkulturellen Toleranzforschung,* München.

Grund- und Freiheitsrechte im Wandel von Gesellschaft und Geschichte, 1981, *Beiträge zur Geschichte der Grund- und Freiheitsrechte vom Ausgang des Mittelalters bis zur Revolution von 1848.* Hrsg. von G. Birtsch, Göttingen (=Veröffentlichungen zur Geschichte der Grund- und Freiheitsrechte Bd. 1).

GUGGISBERG, H.R. (HRSG.), 1984, *Religiöse Toleranz. Dokumente zur Geschichte einer Forderung,* Stuttgart-Bad Cannstatt.

HANS, A., 1973, *Die kurpfälzische Religionsdeklaration von 1705. Ihre Entstehung und Bedeutung für das Zusammenleben der drei im Reich tolerierten Konfessionen,* Mainz.

HASSINGER, E., 1966, *Religiöse Toleranz im 16. Jahrhundert. Motive – Argumente – Formen der Verwirklichung,* Basel.

HASSINGER, E., 1958, *Wirtschaftliche Motive und Argumente für religiöse Duldsamkeit im 16. und 17. Jahrhundert.* In: ARG 49, S. 226–245.

HEINRICH, G., 1981, *Religionstoleranz in Brandenburg-Preußen. Idee und Wirklichkeit: Preußen. Versuch einer Bilanz. II. Preußen. In: Beiträge zu einer politischen Kultur.* Hrsg. v. M. Schlenke, Reinbek, S. 61–88.

KAMEN, H., 1967, *The Rise of Toleration*, London (Dt. u. d. T.: *Intoleranz und Toleranz zwischen Reformation und Aufklärung.* München 1967).

KAUFMANN, T., 2003, *Art. Westfälischer Friede.* In: TRE 35, S. 679–686.

LUTZ, H. (HRSG.), 1977, *Zur Geschichte der Toleranz und Religionsfreiheit,* Darmstadt (=WdF 246).

DE MORTANGES, P., 1997, *Art. Religionsfreiheit.* In: TRE 28, S. 565–574.

MÜLLER, K., 1949, *Instrumenta Pacis Westphalicae,* Bern (=QNG 12–13, »Westfälischer Friede« in Übersetzung).

PAUL, I. U., 2005, *Württemberg 1797–1816/19: Quellen und Studien zur Entstehung des modernen württembergischen Staates. Teil 2,* München (=Quellen zu den Reformen in den Rheinbundstaaten, hrsg. von der Historischen Kommission bei der Bayerischen Akademie der Wissenschaften. Abteilung 7).

RICHARDSON, O. H., 1977, *Religiöse Toleranz unter dem Großen Kurfürsten und ihre praktischen Ergebnisse.* In: H. LUTZ (HRSG.), *Zur Geschichte der Toleranz und Religionsfreiheit.* (=WdF 246). Darmstadt, S. 1–16.

SALMONOWICZ, S., 1993, *Die Wiederherstellung der religiösen Toleranz in Polen in der Epoche der Aufklärung.* In: HZ 256, S. 309–322.

SCHNEIDER, H., 1989, *Konfessionalität und Toleranz im protestantischen Deutschland des 18. Jahrhunderts.* In: H. BAIER (HRSG.), *Konfessionalisierung vom 16.–19. Jahrhundert. Kirche und Traditionspflege. Referate des 5. Internationalen Kirchenarchivtags Budapest 1987* (=Veröffentlichungen der Arbeitsgemeinschaft der Archive und Bibliotheken in der evangelischen Kirche 15), Neustadt an der Aisch, S. 87–106.

SCHOLLER, H., 1981, *Zum Verhältnis von (innerer) Gewissensfreiheit zur (äußeren) religiösen Bekenntnis- und Kultusfreiheit.* In: *Grund- und Freiheitsrechte im Wandel von Gesellschaft und Geschichte: Beiträge zur Geschichte der Grund- und Freiheitsrechte vom Ausgang des Mittelalters bis zur Revolution von 1848.* Hrsg. von Günter Birtsch, Göttingen (=Veröffentlichungen zur Geschichte der Grund- und Freiheitsrechte Bd. 1), S. 183–204.

STEIGER, H., 1979, *Die Gewährung der Gewissensfreiheit durch Ernst Casimir von Ysenburg-Büdingen im Jahre 1712.* In: *Festschrift W. Mallmann,* Baden-Baden, S. 293–318.

STOLPE, M. (HRSG.), 1987, *Wege und Grenzen der Toleranz. Edikt v. Potsdam 1685–1985,* Berlin.

STÖVE, E., 2002, *Art. Toleranz I.* In: TRE 33, S. 646–663.

TAZBIR, J., 1977, *Geschichte der polnischen Toleranz,* Warschau.

TRADT, J., 1997, *Der Religionsprozeß gegen den Zopfschulzen (1791–1799): ein*

Beitrag zur protestantischen Lehrpflicht und Lehrzucht in Brandenburg-Preußen gegen Ende des 18. Jahrhunderts, Frankfurt a. M.

WEBER, H., 1992, Art. *Religionsfreiheit*. In: EKL 33, S. 549–1551.

WIGGERMANN, U., 2010, *Woellner und das Religionsedikt, Kirchenpolitik und kirchliche Wirklichkeit im Preußen des späten 18. Jahrhunderts*, Tübingen.

ZEEDEN, E. W., 1983, *Ein landesherrliches Toleranzedikt aus dem 17. Jahrhundert. Der Gnadenbrief Johann Philipps von Schönborn für die Stadt Kitzingen (1650)*. In: HJb 103, S. 146–165.

ZEUMER, K., 1913, *Quellensammlung zur Geschichte der Deutschen Reichsverfassung in Mittelalter und Neuzeit*, Tübingen (»Westfälischer Friede«: Nr. 1, 97 f.).

Beispieltexte

Der Gnadenbrief Johann Philipps von Schönborn für die Stadt Kitzingen (1650)

Kundt vndt zu wissen, Alß der hochwürdigst Fürst vnd Herr, Herr Johann Philipp deß Heyligen Stulß zu Mainz Erzbischoff, deß Heyl. Röm. Reichs durch Germanien ErzCanzlar vnd Churfürst, Bischoff Zu Würzburg vndt Herzog Zu Franckhen. Dero VnCatholischen der Augspurgischen Confession Zugethaner Burgerschafft Zu Kitzingen vff Jhr vnderthenigstes bittlicheß ansuchen vor vnlengstenn im Jahr 1647. dieße sonderbahre Churfürstl. g. erwießen, vnd Jhnen erlaubt daß Exercitium, vnd offene Ybung Jhrer Religion, ausserhalb der Statt an benachbarten orthen, wo eß ihnen am gelegnesten vnd bequernbsten, Zu besuchen;
[...]
Vnd dan Se. ChurFürstl. Gnd. solcheß Jhrer Vnderthanen gehorsambsteß bitten, vnd erbiethen gndst. angesehen, vnd darein nachvolgenter Gestalt, vnd auß Churfürstl. Mildesten gnaden gnedigst verwilliget, Daß Sie nebmlich Jn besagtem Ettwaßhausen in der izo daselbsten Stehenden Kirchen, biß Zu Anderwerter Churfürstl. Gdster. verordnung, vnd etwan erbawung einer absonderlichen Kirchen an Endt vnd Orth, da eß Jhrer Churfürstl. Gnd. gefellig, vnd sich schickhen mögte, daß offene Freye, Exercitium Jhrer Religion Augspurgischer Confession Zu Jhren gewißen Zeiten (doch den Catholischen, Wan sie daselbsten Jhren Gotteßdinst, auch Wallfahrten vnd Processionen anstellen vnd halten wollen, ohnuerhinderlich) haben vnd halten, vnd neben obgedachtenn Vorsänger vnd Organisten, sich vmb einen der Augspurgischen Confession Zugewan-

ten Pfarrer selbsten, doch auß gewißen Vhrsachen, ausserhalb benachbarten MargGräffischen Landten vnd deren Consistorien Herkomment vmbsehen, dennselben forderist Jhrer Churfürstl. Gnd. vnd der Herren Räthen Zueschickhen, vnd vber Sr. Geschickhligkeit ohntadelhafften, vndt ohnverdächtigen Handelß vnd Wandelß halben verhören, vnd darauff der Gemeind vorstellen lassen, berührter Pfarrer auch obbeschriebener actus, Alß Predigen, Reichung deß Abendmahlß, Kindertauffen, bestattung Zu der Erden, vnd Hochzeitliche Einleithen [...] verrichten, vnd sich sowohl, alß obgedachte vncatholische Burgerschafft der Augspurgischen Confession, wie solche im Jahr 1530. Zu Augspurg vbergeben worden, vnd deren anhangenden concordiaeBuch bequemen vnd gemeß bezeügen, Eine Erbahren, stillen Ohnärgerlichen leben vnd Wandelß sich befleissen, vnd vff der Canzell so wohl, alß auch sonsten Sie sambt vnd sonderß sich alleß Schänden vnd schmehenß enteüsscrn, vnd sich so wohl, alß mit vnd neben andern Jhren Catholischen Mitbürgern, vnd Beysassen, bey vermeidung hoher Churfürstlicher Vngnadt, Fridt, Schiedt, bescheiden- vnd Nachbarlich leben, auch vmb verhüthung allerhand vnordnungen Einen, Alß den Catholischen Calender, allein observiren vnd gebrauchen, sich fürderist alleß ferneren außlauffenß, vnd Religions-Exercitien in der Nachbarschafft eüssern, an- vnd bey Jhrem vorgestelten Pfarrer halten, vnd sich gegen Jhre Churfürstl. g. Alß der getrewe gehorsambe Vnderthanen beständig erzeigen sollen.

Wan nun eingangß erwehnte deputirte vor sich vnd im Nahmen einer ganzen Augspurgischen Confessionß Verwanten Burgerschafft diese Jhrer Churfürstl. g. Gndste. concession vor eine sonderbahre Churfürstl. pur, lauttere Gnadt Zu vnderthenigstern hohen danckh auff- vnd angenommen, deme allem auch also gehorsamblich, stett, vnd Ohnverbrüchlich Zu geleben gelobt vnd versprochen; Alß Jst ihnen dieser Gnadenbriff (so in duplo außgefertigt) vnder Jhrer Churfürstl. Gnd. Jnsigel Zugesteh, von Jhnen Deputirten auch beede originalia aigenhendig vnderschrieben vnd vndersigelt worden;

So Geschehen vffm Schloss Vnser Lieben Frawenberg ob Würzburg den 17 t. Decembris deß Ain Tausent sechßhundert vnd Fünfzigsten Jahrß.

[...]

Das »Chur-Brandenburgische Edict« von 1685

Chur-Brandenburgisches E D I C T, Betreffend Diejenige Rechte/ *Privilegia* und andere Wolthaten/welche Se.Churf.Durchl. zu Brandenburg denen Evangelisch-Reformierten Französischer Nation so sich in Ihren Landen niederlassen werden daselbst zu verstatten gnä-digst entschlossen seyn. Gegeben zu Potsdam/den 29.Oktobr. 1685.

Wir Friedrich Wilhelm/von Gottes Gnaden Marggraf zu Brandenburg/ des Heil. Röm. Reichs Erz-Cammerer und Chur-Fürst/in Preußen/zu Magdeburg/Jülich/Cleve/Berge/Stettin/Pommern/der Cassuben und Wenden/auch Schlesien/zu Crossen und Jägerndorff Herzog/Bruggraf zu Nürnberg/Fürst zu Halberstadt/Minden und Camin/Graff zu Hohenzollern/der Marck und Ravenzberg/Herr zu Ravenstein/und der Lande Lauenburg und Bütow/ec. Thun kund und geben Männiglichen hiemit zu wissen/Nachdem die harten Verfolgungen und *rigoureusen procedure/* womit man eine zeithero in dem Königreich Franckreich wider Unsere der Evangelische-Reformierten Religion zugethane Glaubens-Genossen verfahren/viel *Familien* veranlasset/ihren Stab zu versetzen/und aus selbigem Königreich hinweg in andere Lande sich zu begeben/daß Wir dannenher aus gerechten Mitleiden/welches Wir mit solchen Unsern/wegen des heiligen Evangelii und dessen reiner Lehre angefochtenen und bedrengten Glaubens-Genossen billig haben müssen/bewogen werden/vermittels dieses von Uns eigenhändig unterschriebenen *Edicts* denenselben eine sichere und freye *retraite* in alle Unsere Lande und *Provincien* in Gnaden zu offeriren/und ihnen dabeneben kund zu thun/was für Grechtigkeiten/ Freyheiten und *Prärogativen* Wir ihnen zu *concediren* gnädigst gesonnen seyn/umb dadurch die grosse Noth und Trübsal/womit es dem Allerhöchsten nach seinem allein weisen unerforschlichem Rath gefallen/einen so ansehnlichen Theil seiner Kirche heimzusuchen/auf einige Weise zu subleviren und erträglicher zu machen.

[…]

11. In einer jeden Stadt wollen Wir gedachten Unsern Französischen Glaubens-Genossen einen besonderen Prediger halten/auch einen bequemen Ort anweisen lassen/woselbst das *exercitium Religionis Reformat* in Französischer Sprachen/und der Gottesdienst mit eben denen Gebräuchen und *Ceremonien* gehalten werden sol/wie es bißanhero bey den Evangelisch-Reformierten Kirchen in Franckreich bräuchlich gewesen.

13. Alle Rechte/*Privilegia* und andere Wohlthaten deren in obstehenden *Puncten* und *Articulen* erwehner worden/sollen nicht allein denen so von nun an ins Künfftige in Unsern Landen anlangen werden/sondern auch denjenigen zu gute kommen/welche vor *publication* dieses *Edicts* der bißanherigen *Religions*-Verfolgungen halber aus Frackreich entwichen/und in gedachte Unsere Lande sich *retiriret* haben/die aber/so der Römisch-Catholischen Religion zugethan/haben sich deren in keinerley weise anzumassen.

14. In allen und jeden Unsern Landen und *Provicien* wollen Wir gewisse *Commissarien* bestellen lassen/zu welchen offtgedachte Französischen Leute so wohl bey ihrer Ankunfft als auch nachgehends ihr Zuflucht nehmen/und bey denenselben sich Rath und Beystandes sich erholen sollen/Inmassen Wir denn auch allen Unsern Stathaltern/Regierungen und andern Bedienten und Befehlshabern/in Städten und auf dem Lande/in allen Unsern *Provincien*, so wol vermittels dieses Unseres offenen *Edicts*, als auch durch absonderliche Verordnungen/gnädigst und enstlich anbefehlen wollen/daß sie offterwehnte Unsere Evangelisch-Reformierte Glaubens-Genossen/Französischer *Nation*, so viel sich derer in Unsern Landen einfinden werden/samt und sonders unter ihren absonderlichen Schuz und protection nehmen/bey allen oberwehnten ihnen gnädigst concedirten *Privilegiies* sie nachdrücklich *mainteniren* und handhaben/auch keineswegs zugeben sollen/daß ihnen das geringste Ubel/Unrecht oder Verdruß zugefüget/sondern vielmehr im Gegentheil alle Hülffe/Freundschafft/ Liebes und Gutes erweisen werden. Urkundlich haben Wir dieses *Edict* eigenhändig unterschrieben/und mit Unserm Gnaden-Siegel bedrucken lassen. So geschehen zu Potsdam/den 29.Oktober. 1685.

Friderich Wilhelm/Churfürst.

[Anmerkung: Datierung nach dem in Brandenburg geltenden »Julianischen Kalender«. In Frankreich galt bereits der Gregorianische Kalender.]

Die kurpfälzische »Religionsdeklaration« vom 21. November 1705

Von Gottes Gnaden Wir Johann Wilhelm, Pfalzgraf bey Rhein, des Heiligen Römischen Reichs Erz-Schatzmeister und Churfürst, in Bayern, zu Gülich, Cleve und Berg Hertzog, Graf zu Veldentz, Sponheim, der Marck, Ravensperg und Mörß, Herr zu Ravenstein, etc. etc. Tun kund und zu wissen; Nachdem Wir von Anfang Unserer, in Unseren Chur-Pfältzischen Landen angetrettenen schweren Regierung, uns vornehmlich unter anderen befliessen, denen zwischen Unseren Chur-Pfältzischen Unterthanen vor und nach ihrer differenten Religion, und deren Exercitien halben, angewachsenen Irrungen vorzukommen und solchen nach Möglichkeit abzuhelfen.

So haben wir auch zu diesem Ende von Zeit zu Zeit wohlmeinende Verordnungen ertheilet und nichts unterlassen, was Wir zu Erhaltung obigen Zwecks zulänglich zu seyn erachtet. Nachdem Wir aber gegen alles Verhoffen dannoch vernehmen müssen, daß auch dadurch unsere heylsame Intention nicht allerdings assequirt worden, weilen unsere, der Reformirten Religion beygethane Unterthanen durch verschiedene eingeschlichene Mißbräuche und Excessen einigermaßen beschweret zu seyn vermeinen wollen; also haben wir, absonderlich auf verschiedene unserer Alliierten und auswertiger Potentien bey uns eingewendeten ansehenlichen Recommendationen, zu Beybehaltung der unseren Unterthanen so nothigen Einigkeit, diese hernachfolgende unveränderliche Verordnung in unseren Chur-Fürstenthum der Pfaltz und zugehörigen Landen krafft dieses gnädigst publiciret, befehlen auch und verordnen solchem nach gnädigst und ernstlich:

1. Daß von nun an und inskünfftig unseren gesambten, denen dreyen in dem Römischen Reich recipirten Religionen zugethanen Unterthanen durchgehends in obgedachten sambtlichen Chur-Pfältzischen Landen, in specie in dem Ober-Ambt Germersheim, die vollkommene Gewissens-Freyheit, mit Abstellung aller dagegen sich etwan hervorgethanen Mißbräuchen, unbehindert gelassen, und dieselbe keineswegs weder beeinträchtigt, noch turbiret, auch folgende Specialia zu allen Zeiten steth- und unverbrüchlich gehalten werden, und die unserige bey unserer höchsten Ungnad sich darnach regulieren sollen.

2. Diesem nach kan ein Jeder eine der dreyen im Römischen Reich erlaubten Religionen öffentlich bekennen, und ohne Hinderung Alt und Jung, wann diese Annos discretionis haben, die völlige Gewissens-Freyheit gäntzlich genießen, auch nach Belieben VOR einer Religion nach der anderen sich begeben; zu welchem Ende alle dießfalls der obgedachten Gewissens-Freyheit entgegen lauffende, in der Untern Pfaltz und Ober-Ambt Germersheim etwa ergangene Mandata hiemit aufgehoben seyn sollen.

[...]

5. Vorgedachte Augspurgische Confessions-Verwandte, Reformirte und Lutherische, sollen an keine andere Ceremonien als an die Ihrige gebunden seyn, dahero sie weder directe noch indirecte angehalten werden sollen.

6. Bey denen Catholischen Processionen Graß zu streuen, Meyen zu stecken, May- oder andere dergleichen bey denen Römisch-Catholischen gebräuchliche Feyer-Glocken zu ziehen, das Ave Maria oder die Catholische Feyer-Täge anzuläuten, viel weniger mit dem Gewehr bey der Procession aufzuwarten, Fahnen oder Creutze zu tragen, bey der Morgens-, Mittags- oder Abends-Glocken den Huth abzuziehen; Sie sollen auch dieserthalben von niemand beschweret, vielweniger begehret werden, vorher erzehlten und andern Catholischen Ceremonien und Ritibus beyzuwohnen, hertingegen die Catholische in ihrem Gottesdienst und üblichen

Ceremonien weder directe noch indirecte behindert, verstöret, verspottet, noch beeinträchtiget werden sollen.

7. Ferners sollen beyderseits Augspurgische Confessions-Verwandte die verschlossene Zeiten nach Catholischer Kirchen-Gewonheit, nach vorhe von der Chur-Pfältzischen Regierung erhaltenen Erlaubnuß, eben zu observiren nicht schuldig seyn. Uber dieses, so sollen jetztgedachte Evangelische bey denen Catholischen Processionen, und wann das Venerabile zu denen Kranken getragen wird, nicht gezwungen werden, das Gewehr zu praesentiren oder nider zu knien, hingegen aber keine vorsätzliche Argernuß geben, sondern so lange, bis die Procession vorbey, auf die Seite in ein Haus oder zurück gehen, oder wo sie nicht ausweichen können, den Huth abziehen.

8. Es solle auch den Evangelischen, so Reformirt als Lutherischen, in denen Städten und in den Häusern bey verschlossenen Buden, Thüren, Laden und Fenstern auf Catholische Fest-Täge zu arbeiten erlaubt seyn, und sollen sie deswegen keine Inquisition und Bestraffung zu beförchten haben, jedoch sollen die Grobschmied/: außer was vor die Reisenden nothweise beschiehet :/und andere Handurercker, welche ein großes Gethön machen, auf diese Täge öffentlich nichts verfertigen. Es stehet denen beyderseits Augspurgischen Confessions-Verwandten frey, auf sothanen Catholischen Feyer-Tägen öffentlich Schul- oder Catechizationes zu halten, und ist ihnen auch unverwehrt, ihre Monatliche Bett-Täge zu feyren.

9. Beyderseits Augspurgische Confessions-Verwandte Eltern können nicht gezwungen werden, die Noth-Tauff zu adhibiren oder Catholischer Hebammen wider Willen sich zu bedienen.

10. Es bleibt oftgenannten Reformirten und Lutherischen bevor, in den Fasten und an Catholischen Abstinentz-Tägen in ihren Häusern Fleisch zu speisen.

11. Niemand, er sey Geist- oder Weltlich, solle der Religion halber, er seye darinn gebohren, oder habe dieselbe von kurtzen oder lang angenommen, verfolget, vielweniger aus einer Stadt, Dorff oder Land diesfalls zu emigriren genöthiget, auch seines Glaubens halber verachtet, nachgeruffen, ausgeschrien oder gescholten werden.

[...]

16. Wie Wir dann zugleich gnädigst verordnen, damit gesambte Unsere liebe Unterthanen in jeder Religion ihr Besonders a partes, öffentliches, freyes und unbehindertes Religions-Exercitium ruhig haben, daß es mit den Kirchen, Pfarr- und Schul-Häusseren, sambt denen darzu gehörigen Gütern, Zinsen, Zehenden und Renten auf hernach beschriebene Weise gehalten werden so

Das Büdinger »Toleranzedikt« vom 29. März 1712

PRIVILEGIA und Freyheiten/So Der Hoch-gebohrne Graf und Herr HERR Ernst Casimir/Graf zu Ysenburg und Büdingen/ec. ec. Allen denjenigen/welche sich in der Stadt und Vor-Stadt Büdingen häußlich niederlassen und bauen wollen/sub DATO Büdingen/den 29. Martii/1712 Gnädigst ertheilet hat. Offenbach am Mayn/Druckts BONAVENTURA de LAUNOY, der gesampten Ysenburgischen Häusern Hof- und Cantzley-Buchdrucker.

WIR Ernst Casimir/Graf zu Ysenburg und Büdingen/ec. ec. Thun kund und zu wissen Jedermänniglich/demnach der Augenschein gibt/daß nicht allein viele ausser den Ringmauren dieser Stadt in denen ehemaligen Vorstädten liegende in denen Land-verderblichen Kriegen wüst gewordene Wohn-Plätze biß hieher unbebauet geblieben/sondern auch binnen den Ringmauren ein so grosser Platz ledig lieget, daß eine gantze Strasse davon kan gebauet werden/daß Wir dahero auff Bebauung solcher leeren Plätze billig bedacht seyn/und damit Frembde herein zu kommen/ und Häuser zu bauen bewogen werden mögten/wohlbedächtlich resolviret haben/nachfolgende Privilegia und Freyheiten denen/so bauen wollen/zu verleyhen/und dasselbe Mittelst dieses offenen Patents kund zu thun.

I. Weil manche redliche Leute um deß willem in ein Land zu begeben sich scheuen/weil sie nicht der Religion des Landes zugethan sind/und daher einen Gewissens-Zwang befürchten/und Wir aber auß der Natur der Religion des Reichs Christi und des menschlichen Gemüths/wie nicht weniger auß der-Heil. Schrifft/und auß dem Exempel der grossen Kirchenreformation und dabey geführten Rationibus überzeugt sind/daß die Obrigkeitliche Macht sich nicht über die Gewissen erstrecke/So wollen Wir Jedermann vollkomrnene Gewissens-Freiheit verstatten/also/daß Niemand unserer Unterthanen/Frembden oder Beysassen in Unserm Lande/ so sich zu einer andern/als der Reformirten Religion bekennen/oder die auß Gewissens-Scrupel sich gar zu keiner äusserlichen Religion halten/ jedoch dabey in Bürgerlichem Wandel gegen Obrigkeit und Unterthanen so wohl/als in ihren Häusern/ehrbar/sittsam und Christlich sich aufführen/dieserhalb einige Mühe und Verdrießlichkeit gemacht werden.

[...]

Zu dessen wahren Urkund und mehrerer Bevestigung/haben Wir Uns eigenhändig unterschrieben/und Unser Gräfliches Insiegel vordrucken lassen. Büdingen/den 29. Martii/1712.

Ernst Casimir/Graf zu Ysenburg und Büdingen.

Das »Toleranzpatent« Josephs II. von 13. Oktober 1781

Wir Joseph der Zweyte, von Gottes Gnaden erwählter Römischer Kaiser zu allen Zeiten Mehrer des Reiches, König in Germanien, Hungarn, und Böheim etc. Erzherzog zu Oesterreich, Herzog zu Burgund, und Lotharingen etc. etc. entbieten allen und jeden k. k. Landesfürstlich, auch privat- geistlich und weltlichen Dominien, Gültenbesitzern, Ortsobrigkeiten, Städten, Märkten, Stiftern, Klöstern, Seelsorgern, Gemeinden, und jedem Unserer treugehorsamsten Unterthanen, was Würde, Standes, oder Wesens selbe in Unserem Erzherzogthum Oesterreich ob der Enns seß- und wohnhaft sind, Unsere k. k. landesfürstliche Gnade, und geben euch gnädigst zu vernehmen.

Uiberzeugt eines Theils von der Schädlichkeit alles Gewissenzwanges, und anderer Seits von dem grossen Nutzen, der für die Religion, und dem Staat, aus einer wahren christlichen Tolleranz entspringet, haben Wir Uns bewogen gefunden den augspurgischen, und helvetischen Religions-Verwandten, dann denen nicht unirten Griechen ein ihrer Religion gemäßes Privat-Exercitium allenthalben zu gestatten, ohne Rücksicht, ob selbes jemal gebräuchig, oder eingeführt gewesen seye, oder nicht. Der katholischen Religion allein soll der Vorzug des öffentlichen Religions-Exercitii verbleiben, denen beeden protestantischen Religionen aber so, wie der schon bestehenden nicht unirt Griechischen aller Orten, wo es nach der hierunten bemerkten Anzahl der Menschen, und nach den Facultäten der Inwohner thunlich fällt, und sie Accatholici nicht schon bereits im Besitz des öffentlichen Religions-Exercitii stehen, das Privat-Exercitium auszuüben erlaubt seyn.

Insbesondere aber bewilligen Wir Erstens: denen accatholischen Unterthanen, wo hundert Familien existiren, wenn sie auch nicht im Orte des Betthauses, oder Seelsorgers, sondern ein Theil derselben auch einige Stunden entfernet wohnen, ein eigenes Betthaus nebst einer Schule erbauen zu dürfen, die weiter entfernten aber können sich in das nächste, jedoch immer in den k. k. Erblanden befindliche Betthaus, so oft sie wollen, begeben, auch ihre erbländische Geistliche die Glaubens-Verwandte besuchen, und ihnen wie auch den Kranken mit den nöthigen Unterricht, Seelen- und Leibestrost beystehen, doch nie verhindern unter schwerer Verantwortung, daß einer von einem, oder andern Kranken anverlangt katholische Geistliche beruffen werde. In Ansehen des Betthauses befehlen Wir ausdrücklich, daß, wo es nicht schon anders ist, solches kein Geläut, keine Glocken, Thürme, und keinen öffentlichen Eingang von der Gasse, so eine Kirche vorstelle, haben, sonst aber wie, und von welchen Materialien sie es bauen wollen, ihnen freystehen, auch alle Administrirung ihrer Sakramenten, und Ausübung des Gottesdienstes sowohl in dem Ort selbst, als auch deren Uiberbringung zu den Kranken in den dazu gehörigen Filialen, dann die öffentlichen Begräbnisse mit Begleitung ihres Geistlichen vollkommen erlaubet seyn solle.

Zweytens: Bleibet denselben unbenommen, ihre eigenen Schulmeister, welche von den Gemeinden zu erhalten sind, zu bestellen, über welche jedoch Unsere hierländige Schul-Direction, was die Lehrmethode und Ordnung betrifft, die Einsicht zu nehmen hat.

Im gleichen bewilligen Wir Drittens: denen accatholischen Inwohnern eines Ortes, wenn selbe ihre Pastorn dotiren, und unterhalten, die Auswahl derselben: wenn aber solches die Obrigkeiten auf sich nehmen wollen, so haben sie Obrigkeiten sich des Juris praesentandi allerdings zu erfreuen, jedoch behalten Wir Uns die Confirmation dergestalt bevor, daß, wo sich protestantische Consistoria befinden, diese Confirmationen durch selbe, und wo keine sind, solche oder durch die im Teschnischen, oder durch die in Hungarn schon bestehend protestantische Consistoria ertheilet werden, in so lang bis nicht die Umstände erfordern, in den Ländern eigene Consistoria zu errichten.

[...]

Gleichwie Wir nun durch diese allgemein festgesetzte Maaßregeln einzig und allein gesinnet sind, den gemeinschaftlichen Nutzen, und Aufnahm Unserer Staaten möglichst zu befördern, und Unsern getreuen Unterthanen die Ausübung jener bestimmten Religionen, zu den sie sich bekennen, einzuräumen.

So wird euch sammentlich Eingangs erwähnten Dominien, und Obrigkeiten gemessenest anbefohlen, daß ihr diese Unsere Anordnung nicht nur zu Jedermanns Wissenschaft gelangen lassen, sondern daß auch selber in keinen Punkt zuwider gehandlet werde, den sorgsamten Bedacht nehmen sollet.

Hieran geschiehet Unser höchster auch ernstlicher Wille, und Befehl. Gegeben in Unserer Hauptstadt Linz den 13. Octobr. 1781.

Christoph Graf und Herr v. Thürheim
Landeshauptmann L. S.
Commissio Sacrae Caesareo-Regiae Apostolicae Majestatis in Consilio

Das Woellnersche »Religionsedikt« in Brandenburg-Preußen von 1788

Wir Friedrich Wilhelm von Gottes Gnaden, König von Preussen p. Thun kund und fügen hiemit jedermann zu wissen, daß, nachdem Wir lange vor Unserer Thronbesteigung bereits eingesehen und bemerket haben, wie nöthig es dereinst seyn dürfte, nach dem Exempel Unserer Durchlanchtigsten Vorfahren, besonders aber Unsers in Gott ruhenden Großvaters Majestät darauf bedacht zu seyn, daß in den Preußischen Landen die Christliche Religion der Protestantischen Kirche, in ihrer alten ursprünglichen Reinigkeit und Aechtheit erhalten, und zum Theil wieder hergestellet werde, auch dem Unglauben eben so wie dem Aberglauben, mithin der Verfälschung der Grundwahrheiten des Glaubens der Christen, und der daraus entstehenden Zügellosigkeit der Sitten, so viel an Uns ist, Einhalt geschehe; und dadurch zugleich Unsern getreuen Unterthanen ein überzeugender Beweis gegeben werde, wessen sie in Absicht ihrer wichtigsten Angelegenheit, nehmlich der völligen Gewissensfreyheit, der ungestörten Ruhe und Sicherheit bey ihrer einmal angenommenen Confession und dem Glauben ihrer Väter, wie auch des Schutzes gegen alle Störer ihres Gottesdienstes und ihrer kirchlichen Verfassungen, zu Uns, als ihrem Landesherm, sich zu versehen haben:
Wir nach bisheriger Besorgung der dringendsten Angelegenheiten des Staates und Vollendung verschiedener nöthigen und nützlichen neuen Einrichtungen, nunmehr keinen fernern Anstand nehmen, an diese Unsere anderweitige wichtige Regentenpflicht ernstlich zu denken, und in gegenwärtigem Edict Unsere unveränderliche Willensmeynung über diesen Gegenstand öffentlich bekannt zu machen. Als
§ 1. befehlen, wollen, und verordnen Wir demnach, daß alle drey Haupt-Confessionen der Christlichen Religion, nehmlich die Reformirte, Lutherische und Römisch-Catholische, in ihrer bisherigen Verfassung, nach den von Unsem gottseligen Vorfahren vielfaltig erlassenen Edicten und Verordnungen, in Unsern sämtlichen Landen verbleiben, aufrecht erhalten, und geschützt werden sollen.
Daneben aber § 2. soll die den Preussischen Staaten von jeher eigenthümlich gewesene Toleranz der übrigen Secten und Religions-Partheyen, ferner aufrecht erhalten, und Niemanden der mindeste Gewissenszwang zu keiner Zeit angethan werden, so lange ein jeder ruhig als ein guter Bürger des Staates seine Pflichten erfüllet, seine jedesmalige besondere Meynung aber für sich behält, und sich sorgfaltig hütet, solche nicht auszubreiten oder andere dazu zu überreden, und in ihrem Glauben irre oder wankend

zu machen. Denn, da jeder Mensch für seine eigene Seele allein zu sorgen hat, so muß er hierin ganz frey handeln können, und nach Unserm Dafürhalten, hat ein jeder Christlicher Regent nur dahin zu sehen und dafür zu sorgen, das Volk in dem wahren Christenthum treu und unverfälscht durch Lehrer und Prediger unterrichten zu lassen, und mithin einem jeden die Gelegenheit zu verschaffen, selbiges zu erlernen und anzunehmen. Ob ein Unterthan nun aber diese gute ihm so reichlich dargebotene Gelegenheit zu seiner Ueberzeugung nutzen und gebrauchen will oder nicht, muß seinem eigenen Gewissen völlig frey anheim gestellet bleiben.

Die in Unsern Staaten bisher öffentlich geduldeten Secten sind, ausser der jüdischen Nation, die Herrenhuter, Mennonisten und die Böhmische Brüdergemeine, welche unter Landesherrlichem Schutz ihre gottesdienstlichen Zusammenkünfte halten, und diese dem Staate unschädliche Freyheit ferner ungestört behalten sollen. In der Folge aber soll Unser geistliches Departement dafür sorgen, daß nicht andere, der Christlichen Religion und dem Staate schädliche Conventicula, unter dem Namen, gottesdienstlicher Versammlungen, gehalten werden, durch welches Mittel, allerley der Ruhe gefährliche Menschen und neue Lehrer, sich Anhänger und Proselyten zu machen im Sinne haben möchten, wodurch aber die Toleranz sehr gemißbraucht werden würde.

[...]

§ 6. Wir verordnen zugleich, daß bey der Reformirten sowohl als Lutherischen Kirche die alten Kirchen-Agenden und Lithurgien ferner beybehalten werden sollen; nur wollen Wir bey beyden Confessionen nachgeben, daß die damals noch nicht ausgebildete deutsche Sprache darin abgeändert und mehr nach dem Gebrauch der jetzigen Zeiten eingerichtet werde; desgleichen einige alte ausser wesentliche Ceremonien und Gebräuche abgestellet werden, als welches Unserm Geistlichen Departement beyder Protestantischen Confessionen überlassen bleibt. Dieses Unser Geistliches Departement hat aber sorgfältig dahin zu sehen, daß dabey in dem Wesentlichen des alten Lehrbegriffs einer jeden Confession keine weitere Abänderung geschehe.

Dieser Befehl scheinet Uns um so nöthiger zu seyn, weil § 7. Wir bereits einige Jahre vor Unserer Thronbesteigung mit Leidwesen bemerkt haben, daß manche Geistliche der Protestantischen Kirche sich ganz zügellose Freyheiten, in Absicht des Lehrbegriffs ihrer Confession, erlauben; verschiedene wesentliche Stücke und Grundwahrheiten der Protestantischen Kirche und der Christlichen Religion überhaupt wegläugnen, und in ihrer Lehrart einen Modeton annehmen, der dem Geiste des wahren Christenthums völlig zuwider ist, und die Grundsäulen des Glaubens der

Christen am Ende wankend machen würde. Man entblödet sich nicht, die elenden, lagst widerlegten Irrthümer der Socinianer, Deisten, Naturalisten und anderer Secten mehr wiederum aufzuwärmen, und solche mit vieler Dreistigkeit und Unverschämtheit durch den äussert gemißbrauchten Namen: **Aufklärung** [im Original gesperrt!], unter das Volk auszubreiten; das Ansehen der Bibel, als des geoffenbarten Wortes Gottes, immer mehr herabzuwürdigen, und diese göttliche Urkunde der Wohlfahrt des Menschen-Geschlechtes zu verfälschen, zu verdrehen, oder gar wegzuwerfen; den Glauben an die Geheimnisse der geoffenbarten Religion überhaupt, und vornehmlich an das Geheimniß des Versöhnungs-Werks und der Genugthuung des Welterlösers den Leuten verdächtig oder doch übermüßig, mithin sie darin irre zu machen, und auf diese Weise dem Christenthum auf dem ganzen Erdboden gleichsam Hohn zu bieten. Diesem Unwesen wollen Wir nun in Unsem Landen schlechterdings um so mehr gesteuert wissen, da Wir es für eine der ersten Pflichten eines Christlichen Regenten halten, in seinen Staaten die Christliche Religion, deren Vorzug und Vortrefflichkeit längst erwiesen und ausser allen Zweifel gesetzt ist, bey ihrer ganzen hohen Würde und ihrer ursprünglichen Reinigkeit, so wie sie in der Bibel gelehret wird und nach der Ueberzeugung einer jeden Confession der Christlichen Kirche in ihren jedesmaligen Symbolischen Büchern einmal festgesetzt ist, gegen alle Verfälschung zu schützen und aufrecht zu erhalten, damit die arme Volksmenge nicht den Vorspiegelungen der Modelehrer Preiß gegeben, und dadurch den Millionen Unserer guten Unterthanen die Ruhe ihres Lebens und ihr Trost auf dem Sterbebette nicht geraubt und sie also unglücklich gemacht werden. [...]

§ 9. Unser geistliches Departement, sowohl der Reformirten als Lutherischen Confession, erhält also hierdurch den gemessensten Befehl, stets ein offenes Auge auf die gesammte Geistlichkeit in Unsern Landen zu haben, damit jeder Lehrer in Kirchen und Schulen seine Schuldigkeit thue, und dasjenige, was in vorhergehenden § 8. gesagt worden ist, auf das genaueste beachte, und müssen bey beiden Protestantischen Confessionen die jedesmaligen Ministres und Chefs dieses Departements Uns dafür einstehen und haften, weil Wir es ihnen auf ihr Gewissen binden, und Uns übrigens völlig auf sie verlassen, daß sie als treue Diener des Staates über die Aufrechthaltung dieses landesherrlichen Edicts, bey Vermeidung Unserer höchsten Ungnade wachen werden. [...]

Das »Allgemeine Landrecht« für Brandenburg-Preußen von 1794 (Auszüge aus dem 11. Titel, 1. Teil)

Eilfter Titel: Von den Rechten und Pflichten der Kirchen und geistlichen Gesellschaften

Allgemeine Grundsätze

§. 1. Die Begriffe der Einwohner des Staats von Gott und göttlichen Dingen, der Glaube, und der innere Gottesdienst, können kein Gegenstand von Zwangsgesetzen seyn.

§. 2. Jedem Einwohner im Staate muß eine vollkommene Glaubens- und Gewissensfreyheit gestattet werden.

§. 3. Niemand ist schuldig, über seine Privatmeinungen in Religionssachen Vorschriften vom Staate anzunehmen.

§. 4. Niemand soll wegen seiner Religionsmeinungen beunruhigt, zur Rechenschaft gezogen, verspottet, oder gar verfolgt werden.

§. 5. Auch der Staat kann von einem einzelnen Unterthan die Angabe: zu welcher Religionspartey sich derselbe bekenne, nur alsdann fordern, wenn die Kraft und Gültigkeit gewisser bürgerlichen Handlungen davon abhängt.

§. 6. Aber selbst in diesem Falle können mit dem Geständnisse abweichender Meinungen nur diejenigen nachtheiligen Folgen für den Gestehenden verbunden werden, welche aus seiner, dadurch, vermöge der Gesetze, begründeten Unfähigkeit zu gewissen bürgerlichen Handlungen oder Rechten von selbst fließen.

[...]

Unerlaubte Kirchengesellschaften.

§. 14. Religionsgrundsätze, welche diesem zuwider sind, sollen im Staate nicht gelehrt, und weder mündlich, noch in Volksschriften, ausgebreitet werden.

§. 15. Nur der Staat hat das Recht, dergleichen Grundsätze, nach angestellter Prüfung, zu verwerfen, und deren Ausbreitung zu untersagen.

§. 16. Privatmeinungen einzelner Mitglieder machen eine Religionsgesellschaft nicht verwerflich.

[...]

Das »Religions-Edict« für Württemberg vom 15. Oktober 1806

Friderich, von Gottes Gnaden, König von Württemberg ec. ec. ec.

Fügen hiemit zu wissen:

Um Unsern Königl. Unterthanen, zu welcher der bisher aufgenommenen christlichen Religionspartheien sie auch gehören, eine freie und ungehinderte Religionsausübung in dem ganzen Umfang Unseres Königreichs zu sichern, sezen Wir hiemit folgende, dem Geiste des wahren Christenthums entsprechende Bestimmungen fest:

I. Jede christliche Kirche, sie gehöre zu den beiden protestantischen oder zur katholischen Confession, hat gleiche Ansprüche auf Unsern Königl. Schuz. In dieser Gemäßheit sichern Wir jeder kirchlichen Gemeinde die Fortdauer ihrer bisherigen Religionsübung und den genuß ihrer nach Vorschrift Unserer Gesetze zu verwaltenden Güter und Einkünfte, sowie ihres Schulfonds zu.

[...]

IV. Bei Besezung aller Ämter und Stellen wird in Zukunft auf den Unterscheid der christlichen Glaubens-Confessionen keine Rücksicht genommen, und unter den Fähigen dem Würdigsten, er gehöre zu der katholischen oder zu einer der protestantischen Kirchen, der Vorzug gegeben werden.

V. Die Verschiedenheit des christlichen Glaubensbekenntnisses schließt in Zukunft die Königl. Unterthanen von der Aufnahme in das Bürgerrecht eines Orts nicht mehr aus, sondern jeder Unterthan, der einer der drei christlichen Glaubens-Confessionen zugethan ist, kann, wenn er die übrigen gesetzlichen Vorschriften in sich vereiniget, die Aufnahme als Bürger eines Orts, und den vollen Genuß der davon abhängigen bürgerlichen Rechte erwarten.

VII. Die zur Gültigkeit jeder Ehe erforderliche Einsegnung geschieht bei Ehen verschiedener Confessions-Verwandten von dem Pfarrer des Bräutigams. Wünscht der andere Ehetheil zu seiner Gewissensberuhigung auch noch von dem Geistlichen seiner Confession eingesegnet zu werden, so hat dieses keinen Anstand.

[...]

Daran ec. Stuttgart, den 13. Oct. 1806

Friderich.
Minister des geistlichen Departements, v. Mandelsloh.
Ad Mand. Sacr. Reg. Maj. prop.

Markus Kirchhoff

Zwischen Orientromantik und Rassismus: Juden als Araber und Europas Andere

Orientromantik: Israeliten und Araber

Benjamin Disraeli verbreitete Mitte des 19. Jahrhunderts die Ansicht, Juden und Araber seien im Grunde ein und dasselbe: Im Roman *Tancred* (1847) unterhalten sich die Figuren Baroni und Tancred über einen arabischen Stamm, dessen Angehörige auch die hebräische Sprache benutzen. »Auf hebräisch! Und warum auf hebräisch?«, fragt Tancred. »Die Angehörigen dieses Stammes gehorchen den Gesetzen Mosis«, erklärt Baroni. – »Wollen Sie damit sagen, sie seien Juden?«»Die Araber sind nur Juden zu Pferde« (Disraeli, S. 440). Das ist der vielzitierte Satz, der exemplarisch für die Orientromantik Disraelis steht. Ihr zufolge ist noch wahre Kultur unter den eng verwandten Völkern des Orients zu finden. Durch eine Rückbesinnung auf die orientalischen Wurzeln seiner Werte, so die mehr oder minder offene Botschaft des Romans, solle eine Erneuerung Europas – in Disraelis Fall: Englands – erfolgen. Dabei misst Disraeli den Juden gegenüber den Arabern keine Überlegenheit zu. Ihre Gleichsetzung ist für ihn auch umgekehrt möglich: Die Juden, die »Kinder Israels«, seien ein arabischer Stamm, erklärt das Buch an anderer Stelle (Disraeli, S. 401–403). Und bereits in einem früheren Roman Disraelis, in *Coningsby* (1844), heißt es, die Juden ihrerseits seien »mosaische Araber«.

Disraeli, 1804 in London geboren, war getaufter Jude. Die Schreibung des Namens seines jüdischen Vaters Isaac D'Israeli ließ noch mehr als die Benjamins erkennen, dass die Familie aus dem Orient stammte und sich (im 16. Jahrhundert) in Italien angesiedelt hatte, bevor sie nach England übergesiedelt war. Als Anhänger der Aufklärung machte sich der Vater – selber Schriftsteller – nichts aus Religion und entschied, dass seine Kinder Sarah und Benjamin zum Christentum übertreten sollten, zumal dies ihr Fortkommen innerhalb der englischen Gesellschaft deutlich erleichtern würde. Im Alter von dreizehn Jahren getauft, ließ Benjamin aber seine jüdische Herkunft nie los. Im Gegenteil, er entdeckte sie geradezu, wohl auch wegen seines orientalischen Aussehens, um sie demonstrativ seiner christlichen Umgebung entgegenzuhalten. Wie sein Vater war er zunächst Schriftsteller – nachdem er sich bis zur Pleite als Börsenspekulant und überhaupt in der Londoner Society versucht hatte. Aber es zog ihn auch in die Politik. Nach mehreren erfolglosen Kandidaturen erhielt er 1837 einen Sitz im Unterhaus. Als Abgeordneter der Konservativen war er zugleich einer der schärfsten Kritiker seiner Partei. Einem ungezügelten, an den Interessen des Bürgertums orientierten Marktliberalismus hielt er den Schutz der Landwirtschaft entgegen und setzte auf eine Allianz der Aristokraten mit den Arbeitern und Armen, derer Belange sich eben auch die Konservative Partei annehmen sollte. Seine gesellschaftspolitische Vision galt der Zusammenführung des christlichen und des jüdischen Denkens. Offen philosemitisch, zudem impulsiv und extravagant agierend, erzielte er früh genauso erhebliche Beachtung, wie er auf Ablehnung stieß. »Dizzy« wusste sich zu behaupten und trug erheblich zur Erneuerung seiner Partei bei. Nachdem er 1868 erstmalig, aber nur kurz, den britischen Premierminister stellte, wurde er 1874 erneut, unter besonderem Einfluss Königin Viktorias, in dieses Amt berufen, dass er nun bis 1880 innehatte. Für das britische Weltreich erwarb er die Aktienmehrheit am Suezkanal; als es 1878 auf dem Berliner Kongress um Neuordnungen in Südosteuropa ging, soll ihn Bismarck als einzigen ihm ebenbürtigen Repräsentanten einer Großmacht angesehen haben.

Mehr als vier Jahrzehnte zuvor hatte Disraeli seine dreijährige Orientreise unternommen, deren Eindrücke er Jahre später, gepaart mit politischen Ereignissen der 1840er Jahre und sehr viel Phantasie, in *Tancred* verarbeitete. Der junge Tancred Lord Montacute, Sohn eines englischen Herzogs, der britischen Gesellschaft überdrüssig, bricht aus der von den Eltern vorgezeichneten Karriere aus, indem er sich auf eine Reise in die Levante, in den Libanon und nach Palästina, begibt. Hier entdeckt er, dass das Christentum seiner Tage seine eigentlichen, ursprünglichen Wurzeln in der jüdischen Überlieferung hatte, die er wiederum im (erweiterten) Kulturkreis eines Orients« verortet, zudem er neben »Jerusalem« (für die religiösen Anteile) auch »Athen« (für die heidnischen Anteile wie das philosophische Erbe) rechnet. So erinnert der Name Tancred zwar an die Zeit der Kreuzzüge, deren Ziel bekanntlich die christliche Wiedereroberung Jerusalems war. Doch Disraeli dreht die Mission dieses Tancreds in *Der neue Kreuzzug* – so der Untertitel des Romans – um: den (ursprünglichen) Orient positiv zu entdecken, nicht den Islam zu bekämpfen. Wenig erheblich ist, dass der Roman in einer unklaren Klassifikation Griechen, Araber, Syrer, Juden und andere Völker des Nahen Ostens allesamt der Kategorie einer asiatischen Rasse zuordnet. Wesentlich ist die Botschaft des Romans, der zufolge ein zwar prosperierendes, aber durch Besinnungslosigkeit auch vom Niedergang bedrohtes Europa zur eigenen Erbauung diese orientalischen Kulturen reflektieren solle. Konkret in Hinblick auf England ist die besondere Botschaft unverkennbar die, dass dessen christliche Kultur ihre jüdischen Wurzeln wiederentdecken möge.

Tatsächlich trug Disraeli zu einem neuen kulturellen Interesse am Orient bei – wenn auch nicht unbedingt in der von ihm beabsichtigten Weise. Weniger die genannten Botschaften, eher das in *Tancred* nebenbei vermittelte Bild des Orients übte erhebliche Anziehungskraft aus. So fanden gerade solche Darstellungen, die den Eindruck vermittelten, der Orient sei seit alters her praktisch unverändert geblieben, im späteren 19. Jahrhundert weiten Anklang. Dies war etwa bei Mark Twain der Fall. In seinen 1869 als Buch veröffentlichten unterhaltsamen Reiseberichten *The Innocents Abroad* (dt.: *Die Arglosen im Ausland*) berichtete Twain über Länder, die er während einer Mittelmeerreise an Bord eines amerikanischen Dampfers 1867 besucht hatte. An Palästina, dem christlichen Heiligen Land, hob Twain den Stillstand seit biblischen Zeiten hervor: Palästina sei seit diesen biblischen Tagen überhaupt nicht verändert – ob es sich um die Sitten und Gebräuche, die Architektur oder die Bevölkerung handle (Twain, 1990, S. 463).

Ähnliches galt offenbar auch für den Libanon: Hier stieß die Reisegesellschaft, mit der Twain unterwegs war, auf »primitive Steinhaufen am Straßenrand« und erkannte »daran den Brauch wieder, Grenzen zu markieren, wie er zu Jakobs Zeiten geherrscht hatte.« Nun war aus der Bibel bekannt, dass die »Israeliten« solche Grenzsteine »in jenen alten patriarchalischen Zeiten [als] heilig« erachteten. Aber zu den Israeliten der Bibel gab es eine moderne Entsprechung: »(Diese) anderen Araber, ihre direkten Nachkommen, tun es ebenfalls.« (Twain, 1990, S. 406). Demnach waren also die alten Israeliten selbst Araber, und noch die modernen Araber der Levante stammten unmittelbar von diesen ab.

Seit der Mitte des 19. Jahrhunderts wurden solche Thesen populär. Vor allem wurden sie nun auf die Araber Palästinas bezogen, die als die Nachfahren der früheren Einwohner, wenn nicht gar als lebende »Kanaaniter« anzusehen seien. Wesentlich zur Verbreitung dieser Ansicht trug das 1863 veröffentlichte, weites Aufsehen erregende *Vie de Jesus* (dt. *Das Leben Jesu*) des französischen Orientalisten Ernest Renan bei. Renan, der wenige Jahre zuvor die Region bereist hatte, glaubte die Zeit Jesu anhand von Palästina, das sich bis in seine Gegenwart hinein gegenüber der biblischen Zeit kaum verändert habe, rekonstruieren zu können. Dazu zählte auch seine Beobachtung, die zeitgenössischen Araber würden noch die Züge der jüdischen Zeitgenossen Jesu tragen. Jesus selbst allerdings wurde von Renan aus der Betrachtung der »Semiten« ausgenommen – was sich auch in Bibelillustrationen seiner Zeit niederschlug (s. u.).

Zunehmend meinten westeuropäische und amerikanische Reisende und Autoren, die örtliche arabische Bevölkerung ihrer Zeit mit biblischen Figuren identifizieren zu können. Dahinter stand die Ansicht eines angeblich unbeweglichen, unveränderten Orients. Schon die Erzählsammlung *Tausendundeine Nacht*, deren Übersetzung im frühen 18. Jahrhundert in Europa populär geworden war, hatte zu dieser Wahrnehmung beigetragen. Werke wie E. J. Hardys *The Unvarying East* (1912) und Philip J. Baldenspergers *The Immovable East* (1913) führten diese These nun im Titel. Vor allem an den örtlichen Fellachen, der Ackerbau betreibende Landbevölkerung, sei erkennbar, dass der Vordere Orient sich seit Jahrtausenden nicht geändert habe. Besonders deutlich machen dies Fotografien, die im 1913 erschienenen Buch *A Camera Crusade Through the Holy Land* des amerikanischen Autors Dwight D. Elmendorf abgedruckt sind: Ein Mann und eine Frau der arabischen Landbevölkerung werden hier gleich mit den Namen »Ruth und Boas« (Abb. 47) bezeichnet – ganz so, als handle es sich um die Figuren, über die schon die Bibel (Lev. 19, 9,10; 23, 22; Deut. 24, 19; Ruth, 2) berichtet.

Zahllose, vor allem englischsprachige Autoren, Leser und Reisende waren seit dem Ende des 19. Jahrhunderts von der These überzeugt, lebenden Fossilien gleich ließen sich an der arabischen Bevölkerung Palästinas die Zustände einer längst vergangenen Zeit studieren. Unter dieser Maßgabe untersuchten Palästinaforscher, besonders die der englischen Forschungsgesellschaft Palestine Exploration Fund, die orientalische Bevölkerung. Für sie stand das historische und bibelwissenschaftliche Interesse im Vordergrund. Viele Geistliche, die solche Thesen mit Überzeugung vertraten, suchten den Gläubigen eine möglichst lebendige Anschauung der Bibel zu vermitteln (Kirchhoff, 2005, Kap. 6, S. 256–312).

Disraeli hatte mit *Tancred* offenkundig die Absicht verfolgt, den Nahen Osten im Kern als unverändert darzustellen, um darin ein erhabenes (»aristokratisches«) Erbe zu verorten, das er der selbstgefälligen und krisenanfälligen Christenheit seiner Zeit entgegenhielt. Wenn allerdings europäische und amerikanische Reisende und Autoren wenig später den Vorderen Orient als – noch – unverändert ansahen, dann meist im Bewusstsein, dass der Westen ihm historisch überlegen sei und ihn (wohl oder übel) bald verändern werde. Historisch Interessierten wie gläubigen Christen gefiel der überaus romantische Effekt, in den Sitten und Gebräuchen der orientalischen Bevölkerung eine »Illustration«, wenn nicht einen »Beleg« für die biblischen Berichte zu sehen. Im Effekt bedeutete diese Anschauung eine Arabisierung der biblischen Juden.

Rassistische Kunst: Juden als orientalische Andere

Eben diese Tendenz ist auch bei künstlerischen Darstellungen von biblischen Begebenheiten zu beobachten. Auf neuzeitlichen europäischen Gemälden werden biblische Figuren – völlig ahistorisch – oft in solcher Kleidung abgebildet, die dem jeweiligen Künstler als Kleidung von Orientalen seiner eigenen Zeit bekannt war. Zu Ende des 19. Jahrhunderts trugen einige solcher Darstellungen zum Neuen Testament alles andere als bloß orientalisierende, sondern offen rassistische Züge.

Zur Darstellung biblischer Juden wurden insbesondere Kopfbedeckungen herangezogen, wie sie in der Frühen Neuzeit von türkischen Osmanen, später bevorzugt von Arabern bekannt waren. So wurden im 15. Jahrhundert biblische Juden mit Turban gemalt, zunächst von italienischen, dann aber auch von französischen, flandrischen und deutschen Künstlern, darunter Dürer. Typisch ist ein Gemälde Rembrandts, auf dem die (vermutlich) dargestellten biblischen Juden »David und Uria« als »typische« Kopfbedeckung eben Turbane tragen. In Druckwerken wurde das Bild des biblischen Juden im Gewande des Türken im ganzen westlichen Christentum verbreitet. Im 18. Jahrhundert griffen Künstler zur Darstellung biblischer Szenen im Einklang mit dem Klassizismus der Zeit eher auf Motive der europäischen Antike zurück. Doch im 19. Jahrhundert war wiederum eine orientalistische Darstellung der Israeliten verbreitet. Das Modell war nun »der Araber«, insbesondere »der Beduine«: Biblische Juden wurden nun vor allem durch den Kopfschal der arabischen Männer (*kufiyya*) kenntlich gemacht. Am meisten popularisiert wurde dieses Bild durch die Darstellung Gustave Dorés (1832–1882), der 1865 den Bestseller *Sainte Bible*, eine Sammlung von 230 Bibelillustrationen, veröffentlichte. Weltweit wurden seine Holzstiche zur Illustration von Bibelausgaben übernommen; bis heute sind »Doré-Bibeln« die populärsten Bilderbibeln. Sein Bild von biblischen Juden, die das Kopftuch der Beduinen trugen, wurde vielerorts für die Darstellung der Krippenszene übernommen (Kalmar, 2005, S. 10–17, S. 20–22).

Zwar mag die Darstellung von zeitgenössischen Juden Marokkos und Algeriens durch jene Gruppe französischer Orientmaler des 19. Jahrhunderts, die als »die Orientalisten« bekannt wurde (Stevens, 1984), als durchaus positiv – als Bekundung von Sympathie und Bewunderung – gewertet werden (Kramer, 1999, S. 6). Doch anders verhält es sich, wenn, etwa zur gleichen Zeit, Juden in Gemälden zum Neuen Testament gerade als Gegensatz zu Jesus dargestellt werden.

Schon die biblische Malerei der Renaissance bildete Jesus und seine zu Christen gewordenen Anhänger gewöhnlich weniger orientalisch ab, als seine nichtchristliche, jüdische Umgebung. Die neuzeitliche christliche Kunst stellte Christen charakteristischerweise mittels Merkmalen dar, die der als erhaben geltenden griechischen Antike entstammen. Die biblischen christlichen Figuren werden durch eine stärker westliche Darstellung aus der orientalischen Umgebung gelöst, während jüdische Figuren durch Kleidung und Kopftracht umso stärker dem Orient zugeordnet werden. Ein Beispiel hierfür ist das 1563 vollendete Gemälde »Hochzeit zu Kanaan« Paolo Veroneses: In der Mitte sitzt Jesus, der soeben Wasser in Wein verwandelt hat. Auf der linken Seite sitzen Personen, die noch nichts über Jesus als Christus wissen – in orientalischer Kleidung. Auf der rechten Seite sitzen die Jünger, die ja bereits Jesus folgen – und die durch westliche Kleidung ausgezeichnet sind (Kalmar, 2005, S. 25 f).

Andere Künstler zeigen anhand der Kleidung der Jünger an, wie diese sich zunehmend von ihrer jüdischen Herkunft entfernen und ganz zu Christen werden. Für das 19. Jahrhundert ist wiederum Doré das prominenteste Beispiel: In seiner Bibelillustration wechseln bei zwei aufeinander folgenden Motiven die jeweils gleichen Figuren in auffälliger Weise die Kleidung: Die Illustration »Himmelfahrt« (Abb. 48) zeigt Jesus, der im weißen, griechisch-antik anmutenden Gewand über den Jüngern schwebt, die – noch – in Beduinentracht gekleidet sind. Beim folgenden Motiv, das die »Herabkunft des Heiligen Geistes« (Abb. 49) auf die Jünger (also das Pfingstmotiv) zeigt, sind die Jünger vollends zu Christen geworden – und nun nicht mehr beduinisch, sondern »klassisch« christlich-europäisch gekleidet (Kalmar, 2005, S. 27–29).

So markierte Doré Juden als Orientalen, hingegen Christen als westliche Weiße. Noch rassistischer fällt das Bild »Einzug Christi in Jerusalem« (1890) des Historienmalers und Orientalisten Jean-Léon Gérôme aus. Angesichts von Jesus, mit blonden Haaren in edlem Weiß gekleidet, auf weißem Esel und überhaupt von westlicher Gestalt, werfen sich Juden in muslimischer Kleidung in den Staub. Christus, so scheint das Bild (Abb. 46) herausstellen zu wollen, hat sich nicht nur in religiöser, sondern gleich auch rassischer Hinsicht über seine jüdisch-orientalische Umgebung erhoben (Kalmar, 2005, S. 23).

Gérômes Bild illustriert die Ansichten, wie sie sich unter anderem in Verschärfung der religionsgeschichtlichen Äußerungen Renans über Juden und Araber verbreitet hatten: Aus der religiösen christlichen Überzeugung (wie dies auch bei den anderen monotheistischen Glaubensrichtungen der Fall ist), die eigene Religion stehe über anderen Religionen, war die weltliche Überzeugung von der Überlegenheit des eigenen christlich-europäischen Kulturkreises geworden, die gar in die Gewissheit der Überlegenheit der arischen über die semitische Rasse umschlagen konnte.

Die Frage nach der »Identität«: Rassenforschung, Anthropologie und Juden

Letztere Weltsicht hatte der moderne Antisemitismus seit den 1870er Jahren längst für eigene Zwecke aufgegriffen: Ihm ging es nicht um zeitlich oder räumlich entfernte Bezüge wie die biblischen Juden und den Orient, sondern um die zeitgenössischen Juden, wie sie in Europa lebten. Nun waren im Laufe des 19. Jahrhunderts – abgesehen vom Russischen Reich und Rumänien – Juden rechtlich überall in Europa emanzipiert worden: Als Angehörige ihres jeweiligen Staates genossen sie die gleichen Rechte wie alle anderen Staatsangehörigen auch. Die rechtliche Gleichheit bedeutete allerdings nicht die Freiheit von gesellschaftlichen Ressentiments. Eben hier setzte der Antisemitismus an, indem er vehement dagegen opponierte, dass sich Juden weiter in die europäischen Gesellschaften integrierten. Weil die moderne Anthropologie sowie die in ihren Aussagen einfach zu verfälschende Rassenforschung die Existenz und biologische Grundverschiedenheit von »Rassen« annahm, war sie Antisemiten nur zu willkommen.

Die Anthropologie jener Zeit fand ihren Untersuchungsgegenstand, die Anderen, außerhalb Europas. Europäische Wissenschaftler reisten weit, um entfernte Kulturen und exotische Eingeborene zu studieren. In Kontrast hierzu bildeten europäische Juden, die mit dem Aufkommen der Rassendiskussion als eigene »Rasse« klassifiziert wurden, ein anthropologisches oder rassekundliches Studienobjekt in der Form von rassisch Anderen in Europa (Efron, 1994, S. 1–12). So erfasste die anthropologische Forschung im letzten Viertel des 19. Jahrhunderts in verschiedenen Regionen Europas ca. 153 000 Juden systematisch hinsichtlich der Pigmentierung ihrer Haut und ihrer Haar- und Augenfarbe; 145 000 hiervon waren Schulkinder (Efron, 1994, S. 138). Verbreitet wurde auch die Länge und Breite des Kopfes gemessen, um beide Größen zueinander in Beziehung zu setzen und die somit gewonnenen »zephalen« Daten in einem Index zu erfassen, der Rückschlüsse auf bestimmte Rassen ermöglichen sollte.

Bezüglich der Juden zog die anthropologische Forschung nun aber nicht nur Daten heran, die auf solchen Schädelmessungen und anderen Untersuchungen beruhten, sondern kombinierte diese mit philologischen Befunden, wie sie sich außerbiblischen Quellen, aber auch dem Alten Testament entnehmen ließen. Der wichtigste Vertreter dieses Ansatzes war der Anthropologe Felix von Luschan, der seit 1904 Direktor der Abteilungen Afrika und Ozeanien des Berliner Völkerkundemuseums war und ab 1909 einen Lehrstuhl für Anthropologie an der Berliner Universität innehatte. Von Luschan vertrat die Theorie, die modernen Juden setzten sich von ihrer Herkunft her aus unterschiedlichen Völkern zusammen, die schon in der Bibel genannt werden, und in den Jahrhunderten der Diaspora seien weitere Mischungen hinzugekommen. So erklärte sich für ihn auch die Vielgestaltigkeit der physischen Erscheinung von Juden – etwa auch die Frage nach der Herkunft blonder Juden. Diese führte er auf eine sehr frühe Vermischung von (»semitischen«) Juden mit (»arischen«, heute aber den semitischen Völkern zugerechneten) Amoritern und mit (nicht-»semitischen«) Hethitern zurück. Damit fand er unter zahlreichen Autoren Zustimmung (Efron, 1994, S. 26, S. 86, S. 137, S. 140). Wie die Mehrheit der modernen Anthropologen erachtete von Luschan eine solche Vermischung von »Rassen« als einen Schlüssel der Weiterentwicklung bestimmter Völker, so auch der Juden, und wertete sie als Garanten für Zivilisation.

Gerade solche Befunde über die Vermischung von Völkern waren es, die Antisemiten bereitwillig aufgriffen – nur um sie zur Waffe gegen Juden umzukehren. So fasste der britisch-deutsche Antisemit Housten Steward Chamberlain in seiner Schrift *Die Grundlagen des 19. Jahrhunderts* (1899) die Anthropologie als »exakte Wissenschaft« auf, um mit ihr die schlimmste Form der »Blutschande« zu belegen (Jonas). Für ihn waren die Amoriter gleich ein germanischer Stamm, der durchaus Verbindungen mit dem israelitischen Volk eingegangen sei: »Ja, man hat sich bisweilen gefragt, ob nicht David selber halb oder dreiviertel Amoriter sei. Die Bibel legt an verschiedenen Orten besonderen Nachdruck auf seine Blondheit.« (Chamberlain, 1912, S. 437). Die Amoriter seien aber durch solche Mischungen untergegangen. Dieser Argumentationsgang ermöglichte es Chamberlain, herausragende biblische Juden wie David, die Propheten, vor allem Jesus und die Apostel den unverfälschten Überresten eines angeblich germanisch-amoritischen Stranges zuzuordnen, also Nichtjuden aus ihnen zu machen. Die Masse der Juden hingegen sei durch Verunreinigung »edlen« durch »unedlen Blutes« zu kennzeichnen, was den schlimmsten Fall der »Rassenschande« ausmache, der noch schlimmer sei als »unedles Blut« selbst (Jonas).

Derart brutal also deuteten Antisemiten anthropologische Theorien um, dass Juden nicht umhin konnten, zu solchen Fragen Stellung zu beziehen – und sich notgedrungen auf die Diskurse über »Rasse« einzulassen. Wie sehr anthropologische Fragen das jüdische Selbstverständnis herausforderten, zeigt die zwölfbändige *Jewish Encyclopedia*, die in den Jahren 1901 bis 1905 in New York und London erschien. In ihr finden sich mehrere Artikel, die den anthropologischen Diskurs der Zeit aufgreifen. So schrieb Joseph Jacobs in seinem Artikel »Anthropology«, es sei die Aufgabe einer Anthropologie der Juden, zu erforschen, ob die Juden in rassekundlicher oder sozialer Hinsicht eine eigene Gruppe der Menschheit darstellten. Von entscheidender Bedeutung war für ihn »whether contemporary Jews are of the same race as those mentioned in the Bible.« (Jacobs, 1901, Anthropology, S. 619). Ein Problem stellten die Befunde der Schädelmessungen dar, denen zufolge die Kopfform der modernen europäischen Juden keine Zuordnung zu den »Semiten« zuließ. In seinem Artikel über die »Reinheit der Rasse« gestand er selbst ein: »The question whether the Jews of today are in the main descended from the Jews of Bible times, and from them alone, is still undecided.« (Jacobs, 1905, Purity of Race, S. 283).

In seinem Artikel »Craniometry« in der Jewish Encyclopedia war der Mediziner Maurice Fishberg vor allem darum bemüht, von Luschans historische These zurückzuweisen, Juden seien eine gemischte Rasse. Die Schädelvermessungen würden doch zeigen, dass moderne europäische Juden in der Mehrheit eine bestimmte Kategorie der Kopfform aufwiesen. Daraus versuchte er abzuleiten, Juden würden doch einen »puren Typus« darstellen (Abb. 50): »It can therefore be stated that the modern European Jews are shown by craniometrical evidence to be a pure type, and that no evidence of appreciable racial intermixture is discoverable.« (Fishberg, 1902, S. 336).

Die antisemitische, verleumderische Verwendung anthropologischer Deutungen, die Juden seien eine »gemischte Rasse« (also eigentlich keine), forderte jüdische Gelehrte und Forscher derart heraus, dass sie unbedingt das Gegenteil zu beweisen suchten. Hierzu zählte auch die Absicht, unter den Juden Palästinas und des Vorderen Orients einen »jüdischen Urtypus« zu finden. Dies war die Motivation, die die jüdischen Wissenschaftler Samuel Abramowitsch Weissenberg und Elias Auerbach zu Anfang des 20. Jahrhunderts bewog, anthropologische Forschungen im Vorderen Orient zu unternehmen (Efron, 1994, S. 91–122, S. 127–141). Auf seiner Forschungsreise von 1908, für die er ein Stipendium der Rudolf-Virchow-Stiftung in Anspruch nehmen konnte, unternahm Weissenberg in Anatolien, Syrien, Palästina und Ägypten anthropometrische Studien an 690 Personen, von denen 561 Juden, 45 Samariter oder Karäer, 64 Araber und 20 Armenier waren. In Palästina besuchte er Gruppen von Juden, von denen angenommen wurde, dass ihre Ahnenreihe seit der Zerstörung des Zweiten Tempels eine ununterbrochene Präsenz im Land aufwies. Hier kam ebenfalls die Vorstellung des »unwandelbaren Orients« zum Tragen. Weissenberg, der sich auf kleine, alteingesessene jüdische Gemeinden konzentrierte, glaubte in Palästina Beispiele von »Judaeus primigenius« (Jude erster Zeugung) vorzufinden: Diese seien äußerlich *nicht* von ihren arabischen Nachbarn zu unterscheiden; deutlich sei der physionomische Unterschied dieser Juden zu denen Europas.

Mit anderen Methoden und mit einem anderen Argumentationsgang als Weissenberg versuchte Auerbach, zu ähnlichen Ergebnissen zu gelangen. Im historischen Palästina lag seiner Meinung nach der Ursprung des »rassischen Instinkts« der Juden. Ihm diente die Bibel als Quelle, um zu zeigen, dass die Israeliten im Land ihres nationalen Ursprungs weitgehend pur geblieben waren. Darüber hinaus erkannte er in bildlichen Darstellungen der Assyrer und Babylonier nicht nur große Ähnlichkeit zu den alten Israeliten, sondern auch zu Juden *seiner* Zeit: Die alten Assyrer und Babylonier würden Analogien zum »gegenwärtigen jüdischen Typ« aufweisen; die Juden gehörten demnach zu einem semitischen Typ (Auerbach, 1907, S. 351). Der Zionist Auerbach reklamierte auf diese Weise zum einen historische Anrechte der Juden auf Palästina, zum anderen legte er, vermeintlich anthropologisch begründet, eine friedvolle Zukunft von Juden und Arabern im Lande Israel nahe.

Die Kontroverse ist seinerzeit (und auch heute) nicht ›gelöst‹ worden. Weissenberg etwa räumte ein: »Wir stehen somit in der Anthropologie der Juden vor den alten Rätseln und wissen heute ebensowenig wie früher, erstens, auf welche Weise die Umgestaltung des semitischen Langkopfs in den Rundkopf der europäischen Juden vor sich gegangen ist und zweitens, wo der Ursprung der vielen Blonden unter dem ursprünglich dunklen Volksschlage zu suchen ist.« (Weissenberg, 1909, S. 137). Heute gelten die Motive und Prämissen, die hinter solchen Fragen standen, als wissenschaftlich sehr problematisch. Für Juden bedeutete der Diskurs um »Rassen«, vor allem wenn er von Antisemiten aufgegriffen wurde, einen neue – negative – Qualität in ihrer Wahrnehmung als Andere.

Schlussbetrachtung

Wie bereits die wenigen Schlaglichter dieses Essays zeigen, war das moderne Europa des 19. Jahrhunderts recht erfinderisch in der Produktion von Ansichten, Darstellungen und Forschungen bezüglich der Juden, die sich ihrerseits, als Teil der europäischen Gesellschaften, immer wieder hiermit auseinanderzusetzen hatten. Hierbei bildeten auch die Bibel sowie der alte wie zeitgenössische Orient Bezugsfelder, die von entfernter oder direkter Bedeutung für das Bild der europäischen Juden waren. Dieses – weitere – Themenfeld bietet mithin auch Stoff für Analysen, die europäische, christliche wie weltliche Einstellungen zu Juden mit solchen zum arabisch-muslimischen Orient vergleichen (Pasto, 1998; Turner, 1983, S. 29). Wie bereits der hier ausgesuchte Ausschnitt zeigt, traten positive oder zumindest romantisch-verklärende Perspektiven zunehmend hinter solchen zurück, die herabsetzende und rassistische Züge aufwiesen – und in Form des Antisemitismus Juden gar ganz aus Europa auszuschließen suchten.

Um 1900, fünf Jahrzehnte nach dem Erscheinen des Romans *Tancred*, war an die Stelle des literarischen Spiels Disraelis bitterer, antisemitischer Ernst getreten. Der Christ jüdischer Herkunft Disraeli hatte sich – durchaus mittels einer eigenen, fragwürdigen Rassentheorie – erlaubt, die traditionelle christliche Herabsetzung der Juden umzudrehen: So manipulierte er bewusst jene Rollenverteilung, die den Westen über den Osten stellte. Dem entsprach, auf Europa bezogen, die Umdeutung der Stellung, die das christliche Europa Juden zuwies – von der Untergebenheit zur Überlegenheit. Solch trotziger »semitischer Stolz« (Schweller, 2006) brachte ihm in der englischen Gesellschaft seiner Tage neben der zu erwartenden Ablehnung auch interessierte Aufmerksamkeit und Anerkennung ein – damit vielleicht jenen afroamerikanischen oder türkisch-deutschen Rappern unserer Tage vergleichbar, die ihren jeweiligen Stolz, anders zu sein, einer Gesellschaft entgegen schleudern, in der sie sich letztlich behaupten wollen. Disraeli jedenfalls soll seinem »morgenländischen Traum, dem aus jüdischen Wurzeln erwachsenen und mit dem Islam durch viele Fäden verbundenem Christentum« noch als britischer Premierminister eine »entscheidende Rolle in der Gesellschaftserneuerung, einen alles beeinflussenden Platz in seinem Denken« eingeräumt haben (Miller, 2004, S. 898).

Zu dieser Zeit machten englischsprachige Leser aus der Vision Disraelis vor allem eine Gleichsetzung von arabischer Landbevölkerung mit den biblischen Juden. Das hatte ungemein romantische Effekte zur Folge – glaubte man doch, auf diese Weise Verhältnisse, die durch die Lektüre eines zweitausend Jahre alten Buches, der Bibel, bekannt waren, in der Gegenwart an levantinischen Arabern studieren zu können. Doch ging mit dieser Begeisterung auch die Wahrnehmung, wenn nicht die Ernüchterung einher, der Orient sei eine abgesunkene Region. Der Orient mochte zwar die Wiege sein, »aus der das Licht« gekommen war (ex oriente lux). Der christliche Westen hatte dieses Erbe aufgenommen und es, einer historischen Mission gleich, längst über dessen orientalischen Ursprung hinaus gehoben (Kirchhoff, 2005, S. 300 f.). So stellte es nicht zuletzt die Kunst dar. Gerade die Darstellung biblischer Juden in der christlichen Malerei bildet eine erste Instanz für die westliche Wahrnehmung des Orients als Gegensatz zum Westen (Kalmar, 2005, S. 4).

Hier zog zu Ende des 19. Jahrhunderts der Rassismus in die Darstellung von Christen und Juden ein. Auf biblische Berichte und Erkenntnisse über die Völker des Alten Orient griffen selbst anthropologische Forschungen zwecks Ermittlung eines vermeintlichen »rassischen Typs« von Juden zurück. Jüdische Forscher sahen sich genötigt, auf diesen fragwürdigen Diskurs einzugehen. Welche Herausforderung er darstellte, geht aus den antisemitischen Umdeutungen der Ansichten von Anthropologie und Rasseforschung mit dem Ziel der Exklusion hervor.

Literatur

Quellen

(Wenn verfügbar, werden die deutschen Übersetzungen angegeben.)

AUERBACH, ELIAS, 1907, *Die jüdische Rassenfrage*, in: *Archiv für Rassen- und Gesellschaftsbiologie 4*, S. 332–361.

BALDENSPERGER, PHILIP J., 1913, *The Immovable East. Studies of the People and Customs of Palestine*, London.

CHAMBERLAIN, HOUSTON STEWART, 1912, *Die Grundlagen des neunzehnten Jahrhunderts*, Volksausgabe, 10. Auflage, München.

DISRAELI, BENJAMIN, 2004, *Tancred oder Der neue Kreuzzug*, Zürich.

DORÉ, GUSTAVE, 1867/1874, *Die Heilige Schrift Alten und Neuen Testaments*, verdeutscht von Martin Luther. Mit 230 Bildern von Gustave Doré, 2 Bde., Stuttgart (Nachdruck Darmstadt 2005).

ELMENDORF, DWIGHT L., 1913, *A Camera Crusade through the Holy Land*, London.

FISHBERG, MAURICE, 1902, *Craniometry*, in: *Jewish Encyclopaedia*, New York/London, Bd. 4, S. 333–336.

HARDY, E.J., 1912, *The Unvarying East. Modern Scenes and Ancient Scriptures*, London/Leipzig.

JACOBS, JOSEPH, 1901, *Anthropology*, in: *Jewish Encyclopaedia*, New York/London, Bd. 1, 619–621.

JACOBS, JOSEPH, 1905, *Purity of Race*, in: *Jewish Encyclopaedia*, New York/London, Bd. 10, S. 283 f.

RENAN, ERNEST, 1981, *Das Leben Jesu*, Zürich.

TWAIN, MARK, 1990, *Die Arglosen im Ausland*, Zürich.

WEISSENBERG, SAMUEL, 1909, *Die autochthone Bevölkerung Palästinas in anthropologischer Beziehung*, in: *Zeitschrift für Demographie und Statistik der Juden*, hrsg. vom Bureau für Statistik der Juden, Berlin, 5, 9 (September 1909), S. 29–144.

Sekundärliteratur

EFRON, JOHN M., 1994, *Defenders of the Race. Jewish Doctors and Race Science in Fin-de-Siècle Europe*, New Haven/London.

JONAS, HANS, 1981, *Chamberlain and the Jews*, in: *The New York Review of Books*, 25.6.1981, zitiert nach: http://www.nybooks.com/articles/6962 (15.01.2010).

KALMAR, IVAN DAVIDSON, 2005, *Jesus Did Not Wear a Turban. Orientalism, the Jews, and Christian Art*, in: DERS./DEREK J. PENSLAR (HRSG.), *Orientalism and the Jews*, Hanover/London, S. 3–31.

KIRCHHOFF, MARKUS, 2005, *Text zu Land. Palästina im wissenschaftlichen Diskurs 1865–1920*, Göttingen.

KRAMER, MARTIN (HRSG.), 1999, *Introduction*, in: DERS. (HRSG.): *The Jewish Discovery of Islam. Studies in Honor of Bernard Lewis*, Tel Aviv, S. 1–48.

MILLER, NORBERT, 2004, *Nachwort*, in: Disraeli, Benjamin: *Tancred oder Der neue Kreuzzug*, Zürich, S. 877–899.

PASTO, JAMES, 1998, *Islam's «Strange Secret Sharer«. Orientalism, Judaism, and the Jewish Question*, in: *Comparative Studies in Society and History* 40, S. 437–474.

SCHWELLER, RUSSELL, 2006, *Mosaic Arabs. Jews and Gentlemen in Disraeli's Young England Trilogy*, in: *Shofar. An Interdisciplinary Journal of Jewish Studies* 24, S. 55–69.

STEVENS, MARRY ANNE (HG.), 1984, *The Orientalists. From Delacroix to Matisse*, London 1984.

TURNER, BRYAN S., 1983, *Religion and Social Theory. A Materialist Perspective*, London.

Ulrich Knufinke

Synagogen in deutsch-jüdischer Geschichte und Gegenwart: Vorstellungen, Wahrnehmungen, Deutungen

Einweihungen von Synagogen erfahren im gegenwärtigen Deutschland große Aufmerksamkeit. Sie werden im Beisein höchster staatlicher Repräsentanten eröffnet, Medien berichten darüber intensiv, Bürgerinnen und Bürger besichtigen in großer Zahl die jüdischen Einrichtungen. Schülerinnen und Schüler aller Altersstufen betreten hier oft zum ersten Mal einen religiös bestimmten Raum, der nicht ihrer eigenen Religion zugehört. Solche Besuche sind zweifellos geprägt von mehr oder minder diffusen Vorstellungen, von Vor-Wissen und Vor-Urteilen, sie bestimmen die möglichen Wahrnehmungen und gehen in die Deutungen ein. Sie zu reflektieren bietet die Möglichkeit, »Eigenes« und »Fremdes« nicht nur kennen zu lernen, sondern in weitere kulturelle Kontexte einzubinden.

Zugleich ist die Begegnung mit einer Synagoge die mit der deutschjüdischen Geschichte. Die historische Rolle der Synagogen, die im öffentlichen Bewusstsein vor allem mit dem Datum der sogenannten Reichspogromnacht im November 1938 verbunden ist, bildet den Hintergrund der Wahrnehmung und Deutung dieser Bauwerke und Orte.

Zudem sind Synagogen Spiegel kultureller, ökonomischer und sozialer Entwicklungen. Immer ist ihre Architektur geprägt von einem Wechselspiel zwischen den funktionalen Erfordernissen jüdischer Gemeinschaften, ihren Wünschen nach Repräsentation eines spezifischen Selbstverständnisses und nicht zuletzt den Erwartungen der nicht-jüdischen Mehrheit an die jüdische Minderheit. Dieser Bedeutungsdimension soll im folgenden nachgegangen werden, so dass die Geschichte der Synagogenarchitektur für weitergehende Analysen und Interpretationen fruchtbar gemacht werden kann.

Synagogen, Räume der Versammlung jüdischer Gemeinden (das griechische Wort Synagoge ist gleichbedeutend mit dem hebräischen Bet ha Knesset: Haus der Versammlung), gab es bereits in der Antike. Nach der Zerstörung des Jerusalemer Tempels wurden sie zu den wesentlichen

Orten des Gottesdienstes. Auch in der Diaspora errichtete man solche Versammlungsbauten. In Deutschland sind seit dem Mittelalter Synagogen belegt, doch die Pogrome des ausgehenden Mittelalters unterbrachen hier ihre Bautradition. Nur wenige Zeugnisse dieser Epoche der romanischen und gotischen Synagogen sind erhalten, so in Erfurt (Abb. 1), Speyer oder Michelstadt.

Erst um 1700 setzte eine erneute Bautätigkeit jüdischer Gemeinden ein. Keimzellen waren private Betsäle, die von führenden Mitgliedern eingerichtet wurden. Mit den hohen Zahlungen, durch die sich Juden das zunächst immer nur befristete Aufenthaltsrecht erkaufen mussten, war durchaus nicht das Recht auf freie Religionsausübung verknüpft. Alles was auf eine dauerhafte Ansiedlung hindeuten konnte, wurde misstrauisch beobachtet. Vor allem der Grund- und Hauserwerb war erschwert: Friedhöfe anzulegen oder Synagogen zu erbauen war mit erneuten Zahlungen verbunden. Nicht selten wurden Betsäle behördlicherseits geschlossen – das angebliche »Lärmen« der Juden beim Gottesdienst gab den Vorwand oder die Behauptung, der christliche Gott würde gelästert.

Einige barocke Synagogen des 18. Jahrhunderts sind noch heute erhalten, zum Beispiel die 1728/29 errichtete Synagoge in Memmelsdorf (Abb. 2 und 3, museal genutzt). Im Ortsbild des unterfränkischen Dorfs tritt der Bau kaum in Erscheinung. Bis ins 19. Jahrhundert war die Lage im Hinterhof für Synagogen in Deutschland die Regel, weshalb sie keine repräsentativen Fassaden erhielten. Jüdisches Leben sollte sich unsichtbar vollziehen, wie auch die christlichen konfessionellen Minderheiten oft genötigt waren, sich im Verborgenen zu versammeln. Dennoch belegt die Architektur der Synagogen den kulturellen Austausch mit der Mehrheitsgesellschaft und die Orientierung an ihren Vorstellungen von Geschmack und Stil: Man beauftragte die christlichen Bauleute damit, sie nach den zeittypischen Vorbildern von Barock und Rokoko auszugestalten.

Das Anlageschema der Memmelsdorfer Synagoge ist typisch für Synagogen des aschkenasischen (also »deutschen«) Judentums. Auf der »nach Jerusalem«, nach Osten gerichteten Seite steht der Toraschrein, ein schrankartiger Aufbau, in dem die Torarollen mit dem hebräischen Text der fünf Bücher Mose aufbewahrt werden. In Memmelsdorf ähnelt der steinerne Toraschrein barocken Altären. Die Tora mit dem Wort Gottes ist das wertvollste und einzig heilige Gut einer jeden Synagoge, ihre Verlesung ist der Höhepunkt des Gottesdienstes. Hierfür wird die mit einem Torawickel umwundene, von einem Toramantel überzogene und mit Torakronen, -schild und -zeiger geschmückte Pergamentrolle vom Schrein zu einer Plattform in der Mitte des Saals gebracht, der sogenannten Bima (auch Almemor genannt). Auf ihr befindet sich ein Pult, auf dem die Rolle zur Lesung ausgerollt wird. Die Memmelsdorfer Bima ist seit der Zeit des Nationalsozialismus zerstört, ihr achteckiger Grundriss zeichnet sich im Fußboden ab. In traditionellen Synagogen sitzen die Geschlechter getrennt: Um die Bima herum bzw. entlang der Wände stehen die Betpulte der Männer. Die Plätze der Frauen sind in separaten Bereichen oder auf Emporen mit Blick- oder besser: Hörbeziehung zum Hauptraum untergebracht. In Memmelsdorf liegt der Frauenraum im Obergeschoss, heute zugesetzte Öffnungen machten ein Verfolgen des Gottesdienstes möglich. Die beschriebene innere Gestaltung der aschkenasischen Synagogen – Toraschrein im Osten, Bima in der Mitte und separate Frauenbereiche – wurde lange beibehalten, bei traditionellen Gemeinden bis heute. Da zur Abhaltung eines jüdischen Gottesdienstes mit Lesung aus der Tora nur eine Mindestzahl von zehn Religionsmündigen, der Minjan, versammelt sein muss (traditionell Männer, in liberalen Gemeinden auch Frauen), reichen bescheidene Räumlichkeiten aus, um eine Synagoge einzurichten.

Die Synagoge in Memmelsdorf gehörte einer typischen jüdischen Landgemeinde des 18. Jahrhunderts: Sie nahm im sozialen Gefüge der Bevölkerung zwar eine bestimmte Rolle ein, doch blieb sie rechtlich, sozial und kulturell abgegrenzt von der christlichen Mehrheit. Juden lebten aber fraglos in ständigem Austausch mit Christen, was sich zum Beispiel in der Übernahme der zeitgenössisch modischen Architekturformen niederschlägt. Doch Versuche einer »Integration« in die Mehrheit waren allein bei einer Konversion zum Christentum erfolgversprechend.

Mit der Aufklärung der zweiten Hälfte des 18. Jahrhunderts, die in Moses Mendelssohn ihren bedeutendsten jüdischen Vertreter fand, entstanden Bestrebungen nach Emanzipation, rechtlicher Gleichstellung und »bürgerlicher Verbesserung« der Juden. Mit deren über lange Zeiträume erreichten Erfolgen setzte eine allmähliche »Verbürgerlichung« des Judentums im 19. Jahrhundert ein. Es wandelte sich auch die Architektur der Synagogen.

Die jüdische Reformbewegung war einer der Motoren dieses Wandels. Seit dem Bau des Jacobstempels in Seesen durch den Bankier Israel Jacobson im Jahr 1810 (Abb. 4, 1938 zerstört), hatte man eine innenräumliche Gestalt gefunden, die in den folgenden Jahrzehnten für die nun oft »Tempel« genannten Reformsynagogen weiter entwickelt wurde: In Annäherung an die hoch angesehene »Ordnung« protestantischer Kirchenräume fasste man die liturgisch wichtigen Orte Toraschrein und Bima auf einer Seite des Raums zusammen. Hinzu kamen eine Kanzel für die nun regelmäßig auf Deutsch gehaltene Predigt und eine Orgel. Die radikalen Reformen Jacobsons und seiner Mitstreiter setzten sich in unterschiedlichem Maße durch. Seit der Mitte des 19. Jahrhunderts war die Mehrheit der Neubauten in Deutschland am Schema der Reformsynagogen orientiert. Die Gegenbewegung des neo-orthodoxen Judentums, die sich in der zweiten Hälfte des 19. Jahrhunderts etablierte, hielt hingegen an der traditionellen Einrichtung fest, besonders die Einführung der Orgel wurde abgelehnt.

Als Synagogen im Zuge der allmählichen Gleichberechtigung der Juden nicht mehr in Hinterhöfen stehen mussten und in das Blickfeld aller treten konnten, – was sie keineswegs überall taten – stellte sich das Problem einer spezifischen äußeren Erscheinung. In der Architektur des Historismus wurde der Baustil zu einer Frage der Kennzeichnung von Funktion und Bedeutung eines Bauwerks und seiner Auftraggeber. Für Synagogen war dies schwierig: Auf welchen historischen Baustil hätten sich Juden berufen sollen? Eine Antwort war die Einkleidung im sogenannten maurischen Stil. Mit seinen Hufeisenbögen, seiner Vielfarbigkeit und den arabesken Ornamenten sollte er auf die Herkunft des Judentums im Orient und auf seine Blüte im islamisch beherrschten Spanien des Mittelalters verweisen. Zugleich sollte er vermeiden, die geläufigen Stile der europäischen Kirchenarchitektur, vor allem die Gotik, für Synagogen einzusetzen. Im Südwesten Deutschlands errichtete man um 1830 die frühesten maurischen Synagogen (Ingenheim, Speyer und weitere, überwiegend zerstört). Der maurische Stil fand bis Ende des 19. Jahrhunderts Verbreitung im Synagogenbau in Deutschland, zum Beispiel in Köln (Abb. 5), Stuttgart, Wiesbaden oder Leipzig. Das wohl bekannteste und zum Teil noch erhaltene Beispiel ist die Synagoge in der Oranienburger Straße in Berlin von 1859 bis 1866, entworfen von Eduard Knoblauch (Abb. 6).

Albert Rosengarten, einer der ersten jüdischen Architekten in Deutschland, opponierte schon 1840 gegen den maurischen Stil als Kennzeichnung jüdischer Gotteshäuser (Rosengarten, Albert, 1840, Die neue Synagoge in Cassel. In: Allgemeine Bauzeitung 5, S. 205–207). Er sah in der spätantiken Basilika den Vorläufer sowohl der Synagogen als auch der Kirchen und wollte die Bauten seiner Gegenwart auf deren Stil bezogen wissen. Die Synagoge in Kassel von 1833 bis 1839 (Abb. 7 und 8, 1938 zerstört) verwirklichte diese Forderung, indem Rosengarten sie im sogenannten Rundbogenstil gestaltete. Die jüdische Gemeinde demonstrierte den Wunsch nach gleichberechtigter Staatsbürgerlichkeit und Anerkennung religiöser Unterschiedlichkeit mit einem Bauwerk, das ebenso gut als Kirche hätte dienen können – als vergleichbarer Kirchenraum sei die Kirche in Melle-Buer (Niedersachsen), erbaut von 1853 bis 1855, genannt (Abb. 9). Die Kasseler Synagoge war zugleich eine der frühen, die offen an einer Hauptstraße errichtet werden konnten. Manchmal gab es aber Schwierigkeiten, Bauplätze zu finden, die dem Bedürfnis nach Repräsentation entgegenkamen. So blieben die meisten Synagogen in Straßenzeilen eingebunden oder besetzten bestenfalls Straßenecken. Um die Mitte des 19. Jahrhunderts wurden zahllose Synagogen im Rundbogenstil entworfen, und das Kasseler Vorbild fand europaweit Nachfolge. In Deutschland erhalten sind zum Beispiel Bauten in Kippenheim (Baden-Württenberg) (Abb. 10), Burg bei Magdeburg oder Titz-Rödingen (Nordrhein-Westfalen).

Eine der am prominentesten gelegenen Synagogen war die in Dresden, entworfen von Gottfried Semper (Abb. 11, 1840 eingeweiht, 1938 zerstört). Der Architekt fand eine neue baukörperliche Lösung für jüdische Bethäuser: Eine zentrale Kuppel überhöht das Bauwerk und macht es in der berühmten Elbfront der Stadt sichtbar. Subtil wird hier die Frage nach der Kennzeichnung des Jüdischen beantwortet: Während Kirchen einen oder zwei Türme als höchste, im Stadtbild aufragende Zeichen erhielten, war es bei der Synagoge die Kuppel, die das Bauwerk beherrschte. Diese spezifische Silhouette prägte den großstädtischen Synagogenbau bis zur Zeit des Ersten Weltkriegs.

Auch den jüdischen Architekten Edwin Oppler bewegte die Frage der angemessenen Stilwahl für Synagogen (Hammer-Schenk, Harold, 1979, Edwin Opplers Theorie des Synagogenbaus. Emanzipationsversuche durch Architektur. In: Hannoversche Geschichtsblätter Neue Folge 33, H. 4, S. 110–117). Im Hinblick auf den Entwurf der Synagoge in Hannover formulierte er: »Die neue Synagoge in Hannover wird die erste im deutschen Style sein. (...) Wahrlich, sind vom 9. bis 14. Jahrhundert die Synagogen *im deutschen Style* erbaut, schließt also der Ritus diesen Styl nicht aus, dann giebt es keine Frage mehr für den Baumeister der Neuzeit, ein jüdisches Gotteshaus auch im deutschen Style zu erbauen (...). Der *deutsche* Jude muß also im *deutschen* Staate auch *im deutschen Style* bauen (Hervorhebungen im Original gesperrt).« Der »deutsche Stil«, für Oppler eine Mischung romanischer und gotischer Elemente, war also ein Sinnbild der Teilhabe der Juden am deutschen Staat: Emanzipation, Assimilation und Akkulturation sollten die Gleichheit des jüdischen Bekenntnisses mit dem christlichen gewährleisten. Neu war die Betonung der Teilhabe am »Deutschtum«, das in den Jahren der Reichsgründung eine besondere Identität stiftende Rolle spielte. Opplers Synagoge in Hannover, entstanden 1864 bis 1870, ist der erste Bau, der diese Ideen im großen Maßstab verkörpert (Abb. 16, 1938 zerstört).

Dieselbe nationale Grundierung erfuhren die christlichen Kirchen jener Zeit. Das sogenannte Eisenacher Regulativ von 1861 fordert für den protestantischen Kirchenbau »vorzugsweise den sogenannten germanischen (gothischen) Styl« (Regulativ für den evangelischen Kirchenbau. Eisenach 1861, zit. n. Langmaack, Gerhard, 1971, Evangelischer Kirchenbau im 19. und 20. Jahrhundert, Kassel, S. 272–274, hier S. 272). Bis zur Jahrhundertwende wurden Sakralbauten in diesem Stil entworfen. Späte Beispiele sind die Synagoge in der Roonstraße in Köln von 1899 (Abb. 12 und 13, nach dem Zweiten Weltkrieg innen modern eingerichtet) oder die Herz-Jesu-Kirche in Koblenz von 1903.

Die Jahrzehnte bis zum Ersten Weltkrieg können als Höhepunkt der Bautätigkeit jüdischer Gemeinden in Deutschland angesehen werden. Einweihungen wurden zu Ereignissen des öffentlichen Lebens, Amtsträger, Honoratioren und Vertreter der christlichen Konfessionen nahmen daran teil. Dass die Bauwerke »zur Zierde der Stadt« gereichten, war eine geläufige Wendung in der Berichterstattung. Tatsächlich finden sich Synagogen auf Postkarten, Bilderbögen und Stadtansichten eingereiht in die bedeutenden Bauwerke der Städte. Doch zugleich musste man allenthalben antisemitische Anfeindungen spüren. Auf die offenen oder latenten Vorwürfe, Synagogen seien zu fremdartig, reagierten jüdische Gemeinden damit, dass sie keine öffentlichen Plätze als Baugrund einforderten und manchmal sogar große Bauten in Hinterhöfen platzierten. In antisemitischen Augen war das Bild der Synagoge geprägt vom maurischen Stil: In Karikaturen, zum Beispiel auf dem »Glöß'schen politischen Bilderbogen« »Der Auszug der Juden aus Deutschland!« von 1895, ist die Synagoge ein Bau mit Zwiebelkuppel und Fenstern mit Hufeisenbögen (Abb. 14) (Glöß'scher politischer Bilderbogen »Auszug der Juden aus Deutschland!«, Dresden 1895). Das Klischee hatte sich verselbständigt zum symbolischen Ausdruck jüdischer »Fremdheit«, obwohl die zeitgenössischen Synagogenbauwerke nur noch selten in diesen Formen errichtet wurden: In Deutschland hatte sich Opplers Drängen auf einen »deutschen« Stil mit neoromanischen Synagogen weitgehend durchgesetzt.

Nicht zuletzt der in solchen Karikaturen ausgedrückte Antisemitismus führte dazu, dass sich um 1900 die Fragen nach dem Erfolg der Bestrebungen nach Teilhabe und Anerkennung in neuer Deutlichkeit stellten. Der Zionismus und die Bewegung einer »jüdischen Renaissance« zweifelten an der Fortsetzung der sogenannten »Assimilation« (Buber, Martin, 1901, Jüdische Renaissance. In: Ost und West 1, Sp. 7–10). Für die Gestaltung zukünftiger Synagogen ergab sich daraus das Programm, jenseits des Historismus nach Lösungen zu suchen.

Im Jahr 1906 veröffentlichte der jüdischer Architekt Ernst Hiller eine kritische Betrachtung der Synagogenarchitektur seiner Gegenwart

(Hiller, Ernst, 1906, Betrachtungen über den modernen Synagogenbau. In: Ost und West 6, H. 1, Sp. 29–36, hier Sp. 29):»Man ist überrascht, wenn man beim Betreten einer Synagoge oft denselben Eindruck
empfängt, wie beim Eintritt in eine christliche Kirche. [...] Der Haupt-
grund [...] ist vielleicht darin zu suchen, dass wohl der synagogale Ritus
eine Tradition hat, aber die Stätte, wo er seit Jahrtausenden in annähernd gleicher Form gepflegt wurde, die Synagoge, hat keine Tradition,
wenigstens ist bis heute noch keine bekannt.« Dass Hillers Beobachtung
nicht falsch ist, belegen zum Beispiel die Innenräume der Synagoge in
der Rykestraße in Berlin von 1904 (Abb. 15, erhalten und als Synagoge
genutzt), und der protestantischen Paulus-Kirche in Darmstadt von 1907
(Abb. 17). Nach Hiller hat der Mangel an Tradition im Synagogenbau
dazu geführt, am Beispiel von Bauten vergleichbarer Funktion räumliche Lösungen zu suchen, wobei die protestantischen Kirchen ein brauch-
bares Modell geliefert hätten. Folgerichtig wäre es, Synagogen auch wie
Kirchen aussehen zu lassen. Doch die Übernahme des Stils christlicher
Gotteshäuser würde nicht der kennzeichnenden Funktion architektoni-
scher Gestaltung gerecht. Hiller schilderte ironisch das Verfahren der Ent-
werfer, diesem Dilemma zu entgehen:»Aber das Ganze sieht zu christlich
aus! – Das Kind muss seine Rasse erkennen lassen – also herunter mit dem
christlichen Kleid und dem nackten Korpus wird ein vom Baukünstler oft
ausserordentlich geistreich zusammengewebtes Phantasiekostüm angezo-
gen, bald orientalisch, bald byzantinisch, bald romanisch, bald gotisch oder
auch manchmal in Mischungen aller Stilmotive. Da steht es nun kostbar
und prächtig in seinem Maskenanzug, ein schreiender Gegensatz zu seiner alltäglichen Umgebung, etwas Fremdes, Sonderbares.« Hiller kons-
tatierte damit, dass die historistische Suche nach einem kennzeichnenden Stil lediglich zur Hervorhebung der Fremdheit und des »Gegensatzes«
führe – gerade dies war ja der oft gewählte Angriffspunkt antisemitischer
Propaganda. Das von Hiller und anderen Zeitgenossen um 1900 wahrge-
nommene Dilemma, im Synagogenbau zwischen unangemessener Ähnlichkeit und fataler Gegensätzlichkeit zur christlichen Architektur wählen zu müssen, lässt sich vergrößern zum Dilemma der Verbürgerlichung
und Anpassung einerseits und andererseits der Bewahrung und Betonung
von etwas spezifisch »Jüdischem«, wie auch immer dies zu definieren sei.

Die Synagoge in Essen, fertiggestellt 1913 (Abb. 19, erhalten, heute
museal genutzt), ist ein Beispiel für die Suche nach einer eigenständig
jüdischen Architektur, die in den Jahren vor dem Ersten Weltkrieg zu
einer Reihe bedeutender Neubauten geführt hat. Die übliche Synagogen-
silhouette mit zentraler Kuppel ist hier in eine organisch aufwachsende

Figur übertragen. Selbstverständlich lassen sich für Einzelformen historische Vorbilder nennen, doch im Ganzen findet Körners Synagoge zu einer neuen baukörperlichen Qualität, die mit den älteren Synagogen ebenso wenig gemein hat wie mit Kirchenbauten.

Mit der Weimarer Reichsverfassung war – scheinbar – endgültig die völlige Gleichstellung der Juden erreicht. Die »jüdische Renaissance« äußerte sich in einem vielfältigen kulturellen Leben jüdischer Gemeinschaften, die durch den Zuzug von Juden aus Osteuropa um viele Facetten reicher geworden waren. Die Synagogen jener Jahre zeigten sich weiter in verschiedensten Bauformen, wobei die Hinwendung zum Neuen Bauen, zur Moderne, um 1928 in den meisten Fällen vollzogen wurde. Reduktion und Abstraktion prägten die herausragenden Bauten jener Jahre.

Auch in dieser Zeit des immer aggressiver werdenden Antisemitismus blieb die Frage nach einer angemessenen jüdischen Selbstdarstellung präsent. Schon mit Beginn des 20. Jahrhunderts hatte sich die Forderung nach »Bodenständigkeit« entwickelt, die eine selbstverständliche Zugehörigkeit der Juden ausdrücken sollte. Noch 1928 wurde die expressionistische Trauerhalle des jüdischen Friedhofs in Leipzig (Abb. 18, 1938 zerstört) für ihre »Bodenständigkeit« gelobt: »Lassen wir die jüdischen Kultbauten, die wir kennen, an unserem geistigen Auge vorüberziehen, so werden wir kaum einen finden, der sich von der herkömmlichen orientalischen Formensprache freimacht. Es muß [dem Architekten] hoch angerechnet werden, (...). daß er ein Monument des Fortschritts schuf (...). Und noch eins wollte er, nämlich zeigen, daß auch ein jüdischer Kultbau bodenständig sein und sich einfühlen kann.« (Reimann, Max, 1928, Der neue Friedhofsbau der israelitischen Religionsgemeinde. In: Gemeindeblatt der israelitischen Religionsgemeinde Leipzig, S. 3–6). Zugleich belegt diese Passage, dass die Vorstellung, jüdische Bauten seien maurisch gestaltet, noch in dieser Zeit vorherrschte – als in Deutschland die Phase der Synagogen dieses Stils bereits rund 50 Jahre zurücklag.

Das letzte große jüdische Bauwerk vor der Zeit des Nationalsozialismus, der Tempel in der Oberstraße in Hamburg, war gänzlich frei von historistischen Anklängen. Die Synagoge der dortigen jüdischen Reformgemeinde wurde 1931 fertiggestellt (Abb. 20 und 21, erhalten, heute Studio des NDR). Die Gemeinde hatte danach gestrebt, die gegenwärtigen Strömungen in der (Sakral-) Architektur aufzunehmen (Urias, 1937, Zur Geschichte des Tempel-Neubaus. Aus den Bau-Akten. In: Italiener, Bruno: Festschrift zum hundertzwanzigjährigen Bestehen des Israelitischen Tempels in Hamburg 1817–1937. Hamburg, S. 34–38, hier S. 36). Die Mitglieder der Bau-Kommission »empfingen [beim Besuch von neuen Synagogen] den ersten erschütternden Eindruck davon, wie heute insbesondere ein jüdisches Gotteshaus in Schlichtheit und Monumentalität zugleich gebaut werden könnte, wobei die bisher übliche Nachahmung fremder Stile (...). gänzlich verlassen werden konnte.« Die moderne Architektur versprach eine Lösung der Stilfrage. Sie war kein »fremder«, sondern ein gleichsam »eigener« Stil. Aber neben der selbstbewussten Einschätzung, mit dem modernen Bauwerk einen zeitgemäßen Ausdruck für jüdisches Leben gefunden zu haben, war zur Zeit der Einweihung 1931 die Angst vor dem Antisemitismus kaum mehr zu unterdrücken. Die Bedrohung deutet Oberrabbiner Bruno Italiener bei seiner Ansprache an: »[hier soll der einzelne] die Kraft und Geborgenheit empfinden, die, zumal in der Gegenwart, dem von so viel Gegnerschaft umgebenen Juden nur die Gemeinschaft zu verleihen vermag.« (Italiener, Bruno, 1931, Der neue Tempel. In: Gemeindeblatt der Deutsch-Israelitischen Gemeinde zu Hamburg, H. 8., S. 4.).

Nur sieben Jahre nach der Einweihung wurde der Tempel in der Oberstraße geschlossen. Im November 1938 brannten die Synagogen, es folgte die Vernichtung der jüdischen Gemeinden in der Shoah. Seither sind Synagogen und die Orte, an denen sie gestanden haben, nicht nur Zeichen der Anwesenheit jüdischer Gemeinden und jüdischen Lebens, sondern auch Symbole der Shoah, des Leidens, des Verbrechens, der Schuld und des Umgangs mit ihr.

Nach dem Ende des Zweiten Weltkriegs und der Befreiung der wenigen Überlebenden war ein dauerhaftes neues jüdisches »Leben im Land der Täter« (Schoeps, Julius H. (Hrsg.), 2001, Leben im Land der Täter. Juden im Nachkriegsdeutschland (1945–1952). Berlin (= Sifaria 4).) kaum denkbar. Neben einer kleinen Zahl überlebender Mitglieder deutscher jüdischer Gemeinden lebten 1945 in Deutschland zahlreiche jüdische Menschen, die aus anderen Staaten in die Konzentrationslager verschleppt worden waren. Diese »Displaced Persons« (DPs) begründeten in den DP-Camps ein provisorisches jüdisches Leben, von dem nur wenige Spuren erhalten sind (im hessischen Trutzhain zum Beispiel eine Baracke, in der eine Synagoge eingerichtet war, Abb. 22). Man feierte Gottesdienste in Synagogen, die man nach der Verwüstung von 1938 wieder einrichten konnte, in öffentlichen Gebäuden oder in privaten Häusern. Ob aus den Provisorien dauerhafte Einrichtungen werden könnten, war den Mitgliedern der jüdischen Gemeinden lange Zeit zumindest zweifelhaft. Tatsächlich wanderten in den Jahren bis 1950 die meisten Bewohner der DP-Camps aus. Dennoch konsolidierten sich einige Gemeinden, die neue Einrichtungen anstrebten. 1952 wurde in Stuttgart der erste größere Synagogenneubau der Bundesrepublik eingeweiht (Abb. 23 und 24). Sein Architekt Ernst Guggenheimer hatte die Verfolgung in Verstecken überlebt. Er konzipierte den Bau als Komposition einfacher Kuben. In vielem erinnert die Synagoge an den Tempel in der Oberstraße in Hamburg, ein Anknüpfen an die Architektur der Moderne der Weimarer Zeit war sichtlich das Ziel der Gestaltung. Allerdings wirkt die Stuttgarter Synagoge durchaus konservativer als der 20 Jahre ältere Bau. Gleichzeitig entstand in Erfurt der einzige Synagogenneubau der DDR (Abb. 25).

Mitte der Fünfziger Jahre planten viele jüdische Gemeinden Neubauten. Im Rahmen der sogenannten Wiedergutmachungspolitik waren die finanziellen Möglichkeiten für solche Projekte größer geworden. Die öffentlichen Hände zahlten damit eine gewisse Entschädigung für die materiellen Verluste der NS-Zeit an die jüdischen Gemeinden.

Ein bemerkenswerter Bau entstand 1956/57 in Trier (Abb. 26 und 27). Sein Architekt Alfons Leitl blieb der einzige bedeutende deutsche Kirchenbaumeister der Nachkriegszeit, der auch eine Synagoge realisiert hat. Der Synagogensaal überrascht durch seine Schlichtheit und die Konzentration auf die wesentlichen liturgischen Orte, die durch die Lichtführung zusätzlich hervorgehoben sind. Leitls auf die kubische Gesamtgestalt und wenige gliedernd-dekorierende Elemente reduziertes Bauwerk greift auf Vorstellungen sakraler Bauten zurück, die in den Zwanziger und frühen Dreißiger Jahren bereits realisiert wurden, zum Beispiel die St. Fronleichnam-Kirche in Aachen von 1931.

Wie in vielen neu erbauten jüdischen Gemeindeeinrichtungen eröffnete sich in Trier noch eine andere Bedeutungsdimension, die Synagogen nach der Shoah zukam und bis heute zukommt: Sie werden als Orte und Zeichen der Erinnerung an die zerstörten Gemeinden und ihre ermordeten Mitglieder verstanden. In Trier erinnert eine Tafel im Foyer an die Opfer. Ein steinerner Überrest der alten Synagoge, die Gedenktafel für die Gefallenen des Ersten Weltkriegs, stellt zudem eine materielle Verbindung zur früheren Gemeinde her. Damit macht die Trierer Gemeinde den Vorraum ihres Betsaals zu einem Raum des Gedenkens an die Opfer der Shoah und des Anknüpfens an die Zeit davor. »Bruch« und »Kontinuität« werden zugleich ins Gedächtnis gerufen. Texte und Gestaltungen solcher Erinnerungsorte in den heutigen Synagogen oder auch an den Standorten der zerstörten Bauten wahrzunehmen und zu untersuchen, erlaubt vielfältige Fragen nach dem jeweils zeitgenössischen und dem gegenwärtigen »Stand« historischen und politischen Bewusstseins hinsichtlich der Bedeutung und Interpretation der Shoah.

Der jüdische Architekt Hermann Zvi Guttmann realisierte 1958 eine Synagoge mit Gemeindezentrum in Düsseldorf (Abb. 28 und 29). Der

Architekt beschreibt in der Einweihungsfestschrift die allgemeinen Anforderungen an ein jüdisches Gemeindezentrum, aus denen sich die Situation jüdischen Lebens in der Wiederaufbauphase ablesen lässt: »In der Zeit von vor 1933 waren die Impulse des jüdischen Lebens in Deutschland so stark und weit verzweigt, daß eine Zentralisierung nicht notwendig war. Heute dagegen geht es darum, den jüdischen Menschen, deren Gemeinden sich erst allmählich konsolidieren müssen, eine Basis zu schaffen, von der neues jüdisches Leben ausgehen kann. Die Synagogen, die nach 1945 erbaut wurden, sind folglich stets in einen Gesamtkomplex mit Schul- und Verwaltungsräumen und kleineren Betsälen einbezogen worden.« (Die neue Synagoge in Düsseldorf. Zur Einweihung am 7. September 1958. Düsseldorf 1958. Dort auch die folgenden Zitate.).

Die Düsseldorfer Synagoge, Teil eines solchen Gemeindezentrums, ist auf dem Grundriss eines gedrückten Ovals errichtet. Die bewegte Formgebung entspricht den zahlreichen Versuchen jener Jahre, sakralen Bauten eine moderne Gestalt zu geben – im Kirchenbau finden sich viele ähnliche Beispiele für Experimente mit schwingenden Schalenformen (zum Beispiel die Rochus-Kirche in Düsseldorf von 1953, Abb. 30). In den Städten der Wiederaufbauzeit sollten sie markante Positionen hervorheben.

Zur Einweihung der Düsseldorfer Synagoge sind in einer Festschrift Grußworte politischer Amtsträger festgehalten. Sie geben beispielhaft Aufschluss über die politisch-symbolische Bedeutung, die man einem solchen Ereignis beimessen wollte – bis heute können Analysen solcher Texte sowie der Berichterstattung über Synagogeneinweihungen zum Verständnis des gegenwärtigen Verhältnisses zum Judentum in Deutschland beitragen. Bundeskanzler Konrad Adenauer reklamiert die Einweihung als positives Ergebnis der Regierungspolitik der Wiedergutmachung. Ministerpräsident Franz Meyers formuliert eine heilsgeschichtlich grundierte Sicht auf das Ereignis und seine »Vorgeschichte«: »In der Geschichte der Menschheit war der frevelhafte Griff des Mächtigen nach dem Hause Gottes stets ein äußeres Zeichen seiner sittlichen Verrohung und sicherer Vorbote seines nahen Unterganges; kaum ein Tag hat dies auf eine so furchtbare Weise deutlich gemacht wie jener im Herbst des Jahres 1938, an dem in Deutschland unter verbrecherischen Händen die Synagogen in Flammen aufgingen.« Während bei Meyers immerhin noch eine gewisse individuelle Schuld offen bleibt, klingt im Grußwort des Düsseldorfer Oberbürgermeisters Georg Glock eine Haltung an, die die Rollen von Schuldigen und Opfern verwischt: »Zahlreiche Düsseldorfer Bürger hat es schmerzlich berührt, als die prachtvolle Synagoge (...) durch irregeleitete Elemente zerstört wurde. (Ich hoffe), daß ähnliches Unheil der jüdischen Gemeinde und dem ganzen deutschen Volke in Zukunft erspart bleibe.« Unabhängig davon, wie man aus dem Blickwinkel heutiger Überlegungen zur »Vergangenheitsbewältigung« diese Äußerungen bewerten mag, belegen sie, dass seit 1945 bis in die Gegenwart öffentliche Interessen und politisch-historische Deutungen den Bau jüdischer Gemeindeeinrichtungen begleiten und grundieren.

Nach der »Neubauwelle« der Fünfziger und frühen Sechziger Jahre ebbte die Bautätigkeit jüdischer Gemeinden ab, während ihre Mitgliederzahlen stagnierten oder sanken. Bis 1990 entstanden nur wenige neue Synagogen.

Nach dem Ende der nationalsozialistischen Herrschaft waren zwar zahlreiche jüdische Gemeindeeinrichtungen vernichtet, doch viele waren in ihrer Bausubstanz noch mehr oder weniger gut erhalten. Nur in Orten, wo sich jüdische Gemeinden bildeten, wurden diese Bauwerke wieder ihrem ursprünglichen Zweck entsprechend genutzt. Die in manchen Städten in der Nachkriegszeit noch erhaltenen Brandruinen von 1938 wurden oft erst in den Fünfziger Jahren abgetragen. Eine Wiederaufbaudiskussion wie um die kriegszerstörten Kirchen fand nicht statt. Viele Synagogen waren während der NS-Zeit in den Besitz nicht-jüdischer Eigentümer übergegangen, die sie zu verschiedensten Zwecken umbauten – oft so weit, dass sie heute ihre frühere Funktion und Gestalt kaum erkennen lassen. Andere Synagogen verfielen und wurden schließlich abgerissen. Der letzte dem Verfasser bekannt gewordene Abriss einer früheren Synagoge fand 2005 in Osterholz-Scharmbeck (Niedersachsen) statt.

Um 1988, als man des 50. Jahrestags der Zerstörung der Synagogen gedachte, nahm ein gewandeltes öffentliches Interesse an den historischen Synagogen Gestalt an. Zumeist nicht-jüdische Privatleute initiierten einen neuen Umgang mit jüdischem Kulturgut »vor Ort« und erreichten, dass einige der erhalten gebliebenen Synagogengebäude restauriert und der Öffentlichkeit als Gedenkstätten, Museen oder Kulturzentren zugänglich gemacht wurden. Solche Einrichtungen gibt es mittlerweile in allen Teilen Deutschlands. Sie verfolgen unterschiedliche programmatische und museumspädagogische Ansätze, bieten aber immer eine Gelegenheit, jüdische Geschichte und Kultur am authentischen Ort und »in der Nachbarschaft« kennen zu lernen und zu weiterer Suche und Beschäftigung anzuregen.

In diese Phase der sich wandelnden Erinnerung fiel die Einweihung der Synagoge und des Gemeindezentrums in Darmstadt, gestaltet von Alfred Jacoby (Abb. 31 und 33). In durchaus postmodern zu nennender Weise beschäftigte sich der Architekt mit der Tradition des Synagogenbaus. Erstmals seit 1945 wird das Kuppelbauschema der Synagogen des 19. Jahrhunderts wieder aufgegriffen. Erinnerung und Anknüpfung an die Geschichte hielten so optisch nachvollziehbar Einzug in das Bild der Stadt. Innen zeigt sich noch deutlicher der Versuch des Architekten, Erinnerung an vernichtete Traditionen wachzuhalten: Der Toraschrein zitiert den Aufbau der 1938 zerstörten orthodoxen Synagoge der Stadt. Dass Jacobys Entwurf den Bruch der Geschichte nicht explizit in architektonische Form umsetzt, brachte ihm Kritik ein. Eine Debatte um die an eine nicht-jüdische Öffentlichkeit gerichtete Funktion einer neuen Synagoge als Mahnmal für die Shoah setzte ein und begleitet solche Projekte bis heute.

Die politische Wende in den Staaten des Warschauer Pakts um 1990 veränderte die jüdischen Gemeinden Deutschlands grundlegend. Einwanderer erhöhten die Mitgliederzahlen um ein Vielfaches, zahlreiche Gemeinden gründeten sich neu. Neben der Integration der Zuwanderer in das Gemeindeleben (und in die deutsche Gesellschaft) wurde es zu einer wichtigen Aufgabe, neue Synagogenräume zu finden und einzurichten. Einige Gemeinden streben den Bau neuer Gemeindezentren und Synagogen an. Die dadurch ausgelöste neuerliche Welle von Neubauten hält bis in die Gegenwart an.

Das 1999 eingeweihte Gemeindezentrum in Duisburg ist eines der spektakulärsten Projekte dieser Zeit (Abb. 32). Entworfen vom israelischen Architekten Zvi Hecker, steht es mit seiner expressiv-symbolischen Gestaltung für die gern »dekonstruktivistisch« genannte Richtung der zeitgenössischen Architektur. Ein Fächer kantiger Betonrahmen erinnert an aufgeschlagene Seiten eines Buchs oder an ausgreifende Finger einer Hand. Im Synagogenraum stellt Jerusalemer Kalkstein eine »materielle« Verbindung zum Gelobten Land her – die Beziehung zu Israel ist eine weitere Dimension gegenwärtigen jüdischen Lebens in Deutschland, auf die hier nicht näher eingegangen werden kann.

Eine andere Formensprache entwickelte das Saarbrücker Architekturbüro Wandel, Höfer, Lorch beim Entwurf für das größte Neubauprojekt einer jüdischen Gemeinde in den letzten Jahren. In München entstand eine Baugruppe aus einem Gemeindezentrum mit Schule, einem jüdischen Museum und einer Synagoge (Abb. 34 und 36). Das monumentenhafte Synagogengebäude setzt den Anspruch auf Sichtbarkeit und Dauerhaftigkeit jüdischen Lebens in Deutschland um. Charlotte Knobloch, Präsidentin des Zentralrats der Juden in Deutschland, fasste dies in einem zur Einweihung 2006 geäußerten Satz zusammen: »Wer ein Haus baut, bleibt«. Das zum Stadtraum fast hermetisch geschlossene Bauwerk stellt sich schräg in den Raum der umgebenden Plätze und Wege, als Bauskulptur löst es sich von allen anderen Bauwerken der Umgebung. Skulpturale Konzepte sind seit den Fünfziger Jahren auch in der gegenwärtigen Kirchenarchitektur verbreitet, ein aktuelles Beispiel ist das ökumenische Kirchenzentrum in Freiburg von 2004 (Abb. 35).

Nur wenige jüdische Gemeinden können derzeit so spektakuläre Neubauten errichten wie in Duisburg oder München. So richten viele Gemeinden Synagogenräume in bestehenden Gebäuden ein. Eine besondere Gruppe innerhalb dieser durch Umnutzung entstandenen Synagogen stellen jene dar, die in ehemals christlichen Gotteshäusern untergebracht sind. Jüdische religionsgesetzliche Bestimmungen sprechen nicht gegen eine solche Maßnahme. Das jüngste Beispiel einer zum jüdischen Gemeindezentrum umgebauten früheren evangelischen Kirche wurde 2009 in Hannover eingeweiht (Abb. 37).

Die seit 1990 zu verzeichnende Neubauwelle jüdischer Gemeindeeinrichtungen findet parallel mit einem Wandel »des Sakralen« im Bild unserer Städte statt. Zu diesem Wandel trägt nicht nur das Problem der verwaisten Kirchenbauten bei, sondern auch die Errichtung repräsentativer Moscheen. Erst im 20. Jahrhundert kommt es in Deutschland überhaupt zum Bau von Moscheen. Nach einem Provisorium für Kriegsgefangene des Ersten Weltkriegs und einem Bau der Zwanziger Jahre in Berlin entstanden bis in die Sechziger Jahre in der Bundesrepublik nur wenige Moscheen (so in Hamburg, Abb. 38, München und Aachen). Die Arbeitsmigration der folgenden Jahrzehnte brachte dann die bekannt große Zahl muslimischer Einwanderer nach Deutschland, die zunächst kaum auf Dauerhaftigkeit angelegte religiöse Einrichtungen eröffneten. Die »Hinterhofmoschee«, in Räumen abseits der Mehrheitsgesellschaft eingerichtet, prägte das Bild der muslimischen Gebetsräume. Bis heute findet beim weitaus größten Teil der Moscheevereine das religiöse und soziale Leben an solchen Orten statt. Dass sie die Ausstattung und Gestaltung der Moscheen der jeweiligen Herkunftsländer der Migranten übernehmen, verdeutlicht die über das Religiöse hinausgehende Funktion dieser Orte als Rückzugsräume in eine mitgebrachte Heimatlichkeit.

Seit den Neunziger Jahren verstärken einige Moscheevereine die Bestrebungen, nicht mehr versteckte Gemeindezentren zu errichten. In Mannheim entstand einer der ersten Moscheebauten, deren Standort dem einer christlichen Kirche vergleichbar ist. Überwiegend bleibt man bei der Umsetzung traditioneller Bautypen. Besonders die Kuppelbauten der türkischen Moscheen liefern Vorbilder, so zum Beispiel bei der derzeit größten Moschee Deutschlands in Duisburg-Marxloh oder bei der in Göttingen (Abb. 39). Nur gelegentlich wird eine Übersetzung der Tradition in moderne Bauformen versucht, zum Beispiel in Penzberg (Bayern) oder in Wolfsburg (Abb. 40) – angesichts zahlreicher ausgesprochen moderner Moscheen in den muslimisch geprägten Ländern mag man diesen Verzicht auf innovative Architektur als weiteren Beleg für die Orientierung, »Heimat« und kulturelle Identität stiftende Funktion der Bauwerke für die Gemeinden in Deutschland verstehen.

Damit zeigt sich ein grundlegender Unterschied in der Architekturgeschichte der Synagogen und der Moscheen: Während Synagogen in Deutschland keine unabhängige Bautradition haben konnten, sondern als Architekturen einer über die Jahrhunderte mehr oder weniger geduldeten, mehr oder weniger verfolgten Minderheit immer in bewusster Orientierung an den Bauwerken der Mehrheit gestaltet wurden – angleichend oder unterscheidend –, besitzen Moscheen Traditionen, die außerhalb Deutschlands in muslimischen Mehrheitsgesellschaften entwickelt wurden und sich weiter entwickeln. Ein »Transfer« von Bautypen und -formen ist möglich und üblich, »optische Fremdheit« ist ein Identität förderndes Moment, das selbstbewusst kulturelle Besonderheit bewahren helfen soll.

Doch »optische Fremdheit«, die von den Antisemiten des 19. und 20. Jahrhunderts zur stereotypen Vorstellung einer jeden Synagoge und des Judentums insgesamt gemacht worden ist, machen Gegner eines sichtbaren und damit in das Bild unserer Gesellschaft integrierten Islams erneut zu einem Kristallisationspunkt diffuser Befürchtungen, die in Moscheen eine Gefährdung der (Mehrheits-) Gesellschaft erkennen wollen.

Spiegelt sich in diesen Diskussionen vielleicht auch ein – ebenfalls diffuses – Unbehagen angesichts der Beobachtung, dass die »eigenen« Orte religiöser Identität, die christlichen Kirchen, zumindest in ihrer prägenden Bedeutung verloren zu gehen drohen? Wie verarbeitet eine Gesellschaft den Wandel des Sakralen im Bild ihrer Städte? Das Verschwinden von kirchlichen Bauten, die Rückkehr der Synagogen und das Neuentstehen von Moscheen sind zeitlich parallel ablaufende Prozesse, deren positive, integrierende Bewältigung eine breite Diskussion erfordert – mit allen sozialen, kulturellen und emotionalen Problemen, die sich daraus ergeben. Der Blick auf die Bauwerke selbst, auf ihre Stellung in der gebauten Umwelt und auf ihre sich wandelnden Funktionen und Erscheinungen, mag helfen, solche Prozesse anschaulich und in ihrer historischen Dimension begreifbar zu machen.

Literatur

BEINHAUER-KÖHLER, BÄRBEL UND CLAUS LEGGEWIE, 2009, *Moscheen in Deutschland. Religiöse Heimat und gesellschaftliche Herausforderung*, München.

COHEN-MUSHLIN, ALIZA UND HARMEN THIES (HRSG.), 2008, *Synagogenarchitektur in Deutschland. Dokumentation zur Ausstellung »... und Ich Wurde Ihnen zu einem Kleinen Heiligtum ...« – Synagogen in Deutschland. Petersberg 2008 (= Schriftenreihe der Bet Tfila-Forschungsstelle für jüdische Architektur in Europa 5).*

DIE NEUE SYNAGOGE IN DÜSSELDORF. *Zur Einweihung am 7. September 1958.* Düsseldorf 1958.

GRELLERT, MARC UND MANFRED KOOB, 2004, *Synagogen in Deutschland. Eine virtuelle Rekonstruktion.* Hrsg. v. d. Technischen Universität Darmstadt, Fachgebiet CAD in der Architektur, Basel.

HAMMER-SCHENK, HAROLD, 1981, *Synagogen in Deutschland. Geschichte einer Baugattung im 19. und 20. Jahrhundert (1780–1933).* Hamburg 1981 *(= Hamburger Beiträge zur Geschichte der Deutschen Juden 8).*

KESSLER, KATRIN, 2007, *Ritus und Raum der Synagoge. Liturgische und religionsgesetzliche Voraussetzungen für den Synagogenbau in Mitteleuropa.* Petersberg *(= Schriften der Bet Tfila – Forschungsstelle für jüdischen Architektur in Europa 2).*

KNUFINKE, ULRICH, 2007, *Bauwerke jüdischer Friedhöfe in Deutschland.* Petersberg *(= Schriften der Bet Tfila – Forschungsstelle für jüdischen Architektur in Europa 3).*

KORN, SALOMON, 1988, *Synagogenarchitektur in Deutschland nach 1945.* In: SCHWARZ, HANS-PETER (HRSG.): *Die Architektur der Synagoge.* Frankfurt a. M., S. 287–343.

KRAFT, SABINE, 2001, *Islamische Sakralarchitektur in Deutschland. Eine Untersuchung ausgewählter Moschee-Neubauten*, Münster.

KRINSKY, CAROL HERSELLE, 1997, *Europas Synagogen. Architektur, Geschichte und Bedeutung*, Wiesbaden.

KÜNZL, HANNELORE, 1984, *Islamische Stilelemente im Synagogenbau des 19. und 20. Jahrhunderts.* Frankfurt am Main u. a. *(= Judentum und Umwelt 9).*

KÜNZL, HANNELORE, 1992, *Jüdische Kunst. Von der biblischen Zeit bis in die Gegenwart*, München

MUSIL, STEFAN UND MICHAEL E. CORIDASS, 2010, *Gebauter Aufbruch. Neue Synagogen in Deutschland*, Regensburg

PAULUS, SIMON, 2007, *Die Architektur der Synagoge im Mittelalter. Überlieferung und Bestand.* Petersberg *(= Schriftenreihe der Bet-Tfila-Forschungsstelle für Jüdische Architektur in Europa 4).*

SCHOEPS, JULIUS H. (HRSG.), 2001, *Leben im Land der Täter. Juden im Nachkriegsdeutschland (1945–1952)*, Berlin *(= Sifaria 4).*

SCHWARZ, HANS-PETER (HRSG.), 1988, *Die Architektur der Synagoge.* Frankfurt a. M., S. 157–286.

THIES, HARMEN, 1999, *Synagogen. Begriff und Bild.* In: IZSAK, ANDOR (HRSG.), »*Niemand wollte mich hören…*« *Magrepha. Die Orgel in der Synagoge.* Hannover (= Schriftenreihe des Europäischen Zentrums für Jüdische Musik 5), S. 57–70.

WISCHNITZER, RACHEL, 1964, *The Architecture of the European Synagogue,* Philadelphia.

YOUNG, JAMES E (HRSG.), 1993, *Mahnmale des Holocaust. Motive, Rituale und Stätten des Gedenkens,* München

ZAHNER, WALTER (HRSG.), 2007, *Schätze! Kirchen des 20. Jahrhunderts. Eine Ausstellung der DG Deutsche Gesellschaft für christliche Kunst,* München, in Verbindung mit dem EKD-Institut für Kirchenbau und kirchliche Kunst der Gegenwart an der Philipps-Universität Marburg und dem Deutschen Liturgischen Institut, Trier. Trier.

Weiterführende Links zum Thema Synagogenarchitektur und jüdische Gemeinden in Deutschland (Auswahl):
www.zentralratdjuden.de
www.bet-tfila.org
www.synagogen.info
www.alemannia-judaica.de

Links zu im Artikel genannten historischen Synagogen, die als kulturelle Einrichtungen oder Museen zugänglich sind:
AUGSBURG: Jüdisches Kulturmuseum Augsburg/Schwaben, www.jkmas.de
BERLIN: Stiftung Neue Synagoge Berlin – Centrum Judaicum, www.cjudaicum.de
ERFURT: Alte Synagoge, www.alte-synagoge.erfurt.de
Essen: Alte Synagoge Essen, www.alte-synagoge.essen.de
Halberstadt: Moses-Mendelssohn-Akademie, www.moses-mendelssohn-akademie.de
KIPPENHEIM: Ehemalige Synagoge Kippenheim,/www.ehemalige-synagoge-kippenheim.de
MEMMELSDORF: Lernort Synagoge Memmelsdorf, www.synagoge-memmelsdorf.de
SPEYER, JUDENHOF: www.speyer.de/de/tourist/sehenswert/judenhof
TITZ-RÖDINGEN: Ehemalige Synagoge Rödingen, www.synagoge-roedingen.lvr.de
TRUTZHAIN: Gedenkstätte und Museum Trutzhain, www.gedenkstaette-trutzhain.de
WORMS: Jüdisches Museum im Raschi-Haus Worms, www.worms.de/deutsch/kultur/museen/raschi_haus

Abbildungen

23 Stuttgart, Synagoge von 1952, Architekt: Ernst Guggenheimer, Ansicht

24 Stuttgart, Synagoge von 1952, Architekt: Ernst Guggenheimer, Innenraum

25 Erfurt, Synagoge von 1953, Architekt: Willy Nöckel, Ansicht

26 Trier, Synagoge von 1956–57, Architekt: Alfons Leitl, Innenraum

27 Trier, Synagoge von 1956–57, Architekt: Alfons Leitl, Ansicht

28 Düsseldorf, Synagoge von 1958, Architekt: Hermann Zvi Guttmann, Ansicht

29 Düsseldorf, Synagoge von 1958, Architekt: Hermann Zvi Guttmann, Innenraum

30 Düsseldorf, katholische St. Rochus-Kirche von 1954, Architekt: Paul Schneider-Elsleben

31 Darmstadt, Synagoge und Gemeindezentrum von 1988, Architekt: Alfred Jacoby, Ansicht

32 Duisburg, jüdisches Gemeindezentrum mit Synagoge von 1999, Architekt: Zvi Hecker, Ansicht

33 Darmstadt, Synagoge und Gemeindezentrum von 1988, Architekt: Alfred Jacoby, Innenraum

34 München, Synagoge am Jakobsplatz von 2006, Architekten: Wandel, Höfer und Lorch, Ansicht

35 Freiburg, Ökumenisches Kirchenzentrum Maria Magdalena von 2004, Architekt: Susanne Gross, Ansicht

36 München, Synagoge am Jakobsplatz von 2006, Architekten: Wandel, Höfer und Lorch, Innenraum

37 Hannover, aus einer evangelischen Kirche der 1970er Jahre hervorgegangene Synagoge der Liberalen jüdischen Gemeinde Hannover, 2009, Architekten des Umbaus: Gesche Grabenhorst und Roger Ahrens, Innenraum

38 Hamburg, Imam Ali-Moschee, ab 1961, Architekten: Schramm, Eligius und Zargarpoor, Ansicht

39 Göttingen, Moschee von 2006, Ansicht

40 Wolfsburg, Al-Salam-Moschee von 2006, Architekten: Koller, Heitmann und Schütz, Ansicht

Simone Lässig

Anerkennungsdiskurse und Integrationsstrategien: Staat und Juden im 19. Jahrhundert

Im Jahre 1851 berichtete das *»Morgenblatt für gebildete Leser«* über bemerkenswerte Veränderungen im Stadtbild Dresdens, besonders im Erscheinungsbild des Neumarkts. Früher habe man an diesem zentralen Ort der sächsischen Residenzstadt »beinahe mit allen fünf Sinnen (denn man fühlte sich wohl auch von den Zudringlichen erfasst) ein Stück Ghetto oder Prager Judenstadt wahrnehmen [können]. Gaunergesichter und lumpenbehangene Gestalten lungerten dort zu Dutzenden umher, schleppten unsaubere Bündel auf den Armen, feilschten zischelnd und schreiend, und belästigten mehr oder minder jeden Vorübergehenden. Jetzt«, so fuhr der anonyme Berichterstatter fort, »fehlen die Krummnasen und Schwarzbärte an der altgewohnten Verkehrsstätte zwar auch noch nicht ganz, aber die Gruppen sind anständiger geworden; unter zehn sieht man höchstens einen im unsauberen Kittel.« (Morgenblatt für gebildete Leser, Stuttgart 1851, S. 737 f)[1].

Bereits 1839 hatte die *»Allgemeine Zeitung des Judenthums«*, die sich unter der Redaktion des Magdeburger Rabbiners Ludwig Philippson zu einem wichtigen Sprachrohr jüdischer Emanzipationsforderungen entwickelte, dem *»Conversation-Lexikon der Gegenwart«* darin zugestimmt, dass es möglicherweise »für die allgemeine und religiöse Bildung der Juden, besonders der deutschen, nicht ohne großen Gewinn [sei], dass ihnen die Emancipation so schwer wird. Der Druck ruft den Gegendruck hervor und durch den dialektischen Kampf, welcher in Deutschland nun schon seit einer längeren Reihe von Jahren mit den größten Anstrengungen geführt wird, ist der Geist der Juden hier auch im Ganzen zu einer Gediegenheit und Kraft erwachsen, wie schwerlich auf einem anderen Punkte des Festlandes.«[2]

Es handelt sich hier um zeitgenössische Äußerungen, die zu unterschiedlichen Zeiten an unterschiedlichen Orten und zu unterschiedlichen Themen erschienen sind – im ersten Fall geht es vor allem um die Erwerbstätigkeit und das Wirtschaftsverhalten jüdischer Einwohner und im zweiten um Rechtsgleichheit und damit um eine Frage, die vor allem den Staat betraf und forderte. Und dennoch spiegeln sich in beiden Zitaten in ganz ähnlicher Weise jene Wahrnehmungen und Deutung, die die

Emanzipations- und Anerkennungsdiskurse dieser Zeit in hohem Maße durchzogen und geprägt haben: Zu diesen gehörte erstens die Tendenz, soziale oder politisch-juristische Herausforderungen *kulturell* zu überformen und zu bewerten. Zweitens spricht aus beiden Zitaten das Erstaunen darüber bzw. der Stolz darauf, dass sich die gesellschaftliche Rolle und das soziale wie kulturelle Profil der Juden in vielen deutschen Städten – offenbar unabhängig von konkreten Fortschritten in der staatsbürgerlichen Gleichstellung oder sogar wegen der überwiegend zögerlichen Emanzipationspolitik – in vergleichsweise kurzer Zeit sehr deutlich geändert hatte. Noch ein bis zwei Generationen früher war ein ganz anderes Bild typisch gewesen: Als Ende des 18. Jahrhunderts die Debatten um Möglichkeiten, Grenzen und Modi einer staatsbürglichen Integration von Juden einsetzten und erste darauf bezogene Gesetze verabschiedet wurden, gab es in Städten wie Berlin oder Dresden zwar auch schon sehr vermögende und gebildete Juden, die sich für die Ideen ihrer Zeit öffneten und sogar eine genuin jüdische Aufklärung (Haskala) hervorbrachten. Dennoch prägten weder die Maskilim (Vertreter der Haskala) noch die reichen Unternehmer und Bankiers oder später die Jüdinnen der Salons das Gesamtbild, sondern jene große Gruppe – vermutlich waren es etwa zwei Drittel aller Juden –, die an oder unterhalb der Armutsgrenze lebte und in Kultur, Religion und Lebensweise noch weit entfernt von dem zu sein schien, was die Zeitgenossen als ›aufgeklärt‹ und ›bürgerlich‹ definierten.

Verlängert man den Blick bis ins ausgehende 19. Jahrhundert, so kehren sich die Vorzeichen jedoch beinahe um: Zwar gab es auch jetzt noch jüdische Arme, aber ein bedeutender und weiter wachsender Teil der jüdischen Deutschen gehörte im Kaiserreich bürgerlichen Sozialgruppen an und orientierte sich in Lebensentwürfen und kulturellen Praxis an einem damit korrespondierenden Wertesystem – kurz gesagt: an Bürgerlichkeit und Bildung.

Dies wirft die Frage auf, weshalb und wie es den deutschen Juden gelungen war, eine solch bemerkenswerte soziale und kulturelle Dynamik zu entfalten. Bevor Modernisierungs- und Anerkennungsdiskurse im deutschsprachigen Judentum des 19. Jahrhunderts daraufhin untersucht werden, sollen aber in einem ersten Schritt die historischen Rahmenbedingungen skizziert werden. Im Zentrum steht dabei die Frage, welche Bedeutung der im »*Conversationslexikon*« angesprochenen, insgesamt fast ein Jahrhundert andauernden Debatte um »bürgerliche Verbesserung«, Staatsbürgerschaft und Integration für die jüdischen Wege ins Bürgertum zukam.

»Zivilisierung« als Konzept und Emanzipation als Kontext

Die französische Nationalversammlung garantierte den Juden 1790/91 volle Staatsbürgerrechte, denn Citoyen wurde man als Individuum unabhängig von Religion, Habitus und Lebensweise. Entscheidend war das Bekenntnis zur Nation – wobei freilich auf keinen Fall (mehr) die jüdische, sondern die französische gemeint war. Die deutschen Staaten hingegen definierten ›Emanzipation‹ mehrheitlich nicht als Grundrecht, sondern als Lohn für eine – wie es zeitgenössisch hieß – ›bürgerliche Verbesserung‹.

Mit diesem Ansatz bewegte sich die deutsche Beamtenschaft in jenem Diskursrahmen, den die westeuropäische Aufklärung geformt und den sie unter anderem aus der Überzeugung von einer moralischen Überlegenheit gebildeter, aufgeklärter, zu Rationalität fähiger Menschen abgeleitet hatte. ›Emanzipation‹ war in dieser Logik zunächst weniger eine politische denn eine kulturelle Angelegenheit. Zwar ging es im Einklang mit dem Universalismus der Aufklärung wie den Erfordernissen der Staatsbildung um weitgehende Gleichheit in Rechten und Pflichten, also um die Formung einer modernen Staatsbürgergesellschaft. Im Interesse der Legitimierung und Stabilisierung politischer Herrschaft und ökonomischer Leistungsfähigkeit sollten möglichst alle Einwohner, auch bisher marginalisierte Gruppen, für den Staat nützlich werden (können). Hierfür, so die eine Seite dieses Ansatzes, habe der Staat bestimmte Leistungen zu erbringen; vor allem habe er einen rechtlichen Rahmen bereit zu stellen, der Zugänge eröffne und diese ›Nützlichkeit‹ ermögliche. Dies schloss ein Mindestmaß an Pluralität – etwa in der Duldung oder Anerkennung anderer Religionen und ihrer Kultusbedürfnisse – zumeist mit ein. Auf der anderen Seite aber erwartete der Staat hierfür auch erhebliche Vor- und Anpassungsleistungen von den betreffenden Gruppen. Sie sollten partikulare Identitäten aufgeben und sich – wie es zeitgenössisch formuliert wurde – zunächst verbessern und veredeln. Dieser Ansatz, über den die »internen Anderen« in die sich entwickelnde bürgerliche Gesellschaft eingebunden werden sollten, gleicht in den Grundstrukturen jenem Zivilisierungskonzept, das die europäischen Mächte im Umgang mit externen Anderen, speziell den Kolonialvölkern entwickelten. Hier wie dort beriefen sich die »Erzieher« im Namen eines universellen aufklärerischen Rationalismus' um die Einebnung kultureller Unterschiede und um die »Erziehung« von Gruppen, die den kulturellen Normen der Aufklärer und des neuen Bürgertums nicht entsprachen und die in ihrer Wahrnehmung in der Hierarchie der Kulturen auf einer niedrigeren Stufe verharrten.

Damit ist die Ambivalenz der Problematik bereits umrissen: Auf der einen Seite versuchten Staat und frühes Bürgertum die staatsbürgerliche Integration der Juden über ein Konzept zu realisieren, das – hierin dem Geist der Zeit durchaus entsprechend – in hohem Maße konditional, disziplinierend und paternalistisch angelegt war. Auf der anderen Seite handelte es sich um ein ›Angebot‹, dem insofern auch eine gewisse Attraktivität innewohnte, als es sozialen Aufstieg und kulturelle Anerkennung versprach. Die Frage, wie die deutschen Juden auf diese Herausforderung reagiert haben und wie sie mit dieser Ambivalenz umgegangen sind, wird im Zentrum der folgenden Erörterungen stehen.

Medien kultureller Verbürgerlichung

Der Zusammenhang zwischen jüdischer Aufklärung, Emanzipationsdiskurs und kultureller Verbürgerlichung wird unterschiedlich bewertet. Während einige Historiker die Haskala, die Teil der europäischen Aufklärungsbewegung war, zwar als eine kulturelle Revolution (Shmuel Feiner) einstufen, sie aber in Deutschland schon gegen Ende des 18. Jahrhunderts zerfallen sehen, schlagen andere den Bogen direkt zur jüdischen Reformbewegung des 19. Jahrhunderts. Ohne diese Diskussion hier aufgreifen oder gar vertiefen zu wollen, so dürfte doch feststehen, dass die Aneignungs-, Übersetzungs- und Umdeutungsprozesse, die im Folgenden für drei besonders zentrale Felder der kulturellen Verbürgerlichung skizziert werden sollen, ohne die Vorleistungen der jüdischen Aufklärer (Maskilim) kaum vorstellbar sind. Es war die – insgesamt allerdings nur sehr kleine – Gruppe der Maskilim, die die Grenzen jüdischen Wissens und jüdischer Kommunikation verflüssigte, die im religiösen Sinn gelehrt war und sich doch zugleich säkular und im Austausch mit anderen Zeitgenossen bildete. Insofern hatten die Maskilim einen eigenständigen Anteil sowohl an der neuen aufgeklärten Öffentlichkeit als auch daran, dass sich eine moderne Öffentlichkeit im Judentum selber auszuformen begann. Das heißt: Zur selben Zeit, als die aufgeklärte Beamtenschaft die Frage aufwarf, ob, wie und unter welchen Bedingungen die Juden Teil der modernen Staatsbürgergesellschaft werden könnten, waren einige junge Juden schon längst dabei, die jüdische Kultur für profane Gegenstände zu öffnen, das religiöse Monopol jüdischen Wissens in Frage zu stellen und so die etablierten Autoritäten – und das hieß vor allem die im exklusiv religiösen Sinn gelehrten Eliten – der jüdischen Gemeinden herauszufordern. Auf kurze Sicht mögen sie diesen noch unterlegen gewesen sein, aber auf längere

Sicht hatten sie damit das Fundament gelegt und die Tür geöffnet für eine grundlegend neue Definition jüdischer Existenz. Allein durch die Erziehungsofferte des Staates wäre eine kulturelle Verbürgerlichung des Judentums wohl kaum denkbar gewesen. Für tiefgreifende Veränderungen in Wertesystemen und Mentalitäten ethnisch, religiös oder sozial definierter Gruppen bedarf es wohl immer des Zusammentreffens von äußeren Impulsen und inneren Gärungsprozessen. Fehlen weitgehend autonom gewachsene Potenziale, dann können auch keine selbstbestimmten Aneignungs- und Umdeutungsprozesse in Gang kommen. Genau das aber war im deutschsprachigen Judentum des späten 18. und des frühen 19. Jahrhunderts der Fall: Im Unterschied zu der auf Homogenisierung und Disziplinierung fixierten Beamtenschaft hatten die Maskilim einen Weg aufgezeigt (und selbst gelebt), der die Chance bot, die Moderne als Jude zu bewältigen, also in der Perspektive Bürgerlichkeit mit Jüdischkeit zu verzahnen. Vor allem dieser Umstand dürfte es den jüdischen Reformern des 19. Jahrhunderts letztlich ermöglicht haben, die Erziehungsideologie nach innen zu wenden und zu einem »jüdischen Projekt« umzudeuten. Dies gelang ihnen auf verschiedenen Feldern und über verschiedene Medien. Drei besonders zentrale sollen im Folgenden kurz skizziert werden – a) die Entwicklung neuartiger Bildungsangebote, b) die Ausformung einer in ihren Grundstrukturen bürgerlichen deutsch-jüdischen Öffentlichkeit und c) die Reform der religiösen Praxis und die damit verbundene Pluralisierung des Judentums.

Bildung als jüdisches Programm

Die Juden gelten gemeinhin als »Volk des Buches« und des Lernens. Dass sich die Kritik jüdischer wie anderer Zeitgenossen dennoch bevorzugt auf diesen Bereich ausrichtete, hatte vor allem etwas mit dem traditionellen Verständnis von jüdischem Wissen zu tun. ›Lernen‹ bezog sich seit vielen Jahrhunderten primär auf das Studium der heiligen Schriften und vor allem auf die Kenntnis und Auslegung des religiösen Gesetzes (Halacha). Es war ganz überwiegend an eine gute Kenntnis der hebräischen Sprache gebunden und gehörte zu den wichtigsten Privilegien der Männer. Auch wenn religiöse Dispute häufig um die Umsetzung der Halacha im Alltag kreisten, so handelte es sich doch grundsätzlich um ein weltabgewandtes Lernen, das sich in der scheinbar ewigen Eigenlogik des Religionsgesetzes bewegte und damit auch Vorstellungen von Zeit und Raum folgte, die sich von denen der Christen und hier vor allem derjenigen, die sich als aufgeklärt verstanden, deutlich unterschieden. Für rationale Wissenschaft und Bildung in jenem emphatisch Humboldtschen Sinne, ja selbst für die bloße Beschäftigung mit säkularem Wissen und profaner Literatur war im traditionellen Judentum kaum ein Platz vorgesehen. Gerade deshalb hatten die alten rabbinischen Eliten jene an Philosophie, Geschichte oder Naturwissenschaften interessierten jungen Männer, die die Haskala trugen, als Provokation und als Gefahr für den Bestand des Judentum wahrgenommen. Sie ahnten wohl, wie rasch die Grenzen durchlässig würden und wie durchgreifend sich das bislang dominierende Verständnis von jüdischem Lernen und Wissen ändern könnte, wenn erst das humanistische Konzept der Bildung in jüdische Kontexte und Traditionen übersetzt würde – und umgekehrt. So hatten jene Juden, die sich im 18. Jahrhundert für eine Verbindung von traditionell jüdischer Erziehung (in der Regel Torastudium) und profaner Bildung eingesetzt haben, innerhalb der jüdischen Gemeinden oftmals erhebliche Widerstände zu überwinden. Mittelfristig aber waren sie mit diesen Bemühungen erfolgreich. Drei Jahrzehnte, nachdem Mendelssohn die hebräische Bibel ins Deutsche übersetzt (1780–83), Daniel Itzig und David Friedländer die erste Jüdische Freischule in Berlin eröffnet (1778), Friedländer das erste deutschsprachige Lesebuch für jüdische Kinder herausgegeben (1779) und Naphtali Herz Wessely eine neue und höchst umstrittene Vision zeitgemäßer jüdischer Erziehung publiziert hatte (1782), existierten in Deutschland mindest 16 moderne jüdische Schulen, die den Integrationsansatz auf jeweils spezifische Weise umzusetzen versuchten. Hinzu kamen unzählige Privatlehrer, die säkulare Bildung und aufgeklärte Religiosität miteinander verbanden. Einen Schwerpunkt dieser neuen Schulen bildete die deutsche Sprache, die zu dieser Zeit nur wenige Juden gut beherrschten; die Alltagssprache war überwiegend West-Jiddisch. In den neuen Schulen hingegen nahm nun die Unterweisung in deutscher Rechtschreibung, Grammatik und Stil breiten Raum im Stundenplan ein. Auch moderne Fremdsprachen und Mathematikunterricht wurden fast überall gelehrt; zuweilen gepaart mit Unterweisung in Buchhaltung, Rechnungswesen oder Statistik. Hinzu kamen – in jeweils unterschiedlicher Kombination und Stundenzahl – Naturwissenschaften wie Physik, Geographie, Naturgeschichte sowie Geschichte oder Kunst und in teilweise erheblichem Umfang Moral und Religion. Die jüdischen Reformschulen gehörten damit zu den ersten Schulen überhaupt, die ihr Curriculum realkundlich zuschnitten und so über weite Strecken an den Erfordernissen der kapitalistischen Erwerbsgesellschaft ausrichteten. Diese bezog sich auch auf die sozialen und kulturellen Kompetenzen, die die Kinder erwerben sollten: Zu den wichtigsten Zielen gehörten die Erziehung zu Fleiß, Leistungswillen und Selbständigkeit, zum Vergnügen an der Arbeit, aber auch zu Mäßigung und Selbstdisziplinierung. Die Schüler sollten gerüstet werden für ein Leben nach bürgerlichen Grundsätzen und für ein Streben nach steter Vervollkommnung der Persönlichkeit und nach individuellem Aufstieg.

Bedeutsam ist dies aus mindestens zwei Gründen: Zum einen verfolgten auch die Reformkräfte, die diese Schulen trugen, den Ansatz, das Judentum über eine Öffnung zur Moderne nicht abschaffen, sondern erhalten zu wollen. Nahezu alle jüdischen Schulen und Lehrer dieses Typs haben zunächst nicht auf das Torastudium verzichtet, sondern es durch säkulare Gegenstände und teilweise realkundliche, teilweise humanistische Bildung ergänzt und erweitert. (Nur) durch diese explizite, immer wieder betonte Einbindung neuer Elemente in vertraute lebensweltliche Kontexte war es möglich, diesen Neuerungen mittelfristig auch bei eher traditionalistischen Juden Akzeptanz zu verschaffen. Die Neuerungen, die im Grunde eine radikale Abkehr von einem über Jahrhunderte praktizierten Konzept jüdischen Lernens waren, erschienen nämlich so nicht als Anmaßung des Staates und als Preis für die Emanzipation, sondern als ein genuin jüdisches Element, das lediglich für einige Zeit verschüttet bzw. nicht mehr genügend gewürdigt worden sei.

Zum anderen unterrichteten die neuen jüdischen Schulen viele arme Kinder. Im Sozialprofil glichen sie also christlichen Volksschulen, fachlich und methodisch aber – und dies ist ein bemerkenswerter Faktor – entsprachen sie den hohen Standards der neuen Realschulen, die sich am Ideal des gebildeten Kaufmanns orientierten. Sie müssen also nicht nur im jüdischen, sondern auch im allgemein-bürgerlichen Kontext als ein wahrhaft modernes Element verstanden werden. Das aber bedeutet auch: Während das christliche Bürgertum seine soziale Position auch und gerade über ein vergleichsweise geschlossenes Bildungssystem stabilisierte, ermöglichte das neue jüdische Konzept eine Überwindung sozialer Barrieren und in der intergenerationalen Perspektive die Akkumulation von kulturellem Kapital.

Mitte des 19. Jahrhunderts war die Umstrukturierung des jüdischen Erziehungs- und Schulwesens, um die Vertreter und Sympathisanten der Reformbewegung einerseits, alte rabbinische Eliten und traditionell lebende Juden andererseits in so mancher Gemeinde über Jahrzehnte hinweg erbittert gekämpft haben, selbst in vielen ländlichen Gegenden schon weit vorangekommen. Die deutliche Mehrheit der jüdischen Kinder wurde nicht mehr im Cheder (Unterricht in Hebräisch, Tora und Talmud in der privaten Schulstube eines Lehrers) unterwiesen, sondern erhielt öffentlichen oder privaten Unterricht. Dieser schloss weltliche Fächer ein und wurde von Lehrern erteilt, die fachlich qualifiziert waren und nicht selten sogar über einen Universitätsabschluss verfügten. In Posen etwa räumte die Regierung bereits in den 1830er Jahren ein, dass das ehemals desolate jüdische Elementarschulwesen in kürzester Zeit eine hohe Qualität erreicht habe. Deshalb würden sogar christliche Eltern ihre Kinder gern dort anmelden. Den traditionsgebundenen Juden hingegen würden die neuen Schulen noch suspekt erscheinen; und zwar nicht nur wegen der profanen Fächer, sondern auch und vor allem, weil dem Religionsunterricht das Konzept einer reinen Vernunftreligion zu Grunde liege. Nach Untersuchungen von Sophia Kemlein stammte in den 1840er Jahren, also kaum zwei Generationen nachdem die Tora erstmals ins Deutsche übersetzt (Bi'ur) und in Berlin die erste moderne jüdische Schule ihre Türen geöffnet hatte, dennoch schon ein Viertel aller Gymnasiasten in Posen aus jüdischen Familien, in Lissa war es sogar ein Drittel.

Die vergleichsweise breite Akzeptanz eines Ansatzes, den man heute wohl als »Integration durch Bildung« beschreiben würde, hat zweifellos mehrere Ursachen, die hier nicht im Detail erörtert oder gewichtet werden können. In ihrer Bedeutung kaum zu überschätzen ist jedoch die Übersetzungsleistung, die die jüdischen Reformkräfte in vielen Gemeinden erbracht haben. Sie nämlich haben die aufgeklärt-bürgerliche Bildungsidee so weit als möglich von der konditionalen Emanzipationspolitik des Staates abgelöst und sie sehr wirksam und nachhaltig in den jüdischen Diskurs selbst eingeschrieben. »Bildung« im emphatisch-bürgerlichen Sinne des Wortes schien plötzlich ein dem eigenen kulturellen (das heißt auch religiösen) System inhärentes und von jeher prägendes Element zu sein. Hier kann man durchaus von der Erfindung einer Tradition sprechen: Aus ihr wurden einerseits all diejenigen Juden herausgeschrieben, die – wie etwa die »polnischen Talmudjünger« oder die ungebildeten Trödler – nicht mehr passfähig waren. Andererseits knüpfte man bewusst an die große Hochachtung an, die Juden zu allen Zeiten und an den unterschiedlichsten Orten der Diaspora für Gelehrsamkeit und für Männer entwickelt hatten, die sich im Studium um Erkenntnis mühten. Diese Tradition wurde nun sozusagen entkernt und mit neuen Ansprüchen und Inhalten gefüllt, blieb aber bzw. wurde erst wieder eine Quelle jüdischer Identität und Würde. Nicht zuletzt deshalb wurde das bürgerliche Bildungsideal für so viele Juden, nach und nach auch für gesetzestreue, anschlussfähig und lebenswert: Bereits um die Mitte des 19. Jahrhunderts war auch die neue Orthodoxie, wie sie etwa Samson Raphael Hirsch verkörperte, davon überzeugt, dass möglichst allen Kindern eine zeitgemäße Bildung zu vermitteln sei.

Innerhalb der jüdischen Gemeinden oder in den Spalten der jüdischen Presse wurden zwar auch zu dieser Zeit noch schulbezogene Konflikte ausgetragen. Diese aber resultierten nicht mehr aus einer mangelnden Akzeptanz der Bildungsidee selbst, sondern zumeist aus Ansprüchen deutscher Staaten, in die inneren Angelegenheiten des jüdischen Unterrichts eingreifen zu wollen – sei es nun über das Prüfungswesen, die Lehrplangenehmigungen oder die Festlegung der Schultage. Vor diesem Hintergrund ist auch die Diskussion um ein eigenständiges jüdisches Erziehungswesen zu sehen, das vor allem für den Elementarschulbereich Befürworter aus nahezu allen religiösen Richtungen und politischen Strömungen des deutschen Judentums fand. Relativ weit verbreitet war die Ansicht, dass die Schule für alle jüngeren Kinder in hohem Maße eine Religionsschule sein müsse. Der Elementarunterricht sollte weniger der Aneignung von Wissen als vielmehr der Persönlichkeitsbildung, speziell der Vermittlung moralischer Werte und Normen dienen.[3] Jüdische Schulen, so das Argument, seien viel besser als allgemeine Volksschulen willens und fähig, dies zu gewährleisten und auf diese Weise auch für eine sittliche Veredelung der Kinder Sorge zu tragen. Erst wenn eine ganze Generation so aufgewachsen sei, erst wenn die jüdischen Schüler in ihrem vertrauten Umfeld die Gelegenheit erhielten, zu starken, gebildeten und moralisch gefestigten Persönlichkeiten zu reifen, könnten sie sich später auch die Achtung ihrer christlichen Mitschüler erwerben und mit diesen in allgemeinen bürgerlichen Schulen lernen (So etwa Ludwig Philippson, 1835, in: Israelitisches Predigt- und Schulmagazin, S. 57). So war auch Gabriel Riesser davon überzeugt, dass sich die Juden nicht durch »... das Aufgeben unserer Eigenthümlichkeit« Akzeptanz erwerben und gesellschaftlich integrieren könnten, sondern nur durch »die Veredlung derselben«.[4]

Ein wichtiger Diskussionspunkt waren jene Schwierigkeiten, die sich in christlichen Schulen ergaben, wenn jüdische Schüler ihre Feiertage einhalten wollten. Selbst dort, wo Schulbehörden großes Entgegenkommen zeigten, gab es auf jüdischer Seite Bedenken: Durch Ausnahmegenehmigungen und einen separaten Religionsunterricht, so die Argumentation, werde Differenz erst hergestellt bzw. sichtbar, Trennungen würden eher verstärkt als abgebaut. Erst ältere Kinder würden über ein gefestigtes Urteilsvermögen verfügen und könnten mit solchen Herausforderungen, wie mit Pluralität generell, souverän umgehen. Ein weiteres, immer wieder vorgebrachtes Argument, das für den Erhalt eines jüdischen Elementarschulwesens ins Feld geführt wurde, bezog sich auf die soziale Relevanz des jüdischen Schulwesens. Man solle sich hüten, so hieß es 1841 in der Zeitschrift »*Orient*«, »diese armen Kinder [...] in die so überfüllten christlichen Armenschulen [zu] stoßen, die einer guten Bürgerschule weit nachstehen müssen.« (Der Orient. Berichte, Studien und Kritiken für jüdische Geschichte und Kultur, Leipzig 1841, S. 296).

In der Tat ist kaum zu übersehen, in welch hohem Maße sich Erziehung und Bildung zum Motor sozialer Mobilität entwickelten und welch großen Beitrag das zunächst eigenständige, deutsch-jüdische Schulwesen in dieser frühen, aber sehr entscheidenden Phase erbracht hat. Eine zeitgemäße Bildung für möglichst alle Kinder war eine zentrale Voraussetzung bzw. ein wichtiges Vehikel für gesellschaftliche Integration und für die Autoemanzipation einer bislang marginalisierten und kulturell als fremd empfundenen Minderheit, ohne dass dies identisch sein oder zeitgleich gedacht werden musste mit Vergemeinschaftung. Insofern galt im 19. Jahrhundert, was auch heute gilt: Beide Prozesse können verzahnt werden, müssen es aber nicht zwingend. Gerade für Kinder aus den unteren Schichten, die in allgemein bürgerlichen Schulen eher benachteiligt gewesen wären, boten die neuen jüdischen Schulen trotz mancher Unzulänglichkeiten bemerkenswerte Chancen. Nur wenige Schüler, so schätzte Eduard Kley anlässlich des 25-jährigen Jubiläums der Hamburger Freischule im Jahre 1840 ein, seien zum Kleinhandel zurückgekehrt. »Ehemalige, durch Generationen fortgepflanzte Bettlerfamilien«, so Kley, »sind erloschen, und der früher gewöhnliche, tägliche Anblick bettelnder Judenkinder ist seit Errichtung der Schule für immer verschwunden.« Selbst wenn man ein gehöriges Maß an Apologetik einrechnet, so steht doch außer Zweifel, dass Bildung in nahezu allen – für diese Periode überlieferten – jüdischen Memoiren und Lebensbeschreibungen der zentrale Topos war. Auch wenn die berufliche Perspektive nicht auf das Bildungsbürgertum ausgerichtet war, sondern in Handwerk, Handel oder Industrie mündete, nahmen Lernen und Persönlichkeitsbildung zumindest in der biographischen Konstruktion einen ganz bemerkenswerten Stellenwert ein. Auffällig ist dabei, dass der bürgerliche Bildungskanon nun oft in Relation zum jüdischen Lernen alten Typs gesehen wurde. Auch auf der Ebene der Familien sollte also bewiesen werden, wie harmonisch sich das neue Bildungsideal in die jüdische Tradition einfügte, welche symbiotische Einheit beides miteinander eingegangen war, eben weil – das lag als Schlussfolgerung auf der Hand – Bildung schon seit Jahrhunderten ein konstitutives Element jüdischen Lebens gewesen sei. Dieses Script hat sich fest ins kollektive Gedächtnis – auch in das von Nichtjuden – eingegraben. Für die Geschichte ungebildeter Juden zum Beispiel hat sich die Geschichtswissenschaft bislang eher selten interessiert.

Die skizzierte Entwicklung fiel in eine Zeit, in der das Erziehungssystem generell in einer tiefgreifenden Umstrukturierung begriffen und von daher relativ offen war. Dies änderte sich ab der Mitte des 19. Jahrhunderts, als die strenge Trennung zwischen niederer und höherer Schulbildung fest institutionalisiert wurde und damit die Chancen für Angehörige der Unterschichten, über Bildung sozial aufzusteigen, wieder deutlich abnahmen. Zu diesem Zeitpunkt aber war die »ursprüngliche Akkumulation« von kulturellem Kapital unter den jüdischen Deutschen schon so weit fortgeschritten, dass deren Kinder von den (Aus)schließungsprozessen kaum noch betroffen waren. Von daher war es auch kein Zufall, dass der Niedergang speziell jüdischer Schulen in die zweite Hälfte des 19. Jahrhunderts bzw. in die Zeit des Kaiserreichs fiel. Sie hatten ihre wichtigste Funktion, die Bildung ärmerer Schichten, zu dieser Zeit schon weitgehend erfüllt. Die Masse der Juden war nicht mehr arm oder rechtlos, sondern hatte sich kulturell und weithin auch sozial verbürgerlicht und konnte – rechtlich nun vollkommen gleichgestellt – die Kinder auf guten Schulen gemeinbürgerlichen Zuschnitts lernen lassen.

Die deutschsprachige jüdische Öffentlichkeit

Eine Öffentlichkeit, wie sie das Bürgertum im 18./19. Jahrhundert ausformte, hatte es im traditionellen Judentum nicht gegeben. Für die autonomen frühneuzeitlichen Gemeinden war sie schlichtweg verzichtbar gewesen und selbst die Vertreter der frühen Haskala publizierten zunächst überwiegend in Hebräisch, weil sie nicht primär nach außen kommunizieren, sondern jüdische Adressaten ansprechen wollten. Erst das bürgerliche Zeitalter, das korporative Strukturen generell infrage stellte und für Transparenz, Öffnung und Diskurs stand, forderte auch die jüdischen Gemeinschaften heraus, darüber hinausreichende Modelle der Kommunikation auszuformen. Was in diesem Zusammenhang entstand, war eine jüdische Öffentlichkeit, die sich auch in der internen Kommunikation überwiegend der deutschen Sprache bediente. Auch wenn es dabei in erster Linie um die Selbstverständigung über jüdische Wege in die Moderne ging, so verflüssigten sich doch hierdurch zugleich die Grenzen zwischen »innen« und »außen«, zwischen ethnisch-religiösen und allgemein bürgerlichen Diskursen und Praktiken.

Etabliert hat sich diese neue Form von Öffentlichkeit zum einen über ein überwiegend deutschsprechendes neues jüdisches Vereinswesen, das sich ab 1800 zunächst aus den alten religiösen Bruderschaften heraus entwickelt hatte. Unter dem Einfluss der Haskala hatten junge Juden versucht, die Fixierung auf göttliche Gebote und eine abstrakte Frömmigkeit aufzubrechen und religiöse Pflichten durch innengeleitete Religiosität und durch aufklärerische Werte wie Moral, Würde, Ehre und Sittlichkeit zu ersetzen. Nach und nach übernahmen diese Vereine dann auch eine Reihe von sozialen und kulturellen Funktionen, die bislang an die Synagoge gebunden waren: Juden, die nach einem Platz suchten, an dem sie lernen und kommunizieren, aber auch Heiratsverbindungen oder Geschäfte anbahnen konnten, zog es fortab nicht mehr ins Gotteshaus, denn dieses sollte – wie im Anschluss zu zeigen sein wird – vor allem Erbauung und Andacht fördern, sondern in sogenannte Gesellschaften oder Vereine verschiedensten Zuschnitts. Diese Ausdifferenzierung der Lebenssphären forcierte wiederum die Pluralisierung des jüdischen Vereinswesens. Das Spektrum reichte schon in den 1830er Jahren von religiösen über soziale und Fürsorgevereine, Emanzipations- und Berufsumschichtungsvereine, Lese- und Bildungsvereine bis hin zu jüdischen Geselligkeitsvereinen.

Die Einübung bürgerlicher Praktiken war auch in diesem Feld nicht zwangsläufig an eine Interaktion mit Christen gebunden, sondern im Gegenteil sogar besser realisierbar, wenn man sich in einem eher vertrauten Rahmen bewegen und Elemente einer kollektiven Mentalität abrufen konnte. Dies ist vor allem deshalb sozial bedeutsam, weil es den jüdischen Reformern – auch hier zeigen sich Parallelen zu den Freischulen – um eine Einbeziehung möglichst vieler Juden ging. Aus dieser Perspektive war das moderne jüdische Vereinswesen weit mehr als der Rückzug in eine Subkultur oder eine Verlegenheitslösung; das war es sicher hier und da *auch*. Vor allem für jene Juden, die wegen ihres sozialen Status auch als Christen kaum Zugang zu allgemeinen bürgerlichen Vereinen gefunden hätten, boten die ethnisch vergleichsweise geschlossenen Räume wichtige Foren der Vergesellschaftung und der Vernetzung; in ihnen realisierte sich immer stärker das, was die Forschung als bürgerliche Lebensweise beschreibt und was den sozialen Aufstieg begleiten bzw. befördern konnte. Und dies gilt auch für jenes Medium, das von vielen Aufklärern zunächst als größtes Hemmnis einer ›Veredelung‹ der Juden eingestuft worden war, die jüdische Religion.

Vom halachischen zum bürgerlichen Judentum

In den deutschen Staaten und speziell in Preußen hatte sich mit der Haskala eine jüdische Aufklärung entwickelt, deren Wirksamkeit zwar kurzfristig begrenzt blieb. Letztlich aber hatten die Maskilim, die zeitversetzt auch in Osteuropa einigen Widerhall fanden, das zentrale Fundament für eine Entwicklung gelegt, die ab dem frühen 19. Jahrhundert – wiederum vor allem von den deutschen Juden getragen – das gesamte diasporische Judentum nachhaltig verändern sollte. Sie mündete unter anderem in die Umgestaltung der religiösen Praxis, die Historisierung und Verwissenschaftlichung des Judentums und letztlich in seine Konfessionalisierung. Aus dieser Perspektive drängt sich die Frage auf, inwieweit die skizzierten Verbürgerlichungsprozesse mit Veränderungen im religiösen Feld korrespondierten oder durch diese gegebenenfalls sogar vorbereitet, abgesichert und vorangetrieben wurden.

Untersucht man die Debatten des ausgehenden 18. Jahrhunderts, dann erscheint eine solche Frage erst einmal recht abwegig, ja fast absurd. Der christlichen Spätaufklärung, vielfach aber auch den Anhängern der Haskala, galt die Gesetzesreligion in der Form, in der sie in den Gemeinden gelebt wurde, nämlich als das Symbol für Formalismus, Erstarrung und Unvernunft, ja als religionsgeschichtliches Relikt. Das war die eine Seite. Auf der anderen Seite war der jüdische Alltag des frühen 19. Jahrhunderts durchaus noch sehr religiös geprägt. Veränderungen in Mentalität, Habitus und Wertesystem mussten deshalb, wenn sie wirklich in die Breite wirken sollten, auch religiös legitimiert sein und vielleicht sogar vom religiösen Feld ausgehen. Das wiederum war aber nur möglich, wenn sich das halachische Judentum selbst reformierte, wenn sich die entsprechenden Reformen innerhalb des bestehenden religiösen Systems bewegten und wenn die erstrebten Veränderungen dieses System nicht sprengten, sondern aus ihm abgeleitet und zumindest partiell auch in einer vertrauten religiösen Semantik kommuniziert werden konnten. Angesichts des bei einer Gesetzesreligion besonders ausgeprägten normativen Zuschnitts bildete das religiöse Feld also nicht nur einen Schutzwall gegen Neuerungen, sondern zugleich einen Raum, in dem der Diskurs über neue Mentalitätsthemen geführt werden und Prozesse der Identitätsbildung vergleichsweise nachhaltig beeinflusst werden konnten.

Für die hier verfolgte Fragestellung erscheint es weder sinnvoll noch notwendig, die verschiedenen theologischen Strömungen zu charakterisieren, die sich im Ringen um eine Verbürgerlichung jüdischen Lebens ausformten und die das Bild des modernen Judentums bis in die Gegenwart prägen. Fokussiert man nämlich auf Prozesse und Faktoren jüdischer Verbürgerlichung, so finden sich viele der hierfür relevanten Elemente in allen Richtungen wieder – von der radikalen Reform über das liberale und konservative Judentum bis hin zur Neo-Orthodoxie: Sie alle verband als erster und wohl wichtigster gemeinsamer Nenner das evidente Interesse an Stabilisierung durch Veränderung, das heißt an der Erhaltung des Judentums in Zeiten einer fortschreitenden Rationalisierung und Säkularisierung. Die Begriffe ›Reform‹ und ›Reformer‹ werden hier in diesem weiten Sinne, also nicht nur für die Vertreter des theologisch definierten Reformjudentums, gebraucht.

Eine weitere Gemeinsamkeit bestand im Ringen um eine Religion, die den ästhetischen Normen des Bürgertums entsprach, die innengeleitetes Handeln ermöglichen und Individualität fördern konnte. Fragen von Ästhetik, Ordnung und Manieren spielten hierbei eine zentrale Rolle. Kritisiert wurden nun vor allem solche Elemente, die dem Vernunftdenken, den Manieren und dem Geschmack des Bürgertums entgegenstanden. Immer und immer wieder klagten die Reformer unterschiedlicher Couleur über »unreinlich und unanständig gekleidete Personen«, so etwa über jene, die – wie es in Dessau hieß – »in Schafspelzen oder Schlafschuhen im Gottesdienst erscheinen«, oder über »übeltönendes und andachtsstörendes Schreien, Weinen und Schaukeln beim Gebet«. Geklagt wurde ebenso über die »unnatürliche Ausdehnung« der Gebetshandlung, die »gedankenloses Nachplappern und eine seelenlose Verrichtung von Ritualen« fördere. »Kein Mensch«, so meinte etwa Elias Grünebaum, könne »so lange in Andacht verharren, wenn er es nicht bis zur Styliten-Ascesis gebracht, oder wie die Ochsen-Eremiten durch Schreien und Brüllen den zur Thätigkeit antreibenden Geist beschäftigen will, und so muss schon deshalb, abgesehen von der Form und von dem Inhalte, alle Andacht aus dem Gotteshause schwinden, Unruhe und Unordnung Platz greifen, und ein bloßer Lippendienst an die Stelle von innerer Erhebung und Erbauung treten.«[5] Speziell vor diesem Hintergrund ist die Einführung von Synagogenordnungen, Choralgesängen, Predigten oder Konfirmationen zu sehen, die in vielen Gemeinden heftige Debatten auslösten und für die sich die Reformkräfte auch oft Rückendeckung durch die jeweilige Beamtenschaft zu verschaffen versuchten. Zugleich aber waren sie auch davon überzeugt, dass nicht alle Gesetze und Normen, die von außen auferlegt wurden, mit dem Vernunftdenken des Bürgertums zu vereinbaren waren. Das betraf Anmaßungen des Staates ebenso wie scheinbar zeitlos gültige religiöse Gesetze. In einer Zeit fortschreitender Individualisierung sollte auch die jüdische Religion die Fähigkeit zum innengeleiteten Handeln, zum selbständigen und selbstbewussten Urteilen ermöglichen und wecken. Die Akzente verlagerten sich folglich von einer extern vorgeformten Frömmigkeitspraxis hin zur Individualität des Glaubenserlebnisses, zu Erbauung, moralischer Belehrung und emotionaler Stärkung.

Damit aber wurden automatisch die männlichen Elemente des Judentums – etwa das Talmud-Tora-Studium, Lehrvorträge und Disputationen, aber auch die Halacha als Fixpunkt im Alltag – deutlich abgewertet. Gestärkt wurden hingegen Empfindungen und Innerlichkeit, also jene Elemente, die der zeitgenössische Diskurs vornehmlich dem weiblichen Geschlechtscharakter zuschrieb. Das heißt: Mit der Transformation des Judentums von einer Kultur des männlich-religiösen Lernens und der rituellen Observanz hin zu einem religiösen System, das vornehmlich durch bürgerliche Werte geprägt war, wurden sowohl die Funktionen der Synagoge als auch die Rolle der Frau teilweise neu definiert. Fast alle (männlichen) Wortführer der Reformbewegung sahen in den Frauen nun die schärfste Waffe im Kampf gegen eine allzu durchgreifende Säkularisierung. Deshalb versuchten sie, die Geschlechtertrennung im sakralen Raum zu reduzieren, die emotionale Komponente im Gottesdienst zu stärken und die Synagogenbesucher – wie es in einer Hamburger Predigt hieß – »Über den hohen Wert des israelitischen Weibes« zu belehren. Dass sich die religiöse Observanz der Männer infolge neuer beruflicher Chancen und Herausforderungen verminderte, nahmen die Reformkräfte in Kauf; innerhalb der Familien aber sollten Religiosität und Frömmigkeit auch fortan einen Platz haben. Die Frau sollte gewissermaßen an die Stelle des Talmud studierenden Mannes treten; sie sollte – wie es in vielen Predigten hieß – »zur Priesterin des Hauses« und das Judentum zur Familienreligion werden. Damit wurden zwei Projekte von Beginn an eng und – wie wir aus Studien zum Kaiserreich wissen – auch wirksam verbunden: die Verbürgerlichung der jüdischen Familie und der Geschlechterrollen einerseits und die Recodierung des religiösen Lebens andererseits. Beides verstärkte sich offenbar wechselseitig.

Auch für andere Felder des sich rasant wandelnden Alltages definierten die Reformkräfte neue Mentalitätsthemen und Orientierungspunkte. Da es sich bei diesen neuen Meisterdenkern überwiegend um universitär gebildete Lehrer, Prediger und Rabbiner handelte, nutzten sie für diesen Zweck nicht nur Periodika oder schulische Lehrmedien, sondern auch die Gottesdienste. Eine besondere Bedeutung haben sie dabei dem neuen Element der deutschsprachigen Predigt beigemessen, über die der Sprachwandel vom Jiddischen zum Deutschen forciert und bürgerliche Orientierungen mit religiösem Impetus vermittelt werden sollten. Mit interessanten Konsequenzen: Direkt im religiösen Raum, in den Betstuben und Synagogen wurden nun Identitätsmodelle, Deutungsmuster und habituelle Praktiken verhandelt, die für ein Leben als Bürger unverzichtbar schienen. Hierzu gehörte neben der Verantwortung der Eltern für die Bildung ihrer Kinder auch die Bekräftigung bürgerlicher Tugenden. Die Erziehung zu Selbstbeherrschung und Mäßigkeit war ebenso ein wiederkehrendes Thema wie der rationale Umgang mit Zeit oder die positive Bewertung von Berufstätigkeit: »Fühle es«, mahnte der Hamburger Prediger Gotthold Salomon 1821,» welch ein Glück es ist, in seinen Berufsarbeiten, für sich und andere zu wirken, dir und Andern nützlich zu werden (...)« (Salomon, Gotthold, 1820, Predigten in dem neuen israelitischen Tempel zu Hamburg, Hamburg). Diese Ansicht teilte auch der orthodoxe Rabbiner Salomon Plessner, der »das zufriedene Leben« ebenfalls »an Religion und Berufsthätigkeit geknüpft« sah (Plessner, Salomon, 1836, Belehrungen und Erbauungen in religiösen Vorträgen zunächst für Israeliten, Berlin, S. 80 f.). Und für den Bernburger Rabbiner Salomon Herxheimer hatte es mehr Wert »als bloßes müßiges Frommsein (...) von seiner eigenen Hände Mühe sich zu ernähren« (Herxheimer, Salomon, 1857, Predigten und Gelegenheitsreden, 2. Aufl., Leipzig, S. 233). Religiöses Handeln sollte sich also nicht mehr vornehmlich in strenger Observanz realisieren (der traditionelle und vormals sozial sehr geschätzte Talmudjude galt nun vielmehr als Müßiggänger), sondern im Beruf und in der täglichen Pflichterfüllung.

Im Spiegel der moralischen Reden und Synagogenordnungen, die in immer mehr Gemeinden – zuweilen allerdings erst nach heftigen Kontroversen – eingeführt wurden, wirkte das deutsche Judentum plötzlich gar nicht mehr lebensfremd. Während die katholische Kirche Glauben und Modernisierung noch scharf kontrastierte, Bildung skeptisch gegenüberstand und das Profane aus dem Gotteshaus aussperrte, wandelten sich die jüdische Religion bzw. die religiöse Praxis sukzessive zu einem der Welt zugewandten kulturellen System mit einem ausgeprägt bürgerlichen Sozialanspruch. Die neuen deutschsprachigen Predigten, Gebetsbücher und religiös-moralischen Schriften haben die bürgerlichen Handlungsimperative zumeist mit den Koordinaten für ein gottgefälliges, glückliches Leben gleichgesetzt und den bürgerlichen Wertekanon insofern mit einem ausgesprochen hohen Geltungsanspruch vermittelt. Der religiöse Diskurs über Arbeitsethik und Zeitökonomie, über Erziehungsauftrag, Elternliebe und Geschlechtermodelle, über soziale Mobilität, Armut und Reichtum oder über Individualität und Vergesellschaftung dürfte die Modernisierung jüdischer Existenz gerade wegen dieser religiösen Legitimation und der religiösen Semantik beeinflusst haben.

War im Zusammenhang mit dem jüdischen Bildungskonzept von der erfolgreichen Erfindung einer Tradition die Rede, so spielte die Konstruktion von Kontinuität auch hier eine bedeutsame Rolle: Liest man die Reformschriften, so schien jede Neuerung an etwas Altbewährtes anzuknüpfen. Nicht wenige Reformer verfolgten beispielsweise die – im Barockjudentum weitgehend unbekannte – Predigt in der Landessprache in eine Zeit zurück, die noch deutlich vor dem Aufblühen der christlichen Kanzelberedsamkeit lag. Dies eröffnete ihnen einerseits die Chance, sich wirksam von den – wie sie es empfanden – kauderwelschen *Deraschot* der sogenannten polnischen Rabbis abzusetzen, mit denen sie eine zeitlang ja auch um Deutungshoheit, soziales Ansehen und Ressourcen innerhalb der Gemeinden konkurrierten. Andererseits ließen sich die neuen moralischen Reden so in den Gemeindealltag einführen, ohne dass man darin zwangsläufig eine unbotmäßige Anpassung an die christliche Religiosität sehen konnte; wenn sie im Judentum schon früher praktiziert wurden als im Christentum – so die Botschaft – konnte von Anpassung ja keine Rede sein. Auch hier haben die Reformer also kreativ übersetzt und versucht, Veränderungen von innen heraus zu realisieren. Die jungen Männer waren offenbar klug genug zu wissen, dass äußerer Druck gegenteilige Effekte provozieren kann und dass das Gefühl, grundlegende Elemente der eigenen Kultur aufgeben und sich anpassen zu müssen, um Akzeptanz zu finden, häufig unintendierte Folgen hat. Vor diesem Hintergrund zeichneten sie das Bild einer für Fortschritt schon immer offenen Religion; eine Religion, die Respekt erheischen und die Ausformung einer bürgerlich-jüdischen Identität zulassen, ja fördern konnte. Dies geschah zum einen über die Abgrenzung von unbürgerlichen – und deshalb jetzt negativ besetzten – Elementen der eigenen Geschichte. Zu den vielfach genutzten Topoi gehörten Institutionen wie die »alte Schul« oder das »dunkle Cheder«, aber auch soziale Gruppen wie die weltabgewandten, als arbeitsscheu eingestuften Talmudjünger und Wanderlehrer oder Bettler, Gauner, Trödler und Hausierer, die im aschkenasischen Judentum durchaus keine Randfiguren gewesen waren. Zum anderen aber haben die neuen Meisterdenker die bürgerliche Gegenwart und Zukunft religionsgeschichtlich verankert und auch die jüdische Vergangenheit in ein bürgerliches Licht gesetzt. Unbürgerliche Elemente der eigenen Geschichte wurden verschwiegen, scharf verurteilt oder aus der Tradition verbannt, während andere Elemente oder Perioden – etwa das mittelalterliche Judentum in Spanien – mit einer geradezu modellhaften Bürgerlichkeit aufgeladen worden sind. So reifte die Überzeugung, dass viele der neu abgefragten Lebensstile und Normen im Judentum von jeher einen festen Platz gehabt hätten. Nach und nach entwickelte sich so eine Bürgersynagoge, die sich keineswegs nur in der Architektur an der Lebenswelt der neuen, dynamischen Sozialformation ausrichtete, sondern diese Lebenswelt sogar in den Gottesdienst selbst integrierte. Da die Halacha in diesen Reformprozessen kaum angetastet, aber in einen neuen kulturellen Rahmen eingepasst wurde, konnte das zunächst vom Staat entworfene Erziehungsprogramm nach und nach zu einem genuin jüdischen Projekt umgedeutet und als solches vergleichsweise breit rezipiert werden. Auch für die Orthodoxie wurden um die Jahrhundertmitte nicht nur ein würdiger Gottesdienst und ein universitär gebildeter Rabbiner, sondern auch die makellose Beherrschung der deutschen Sprache und eine moderne Bildung für beide Geschlechter zur Norm. Diese neue Orthodoxie, die sich über weite Strecken in der Reibung am Reformjudentum etabliert hatte, verband gesetzestreue Religiosität und Bürgerlichkeit und wirkte damit kaum weniger ›zeitgemäß‹ als andere Strömungen im modernen Judentum.

In den meisten Gemeinden aber kam es in der Emanzipationszeit ohnehin nicht zu einer organisatorischen Spaltung; Separatgemeinden gab es vor 1871 nur in wenigen, zumeist großen Städten. Der Obrigkeit kam das vielfach entgegen, denn Einheitsgemeinden ließen sich auch deutlich besser kontrollieren als die früher verbreiteten Privatbetstuben und Hinterhofsynagogen. Sie hatten auf die Beamtenschaft immer etwas verdächtig und unheimlich gewirkt. Und den jüdischen Reformkräften waren sie nun einfach nur noch peinlich, weil sie unbürgerlich erschienen, weil sie nicht geeignet waren, den Stolz eines Judentums zu dokumentieren, das als emanzipationswürdig wahrgenommen werden wollte, und weil sie es auch praktisch erschwerten, ihren in die jüdischen Gemeinden ausgerichteten Erziehungsansatz zu realisieren. Die Errichtung von repräsentativen Synagogen in fast allen großen deutschen Städten folgte also zum einen pragmatischen Erwägungen; für die jüdischen Reformkräfte verband sich damit zudem eine Aufwertung ihres Status und ihrer Stellung in der Gemeinde. Zum anderen aber symbolisierten die neuen Zentralsynagogen mit ihrer vergleichsweise zentrumsnahen, nicht zu übersehenden Präsenz und ihren durchaus eigenständigen architektonischen Lösungen das Selbstbewusstsein einer Gruppe, die fähig war, sich selbst zu emanzipieren und sich auch dort, wo die Rechtsstellung dem noch nicht vollständig entsprach, überwiegend als Teil der bürgerlichen Gesellschaft begriff. In den häufig überdimensionierten Ausmaßen spiegelt sich zugleich die Zuversicht, die die Juden dieser Generation prägte. Das wohl markanteste Beispiel hierfür war Leipzig, wo zwar zahlreiche Juden zweimal jährlich zur Messe erschienen, wo es aber um 1850 nicht mehr als 81 erwachsene Mitglieder der jüdischen Gemeinde gab. Trotzdem wurde 1855 eine Synagoge eingeweiht, die mehr als 2000 Personen fasste.

Bilanz

Für die jüdischen Gemeinden ergab sich aus den Erziehungs- und Homogenisierungsbestrebungen des Staates im doppelten Sinne des Wortes eine große Herausforderung: Zum einen waren sie eine Zumutung und eine Bürde, zum anderen aber waren sie auch eine Chance. Und diese Chance haben die deutschen Juden im Großen und Ganzen beherzt genutzt: Was sich in den ersten Jahrzehnten des 19. Jahrhunderts vollzog, war ein spannender Prozess der kulturellen Übersetzung eines ursprünglich von den deutschen Staaten entwickelten Konzepts, das auf ›Zivilisierung‹ ausgerichtet und von der Erwartung getragen war, dass eine staatsbürgerliche Integration der Juden mit kultureller Angleichung und dem Abbau von Differenz einhergehen würde. Es war dies ein Prozess, der als Umdeutung und eigensinnige Aneignung dieses Konzepts durch jüdische Akteure beschrieben werden kann und der – wenn auch partiell von oben angestoßen – letztlich aus den jüdischen Gemeinden, Institutionen und Netzwerken heraus seine spezifische Dynamik gewonnen hat. Die deutschen Juden haben sich der ambivalenten Herausforderung kultureller Homogenisierung offensiv gestellt und sie haben sich ihr zugleich auf kreative Weise entzogen, indem sie die kulturelle Verbürgerlichung zu einem eigenen, auch die Unterschichten einbindenden Anliegen umgedeutet haben, in dessen Zentrum der bürgerliche Fixstern schlechthin stand – Bildung. Konfliktfrei ist dieser Prozess allerdings nicht abgelaufen. Immer wieder gab es sowohl äußere Blockaden und Probleme als auch Vorbehalte und Widerstände in den jüdischen Gemeinden selbst; viele Neuerungen blieben über Jahrzehnte hinweg umstritten oder wurden zwischenzeitlich sogar wieder aufgehoben. Für nicht wenige Juden war es schwierig, bisherige – überwiegend religiös vordefinierte – Koordinaten des Alltages aufzugeben und ihren Platz in einer immer komplexeren Gesellschaft zu finden. Insofern verliefen die hier skizzierten Modernisierungsprozesse zwar nirgendwo so rasch und planvoll, wie es aus der Retrospektive scheinen mag. Spannt man den Bogen über zwei bis drei Generationen hinweg, was aus mentalitätsgeschichtlicher Perspektive geraten scheint, so zeigt sich jedoch sehr deutlich, dass der Wandel im Sozialprofil der deutschen Juden auch und vermutlich vor allem in der weitreichenden Aneignung eines kulturellen Kapitals wurzelte, das für die bürgerliche Gesellschaft ausgesprochen passfähig war und zudem besonders zukunftsfähig schien.

Anmerkungen

1 Das war eine Publikumszeitschrift, die zum Standardrepertoire der Lesegesellschaften gehörte und die schönen Künste mit den historischen Disziplinen, den Naturwissenschaften und der Technik verband. Es gilt als bedeutendste deutsche Litera-

tur-, Kunst- und Kulturzeitschrift der ersten Hälfte des 19. Jahrhunderts und als Abbild der literarischen und kulturellen Entwicklung in Deutschland.

2 Die Allgemeine Zeitung des Judenthums (AZJ, 1839, S. 624) druckte das Zitat »mit der herzlichsten Anerkennung« ab.

3 Exemplarisch: Büdinger, Moses, 1831, Die israelitische Schule oder über die Vermengung der Kinder verschiedener Religionsparteien in einer Schule, Cassel.

4 Der Jude, 1831, S. 114. Einen staatlichen Zwang zur Aufrechterhaltung einer religiös getrennten Erziehung lehnten jedoch fast alle jüdischen Protagonisten rigoros ab.

5 Grünebaum, Elias, 2004, Zustände und Kämpfe, Carlsruhe 1843, S. 44; Weitere Beispiele und Nachweise für obigen Zitate bei: Lässig, Simone, 2004, Jüdische Wege ins Bürgertum, Göttingen, Kapitel B.II.

Literatur

BEHM, BRITTA L./LOHMANN, UTA/LOHMANN, INGRID (HRSG.), 2002, *Jüdische Aufklärung und preußische Schulreform. Analysen zum späten 18. und frühen 19. Jahrhundert*, Münster.

BIRNBAUM, NATHAN/KATZNELSON, IRA (HRSG.), 1995, *Paths of Emancipation. Jews, States, and Citizenship*, Princeton, NJ.

BRUBAKER, ROGERS, 1994, *Citizenship and Nationhood in France and Germany*, Cambridge, MA.

BRUNER, JOSÉ/LAVI, SHAI YEHOHUA (HRSG.), 2009, *Juden und Muslime in Deutschland. Recht, Religion, Identität*, Wallstein.

DINER, DAN (HRSG.), 2005, *Synchrone Welten. Zeiträume jüdischer Geschichte*, Göttingen.

EISENSTADT, SHMUEL N., 1992, *Jewish Civilization. The Jewish Historical Experience in Comparative Perspective*, New York.

ELIAV, MORDECHAI, 2001, *Jüdische Erziehung in Deutschland im Zeitalter der Aufklärung und der Emanzipation*, Münster.

FEINER, SHMUEL, 2007, *Haskala – Jüdische Aufklärung: Geschichte einer kulturellen Revolution*, Hildesheim.

HESS, JONATHAN, 2002, *Germans, Jews and the Claims of Modernity*, New Haven.

KAPLAN, MARION (HRSG.), 2003, *Geschichte des jüdischen Alltags in Deutschland. Vom 17. Jahrhundert bis 1945*, München.

KEMLEIN, SOPHIA, 1997, *Die Posener Juden 1815–1848. Entwicklungsprozesse einer polnischen Judenheit unter preußischer Herrschaft*, Hamburg.

LÄSSIG, SIMONE, 2004, *Jüdische Wege ins Bürgertum. Kulturelles Kapital und sozialer Aufstieg im 19. Jahrhundert*, Göttingen.

LIEDTKE, RAINER/WENDEHORST, STEPHAN (HRSG.), 1999, *The Emancipation of Catholics, Jews and Protestants. Minorities and the Nation State in nineteenth-century Europe*, Manchester.

LOHMANN, INGRID (HRSG.), 2000, *Chevrat Chinuch Nearim. Die jüdische Freischule in Berlin (1778–1825) im Umfeld preußischer Bildungspolitik und jüdischer Kultusreform. Eine Quellensammlung*, Münster.

MEYER, MICHAEL A./BRENNER, MICHAEL (HRSG.), 1997/98, *Deutsch-jüdische Geschichte in der Neuzeit*, 4 Bde., München.

REINKE, ANDREAS, 2007, *Geschichte der Juden in Deutschland. 1781–1933*, Darmstadt.

SADOWSKI, DIRK, 2010, *Haskala und Lebenswelt. Herz Homberg und die jüdischen deutschen Schulen in Galizien 1782–1806*, Göttingen.

SORKIN, DAVID, 1999, *The Transformation of the German Jewry, 1780–1840*, Detroit, ND.

VOLKOV, SHULAMIT, 2001, *Das jüdische Projekt der Moderne*, München.

Berna Pekesen

Das osmanische Millet-System – eine Form des Zusammenlebens unterschiedlicher Kulturen und Religionen

Vorbemerkungen

Ein Beitrag, der auf wenigen Seiten die Existenzbedingungen der Nichtmuslime im Osmanischen Reich, ihre religionspolitischen Grundlagen und deren fundamentalen Wandel im 19. und 20. Jahrhundert aufzeigen soll, muss sich beschränken. Daher sind Vorbemerkungen voranzustellen. Der Fokus dieser kurzen Abhandlung liegt auf historischen Entwicklungen und der Herrschaftspraxis der Osmanen gegenüber ihren nichtmuslimischen Untertanen (*reaya* osman.-türk.: Das Hüten einer Herde, von arab. ri'aya). Das heißt, dass hier keine theologisch-hermeneutische Herangehensweise gewählt wurde. Wäre dies der Fall, so hätte eine theologische Betrachtungsweise zuallererst von dem islamischen Dogma auszugehen, wonach der Islam den Anspruch erhob, die letztgültige Offenbarungsreligion zu sein. Die islamische Lehre beanspruchte –wie die anderen monotheistischen Religionen auch– universale Geltung und Absolutheit und war damit tendenziell intolerant gegenüber anderen Glaubensrichtungen. Die beiden Buchreligionen Christentum und Judentum wurden zwar von Muslimen prinzipiell anerkannt, doch in theologischer Perspektive als verfälscht abgetan, was jedoch nur konsequent war, wenn der Islam seinen Letztgültigkeitsanspruch aufrecht erhalten wollte (Noth, 1978).

Historiker des Osmanischen Reiches sind sich meistens darüber einig, dass die tendenziell intolerante islamische Lehre der toleranten Praxis oftmals nicht entsprach. Dies bedeutete jedoch nicht, dass für die im osmanischen Reichsverband lebenden Nichtmuslime die religiöse und – daraus abgeleitet – rechtliche Ungleichheit im Alltag weitgehend aufgelöst worden wäre. Das Herrschaftssystem der Osmanen basierte auf Ungleichheit; Nichtmuslime waren rechtlich und im Alltag auf vielerlei Weise den Muslimen untergeordnet; sie wurden diskriminiert. So durften die Gebetshäuser und Bauwerke der Nichtmuslime nicht höher sein als jene der Muslime, Nichtmuslime mussten bestimmte Kleiderordnungen beachten, durften keine Pferde reiten, keine Waffen tragen und das muslimische religiöse Leben nicht beeinträchtigen. Ein Nichtmuslim (nach osmanischem Verständnis ein Schutzbefohlener, arab. *dhimmi*) durfte keine Muslimin heiraten und keine muslimischen Sklaven halten, wobei es umgekehrt dem muslimischen Mann erlaubt war, eine Christin oder Jüdin zu heiraten. Ein Schutzbefohlener durfte vor Gericht gegen Muslime nicht aussagen. Die Errichtung neuer Gotteshäuser und öffentliche Kultprozessionen waren in der Regel verboten. Die Liste der Verbote ließe sich noch um einige Stichpunkte erweitern. Die den Schutzbefohlenen auferlegten Einschränkungen hatten vor allem eine soziale und symbolische Bedeutung. Sie sollten die Überlegenheit des Islam demonstrieren und den niederen Rang der Nichtmuslime hervorheben.

Die Herrschaftspraxis der Osmanen gegen ihre nichtmuslimischen Untertanen lässt sich nicht als eine kohärente und schon gar nicht als statische Politik begreifen. Die Lebensbedingungen der nichtmuslimischen Gemeinden unter der rund 600 Jahre währenden osmanischen Herrschaft wechselten je nach Ort und Zeit sowie nach den nach jeweiligem Gutdünken verfahrenden Herrschaftseliten. Es gab denn auch zu keiner Zeit eine uniforme Verwaltung der Nichtmuslime, sondern spezielle Arrangements der jeweiligen osmanischen Regierungen und eine Fülle von Einzelentscheidungen der Herrschenden (Kurz, 2009, S. 85). Aus diesem Grund lassen sich für jedes Beispiel toleranter Herrschaftspraxis mindestens so viele Gegenbeispiele für intolerante Praktiken anführen. Nicht zuletzt deshalb kann aus der Geschichte des religiösen und kulturellen Miteinanders im Osmanischen Reich kein idealtypisches, für alle Zeiten gültiges Paradigma hergeleitet werden.

Wenn es um die Beschreibung der Existenzbedingungen nichtmuslimischer Glaubengemeinschaften im Osmanischen Reich geht, wird in aller Regel der Begriff Toleranz bemüht. Diese begriffliche Zuschreibung muss zweifellos als ahistorisch gelten, solange damit das von der Aufklärung hervorgebrachte Prinzip gemeint ist, was nicht auf die vormodernen Strukturen und die Herrschaftspraxis hinsichtlich der Nichtmuslime im Osmanenreich zurückprojiziert werden darf. Unter den Sultanen existierten bestimmte Formen der Duldung und des Gewährenlassens, es handelte sich nicht um die Anerkenntnis von Religionsgemeinschaften oder religiös differenten Individuen aus dem Geist der europäischen Aufklärung heraus. Diese Ideen gelangten im 19. Jahrhundert aber auch in die heutige Türkei.

Die traditionelle Gemeindeordnung

All diese methodologischen und begrifflichen Einschränkungen vorausgeschickt, soll nun im Folgenden diskutiert werden, ob so etwas wie ein *millet*-System überhaupt bestanden hat. Zunächst einmal soll das islamisch begründete Verständnis der Kohabitation mit nichtmuslimischen Gemeinschaften in seinen Grundstrukturen beschrieben werden. Doch vorweg eine Begriffsbestimmung: Es wird gemeinhin akzeptiert, dass sich der Ausdruck *millet* von der koranischen Bedeutung »Bekenntnis«, »Religion« bzw. »Glaube« ableitet und grundsätzlich für die Kultusgemeinden der drei Buchreligionen, nämlich die islamische (arab. *umma* bzw. türk. *ümmet*), die christliche und die jüdische Glaubensgemeinschaft steht. Erst im 19. Jahrhundert nahm das Wort *millet* die Bedeutung »Nation« an. Neuere Studien mit begriffsgeschichtlichem Zugang haben jedoch herausgefunden, dass der Terminus *millet* für nichtmuslimische Gemeinden erst vergleichsweise spät Eingang in den amtlichen Sprachgebrauch gefunden habe. Zuvor wurden die nichtmuslimischen Gemeinden wechselweise als *cemaat, taife* oder *zimmi* (arab. *dhimmi*) bezeichnet. Welchen Ausdruck der Historiker im Einzelfall auch bevorzugen mag, fest steht, dass sich die Osmanen seit ihrer Ankunft in Kleinasien mit anderen Religionen bzw. mit andersgläubigen Untertanen auseinander zu setzen hatten. Das nicht immer spannungsfreie Nebeneinander war möglich, weil das osmanisch-islamische Herrschaftskonzept zwar die theologischmoralische Überlegenheit und die politische Macht der Muslime voraussetzte, sich aber andererseits auf die Existenz nichtmuslimischer Glaubensgemeinschaften einstellte, indem sie ihnen zwar einen untergeordneten, aber doch rechtlich und steuerlich festgelegten Status zuwies. Militärische und wirtschaftliche Interessen spielten hierbei eine größere Rolle als islamisch-theologische Grundsätze. Schließlich waren auch die Organisationsprinzipien des Staates durch und durch weltlich.

Wenn es auch nicht an gelegentlichen Versuchen mangelte, das Herrscherrecht (*qanun*) mit dem islamischen Gesetz (Scharia) in Einklang zu bringen, so schien es auch den osmanischen Herrschern unmöglich, alle rechtlichen Belange mit Hilfe des religiösen Rechts zu klären. So wäre es verfehlt, die Herrschaftspraxis der Osmanen als uneingeschränkt islamisch und nur religiös geprägt zu charakterisieren. Viele Bereiche des osmanischen Gemeinwesens blieben eine von der Religion unberührte Domäne, so etwa die osmanische Agrargesetzgebung, die vielfach Bestimmungen enthielt, die dem islamischen Recht zuwiderliefen. Die Verleihung von Geld gegen Zinsen war trotz heftiger Kritik der 'ulama (islamische Rechtsgelehrte/Gelehrte) überall im Reich zugelassen.

Auch handelten die wenigsten Sultane nach ausschließlich islamischen Glaubensgrundsätzen. Die frühen Osmanen führten nicht nur gegen die christlichen Byzantiner Krieg, sondern auch gegen muslimische Fürstentümer in Anatolien. Für die Osmanen war es nicht unüblich, sich mit christlichen Mächten zu verbandeln oder gar christliche Milizen an ihren Reichsgrenzen gegen die Feinde im christlichen Abendland in Dienst zu stellen. Das machtpolitische Handeln überlagerte oft die islamischen Grundsätze. So war es für die Osmanen ein leichtes Spiel, nach dem für Byzanz verheerenden Vierten Kreuzzug (1204) der lateinischen Christenheere die griechisch-orthodoxe Bevölkerung gegen die katholischen Mächte zu mobilisieren. Umgekehrt konnten sich Venezianer, Ungarn oder später die Habsburger in ihren Türkenkriegen der Unterstützung des schiitischen Persiens sicher sein.

Nach den Eroberungen in Südosteuropa und nach dem Fall Konstantinopels (1453) übernahmen die Osmanen eine Bevölkerung, die weitgehend aus Nichtmuslimen bestand. Bis zu den Eroberungen der muslimisch-arabischen Gebiete im heutigen Nahen Osten (1516/1517) stellten die Nichtmuslime die Mehrheit der Bevölkerung im Osmanenreich. Die Gemeinden der Schutzbefohlenen und die Levantiner-Kolonien blieben bis ins 19. Jahrhundert hinein in den Stadt- und Küstengebieten angesiedelt. Nur in inneranatolischen Reichsteilen kam es im Laufe der Zeit zu einem muslimisch-türkischen Gepräge, obwohl auch dort freilich zahlreiche nichtmuslimische Gemeinden beheimatet waren. Diesem demographischen Umstand mussten die frühen Osmanen Rechnung tragen, wollten sie ihre Macht über die neuen Reichsteile aufrecht erhalten und die Loyalität der nichtmuslimischen Untertanen sichern. Eine naheliegende und auch durch die Theologie des Islam gerechtfertigte Lösung wäre seine rigorose Durchsetzung gewesen. Theoretisch hätte das Gebot des Heiligen Krieges gegen die Ungläubigen (*dschihad*) und die darin enthaltene Zweiteilung der Welt in muslimisches Territorium und Kriegsgebiete (*dar-al-Islam und dar-al-harb*) eine solche Politik legitimiert. Aber die missionarische Bedeutung des *dschihad*- Konzepts blieb stets begrenzt, weil nach der Anerkennung der muslimischen Herrschaft die Angehörigen der anerkannten Religionen ihre Religion ohne Probleme behalten konnten. Der relativ geringe Islamisierungsgrad der eroberten Gebiete wird denn auch häufig als Indiz für eine fehlende islamische Missionierung im Osmanischen Reich angeführt. Offensichtlich war es den osmanischen Kämpfern des Islam zunächst nicht so sehr um die »Bekehrung als um Unterwerfung der Ungläubigen zu tun«. (Goldziher, 1925, S. 27). So diente der Dschihad vordergründig der religiösen Propaganda und als Vorwand zu neuen Kriegen, nicht jedoch bei der unmittelbaren Gestaltung des muslimisch-nichtmuslimischen Zusammenlebens.

Dschihad und osmanische Staatsräson

Die gewaltsame Bekehrung nichtmuslimischer Bevölkerungsgruppen blieb die Ausnahme. Stattdessen arrangierten sich die muslimischen Herrscher mit den vorgefundenen religiösen, übrigens weitgehend auch sozialen und ökonomischen Verhältnissen. Die autochthonen Nichtmuslime wurden dann brutal dezimiert, wenn sie sich *nicht* der osmanischen Macht unterwarfen. Begaben sie sich jedoch unter die islamische Herrschaft und entrichteten den ihnen auferlegten Tribut, wurden sie nach islamischem Recht geduldet und von den Muslimen de facto nicht mehr bekämpft. Viele Osmanisten sehen in dem fiskalischen Aspekt eine die Duldung begünstigende Rolle. Denn für die auf militärische und tributäre Einnahmen ausgerichtete osmanische Wirtschaft stellten die Steuern der Andersgläubigen eine unentbehrliche öffentliche Einnahmequelle dar. Auf der anderen Seite sicherten sich die Nichtmuslime mit ihrer Unterwerfung und Entrichtung bestimmter finanzieller Abgaben ihre Existenzgrundlage im Osmanischen Staat. Eine Vertreibung der Nichtmuslime aus ihren Hauptwohngebieten und -berufszweigen hätte für die osmanischen Machthaber eine völlige Umstellung ihrer bisherigen Lebens- und Wirtschaftsgewohnheiten bedeutet. So wären dem Staat nicht nur die tributären Einnahmen entgangen, sondern überhaupt die Arbeitskraft eines äußerst produktiven Bevölkerungselementes. Die weitgehende Beibehaltung des soziogeographischen und sozioprofessionellen Status quo gewährleistete demgegenüber nicht nur die Kontinuität des Wirtschaftsprozesses, sie erlaubte zugleich die Aufrechterhaltung des hochorganisierten und kostspieligen Militärapparates, der für die Eroberung neuer Territorien unentbehrlich war.

Dieser im modernen Sinn als Staatsräson zu bezeichnenden Machtpolitik kamen vielerlei Funktionen zu. Der Islamwissenschaftler Maurus Reinkowski prägte für diesen Herrschaftsmechanismus die Begrifflichkeit der »Hegung«. Demnach hatte der osmanische Staat bis in die Neuzeit sein Gewaltmonopol nur in bestimmten zentralen Bereichen eingefordert, wohingegen in anderen Bereichen gewisse, vom osmanischen Zentrum relativ unabhängige Teilordnungen fortbestünden. Dies betraf nicht nur die praktisch autonomen Konfessionsgemeinschaften (*millet*) im Osmanenreich, sondern auch die locker an das Machtzentrum gebundenen Peripherien (Balkan, Arabien) sowie die Vasallen (Donaufürstentümer Moldau und Walachei). Dahinter steckte freilich machtpolitisches Kalkül. Die bestehende, wenngleich nicht immer spannungsfreie aber dennoch relativ stabile Ordnung wurde dadurch gesichert, dass die bestehenden konfessionellen Gemeinden »eingehegt« wurden (Reinkowski, 2005). Der osmanische Staat versuchte nicht, oder es gelang ihm nicht, die vorgefundenen traditionellen Beziehungen zu verändern. Die Herrschaftsorgane des Staates beschränkten sich auf die Sicherstellung der von ihnen eingeforderten Tribute, Steuern, sonstigen Abgaben oder Leistungen, versuchten aber nicht, die sozialen Beziehungen der Untertanen institutionell zu strukturieren. Dies hatte zur Folge, dass die Bevölkerung über weite Strecken ungehindert ihre traditionellen Einrichtungen und sozialen Praktiken zu bewahren vermochte (Kaser, 2005). Der Staat mischte sich auch nicht in die internen Angelegenheiten der Glaubensgemeinschaften ein, spielte letztere jedoch gelegentlich gegeneinander aus, um eine Erstarkung der Gemeinden oder Gefährdung des Osmanenstaates zu vermeiden. So wurden nicht nur die griechisch-orthodoxen Bevölkerungsgruppen gegen die katholischen Mächte unterstützt, sondern auch die armenischen Gemeinden gegen die wiederum erstarkenden Griechen instrumentalisiert. Auch die stark zersplitterten jüdischen Gemeinden kamen je nachdem in die Gunst von Sonderprivilegien (Sepharden) oder wurden Gegenstand von besonderen Strafmaßnahmen, wie beispielsweise der Zwangsumsiedlung (Romanioten).

Dieser Art von *checks and balances* des osmanischen Herrschaftssystems ist es geschuldet, dass bei den osmanischen Eroberungszügen in der Regel massenhafte Zwangskonversionen ausgeblieben sind. Zu dem Bild einer austarierenden Herrschaftspolitik der Osmanen passt auch die auffällige Loyalität der Nichtmuslime der unterworfenen Gebiete. Bis etwa zum 18. Jahrhundert waren die osmanischen Nichtmuslime so gut wie nie in politische Aktivitäten involviert, um ihre europäischen Glaubensgenossen zu einem Angriff auf das Osmanische Reich zu bewegen. Es gelang dem Abendland kaum, die Christen im Osmanenreich für ihre machpolitischen Ziele einzuspannen. Spätestens im 18. Jahrhundert entstanden jedoch gravierende Loyalitätskonflikte, die das traditionelle osmanische Gemeinwesen und damit auch die *millet*-Ordnung erodieren ließen.

Die Schutzbefohlenen: Rechte und Pflichten

Die theoretische Legitimierung des osmanischen *modus vivendi* mit Anhängern der Offenbarungsreligionen lässt sich auf die traditionelle Grundlegung im Islam zurückführen. Nichtmuslime aus den Buchreligionen (Juden und Christen) sowie Sabäer und Zoroastrer galten demnach als *zimmi* (arab. *dhimmi* Schutzbefohlene), die nach islamischem Recht geduldet wurden, solange sie sich unter die islamische Herrschaft begaben. Ausgenommen von den Schutzbestimmungen waren die Heiden. Anders als Juden oder Christen wurden sie vor die Wahl gestellt zwischen dem Tod und dem Übertritt zum Islam. Die Zwangskonversion der *zimmi* war ausdrücklich verboten, ihr gesellschaftlicher Status durch verschiedene islamische Überlieferungen (*sunna*) geregelt. Nach islamischer Auffassung mussten sie als Auflage für ihren Schutz eine Personensteuer sowie die Kopfsteuer (*cizye*, arab. *dschizya*) als Tribut entrichten. Die *cizye* war je nach Vermögen und Einkommen gestaffelt, wobei jeder arbeitsfähige Nichtmuslim als *cizye*-pflichtig galt (Faroqhi, 2004, S. 49). Das Verhältnis der Herrscher zu den unterworfenen Bevölkerungsgruppen wurde durch den *zimmi*-Vertrag auf eine rechtliche Grundlage gestellt. Nach islamischer Rechtsauffassung ist der Vertragsabschluss für beide Seiten bindend, für immer gültig und deren Bestimmungen sind von beiden Seiten zu erfüllen (Benbassa, 2005, S. 57). Der Ursprung dieser Praxis des Vertragsschlusses mit den unterworfenen Bevölkerungsgruppen wird auf die frühe islamische Eroberungszeit, auf die Gemeindeordnung in Medina zurückgeführt, die Urheberschaft und Ausformulierung hingegen dem Kalifen 'Umar zugeschrieben (7. Jahrhundert).

Das Konzept der *zimmi* verlieh den Nichtmuslimen einen Rechtsstatus, obwohl sie grundsätzlich den Muslimen untergeordnet waren. Die muslimischen Herrscher beanspruchten in der Regel gewisse Abgaben verschiedener Art sowie gewisse Dienstleistungen. Im Gegenzug wurden den Schutzbefohlenen und ihren Religionsgemeinschaften, den *millets*, gewisse interne Rechte eingeräumt; Person und Besitz der Schutzbefohlenen waren unverletzlich. Sie konnten sich innerhalb des Reichsverbandes relativ frei bewegen, den Beruf frei aussuchen, Handel treiben und innerhalb der eigenen Gemeinschaft beliebig heiraten, sich scheiden lassen, erben und vererben, sofern diese Praktiken nicht dem eigenen konfessionellen Gesetz zuwiderliefen (Noth, 1978, S. 197). Denn die Angehörigen einer *millet* waren ihren jeweiligen eigenen religiösen Oberhäuptern (Bischöfen, Priestern und Rabbinern) sowie weltlichen und religiösen Richtern unterstellt, was sie aus der Geltung des islamischen Rechts herausnahm. Diese eigenen Rechtsbeziehungen erstreckten sich auf zivilrechtliche Angelegenheiten wie Heirat, Scheidung, Erbschaft und Vormundschaft sowie das Recht auf konfessionsgebundene Erziehung. Die *millets* besaßen ihre eigenen Schulen, Hospitäler, Hilfseinrichtungen, Gerichte sowie Gefängnisse.

In der älteren Forschung wurde angenommen, dass dieses hier in seinen Grundzügen beschriebene kommunale System im 15. bzw. im 16. Jahrhundert eingeführt worden ist. Als historische Belege wurden die Reaktivierung des griechisch-orthodoxen Patriarchats durch Sultan Mehmed II. »der Eroberer« (reg. 1451–1481) sowie seine Privilegienverleihungen an das armenische und jüdische *millet* genannt. In neueren Studien sind Relevanz und übergreifende Geltung des *millet*-Systems in Frage gestellt worden: Ein *millet*-System, in dem die *millets* als autonome Körperschaften anerkannt und von der Hohen Pforte zentralistisch verwaltet worden wären, wird als Legende bezeichnet. In der klassischen Phase des Osmanischen Reiches (ca. 1450 bis ca. 1680) waren die *millets* demnach keinesfalls autonom und dem Zugriff des osmanischen Staates vollständig entzogen. Die Institutionalisierung der *millets* sei erst in der Reformperiode (*Tanzimat*) im 19. Jahrhundert zustande gekommen (Braude, 1982; Ursinus, 1989). Trotz dieser berechtigten Vorbehalte gibt es genügend Anhaltspunkte dafür, dass in der osmanischen Neuzeit seit dem 15. Jahrhundert de facto *millet*-ähnliche Verhältnisse geherrscht haben. Fest steht jedenfalls, dass das osmanische Zentrum mit den religiösen Eliten auf der Grundlage von speziellen Arrangements zusammengearbeitet hat, um seiner Herrschaft über die nichtmuslimische Bevölkerung Legitimation zu verschaffen und ihre Loyalität zu sichern. Andersgläubige, die potentiell in Verdacht standen, mit ihren Glaubensgenossen im feindlichen Ausland zu kollaborieren, wurden auf diese Weise kontrolliert. Diese Aufgabe oblag in erster Linie den Oberhäuptern der jeweiligen Gemeinschaft, die von dem osmanischen Zentrum als Ansprechpartner in der Hauptstadt Istanbul eingesetzt wurden. Einige Forscher sahen besonders in der griechischen Kirche im Osmanenreich eine Art »Kollaborateur des Regimes bei der Befestigung der Fremdherrschaft über die unterworfenen Religionsgenossen«. Gleichzeitig gelang es jedoch den Kirchen der jeweiligen *millets*, kulturell-religiöse Werte aufrechtzuerhalten, die später im 19. Jahrhundert beim »Erwachen« des jeweiligen Nationalbewusstseins zum Tragen kommen sollten (Kreiser, 2001, S.157).

Die *millets* im Osmanischen Reich

Der griechisch-orthodoxe Patriarch von Konstantinopel stand der *millet-i rum* vor (die griechische *millet*), die unabhängig von ethnischen oder nationalen Zugehörigkeiten, die bis in das 19. Jahrhundert kaum eine Rolle spielten, nicht nur die ethnischen Griechen sondern auch die übrigen orthodoxen Untertanen wie Serben, Bulgaren, Rumänen usw. einschloss. Bei den armenischen und jüdischen Gemeinschaften des Reiches war die Situation indes nicht so eindeutig. Im 15. Jahrhundert gab es zwar vier unabhängige armenische Diözesen, aber kein armenisches Patriarchat in Konstantinopel. Erst 1644 wurde ein armenisch-gregorianisches Patriarchat geschaffen, das für die Armenier und andere christlichen Gemeinschaften zuständig war (Bardakjian, 1982). Ein von Sultan Mehmed II. eingesetzter Oberrabbi der Juden (Moses Capsali) scheint eine kurze Episode geblieben zu sein. Denn bis zum 19. Jahrhundert gab es kein zentrales Ausführungsorgan der Juden, das dem christlichen Patriarchen ähnlich gestellt gewesen wäre. Das lag in erster Linie daran, dass dem Judentum eine kirchliche hierarchische Tradition fehlte und die jüdischen Gemeinschaften im Osmanenreich entlang ethnisch-konfessioneller Linien weitgehend zersplittert waren. So existierten diverse sephardische, aschkenasische, romaniotische und karaitische Gemeinschaften im Osmanenreich, die in kleinen Synagogengemeinden (*kehalim*) zusammengefasst waren. Die Heterogenität der jüdischen Immigrantengruppen im 15. und 16. Jahrhundert erwies sich als äußerst hinderlich für eine Zentralisierung der jüdischen Gemeinden, da die einzelnen jüdischen kehalim keine Neigung zeigten, ihre Verwaltungsautonomie zugunsten einer übergeordneten, wenn auch jüdischen, Institution aufzugeben. Deswegen wurde erst auf Drängen der osmanischen Regierung im 19. Jahrhundert ein Oberrabbineramt eingerichtet, das als ausführendes Organ des osmanischen Zentrums die Juden zentral zu verwalten hatte. Bis dahin war es jedoch üblich, dass sich die Synagogengemeinden erst dann ad hoc zusammenschlossen, wenn praktische Erfordernisse, wie etwa die kollektive Steuererhebung und institutionelle Repräsentationspflichten es unumgänglich machten (Benbassa/Rodrigue, 2005; Levy, 1992).

Die einzelnen Oberhäupter der nichtmuslimischen Gemeinden waren im Allgemeinen der Ansprechpartner des osmanischen Zentrums. Die drei religiösen Gemeinschaften und ihre Würdenträger erhielten gewisse Privilegien sowie beträchtliche Rechte, was ihre innere Autonomie vor allem in zivilrechtlichen Angelegenheiten und im Schulwesen betraf. Die herausragende Stellung der einzelnen religiösen Oberhäupter gab ihnen die Möglichkeit, ihren politischen und religiösen Einfluss über ihre Gemeinden zu erweitern. Den orthodoxen Patriarchen von Konstantinopel gelang es beispielsweise, die griechische *millet* in zunehmendem Maße zu gräzisieren sowie das serbische Patriarchat von Peć und das bulgarische Erzbistum Ohrid (1766/1767) abzuschaffen. Das *millet*-System stellt somit einen Idealtyp imperialer Herrschaft dar, indem das Herrschaftszentrum seine nichtmuslimischen Bevölkerungsgruppen über ihre Führungseliten kontrollieren und sie als Brücke benutzen konnte. Die Strategie der Hohen Pforte lässt sich dabei wie folgt charakterisieren: unterwerfen, in das osmanische System eingliedern, Privilegien einräumen, sie bezahlen lassen und damit domestizieren. Auch andere Bedrohungspotentiale, so z. B. interne Konkurrenten oder die muslimischen Widersacher (kurdische oder albanische Stämme im 19. Jahrhundert) des Osmanenreiches konnten nach diesem Prinzip weitgehend entschärft werden.

Im 19. Jahrhundert entstanden schließlich neue Gemeindeformen, die sich von den früheren beiden *millets* (griechisch-orthodox und armenisch) abspalteten. Das erste Schisma erlebte die armenisch-apostolische *millet* mit der Gründung und Anerkennung der autonomen katholisch-armenischen Kirche 1831. Die zweite Spaltung erfolgte 1846 mit der Trennung der armenischen Protestanten von dem apostolischen Patriarchat. Auch die orthodoxe Religionsgemeinschaft, die zahlenmäßig und wirtschaftlich stärkste Gemeinde im Osmanischen Reich, erlebte vielfache Abspaltungen. Umfasste die griechisch-orthodoxe *millet* ursprünglich alle Christen der orthodoxen Glaubensrichtung (Serben, Bulgaren, Araber, Rumänen etc.), wurde im Laufe des 19. Jahrhunderts die Autorität des ökumenischen Patriarchen in Konstantinopel und die Vormachtstellung der Griechen von den Balkanslawen zunehmend in Frage gestellt. Parallel zur Entstehung der Nationalbewegungen auf dem Balkan entstanden eigenständige nationale Kirchen (bulgarisch, serbisch, rumänisch etc.), die sich vom griechischen Patriarchen in Konstantinopel loslösten und vom Osmanischen Staat als neue *millets* anerkannt wurden.

Eigene Nichtmuslime, fremde Nichtmuslime

Die oben beschriebenen Strukturen und Regelungen der nichtmuslimischen Existenz im Osmanischen Reich hatten jedoch nur Geltung für Nichtmuslime, die einen *zimmi*-Status inne hatten und damit als Untertanen des Imperiums galten. Darüber hinaus lebten im Osmanischen Reich Nichtmuslime, die Angehörige anderer Staaten waren und somit außerhalb der islamischen Ökumene standen. Nach islamischem Recht waren die »eigenen« und die »fremden« Nichtmuslime strengsten voneinander zu unterscheiden, da sie unterschiedlichen Rechtsauffassungen unterlagen (Kurz, 2009, S. 94). Die meisten der Fremden hielten sich von Berufs wegen (als Konsulatsangehörige, Kaufleute, Reisende usw.) in osmanischen Gebieten auf. Hatten sie sich lange genug in einer bestimmten Region aufgehalten, schlossen sie sich in aller Regel zu einer Gemeinde zusammen und verfügten wie die *millets* auch über eine Gemeindevertretung. Sie waren zwar organisiert als z. B. genuesische oder französische *millets*, ihr Rechtsstatus unterschied sich jedoch von dem der Schutzbefohlenen. Die vom Sultan erteilten Garantien (*berats*) enthielten das Recht auf Sicherheit der Person und des Besitzes sowie Handelsprivilegien, solange sich die Fremden im Reich aufhielten. Sie waren nicht völlig dem osmanisch-islamischen Gesetz unterworfen, mussten aber dennoch einen Vertrag mit dem Staat abschließen, dessen Bestimmungen die Existenzgrundlagen der im Reichsverband lebenden Ausländer regelten. Im Laufe der Zeit wurden die Garantien, die an Ausländer vergeben wurden, im Rahmen der »Handelskapitulationen« (Exterritorialität, Rechtsimmunität, Steuerfreiheit, eigene Postämter u. ä.) erweitert. Die Souveränität des imperialen Staates wurde auf diesem Weg begrenzt, die fremden Nichtmuslime entzogen sich nach und nach dem Zugriff des osmanischen Staates.

Die einst vom Sultan als Gnadenakt vergebenen Garantien für Ausländer wandelten sich im Laufe der Zeit zu einem wichtigen machtpolitischen Instrumentarium europäischer Staaten. Gleichzeitig entdeckten die »eigenen« Nichtmuslime die Vorteile des Rechtsstatus der Ausländer und übernahmen allmählich die Staatsangehörigkeit europäischer Staaten. Damit waren sie partiell oder vollständig von Abgaben befreit und genossen rechtliche Immunität. Im Rahmen der Schutzmachtpolitik der Großmächte entstanden somit im 19. Jahrhundert von bestimmten Staaten »geschützte« nichtmuslimische Gemeinschaften. So nahm Russland sich z. B. der Orthodoxen und Frankreich der katholischen Armenier an (Hendrich, 2003, S. 48). Die ursprüngliche Trennung zwischen den »eigenen« und den »fremden« Nichtmuslimen wurde im letzten Jahrhundert des Osmanischen Reiches zunehmend verwischt. In den Augen der Muslime rückten die »eigenen« Nichtmuslime nunmehr zunehmend in die Nähe der »Fremden«, die potentiell stets als Handlanger christlicher Mächte und damit als feindlich galten (Kurz, 2009, S. 94). Der aufsteigende Nationalismus erwies sich als eine weitere wirkungsmächtige Schubkraft, das die traditionelle osmanische Gemeindeordnung im 19. Jahrhundert endgültig ins Wanken brachte.

Ungleichheit und Vielfalt

In der traditionellen osmanischen Gemeindeordnung kamen bestimmte Ungleichheiten von Anfang an vor und wurden vom islamischen Recht gebilligt. Die Ungleichheiten entstanden jedoch nicht nur auf der Ebene der Religionszugehörigkeit, sondern auch bezüglich der Klassen- bzw. Geschlechtszugehörigkeit der Untertanen. Während Nichtmuslime aufgrund ihrer Religionszugehörigkeit Untertanen zweiter Klasse bildeten, war der soziale Status von der religiösen Zugehörigkeit unabhängig. Soziale Mobilität und die individuellen Entwicklungsmöglichkeiten der Untertanen wurden nicht über die Religionszugehörigkeit definiert. Wichtiger als die religiöse Einteilung war die soziale Unterteilung der Bevölkerung in die steuerzahlenden Untertanen und die steuerbefreite Elite, die sich aus den Hof- sowie den zivilen und militärischen Staatsbediensteten zusammensetzte. So konnten Nichtmuslime ungeachtet ihres religiösen Rechtsstatuts als Schutzbefohlene verschiedenen sozialen Gruppen (als Händler, Handwerker oder Bauern) sowie der Staatsbürokratie angehören (Hendrich, 2003, S. 27). Die soziale Durchlässigkeit nach oben war stets gegeben, wenngleich seitens des Staates nicht dezidiert gefördert. Nichtmuslime durften in allen Bereichen tätig werden, mit Ausnahme der selbstredend muslimischen geistlichen Sphäre. Obwohl es sich also um eine Gesellschaftsordnung mit Ungleichheit handelte, gab es die längste Zeit keine ethnische Diskriminierung. Jedwede Privilegierung über Abstammung, Geburt, Stand, Reichtum, ethnische oder nationale Zugehörigkeit oder gar Rasse war verpönt. Trotz dieser egalitären Aspekte gab es nach Bernard Lewis drei Arten von Menschen, »die nicht vom generellen islamischen Prinzip rechtlicher und religiöser Güte« profitierten, nämlich Ungläubige, Sklaven und Frauen. Doch der Sklave hatte nach islamischem Recht die Aussicht auf Freilassung nach einer bestimmten Zeit. Der Ungläubige konnte seiner »Unwürdigkeit« entfliehen, indem er den Islam annahm; nur die Frau war »dazu verdammt, auf immer und ewig das zu bleiben, was sie war.« (Lewis, 2002, S. 99).

Die Nichtmuslime genossen nicht alle Rechte wie die muslimischen Untertanen, konnten aber auch als Andersgläubige Schlüsselpositionen in der Wirtschaft, selbst in der staatlichen Verwaltung besetzen. Ihre Lebensbedingungen waren zwar oft unsicher, aber nicht unerträglich. Griechen, Armenier und Juden spielten auch in der geistigen Kultur im Vielvölkerstaat eine herausragende Rolle. Die Entstehung des modernen türkischen Theaters wäre ohne den Beitrag der armenischen Künstler undenkbar. Zahlreiche Bauwerke wie Moscheen, Paläste, Kasernen, Schulen, Kirchen, Krankenhäuser und Manufakturen tragen im 18. Jahrhundert die Handschrift der armenischen Architektenfamilie der Balyan (Kreiser, 2001, S. 74). Die kosmopolitischen Griechen in Istanbul (Phanarioten, genannt nach dem Istanbuler Stadtteil Phanar/Fener) bereicherten die osmanische Publizistik mit Übersetzungen aus den westlichen Sprachen. Auch die osmanische Kunstmusik wurde von armenischen, griechischen und jüdischen Künstlern, Musikern und Komponisten entscheidend geprägt.

Alles in allem ermöglichte das osmanische *millet*-System eine buntscheckige Kulturlandschaft mit einer beachtlichen Vielfalt an kulturellen und konfessionellen Lebensformen. Dennoch gibt es keinen Grund, die Verhältnisse zu romantisieren, denn die multikonfessionelle und multikulturelle Mannigfaltigkeit hatte ihren Preis. Die prinzipielle Ungleichheit der Untertanen führte immer wieder zu systematischen Konflikten. Eine der umstrittensten Themen der islamisch-osmanischen Geschichte stellt der Verlauf der Islamisierung der eroberten Gebiete dar. Der Gegenstand ist heikel. Seine wissenschaftliche Behandlung wurde vor allem in der älteren Literatur von nationalistischen Tönen begleitet. Erst die jüngste Forschung hat herausgefunden, dass eine Zwangsislamisierung in den eroberten Gebieten eine Ausnahme geblieben ist. Der Assimilationsprozess in den Islam wurde demnach keinesfalls nur durch Gewaltmaßnahmen durchgesetzt (Minkov, 2004). Sicher ist festzuhalten, dass die Bevölkerung einiger eroberter Gebiete mehrheitlich zum Islam übertrat. Das ist bei den Albanern und bei den Bosniern der Fall gewesen. Dessen ungeachtet existierten christliche Kryptoglaubensformen auf dem osmanischen Balkan, die eine nicht nur freiwillige Konversion vermuten lassen (Bartl, 1967; Reinkowski, 2003). Als häretisch betrachtete muslimische Gruppen sahen sich jedoch ebenfalls, zum Teil blutiger staatlicher Repressionen ausgesetzt. Sie trafen besonders die kızılbaş (Aleviten), die von der Lehrmeinung des islamischen rechtsgelehrten Establishments abwichen. Wie widersprüchlich und für kontroverse Deutungen offen das Verhältnis der Religionen im Osmanenreich sein konnte, lässt sich auch an der Institution der Knabenlese ablesen. Die Knabenlese war eine vom 15. bis etwa Ende des 17. Jahrhundert verbreitete Form der Rekrutierung militärischer und bürokratischer Eliten namentlich aus der christlichen Bevölkerung des Balkans. Die rekrutierten Jungen wurden zu Muslimen erzogen. So lässt sich die Knabenlese als eine Form der Sklaverei, aber auch als Karriereleiter sowie als Integrationsinstitution deuten.

Niedergang des *millet*-Systems

Mit dem Aufkommen nationalistischer Ideologien wurde die Völkervielfalt zum größten Problem. Der Aufstieg des Nationalstaatsprinzips stellte grundsätzlich alle Vielvölkerimperien in Frage. Auch die Osmanen wurden von den anwachsenden separatistischen Bewegungen der christlichen

Reichsvölker herausgefordert. Parallel zum fortschreitenden Zerfall der osmanischen Zentralgewalt im 19. Jahrhundert regten sich besonders im europäischen Reichsteil Bestrebungen nach größerer politischer Freiheit, die sich in nationale Erhebungen wandelten. Die Ideen der Französischen Revolution, besonders aber lokale Verhältnisse, lösten zunächst Bandenkriege und Aufstände gegen die Osmanen aus. Sie brachten zuerst den Serben 1815 eine begrenzte politische Autonomie, 1830 sagten sich die meisten Griechen vom Vielvölkerstaat der Osmanen los. Bis 1908 hatten sich die meisten Völker im osmanischen Südosteuropa vom Reich gelöst. Zusätzlich schuf der politische und ökonomische Druck der europäischen Großmächte neue innere und äußere Schwierigkeiten.

Der Staat versuchte, die Probleme durch Modernisierung zu lösen. Die Reformperiode der *Tanzimat* (1839 bis 1876) stach mit folgenden Neuerungen hervor: Gleichheit aller Bürger vor dem Gesetz, Zulassung des Privateigentums an Grund und Boden (was zuvor einzig und allein dem Sultan gehörte), Schaffung einer modernen Heeresverfassung sowie einer modernen, zentralstaatlich organisierten Verwaltung. Durch die herrscherlichen Erlasse von 1839 und 1856 sowie mit der Verfassung von 1876 wurde die Idee der Gleichberechtigung der verschiedenen Nationalitäten im Rahmen einer konstitutionellen Monarchie festgeschrieben. Der Reichspatriotismus (Osmanismus) als eine Integrationsideologie sollte separatistischen Bewegungen den Wind aus den Segeln nehmen und die Loyalität der nichtmuslimischen Bürger sichern. Auch die *millets* wurden nunmehr zu öffentlichen Körperschaften des Vielvölkerstaates. Gleichzeitig jedoch mussten sie bestimmte Einbußen in ihren bis dahin geltenden Rechten und Privilegien hinnehmen; so mussten sie etwa ihre Bildungshoheit an den osmanischen Zentralstaat abgeben. Die Beschränkungen der konfessionellen Selbstverwaltung verstärkten andererseits separatistische Strömungen unter den Nichtmuslimen. In der Konsequenz trafen osmanische Führungs- sowie nichttürkische Autonomieansprüche zusehends aufeinander. Im Spannungsfeld konkurrierender nationaler und imperialer Interessen wurden die Grundlagen der politischen Loyalität obsolet und das Vielvölkerreich verlor gleichsam seine Daseinsberechtigung. Den Zusammenhalt des Reiches konnte die Hohe Pforte in der zweiten Hälfte des 19. Jahrhunderts nur noch mit Gewalt aufrechterhalten. Die jungtürkische Revolution von 1908 brach letztlich dem türkischen Nationalismus Bahn, dessen Ausschließlichkeit die Nichtmuslime, darunter die Armenier während der Massaker 1915, deutlich zu spüren bekamen. Das *millet*-System war vor dem Ersten Weltkrieg längst ein Anachronismus. Offiziell abgeschafft wurde es bis zum Zusammenbruch des Reiches nicht.

Literatur

BARDAKJIAN, KEVORK B., 1982, *The Rise of the Armenian Patriarchate of Constanti-nople*, in: BENJAMIN BRAUDE AND BERNARD LEWIS (HRSG.), *Christians and Jews in the Ottoman Empire. The Functioning of a Plural Society*, New York-London, Vol. 1, S. 89–100.

BARTL, PETER, 1967, *Krypto-Christentum und Formen des religiösen Synkretismus in Albanien*, in: *Grazer und Münchener Balkanologische Studien*, München, S. 117–127.

BENBASSA, ESTHER UND ARON RODRIGUE, 2005, *Die Geschichte der sephardischen Juden: Von Toledo bis Saloniki*, aus d. Franz. von Lili Herschhorn, Bochum.

BRAUDE, BENJAMIN AND BERNARD LEWIS (HRSG.), 1982, *Christians and Jews in the Ottoman Empire. The Functioning of a Plural Society*, vol. 1: The Central Lands, vol. 2: *The Arabic-Speaking Lands*, New York.

FAROQHI, SURAIYA, 2004, *Geschichte des osmanischen Reiches*, München.

GOLDZIHER, IGNAZ, 1925, *Vorlesungen über den Islam*, Heidelberg.

HENDRICH, BÉATRICE, 2003, *Milla – Millet – Nation: Von der Religionsgemeinschaft zur Nation. Über die Veränderung eines Wortes und die Wandlung eines Staates*, Frankfurt a. M.

KASER, KARL, 2005, *Gewohnheitsrecht und Geschlechterbeziehungen im osmanischen Europa*, in: *Rechtspluralismus in der islamischen Welt*, Hrsg. v. Michael Kemper/Maurus Reinkowski, Berlin-New York, S. 105–121.

KREISER, KLAUS, 2001, *Der osmanische Staat 1300–1922*, München.

KURZ, MARLENE, 2009, *Christen unter islamischer Herrschaft: Die zimmi-Verwaltung im Osmanischen Reich*, in: *Christen und Muslime* hrsg. v. Thede Kahl und Cay Lienau, München, S. 85–96.

LEVY, AVIGDOR LEVY (ED.), 1992, *The Sephardim in the Ottoman Empire*, Princeton, NJ.

LEWIS, BERNARD, 2002, *Der Untergang des Morgenlandes. Warum die islamische Welt ihre Vormacht verlor*, Bonn.

MINKOV, ANTON, 2004, *Conversion to Islam in the Balkans*, Leiden-Brill.

NOTH, ALBRECHT, 1978, *«Möglichkeiten und Grenzen islamischer Toleranz»*, in: *Saeculum, Jg. 29*, S. 190–204.

REINKOWSKI, MAURUS, 2005, *Die Dinge der Ordnung. Eine vergleichende Untersuchung über die osmanische Reformpolitik im 19. Jahrhundert*, München.

REINKOWSKI, MAURUS, 2003, *»Kryptojuden und Kryptochristen im Islam«*, in: *Saeculum, Jg 54*, S. 13–37.

URSINUS, MICHAEL, 1989, *Zur Diskussion um «Millet» im Osmanischen Reich*, in: *Südost-Forschungen 48*, S. 195-207.

Hartmann Wunderer

Keine Einbahnstraße – die deutsch-türkische Migrationsgeschichte: Türken im Deutschen Kaiserreich und Deutsche in der Türkei seit 1933

Im kollektiven Gedächtnis beginnt die neuere türkisch-deutsche Geschichte vor allem mit dem Jahr 1961, also dem Beginn der Zuwanderung von türkischen (und anderen) Gastarbeitern nach Deutschland. Im kollektiven Gedächtnis werden dabei allerdings einige historische Tatbestände ausgeklammert: 1961 endete durch den Mauerbau abrupt der Zustrom von jährlich mehreren Hunderttausenden von in der Regel gut qualifizierten Arbeitnehmern aus der DDR. An ihre Stelle traten Gastarbeiter aus süd- und südosteuropäischen Ländern und auch aus der Türkei. Ignoriert wird im kollektiven Gedächtnis auch ein anderer historischer Sachverhalt: Während der Zeit des sogenannten Wirtschaftswunders, als der deutsche Arbeitsmarkt intensiv Arbeitskräfte nachfragte, wurden »billige« Arbeitskräfte eingestellt und dadurch eine fällige Modernisierung in der industriellen Produktion nicht vollzogen. Es schien ökonomisch attraktiver, kostengünstige Arbeitskräfte einzustellen, als traditionelle Produktionstechnologien aufwändig zu rationalisieren.

Die damals versäumte ökonomische Rationalisierung fragte indes nicht nach den sozialen und kulturellen Folgekosten, die mit der Anwerbung von italienischen, portugiesischen oder türkischen »Billigarbeitskräften« verbunden war.

Dies ist aber nur eine Dimension des deutsch-türkischen Kulturkontakts. Das kollektive Gedächtnis hat auch andere historisch-politische Berührungspunkte zwischen der deutschen und der türkischen Geschichte verdrängt. Bisweilen wird noch eine »Waffenbrüderschaft« zwischen dem Osmanischen und dem Deutschen Reich im Ersten Weltkrieg beschworen. Tatsächlich reichte diese aber nicht weit und sie war – zumindest für das Deutsche Reich – militärisch letztlich wenig folgenreich. Diese mehr von militärischer Seite erhoffte als tatsächlich bedeutsame »Waffenbrüderschaft« wird hier ausgeklammert, zumal sie weder im kollektiven Gedächtnis der Türken noch der Deutschen eine wichtige Rolle spielt und auch in der

Historiographie als eine vernachlässigbare Größe gedeutet wird. Unberührt von dieser Feststellung bleibt die große Bedeutung, die die Schlacht von Gallipoli (bei der ein deutscher General, Liman von Sanders, maßgeblich beteiligt war) in der türkischen Erinnerung spielt.

Türken im Deutschen Kaiserreich

Im Zusammenhang mit der Intensivierung der deutsch-osmanischen Wirtschaftsbeziehungen in der Zeit des Deutschen Kaiserreichs gelangten auch einige türkische Arbeiter nach Deutschland. Sie waren wohl überwiegend in der Tabakindustrie tätig, zumal Deutschland den Tabak vorwiegend aus dem Osmanischen Reich bezog. Dabei kamen auch türkische Jugendliche nach Deutschland, die in deutschen Familien untergebracht und hier ausgebildet wurden. Freilich war damals die Zahl der türkischen Arbeitsmigranten noch extrem gering, vergleicht man sie mit den Hunderttausenden von Italienern oder gar Polen, die im Kaiserreich in deutschen Industriegebieten, im Handwerk oder in der Landwirtschaft arbeiteten. Die Türken bildeten unter den Zuwanderern allenfalls eine Quantité négligeable – in den großen Sozial- und Gesellschaftsgeschichten des 19. Jahrhunderts und des Deutschen Kaiserreichs – etwa von Hans-Ulrich Wehler – werden diese Türken gar nicht erwähnt. Dieser Zuwanderung kann wohl auch kaum eine Vorreiterrolle für die seit 1961 einsetzende Massenmigration aus der Türkei nach Deutschland zuerkannt werden. Spezifische Migrationsprobleme wurden aber bereits damals präzise diagnostiziert.

Türken in Berlin	
1878	41
1893	198
1917	2 046
1925	1 164
1933	585

Petra Kappert/Ruth Haerkötter/Ingeborg Böer, 2002, Türken in Berlin 1871–1945. Berlin: de Gruyter.

Der deutsch-türkischen Vereinigung gelang es zwischen 1916 und 1918, dass über 700 türkische Schüler und Lehrlinge nach Deutschland verschickt wurden, die in deutschen Familien untergebracht wurden. Dazu kam noch eine Gruppe von jungen Arbeitern, Technikern, Lehrlingen und Fachschülern, die auf Initiative des osmanischen Kriegs-, Erziehungs- oder Marineministeriums entsandt worden waren. Bei Kriegsende befanden sich ca. 1500 junge Türken zur Ausbildung in Deutschland, in Berlin waren 1917 über 2000 Türken registriert. Ein Teil dieser Türken entstammte der osmanischen Oberschicht, die die Hälfte der Finanzierung ihres Deutschland-Aufenthalts selbst übernahm, bei den Übrigen handelte es sich nicht selten um mittellose Waisen, die sich selbst freiwillig gemeldet hatten. Viele von ihnen wurden allerdings wegen »intellektueller oder moralischer« Nichteignung bereits ziemlich rasch wieder zurückgeschickt. Wer bleiben konnte, musste sich zu einer mindestens vierjährigen Lehrzeit verpflichten.

Bereits damals zeigte sich ein türkischer Autor, Dr. M. Saadi Bey, besorgt angesichts der kulturellen Differenzen, mit denen türkische Jugendliche im Deutschen Reich konfrontiert waren:

> »Heute aber erleben wir nur zu oft, daß die türkische Jugend ohne gewerbliche und sprachliche Vorkenntnisse, ohne genaue Vorstellungen von den Sitten und Gebräuchen des Auslandes ihre Heimat verläßt, um der Kultur des »Deutschen Reiches« teilhaftig zu werden, seine Fortschritte, seine Zivilisation kennen zu lernen. Die an sich recht erfreuliche Tatsache bringt uns heute dazu, die Frage aufzuwerfen: Wie gestaltet sich im allgemeinen die Lebensführung und Akklimatisierung der hiesigen Orientalen? Sind Einrichtungen möglich, die ihnen die Anpassung an das europäische Leben erleichtern, den Übergang weniger fühlbar machen? (...)
> Wenn nun schon das äußere Getriebe des europäischen Lebens den jungen Türken nicht immer angenehm berührt, so droht ihm andererseits die Gefahr, ohne Aufsicht, ohne Leitung sein seelisches und moralisches Gleichgewicht zu verlieren. Entweder also wird er erschreckt und eingeschüchtert durch die bis in subtile Einzelheiten ihn fremd anmutende Kultur und Zivilisation Europas, die ihn dazu bringt, sich in sich selbst zurückzuziehen und so den Mut und die Freiheit zur Durchbildung der Persönlichkeit zu verlieren, oder aber er wird sich tollkühn in den Strudel europäischen Lebens stürzen und seine Unwissenheit eines Tages mit völliger Entwurzelung bezahlen. Dergleichen tiefgreifende Schäden zu verhüten gibt es ein Mittel: Die Gründung einer türkischen Schule im Deutschen Reiche.«
> Die neue Türkei vom 26.2.1917, zit. nach: Emre, 1997, S. 38.

Während der NS-Zeit stieg die Zahl der in Deutschland lebenden Türken noch geringfügig auf einige Tausend an, um dann nach 1939 wieder stark zurückzugehen. 1946 waren nur noch wenige Dutzend Türken in Deutschland amtlich registriert.

Deutsche in der Türkei

Ganz anders stellte sich die Zuwanderung von Deutschen in die Türkei im frühen 20. Jahrhundert dar. Der Staatsgründer Mustafa Kemal Atatürk, der die junge Türkei fundamental reformieren und an den kulturell und ökonomisch überlegenen Westen heranführen wollte, gestaltete u. a. das türkische Hochschulwesen völlig um. Er suchte auch in diesem Bereich den Anschluss an den modernen Westen. In diesem Zusammenhang wurde die traditionelle Medrese, die islamische »Dar-ül-fünun« Hochschule in Istanbul aufgelöst und eine neue »Istanbul Üniversitesi« gegründet, an die gezielt auch ausländische Professoren berufen wurden. Für zahlreiche deutsche Professoren, die aus rassistischen oder politischen Gründen verfolgt wurden oder bereits entlassen worden waren, war das ein unerwarteter Glücksfall. Professor Philipp Schwartz, zuvor Pathologe in Frankfurt, hatte 1933 in der Schweiz eine Beratungsstelle, eine »Notgemeinschaft deutscher Wissenschaftler im Ausland« geschaffen, an der sich viele Hochschullehrer, die in Deutschland ihre Stellung verloren hatten, hilfesuchend wendeten. Philipp Schwartz konnte mit der türkischen Reformkommission in kürzester Zeit die Berufung von 30 Professoren in die Türkei vermitteln, weitere folgten u. a. an ein neues Musterkrankenhaus in Ankara und ein türkisches Zentralinstitut für Hygiene. Diese »Notgemeinschaft« konnte insgesamt 103 Professoren in die Türkei vermitteln, dazu noch Hunderte weitere Wissenschaftler, darunter befanden sich Persönlichkeiten mit einem international hohen Ruf (Dok. 1). Das war für beide Seiten von kaum überschätzbarer Bedeutung, zumal viele dieser Wissenschaftler angesichts ihrer prekären oder verlorenen Stellung im nationalsozialistischen Deutschland vor dem beruflichen Aus und vor einer persönlichen Katastrophe standen und umgekehrt die Türkei von diesen prominenten Gelehrten außerordentlich profitieren konnte. Der türkische Unterrichtsminister Resit Galip verglich gar den Wissenschaftsimport in die Türkei mit der Bedeutung des Exodus byzantinischer Gelehrten für Westeuropa während der Eroberung von Konstantinopel im Jahr 1453. Damals hätten die byzantinischen Wissenschaftler der Renaissance in Europa einen wesentlichen Anschub vermittelt. Nun vollziehe sich der Prozess wieder in die entgegengesetzte Richtung.

Bereits 1933 nahmen die ersten Wissenschaftler ihre Arbeit an der Istanbul Üniversitesi auf. Die türkische Regierung finanzierte die Umzugskosten und bot eine Anstellung für zunächst fünf Jahre. Auf diese Weise wurde die Universität zur größten Emigranten-Universität, bei der etwa die Hälfte der Lehrstühle mit Emigranten besetzt war. Dieser Wissenschaftler-Transfer gilt als einmalig in der Geschichte der deutschsprachigen Emigration. Sicherlich waren die Arbeitsverhältnisse und Lebensbedingungen für viele Gelehrten höchst prekär (Dok. 2 und 3), aber einige lernten rasch die türkische Sprache – ein zentraler Faktor zur Integration – und machten das Beste aus ihrer schwierigen Situation. Im Übrigen wurden sie in der Regel besser bezahlt als ihre türkischen Kollegen. Von ihnen wurde erwartet, dass sie die Landessprache erlernten und Fachbücher auf Türkisch verfassten.

Dieser »Glücksfall« hatte für die deutschen Gelehrten freilich auch eine Kehrseite: Sie waren in Deutschland marginalisiert worden und wurden dies nun erneut im Exil. Sie wurden in der Heimat politisch und sozial diskriminiert und im Exil wurden ihnen erneut öffentliche politische Stellungnahmen untersagt. Sie waren weiterhin mit massiven Ressentiments, mit Neid und Argwohn nun ihrer türkischen Hochschulkollegen konfroniert, immerhin musste mancher türkische Hochschullehrer seinen Platz für einen Deutschen räumen. Und schließlich waren sie auch im Ausland nicht von den Nachstellungen, den diskrimierenden Aktionen und Einschüchterungsversuchen durch die nationalsozialistische deutsche Regierung verschont.

Die Lagebeschreibungen des Romanisten Erich Auerbach, der ebenfalls nach Istanbul geflüchtet war, können als beispielhaft für die soziale und kulturelle Situation von kulturkritischen Exilanten gelten, die allerdings auch »durch die Situation der Entwurzelung und durch die Konfrontation mit der fremden Kultur, durch die kulturelle Distanz also, zur vertieften kulturellen Reflexion befähigt« (Incesu, 2008) wurden.

Auerbach könne – so Incesu – als ein Beispiel für die doppelte Marginalität des Exilanten gelten, der sich sowohl in der Heimat als auch im Exil mit dem (aufgezwungenen) Außenseitertum konfrontiert sah. Auerbach verlor 1935 in Marburg als Jude seinen Lehrstuhl und erhielt eine Stelle an der Romanistischen Fakultät in Istanbul, wo er bis 1945 blieb. Dort verfasste er sein Hauptwerk »Mimesis«. Wie Auerbach seine Situation deutet, machen einige Zitate aus Auerbachs Briefwechseln aus dem Jahr 1937 mit Walter Benjamin und seinem einstigen Schüler Martin Hellweg deutlich:

»Die Wohnung am Bosporus ist herrlich, die Arbeit wissenschaftlich ganz primitiv, aber menschlich, politisch und organisatorisch überaus interessant. Das ganz ungeheuerliche Maß an Schwierigkeiten, Scherereien, Quertreibereien und Fehldispositionen seitens der hiesigen Stellen und aus den hiesigen Verhältnissen heraus, das einige Kollegen zur Verzweifelung treibt, ist mir nicht unerfreulich, weil es als Gegenstand der Beobachtung weit interessanter ist als etwaige Ziele meiner Tätigkeit, die ich übrigens, wie sich von selbst versteht, nach Kräften ordentlich ausübe.« (zit. nach Incesu, 2008).

Auerbach zeigt anfänglich durchaus Begeisterung, betont aber die Schwierigkeiten mit den örtlichen Behörden. Er sieht die Verzweiflung seiner Kollegen und lässt durchblicken, dass ihn die Arbeit in Istanbul keineswegs überforderte. Aber allmählich schlägt die anfängliche Begeisterung um in eine bittere Akzentuierung der Schwächen der türkischen Bürokratie. Das zweite Zitat, ein Auszug aus einem Brief an Martin Hellweg vom 16. Mai 1947, reflektiert elf Jahre frustrierendes Exil:

»So habe ich mich entschlossen, vorläufig einmal nach USA zu gehen, und will, wenn nichts dazwischen kommt, in einigen Monaten aufbrechen. Es kann aber noch allerhand dazwischen kommen, und es ist jedenfalls ein etwas gewagtes Unternehmen, da ich kaum Geld habe, und mir eine Stellung erst dort werde suchen müssen. Immerhin raten meine Freunde dort, es zu wagen. Hier will ich jedenfalls fort, wenn es irgend geht. Dabei ist es ganz behaglich; aber 11 Jahre Türkei ist reichlich genug. Und man erreicht hier nichts; die Dinge zerbröckeln einem unter den Händen.«

Einen aufschlussreichen Einblick in seine materielle Situation vermittelt ein Brief an Hellweg aus dem Jahr 1946:

»Es ist uns wirklich nicht schlecht gegangen, nur dass wir ziemlich arm geworden sind; Reserven habe ich damals nicht herausbringen können, das Gehalt ist sehr entwertet (...), so dass allmählich alle Wertgegenstände drauf gehen, selbst ein Teil meiner Bücher. Aber das sind bourgeoise Sorgen. Türken sind wir nicht geworden, jetzt sind wir wieder ›passlose Deutsche‹; alles ist provisorisch. An der Universität haben wir wohl einiges erreicht, aber längst nicht soviel, als möglich gewesen wäre; die unsichere und oft dilettantische Politik der Verwaltung erschwert das Arbeiten sehr, wobei zuzugeben ist, dass sie es nicht leicht hat; ich habe hier gelernt, wie schwer es ist, ein nicht europäisches Land in kurzer Zeit zu europäisieren; die Gefahr der praktischen und moralischen Anarchie ist sehr groß.« (zit. n. Incesu, 2008).

Die Liste der deutschen Wissenschaftler, Techniker, Musiker, Architekten, Künstler und anderer Gelehrten, die in der Türkei nach 1933 eine neue Heimat und ein neues Betätigungsfeld fanden, liest sich wie ein »Who's who« der Gelehrtenwelt: Paul Pulewka, Alfred Kantorowicz, Bruno Taut, Erich Auerbach, Wilhelm Röpke, Hans Poelzig, Paul Hindemith, Ernst Reuter... um nur einige Namen zu nennen. Viele blieben in der Türkei, andere wanderten weiter in andere europäische Staaten, nach Lateinamerika oder in die USA, viele kehrten nach 1945 wieder nach Deutschland zurück (Dok. 4). Angefügt sei eine makabre Anekdote: Als der österreichische Architekt Clemens Holzmeister für den Staatsgründer Kemal Atatürk einen Palast gebaut hatte, warf der neue Hausherr und notorische Kettenraucher Atatürk bei der Führung durch das Gebäude einen Zigarettenstummel in die Toilette – und die Wasserspülung versagte! Holzmeister erschrak, denn es war ihm vorher zugetragen worden, dass der Verantwortliche – sollte irgendetwas nicht funktionieren, hingerichtet werden würde. Zu Holzmeisters Glück aber hatte sich der künftige Hausherr nur einen Scherz erlaubt, der manchem Sultan gut zu Gesicht gestanden hätte, und vorher veranlasst, dass das Wasser in der Toilette abgedreht wurde. Holzmeisters Karriere war in der Türkei also noch nicht vorbei, im Gegenteil. Er wirkte als Lehrer an der Technischen Hochschule und wurde zum bedeutenden Baumeister Atatürks; er war bei wichtigen Regierungsbauten in Ankara beteiligt, beim Verteidigungsministerium, Innenministerium, Wirtschafts- und Landwirtschaftsministerium, beim Obersten Gerichtshof und zuletzt beim Parlamentsgebäude. (Siehe http://www.buchhandel.de/detailansicht.aspx?isbn=978-3-7025-0594-3.)

Die nationalsozialistische Regierung bemühte sich, letztlich vergeblich, die Türkei auf die Seite der Achsenmächte zu ziehen. Zugleich übte die deutsche Regierung Druck auf die Türkei aus, nur noch »reichstreue« Professoren in ihrem Land zu beschäftigen. Auch wenn die Türkei diesem Ansinnen nicht nachgab, wurde die Tätigkeit der deutschen Emigranten und Exilanten doch schwieriger. Denn wenn sie von Deutschland »ausgebürgert« wurden, wie etwa die jüdischen Gelehrten, verloren sie als Staatenlose ihre Aufenthaltserlaubnis auch in der Türkei (Gemein, 2001, S. 91). Erheblich komplizierter als für die renommierten Gelehrten gestaltete sich das Überleben in der Türkei für diejenigen, die nicht zur akademischen Prominenz gehörten.

Nach dem Tod Atatürks im Jahr 1938 verschlimmerten sich die Verhältnisse für die deutschen Gelehrten in der Türkei. Durch ein Gesetz von 1938 wurden türkische Unternehmen, die Ausländer beschäftigen, von staatlichen Subventionen ausgeschlossen. Von deutschen Reichsangehörigen wurde nun auch in der Türkei ein »Arier-Nachweis« gefordert. 1939 wurde Staatenlosen die Einreise und der Aufenthalt in der Türkei untersagt. Seit 1942 wurden die Steuersätze für Nichtmuslime drastisch erhöht,

Staatenlose wurde nun ausgewiesen. 1944 wurden schließlich über 600 Deutsche in Anatolien interniert. Aber selbst die deutschen Gelehrten blieben – auch wenn manchen von ihnen die türkische Staatsbürgerschaft verliehen wurde – die »ausländischen Professoren« (Dok. 5). Nach Kriegsende übersiedelten zahlreiche Gelehrte in die USA, 28 bleiben in der Türkei (Haymatloz, 2000, S. 22 f.).

Literatur

EMRE, G., 1997, *300 Jahre Türken an der Spree*. Köln.

GEMEIN, G./L. OEZsinMAZ, M., 2001, *Deutsche und Türken in der Geschichte*, Münster.

INCESU, GÜNAL, 2008, *Zwischen Außenseiterdasein und Mitgestaltung: Deutsche Professoren in der Türkei 1933–1945*, , zit. n. http://www.transeo-review.org/Zwischen-Aussenseiterdasein-und.html?lang=de.

VEREIN AKTIVES MUSEUM BERLIN (HRSG.), 2000, *Haymatloz. Exil in der Türkei 1933–945*, Berlin.

SELLIN, G., 2004, *Exil in der Türkei. Deutschsprachige Akademiker zwischen 1933 und 1946. Geschichte lernen Heft 98*, S. 14, S. 47–52.

Türken in Berlin. 1871–1945. Eine Metropole in den Erinnerungen osmanischer und türkischer Zeitzeugen, Hrsg. von Ingeborg Böer/Ruth Haerkötter/Petra Kappert, 2002, Berlin.

WIDMANN, H., 1973, *Exil und Bildungshilfe. Die deutschsprachige akademische Emigration in die Türkei nach 1933*, Frankfurt a. M. http://www.aktives-museum.de/fileadmin/user_upload/Extern/Dokumente/rundbrief-43.pdf.

Dokumente

Dok. 1: Exil in der Türkei

»Im Januar 1933 übernahmen die Nationalsozialisten die Macht in Deutschland.(...) In den folgenden Monaten verloren rund 2000 meist jüdische Wissenschaftler und Hochschullehrer ihre Stellen an den Universitäten. Parallel dazu wurden Tausende von Sozialdemokraten, Sozialisten und Kommunisten aus dem Staatsapparat entfernt. (...)
Für viele war die Flucht ins Ausland die einzige Überlebenschance. (...)
Zur gleichen Zeit führte die 1923 gegründete Türkische Republik ihre Modernisierungsmaßnahmen durch. Verschiedene Reformen wie das Frauen-

stimmrecht und die Einführung des lateinischen Alphabets waren bereits abgeschlossen. Als nächstes war eine umfangreiche Universitätsreform geplant. (...) Nach intensiven Gesprächen wurde im Juli 1933 ein Anstellungsvertrag mit deutschen Professoren unterzeichnet. Die Wissenschaftler verpflichteten sich, schnell Türkisch zu lernen und in der Sprache des Gastlandes Lehrbücher in ihren Fächern zu schreiben. Nach dem »Anschluss« Österreichs an Nazi-Deutschland emigrierten viele österreichische Intellektuelle ebenfalls nach Istanbul und Ankara. Bis 1945 fanden rund 800 deutschsprachige Exilanten Zuflucht in der Türkei.

Die deutschsprachigen Exilanten kamen hauptsächlich aus den Gebieten Wissenschaft, Architektur, Stadtplanung, Musik, Schauspiel und Opernkultur. Einer der bekanntesten deutschen Emigranten war der frühere Oberbürgermeister von Magdeburg, Ernst Reuter. (...) 1938 übernahm Ernst Reuter eine Professur für Städtebau an der neugeschaffenen Universität in Ankara. Reuter lernte schnell Türkisch und konnte seine Vorlesungen bald in der Landessprache halten. Er verfasste drei Lehrbücher zur Verwaltungswissenschaft und genoss besonders in Regierungskreisen ein hohes Ansehen. (...) 1946 kehrte Ernst Reuter nach Deutschland zurück. Von 1948 bis zu seinem Tod im Jahre 1953 war er Regierender Bürgermeister von West-Berlin. (...)

Zu den engsten Freunden von Ernst Reuter im türkischen Exil gehörte Hans Wildbrandt. Der Landwirtschaftsexperte kam 1934 (...) in die Türkei und gründete das türkische Genossenschaftswesen. (...)

Ein weiterer Weggefährte Ernst Reuters in der Türkei war der Philologe Georg Rohde. Der katholische Professor musste 1935 Deutschland verlassen, weil seine Frau aus einer jüdischen Familie stammte. In Ankara bekam er einen Lehrstuhl an der neugegründeten Fakultät für Fremdsprachen, an der unter anderem Latein, Griechisch, Sumerisch und Arkadisch unterrichtet werden sollte. (...)

Im Bereich der Architektur und Stadtplanung war der Einfluss der deutschsprachigen Emigranten enorm. Neben Martin Wagner, Bruno Taut, Hans Poelzig, Martin Elsässer und Paul Bonatz gehörte der Österreicher Clemens Holzmeister zu den bekanntesten Architekten, die ihre abgebrochene Karriere in der Türkei fortsetzen konnten. (...) 1939 bekam Clemens Holzmeister den Auftrag, das neue Parlamentsgebäude in Ankara zu bauen. Es wurde sein Prestigeobjekt. Mit Hilfe von deutschen und österreichischen Fachleuten ließ er aus verschiedenen Gebieten der Türkei Marmor und andere Natursteine herbeischaffen. Der Bau dauerte fast zehn Jahre, erst 1949 wurde das Parlamentsgebäude in Betrieb genommen. (...)

Der Einfluss der deutschen Experten war auch im Bereich der Musik und der Schauspielkunst groß. Anfang der dreißiger Jahre bekam der in Berlin lebende Inspektor Cevat Dursunoglu von der türkischen Regierung den Auftrag, einen

Experten zu finden, der das Musikleben in der Türkei reformieren sollte. Dursunoglu nahm Kontakt mit dem Dirigenten Wilhelm Furtwängler auf. Er wiederum empfahl den Komponisten Paul Hindemith, dessen Oper »Mathis der Maler« gerade verboten worden war. Hindemith nahm das Angebot der türkischen Regierung an. Er ließ sich von der Berliner Musikhochschule beurlauben und ging 1935 zum erstenmal nach Ankara. Bis 1938 besuchte Hindemith insgesamt viermal die Türkei. Er schrieb verschiedene Gutachten und vermittelte deutsche Musiker in die Türkei. Hindemith schlug vor, sich an den traditionellen Wurzeln der türkischen Musik zu orientieren und nicht den westlichen Musikbetrieb zu übernehmen. (...)
Auf Empfehlung von Paul Hindemith kam 1936 auch der Musikwissenschafter Eduard Zuckmayer in die Türkei. Der Bruder des Schriftstellers Carl Zuckmayer gründete in Ankara die Akademie für Musiklehrer. 1972 starb er und wurde dort begraben. Das Musikinstitut der Gazi-Universität trägt heute noch seinen Namen. Nach dem Zweiten Weltkrieg kehrten viele deuschsprachige Emigranten zurück oder wanderten in andere Länder weiter. Einige blieben in der Türkei und verbrachten dort ihren Lebensabend. Für sie war das Land längst zur zweiten Heimat geworden. Mit ihrem Erfahrungshintergrund leisteten sie einen wichtigen Beitrag zum Aufbau der damaligen türkischen Gesellschaft. Ernst E. Hirsch zum Beispiel verfasste das türkische Handelsgesetzbuch und Urheberrecht, Fritz Neumark das Steuergesetz. Gerhard Kessler gründete mit einem türkischen Kollegen die erste Gewerkschaft des Landes.«
Ayhan Bakirdögen, 1999, »Die Türkei als Exilland während der Zeit des Nationalsozialismus«, in: Neue Zürcher Zeitung vom 20./21. März 1999, mit freundlicher Genehmigung der Neuen Zürcher Zeitung.

Dok. 2: Philipp Schwartz als Vertreter der »Notgemeinschaft deutscher Wissenschaftler im Ausland« verhandelt mit Dr. Resit Galip, Rüshtü Uzel, dem Förderer des türkischen Berufsschulwesens, und Unterstaatssekretär Salih Zeki am 6. Juli 1933 in Istanbul:

»Wir kamen pünktlich an. Der Minister und etwa zwanzig seiner Mitarbeiter waren anwesend. (...) Dr. Resit Galip empfing mich mit freundlicher, selbstverständlicher Sachlichkeit und eröffnete sofort die denkwürdige Sitzung. Neben ihm, der präsidierte, zur Linken saß Prof. Malche, dann folgte ich; auf der anderen Seite saßen Salih Zeki bey und Rüshtü bey. Der lange Tisch war umringt von Mitgliedern der Reformkommission und Beamten des Unterrichtsministeriums, die eifrig jedes Wort mitschrieben. Die Verhandlungen wurden französisch geführt. ›Können Sie uns einen Professor für ...empfehlen?‹ Ich hatte die Kartothek der ›Notgemeinschaft‹ in Kürschners Gelehrtenkalender eingetragen; so konnte ich ohne Zögern drei Professoren zur Auswahl stellen. Ich las ihren Lebenslauf vor, erwähnte ihre bisherige Tätigkeit und konnte über zwei der Kandidaten meinen persönlichen Eindruck berichten: sie hatten mich in Zürich aufgesucht. Ich empfahl, daß wir alle drei auf die Liste setzen und die endgültige Wahl später vornehmen.

›Können Sie uns einen Professor für ...vorschlagen?‹ Diese Frage wurde im Lauf des Nachmittags 30mal gestellt und unter zunehmender Spannung beantwortet. Ich und wohl alle Anwesenden vergaßen Zeit, Komplikationen und Widerstände. Ich wußte, daß die schmachvolle Vertreibung aus Deutschland in diesen Stunden einen schöpferischen Sinn erhielt. Ich entdeckte ein wunderbares, von der westlichen Pest unberührtes Land! Gründung und Aufbau der ›Notgemeinschaft‹ waren nunmehr gerechtfertigt: ja, sie haben sich als eine geschichtliche Notwendigkeit erwiesen. (...)

Zum Schluß haben wir uns über Gehälter und allgemeine Vertragsbedingungen geeinigt. In einer Unterbrechung der regulären Verhandlungen wurde das Ergebnis der Besprechungen urkundlich festgehalten.

Wir versammelten uns wieder und nahmen unsere Plätze ein. Das Dokument wurde langsam verlesen und Satz für Satz bestätigt. Der Minister erhob sich: ‚Es ist dies ein außergewöhnlicher Tag, an welchem wir eine beispiellose Tat vollbringen durften. Als vor fast 500 Jahren Konstantinopel fiel, beschlossen die byzantinischen Gelehrten, das Land zu verlassen. Man konnte sie nicht zurückhalten. Viele von ihnen gingen nach Italien. Die Renaissance war das Ergebnis. Heute haben wir uns vorbereitet, von Europa eine Gegengabe zu empfangen. Wir erhoffen eine Bereicherung, ja eine Erneuerung unserer Nation. Bringen Sie uns Ihr Wissen und Ihre Methoden, zeigen Sie unserer Jugend den Weg zum Fortschritt. Wir bieten Ihnen unsere Dankbarkeit und unsere Verehrung an. Er unterschrieb und meine Unterschrift folgte.«

Zitiert nach: Horst Widmann, 1973, Exil und Bildungshilfe, Die deutschsprachige akademische Emigration in die Türkei nach 1933, Frankfurt, S. 56.

Dok. 3: Alexander Rüstow, seit 1933 als Professor für Wirtschaftsgeschichte und Wirtschaftsgeographie an die Universität Istanbul berufen, am 23. April 1943 an einen Kollegen im englischen Exil:

»Die Zusammenarbeit mit den türkischen Kollegen im Rahmen der Fakultät hatte anfangs einige Schwierigkeiten. Diese Anfangsreibungen sind aber im wesentlichen überwunden und haben im großen und ganzen einer loyalen und höflichen Kollegialität Platz gemacht. An einen sehr viel formalistischeren und bürokratischeren Betrieb, der dem von der Regierung ernannten Rektor und Dekan eine viel größere Machtvollkommenheit gibt, muß man sich allerdings erst gewöhnen.

Die Universitätsreform im ganzen war erst begonnen und noch keineswegs vollendet, als im vorigen Herbst ihr eigentlicher Schöpfer, der damalige Unterrichtsminister Resit Galip Bey, stürzte und vor kurzem zu allem Unglück noch gestorben ist. Seitdem stockt der Fortgang der Reform, und jeder einzelne Schritt vorwärts muß mit außerordentlicher Anstrengung und unverhältnismäßigen Verlusten an Zeit und Geduld erkämpft werden. (...)

Der Unterricht vollzieht sich so, daß neben einem ein Übersetzer auf dem Katheder steht, der satz- oder absatzweise das, was man deutsch gesagt hat, ins Türkische überträgt. Das funktioniert besser als man denken sollte, auch im Seminar. Voraussetzung ist allerdings ein wirklich guter Übersetzer in sprachlicher, sachlicher und nicht zuletzt auch persönlicher Hinsicht. Einen solchen zu finden, ist nicht ganz leicht. (...)

Das Verhältnis der deutschen Kollegen zueinander gleicht wohl so ziemlich dem an einer mittleren deutschen Universität, öfters vielleicht mehr als wünschenswert. Gesellschaftlich kann es der Einzelne so ziemlich halten wie er mag. Die Wohnungsverhältnisse hier sind ausserordentlich günstig, da trotz Rückgangs der Einwohnerzahl auf fast die Hälfte auch noch dauernd neu gebaut wird, weil die hiesigen Sparer das als die einzig sichere Kapitalanlage ansehen. (...) Dagegen empfiehlt es sich, alle kleineren Gebrauchsartikel, wie Chemikalien, Medikamente, Toilettenartikel usw. usw. möglichst reichlich mitzunehmen, da man hier infolge der Einfuhrsperre oft die selbstverständlichsten Dinge gar nicht oder nur in ganz unzulänglichen Qualitäten bekommt. (...) Dienstmädchen haben die Kollegen teils aus Deutschland mitgebracht, teils hier aufgenommen (wir z. B. das letztere). Welche dieser beiden Kategorien besser gefahren ist, lässt sich schwer sagen.(...)

Was die Sprache betrifft, so braucht man für den Anfang sehr viel dringender französisch als türkisch. Auch die Fakultätsverhandlungen werden bei uns z. B. in französisch geführt.«

Zitiert nach: Horst Widmann, 1973, Exil und Bildungshilfe, Die deutschsprachige akademische Emigration in die Türkei nach 1933, Frankfurt, S. 241–242.

Dok. 4: Christine Fischer-Defoy zu den Phasen der Emigration:

»Dabei sind drei Phasen zu unterscheiden. In den Jahren zwischen 1933 und 1938 sprechen die meisten Zeitzeugen von überwiegend positiven Erfahrun-

gen. So beschrieb Martin Wagner seine Tätigkeit in Istanbul in einem Brief an Walter Gropius am 20. Mai 1936 als Wartesaal Erster Klasse. In der zweiten Phase, beginnend mit dem Tode Atatürks, dessen Autorität sich wie ein Schutzschild über die deutschen Flüchtlinge gelegt hatte, und endend mit dem Abbruch der diplomatischen Beziehungen 1944, ist bestimmt von zunehmenden Schwierigkeiten: dem Ablauf der fünfjährigen Arbeitsverträge, den Problemen mit der Aufenthaltsgenehmigung, der Teuerung – und der Unsicherheit, auf welcher Seite die Türkei schlußendlich in den Krieg eintreten würde. In der dritten Phase von 1944 bis zum Kriegsende, bzw. bis zum Ende der Internierungen im Januar 1946, verdüstern sich dann die Erinnerungen: bis auf wenige Prominente verloren die meisten nicht nur ihre Privilegien, sondern auch ihre berufliche Existenzgrundlage, im schlimmsten Falle teilten sie das Los der Internierung zusammen mit ns-treuen Reichsdeutschen. Und nach der Rückkehr waren die Chancen, wieder in den früheren Beruf in Istanbul oder Ankara zurückzukehren, gleich Null: die Türkei hatte ihre Absicht wahrgemacht, die Emigranten nur so lange im Lande zu behalten, bis ihre Arbeit Früchte trug und eine türkische Generation von Experten herangewachsen war. Rudolf Belling beschreibt Hans und Wassily Luckhardt gegenüber am 15.7.1946 sein Dilemma: »Alle wollen zurück, aber die Aussichten sind so gut wie null, denn die diplomatischen Beziehungen können nur aufgenommen werden, wenn eine deutsche Regierung eingesetzt ist, na, und wann das geschieht, weiß vielleicht nicht einmal Allah!« . Gleichwohl bleiben im Rückblick bei den meisten der von uns Befragten ebenso wie in den vorliegenden Memoiren der deutschen und österreichischen Emigrantinnen und Emigranten die überwiegend positiven Erinnerungen vorherrschend. Diese Erfahrungen können etwas von der Gastfreundschaft und Offenheit vermitteln, die in der Türkei damals so viel selbstverständlicher war als sie es heute in unserem Lande gegenüber Menschen aus anderen Ländern ist.«
Christine Fischer-Defoy, in: Verein Aktives Museum, Rundbrief Nr.43, Mai 2000, S. 11.

Dok. 5: Die Ernst-Reuter-Initiative für Dialog und Verständigung der Kulturen:

»Unterschiede in den Wahrnehmungen und in den Empfindlichkeiten entlang kultureller oder religiöser Trennlinien sind in den vergangenen Jahren in den Fokus der Wahrnehmung gerückt. Der so genannte Karikaturenstreit hat erneut gezeigt, wie wichtig gegenseitiger Respekt, Empathie und das Wissen um kulturelle Zusammenhänge sind. Die beiden Außenminister Deutschlands und der Türkei haben zur Deeskalierung des damaligen Konflikts beigetragen.

Ausgehend von einem gemeinsamen Namensartikel in »Bild« und »Hürriyet« haben sie beschlossen, die Zusammenarbeit zur Überwindung kultureller und religiöser Missverständnisse und unterschiedlicher Wahrnehmungen nachhaltig zu intensivieren und zugleich für den Respekt der kulturellen Vielfalt zu werben. Dialog lebt von Unterschieden, zwischen Menschen und zwischen ihren Überzeugungen. Kulturelles Selbstbewusstsein statt Uniformität ist hierfür eine Voraussetzung. Eine Debatte über die zentralen Grundwerte – Gerechtigkeit, Freiheit und Gleichheit – ist notwendige Voraussetzung. Unterschiede identifizieren, zusammen nach Lösungen suchen und die gemeinsame Zukunft mit Respekt für die Verschiedenheit gestalten: dazu will diese Initiative aufrufen. Die seit langem bestehenden partnerschaftlichen Beziehungen, das wichtige Beispiel der Türkei als islamisch geprägter Gesellschaft in einem modernen, auf demokratischen und rechtsstaatlichen Grundlagen errichteten Staat und nicht zuletzt die zahlreichen in Deutschland lebenden Bürgerinnen und Bürger, die einen biographischen Bezug zur Türkei haben, lassen Deutschland und die Türkei besonders gut geeignet erscheinen, den interkulturellen Dialog zusammen voranzubringen und zugleich durch diese Zusammenarbeit Mut zu machen und Beispiel zu geben über unsere Länder hinaus. Deutschland und die Türkei verdanken einander viel. Deswegen haben die beiden Außenminister beschlossen, die gemeinsame Initiative nach Ernst Reuter zu benennen, der als verfolgter Sozialdemokrat das Naziregime im Exil in der Türkei überlebte, die türkische Regierung beriet und nach seiner Rückkehr Regierender Bürgermeister von Berlin wurde. Der Grundstein für die deutsch-türkische Universität wurde im Oktober 2010 von Bundespräsident Wulff und seinem türkischen Amtskollegen gelegt.«
http://www.istanbul.diplo.de/Vertretung/istanbul/de/Aktuell/
ErnstReuterInitiative/Ernst__Reuter__Initiative__S.

Roland Löffler

Der lange Weg zu Demokratie und kulturellem Pluralismus: Die Evangelische Kirche im 20. Jahrhundert

Einleitung

Am Ende eines dicken Bandes findet sich ein Text zur kirchlichen Zeitgeschichte protestantischer Prägung. Auf den ersten Blick erscheint dies ein wenig interkulturelles Thema zu sein. Wo sind die Juden und die Muslime zu finden und wo wird von den Interaktionen mit ihnen berichtet?

Hier anscheinend nicht – und dies ist das erste Ergebnis dieses Aufsatzes. Auch wenn die Evangelische Kirche in Deutschland jüngst zwei Denkschriften zum Islam herausgegeben hat (Evangelische Kirche in Deutschland 2000 und 2006) und sich zuvor in zahlreichen Stellungnahmen zur Aussöhnung mit dem jüdischen Volk bekannte (Schwemer 1991), so ist der interreligiöse Dialog doch erst in den letzten Jahrzehnten ein Thema geworden. Inhärent war er der evangelischen Kirchen- und Theologiegeschichte des 20. Jahrhunderts nicht.

Dennoch erscheint es auch im Blick auf die gegenwärtige Integrationsdebatte lohnend, einen Blick in die jüngste Kirchengeschichte zu werfen. Von Muslimen wird heute in regelmäßigen Abständen ein Bekenntnis zur freiheitlich-demokratischen Grundordnung der Bundesrepublik verlangt und die Kompatibilität von Islam und Demokratie gefordert. Das sind unzweifelhaft richtige Erwartungen an Migranten. Gleichwohl: Überblickt man die vergangenen Jahrhunderte, so fielen auch »autochthone« deutsche Protestanten und Katholiken nicht gerade als Demokraten vom Himmel. Der Weg der beiden deutschen Großkirchen, um nur diese zu nennen, zu Demokratie und Rechtsstaat war lang. Insofern kann die Kirchengeschichte systematische Ansätze zur Integration von Religion in ein demokratisches Gemeinwesen aufzeigen und damit zur Gelassenheit einer häufig emotionalen Gesamtlage beitragen.

Um diesen Gedankengang genauer zu fassen, sollen drei Thesen den Text gliedern helfen:

Erste These: Mikrogeschichte spiegelt stets die Makrogeschichte – das gilt besonders für die Kirchengeschichte. Unter Mikrogeschichte soll hier die Geschichte in überschaubaren Einheiten und Größen verstanden werden, während die Makrogeschichte die Gesamtgeschichte, etwa einer Nation, einer Gesellschaft oder einer Großgruppe meint. So lässt sich auch eine moderne Kirchengeschichte betreiben: Aus den Mentalitäten der Christen und ihrer Kirche in einer – trotz aller Säkularisierungsprozesse – doch über Jahrhunderte von der christlichen Religion und ihren Institutionen mitgeprägten Gesellschaft wie in Deutschland kann man einige wichtige Erkenntnisse über den Gesamtverlauf der Geschichte gewinnen. Der Fokus der folgenden Darlegung liegt auf der Geschichte des deutschen Protestantismus, der enger als der Katholizismus mit dem deutschen Nationalismus und allen seinen Folgen verbunden war. So soll paradigmatisch das komplexe Verhältnis von Staat und Religion beleuchtet werden.

Zweite These: Es ist eine genuine Leistung der Bundesrepublik und auch der evangelischen Kirche, dass der Christ zum Bürger wird. Das konnte und wollte er nämlich in der Weimarer Republik und im Dritten Reich nicht sein.

Dritte These: Die evangelische Kirche war und ist eine lernende und lernfähige Organisation, die die Last der jüngsten deutschen Geschichte mit sich trägt und daraus sozialethische wie politische Konsequenzen gezogen hat.

Die historische Genese des Verhältnisses von Staat und Protestantismus bis 1918

Das Verhältnis von Staat und Protestantismus ist in Deutschland in erheblichem Maße von der Reformation geprägt. So radikal Luther in theologischen Fragen vorgehen konnte, so vorsichtig und strategisch-zurückhaltend war er auf politischem Gebiet. Er brauchte die Fürsten zur Durchsetzung seiner kirchlichen Reform, diese wiederum brauchten ihn, um gegen den Kaiser aufzubegehren bzw. die rebellischen Bauern niederzuschlagen: Eine heikle Symbiose, die später zu der nicht minder problematischen Allianz von Thron und Altar führte. Der Landesherr wurde nach den Beschlüssen des Augsburger Religionsfriedens von 1555 oberster Religionshüter – getreu dem später von Juristen geprägten Motto: Cuius regio – eius religio – wessen die Herrschaft, dessen die Religion. Konkret hieß dies: Der Landesherr war auch der summus episcopus, der oberste Bischof, weshalb der deutsche Protestantismus bis tief in die Moderne hinein fast keine Bischöfe hatte.

Die Kirchen waren Teil der Kultusverwaltung – deshalb auch bis heute dieser Terminus für die Schulministerien – und die Pfarrer Staatsbedienstete in einer klaren Hierarchie. Ähnliches galt für die theologischen Professuren. In einer solchen Konstellation hat der Staat die Kirche unter Kontrolle und diese ihre Gemeinden. Für freie Geister blieb deshalb wenig Platz. Auch vordemokratische Mitbestimmungsorgane wie Synoden und Presbyterien bzw. Kirchengemeinderäte verblieben – sofern es sie überhaupt gab – in einer recht schwachen Position.

Diese Allianz aus Thron und Altar gewann eine besondere Bedeutung im 19. Jahrhundert, genauer gesagt in der Zeit nach der Reichsgründung von 1871. Preußen dominierte das Deutsche Reich, die Hohenzollern stellten den Deutschen Kaiser – und die Mitglieder der Herrscherfamilie verstanden sich als aufrechte Protestanten und hielten die Fahne der Reformation hoch.

Dadurch wurde der Protestantismus eine Art »Leitkultur« des Kaiserreichs. Die Elite des Landes war evangelisch, besonders Kaiser Wilhelm II. versuchte sein recht junges Kaisertum aus antiken, christlichen Quellen zu speisen und durch ein umfangreiches Kirchenbauprogramm protestantische Wegmarken in der geistigen und sozialen Landschaft Deutschlands zu setzen. In der Tradition Kaiser Konstantins baute er Erlöserkirchen von Bad Homburg bis Jerusalem. Wenn heute in vielen Berliner Bezirken die Kirchen leer stehen, hat das auch mit Kaiser Wilhelm II. zu tun: Gerade in den Berliner Arbeiterbezirken wurden viele und viel zu große Kirchen gebaut, um die zum Sozialismus neigenden, angeblich oder real aufmüpfigen Arbeiter wieder auf den »rechten Weg« des Glaubens und auch der Staatspolitik zu bringen – ein vergeblicher Versuch.

Damit ist aber bereits eines der vielen Probleme angesprochen, mit der sich die Kirche konfrontiert sah: Sie verlor im Zuge der Industrialisierung die Arbeiterschaft; sie musste nach Lösungsansätzen auf die durch Verstädterung, Armut, harte Lohnarbeit, ungerechte Gewinnverteilung und gesellschaftliche Verwerfungen provozierten sozialen Fragen reagieren, was ihr nicht leicht fiel. Sie hatte auch große Probleme, sich im Pluralismus der Weltanschauungen zu behaupten. Die Säkularisierung war bereits fortgeschritten, die Freidenkerbewegung bewog Hunderttausende zum Kirchenaustritt. Figuren wie der Jenenser Biologe Ernst Haeckel mit seiner Monistenbewegung postulierten eine fast religionsähnliche Wissenschaftsgläubigkeit, der Philosoph Friedrich Nietzsche sprach von der »Umwertung aller Werte«, mit Sigmund Freuds Psychoanalyse erschienen spirituelle Phänomene nur noch als Projektionen oder ungelöste Probleme des Unterbewusstseins.

Diese Krisenherde einer modernen Gesellschaft beschäftigten die Kirche bis tief ins 20. Jahrhundert. Denn es gelang den protestantischen Theologen und Kirchenführern eben nicht, ihre Auffassung als starke, wirklich prägende Leitkultur zu etablieren. Man könnte also von einer schwachen Leitkultur sprechen, die nicht ohne Folgen blieb: Theologie und Kirche beharrten auf ihrer historisch gewachsenen, relativ einflussreichen Position in der Gesellschaft, die sich de facto aber von ihr entfernte und Religion als Quantité negligeable des Modernisierungsprozesses ansah. Das führte zu tiefgehenden Verunsicherungen und Minderwertigkeitsgefühlen bei Theologen und Kirchenführern und formte einen mentalitätsgeschichtlichen Bestand, der über Jahrzehnte lebendig bleiben sollte.

Auf einem Gebiet gelang es der Kirche jedoch schnell, sich gesellschaftlich anzupassen: auf dem Felde des Nationalismus. Das Deutsche Reich von 1871 war eine Geburt von oben – im Spiegelsaal von Versailles ausgerufen, eine Demütigung des Erbfeindes Frankreich, ein preußisch-kleindeutsches Projekt ohne das katholische Österreich-Ungarn – und damit auch ein sehr protestantisches Unternehmen.

Derartige Neuschöpfungen finden historisch oft dann eine innere Akzeptanz, wenn man einen ideologischen Schmierstoff bereit hält – wie den Nationalismus – und wenn man innere (oder auch äußere) Feinde definiert, von denen man sich abgrenzen kann. Identitätsprozesse laufen soziogen ab, sind kulturell determiniert und zielen auf soziale Anerkennung. Als zukunftsoffene und recht komplexe Konstruktionen leben sie von klaren »Identitätsmarkern« nach innen und Abgrenzungen nach außen. Das bedeutet nicht, dass Durchlässigkeiten und der Austausch zwischen unterschiedlichen Identitätsgruppen unmöglich sind.

Innere Reichsfeinde haben für eine relativ neue Nation deshalb identitätsstabilisierende Bedeutung: Sie kann man bekämpfen, gegen sie lassen sich Fronten aufbauen, die dann andere Gruppen und Individuen miteinander verbinden. Im Kaiserreich gab es im Grunde drei Gruppen, die die Regierung Bismarck bzw. die Mehrheitsgesellschaft bekämpfte und ausgrenzte: Die Sozialdemokratie (Sozialistengesetze 1878), den Katholizismus – verbunden mit den Jahren des Kulturkampfs (1872 bis 1885) – sowie die Juden. Erinnert sei hierbei an den aufkommenden Antisemitismus.

Protestantisch-nationale Gruppenidentität im Kaiserreich bedeutete also kaisertreu und national zu sein, die Sozialdemokratie als staatsgefährdend zu betrachten, den Katholizismus als ultramontan anzusehen, katholische Gläubige folglich als staatlich unsichere Kantonisten zu beargwöhnen, die dem jenseits der Alpen (ultra montes) residierenden Papst im Zweifel politisch eher die Treue hielten als dem preußischen König und Deutschen

Kaiser in Berlin – und schließlich das Judentum als undeutsch, als soziale, politische und ethnisch-kulturelle Existenzbedrohung anzusehen. Das war ein eigenartiges Phänomen, denn das Judentum hatte im 19. Jahrhundert nicht nur einen bemerkenswerten Bildungsaufstieg erlebt, sondern im neuen Deutschen Reich endlich auch eine rechtliche Gleichstellung erreicht. Entsprechend waren die Reaktionen im deutschen Judentum. Das neue Reich wurde freudig aufgenommen, ja es gab durchaus eine Art jüdisch-deutschen Nationalismus. Das Nationale erschien auch Juden als integrative Kraft, um soziale und kulturelle Spannungen zu überwinden. Auch innerhalb des Judentums gab es ja Spannungen zwischen religiösen und kulturell-assimilierten Bürgern, die durch das Bekenntnis zur Nation überwunden werden konnten. Der Kaiser ebenso wie sein Reichskanzler Otto von Bismarck konnten also auf treue jüdische Bürger hoffen. 1893 wurde beispielsweise der »Central-Verein deutscher Staatsbürger jüdischen Glaubens« gegründet, dessen Vereinszeitschrift den Titel »Im Deutschen Reich« trug und der das Motto vertrat: »Wir stehen fest auf dem Boden der Nationalität«.

Doch die 1870er Jahren sahen auch den Aufstieg des modernen Antisemitismus, der traditionelle religiöse und kulturelle Elemente aufnahm, sie aber politisch verstärkte. Hier liegen die Wurzeln für den späteren Rassenantisemitismus der Nationalsozialisten, der aber nochmals eine Verschärfung darstellte und bis zur Shoa führte. Den Antisemitismus des Kaiserreichs hat die israelische Historikerin Shulamit Volkov als »kulturellen Code« bezeichnet, also als ein Phänomen, das so weit verbreitet war, dass man es schon gar nicht mehr merkte und auf das sich Menschen unterschiedlichster Stände, Klassen, Bildungsschichten leicht berufen konnten, ohne Anstoß zu nehmen oder auch zu provozieren. Antisemitismus war gleichsam Teil gängiger Vorstellungen mit dem Grundtenor: Alles Jüdische ist undeutsch.

Dieser Gedanke wurde durch bedeutende Akademiker, Politiker, Wirtschaftsvertreter popularisiert wie etwa den (protestantischen) Historiker Treitschke. Religiöse und politische Vorbehalte verbanden sich leicht. Der verstorbene Leipziger Historiker Kurt Nowak beschreibt das Phänomen in seiner 1995 erschienen »Geschichte des Christentums in Deutschland« (Nowack, 1995, S. 168) so:

> »Luthers antijudaistische Spätschriften sind seit den 1870er Jahren nicht von Theologen und Kirchenmännern ausgegraben worden, sondern von den Agitatoren des modernen Antisemitismus. Da das Argumentationsmaterial des theologischen Antijudaismus [also: die Juden als Mörder Jesu Christi anzu-

sehen, R. L.] als nicht griffig genug erschien, mobilisierten die Agitatoren zusätzlich die Versatzstücke eines schauerlichen Volksaberglaubens, der in den Juden die Verkörperung des Bösen sah (Ritualmord, Hostienschändung, sexuelle Zügellosigkeit, böser Blick, Vampirismus etc.).«

Das konnte an manchen Orten durchaus auch zu Angriffen gegen Juden führen, bedeutete aber noch nicht, wie in der Zeit des Dritten Reichs, dass Staat und Gesellschaft systematisch Juden verfolgten und töteten. Es prägte aber eine Facette des protestantisch-nationalen Mentalitätsbestandes. Die meisten Juden des Kaiserreichs versuchten dagegen, die einschüchternden Erfahrungen des Antisemitismus durch nationale Loyalität zu überspielen, während eine Minderheit sich den Ideen einer eigenen jüdischen Nation, also dem Zionismus zuwandte (dazu Brenner, 2002).

Evangelische Kirche und Staat in Weimarer Republik und Drittem Reich

Mit dem Ende des Kaiserreichs, dem verlorenen Ersten Weltkrieg und der Novemberrevolution 1918 veränderte sich das Verhältnis von evangelischer Kirche und Staat grundlegend. Der Staat war nicht mehr der gleiche wie zuvor – und das hatte Folgen für die Kirche. Im Revolutionsherbst 1918 forderte das für Kultur und Religion zuständige Mitglied des Rates der Volksbeauftragten, der als militanter Atheist bekannte Adolf Hoffmann (Unabhängige Sozialdemokraten, USPD), eine scharfe, laizistische Trennung von Staat und Kirche, das Ende der Staatsdotationen und die Verbannung des Religionsunterrichts aus der Schule. Das sorgte für große Empörung auf Seiten der Kirchen, die seitdem die politische Linke mit großer Skepsis betrachteten. Massenpetitionen und Massenkundgebungen gegen Hoffmanns Vorschläge waren die Folge, bei der die beiden Großkirchen zusammen agierten – und dies mit Erfolg.

Die Trennung von Staat und Kirche wurde zwar Teil der Weimarer Reichsverfassung, schuf aber günstige Bedingungen für die Kirchen, die den Status einer Körperschaft des öffentlichen Rechts erhielten und somit Steuern von ihren Mitgliedern erheben, Staatszuschüsse beantragen, Seelsorge in staatlichen Institutionen und in der Reichswehr anbieten konnten. Zudem blieben die christlichen Feiertage geschützt und die theologischen Fakultäten an den Universitäten ebenso wie der Religionsunterricht erhalten.

Prominente Kirchenführer wie der Pfarrer und spätere Generalsuperintendent der Kurmark, Otto Dibelius, oder auch liberale Theologen wie Martin Rade, Erich Foerster und Arthur Titius entwickelten nach dem Ende der Staatskirche das Konzept der »Volkskirche« und versuchten eine Neupositionierung des Protestantismus im andersartigen und oftmals fremden demokratischen Staat. Volkskirche bedeutete, den Protestantismus wieder stärker von unten, von den Gemeinden, im Austausch mit der Bevölkerung aufzubauen, und war der Gegenbegriff zur »Staatskirche« von oben mit dem Kaiser als summus episcopus. Eine durch Urwahlen gewählte Kirchenleitung kam zwar nicht zustande, der erste Evangelische Kirchentag in Dresden 1919 beschloss aber Reformen wie etwa die Bildung eines Kirchenbundes und den Schutz von Minderheiten in der Kirche.

Doch die Kriegsniederlage, die Trennung von Staat und Kirche, sowie der Abschied vom Kaiserhaus schmerzten; einige der Pfarrer, die noch 1914 leidenschaftlich den Krieg propagiert hatten, streuten nun die Dolchstoßlegende, nach der die heldenhaften deutschen Truppen hinterrücks von linken, sozialdemokratischen Politikern im Stich gelassen worden seien und deshalb den Krieg verloren hätten. Die harten Auflagen des Versailler Vertrags von 1919, die Kriegsschuldthese und der erhebliche Gebietsverlust trafen das nationale Empfinden vieler Deutscher hart und verstärkten als Gegenreaktion gegen eine feindliche europäische Umwelt den Nationalismus in einem kaum gekannten Ausmaß. Dass sich dieser Geist auch im Protestantismus niederschlug, lässt sich etwa an Trauergottesdiensten ablesen, die die evangelische Kirche aus Anlass der Unterzeichnung des Versailler Vertrags am 28. Juni 1919 verordnete.

Es waren nur Einzelne, die dieser antidemokratischen und antieuropäischen Sicht eine Haltung der Versöhnung entgegensetzten wie der pazifistische Pfarrer Günther Dehn in seinem bemerkenswert weitsichtigen, aber von konservativer Seite heftig kritisierten Magdeburger Vortrag »Kirche und Völkerversöhnung« von 1928, sich in der noch jungen ökumenischen Bewegung engagierten oder als religiöse Sozialisten nach passenden sozialen Lösungen für Deutschland suchten wie etwa der Theologieprofessor Paul Tillich oder die badischen Pfarrer Erwin Eckert und Heinz Kappes.

Die meisten der national geprägten, auf den Kaiser eingeschworenen und mit klaren Feindbildern ausgestatteten Protestanten gewöhnten sich nicht an die Weimarer Republik, lehnten sie innerlich ab. Eine große Zahl der evangelischen Bevölkerungsmehrheit gab bei den Reichstagswahlen der frühen Weimarer Republik, wenn sie nicht aus der Arbeiterschaft entstammte und SPD wählte, den rechten Parteien ihre Stimme, vor allem der rechts-konservativen Deutschnationalen Volkspartei (DNVP). Gleichwohl: Es gab – anders als beim Zentrum für die Katholiken – keine dezidiert evangelische Partei, die die Anliegen der konservativen Protestanten vertrat. Eine Minipartei wie der vor allem in Süddeutschland verankerte Christlich-Soziale Volksdienst sorgte zwar für Aufmerksamkeit, hatte aber keine Breitenwirkung. Das gilt ebenso für den von Reinhard Mumm und erneut Otto Dibelius geprägten »Evangelischen Reichsausschuß« der DNVP. Doch war die DNVP keine konzeptionell christlich geprägte Partei, weshalb spätestens mit der Wahl von Alfred Hugenberg zum Parteivorsitzenden 1928 eine reaktionär-konservative Machtpolitik dominierte und »christlich geprägte Politikansätze« in der Partei keine Chance mehr hatten (vgl. Klein, 2005, S. 34). Eine ganze Reihe von engagierten Kirchenleuten zog sich von da an aus der politischen Arbeit zurück. Zudem mussten die »politischen Pastoren« erkennen, die als Abgeordnete in den Parlamenten saßen, dass ihr Handlungsspielraum begrenzt war bzw. wurde, wie der Ravensburger Stadtpfarrer, Abgeordnete im württembergischen Landtag und spätere Bischof Theophil Wurm in seinen Erinnerungen festgehalten hat:

>»Aber im Laufe der Zeit spürte ich doch, daß unsereiner in diesem Milieu
>nicht viel ausrichten konnte; abgesehen von den Gebieten der Bildung und
>Erziehung fehlte es mir an Fachkenntnissen sowohl juristischer als auch
>geschäftlicher Art.« (Wurm 1953, S. 68).

Nur eine Minderheit der Kirchenführer und einzelner Gläubiger sah die Demokratie positiv und konnte sich zumindest pragmatisch als »Vernunftrepublikaner« arrangieren. Die Kirche wollte in diesem Konzept »über den Parteien« stehen und sich parteipolitisch nicht vereinnahmen lassen. Anders gesagt: Eine Stütze zum Erhalt der Weimarer Republik war die evangelische Kirche nicht unbedingt. Der Christ verstand sich noch nicht als Bürger eines freien, pluralistischen, demokratischen Rechtsstaates. Und die Kirche gab nur wenig Hilfe, ihn in dieser Rolle zu bestätigen. Sie partizipierte am Zeitgeist wie so viele andere Menschen und Organisationen und schwächte damit – aus der Mitte der Gesellschaft heraus – nachhaltig die Weimarer Demokratie.
Der in Heidelberg und Berlin lehrende Theologe, Philosoph und Kulturtheoretiker Ernst Troeltsch analysierte diese Haltung so:

>»Den reformierten politisierenden, sozialreformerischen, demokratischen
>und weltbündlerischen Protestantismus verachtete man als werkheiligen Sek-
>tengeist. Aus eben diesem Grunde hat der Protestantismus bis jetzt nicht
>wie der Katholizismus ein Verhältnis zu der neuen politischen Lage gefun-

den. Wenigstens in keiner Weise ein positives. Die paar liberalen Protestanten und religiös-sozialen Idealisten, die man stets mißhandelt hatte, kommen bei alledem ja nicht in Betracht [...] So sind es auch heute und heute erst recht die konservativen, revolutionsfeindlichen, antidemokratischen Elemente der Gesellschaft, die in den kirchlichen Neubildungen meistenteils die Führung haben [...]« (aus: Die Hilfe 41 [1919] – zitiert nach Greschat, 1997, S. 223).

Am Ende der Weimarer Republik zerbrach die große Koalition aus SPD, Zentrum, der Deutschen Demokratischen Partei und der Deutschen Volkspartei (also den beiden Parteien der linken und rechten Mitte), was ab März 1930 zu den weitgehend vom Parlament unkontrollierten Präsidialkabinetten der Kanzler Heinrich Brüning, Franz von Papen und Kurt von Schleicher führte. Die schweren Belastungen der Weltwirtschaftskrise von 1929, die Massenarbeitslosigkeit von rund 6 Millionen Menschen, sowie die Verarmung des Mittelstandes durch die Inflation destabilisierten die erste Demokratie auf deutschem Boden zunehmend und führten zu einer antidemokratischen Politisierung weiter Bevölkerungskreise. Der größte Profiteur dieser Lage war die Nationalsozialistische Deutsche Arbeiterpartei (NSDAP) unter Leitung Adolf Hitlers, die bei der Reichstagswahl 1930 die Anzahl ihrer Sitze von zwölf auf 107 steigern konnte, im Juli 1932 sogar auf 230 anstieg, aber im November 1932 wieder auf 190 absackte. Auch die linksradikale Kommunistische Partei Deutschlands (KPD) legte von 77 auf 100 Mandate zu. Zu Hitlers Propaganda gehörte deshalb die Aussage, Deutschland habe nur noch die Wahl zwischen dem Kommunismus und dem Nationalsozialismus. Und dieser Slogan fiel in der Bevölkerung auf fruchtbaren Boden. Gerade die protestantischen Wähler liefen scharenweise bei den Wahlen der frühen 1930er Jahre zur NSDAP über, weil sie das Eintreten der NS-»Bewegung« für die Revision von Versailles sowie die Bekämpfung des Marxismus und die Kritik an der parlamentarischen Demokratie überzeugte. Dass während der Straßen- und Saalschlachten jener Zeit die Kampftruppen der NSDAP, allen voran die SA, überaus brutal auftraten, von der Partei das Alte Testament abgelehnt und der Rassismus gefördert wurde, erschien vielen Christen nur als Übergangsphänomen und nicht als ernsthafte Gefahr (vgl. Greschat, 1997, S. 231).

Als Adolf Hitler im Januar 1933 an die Macht gelangte, wurde er von vielen evangelischen Christen herzlich willkommen geheißen. Der Kampf gegen Versailles, der nationale Aufbruch, die Wiedererlangung nationaler Stärke wurden goutiert, wenn nicht gar bejubelt. Auch das Gesetzespaket, das Hitler am 14. Juli 1933 durch den Reichstag brachte und das dramatische Folgen für das Deutsche Reich hatte (z. B. Gleichschaltung der Länder, Verbot bzw. Selbstauflösung der Parteien, Gesetz zur Verhinderung des erbkranken Nachwuchses, Konkordat mit dem Vatikan, neue Verfassung der Deutschen Evangelischen Kirche), führte ebenso wenig zu einem Protest der evangelischen Kirchenleitungen wie der Austritt aus dem Völkerbund am 14. Oktober 1933. Anscheinend hielten sie den autoritären Staat für annehmbar.

Deutlich wurde dies auch in vielen Reformationspredigten 1933, die folgenden Duktus besaßen: So wie Martin Luther die Deutschen vom Joch der römisch-katholischen Bevormundung befreite, so führte Hitler Deutschland aus den Belastungen von Friedensvertrag und Reparationszahlungen wieder zu seinem angestammten, führenden Platz in der Weltgemeinschaft zurück.

Die NSDAP erschien vielen Christen keineswegs als eine gefährliche, gar mörderische Partei. In ihrem Parteiprogramm hatte sie sich doch gar dazu bekannt, auf dem Boden des positiven Christentums zu stehen. Positiv klang positiv, erinnerte im theologischen Kontext aber möglicherweise auch an eine konservative Kirchenpartei, die Positive Union. Viele Christen lasen jedoch nicht weiter: Paragraph 24 des nicht veränderten Parteiprogramms von 1920 der damals noch Deutsche Arbeiterpartei genannten späteren NSDAP lautete nämlich folgendermaßen:

> »Wir fordern die Freiheit aller religiösen Bekenntnisse im Staat, soweit sie nicht dessen Bestand gefährden oder gegen das Sittlichkeits- und Moralgefühl der germanischen Rasse verstoßen. Die Partei als solche vertritt den Standpunkt eines positiven Christentums, ohne sich konfessionell an ein bestimmtes Bekenntnis zu binden. Sie bekämpft den jüdisch-materialistischen Geist in und außer uns und ist überzeugt, dass eine dauernde Genesung unseres Volkes nur erfolgen kann von innen heraus auf der Grundlage: Gemeinnutz geht vor Eigennutz«.
> (Zitiert nach: Greschat/Krumwiede, 1999, S. 71).

Die NSDAP verfolgte mit diesen Aussagen ein klares Ziel, nämlich vor dem Hintergrund eines kulturell akzeptierten Antisemitismus eine überkonfessionelle Partei zu gründen, um damit möglichst breit Wähler aus allen Bevölkerungsgruppen zu gewinnen. Das war insofern eine kleine Revolution, weil es eine solche Art von Konfessionen und Schichten umspannende Volkspartei bisher noch nicht gab, widmete sich doch das Zentrum den Katholiken, die DNVP den Konservativen, SPD und KPD den Arbeitern.

Inhaltlich erschienen auch für engagierte Christen die Aussagen des § 24 auf den ersten Blick wenig anstößig zu sein: Dass Gemeinnutz vor Eigennutz galt, war wenig problematisch, ebenso die Freiheit des religiösen Bekenntnisses oder die Rückbindung an ein allerdings nicht näher definiertes »positives Christentum«. Wie aber verhielt es sich mit dem »Sittlichkeits- und Moralgefühl der germanischen Rasse« und dem Kampf gegen den jüdisch-materialistischen Geist?

Es waren nur wenige Protestanten, die schnell erkannten, dass diese auf den ersten Blick einladenden Sätze in letzter Konsequenz unvereinbar mit evangelischer Theologie und Sozialethik waren. Zu ihnen gehörte der Erlanger Theologieprofessor Hermann Sasse, der bereits 1932 im »Kirchlichen Jahrbuch« scharfe Kritik äußerte und prophetisch Konflikte zwischen Staat und Kirche kommen sah: Der vor Gott um Buße bittende Sünder stehe doch jenseits irgendwelcher Rassen, keine Rasse sei höherwertig als eine andere, die Rechtfertigung des Sünders vor Gott durchkreuze jedes gängige Sittlichkeits- und Moralgefühl und das Alte Testament bedeute immer eine Rückbindung an das jüdische Volk.

Sasse war jedoch bedauerlicherweise eine Ausnahme. Die Mentalitätselemente des Kaiserreichs – darum der ausführliche historische Rückblick – prägten eben auch die evangelischen Christen in ihrer Politikanalyse im Jahre 1933 und danach: Wer einen kulturell akzeptierten Antisemitismus verinnerlicht hatte, sah eben nicht, dass nach 1933 ein Rassenantisemitismus im Aufstieg befindlich war, der weit über bisherige Spötteleien und Alltagsdiskriminierung hinausgehen und eben bis zur Shoa führen sollte. Den Protestanten fehlte ein theologisch fundiertes Instrument zur Klärung politischer Herausforderungen; die Demokratie, die Pluralismus und Gewaltenteilung gelehrt hätte, war nicht angenommen worden. Der Nationalismus – und viele Menschen sahen nicht die Differenzen zwischen Nationalismus und Nationalsozialismus – blieb das identitätsstiftende Element der Gesellschaft und verband die allergrößten Teile der deutschen Bevölkerung, bis auf die, die man nicht zur Gesellschaft hinzuzählte: Juden, Sozialisten, Sinti und Roma, Homosexuelle, entartete Künstler und Intellektuelle. Der Einzelne war weiterhin eher Untertan als Bürger, er konnte im Dritten Reich weiter bzw. wieder – oder auch auf eine neue Weise – im Gesamtvolk aufgehen, das nicht am Individuum interessiert war.

Selbst ein politisch erfahrener Mann, wie der bereits erwähnte Otto Dibelius, der allerdings die NS-Kirchenpolitik auch offen kritisierte und im September 1933 sein Amt verlor, traf bei seiner Predigt zur Eröffnung des Reichstags in der Potsdamer Garnisonskirche am 21. März 1933 den national-protestantischen Zeitgeist:

»Mit Gott zu neuer Zukunft! Ein neuer Anfang staatlicher Geschichte steht immer irgendwie im Zeichen der Gewalt. Denn der Staat ist Macht. Neue Entscheidungen, neue Orientierungen, Wandlungen und Umwälzungen bedeuten immer den Sieg des einen über den anderen. Und wenn es ums Leben und Sterben der Nation geht, dann muß die staatliche Macht kraftvoll und durchgreifend eingesetzt werden, es sei nach außen und nach innen. Wir haben von Dr. Martin Luther gelernt, daß die Kirche der rechtmäßigen Gewalt nicht in den Arm fallen darf, wenn sie tut, wozu sie berufen ist. Auch dann nicht, wenn sie hart und rücksichtslos schaltet. Wir kennen die furchtbaren Worte, mit denen Luther im Bauernkrieg die Obrigkeit aufgerufen hat, schonungslos vorzugehen, damit wieder Ordnung in Deutschland werde. Aber wir wissen auch, daß Luther mit demselben Ernst die christliche Obrigkeit aufgerufen hat, ihr gottgewolltes Amt nicht zu verfälschen durch Rachsucht und Dünkel, daß er Gerechtigkeit und Barmherzigkeit gefordert hat, sobald die Ordnung wiederhergestellt war.«
(Otto Dibelius Predigt im Rahmen der Reichstagseröffnung in Potsdam am 21. März 1933 – zitiert nach Greschat/Krumwiede 1999, S. 73f.).

Die lutherische Unterordnung der Kirche unter den Arm des Staates, solange der Staat der Kirche ihre geistlichen Rechte gewährt und sich nicht in die inneren Angelegenheiten einmischte, das war eine von vielen Kirchenführern und Theologen geteilte Position. Genau an diesem Punkt sollte sich dann der – verhältnismäßig kurze – Kirchenkampf 1933/34 entzünden. Es war der Kampf, wie der Theologe Ernst Wolf treffend formulierte, in der Kirche um die Kirche – und erst in zweiter Linie zwischen Staat und Kirche.

Die Veränderungen im Deutschen Reich führten innerhalb der evangelischen Kirche nämlich zu tiefen theologischen und kirchenpolitischen Spannungen zwischen den sogenannten »Deutschen Christen« als dem nationalsozialistischen Flügel der Kirche und der Bekennenden Kirche, also der bekenntnistreuen, unangepassten Richtung des Protestantismus. Man muss mit dem Begriff »Widerstand« im Blick auf die Bekennende Kirche vorsichtig umgehen, weil es auch unter den bekennenden Christen durchaus überzeugte Parteimitglieder gab und es nicht per se um eine Ablehnung der NSDAP oder des nationalsozialistischen Staates ging, sondern um die Freiheit der Kirche gegenüber dem Staat. Politischen Widerstand im eigentlichen Sinne leisteten nur wenige evangelische Theologen wie Martin Niemöller oder Dietrich Bonhoeffer.

Die Deutschen Christen wollten in Anlehnung an die NSDAP auch in der Kirche eine nationale Revolution umsetzen. Sie waren weniger theologisch als pragmatisch orientiert. Sie wollten das Christentum arisieren, alle kirchenpolitische Macht aus den Landeskirchen in eine zentralistische Deutsche Evangelische Kirche verlagern und die evangelische Kirche insgesamt politisch gleichschalten. Bei der Kirchenwahl im Juli 1933 gewannen die Deutschen Christen die Mehrheit und schienen ihrem Ziel bereits nahe gekommen zu sein. Viele hohe Positionen und Bischofsämter wurden mit Deutschen Christen besetzt – nur in Hannover, Bayern, Württemberg und Baden blieb man standhaft und hielt an den alten Ordnungen fest. Doch die stürmische Bewegung überzog den Bogen sowohl für kirchliche als auch staatliche Beobachter, als bei der Sportpalastkundgebung am 13. November 1933 ihr Berliner Gauobmann Dr. Reinhold Krause die Befreiung der deutschen evangelischen Kirche vom Alten Testament mit seiner »Viehhändler- und Zuhältermoral« und von der Sündenbocktheologie des Rabbiners Paulus forderte. Diese Aussagen waren auch für rechtsstehende, nationale Protestanten nicht mehr tragbar, sie rührten an den Grundfesten des Glaubens und disqualifizierten Krause und seine Mitstreiter. Selbst der den Deutschen Christen und auch Hitler nahestehende Reichsbischof Ludwig Müller legte seine Schirmherrschaft über die Bewegung nieder und versuchte, einen gemäßigten Kurs einzuschlagen. Trotz starker Vertretungen in der Kirchenhierarchie war der Aufstieg der Deutschen Christen als gesamtkirchliches Projekt nach nur wenigen Monaten bereits gestoppt.

Doch auch ihr Gegner, die Bekennende Kirche war kein Massenphänomen. Zu ihren führenden Köpfen gehörten der bereits erwähnte, spätere hessen-nassauische Kirchenpräsident Martin Niemöller, der württembergische Landesbischof Theophil Wurm, der spätere hannoversche Landesbischof Hanns Lilje und Laien wie Gustav Heinemann, der erste sozialdemokratische Bundespräsident der Bundesrepublik. Die Bekennende Kirche war keine feste Organisation, sondern eher eine Art Identifikationsbegriff unter dem Motto »Kirche muß Kirche bleiben«. Als Gegenreaktion auf die innerkirchliche Gleichschaltung drohten die Bekenntnischristen mit einer Abspaltung als Freikirche. Dazu kam es zwar nicht, wohl aber zum Aufbau von Zweitstrukturen, etwa in der deutsch-christlich dominierten preußischen Landeskirche.

Die Hauptstreitpunkte 1933/34 zwischen Deutschen Christen und der Bekennenden Kirche lagen auf drei Feldern: Der Kirchenverfassung, der Gleichschaltung des evangelischen Jugendwerks (mit seiner Eingliederung in die Hitlerjugend respektive Bund deutscher Mädchen) sowie die Einführung des Arierparagraphen in die Kirche. Das »Gesetz zur Wiederherstellung des Berufsbeamtentums« vom 7. April 1933, zu dem eben auch der Arierparagraph gehörte, war ein Element der Gleichschaltung und der Verdrängung von Sozialdemokraten und Juden aus dem öffentlichen Dienst. Da die Kirche oft staatliche Gesetze in kirchliche überführte, stellte sich auch hier die Frage der Übertragbarkeit. Sie betraf ja vor allem die sogenannten nicht-arischen Pfarrer, die in ihrem Stammbaum jüdische Vorfahren hatten. Der Zahl nach waren dies nur wenige Geistliche, doch es ging hier ums Grundsätzliche. Während die Deutschen Christen diese judenchristlichen Theologen komplett aus der Kirche verdrängen wollten, war ein Gutachten der bekenntnisorientierten Marburger Theologischen Fakultät vom 11. September 1933 eindeutig: Wenn die unantastbare Grundlage der Kirche das Evangelium von Jesus Christus sei und da diese Offenbarung im Alten und Neuen Testament seinen Niederschlag gefunden habe, dann »*ist eine politische oder kirchenpolitische Fesselung kirchlicher Verkündigung wie eine Beschränkung der Rechte nichtarischer Christen in der Kirche damit unvereinbar.*« Doch so wichtig und ehrenwert der Einsatz für diese Gruppe war, die Bekennende Kirche dachte hier nur an die »Judenchristen« in ihren Reihen – die deutschen Juden als Ganzes waren nicht Gegenstand ihres Kampfes.

Der innerkirchliche Widerstand fand seinen besonderen Niederschlag in der »Barmer Theologischen Erklärung« vom Mai 1934 und eröffnete mit den berühmten Worten, die gegen alle theologischen Verwässerungen der Deutschen Christen und gegen einen Heilsbringer Adolf Hitler gerichtet waren:

> »Jesus Christus, wie er uns in der Heiligen Schrift bezeugt wird, ist das eine Wort Gottes, das wir zu hören, dem wir im Leben und im Sterben zu vertrauen und zu gehorchen haben. Wir verwerfen die falsche Lehre, als könne und müsse die Kirche als Quelle ihrer Verkündigung außer und neben diesem einen Wort Gottes auch noch andere Ereignisse und Mächte, Gestalten und Wahrheiten als Gottes Offenbarungen anerkennen.« (Zitiert nach: Greschat/Krumwiede, 1999, S. 109–111).

Ist dies bereits kirchlicher Widerstand? Die Antwort wird differenziert ausfallen. Einerseits verweigerte sich die evangelische Kirche den Eingriffen des Staates und relativierte den Machtanspruch einer diktatorischen Partei. Andererseits wagte sie sich nicht direkt in das Feld der Politik vor, um dort Veränderungen zu fordern oder gar für sie zu kämpfen. Da »Was wäre, wenn...?«-Fragen historisch nicht beantwortbar sind, lässt sich nur spekulieren, ob ein massenhafter und überzeugender Protest der evangelischen bzw. beider Kirchen Hitlers Kriegs- und Shoa-Pläne aufgehalten hätte.

Völlig unerfolgreich war diese Strategie der Bekennende Kirche dennoch nicht, die ja vor allem versuchte, die deutsch-christlichen, nationalsozialistischen Interventionen abzuwehren. Unter den 28 Landeskirchen waren rund ein halbes Dutzend in der Hand der Deutschen Christen, ein weiteres halbes Dutzend hatten Koalitionen aus Deutschen Christen, Neutralen und Bekenntnischristen. Vier Landeskirchen ließen sich nicht spalten, galten also als intakt (Württemberg, Baden, Bayern und Hannover), während sich die restlichen Kirchen nach und nach von radikaleren Varianten wieder in gemäßigte kirchliche Bahnen zurückorientierten.

Was die Dimension des politischen Widerstands angeht, so fällt das Ergebnis zurückhaltender aus: Konkreten politischen Widerstand leisteten nur wenige Christen zwischen 1933 und 1945. Wir müssen wohl eher verschiedene Formen von widerständigem, unangepasstem, abweichendem Verhalten genau unterscheiden – und man muss sicherlich die Anfangsjahre des Dritten Reichs mit dem Kirchenkampf von den späteren Jahren unterscheiden, als es um Eugenik (rund 350 000 Menschen wurden bis 1945 zwangssterilisiert) und Euthanasie (rund 300 000 Tote), Kriegsausbruch, die Marginalisierung der Kirchen im öffentlichen Leben, die Diskriminierung von Minderheiten bis zur Tötung von sechs Millionen Juden ging.

Im Kontext einer Diktatur war auch schon ein nonkonformistisches Abweichen nicht ohne Gefahr. Für die Kirchen – wie für Einzelne – ging es ja auch um den Erhalt ihrer Institutionen. Der Marburger Kirchen- und Diakoniehistoriker Jochen-Christoph Kaiser verweist in seinen Schriften immer wieder darauf (vgl. Kaiser 2007, 2008a, 2008b), dass man genau zwischen dem Handeln auf der Ebene der Kirchenleitungen, der Gemeinden und der großen diakonischen Organisationen unterscheiden müsse. Gerade im Bereich der Diakonie bewegten sich viele Anstaltsleiter zwischen Widerstand und Ergebung, wollten sie ethisch-theologische Grundwerte verteidigen, Kranke und Behinderte schützen, aber auch den Erhalt der Anstalten nicht gefährden. Ein komplizierter verantwortungsethischer Spagat, der von Fall zu Fall genau betrachtet werden muss.

Nicht wenige Diakonieanstaltsleiter wie Friedrich von Bodelschwingh in Bethel und ein bedeutender Bischof wie Theophil Wurm (Stuttgart) haben ohne Zweifel ihre großen Verdienste beim Protest gegen die Euthanasie erlangt. Auch der Berliner Pfarrer Heinrich Grüber soll als Beispiel für die Rettung einiger tausend »judenchristlicher« Protestanten genannt werden. Er leitete ein Büro in Berlin mit zahlreichen Außenstellen in ganz Deutschland, das evangelischen »Nichtariern« zur Auswanderung verhalf. Die Grübersche Hilfsstelle war übrigens von der Bekennenden

Kirche getragen worden und fand nicht bei allen Landeskirchen freundlichen Widerhall. 1939 entzogen nämlich die evangelischen Kirchenleitungen in Thüringen, Mecklenburg, Anhalt und Sachsen den evangelischen »Nichtariern« die Kirchenmitgliedschaft. Auf katholischer Seite half Betroffenen der »Raphaelsverein« unter der Leitung des Osnabrücker Bischofs Hermann Wilhelm Berning. 1940 wurde Grübers Büro geschlossen und der Pfarrer – ebenso wie sein Stellvertreter Werner Sylten – in ein KZ gebracht. Während Grüber überlebte und später auch in der DDR eine wichtige kirchenpolitische Rolle spielte, wurde Sylten als »Nichtarier« von den Nazis getötet.

Geht man noch einen Schritt weiter und fragt nach Widerstand im Sinne stellvertretenden Handelns für andere, nach dem subversiven Kampf gegen das System der NS-Diktatur, gar den Willen zum »Tyrannenmord« und die damit verbundene bewusste Schuldübernahme, finden sich noch weniger Beispiele aus den Reihen des Protestantismus. Ohne Zweifel ist aber eine Persönlichkeit wie der Berliner Pfarrer und Privatdozent Dietrich Bonhoeffer eines der wenigen bemerkenswerten Vorbilder für politischen Widerstand. Bonhoeffer orientiert sich in seiner 1940 bis 1943 geschriebenen Ethik beim Gedanken der Stellvertretung an Jesus von Nazareth:

»Jesus war nicht der Einzelne, der zu einer eigenen Vollkommenheit gelangen wollte, sondern er lebte nur als der, der in sich das Ich aller Menschen aufgenommen hat und trägt. Sein gesamtes Leben, Handeln und Leiden war Stellvertretung. Was die Menschen leben, handeln und leiden sollten, erfüllte sich an ihm. In dieser realen Stellvertretung, die seine menschliche Existenz ausmacht, ist er der Verantwortliche schlechthin. Weil er das Leben ist, ist durch ihn alles Leben zur Stellvertretung bestimmt. [...] Stellvertretung und also Verantwortlichkeit gibt es nur in der vollkommenen Hingabe des eigenen Lebens an die anderen Menschen. Nur der Selbstlose lebt verantwortlich und das heißt nur der Selbstlose lebt. Wo das göttliche Ja und Nein im Menschen eins werden, dort wird verantwortlich gelebt.«
(D. Bonhoeffer, Ethik, 1949 – zitiert nach: Greschat/Krumwiede. 1999, S. 177–179).

Diese nur auf den ersten Blick »frommen Worte« besitzen im Kontext einer Diktatur eine eminent politische Bedeutung. Bonhoeffers Ethik ist nach dem Zweiten Weltkrieg – genauer gesagt ab den 1960er Jahren, denn zunächst wurde er in Deutschland weder rezipiert noch erinnert – um die Welt gegangen. Seine Gedanken zu Widerstand, sowie zu Nachfolge und Widerstand haben nicht nur den Protestantismus in Deutschland verändert, sondern dienten auch vielen evangelisch inspirierten Freiheitsbewegungen als theologischer Anker – sei es die Antiapartheidbewegung in Südafrika, die schwarze Theologie, der theologische Feminismus, oder die Kirchen in der DDR mit ihrer Frage nach Ort und Bedeutung einer »Kirche im Sozialismus«.

Protestantismus und Demokratie der Bundesrepublik

Nach Holocaust und Krieg fanden sich die evangelischen Kirchen 1949 in zwei Staaten, der DDR und der Bundesrepublik wieder. Erneut mussten sich die Kirchen fragen, wie sie ihr Verhältnis zum Staat bestimmen sollten. Wie entwickelte sich im Westen das Verhältnis der Kirchen zur Demokratie ?

Als »Sieger« aus Kirchenkampf und Drittem Reich waren die Vertreter der Bekennenden Kirche hervorgegangen. Sie bestimmten nun den Gang der kirchenpolitischen Debatten, sie besetzten Ämter und Positionen. Sie sorgten auch dafür, dass langsam der nationalistisch und antidemokratische Geist aus Gemeinden und Kirchen verschwand. Der Schock des verlorenen Krieges spielte dabei ebenso eine Rolle wie die Einsicht, unter einem mörderischen Regime gelebt zu haben, das die Freiheit des Einzelnen, aber auch der Kirche stark beschnitt. Die Distanzierung zum NS-Regime hatte gerade in Kreisen der bekennenden Kirche bereits während der Jahre der Diktatur begonnen.

Nach dem Ende des Dritten Reiches drängten beide Großkirchen auf eine neue politische Ordnung in Deutschland, die auf dem Christentum und seinen Werten beruhte. Die katholische Kirche verstand sich gar nach dem Krieg als »Siegerin in Trümmern«, hatten doch eine ganze Reihe von Priestern ihr Leben in Konzentrationslagern lassen müssen, wie etwa Pater Alfred Delp; sie hatte sich etwas weniger stark an den NS-Staat angelehnt als ihr evangelisches Gegenüber. Natürlich spielten dabei auch Geschichtsklitterungen eine Rolle, etwa auch in der neuen Volkspartei der Bundesrepublik, der Christlich-Demokratischen Union bzw. der Christlich Sozialen Union in Bayern, die zwar in ihrer Führungsriege stark katholisch geprägt war, aber auch konservative protestantische Wähler ansprechen sollte. Die katholischen Bischöfe erwarteten von ihr eine Stärkung des christlichen Elements in der Politik, verbunden mit einem dezidierten Antikommunismus und einer klaren Westbindung. Zur Selbstdeutung der jungen CDU gehörte der Verweis auf verfolgte Gründungsmitglieder wie Konrad Adenauer und Eugen Kogon. Die CDU porträtierte sich gerne, auch um moralische Autorität zu beanspruchen, als eine Partei, deren Wurzeln im Widerstand lagen. Das war zwar nicht falsch, aber doch nur die halbe Wahrheit, bestand doch ein Erfolg der CDU auch in der Integration der Mitläufergeneration.

Auch im katholischen Episkopat dominierte eine theologische Geschichtsinterpretation, die das Dritte Reich als Abfall von christlichen Werten und die Kirche als einzigen intakten Ort des Widerstands verstand. Daraus erwuchs der Kirche eine wichtige moralische Rolle beim Aufbau der Bundesrepublik. Kritische Laien wie der spätere Bundesverfassungs-richter Ernst-Wolfgang Böckenförde bemerkten jedoch schon 1961 in der reform-katholischen Zeitschrift »Hochland«, dass die Naturrechtslehre, die Neutralität gegenüber dem Staat und die Gegnerschaft zum Liberalismus die Kirche für eine klare politische Analyse des Nationalsozialismus blind gemacht hätten.

Dies mag sogar, auch wenn die Naturrechtslehre im Protestantismus keine Rolle spielt, wohl aber die Zwei-Reiche-Lehre Luthers, in ähnli-cher Form auch für den Protestantismus gelten. Hier wurde, vor allem in den ehemals zerstörten, also von Deutschen Christen beherrschten Lan-deskirchen die Führungsschicht ausgetauscht und durch Theologen der Bekennenden Kirche ersetzt. Auf der Verwaltungsebene blieb jedoch – aus Gründen der Kontinutität und fehlender fachlich-personaler Alternativen – häufig alles wie gehabt. Auf Bundesebene wurde während der Konfe-renz im hessischen Treysa (27.-31.8.1945) die neue »Evangelische Kirche in Deutschland« (EKD) gegründet, hinter der das Konzept einer möglichst viele theologische Flügel umfassenden Volkskirche stand. Die EKD wurde folglich nicht Leitungsorgan des weiterhin landeskirchlich gegliederten Protestantismus, aber repräsentative Stimme und damit auch Ansprech-partner der Alliierten. Zudem sollten zwei Ansätze der Treysaer Konferenz den bundesrepublikanischen Protestantismus prägen: Erstens das von dem Kirchenjuristen Eugen Gerstenmaier, später CDU-Politiker und Bundes-tagspräsident, ins Leben gerufene Hilfswerk der EKD, aus dem sich nach dem Zusammenschluss mit der Inneren Mission die Diakonie als sozia-ler Arm der Kirche entwickelte. Zweitens stieß der Freiburger Histori-ker Gerhard Ritter mit seinem »Wort zur Verantwortung für das öffentli-che Leben« einen veritablen Diskussionsprozess an, wonach die Kirche sich stärker als bisher der Politik und dem öffentlichen Leben zuwenden sollte. Daraus entstand die »Kammer für öffentliche Verantwortung« der EKD, die beispielsweise durch ihre Denkschriften nicht Politik machen, wohl aber Politik ermöglichen wollte, wie der Redakteur des »Evangelischen Pressedienstes«, Rainer Clos, einmal treffend formulierte.

Ritters Text aus dem Jahre 1945 spiegelte treffend die noch etwas theologielastige Interpretation der jüngsten Vergangenheit und zugleich den Willen zur politischen Mitgestaltung wider, was aber einer gründlicheren theoretischen Klärung des Verhältnisses von Politik und Religion bedürfe als es bisher geschehen sei:

»1. Das furchtbare Ergebnis der vergangenen zwölf Jahre hat weiten Kreisen innerhalb und außerhalb der deutschen Kirchen die Augen dafür geöffnet, daß nur da, wo Grundsätze christlicher Lebensordnung sich im öffentlichen Leben auswirken, die politische Gemeinschaft vor der Gefahr dämonischer Entartung bewahrt bleibt. Aus dieser Erkenntnis erwächst den evangelischen Kirchen Deutschlands die große und schwere Aufgabe, weit stärker als bisher auf die Gestaltung des öffentlichen Lebens und insbesondere der politischen Gemeinschaft einzuwirken. [...]

5. Je besser dieses Ziel erreicht wird, um so weniger wird es nötig sein, daß der Pfarrer selbst sich in die politische Arbeit hineinbegibt. Wo sein Rat und seine unmittelbare Mitarbeit praktisch nicht zu entbehren ist, darf er auch in solchem Dienst ein gutes Gewissen haben. Aber er muß sich der Gefahr bewußt bleiben, die in jeder Veräußerlichung seines Amtes ruht. ›Wer das Schwert nimmt, wird durch das Schwert umkommen.‹ Er darf sich wohl in sachlicher Arbeit am öffentlichen Wort betätigen, aber keineswegs in den Tageskampf der Parteien und Gruppen hineinzerren lassen.

6. Die Kirche ist ihrem Wesen nach nie Partei, sondern tut ihren Dienst an allen politischen und sozialen Gruppen mit gleicher Liebe. Sie darf sich weder von den Zielen und dem taktischen Vorgehen einer einzelnen Partei gleichsetzen, noch vollends sich von den Interessen einer Partei in ihren öffentlichen Äußerungen und ihrem politischen Verhalten überhaupt bestimmen lassen. – Dies schließt nicht aus, daß sie die Bildung einer politischen Partei, die sich selbst auf christliche Grundsätze verpflichtet, mit Wohlwollen aufnimmt, soweit diese etwa durch konkrete politische Verhältnisse notwendig wird. Sie wird sich aber aufs strengste davor hüten müssen, durch solches Wohlwollen in den Verdacht der Parteilichkeit gegenüber den christlichen Persönlichkeiten anderer Parteien zu geraten oder irgendwelche Bestrebungen klassenmäßiger Absonderung eines Volksteils von den anderen Vorschub zu leisten. [...]

8. Ganz besonderes Augenmerk muß auf das Eindringen christlichen Geistes in die Presse gerichtet werden. Schon jetzt zeigen praktische Erfahrungen

in Berlin, daß unser Volk geradezu hungert nach einer Presse, die endlich an Stelle des Hasses und der Lüge Gerechtigkeit, Versöhnung und strenge Wahrhaftigkeit auch im öffentlichen Leben predigt.«
(G. Ritter, »Wort zur Verantwortung für das öffentliche Leben«, 1945 – zitiert nach Greschat/Krumwiede, 1999, S. 185 f.).

Das waren deutliche Worte, die ein religionspolitisches Umdenken belegten. Auch wenn Ritters Ausführungen nicht offiziell beschlossen wurden, kam ihm für die frühe Bundesrepublik große Bedeutung zu. Der Protestantismus öffnete sich der Politik, wollte Verantwortung übernehmen und aber gleichzeitig – ebenso wie die katholische Kirche – die Gesellschaft aus christlichem Geiste mitgestalten. Das führte zum sogenannten »Öffentlichkeitsauftrag der Kirchen«, die zur moralischen Regeneration Deutschlands nach 1945 einen Beitrag leisten – auch aus Sicht der westlichen Alliierten – und die Demokratie in den drei Westzonen, auch durch den Religionsunterricht, etablieren sollten. Dieses Zutrauen bestand nicht zuletzt auch deshalb, weil sie eine der wenigen noch intakten Großorganisationen waren, aber auch weil sie aus den Fehlern der Vergangenheit zu lernen begannen.

Auffälligerweise klingt in Ritters Ausführungen ein Motiv an, dass den Protestantismus bereits seit dem 19. Jahrhundert begleitete: Die »Anti-Parteien-Mentalität«, die der Historiker Michael Klein ausführlich beschrieben hat (Klein, 2005). Sie geht bis auf die politische Romantik des 19. Jahrhunderts zurück, lässt sich an der oben beschriebenen »Über den Parteien«-Philosophie der Kirchenleitungen der Weimarer Republik wiedererkennen und brach auch nach 1949 nicht ab. Die Protestanten taten sich mit der Bonner Parteienrepublik schwer – anders als die Katholiken, die die Bundesrepublik – wohl auch wegen der CDU – schneller als ihre neue politische Heimat verstanden. Auch der von Ritter treffend kritisierte Mangel an einer pragmatischen theologischen Ethik des Politischen und an einem entsprechenden politischen Handwerkszeug brauchte Jahre, um behoben zu werden. Diese Mentalität sagte aber nicht nur etwas über den deutschen Protestantismus aus, sondern auch über die Haltung der deutschen Bevölkerung zu ihrem Staat insgesamt.

Die Visionen, die manche konservativen Christen in den direkten Nachkriegsjahren hegten, eine Art christlichen Staat zu errichten, zerbarsten schnell an der Wirklichkeit. Dazu war Deutschland dann doch bereits ein zu stark säkularisierter Staat. Außerdem war der Einfluss der Kirchen insgesamt zu schwach und auch verfassungsrechtlich wäre dies international kein anschlussfähiger Versuch gewesen. Doch die Kirche erwies sich durchaus als lernfähig, erkannte ihr Versagen im Dritten Reich. Eines der wichtigsten Dokumente ist das »Stuttgarter Schuldbekenntnis« vom 19. Oktober 1945, das der Rat der EKD gegenüber einer internationalen kirchlichen Delegation abgab. Die deutschen Protestanten bekannten klar und sprachen implizit nicht nur für die Kirche, sondern das gesamte deutsche Volk:

»Mit großem Schmerz sagen wir: Durch uns ist unendliches Leid über viele Völker und Länder gebracht worden. Was wir unseren Gemeinden oft bezeugt haben, das sprechen wir jetzt im Namen der ganzen Kirche aus: Wohl haben wir lange Jahre hindurch im Namen Jesu gegen den Geist gekämpft, der im nationalsozialistischen Gewaltregiment seinen furchtbaren Ausdruck gefunden hat; aber wir klagen uns an, daß wir nicht mutiger bekannt, nicht treuer gebetet, nicht fröhlicher geglaubt und nicht brennender geliebt haben.«
(Die Stuttgarter Schulderklärung, 1945 – zitiert nach: Greschat/Krummwiede, 1997, S. 187).

Das war in etwas verklausulierter kirchlicher Sprache doch ein recht deutliches Eingeständnis eines politischen Scheiterns und für das Jahr 1945 ein bemerkenswerter Schritt, den in diesem Jahr – einen eigenen deutschen Staat gab es ja noch nicht – keine vergleichbare Institution leisten können hätte. Die Stuttgarter Erklärung wurde im Ausland positiver aufgenommen als im Inland und ermöglichte der evangelischen Kirche den Rückweg in die Ökumene. Es folgten dann 1947 gegen nationalistische und neo-konservative Bindungen in der evangelischen Kirche das »Darmstädter Wort«, 1949 das Wort der EKD zur Deutschlandfrage, 1950 zur Judenfrage, in den 1950er Jahren die Debatten über die Wiederbewaffnung und den Militärseelsorgevertrag, mit dem die Kirche – wie Ritter gefordert hatte – sich stärker als bisher in die Politik einmischte. Die Friedensethik und die soziale Gerechtigkeit wurden ebenso zu den großen Diskussionsthemen des bundesrepublikanischen Protestantismus wie der Anschluss an die Moderne, die Westbindung, der Ost-West-Konflikt, die deutsch-deutsche Frage, der Umgang mit den Verbrechen des Dritten Reichs, die Aussöhnung mit dem Judentum und mit Israel, aber auch mit Polen. Später kam die Nord-Süd-Thematik und der Streit über die NATO-Nachrüstung dazu.

Für die frühe Bundesrepublik war der Streit um politische Grundsatzentscheidungen nicht nur politisch-normativ wichtig, sondern auch formal: Eine demokratische politische Kultur musste etabliert und eingeübt werden. Dazu leisteten die Kirchen mit eigens dafür geschaffenen Foren wie den Evangelischen respektive Katholischen Akademien oder dem Deutschen Evangelischen Kirchentag einen wichtigen Beitrag. Diese Orte wurden zu Übungsstätten der Demokratie. Und doch: Über weite Strecken der 1950er und 1960er Jahre fremdelten viele ältere Protestanten noch mit dem neuen Modell der Demokratie. Es dauert bis 1985, ehe sich die evangelische Kirche zu einer ersten Demokratie-Denkschrift durchringen konnte (Evangelische Kirche in Deutschland, 1985), in der sie sich klar zum Staatssystem der Bundesrepublik bekannte, dies als Aufgabe und Auftrag definierte. Auch das bis dahin deutlichste Wort zur Aussöhnung mit dem jüdischen Volk, der Synodalbeschluß der Evangelischen Kirche im Rheinland, der eine »Mitverantwortung und Schuld der Christenheit in Deutschland am Holocaust« bekennt und die Einsicht in die »fortdauernde Existenz des jüdischen Volkes, seine Heimkehr in das Land der Verheißung und auch die Errichtung des Staates Israel als Zeichen der Treue Gottes« betont, geschah erst im Januar 1980 (vgl. Schwemer, 1991, S. 117–120).

Den außen- und innenpolitischen wohl bedeutsamsten Impuls setzte der deutsche Protestantismus im Jahre 1965 ohne Zweifel mit der sogenannten EKD-Ostdenkschrift oder nach ihrem genauen Titel: »Die Lage der Vertriebenen und das Verhältnis des deutschen Volkes zu seinen östlichen Nachbarn« (vgl. die einschlägigen Texte und Reaktionen bei Greschat/Krumwiede, 1999, S. 259–267). Dieser Text bereitete die Ostpolitik des SPD-Bundeskanzlers Willy Brandt und damit eine Entspannung im Verhältnis von Ost und West vor.

Anfang der 1960er Jahre befanden sich die westdeutschen Städte im Wiederaufbau, die junge Demokratie und die soziale Marktwirtschaft waren etabliert, Wohlstand breitete sich aus, was manchen kritischen Geist mahnen ließ, nicht in Selbstzufriedenheit zu verfallen. Acht prominente Protestanten, darunter der Nobelpreisträger Werner Heisenberg, der Naturwissenschaftler Carl Friedrich von Weizsäcker und der Jurist Ludwig Raiser, lancierten 1961 das »Tübinger Memorandum« mit dem Motto: »Mehr Wahrheit in der Politik!« Neben Reformen in der Sozial- und Bildungspolitik forderten sie eine »aktive Außenpolitik«. Sie solle zwar an der Wiedervereinigung im europäischen Kontext festhalten, aber durch Verzicht auf die ehemaligen Ostgebiete einen Beitrag zur Entspannungspolitik leisten. Diese emotionale Diskussion ergriff auch die Kirchen, die wesentlich zur Integration der etwa acht Millionen Flüchtlinge in Westdeutschland beigetragen hatten. In der EKD gab es Hilfskomitees für Vertriebene sowie den Ostkirchenausschuss und einen eigenen EKD-Beauftragter für die Vertriebenen.

Der Ostkirchenausschuss lehnte im März 1962 die Anerkennung der Oder-Neiße-Grenze ab und verteidigte das »Recht auf Heimat«. Dies provozierte in den evangelischen Leitungsgremien die Frage, ob ein kirchliches Wort zur Ostpolitik nötig sei. Der einflussreiche Bevollmächtigte der evangelischen Kirche bei der Bundesregierung, Bischof Hermann Kunst, mahnte zur Zurückhaltung. Wenn aber eine Erklärung nötig sei, solle diese nicht im Ostkirchenausschuss, sondern in der »Kammer für öffentliche Verantwortung« erarbeitet werden. Seine Empfehlung wurde umgesetzt.

Zu den Beratungen gehörten auch Gespräche mit den ostdeutschen Mitgliedern, denn 1965 waren die EKD und ihre Gremien noch eine gesamtdeutsche Größe. In Ostberlin stieß das Vorhaben auf wenig Sympathie. Die DDR hatte die Oder-Neiße-Grenze schon 1950 anerkannt, weshalb die ostdeutschen Protestanten aus Angst vor SED-Repressalien vor einer Stellungnahme zurückschreckten. So wurde die Ostdenkschrift ein reines Westprodukt. In dem 44-seitigen Dokument wurden die Vertreibungen eindeutig als Unrecht bezeichnet. Einseitige Annexionen seien völkerrechtlich nicht erlaubt und verstießen gegen das »Recht auf Heimat«. Andererseits sahen die Autoren die Ursache der »über die deutschen Ostgebiete hereingebrochene Katastrophe« im »Zerstörungswerk des Nationalismus«, im Hitler-Stalin-Pakt und den deutschen Kriegsverbrechen. Dennoch könne die polnische Verwaltung in Schlesien, dem östlichen Brandenburg und Pommern sowie Ostpreußen nur mit einer deutschen Anerkennungserklärung rechtmäßig werden. Dieser Schritt solle nicht voreilig geschehen. Gleichwohl habe Deutschland eine Friedenssicherungspflicht – und Polen aufgrund seiner »bitteren geschichtlichen Erfahrungen« ein »gesteigertes Recht« auf sichere Grenzen. Eine zukünftige Friedensordnung und die Versöhnung zwischen den Völkern seien ohne die Bereitschaft zur Aufgabe alter Rechtspositionen nicht zu haben. Weiter ging die Denkschrift nicht.

Nach der Veröffentlichung am 15. Oktober 1965 brach ein Sturm der Empörung los. Kern der Auseinandersetzung war die Anerkennungsforderung der Oder-Neiße-Grenze. Kritiker aus den Reihen der Vertriebenen warfen der EKD vor, »unter der Maske der Versöhnung eine Propaganda des Verzichts« voranzutreiben. Die Denkschrift-Autoren wurden mit übler Polemik überzogen und erhielten sogar Morddrohungen. Doch im historischen Rückblick erwies sich die Denkschrift als Katalysator zur Neuausrichtung der Ost- und Deutschlandpolitik, die unter der Großen Koalition nach 1966 eingeleitet wurde. Es war wohl notwendig, dass ein starker gesellschaftlicher Akteur wie die evangelische Kirche ein gesellschaftliches Tabu wie die Anerkennung der Oder-Neiße-Grenze offen benannte und damit ja auch implizit den Rückkehr-Traum vieler Heimatvertriebenen in Frage stellte. Für den langjährigen Präses der EKD-Synode und SPD-Politiker Jürgen Schmude war die Denkschrift deshalb »ein prophetisches Wort«. Zusammen mit dem Brief der katholischen Bischöfe Polens vom November 1965, in dem der polnische Episkopat Vergebung für deutsche Schuld aussprach und um Vergebung für polnische Schuld bat, förderte die Ostdenkschrift eine Annäherung zwischen Deutschland und Polen. Auch der deutsch-polnische Vertrag von 1970 darf als Folge der Denkschrift gewertet werden.

Auch wenn die zunehmende Säkularisierung und Individualisierung die Bedeutung der Kirchen in der Bundesrepublik spätestens seit Ende der 1960er Jahre abschwächte, gab es doch einen Bereich, in dem gerade auch der Protestantismus erfolgreich expandieren konnte: auf dem weiten Feld der sozialen Arbeit. Gegenwärtig arbeiten in Deutschland rund 1,3 Millionen Menschen in sozialen Berufen, davon allein 450 000 in der Diakonie. Die konfessionelle Sozialarbeit ist seit den 1960er Jahren zu einem Beruf geworden, der seit rund 100 Jahren einen bemerkenswerten Professionalisierungsprozess durchläuft. Schon 1905 wurde in Hannover die erste Christlich-Soziale Frauenschule zur Ausbildung von »Fürsorgerinnen« gegründet. Daraus entstanden in den 1960er Jahren die Evangelischen Fachhochschulen, die Sozialarbeiter, Sozialpädagogen, Diakone und anderes Fachpersonal ausbilden.

Die Position der kirchlichen Einrichtungen im deutschen Sozialsystem verdankt sich nicht zuletzt dem Gedanken der Subsidiarität, die nicht allein katholische, sondern auch protestantische Wurzeln hat. Den nachhaltigsten Niederschlag fand dieses Prinzip im Bundessozialhilfegesetz (BSHG) von 1962, bei dessen Erarbeitung beide Kirchen erfolgreich darauf hinarbeiteten, den Vorrang der freien Wohlfahrtsträger vor der staatlichen Fürsorge gesetzlich zu verankern. Das führte zu heftigen Diskussionen, weil dadurch die Rolle der Kommunen zurückgedrängt wurde. Städte und Gemeinden warfen den freien Trägern ein »Barmherzigkeitsmonopol« vor. Diakonie und Caritas warnten dagegen vor den Gefahren eines totalen Versorgungsstaates.

Die Akzeptanz des modernen Sozialstaats war in der akademischen Theologie Deutschlands nach 1945 keine Selbstverständlichkeit. Christliche Ethik orientierte sich am Individuum, blendete gesellschaftliche Fragen aus, sah den Staat als Interventionskraft bei Fehlentwicklungen. Erst die Konzeption einer »gesellschaftlichen Diakonie« von Heinz Dietrich Wendland, dem Leiter des Instituts für Christliche Gesellschaftslehre in Münster, brachte in den 1960er Jahren einen ersten Durchbruch. Kirche wurde nun als kritisches Gegenüber und als kooperativer Bestandteil der Gesellschaft gesehen, die Bedeutung des helfenden und fördernden Sozialstaates anerkannt.

Dies alles zeigt, wie lange es dauerte, bis Protestanten zu politisch mündigen Bürgern wurden, bis die Demokratie im Westen Deutschlands ankam, sich die Kirche zu einer lernenden Organisation entwickelte, die konkrete politische Verantwortung übernahm und als Gegenüber des Staates sich substantielle Denkanstöße zutraute. Die mentalen Dispositionen des Kaiserreichs mussten erst durch die Katastrophen des Zweiten Weltkrieges und der Shoa hindurch, um aufgebrochen zu werden und sich zu verwandeln. Protestanten partizipierten mit ihren politischen Ängsten, nationalen Traumata, aber auch ihrem politischen Engagement am Zeitgeist der Gesamtbevölkerung. Und doch gelang es der Kirche als lernfähiger Organisation, sich zu ändern und ihren Weg in die Demokratie zu finden.

Ausblick

Werfen wir zum Schluss einen Blick in die Zukunft unserer Gesellschaft. Seit etwa zehn Jahren diskutieren Fachgelehrte unterschiedlicher Disziplinen die »Rückkehr der Religionen« oder die »Wiederkehr der Götter« (vgl. Riesebrodt, 2000 oder Graf, 2007). Dabei geht es zum einen um das Erstarken der religiösen Fundamentalismen, aber auch um die bleibende bzw. sich verändernde Bedeutung der klassischen Säkularisierungstheorie, nach der ja in modernen Gesellschaften das Phänomen der Religion deutlich zurückgehen werde. Mittlerweile wird wieder stärker der positive Beitrag der Religionen für den sozialen Zusammenhalt und die persönliche Sinnstiftung gesehen. Das hat nicht zuletzt damit zu tun, dass die Moderne, wie Jürgen Habermas es in seiner Friedenspreisrede 2001 ausgedrückt hat, zu erkalten droht. Auch die intensiven Reaktionen auf den Tod von Papst Johannes Paul II. oder den Besuch Benedikts XVI. beim Weltjugendtag in Köln 2005 stehen für diesen Trend. Das emotional am stärksten aufgeladene Thema in diesem Zusammenhang ist jedoch die Frage des Verhältnisses des Islams in Europa zu Staat und Gesellschaft. Nach den Anschlägen des 11. September 2001 ist hier eine weltweite Verunsicherung erkennbar, die auch die Integrationsdebatte in Deutschland ohne Zweifel theologisiert hat. Ohne auf sie en détail eingehen zu können, erscheint die Frage, ob der Islam grundgesetzkompatibel ist bzw. wie sich Muslime zur Grundordnung der Bundesrepublik verhalten, völlig legitim zu sein.

Mit der Deutschen Islam-Konferenz gibt es seit 2006 auch ein Forum, in dem der deutsche Staat und Islamverbände alle relevanten rechtlichen Fragen diskutieren. Der relativ kleine »Zentralrat der Muslime in Deutschland« hat vor einigen Jahren bereits eine Menschenrechtscharta vorgelegt. Manche Fragen sind damit beantwortet, keineswegs aber alle und auch nicht alle schwierigen. Der Rückblick in die kirchliche Zeitgeschichte soll in diesem Falle jedoch dazu verhelfen, auch Muslimen, die ja in ihrer Mehrheit Zuwanderer sind und nicht immer pluralistische demokratische Systeme kennen, Zeit zu gewähren und auch den Islam als lernfähigen Organismus zu betrachten. Deshalb sollte man sich hüten, das westliche Christentum vorschnell mit Demokratie gleichzusetzen und den Islam als östlich-despotische Religion zu apostrophieren. Der genaue Blick ist auch hier notwendig, aber auch der Wille, aus den Quellen der ambivalenten deutschen Staats- und Religionsgeschichte zu lernen. Manche Fehler muss man nicht unbedingt wiederholen.

Literatur

Dokumente

EVANGELISCHE KIRCHE IN DEUTSCHLAND, 1965, *Die Lage der Vertriebenen und das Verhältnis des deutschen Volkes zu seinen östlichen Nachbarn. Eine evangelische Denkschrift*, Hannover.

EVANGELISCHE KIRCHE IN DEUTSCHLAND, 1985, *Evangelische Kirche und freiheitliche Demokratie. Der Staat des Grundgesetzes als Angebot und Aufgabe. Eine Denkschrift der EKD*, Hannover.

EVANGELISCHE KIRCHE IN DEUTSCHLAND, 2000, *Zusammenleben mit Muslimen in Deutschland. Gestaltung der christlichen Begegnung mit Muslimen. Eine Handreichung des Rates der EKD*, Hannover.

EVANGELISCHE KIRCHE IN DEUTSCHLAND, 2006, *Klarheit und gute Nachbarschaft Christen und Muslime in Deutschland. Eine Handreichung des Rates der EKD*, Hannover.

GRESCHAT M./KRUMWIEDE, H.-W., (HRSG.), 1999, *Das Zeitalter der Weltkriege und Revolutionen, Kirchen- und Theologiegeschichte in Quellen*, Band V, Neukirchen.

GRESCHAT, M., (HRSG.), 2008, *Vom Konfessionalismus zur Moderne. Kirchen- und Theologiegeschichte in Quellen*, Band IV, Neukirchen.

SCHWEMER, U., (HRSG.), 1991, Christen und Juden. Dokumente der Annäherung, Gütersloh.

WURM, TH., 1953, *Erinnerungen aus meinem Leben*, Stuttgart.

Sekundärliteratur

BRENNER, M., 2002, *Geschichte des Zionismus*, München.

GIESEN, B., (HRSG.), 1991, Nationale und kulturelle Identität. Studien zur Entwicklung des kollektiven Bewußtseins in der Neuzeit, Frankfurt a. M.

GRAF, F. W., 2007, *Die Wiederkehr der Götter: Religion in der modernen Kultur*, München.

GRESCHAT, M., 1997, *Christentumsgeschichte II. Von der Reformation bis zur Gegenwart*, Stuttgart/Berlin/Köln.

GRESCHAT, M., 2002, *Die evangelische Christenheit und die deutsche Geschichte nach 1945. Weichenstellungen in der Nachkriegszeit*, Stuttgart/Berlin/Köln.

HUBER, W., 1990, *Protestanten in der Demokratie*, München.

HUBER, W., 2009, Christen in der Demokratie, in: *Apuz 14*, S. 6–8.

KAISER, J-CHR., 2007, *Der Protestantismus von 1918 bis 1989*, in: Ökumenische Kirchengeschichte. Band 3: *Von der Französischen Revolution bis 1989*, hrsg. von H. Wolf, Abschnitt X/Teil A: *Der Protestantismus von 1918–1989*, Darmstadt, S. 181–270.

KAISER, J-CHR., 2008a, *Politischer Protestantismus im 19. und 20. Jahrhundert. Ausgewählte Arbeiten zur Kirchlichen Zeitgeschichte*, hrsg. v. R.-U. Kunze/R. Löffler, Konstanz.

KAISER, J-CHR., 2008b, *Evangelische Kirche und sozialer Staat. Diakonie im 19. und 20. Jahrhundert*, hrsg. von V. Herrmann, Stuttgart.

KLEIN, M., 2005, *Westdeutscher Protestantismus und politische Parteien. Anti-Parteien-Mentalität und parteipolitisches Engagement von 1945 bis 1963*, Tübingen.

KUHLEMANN, F.-M., 1996, *»Mentalitätsgeschichte. Theoretische und methodische Überlegungen am Beispiel der Religion im 19. und 20. Jahrhundert«*, in: HARDTWIG, W./WEHLER, H.-U. (HRSG.). *Kulturgeschichte Heute*, Göttingen, S. 82–211.

KUHLEMANN, F.-M., 2005, *»Protestantische »Traumatisierungen«. Zur Situationsanalyse nationaler Mentalitäten in Deutschland 1918/19 und 1945/46«*, in: GAILUS, M./LEHMANN, H. (HRSG.), *Nationalprotestantische Mentalitäten. Konturen, Entwicklungslinien und Umbrüche eines Weltbildes*, Göttingen, S. 45-78.

NOWAK, K., 1995, *Geschichte des Christentums in Deutschland. Religion, Politik und Gesellschaft vom Ende der Aufklärung zur Mitte des 20. Jahrhunderts*, München.

NOWAK, K., 2002, *Kirchliche Zeitgeschichte interdisziplinär. Beiträge 1984–2001*, hrsg. v. J.-Chr. Kaiser, Stuttgart.

RIESEBRODT, M., 2000, *Die Rückkehr der Religionen. Fundamentalismus und der Kampf der Kulturen*, München.

Autorinnen und Autoren

DR. CHRISTOPH CLUSE (*1964) ist wissenschaftlicher Mitarbeiter am Arye Maimon-Institut für Geschichte der Juden der Universität Trier.

DR. GISBERT GEMEIN (*1939) war Leiter des Schiller-Gymnasiums in Köln, Mitglied, später Vorsitzender der Landesschulbuchkommission Politische Bildung Nordrhein-Westfalen (bis 1980); Leiter des Arbeitskreises »Begegnung der Kulturen« des Verbandes der Geschichtslehrer Deutschlands; Veröffentlichungen zur Kreuzzugsgeschichte, Geschichte der Türkei, des Islamismus sowie zur Umwelt- und Alltagsgeschichte, Schulbuchautor.

DR. BERNHARD HACKL, Studium der Geschichte, Germanistik und der Evangelischen Theologie in Wien, Mitarbeit an Forschungsprojekten über die Wirtschafts- und Sozialreformen in der Habsburgermonarchie in der Frühen Neuzeit und die Entwicklung der relgiösen Toleranz im frühneuzeitlichen Europa, derzeit wissenschaftlicher Mitarbeiter an der Universität Frankfurt.

DR. GERDIEN JONKER machte sich einen Namen als Religionshistorikerin und Religionsempirikerin. Gegenwärtig arbeitet sie am Georg-Eckert-Institut für internationale Schulbuchforschung in Braunschweig, wo sie das Projekt »1001 Idee für den Unterricht über muslimische Kulturen und Geschichte(-n)« leitet.

DR. NECLA KELEK wurde 1957 in Istanbul geboren und kam im Alter von 10 Jahren nach Deutschland. Sie studierte in Hamburg und Greifswald Volkswirtschaft und Soziologie und promovierte über das Thema »Islam im Alltag«. Bis heute forscht die freie Autorin und Publizistin zum Thema Parallelgesellschaften, Islam und Integration. Ihre Bücher *Die fremde Braut, Die verlorenen Söhne* und *Bittersüße Heimat* haben in den letzten Jahren die Diskussion um Integration und den Islam in Deutschland nachhaltig geprägt. Necla Kelek wurde mit zahlreichen Preisen ausgezeichnet, u. a. mit dem *Geschwister-Scholl-Preis 2005* und zuletzt mit dem *Hildegard-von-Bingen-Preis 2009*. Sie ist Mitglied des Senats der Deutschen Nationalstiftung. Im März 2010 erschien ihr jüngstes Buch »*Himmelsreise*«.

DR. MARKUS KIRCHHOFF, Arbeitsstellenleiter des im Simon-Dubnow-Institut für jüdische Geschichte und Kultur angesiedelten Akademieprojekts »Europäische Traditionen – Enzyklopädie jüdischer Kulturen« der Sächsischen Akademie der Wissenschaften zu Leipzig. Promotion 2003 mit der Dissertation »*Text zu Land. Palästina im wissenchaftlichen Diskurs 1865–1920*«. Forschungsschwerpunkt: Jüdische Fragen in der Diplomatiegeschichte von 1815 bis 1952.

DR. ULRICH KNUFINKE studierte Architektur und Germanistik an der TU Braunschweig, Promotion über »*Bauwerke jüdischer Friedhöfe in Deutschland*«; bis 2008 war er Mitarbeiter der Bet Tfila – Forschungsstelle für jüdische Architektur in Europa (Braunschweig/Jerusalem). Derzeit ist Knufinke Stipendiat der Minerva-Stiftung und arbeitet als freier Architekturhistoriker und Kurator.

PROF. DR. SIMONE LÄSSIG ist Direktorin des Georg-Eckert-Instituts für internationale Schulbuchforschung und lehrt Neuere/Neueste Geschichte an der Technischen Universität Braunschweig. 2009/10 war sie Gastprofessorin am St Antony's College Oxford. Geforscht und publiziert hat sie zur jüdischen Geschichte, zur Geschichte politischer Bewegungen und Kultur(en), zur Geschichte von Philanthropie und Mäzenatentum, zur Geschichte des Bürgertums und zur Bildungsmedienforschung. Für ihre Arbeit zur Verbürgerlichung der deutschen Juden im 19. Jahrhundert hat sie 2004 den Habilitationspreis des Verbandes der Historikerinnen und Historiker Deutschlands erhalten.

DR. ROLAND LÖFFLER (*1970), studierte von 1991–1998 Evangelische Theologie und Philosophie in Tübingen, Berlin, Cambridge und Marburg; seit 1997 freiberufliche journalistische Tätigkeit u. a. für die Neue Zürcher Zeitung, Süddeutsche Zeitung, Furche (Wien), Rheinischer Merkur, Das Parlament, epd; 1999 bis 2001 Forschungsaufenthalte in Jerusalem, Oxford, London, Berlin, Stuttgart, 2002 bis 2004 Vikar der Evangelischen Kirche von Kurhessen-Waldeck, 2005 Promotion zum Dr. theol. mit einer Arbeit zu den Kirchen und der Palästinafrage in der Zwischenkriegszeit, 2005/2006 Wissenschaftlicher Mitarbeiter an der Universität Marburg, 2006 Gastprofessor an der Université de Montreal; seit 1.1.2007 Leiter des Themenfeldes Trialog der Kulturen der Herbert Quandt-Stiftung.

DR. BERNA PEKESEN, Historikerin, derzeit wissenschaftliche Mitarbeiterin am Historischen Institut der Ruhr Universität Bochum, Fachbereich Geschichte Südosteuropas. Dissertation zum Thema »*Migration, Siedlungspolitik und jüdische Gemeinden in der Republik Türkei, 1918–1942*«, (erscheint 2011) weitere Publikationen zur spätosmanischen und türkischen Geschichte.

PROF. DR. LUDOLF PELIZAEUS, Studium der Geschichte, Kunstgeschichte und Deutschen Volkskunde/Kulturanthropologie in Freiburg, Würzburg, Mainz, Dijon und Salamanca, 1993 Magister, 1998 Promotion, 2003 Habilitation; seit 1993 an der Johannes Gutenberg Universität Mainz, Abteilung Neuere Geschichte, 2007/08 Visiting fellow an der National University of Ireland, Galway; 2009/2010 Vertragsprofessor an der Karl Franzens Universität Graz, außerplanmäßiger Professor an der Universität Mainz.

HARTMUT REDMER (*1941), pensionierter Studiendirektor und Fachleiter für Geographie, befasste sich v. a. mit Nordafrika und der Sahara. Er ist Verfasser zahlreicher fachdidaktischer und Fachaufsätze und Mitherausgeber von Büchern und Schulbüchern zur Geographie Afrikas, vor allem der Sahara und zum Islam.

PROF. DR. WOLFRAM REISS (*1959), Studium der Evangelischen Theologie, Judaistik und Islamwissenschaft in Kiel, Jerusalem, Berlin und Heidelberg; Promotion 1998 über die »Erneuerung in der Koptisch-Orthodoxen Kirche«, Habilitation 2005 über »Die Darstellung des Christentums in ägyptischen Schulbüchern«; seit 2007 Professor für Religionswissenschaft an der Evangelisch-Theologischen Fakultät der Universität Wien.

GEORG MICHAEL SCHOPP (*1951), Studium der Germanistik, Geschichte und Evangelischen Theologie, bis 2003 Direktor des Gymnasiums Adolfinum in Moers/Rheinland, ab 2003 deutscher Schulleiter im Auslandsschulwesen in Istanbul/Türkei, Mitglied im Direktorenbeitrat für das Deutsche Auslandsschulwesen; Leiter der Evangelischen Kooperativen Wilhelm-Löhe-Gesamtschule in Nürnberg seit 2009,

DR. KLAUS SPENLEN (*1946), Ministerialrat a. D., Studium in Deutsch, Geschichte und Erziehungswissenschaften; berufliche Erfahrungen als Lehrer, Schulleiter, Fach- und Seminarleiter sowie im Schulministerium von Nordrhein-Westfalen; ehemaliges Mitglied des Staatlichen Prüfungsamtes, der Landesschulbuchkommission Deutsch sowie der Islamkonferenz, derzeit Lehrauftrag an der Heinrich-Heine-Universität Düsseldorf; zahlreiche Publikationen zur Integration des Islams.

ANDREW STEIMAN (* 1958 in den USA); beide Eltern kamen aus traditionsbewussten jüdischen Familien und waren im anti-nazistischen Widerstand aktiv, bevor sie als Exilanten in die USA kamen; in den 1970er Jahren kehrte die Familie nach Europa zurück; Studium der Wirtschaftsgeschichte und Pädagogik in Frankfurt und Jerusalem; zwischen 1982 und 1996 in der Militär-Seelsorge der US-Streitkräfte in Deutschland und Holland als Religionslehrer und Kantor tätig; in dieser Zeit Ausbildung zum Seelsorger an der Militärakademie West Point und Ordination zum Rabbiner (orthodox); Unterricht am Jüdischen Gymnasium in Berlin (Englisch, Geschichte, Jüdische Religionslehre); Tätigkeit im Auftrag des Zentralrats der Juden in Deutschland bei der Integration der jüdischen Zuwanderer in den neuen Bundesländern (1996 bis 2002) sowie am Jüdischen Museum Frankfurt; seit 2003 Leiter der Jüdischen Abteilung der Budge-Stiftung in Frankfurt, dem einzigen Altenheim für Juden und Christen in Deutschland.

DR. JÖRN THIELMANN (*1966), seit Januar 2009 Geschäftsführer des Erlanger Zentrums für Islam und Recht in Europa EZIRE an der Friedrich-Alexander-Universität Erlangen-Nürnberg, zuvor geschäftsführender Direktor des Kompetenzzentrums Orient-Okzident Mainz KOOM; Studium der Arabistik, Semitistik, Islamwissenschaft, Philosophie und Rechtswissenschaft in Würzburg und Bochum. Forschungsaufenthalte in Ägypten und Marokko; Veröffentlichungen zum islamischen Recht, zum Islam in Deutschland sowie zu Geschichte und Gesellschaft Nordafrikas.

DR. HARTMANN WUNDERER (*1950), Lehrer an einem Wiesbadener Gymnasium, zahlreiche Buch- und Zeitschriftenveröffentlichungen vor allem zur Neueren und Neuesten Geschichte, Mitautor zahlreicher Unterrichtswerke.